JÜRGEN KAUBE

HEGELS WELT

ROWOHLT · BERLIN

7. Auflage Juni 2024
Originalausgabe
Veröffentlicht im Rowohlt · Berlin Verlag, September 2020
Copyright © 2020 by Rowohlt · Berlin Verlag GmbH, Berlin
Satz aus der Haarlemmer
bei Dörlemann Satz, Lemförde
Druck und Bindung GGP Media GmbH, Pößneck
ISBN 978-3-87134-805-1

In Erinnerung an meinen Großvater,
Franz Jauch (1901–1982)

Inhalt

Was ist Idealismus?

Noch scheint alles ruhig. Die Welt, überwiegend aufgeteilt in Monarchien, ihre Kolonien und viele weiße Flecken auf der Landkarte, befindet sich um 1770 augenscheinlich nicht in revolutionärem Aufruhr. Es gibt Kriege, aber die gab es immer. So wie den Handel. Überall in Europa kommt jetzt Industrie auf, fabrikförmige Wirtschaft mit hoher Arbeitsteilung, sowie das wissenschaftliche Denken und Forschen. Es stützt sich auf immer mehr Teilnehmer, die untereinander zunehmend vernetzt sind und ständig neue Einsichten hervorbringen. Die chemischen Elemente werden entdeckt: 1766 der Wasserstoff, 1772 der Sauerstoff, 1775 der Kohlenstoff und 1777 der Schwefel. Die Zusammensetzung des Natürlichen wird also experimentell neu betrachtet, höher aufgelöst. Auch sonst wird viel publiziert, und zwar zu «weltlichen» Fragen, nicht mehr überwiegend zu solchen der Religion. 1775 findet in Deutschland ein Hexenprozess statt. Immer noch, mag man sich heute entsetzen, aber es ist der letzte, und sein Urteil wird nicht vollstreckt. Manche neigen deshalb dazu, vom Vordringen des Rationalismus zu sprechen. Doch wissenschaftlicher Verstand und die Versuche, Vorurteile zurückzudrängen, bilden keinen Gegensatz zur Entfaltung von Phantasie. Just um 1770 schießt die europäische Romanproduktion in die Höhe und wird nicht mehr abnehmen. Allein in England werden damals durchschnittlich dreihundert bis fünfhundert Romane pro Jahrzehnt veröffentlicht, nicht mehr nur fünfzig wie in den hundert Jahren zuvor.

Die Welt befindet sich also nicht im Umsturz, sie ist aber äußerst geschäftig. Es ist tatsächlich die Epoche der Aufklärung, von der Hegel sagen wird, ihre Devise sei: «Alles ist nützlich.»[1] Auf allen Gebieten werden die Grenzen des Erfahrbaren stark erweitert. Fast möchte man meinen, dass sich erstmals in der Geschichte überhaupt «Welt» als sinnvoller Begriff für eine Wirklichkeit abzeichnet, die nicht nur von einem überirdischen Beobachter überblickt werden kann, sondern auch für den Menschen erreichbar ist. Erreichbar und nicht nur imaginierbar, weil alles expandiert, die Einbildungskraft wie das Wissen, die politischen Ambitionen wie das technische Vermögen. Zunehmend scheint auf dem Erdball alles mit allem zusammenzuhängen.

Der britische Kapitän James Cook etwa, der sich als Sohn eines Landarbeiters aus kärglichsten Verhältnissen in der Royal Navy nach oben gearbeitet hatte, nicht zuletzt aufgrund seiner außerordenlichen kartographischen Begabung, befindet sich 1770 auf seiner ersten Südseeexpedition. Als Georg Wilhelm Friedrich Hegel im August desselben Jahres in Stuttgart geboren wird, hat Cook, nachdem er kurz zuvor fast Schiffbruch erlitten hatte, gerade die Endeavour-Enge oberhalb Australiens, damals «Neuholland» genannt, durchquert und ist auf dem Weg nach Neuguinea. Cook war im Dienst der Wissenschaft unterwegs. Zusammen mit zwei Astronomen sollte er Daten liefern, um anhand des Venusdurchgangs vor der Sonne, der Anfang 1769 auf Tahiti gut zu beobachten war, die Entfernungen zwischen allen Planeten des Sonnensystems und der Sonne selbst exakt berechenbar zu machen. Andere astronomische Stationen dieser weltweiten Messaktion lagen an der mexikanischen Westküste, auf Haiti, in Pennsylvania, in Russland und in Norwegen. Ans Ende der Welt zu reisen, um den Abstand der Erde zu anderen Planeten zu messen, wodurch die Bewohner bislang vor sich hin lebender Gesellschaften erfahren, dass es andere Gesellschaften gibt – das ist Globalisierung, lange bevor das Wort in Umlauf kommt.

«Welt», wird es sehr viel später heißen, ist ein Begriff, der nichts außer sich hat und zu nichts in Gegensatz gebracht werden kann. Auch die Venus ist «in der Welt», auch die Sonne, selbst Gott. Die Zeit, in die Hegel hineingeboren wird, ist also eine Zeit, in der das Weltganze immer mehr erschlossen und immer mehr in die Immanenz eines Wissens hineingezogen wird, das dem bloßen Meinen wie dem bloßen Glauben entgegensteht. So jedenfalls stellen es sich diejenigen vor, die sich auf der Seite des Wissens sehen.

Alles ist nützlich. James Cook hatte man damals über seine himmelskundliche Aufgabe hinaus mit dem Auftrag betraut, Schiffspassagen und damit Handelswege zu erkunden. Vor allem aber sollte er die Existenz des «Südlandes» überprüfen, also die auf antike Spekulationen zurückgehende Vorstellung, dass aus Gleichgewichtsgründen im Pazifik eine riesige Erdmasse liegen müsse, von ähnlichem Ausmaß wie Eurasien. In den Instruktionen der britischen Admiralität hieß es, jene fernen Teile des Erdenrunds seien zwar entdeckt, aber unzureichend erforscht.

«Das Bekannte überhaupt», wird Hegel 1807 in seiner «Phänomenologie des Geistes» schreiben, «ist darum, weil es *bekannt* ist, nicht *erkannt.*»[2] Das soll zum einen heißen: Es ist nur darum, weil es bekannt ist, noch lange nicht erkannt, denn Erkennen geht über Vertrautsein hinaus. Es heißt aber auch, und wir werden uns an solche Mehrdeutigkeiten in Hegels Schreibart gewöhnen müssen: Eben weil es bekannt ist, ist es nicht erkannt, denn Vertrautheit kann als Gefühl des «so ist es eben» geradezu ein Erkenntnishindernis sein. Weil man nicht zu dicht dran sein darf an dem, was man erkennen will, und weil man leicht Vertrautsein mit Erkannthaben verwechselt. Wir treten in eine Zeit ein, die eine Präferenz für Unvertrautes und das Unvertrautmachen von Bekanntem hat. Hegel wird beides als Merkmal von wissenschaftlichem Vorgehen festhalten.

Der Begriff der Welt erhielt jedoch nicht nur durch die Entdeckungsreisen eine neue Bedeutung. Cooks Fahrten konnten auch deshalb als Symbol eines entstehenden Weltreichs («Empire») gedeutet werden, weil Großbritannien und Preußen erfolgreich aus einem von 1756 bis 1763 währenden Krieg mit der Habsburger Monarchie, dem Heiligen Römischen Reich, Frankreich und Russland hervorgegangen waren, den manche als den ersten Weltkrieg bezeichnet haben. Denn es war auch ein Krieg um Kolonien, in Kolonien und um eine Dominanz, die nicht länger auf Europa beschränkt war, sondern dem galt, was später «der Weltmarkt» heißen sollte. Angefangen hatte dieser Krieg mit britisch-französischen Konflikten in Nordamerika, geendet hatte er mit der Verschuldung aller beteiligten Mächte. 1775 beginnt der Amerikanische Unabhängigkeitskrieg, ausgelöst durch den Versuch Großbritanniens, seine militärischen Ausgaben über Steuererhöhungen in den Kolonien zu refinanzieren. Und die Lage in Frankreich, das durch seine Kriege und seine Haushaltsführung finanziell völlig erschöpft ist, dokumentiert ebenfalls, wie sehr damals schon alle Staaten nicht nur politisch, sondern auch ökonomisch miteinander verflochten sind. Es zeichnet sich ein Weltmarkt ab: für Güter, für Kapital, für Schulden.

Die Welt, in die Hegel hineingeboren wird, lebt außerdem im Gefühl der ständigen Verbesserung von allem. Zwischen 1769 und 1788 beispielsweise entwickelt James Watt die Dampfmaschine weiter, indem er sie mit einem Kondensator versieht, der die Temperatur des dampfbewegten Zylinders stabilisiert; indem er die Hebebewegung des Kolbens in eine Kreisbewegung transformiert; indem er ein eigenes Gestänge entwickelt; indem er zur Umgehung bestehender Patente ein anderes Getriebe einsetzt; indem er einen Fliehkraftregler konstruiert und so weiter. Watt erfindet also nicht die Dampfmaschine, er verbessert sie. Diese Einsicht ist für die moderne Welt zentral: Es gibt keine «Creatio ex nihilo», keine Schöpfung aus dem Nichts, alles hat Voraussetzungen, jede Erfindung ist eine Verbesserung.

Watt war schon vorher von Beruf ein Verbesserer mechanischer Geräte gewesen, und immer wieder sollte er sich als eine Art öffentlicher Bauingenieur damit beschäftigen, Kanäle zu vermessen und Flüsse umzulenken. Im Winter 1763 wird er gebeten, eine Dampfmaschine zu reparieren, die an der Universität Glasgow in Seminaren zur Naturphilosophie eingesetzt wird. Dabei fällt ihm der hohe Verbrauch an Dampf und Kondenswasser des Apparats auf, und sein Interesse ist geweckt. Sowohl die wirtschaftlichen Erträge wie die konstruktiven Probleme ziehen ihn in den Maschinenbau hinein. Schließlich kann die nach und nach verbesserte Maschine dann auch zu Zwecken eingesetzt werden, die nichts mit der ursprünglichen Aufgabe, Wasser aus Bergwerken abzupumpen, zu tun haben. Zur wichtigsten Energiequelle in der Textilindustrie wird die Dampfmaschine aber erst nach Hegels Tod.[3]

Ob man sich die Erfindungen Watts anschaut, die Innovationen in der Textiltechnologie oder die Fortschritte in der Herstellung von Chemikalien – ganz gleich, wohin man blickt: Das Ende des 18. Jahrhunderts erscheint als eine Zeit der sich wechselseitig stimulierenden Neuerungen. Und als Zeit der sich ausbreitenden Nebenfolgen solcher Verbesserungen. Um nur ein Beispiel zu geben: Das fliegende mechanische Webschiffchen steigert die Produktivität der Weber, die zu erhöhtem Bedarf an Garn als Vorprodukt von Tüchern führt, also steigen seine Preise. Der erhöhte Bedarf wird durch den Einsatz von automatisierten Spinnrädern gedeckt. Diese wiederum führen zu Protesten von Arbeitern, die im Zuge der Ablösung der vormaligen Heimindustrie durch Fabriken ihre Arbeit verloren haben.

Und nun das Rätsel. Wenn die Gesellschaft um 1770 und bis weit ins erste Drittel des 19. Jahrhunderts hinein die geschilderten Züge annimmt, wie kommt es dann, dass die Philosophie, die diese Zeit in Gedanken zu erfassen sucht, eine idealistische Philosophie ist? Hegel weist dem Philosophieren genau diese Aufgabe zu: seine eigene Zeit zu erfassen.[4] Nicht ewige Wahrheiten, nicht den Grund allen Seins, sondern die eigene Zeit in Gedanken. Wie kommt es also, dass er so viel Energie in Theorien steckt, die sich mit der Struktur des Bewusstseins und des Selbstbewusstseins befassen? Weshalb heißen die philosophischen Schlüsseltexte jener Epoche «Kritik der reinen Vernunft», «Wissenschaftslehre» und «Phänomenologie des Geistes» oder «Wissenschaft der Logik»? Wie kommt es unter den Umständen technischer, wissenschaftlicher und ökonomischer Innovationsbeschleunigung zu einer philosophischen Bewegung, die unter der Selbstbezeichnung «Idealismus» oder der Fremdbezeichnung «Deutscher Idealismus» in die Geistesgeschichte eingehen wird? Wäre nicht ein «Deutscher Materialismus», ein «Deutscher Szientismus», ein «Deutscher Empirismus» oder ein «Deutscher Utilitarismus» zu erwarten gewesen? In anderen Ländern, vor allem in Großbritannien und Frankreich, entstehen solche Ideen. Die Aufklärung treibt dort materialistische und empiristische Denkschulen hervor.

Der deutsche Beitrag zur Ideengeschichte um 1800 aber ist ein anderer. Ein vollkommen anderer. In rascher, um nicht zu sagen: rasender Abfolge werden zwischen 1781 und 1816 Gedankengebäude entworfen, die das Bewusstsein, das Selbstbewusstsein, das Subjekt, das Denken und den Geist als Zentrum der Welt begreifen: Kant, Jacobi, Reinhold, Fichte, Schelling, Hölderlin, Hegel lauten die wichtigsten Namen. Die Welt wird buchstäblich auf den Kopf gestellt.

Außerhalb der Philosophiegeschichte nennen wir jemanden einen Idealisten, der im Glauben lebt, am Ende würden sich gute Absichten und «Projekte» in der Geschichte durchsetzen, weswegen man Idealen auch einiges opfern dürfe. Innerhalb der Philosophiegeschichte war Immanuel Kant der erste, der sich selbst einen Idealisten nannte. Und zwar deshalb: Wenn wir etwas in unserer Erfahrung finden, sagen wir beispielsweise Wasser, dann richten wir unseren Begriff davon nach den einzelnen Eigenschaften dieses Objekts. Wasser ist eine Flüssigkeit, es gefriert und verdampft bei bestimmten Temperaturen, es kann erfrischen, Leben bedarf seiner, es lösen sich manche feste Stoffe in ihm auf, sodass es zum Beispiel Salzwasser gibt. Unser Begriff des Wassers richtet sich nach dem Gegenstand. Demgegenüber gibt es Gegenstände, die wir hervorbringen, weil wir es wollen. Sie finden sich also nicht in der Natur vor – jenem «großen Etwas» (Voltaire) –, sondern ihre Eigenschaften beruhen auf individuellen oder gesellschaftlichen Entscheidungen: die Vornamen meiner Töchter, dieses Buch, die Institution des Frühstücks oder die der britischen Monarchie, Kinderspielzeug, Eheverträge, Gottesdienste. Worum es sich bei ihnen handelt, lässt sich nicht ermitteln, indem wir ihre «Natur» untersuchen, denn sie sind nicht wie Pilze aus dem feuchten Boden geschossen, sondern wir müssen fragen, wie sie konstruiert worden sind.

So weit, so leicht zu unterscheiden. Vertrackterweise gibt es aber Sachverhalte, die sich auf keiner Seite dieser Unterscheidung unterbringen lassen.[5] Denn wie verhält es sich mit den «Gegenständen», die wir weder vorfinden noch hervorgebracht haben? Die Seele mit ihrer angeblichen Eigenschaft, unsterblich zu sein, ist so etwas. Was können wir über Gott oder die Freiheit sagen, die wir zu haben glauben, ohne sie nachweisen zu können? Aber auch Kausalität kann man nicht sehen oder die Zeit. Dass etwas nach etwas anderem geschehen ist, setzt den Begriff der Zeit voraus, der sich nicht einfach aus dem Nacheinander der Ereignisse gewinnen lässt. Oder nicht? Wenn wir sagen: «Hegel lebte nach Newton», scheint das eine empirische Tatsache, die sich den Geburts- und Todesdaten beider entnehmen lässt. Doch schon die Formulierung «Newton und Hegel lebten in derselben Epoche» zwingt uns nachzudenken. Das Urteil, dass sie nacheinander lebten, nimmt eine Skala in Anspruch, auf der es keine Rolle spielt, dass sie irgendwie derselben historischen Zeit angehörten, sondern nur dass Zeit zwischen dem Leben des einen und dem Leben des anderen verronnen ist. Das gilt auch von jedem Sinneseindruck eines «Nacheinander»: Er setzt das Konzept «verschiedene Zeitpunkte» voraus.

Die Insistenz der Idealisten, sich mit solchen Begriffen und Konzepten in der Absicht zu beschäftigen, wahre Sätze über die entsprechenden Gegenstände zu formulieren, obwohl es sich nicht um sinnlich wahrnehmbare Sachverhalte – eben nicht um «Dinge» – handelt, geht dabei nicht nur auf erkenntnistheoretische Interessen zurück. Ihr liegt auch die Vermutung zugrunde, dass von Urteilen über Gott der Glaube und die Einstellung zu Gottesdiensten abhängt, von Urteilen über Freiheit die Form der Verträge und die Akzeptanz der Monarchie, von Urteilen über die Seele die Kindererziehung und die Einstellung zur Moral. Die Welt wird also idealistisch auf den Kopf gestellt, weil in das, was wir hervorbringen, aber auch in die Analyse der empirischen Objekte – wie etwa des Wassers – eine ganze Reihe von Begriffen eingehen, die ihrerseits nicht empirisch sind. Das betrifft nicht zuletzt das Konzept «Erfahrung» selbst.

Im Idealismus liegt, mit anderen Worten, die Behauptung, dass wir die Welt durch Denken begreifen können, weil sie selbst «denkförmig» und zu wesentlichen Teilen unsere Hervorbringung ist. Das Bewusstsein ist tätig. Es unterscheidet Eindrücke nach Begriffen: Das ist die Tänzerin, das ist der Tanz. Es kombiniert Eindrücke: Das Ohr gehört zum Hund, die Leine nicht. Es vergleicht Eindrücke: dieselbe Person heute und gestern. Zusammengehalten werden solche Zuordnungen, Kombinationen und Vergleiche für Idealisten vom «Ich».

Beim philosophischen Idealismus, von Kants «Kritik der reinen Vernunft», die 1781 herauskommt, bis zu Hegels «Wissenschaft der Logik», die zwischen 1812 und 1816 erscheint, handelt es sich um den Versuch, alle wesentlichen Begriffe des menschlichen Selbstverständnisses, der Wissenschaft von natürlichen wie historischen Phänomenen und der wichtigsten Lebensmächte – Religion, Kunst, Politik, Recht und Moral – aus einigen wenigen Gedanken herzuleiten. Und zwar sollen es Gedanken sein, die sich auf die Struktur und die Arbeitsweise des menschlichen Bewusstseins richten. Die Art unseres Wahrnehmens, Denkens und Reflektierens zu verstehen heißt, die Welt in ihrer Gesamtheit zu begreifen – das ist die Prämisse des Idealismus. Für Hegel ist Idealismus darum die Überwindung von Gegensätzen – Geist und Welt, Seele und Leib, Ich und Natur, Begriff und Anschauung – im Wissen.[6] Durch die technischen, wissenschaftlichen und ökonomischen Fortschritte sieht sich also gerade der Idealismus als eine Philosophie aufgerufen, für die das Weltgeschehen das Gepräge der Freiheit, der sinnhaften Konstruktion und des Gedankens trägt – «das eigene Gepräge des Geistes: stets Fortschreiten zum Vollkommeneren in einer geraden Linie, die in die Unendlichkeit geht», wie es Fichte in seiner «Bestimmung des Menschen» von 1800 formuliert.[7] Zu der Zeit, als so gesprochen wurde, hatten die Amerikanische und vor allem die Französische Revolution schon stattgefunden. Zu den Anfängen der wissenschaftlichen und industriellen Revolution waren die politischen Revolutionen hinzugekommen, die sich von der Unabhängigkeitserklärung Nordamerikas 1776, der Erstürmung der Bastille 1789 sowie der allgemeinen Menschenrechtserklärung und «Bill of Rights» im selben Jahr bis zur Eroberung Europas durch Napoleon und seiner Niederlage 1815 zogen.

In Deutschland, das damals weder eine Nation noch ein Staat war, fand stattdessen eine weitere, für die moderne Gesellschaft ebenfalls bedeutende Revolution statt: die Bildungsrevolution.[8] Mit dem Idealismus hängt sie nicht nur dadurch zusammen, dass seine Philosophen zur ersten Generation gehören, deren Bildungsweg von den einsetzenden Reformen des Schulwesens bestimmt ist. Sie selbst werden zu diesen Reformen beitragen und viel über Bildung, Schule, Universität nachdenken und publizieren, ja, sie werden das Bildungswesen verändern. Der Autor der einflussreichen Reformschrift «Der Streit des Philanthropinismus und Humanismus in der Theorie des Erziehungs-Unterrichts unserer Zeit» von 1808 ist Friedrich Immanuel Niethammer, der mit Hegel, Schelling und Hölderlin seit Tübinger Studientagen in engem Austausch steht.

Darüber hinaus geht der Idealismus mit dem Aufbau eines öffentlichen Schulsystems einher. Zunächst ist ein Titel wie «Die Erziehung des Menschengeschlechts» von Lessing aus dem Jahr 1780 nur metaphorisch gemeint, das gilt genauso für Herders «Auch eine Philosophie der Geschichte zur Bildung der Menschheit» von 1774. Denn wie sollte man die Menschheit als solche erziehen und bilden können? Was Redensarten jener Art jedoch dokumentieren, ist Folgendes: Schon kurz vor dem Auftreten der im engeren Sinne idealistischen Denkweise wird in Deutschland der Bildung, intellektuellen Lehrern und einer Revolution von Denkweisen die entscheidende gesellschaftliche Bedeutung im Epochenwandel hin zur modernen Gesellschaft zugeschrieben. Es kommt zu Diskussionen über den Stellenwert des «Selbstdenkens», über die Anteile des berufsbildenden und des theoretischen Unterrichts und über die Bedeutung, die alte Sprachen für die Schulung der bürgerlichen Eliten haben können. Das Erziehungsgeschehen verlagert sich immer mehr von den Häusern in die Schulen und Universitäten. Der enge Zusammenhang zwischen Ausbildung und Zugehörigkeit zu einem sozialen Stand löst sich, der Lehr- und Lernmarkt der Frühneuzeit mit seinem Variantenreichtum an Privaterziehung und Lateinschulen wächst stetig, die Verbindung zwischen Bildung und Staat wird immer stärker.[9] Es liegt auf der Hand, dass dies auch eine Ausweichbewegung war. Der Verzicht auf das Risiko einer politischen Veränderung wurde mit dem Hinweis auf Bildung kompensiert.

In allen Revolutionen, den politischen, industriellen, pädagogischen und wissenschaftlichen, geht es darum, die Gesellschaft aus «natürlichen» Vorgaben zu lösen. Noch heißt das nicht, dass sich die europäischen Nationen in der Versorgung ihrer Einwohner durch industrielle Produktion von Naturumständen befreit hätten. Im Gefolge der «Kleinen Eiszeit» kommt es zu drei verheerenden, ganz Europa betreffenden Missernten. Das Jahr 1770, in dem sie begannen, erlebt einen Wechsel von Frösten und Schneefällen bis weit ins Frühjahr hinein sowie unablässigen Regen danach, der die geringe Ernte dann auch noch in den Scheunen verfaulen lässt. Erst fünf Jahre später normalisiert sich die Ernährungslage wieder, ohne dass Hungerkrisen aus dem europäischen Erfahrungsraum verschwinden. Doch sie werden seltener, bleiben bei aller Schrecklichkeit – Irland! – lokal begrenzt, und die Gesellschaft lebt mehr und mehr im Gefühl, sich von den Zyklen der Natur und einer Ausgesetztheit gegenüber unverfügbaren Prozessen unabhängig machen zu können. Hegels Philosophie wird, zur Empörung vieler ihrer Kritiker, der Gesellschaft Vernunft zuschreiben und der Weltgeschichte einen Fortschritt, der auf seine eigene Zeit zuläuft.

Was also ist Idealismus? Vielleicht ist ein Beispiel aus der Technikgeschichte als Antwort viel instruktiver als jeder Hinweis auf philosophische Leistungen. Die Brüder Montgolfier, Joseph Michel und Jacques Étienne, Papierfabrikanten aus Annonay bei Lyon, hatten dort am 4. Juni 1783 ihren ersten Heißluftballon aus Leinwand fliegen lassen. Zehn Minuten lang soll er unterwegs gewesen sein und zweitausend Meter hoch gestiegen. Wenig später wiederholten sie ihren Versuch vor den Augen des Königs, Ludwig XVI., und mit drei luftreisenden Tieren: Hammel, Ente und Hahn. Die erste bemannte Fahrt in einem Luftschiff gelang dann kurz darauf, am 21. November desselben Jahres, mit dem Physiker Jean-François Pilâtre de Rozier als Steuermann und dem Offizier François d'Arlandes als Passagier. Fünfundzwanzig Minuten benötigten sie, um mit einer Montgolfière, wie die Gefährte sofort hießen, acht Kilometer vom Schloss La Muette in Passy über die Seine bis zum Hügel Butte aux Cailles zurückzulegen. Anderthalb

Jahre später stürzte Rozier beim Versuch, mit einem selbstgebau-
ten Ballon den Ärmelkanal zu überqueren, in den Atlantik und
starb zusammen mit seinem Mitfahrer – die ersten Todesopfer der
Luftschifffahrt –, weil sich der Wasserstoff in der Ballonhülle entzündet hatte.[10]

Das war Idealismus: Sich durch fast nichts und einen Gedanken – hier, dass erhitzte Luft Auftrieb erzeugt – in eine Höhe zu erheben, die es erlaubte, die Erde aus einer nie gekannten Perspektive
zu betrachten, ohne dass dabei unmittelbar kommerzielle, politische oder religiöse Motive im Spiel waren. Oder genauer: Welche
Motive auch immer eine Rolle gespielt haben, das Resultat der Anstrengungen, die sie auslösten, ließ die Frage nach den Interessen,
die dahintersteckten, völlig verblassen. Die Luftfahrt war ein Resultat der Forschungen über Gase und der Experimente mit ihnen,
die in der zweiten Hälfte des 18. Jahrhunderts stark zugenommen
hatten. Dem König und seinem Hof zu demonstrieren, wozu man
sich imstande sah, spielte gewiss eine Rolle. «Könnensbewusstsein» hat man diese Einstellung einmal genannt: Jemand handelt,
nicht um etwas zu erlangen, sondern weil er oder sie es kann, weil
es geht. Idealismus ist philosophisches Könnensbewusstsein: Sich
durch fast nichts, das Selbstbewusstsein, in eine Höhe zu erheben,
die es erlaubt, die Welt aus einer bislang unbekannten Perspektive
zu betrachten, und zwar als Ganzes, dessen Teile sinnvoll miteinander zusammenhängen, als etwas Bewundernswertes, in das
die Arbeit ganzer historischer Epochen eingegangen ist, und als
etwas, das verstanden werden kann, sofern nur die richtige Entfernung zu ihm eingenommen wird. Nicht zu nah, nicht zu fern.

ERSTES KAPITEL

Hegel geht zur Schule

«Soviel ist aber gewiß, daß nicht einzelne Menschen, bey
aller Bildung ihrer Zöglinge, es dahin bringen können, daß
dieselben ihre Bestimmung erreichen. Nicht einzelne Menschen, sondern die Menschengattung soll dahin gelangen.»

Immanuel Kant

W ir wissen nicht sehr viel von Hegels Kindheit und Jugend.
Er selbst hat kaum etwas darüber mitgeteilt; das gilt auch
für die Anfänge seines Studiums in Tübingen und die Zeit danach.
Den Drang zum Autobiographischen verspürte er nie. Eine der
wenigen Bemerkungen fällt 1825, als er an seine Schwester Christiane schreibt: «Heute ist der Jahrestag des Todes unserer Mutter,
den ich immer im Gedächtnis behalte.»[1] Die Mutter war, erst ein-
undvierzig Jahre alt, am 20. September 1783 gestorben, als Hegel
dreizehn war und wie die ganze Familie am «Gallenfieber» darnie-
derlag – vermutlich Typhus: «Hegel war so krank, daß er schon die
Bräune hatte», erinnert sich die Schwester später.[2]

Die spärlichen Erinnerungen an seine frühen Jahre, die darüber
hinaus überliefert sind, stammen nicht von ihm, und die wenigen
Dokumente, die er in Gestalt von Tagebuchnotizen, Abschriften
aus Büchern und kleinen Aufsätzen hinterlassen hat, beziehen
sich nahezu ausschließlich auf seine Schulzeit, seine Lektüren und
Gedanken, die von ihnen ausgingen. Würde man sie für eine komplette Beschreibung der ersten Jahre halten, bestünde Hegels Leben
aus nichts als Bildung, aus zwei, drei lebensbedrohlichen Krankheiten und aus moralischen Erwägungen, die tugendhaftes Verhalten,
das Streben nach Glück und mitunter den Tod zum Thema haben.

Was wir von ihm wissen, ist also zunächst, dass er gelernt und gelesen hat, viel gelernt und viel gelesen. Mit fünfzehn trägt er in sein Tagebuch ein, welche Bücher er sich gerade aus dem Nachlass eines früh verstorbenen Lehrers gekauft hat: die «Nikomachische Ethik» von Aristoteles, Reden der griechischen Rhetoren Demosthenes und Isokrates, die philosophischen Schriften Ciceros, die «Attischen Nächte» des Aulus Gellius sowie Werke weiterer zwölf römischer Schriftsteller. Die Sphäre der Bildung, der «Bildung zu den Wissenschaften», wie er später in einem Lebenslauf formuliert, wird er zeit seines Lebens nicht verlassen: Schüler, Student, Privatlehrer, Universitätsdozent, Journalist, Gymnasiallehrer und Schuldirektor, Professor schließlich – das werden am Ende seine Berufe gewesen sein.

Schon Schüler war für ihn ein Beruf, und zwar ein offensichtlich gern ausgeübter. Mit drei Jahren wird er eingeschult und noch vor dem sechsten Lebensjahr in Latein unterrichtet; seine Mutter übt mit ihm die Deklinationen und das Vokabular. Mit acht erkrankt er lebensgefährlich an Windpocken, die ihn tagelang erblinden lassen, der Arzt gibt ihn schon auf. Hegel aber wird wieder gesund und lernt weiter. Er ist stets unter den Besten seiner Klasse auf dem Stuttgarter «Gymnasium Illustre», der «Hohen Schule», auf die er seit dem Herbst 1776 geht und die nur hundert Meter von seinem Elternhaus – zwei Wohnetagen samt Dachaufbau, Waschhaus, Gewölbekeller, «Höfle» und kleinem Garten – entfernt liegt. Die Lehrer schätzen ihn. Einer, der junge Präzeptor Johann Jakob Löffler, den Hegel als Vorbild bezeichnet, schenkt dem Achtjährigen die Werke Shakespeares mit der Bemerkung, er werde sie jetzt noch nicht verstehen, aber bald. Präzeptoren waren Lehrer, die im «Untergymnasium» der Klasse den gesamten Unterricht erteilten, während am «Obergymnasium» Professoren in ihrem jeweiligen Fach Vorlesungen hielten. Unterricht wurde im Winter von acht bis elf Uhr, im Sommer von sieben bis zehn Uhr sowie viermal in der Woche von vierzehn bis sechzehn Uhr. Hinzu kam Privatunterricht, Hegel bekommt ihn unter anderem in Geometrie, Messkunst und Astronomie, durch einen naturkundlich versierten Lehrer der Karlsschule, aber auch durch jenen Präzeptor sowie den Physik- und Mathematikprofessor Philipp Heinrich Hopf, der ihn für seine Fächer begeistert.[3]

Zur Schule gehörte damals, dass ständig «examiniert» wurde, um den Zugang zu den begehrten Klosterschulen des Landes, in deren Händen die Theologenausbildung lag, zu verknappen. Hegel wurde von seinem zehnten Lebensjahr an insgesamt fünfmal in einem landesweiten Examen der Lateinschüler geprüft, obwohl er am Ende dann doch den nur für Stuttgarter Gymnasiasten möglichen Zugang zum Tübinger Stift über das Obergymnasium wählte.[4] Acht Stunden Latein, drei in Griechisch, zwei in Hebräisch und zwei oder drei in Geschichte waren Pflicht, Hegel lernte überdies Französisch. Manche Lehrer schlugen ihre Schüler noch, aber andere wussten schon etwas mit ihnen anzufangen. Hegel ist kein Autodidakt, niemand, der sich, wie viele Intellektuelle des späten 18. Jahrhunderts, unter Qualen und gegen Widerstände den Bildungsraum erkämpfen muss, den ihm eine unfreundliche Umwelt nicht gönnt. Es ist seitens der Eltern und vieler Lehrer gewollt, dass er lerne und nicht nur pauke. Wiederholt hält er fest, mit Erwachsenen auch außerhalb der Schule im Spaziergangsgespräch über Unterrichtsstoffe gewesen zu sein.

Das wäre fast schon alles, was über Hegels frühe Jahre bekannt ist. Wenn es nicht die Notizen zu seinen Lektüren und einige kleine Aufsätze gäbe. In seinem zu Übungszwecken teils lateinisch, teils deutsch verfassten «Tagebuch», das er zwischen Juni 1785 und Januar 1787 unregelmäßig führt, hält er vor allem sein Pensum fest, geht einzelnen Überlegungen zum geselligen Verhalten nach und zu moralischen Problemen, verarbeitet Lektüren. «Noch keine Weltgeschichte hat mir besser gefallen als Schröks. Er vermeidet den Ekel der vielen Namen in einer Spezial-Historie»[5] –

man fragt sich, wie viele Weltgeschichten und Spezial-Historien der Fünfzehnjährige da schon hinter sich hatte. Festgehalten werden Mathematikaufgaben, Lateinübungen, Altklugheiten aus vermischten Schriften wie die des Mediziners Zimmermann «Ueber die Einsamkeit» von 1784 oder aus aufklärerischen Durchschnittsbelehrungen wie Johann Heinrich Campes «Theophron oder der erfahrne Rathgeber für die unerfahrne Jugend» von 1783, aus dem er beispielsweise notiert: «Habent enim laudique infamiaeque monopolium», die Frauen hätten das Monopol über Lob und Tadel und trügen so zur Verfeinerung der Sitten bei. Hegel übersetzt: das Handbuch der stoischen Morallehre Epiktets, den Traktat über das Erhabene des Pseudo-Longinus, Stellen aus den Dramen des Sophokles. Dazwischen notiert er Anekdoten, entwirft zwei, drei Seiten eines Aufsatzes über das Exzerpieren und zur Frage, worin der Sinn des Lateinlernens bestehe, schreibt etwas über eine totale Mondfinsternis, sammelt dann wieder Lesefrüchte.

Hegel liest, weil die Bibliothek an einem Samstag kein anderes Buch anbot, den französischen Ästheten Charles Batteux, aber auch Herodot, Livius und mit großer Begeisterung den Briefroman «Sophiens Reise von Memel nach Sachsen» von Johann Timotheus Hermes, einen zeitgenössischen Bestseller. Später wird sich der gehässige Schopenhauer, der nie verlegen war, Hegel am Zeug zu flicken, darüber lustig machen und sagen, er seinerseits habe als Jugendlicher Homer der «Reise von Memel nach Sachsen» vorgezogen. Aber dass einem Schüler um 1785, der selbstverständlich auch im Homer bewandert war und sich an Übersetzungen aus der «Ilias» versuchte, eine imaginierte Reise ins zeitgenössische Sachsen lebendig vorkam, wird man verstehen können. Hegel dürfte zu dieser Zeit die Stuttgarter Stadtgrenzen noch nicht oft überschritten haben und kannte nicht nur Sachsen, sondern auch den Rest der Welt bloß aus Lektüren. «Sophiens Reise» zu lesen hieß damals vor allem, die Gefühle zu genießen, die der Autor beim Leser zu erwecken wusste. Eine junge Frau auf Reisen – was lagen darin nicht alles für Perspektiven, Gefahren und Gelegenheiten, dem Äußersten nachzusinnen: «‹Mademoiselle ich muß die Thür öffnen: aber ich fürchte daß Sie sich erkälten werden: Sie sind zu zart …› Er brach hier ab, und ris mit Gewalt die Augen von mir weg. Und nun unternehm ich es nicht, Ihnen die demüthigende Beschämung zu beschreiben, mit welcher ich mich auf einmal erblikte! Jezt gewis ganz sicher gegen die Ohnmacht welcher ich vorher nah gewesen war, sprang ich auf, mein Tuch zu suchen: und er selbst warf es mir hin.»[6] Hegel ging, wie alle, die lesen konnten, ins Kino, bevor es das Kino gab. Kurz gesagt, Hegel liest einfach alles, was ihm in die Hände kommt, vom Schwierigsten bis zum Einfachsten. Er liest querbeet. «Bücher», formulierte es Novalis wenig später, «sind eine moderne Gattung historischer Wesen – aber eine höchstbedeutende. Sie sind vielleicht an die Stelle der Traditionen getreten.»[7]

Manchmal trägt Hegel auch nur einfach etwas in sein Tagebuch «in fugam vacui» ein: weil er die Blätter nicht leer lassen will.[8] Es gibt kein Thema, das ihn länger als ein paar Tage festhält. Überhaupt ist Ausgeglichenheit etwas, das er in Gedanken anstrebt. Das Sinnliche, heißt es, ist nicht als solches böse; Gut und Böse koexistieren im Menschen, alles Schlechte hat auch sein Gutes, das Lob der Tugend darf uns nicht der Welt abspenstig machen – es sind solche Abwägungen in harmonisierender Absicht, die sein Journal durchziehen. Ab und an wird der Aberglaube attackiert, nicht zuletzt der katholische, aber auch hier lenkt Hegel sofort wieder ein und lobt eine katholische Predigt, die er gehört hat, für ihren Verzicht auf konfessionelle Polemik.

Die umfangreichen Exzerpte, die er nach Auskunft seines ersten Biographen, Karl Rosenkranz, aus dem aktuellen Schrifttum aufklärerischer Intellektueller anfertigte, von Mendelssohn und Gottsched über Rousseau und Wieland bis zu Lessing und Ferguson, sind leider nicht erhalten geblieben. Immerhin aber ein vierseitiger Aufsatz «Über einige charakteristische Unterschiede der alten Dichter» von 1788, der deutliche Spuren solcher Lektüre trägt. Hegel steht hier unter dem Eindruck von Christian Garves «Betrachtung einiger Verschiedenheiten in den Werken der ältesten und neuern Schriftsteller, besonders der Dichter», die 1770 erschienen war. In ihr schreibt der zu Unrecht als bloßer Popular- und Damenphilosoph bezeichnete Gelehrte den antiken Schriftstellern eine größere Konzentration auf ihre Gegenstände zu, während die modernen Dichter durch die Aussicht auf Beifall davon abgelenkt würden. Der alte Schriftsteller sei ein Kind, das ganz in der Gegenwart lebe, der moderne reflektiere ständig auf sein Tun und also auf das, was er schon getan habe, sowie das, was noch vor ihm liege. Die Alten lernten durch die Natur und mittels sinnlicher Wahrnehmung, die Neuen blieben stets in der Nähe ihrer Bücher, «ihre Beschäftigungen und ihre Zeitvertreibe sind größtentheils innerhalb der vier Wände ihres Zimmers». «Wir beobachten also», so Garve, «sehr wenig selbst. Viele Dinge geschehen täglich vor unsern Augen, oder sind nur wenige Schritte von uns, die wir doch kaum eher bemerken, als bis wir sie in Büchern gefunden haben.»[9] Musste Hegel dies nicht auch auf seine eigene Erfahrung beziehen?

«Wir lernen», kommentiert das der fast achtzehnjährige Hegel, «von unserer Jugend auf die gangbare Menge Wörter und Zeichen von Ideen und sie ruhen in unserem Kopfe ohne Thätigkeit und ohne Gebrauch.» Man habe zunächst die Wörter, dann erst die Erfahrungen, die erlauben, sich etwas bei ihnen zu denken. Zugleich seien die Wörter Formen, die das Denken und die Art, etwas zu sehen, die Erfahrung also, «modeln».[10] Hegel hält fest, die Art, sich auf diese Weise zu bilden, führe bei vielen zu nebeneinanderher laufenden Reihen von Gedanken, die nicht zu einem System verbunden seien, ja sich nicht einmal berührten. Man liest also dieses und jenes, das eine leuchtet einem ein, aber auch etwas anderes, ob es zueinander passt, sieht man nicht sofort und manchmal nie. Es wird noch deutlich werden, wie genau diese Beobachtung die

Situation eines jungen Intellektuellen umschreibt, der bald um den Nachweis bemüht ist, dass die Aufklärung, die griechische Philosophie, das Christentum und Kant im Grunde alle auf ähnliche Gedanken zielten. Wenn viel später in seinem Leben der Begriff «System» prominent wird, mag man sich an diese Notiz des Jugendlichen über das Unbehagen an Unverbundenem erinnern. Hegel wurde nicht als Idealist geboren.[11] Niemand wird das. Doch selbst das gedankliche Feuer seiner späteren Werke und auch nur die literarische Kraft der ersten Entwürfe zur Deutung der christlichen Religion sucht man vergeblich in seinen Jugendschriften. Was wir finden, ist der Wille eines fleißigen, aber nicht gerade leidenschaftlichen Knaben, eine Vielfalt an Ansichten über die Welt aufzunehmen, nebeneinanderzulegen und zu kommentieren. Seine spätere Polemik gegen das «Dafürhalten aus eigener Meinung», die sich unter anderem in seinen Schriften als Schullehrer in Nürnberg wiederfindet, hätte sich auf den eigenen Werdegang berufen können. Es haben, wird sie lauten, originelle Irrtümer gegenüber angelesenen Irrtümern keinen Vorteil, und auch das Selbstdenken bedarf der Nahrung, der Objekte, der Vorgaben, an denen es sich bewähren kann, nachdem ein Stoff zuvor verstanden worden ist. Das Ich holt nicht alles aus dem Ich heraus. Erst lesen, dann denken, dann schreiben.

Georg Wilhelm Friedrich Hegel, den sie zu Hause «Wilhelm» rufen, kommt am 27. August 1770 in Stuttgart in einer württembergischen Familie protestantischer Honoratioren zur Welt. Honoratioren heißt hier: Pfarrer, Advokaten, Schullehrer, Verwaltungsleute. In der Sprache der Zeit gehörten sie der «Ehrbarkeit» an. Mit den Geistlichen freilich ist es in direkter Linie schon eine ganze Weile her, in der Familie der Mutter finden sie sich gar nicht. Hegel wächst also anders als seine Studienfreunde Hölderlin und Schelling nicht im sprichwörtlichen evangelischen Pfarrhaus auf, auch wenn solche Pfarrhäuser immer in der Nähe sind: «Noch der

Pfarrer, welcher Schiller taufte, war nach Gustav Schwabs Bericht ein Hegel.»[12]

Mehrere seiner Vorfahren bekleideten das Amt des «Landschaftsregistrators», sein Urgroßvater mütterlicherseits beispielsweise. Wodurch der Mann aber nichts mit Wäldern oder Verkehrswegen zu tun hatte, die «Landschaft» war nach damaligem Sprachgebrauch im Gegensatz zur «Herrschaft» die Vertretung der bürgerlichen Bevölkerung in den sogenannten Amtsstädten. Stuttgart, die «Fürstin der Heimath» (Hölderlin), war der Sitz der Residenz und dieser ständischen Vertretung. Andere Familienmitglieder waren Regierungssekretäre und Oberamtmänner, wie sein Großvater, der neun Jahre vor Hegels Geburt starb. Viel älter als sechzig wurden die Erwachsenen damals meistens nicht. Hegels Vater wiederum, Georg Ludwig Hegel, der Jurisprudenz in seiner Geburtsstadt Tübingen studiert hatte und sechsundsechzig wurde, war Rentkammersekretär und später Rentkammer-Expeditionsrat. Er verwaltete also die Einnahmen («Renten») des Landesfürsten. Heute würde man vielleicht sagen, er arbeitete im Finanzamt von Stuttgart. Von sechs Geschwistern überleben drei die Kindheit: der erstgeborene Hegel, sein Bruder Georg, der als Offizier 1812 nicht aus dem Russlandfeldzug Napoleons zurückkehren wird, und seine Schwester Christiane Luise, von der wir noch hören werden.

Eine Familie von Beamten mittlerer Stellung also. Wessen Beamte waren sie? Württemberg wurde seit 1744 von Herzog Karl Eugen regiert, der mit sechzehn Jahren die Geschäfte des Landes übernommen hatte, nachdem ihn seine protestantischen Vormünder zuvor in Preußen, am Hof Friedrichs II., hatten erziehen lassen, um den jungen katholischen Prinzen dem Einfluss Habsburgs zu entziehen. Viel geholfen hatte es zunächst nicht. Der Monarch interessierte sich nach seinem Amtsantritt in spätbarockem Habitus vor allem für höfische Selbstdarstellung durch repräsentative Bauten, das Abhalten von Jagden und Feierlichkeiten, die mitunter vierzehn Tage am Stück dauerten, die Pflege der musikalischen Künste sowie die Zuwendung zu Bühnenkünstlerinnen. Noch zwei Jahre vor Hegels Geburt erlebte das Residenzschloss im nahen Ludwigsburg die Aufführung der Oper «Fetonte» des Hofkapellmeisters Niccolò Jommelli mit mehr als vierhundert Statisten, darunter dreihundertvierzig Soldaten, sechsundachtzig von ihnen zu Pferde.[13] Karl Eugens Gemahlin, Elisabeth Friederike Sophie, hielt die Mätressenwirtschaft nicht lange aus und floh 1756 in die Arme ihrer Bayreuther Familie. In seiner Regierungszeit versorgte der Herzog das Land gleich mit vier neuen Schlössern, darunter Montrepos und Solitude sowie das Neue Schloss in Stuttgart, das er den Stadtbewohnern mit der Drohung abpresste, andernfalls mitsamt seinem Hofstaat nach Ludwigsburg, das sie im Volk auch «Lumpenburg» nannten, auszuweichen. Was er dann auch tat. Als Hegel geboren wird, ist die «Residenzstadt auf Abruf» mit ihren fünfzehntausend Einwohnern schon seit sechs Jahren keine Residenzstadt mehr. Als Hegel eingeschult wird, ist sie es bereits wieder.[14]

Dieser schwankende Regierungs- und Lebensstil, in dessen Zentrum die Ruhmsucht stand, führte zu erheblichen Ausgaben, zu denen von 1756 an die Kosten für die Beteiligung Württembergs am Siebenjährigen Krieg hinzukamen. Sie durch Steuern zu finanzieren, lehnte die «Landschaft» ab. Das war nicht unerheblich, denn den Landständen als Versammlung aus Rittern, Kirchenvertretern und der «Landschaft» war schon mehr als zweihundert Jahre zuvor das Recht zugesichert worden, Steuern zu bewilligen. So sperrten sich Bürgermeister gegen Versuche des Hofes, die Steuern mit militärischer Gewalt einzutreiben. Dass sich Karl Eugen außerdem – zur Finanzierung seiner Hofhaltung und für eine entsprechende Vorauszahlung – verpflichtet hatte, im Kriegsfall sechstausend Männer als Soldaten an Frankreich «auszuleihen», was der württembergischen Verfassung widersprach, steigerte den Konflikt zwischen Bürgerschaft und Hof noch. Einen Landtag,

den der Herzog 1764 einberufen hatte, um an Geld zu kommen,
löste er, als die Stände sich uneinsichtig zeigten, gleich wieder auf.

Hegels Familie gehörte also einer bürgerlichen Schicht an, die
für das Herzogtum arbeitete und insofern keineswegs «republika-
nisch» gesinnt war. Sie bestand aber auf den hergebrachten Rechten der städtischen Bürgerschaft und der Heilung des mehrfachen
Verfassungsbruchs, dessen sich der Monarch schuldig gemacht
hatte. Der Beamte dient seinem Herrn, jedoch nur im Rahmen
von dessen gesetzlich festgelegtem Entscheidungsspielraum. Das
Plündern von Kassen, um Vergnügungen zu finanzieren, fiel nach
Auffassung der württembergischen Amtsstädte nicht in diesen
Spielraum.

1770 kam es vor dem Wiener Reichshofrat des Heiligen Römischen Reichs Deutscher Nation, zu dem Württemberg gehörte,
zum sogenannten Erbvergleich. Die Rechte der Stände, die den
Rat angerufen hatten, wurden vom Kaiser bekräftigt; der Landtag, hieß es, sei der repräsentative Körper des Vaterlandes. Der
Herzog musste sein Regierungsgebaren ändern und von seinen
hohen Ausgaben herunterkommen. Er tat es. Acht Jahre nach
diesem Urteil ließ Karl Eugen von allen Kanzeln des Landes eine
Bußerklärung verlesen, in der er unter Appell auch an seine Beamten politische Besserung und seine Hinwendung zur Rolle des
fürsorglichen Landesvaters gelobte. Weniger Prunk, weniger Ambition, weniger Militär hieß das.

Und stattdessen? Bildung. Es wirkt tatsächlich wie ein Witz
der Geschichte, dass sich der Wandel vom spätbarocken zum
«aufgeklärten» – soll heißen: maßvolleren und nüchternen – Ab-
solutismus in Württemberg genau in dem Moment zutrug, als die
künftigen Vertreter des philosophischen Bildungsgedankens als
Landeskinder auf die Welt kamen. Schon im Frühjahr 1770 hatte
der Herzog im Schloss Solitude ein «Militärisches Waisenhaus»
gegründet, das ein Jahr später in «Militärische Pflanzschule» umbenannt wurde, um weitere zwei Jahre danach «Militärische Aka-

demie» zu heißen und schließlich als jene «Carlsschule» nach Stuttgart umzuziehen, deren berühmtester Zögling Friedrich Schiller wurde. 1765 war dem die Öffnung der herzoglichen Bibliothek für alle des Lesens Mächtigen vorausgegangen, «Mittwochs und Samstags von 2 bis 5»[15], wie Hegel schreibt.

Auch in Hegels Gymnasium wirkte das erwachte Interesse des Herzogs an schulischer Erziehung spannungsvoll hinein. Die Lehrer wurden von ihm ernannt, doch die Schulaufsicht lag bei der protestantischen Kirche. So kam es nicht nur, dass viele Lehrer vom Herzog gegen kirchlichen Widerstand durchgesetzt wurden; es bildeten sich auch in der Schule die unterschiedlichen Auffassungen vom Sinn der höheren Erziehung ab, die damals in Deutschland diskutiert wurden. Das «Gymnasium Illustre» verwandelte sich unter ihrem Einfluss allmählich von einer Einrichtung, die in erster Linie auf theologische Studien in Tübingen vorbereitete, zu einer allgemeinbildenden höheren Schule. So wurde Fächern wie Mathematik, Physik und Geographie mehr Gewicht gegeben. Bis dahin hatte die Schule nicht einmal das Besteck für physikalische Experimente gehabt. Alte Texte wiederum sollten nicht länger mehr nur wegen der Bedeutung ihrer Sprache für die christliche Überlieferung gelernt werden, sondern um der Kenntnis der Antike, also um ihrer Inhalte willen.

Allerdings war der Lehrkörper in diesen Fragen uneins. Es gab Professoren, die aus leidvoller Erfahrung mit der gewalttätigen Frömmelei pietistischer Erziehungsmethoden der kritischen Vernunft im Umgang mit religiösen Fragen den absoluten Vorrang einräumten, während andere im Geist des sogenannten Neuhumanismus sich der historischen Welt und den Naturwissenschaften öffneten. Der herrschende Gegensatz war also nicht der zwischen Dogmatismus und Aufklärung, sondern der zwischen unhistorischem und historischem Denken. Eine illustrative Anekdote in diesem Zusammenhang, die Hegel in seinem Tagebuch mitteilt, betrifft den zum Tode verurteilten Sokrates. Der bat,

Platons «Apologie» zufolge, in seinen letzten Stunden, man möge auf seine Kosten dem Gott der Heilkunst, Äskulap, einen Hahn opfern. Die rationalistische Erklärung von Hegels Schullehrer Philipp August Offterdinger lautete: Sokrates, die Personifikation der griechischen Aufklärung, handelt so unvernünftig abergläubisch, weil das Gift, mit dem er aus dem Leben scheidet, schon Wirkung zeigt. Hegel hingegen: «Ich halte neben dieser Ursache auch davor [dafür], er habe gedacht, weil es Sitte sei, wolle er durch Unterlassung dieser geringen Gabe den Pöbel nicht vollends vor den Kopf stoßen.»[16] Sokrates handelt für Hegel also vielleicht sachlich unvernünftig, aber sozial verständig. Der Glaube, den man auch Aberglauben nennen mag, ist, so aufgefasst, nicht nur eine Behauptung über die Erbittlichkeit der Götter, sondern auch ein gemeinschaftliches Ritual. Man darf, um das zu sehen, eben nur keinen zu engen Begriff von Vernunft, von gesundem Menschenverstand und von Aufklärung haben. Ein knappes Jahr später findet Hegel in den «Briefen zur Bildung des Geschmacks» von Johann Jakob Dusch die dem französischen Dramatiker Racine zugeschriebene Bemerkung, Sokrates habe mit «Wir schulden dem Äskulap einen Hahn» ein griechisches Sprichwort so zitiert, wie es ein aufgeklärter Franzose tue, der zu einem Freund sage, man müsse jetzt eine Kerze anzünden («nous devons une belle chandelle»).[17]

Hegel ist, mit anderen Worten, früh auf eine Reihe intellektueller Spannungen seiner Zeit aufmerksam geworden. Hegels Lieblingslehrer Johann Jakob Löffler beispielsweise wurde vorgeworfen, er vernachlässige das Auswendiglernen.[18] Sein Schüler hingegen dürfte an den Gesprächen mit ihm, der ihm auch Privatunterricht erteilte, gerade das Inwendiglernen geschätzt haben, die Diskussion über Unterrichtsstoffe, die Demonstration der Gründe, weshalb man sich mit ihnen beschäftigte. 1785 muss er den Tod dieses verehrten Menschen hinnehmen – «ewig werde ich sein Andenken unverrükt in meinem Herzen tragen», notiert der Fünfzehnjährige und schreibt Löffler gewissermaßen auf den

Grabstein: «Er kannte den Wert der Wissenschafften, und den Trost, den sie einem bei verschidenen Zufällen gereichen.»[19] Dass ein Fünfzehnjähriger an der Wissenschaft ihre Fähigkeit schätzt, Trost zu vermitteln, ist keine nebensächliche Beobachtung. Zwei Jahre ist es damals erst her, dass Hegel seine Mutter verloren hatte und beinahe selbst gestorben war. Der Bedarf an Trost war groß, dass er ihn durch Nachdenken und Kenntnis der Welt gestillt sehen konnte, sagt viel über den jungen Hegel.

Das Auswendiglernen, das zu wenig zu fördern Hegels Lieblingslehrer vorgeworfen wurde, passte zu einer Zeit, in der verlässlich eingeschätzt werden konnte, was ein Schüler brauchte, um sich im Leben zurechtzufinden. Die in der Zeit um Hegels Geburt einsetzende Bildungsrevolution fand aber in einer gesellschaftlichen Lage statt, in der die Schulen ihre Zöglinge allmählich nicht mehr in «Haus und Stand» einfügen, sondern zu Selbstbestimmung anleiten sollten.[20] Um 1770, so der Bildungshistoriker Heinrich Bosse, erlebte in Deutschland nämlich weniger die Gesellschaft eine Krise als die Tradition. Es wurden inzwischen einfach zu viele Bücher und Kommentare zu Büchern publiziert, als dass die Illusion hätte aufrechterhalten werden können, es sei ganz klar, welche davon Pflichtlektüre seien. Nicht die Kopie der Vorbilder konnte länger die Norm abgeben, sondern die sachliche Überprüfung ihrer Maßgeblichkeit. Nicht Gelehrsamkeit um ihrer selbst willen erschien geboten, weil alles Wissen irgendwo schon dargestellt sei, sondern der Vergleich fremder Erfahrung, wie sie in Büchern niedergelegt ist, mit den Ergebnissen des eigenen Nachdenkens.

Der Polemik des von Hegel früh verehrten Rousseau gegen die Bücher – «Ich hasse die Bücher! Sie lehren nur, von dem zu reden, was man nicht versteht»[21] – folgen in dieser Zeit Lessing, Herder, Goethe und Schiller. Im Rückblick erstaunt daran nicht nur das Paradox, dass es äußerst belesene Leute waren, die hier gegen das Lesen polemisierten. Sie waren auch unbekümmert um den noch viel größeren Widerspruch, dass sie, wie schon Rousseau, den Widerstand gegen Erfahrung aus zweiter Hand ihrerseits zum Druck beförderten. Folgt keinen Autoritäten, sondern eurer eigenen Erfahrung, sagte – jemand, der dadurch Anspruch auf Autorität erhob. Hegel kultiviert diese Geste nicht, sich von der Tradition dadurch zu befreien, dass man ihr den Rücken zuwendet. Als Originalgenie empfindet er sich nicht. Dazu war er ein zu bewusster Leser, angefüllt von Jugend an mit einer schwer begreiflichen Anzahl an Lektüren. Vielmehr wird er zu verstehen suchen, was es mit der Tradition auf sich hat und wo die Grenzen ihrer Tradierbarkeit liegen. Gegen das Lesen und das Schreiben von Büchern hätte er sich schon deshalb niemals gewendet, weil ihm das rhetorisch glänzende Sprechen stets fremd blieb. Die ersten Einwände, die ihm in der Schule gemacht werden, betreffen nicht seine Argumente, sondern seinen Vortrag.

Das alles zeigt, *wie* der junge Hegel sich gebildet hat. Doch *was* hat er gedacht, *was* war ihm wichtig? Nicht einfach zu sagen. Er kam aus keiner auffällig religiösen Familie. Passion ist ihm so fremd wie die Vorstellung, man gewinne etwas, wenn man sich seinem pochenden Herz überlässt. Er ist kein Schwärmer, neigt nicht zu riskanten oder experimentellen Gedanken. Er interessiert sich für die griechische Tragödie so sehr wie für Physik oder die auf den ersten Blick banalen Meinungen deutscher Rousseau-Adepten. Was ihm plausibel erscheint, ist die Glückseligkeitslehre einer gemäßigten, jedwedem Radikalismus abholden Aufklärung. «Alle Menschen haben die Absicht sich glücklich zu machen», notiert Hegel 1786 in sein Tagebuch, um sogleich festzuhalten, dass es auch solche gibt, die sich aufopfern, um andere glücklich zu machen. «Doch diese haben, glaub' ich, nicht wahre Glückseligkeit aufgeopfert, sondern nur zeitliche Vorteile, zeitliches Glük, auch Leben.»[22] Selbst Märtyrer, heißt das, stellen das eigene Verhalten in einer Glückseligkeitsbilanz ein. Die sokratische Behauptung, die Tugend, und also das gute Handeln, beruhe auf Erkenntnis, nicht auf einem Entschluss, leuchtet ihm ein. Aus dem «Neuen Emil» des Philosophen Johann Georg Heinrich Feder, dem Werk, aus dem er am meisten exzerpiert hat, schreibt er sich 1785 heraus: «Einen Grundtrieb zum Bösen, d. i. zum eigenen Verderben und Nachteil anderer, habe ich nie ausfindig gemacht. Der Mensch liebt sich und kann sein Verderben auf keine Art wollen. Er schadet sich bloß aus Irrtum.»[23]

Es sind also Orientierungen einer gemäßigten, deutschen Aufklärung, denen Hegel während seiner Schulzeit folgt. Während Rousseaus «Émile» in der Gesellschaft die Quelle allen Übels sah, bemühte sich Feders «Der neue Emil» gerade umgekehrt darum, den Zögling an die hergebrachte Moral heranzuführen. Hegel interessieren daran aber weniger die pädagogischen Ansichten des Autors als dessen Moralpsychologie, die er im Kapitel «Von den Gründen der Neigungen, sonderlich derjenigen, die das Recht- oder Übelverhalten eines Menschen hauptsächlich bestimmen» ausgeführt hat. Hegel findet nur auf acht von vierundsiebzig Seiten dieses Kapitels, in dem erläutert wird, dass von der Natur nur Gutes kommt, die Selbstliebe Liebe zu anderen impliziert und Tugend nur Vorteile hat, nichts für sein Notizbuch. So schreibt er sich heraus, dass die Tugend noch nicht vollkommen sei, solange sie noch von der Erwartung eigener Vorteile und Furcht unterstützt werde. Aber er bricht an der Stelle ab, an der Feder die typisch pragmatische Einschränkung anschließt, für die Gesellschaft wie das Individuum sei eine unvollkommene Tugend besser als gar keine.[24]

Das Nützlichkeitsdenken der Aufklärung zieht Hegel an, weil es die Intelligenz mit ihren sozialen Umständen verbindet. Alles, was gedacht wird, hat sich im Leben zu bewähren, und wenn es nur in den Büchern steht, führt es eben nur ein Leben in Büchern. Zugleich sieht er früh, dass es sowohl die Gedanken wie die Handlungen selbst unfrei macht, wenn Letztere zu eng an die Befriedigung sinnlicher Bedürfnisse gebunden werden. Die menschliche

Sinnlichkeit ist für ihn also einerseits nichts Schlechtes, weil auch Phantasie, Einbildungskraft und die Gefühle mit ihr zusammenhängen. Andererseits kann die Sinnlichkeit des Menschen als «Abhängigkeit von der äußeren und inneren Natur – von dem, was ihn umgibt und in dem er lebt, und von den sinnlichen Neigungen und dem blinden Instinkt», wie Hegel kurz darauf schreiben wird, seinen besten Möglichkeiten im Wege stehen.[25]

Auch wenn damals weder der Begriff des «Idealismus» noch der des «Materialismus» zur Verfügung standen, schwanten schon dem Gymnasiasten Hegel die Widersprüche von philosophischen Theorien, die sich strikt an diese Unterscheidung hielten. Einerseits ist der Mensch abhängig von äußeren Kräften, die auf ihn einwirken: Religion, Klima, Gesetzgebung, Moral. Andererseits ist er frei, soll er alle seine Kräfte entwickeln, was er aber nur kann auf der Grundlage seiner Verflochtenheit in konkrete Lebensweisen. Freiheit ist nicht ein abstraktes Dagegensein, sondern die Entfaltung von Möglichkeiten in einer gegebenen Situation. Doch woran lässt sich erkennen, welche sinnvollen Möglichkeiten in der Situation stecken? Was bewegt Sokrates, in das Urteil der Athener über ihn einzuwilligen, anstatt zu fliehen? Weshalb kann es richtig sein, etwas zu tun, das dem eigenen Wohlergehen widerspricht? Ein Vokabular, um sich in solchen Widersprüchen zurechtzufinden, hat Hegel damals noch nicht.

Am Ende seiner Schulzeit kam die Frage auf, worauf es bei ihm hinauslaufen sollte. Der Wunsch der Mutter war gewesen, ihn zum Pfarrer auszubilden. Er fügte sich dem, weil man sich damals überhaupt dem elterlichen Willen fügte und weil die Ausbildung dafür ihm alle denkbaren Weltausschnitte anbot. Aber schon dem Achtzehnjährigen schien klar, dass die Verkündigung des Neuen Testaments seine Sache nicht sein wird. Wofür er sich interessierte und was er aufgrund von Lektüren plausibel fand, hatte mit dieser Aufgabe gar nichts zu tun. Das Studium, das sich an seine Schulzeit anschließen würde, musste Hegel nicht als Ausbildung zu einem Beruf verstehen, sondern als geschenkte Zeit, die es ihm erlaubte herauszufinden, was sich mit all den Lektüren und Gedanken, zu denen ihn die Schulzeit geführt hatte, im Leben anfangen ließe – mal sehen, was kommt.

Ziehen wir ein erstes Resümee: Hegel wächst in einer Ja-aber-Welt auf. Er gehört einer Familie an, die monarchisch gesinnt ist, aber voller Bürgerstolz lebt. Man ist protestantisch, aber der Souverän ist katholisch. Er ist der Souverän, aber er unterliegt den Landständen und ihren verfassungsmäßigen Rechten. Er pflegt die barocke Ruhmsucht, aber wendet sich, wenn auch spät, mit großer Strenge der Verbesserung seines Staates zu. Die Aufklärung ist dominant, aber der lutherische Glaube ebenfalls. Man pflegt die Vorstellung, Tugend sei nützlich, aber in Königsberg ist Immanuel Kant schon dabei, das Verhältnis zu Moral und Religion so zu revolutionieren, dass der Egoismus als undurchdacht erscheint. Die Schulen unterrichten die Vorbildlichkeit der Antike, aber auch des Christentums und des gesunden Menschenverstandes. Ja, Sokrates, aber auch Jesus. Ja, Monarchie, aber auch Republik. Ja, die Tradition, aber auch der Widerspruch gegen sie.

Es sind mithin viele Vorbehalte, die am Beginn dieser Biographie stehen. Niemand hätte am Ende von Hegels Schulzeit sagen können, was aus ihm werden würde. Das ist bezeichnend für die Bildungssituation dieser Zeit. Der Nachwuchs rückt nicht mehr selbstverständlich in die Positionen ein, die seine Herkunft für ihn vorsieht. Hegel nimmt ein Studium auf, das zum Beruf des Pfarrers führt, aber er denkt keine Sekunde daran, diesen Beruf zu ergreifen. Welchen anderen, weiß er noch nicht. Bildung heißt, dass man lange Zeit von einer Antwort auf die Frage absehen kann, was man werden will.

ZWEITES KAPITEL

Der Mönch in der Revolte –
Tübingen als Lebensform

―――――

Ludwig XVI.: «C'est une révolte?»
Graf Liancourt: «Non, Sire, c'est une révolution.»

H egel wird Magister. Aber was ist ein Magister? Ein Magister,
sagt die Zeitschrift «Das graue Ungeheur» im Jahr 1784, ist
ein «Geschöpf in schwarzes Tuch gekleidet, mit rund verschnitte-
nen Haaren, einem Mantel und Halskrägchen». Durch theologische Studien habe es dieses in Tübingen einheimische Wesen bis
an die Schwelle der Kirchentüren gebracht. Aber es ist weich wie
der «Thon Japet's», also der Lehm, aus dem Gott den Menschen
schuf. Man kann einen Vikar, einen Hofmeister, einen Pfarrer,
einen Professor, einen Feldprediger oder einen Diakon aus ihm
formen. Es wohnt in einem alten, schwarzen, verrauchten Bau mit
seinesgleichen eng gedrängt zusammen. Innen ist es «das absur-
deste, steifeste und bissigste Ding». Es wird gefüttert, geweidet
und gegängelt. Und endlos geprüft. Kommt es aber an die Luft,
so verwandelt es sich zuweilen in ein liebenswürdiges Wesen und
macht sich lustig über seine «Zuchtvögte».

Ob der aufklärerisch aufgeregte Publizist Wilhelm Ludwig
Wekhrlin irgendeine unmittelbare Anschauung vom Leben im Tübinger Stift hatte, dessen Insassen er in seiner eigenen Zeitschrift
so eindrücklich schilderte, ist unklar. Dass seine Beschreibung
traf, ist hingegen sicher. Die Studenten der Theologie, die in jenem
Stift unterrichtet wurden, sollten tatsächlich einem Leben des
ständigen Instruiertwerdens und Predigens unterworfen werden.
Nichts Weltliches, nichts Schönes sollte ihren Alltag bestimmen.

Ihre einzige Lektüre, so die Vorstellung der Lehrer, sei die Bibel und ihre theologische Auslegung sowie alte Schriftsteller. In der Welt sollten sie inmitten einer «fürchterlichen Burg» außerweltlich leben.[1] Die Burg war ein ehemaliges Augustinerkloster und lag inmitten einer furchteinflößenden Stadt. Als Friedrich Nicolai, der Berliner Verleger und aufklärerische Kopf, 1781 nach Tübingen kommt, beschreibt er es so: Die Stadt liege unbequem auf einem Bergrücken, ihre Straßen seien äußerst uneben. «Man muß schief herauf und herabgehen, oft mehrere Stufen steigen, ja in einigen Häusern (z. B. in dem Hause des Herrn Prof. Uhland) steigt man von der Spitze des Dachs in eine andere Straße.»[2] Alles sehr eng, ungepflastert, gar nicht beleuchtet und dreckig. Misthaufen vor vielen Häusern, die kleine schmutzige Fenster haben. Nicolai findet, das gehöre sich nicht für eine Stadt, die sich die zweite Residenzstadt des Landes nenne und ein Hofgericht sowie eine berühmte Universität in ihren Mauern habe. Tübingen ist für ihn die hässlichste bedeutende Stadt Deutschlands, hässlicher noch, wie er notiert, als Kassel und Braunschweig. Hegel selbst spricht in einem Fragment jener Jahre von der «scheusliche[n] Larve des Todes», die das gotische Bauen zeige.[3]

Tübingen war damals eine für unsere Verhältnisse kleine Universitätsstadt. In einem Staat von etwa sechshunderttausend Bewohnern – in Paris lebten mehr Menschen als in Württemberg – machte sie mit ihren 6140 Einwohnern 1788 aber auch dann etwas her, wenn man wie Hegel aus dem mehr als doppelt so großen Stuttgart kam. Heute liegt Tübingen mit knapp neunzigtausend Einwohnern auf sechs Millionen Württemberger deutlich über der einstigen Größe. Zu Hegels Studienzeit stellten die Studenten, Professoren und Mitarbeiter nur etwa acht Prozent der Einwohnerschaft, heute bilden sie ein Drittel. Die Mehrheit der Tübinger war in der Landwirtschaft, im Gewerbe und in der Verwaltung tätig.

Das Bild der Studenten, das Wekhrlin zeichnete, war das protestantischer Mönche.[4] So sahen sie es auch selbst, wenn sie den
Abschied aus Tübingen wie folgt datierten: «Am letzten Tag meines Klosterlebens.»[5] Zwar war die Kuttenpflicht, die noch 1704
verordnet wurde, von 1752 an durch die Anweisung ersetzt worden, «in habitu decenti» eine einheitliche Tracht zu tragen. Aber
die Stiftler hatten auf herzoglichen Befehl weiterhin alle denselben Haarschnitt, der Besuch von Wirtshäusern war ihnen untersagt, vom Umgang mit Mädchen ganz zu schweigen. Verboten
waren außerdem: Rauchen, Ausreiten, Schlittenfahren, Tanzen
und die Teilnahme an Fastnacht.[6] Hegel wird zeit seines Lebens
nicht gut auf Mönche oder auf die Erwartung zu sprechen sein,
die an Mönche gerichtet ist: das eigentlich fromme Leben zu führen. Tatsächlich war es ja eine Pointe des Protestantismus, der von
einem entflohenen Mönch angestoßen wurde, dass Gottesfurcht
und Frömmigkeit nicht delegiert werden können. In der protestantischen Welt sollte es keine Mönche geben. Das ließ allerdings die
Möglichkeit offen, dass alle ein wenig Mönchen ähneln sollten.

Im Stift, dem theologischen Kolleg und Zentrum der Tübinger
Universität, ging es jedoch nicht um die tägliche Selbstprüfung
aller, sondern um das fortwährende Prüfen der künftigen Kir-
chenmänner: in den Fächern, die sie studierten, im Gottesglauben
und in der Disziplin. «Außer China wird in keinem Lande so viel
examinirt und locirt, als in diesem», heißt es über Württemberg.[7]
Schelling wird nach seiner Zeit im Stift von einem «moralischen
Despotismus» sprechen, dem die Studenten ausgesetzt waren.
Hier sollte der mit Bibeln und orthodoxer Theologie bewaffnete
Arm des Fürstenstaats herangezogen werden. Hegel wird das noch
stärker als manche seiner Kommilitonen empfunden haben, kam
er doch aus der Residenzstadt und von einem Gymnasium, an dem
die Aufklärung ihre pädagogische Wirkung schon getan hatte. Davon konnte in Tübingen nur sehr eingeschränkt die Rede sein. Der
berühmteste Theologe des Stifts, Gottlob Christian Storr, lehrte

geradezu gegen jeden Versuch, den Sinn der christlichen Botschaft vom Wortsinn des Neuen Testaments abzulösen und es «vernünftig» zu interpretieren.[8] Eine Prüfung der Texte am Maßstab der Verständigkeit – etwa: Soll man die Wundertaten Christi glauben? Hat er die Fünftausend nicht nur gespeist, sondern auch satt gemacht? Wie kann es sein, dass Gott Christus opfert und dadurch dem Rest die Sünden verziehen werden? – wurde nicht eingeräumt. Eine solche Prüfung hätte nämlich mit der kirchlichen auch die obrigkeitliche Autorität untergraben. Die Religion war einzuüben und auswendig zu kennen; nicht zu durchdenken, sondern als kompaktes System wahrer Sätze zu erschließen. «Wie gut habens andere», klagt Friedrich Hölderlin seiner Mutter, nachdem ihn die von Stuttgart neu eingetroffenen Hegel und Märklin 1789 in den Prüfungen vom sechsten auf den achten Rang verdrängt hatten, «die ununterbrochen durch solche Schulfüchsereien in ihren Studien fort machen können!»[9] Die Studenten träumten vom Studieren.

Hölderlin, halbwaiser Sohn eines schwäbischen Gutsverwalters, gehört genauso zum Jahrgang Hegels, der am 28. Oktober 1788 achtzehnjährig in Tübingen als «Stiftler» ankommt, wie der fünf Jahre jüngere Friedrich Wilhelm Joseph Schelling, dessen außergewöhnliche Begabung insbesondere für alte Sprachen ihm die Sondergenehmigung eingetragen hatte, noch halb im Kindesalter studieren zu dürfen. Hölderlin schreibt bereits Gedichte, Schelling stürzt sich in Studien orientalischer Texte, Hegel hingegen hat einen Haufen Wissen angesammelt, von dem unklar ist, was er daraus machen wird. Er ist weder, wie Schelling, ein Überflieger, noch, wie Hölderlin, ein erotischer Enthusiast. Im Stift nennt man Hegel den «alten Mann». Aber er ist, anders als die meisten Stiftler, nicht von einer Klosterschule nach Tübingen gekommen. Das zog Rückstände im Hebräischen mit sich, war aber auch mit Vorteilen verbunden. Hegel kennt die Philosophie der Aufklärung, hat breit gelesen, sich in Naturwissenschaft geübt und schon Impulse politischen Denkens aufgenommen. Er soll,

wie gesagt, Pfarrer werden, denn nur darauf läuft die Ausbildung
am Stift hinaus, will es jedoch so wenig wie Hölderlin und Schelling. Und er findet in Tübingen keine Lehrer, die es, wie manche in
Stuttgart, gut mit ihm meinen. Als Hegel 1804 einen Lebenslauf
abliefern muss, weil er sich in Jena um eine Stelle an der Universität bewirbt, schreibt er über seine Tübinger Zeit: Nach zwei Jahren philologischer, also altsprachlicher Studien «unter Schnurrer»,
zu denen solche in Philosophie und Mathematik «unter Flatt und
Bök» hinzugekommen seien, sei er im September 1790 Magister
der Philosophie geworden, um danach drei Jahre lang Theologie
zu studieren, «unter Lebret, Uhland, Storr und Flatt». Im Herbst
1793 bestand er die Prüfungen vor dem Stuttgarter Konsistorium
und wurde Kandidat der Theologie.[10]

Davor lag ein merkwürdiges Studentenleben im ehemaligen
Augustinerkloster, das damals ziemlich heruntergekommen war.[11]
Äußerlich verlief es so: Die Studenten lebten in Zimmern, die zum
Schlafen wie zum Studieren dienten. Die Gänge, an denen diese
Zimmer lagen, wurden «Sphären» genannt; Hölderlin, Hegel und
Schelling wohnten zunächst zusammen mit einer Handvoll weiterer Kommilitonen im zweiten Stock in der «Jägersphäre», Hegel danach wohl auch in der «Rattensphäre». Es ist eng in den Zimmern,
so eng, dass im Mai 1789 eine Inspektion festhält, es sei darin nicht
möglich, einen Brief zu schreiben, ohne dass der Nebenmann
seinen Inhalt mitbekomme.[12] Aufgestanden wird spätestens um
fünf Uhr im Sommer – Hölderlin schreibt 1793 an seinen Freund
Christian Ludwig Neuffer sogar, er stehe Schlag vier Uhr auf[13] –,
um halb sieben im Winter. Wer nicht pünktlich am Tisch erscheint,
verliert den Anspruch auf Wein zum Mittagessen. Gemeinsames
Gebet, dann in den Stuben der Vortrag und die Erläuterung eines
Abschnitts aus dem Neuen Testament auf Griechisch. Anschließend Frühstück. Darauf folgen Vorlesungen, deren Besuch ebenfalls kontrolliert wird. Mittagessen um elf Uhr: Fleischsuppe, Gemüse, Rindfleisch sowie lokaler Wein samt einer Predigt, mitunter

gemeinsames Singen. Zwischen zwölf und vierzehn Uhr haben die Stiftler dann Ausgang, unter Schnurrer bis fünfzehn Uhr, denn sonst stören sie durch ihre Besuche die Mittagsruhe der städtischen Honoratioren. Danach verfolgen sie eigene Studien oder besuchen weitere «Kollegien»; die Studenten gehen zu den Repetenten, die mit ihnen den Stoff wiederholen, oder sie geben Privatunterricht in der Stadt, um sich etwas hinzuzuverdienen. Wer einfach nur herumspaziert, muss damit rechnen, von einem der Famuli gemeldet zu werden. Famuli sind Söhne aus der Handwerker- oder Bauernschaft Tübingens, die vom Stift angestellt werden, um einerseits die Stipendiaten zu bedienen, andererseits die Ordnung aufrechtzuerhalten und Verstöße zu melden. Die Stiftler sind folglich schlecht auf sie zu sprechen und umgekehrt die Famuli schlecht auf die Stiftler. Es kommt unvermeidlicherweise zu Reibereien, Rache und Denunziation. Durchgesetzt werden konnten die vielen Verbote trotzdem nicht, die Tübinger Schenken waren voll rauchender Stiftler. Erst außerhalb der Mauern der fürchterlichen Burg, hieß es darum, öffne sich der Geist der Magister. Sie schüttelten dann den Stiftsstaub ab: «Alsdann schaussieren sie sich, pudern sich, und aus düstern Unkepunzen verwandlen sie sich in Mädchenbändiger und Pflastertreter.»[14] Um achtzehn Uhr jedenfalls gab es Abendessen, danach noch einmal Ausgang bis zum Torschluss zwischen einundzwanzig und zweiundzwanzig Uhr, der durch eine Glocke angekündigt wurde und den die Repetenten genau registrierten: Wer später «erschien, wurde am folgenden Tag als ‹Abnoctant› vorgefordert und ‹mit dem Carcere› nach Umständen bestraft»[15].

Ein Kloster also, ein Studiergefängnis mit Freigang bis zweiundzwanzig Uhr, ein Internat – etwas von alldem. «Überhaupt ists unbeschreiblich, unter welchem Druke das Stipendium wirklich ist», beschwert sich Hölderlin.[16] Die Insassen lebten in der für Studenten typischen Ambivalenz, Mitglied einer Elite zu sein, aber noch nichts zu sagen und zu melden zu haben. Fast alle waren Söhne der «Ehrbarkeit», viele untereinander verwandt und ebenfalls viele nicht die ersten ihrer Familien an der Tübinger Universität. Zu leiden hatten sie nicht nur des strengen Regimes halber. Es herrschte ein Überfluss an Kandidaten fürs Pfarramt und also ein Missverhältnis von gegängelter Intelligenz, Bereitschaft, sich unterzuordnen, und Stellen. Als Hegel in das Stift eintritt, wird zudem viel über den Niedergang Tübingens geredet. Die Universität konkurriert mit der Stuttgarter Karlsschule, und es wird geklagt, so wenige Studenten habe es seit 1614 nicht mehr gegeben, was wiederum auf den Wohlstand der Stadt zurückwirkte, weil die Ausgaben der Professoren von ihren Hörergeldern abhingen.[17] Es sind wenige Studenten, aber trotzdem zu viele. Sie sind hochbegabt, immens kenntnisreich in der Welt der Texte, aber es ist unklar, was sie damit anfangen sollen. Sie haben zu denken gelernt, aber man erwartet von ihnen, dass sie sich einfügen.

Wen wundert es, wenn unter diesen Umständen die Beschwerden über die Studenten und das «subordinationswidrige Betragen und der Unfleiß eines großen Theils der dasigen Stipendiaten» zunehmen.[18] Hölderlins Betragensnoten beispielsweise werden von 1788 kontinuierlich schlechter.[19] Die Tübinger Stadtchronik ist voll von Studenten, die ihre Schulden nicht bezahlen, von studentischen Händeln mit Handwerksgesellen, Beleidigungen und Raufereien unter dem Einfluss starker Getränke. Der Primus des Jahrgangs vor Hegel, Christian Philipp Friedrich Leutwein, bringt es im Spätsommer 1789 auf vierzehn Ahndungen («Caritionen») seines Verhaltens.[20]

Mitunter richten sich die derben Späße der Studenten – die Entwendung der Martinsgänse etwa[21] – auch gegen die Repetenten, die aber nur durch ihre Flügelkutten das alte Regime repräsentieren. Geistig halten sie oft zu den fast gleichaltrigen Studenten und sind deren Vertraute. In Tübingen kommt zur Flegelhaftigkeit hinzu, dass sich der Druck auf die Hochbegabten Luft macht.

Denn die Stiftler sind nicht einfach nur privilegierte Abkömm-
linge des Bürgertums, sondern zugleich tagtäglich gegängelte
Wesen. Hölderlin haut einem «Mägdelein Provisor», also einem
Mädchenerzieher, den Hut vom Kopf. Warum? Er hatte zum wiederholten Male nicht gegrüßt. Statusambivalenz: Hölderlin sieht
sich als zukünftig Überlegenen und überhaupt als Heldenaspiran-
ten, man lese nur seine Gedichte jener Jahre.[22] Der Provisor hingegen sieht sich als gegenwärtig Berufstätigen, der sich von einem
Studenten – heute würde man sagen: der von seinen Steuergeldern
lebt – nichts gefallen lassen muss. Selbst dem zurückhaltenden
Hegel werden «grobe Redensarten» gegen Stadtburschen nachge-
sagt, und wegen ungenehmigter Abwesenheit sitzt er 1791 einmal
eine Karzerstrafe ab.[23] Sein Verhalten führt schon im Winter 1789
dazu, dass er in der Rangabfolge seines Jahrgangs einen Platz verliert, und er reagiert darauf mit noch größerem Desinteresse am
Stundenplan. Botanik hat ihn zwischen 1791 und 1792 mehr interessiert als Theologie.[24]

Hinzu kam, was die Universitätsverwaltung als «Gährungen»
anspricht. Hegel ist erst acht Monate in Tübingen, als im Juli
1789 die Französische Revolution ausbricht. Sie wird das beherr-
schende Gesprächsthema unter den Studenten. Dass es sich bei
ihr um ein welthistorisches Ereignis handelte, war sofort allen
klar. Für die Studenten ist entscheidend, sich die Revolution als
das Ergebnis von Ideen und als Beweis für deren Macht vorstellen
zu können. Denn ihr war keine ökonomische Krise in Frankreich
vorausgegangen, die Armen waren arm wie seit jeher; die wohlha-
bende Bourgeoisie hatte nicht an einen Umsturz gedacht; der Hof
war in einer fiskalischen Klemme, aber auch das reicht als Erklärung nicht hin, weshalb es zu den dramatischen Vorgängen kam.[25]

Zwischen 1789 und 1793, ziemlich exakt also während der Studienzeit Hegels, vollzog sich in seiner Hörweite eine komplette
Negation aller bis dahin gültigen sozialen Praktiken in Recht, Religion und Politik. Es wurden Menschenrechte deklariert, Sklaven

befreit, Protestanten und Juden gleichgestellt, Ehescheidungen erlaubt, die Schichtungsordnung wurde geschliffen, sogar Pressefreiheit wurde versucht. Die prominenteste zeitgenössische Deutung war, es sei «die Philosophie» gewesen, die all das bewirkt habe, die Philosophie der Aufklärung. Und wodurch soll den Philosophen – Bayle, Rousseau, Helvétius, Diderot, d'Holbach und Raynal beispielsweise – das gelungen sein? Durch die Delegitimation der katholischen Religion und durch die Behauptung, in der Vernunft und nicht in der Tradition sei die Grundlage für Staat, Moral und Recht zu finden.[26] Was für ein Gedanke in einem protestantischen Kloster, in dem eine kleine Zahl von angehenden, aber äußerst unwilligen Theologen Kant und Rousseau und Pariser Zeitungen las. Was für ein reizvoller Gedanke zumal, da die Studenten sich in zunehmendem Besitz von Überlegungen fühlten, die ihnen viel grundsätzlicher und tiefgreifender erschienen als die Ideen der französischen Aufklärung. Wir kommen im nächsten Kapitel dazu, welche Überlegungen das waren.

Herzog Karl Eugen wittert von 1789 an den Geist der Französischen Revolution in jedwedem Versuch, von alten Verhaltensvorschriften abzugehen. Schon Rauchen erschien, wie später lange Haare, als Indiz für Unbotmäßigkeit. Vorschläge seitens der Leitung des Stifts, die jungen Männer nach ihrer Individualität zu behandeln, werden abgelehnt. «Unsere jungen Leute», seufzt 1792 der «Ephorus» genannte Leiter des Stifts, Christian Friedrich Schnurrer, «sind großentheils von dem FreyheitsSchwindel angestekt, und das allzu lange Zögern mit der neuen Einrichtung», also mit liberaleren Regeln, «hat viel dazu geholfen.»[27] Im August 1793 schreibt der Herzog an die Leitung: «Da Wir von sicherer Hand in Erfahrung gebracht haben, daß in Unserem Herzoglichen Theologischen Stifte die Stimmung äußerst democratisch seyn solle, besonders aber ohne Scheu die Französische Anarchie und der Königsmord öffentlich vertheidiget werden: So wollet Ihr die Sache ernstlich und schleunig untersuchen, und den Erfund an Unser

Herzogliches Consisitorium unthertänigst berichten.»²⁸ Die Repetenten werden vernommen, wissen aber nichts davon, und Ephorus Schnurrer stöhnt, was denn noch alles über das Stift behauptet werde. Er droht mit Rücktritt, der Herzog ist danach auch gegen die Repetenten misstrauisch; im Dezember 1793, Hegel hat das Stift längst wieder verlassen, berichtet immerhin einer von ihnen, es sei in seiner Gegenwart das «Ça ira» angestimmt worden.²⁹

Unter den Stiftlern der «Renzschen Promotion», wie Hegels Jahrgang nach dem Klassenbesten, Karl Christoph Renz, hieß, fand sich jedenfalls eine ganze Reihe, die von der Französischen Revolution begeistert war. Man gründet einen politischen «Klupp», das «Unsinnskollegium», in dem man sich rauchend der freien Rede erfreut, Spottverse vorträgt und über Neuigkeiten diskutiert, die dem «Moniteur» oder der Zeitschrift «Minerva» entnommen werden, durch die der in Paris lebende preußische Offizier a. D. Johann Wilhelm Archenholz bis 1792 – danach musste er, der Guillotine halber, aus Frankreich fliehen – über die Lage der Revolution informierte. Später kommt es auch in Stuttgart zur Gründung solcher Debattierzirkel, und Hegel ist dabei. Aus Tübingen hört der Herzog, dass ein Stiftler die Marseillaise übersetzt haben soll, und eilt hinzu, um den jedenfalls daran ganz unschuldigen Schelling zu befragen, ob er es gewesen sei. Die Anekdote will wissen, der junge Philosoph habe mit Jakobus 3,2 und mithin so schlagfertig wie scheinheilig geantwortet: «Durchlaucht, wir fehlen mannigfaltig.» Hölderlin gibt seiner «Hymne an die Menschheit» Ende 1791 ein Motto von Jean-Jacques Rousseau: «Die Grenzen des Möglichen sind in moralischen Dingen weniger eng gezogen als wir denken. Die kleinen Geister glauben nicht an große Männer: niedrige Sklaven machen ein mokantes Gesicht beim Wort Freiheit.»³⁰ In die Stammbücher trägt man sich gegenseitig «Vive la libérte!!» und «Vive Jean-Jacques» und «In tyrannos!» und «Egalité» ein. Oder die gewagte Behauptung: «Wenn es eine Regierung von Engeln gäbe, dann würden sie sich demokratisch regieren.»³¹ Vor allem die Studenten aus der elsässischen Region um Mömpelgard (Montbéliard), das damals zu Württemberg gehörte, tun sich mit ihren Verbindungen nach Paris hervor. Saint-Just ist 1792 so etwas wie der Che Guevara von Tübingen. Aber Paris liegt nicht in den bolivianischen Bergen, und es findet tatsächlich eine Revolution statt. 1791 vereinbaren Preußen, Österreich sowie Charles-Ferdinand d'Artois als Führer der antirevolutionären Emigranten Frankreichs, die Monarchie, die man sich als von Gott gewollt vorstellte, gemeinsam zu verteidigen. Im April 1792 erklärt Frankreich Österreich den Krieg; nach dem an sich nicht so bedeutenden Artillerieduell im Regen von Valmy, in dessen Folge sich die Koalition gegen Frankreich zurückzieht, notiert Goethe sein berühmtes Wort, eine neue Epoche der Weltgeschichte habe begonnen. Unmittelbar danach wird in Paris die Republik ausgerufen.

In Tübingen wird die eigene Unterdrückung durch das disziplinäre Kirchenregime an der Universität mit der politischen Revolution im Nachbarstaat zusammengebracht. Hegel findet zwei Jahre nach seinem Studium die noch viel weitergehende Formel: «Religion und Politik haben unter *einer* Decke gespielt, jene hat gelehrt, was der Despotismus wollte, Verachtung des Menschengeschlechts.»[32] Die Studenten protestieren also gegen das eigene Studium und den Beitrag der Theologie zur Unfreiheit und Unvernunft. Wenn Hegel wohl noch während seiner Studienzeit beginnt, sich über die hergebrachte Rolle der Religion und über eine Volksreligion für aufgeklärte Menschen Notizen zu machen, muss das in diesem Zusammenhang gesehen werden. Mehr als jeder andere seiner Kommilitonen hält er an dieser politisch-theologischen Frage fest und lässt sie im Grunde zeit seines Lebens nicht los. «Solange die Sonne am Firmamente steht und die Planeten um sie herumkreisen», erinnert er sich später, «war das nicht gesehen worden, daß der Mensch sich auf den Kopf, d. i. auf den Gedanken stellt und die Wirklichkeit nach diesem erbaut. […] Es war dieses somit ein herrlicher Sonnenaufgang. Alle denkenden Wesen haben diese Epoche mitgefeiert. Eine erhabene Rührung hat in jener Zeit geherrscht, ein Enthusiasmus des Geistes hat die Welt durchschauert, als sei es zur wirklichen Versöhnung des Göttlichen mit der Welt nun erst gekommen.»[33] Pünktlich zu den ersten Nachrichtenwellen aus Paris – die Post brauchte damals einige Zeit – brach Anfang September 1789 in Tübingen im Schweinestall des durch einen Schlaganfall nicht mehr lehrfähigen Philosophieprofessors Gottfried Ploucquet, in dem einer Magd die Laterne ins Stroh gefallen war, ein Feuer aus. Es brannte am Ende ganze sechsundvierzig Häuser, drei Scheunen und den herzoglichen Marstall nieder.[34] Ob sich damit aber schon die «apokalyptische Stimmung» ausleuchten lässt, die Hegel, Hölderlin und Schelling in jener Zeit attestiert wurde,[35] ist fraglich. Apokalyptische Texte wird Hegel nie schreiben, seinen Beitrag zur politischen Revolution wird er stets intellektuell interpretieren, als Beitrag zu einer Revolution des Denkens und der Bildung. Hegel ruft in seinem Bild der Planeten, die um die Sonne kreisen, den alten, astronomischen Revolutionsbegriff auf, der die Wiederkehr eines Himmelskörpers meinte, und kombiniert ihn mit dem neuen, politischen Begriff eines Umsturzes, der willentlich und von Gedanken bewirkt wurde. Die Geschichte bricht nicht über die Köpfe wie ein Schicksal herein, sondern es wird wirklich, was aus Köpfen entsprang und nun im Begriff scheint, alles zu ändern. Es ist diese Kombination aus der Wirksamkeit des Denkens und der Veränderung von buchstäblich allem, die das belebende Element im Leben der drei Stiftler darstellt.

Im ersten Brief an Hegel, den Hölderlin nach dem Verlassen des Stifts schreibt, erinnert er ihn daran, sie seien mit der Losung «Reich Gottes» voneinander geschieden.[36] Das bestätigt Hegel seinerseits in einem Brief an Schelling, in dem er schreibt: «Das Reich Gottes komme, und unsere Hände seien nicht müßig im Schoße!», ergänzt die Losung aber um «Vernunft und Freiheit» sowie um

den «Vereinigungspunkt» einer unsichtbaren Kirche.[37] Das Reich
Gottes stellten sich diese Stiftler jedenfalls nicht als etwas vor, das
eine von Philosophiestudenten – wie denn auch? – herbeigeführte
blutige Revolution in Württemberg bewirken könne. Sie fühlten
sich an einer Zeitenwende, zu der sie mit ihrer Intelligenz beitragen wollten, aber inwiefern genau es eine Zeitenwende war und
worin ihr eigener Beitrag zu ihr bestehen könnte, blieb ihnen noch
undeutlich. So unklar wie die Antwort auf die Frage, welches Band
ihre Begeisterung für die griechische Antike und Rousseau mit
dem wahren Christentum sowie der Lektüre Kants verknüpfte,
vom Pariser Umsturz ganz zu schweigen.

An dieser Stelle muss allerdings ein Vorbehalt gemacht werden.
Es wird gerne von Hölderlin, Hegel und Schelling als einer Bru-
derschaft im Geiste berichtet, um ihnen gemeinsame Projekte,
wie eben das sehr anstrengende einer Verwirklichung des Reichs
Gottes in Deutschland, zuzuschreiben. Das folgt einer schönen
Vorstellung, die alle drei in einer Stube des Tübinger Stifts zu-
sammensitzen und über Sokrates und Platon, Diotima, Jesus,
Rousseau und Kant diskutieren sieht. Doch es gab weder diese
Dreisamkeit in der Stube, noch können wir aus den Kontakten,
die sie nach ihrem Studium brieflich und unmittelbar zueinander
pflegten, schon schließen, dass sie gemeinsam an der Geburt des
Deutschen Idealismus arbeiteten. Das alles ist aus dem Rückblick
gesehen, und es ignoriert einfache Tatbestände. Als Hölderlin beispielsweise ab 1790 mit dem Widmen seiner Gedichte anfängt,
richtet er sie an folgende Personen: Neuffer, Magenau, Hiller,
Stäudlin, dessen Schwester Rosine, Landauer, Schmid, Heinze,
Sinclair und an den Landgrafen von Homburg. Manche dieser
Personen erhalten mehrfach eine Widmung. Nicht gerechnet sind
dabei die Gedichte, die schon in ihrem Titel ein «An» führen. Hölderlin war also, alles in allem, ein sehr widmender Dichter. Aber
kein einziges seiner Gedichte wurde «an» Schelling oder Hegel

gerichtet. Engste Freunde? Man nennt einander «mein Genius», aber der Titel wird mehrfach vergeben, anders als die Bezeichnung «Herzensbruder», die Hölderlin nur für den ein Jahr älteren Christian Ludwig Neuffer verwendet.[38] Als Hölderlin 1802 aus Bordeaux völlig verwahrlost und jedenfalls erschüttert zurückkehrt – er ist womöglich überfallen worden –, haben seine Freunde Schelling und Hegel anderes zu tun, als sich um ihn zu kümmern. Hegel erwähnt ihn in seinem gesamten Werk kein einziges Mal. Wie innig soll man sich also die Freundschaft zwischen den dreien vorstellen? Der gemeinsame Spaziergang zur schönen Wurmlinger Kapelle nahe Tübingen, den Hölderlin brieflich erwähnt, gewährt, sosehr gerade wir uns auch daran erfreuen,[39] keinen Aufschluss darüber, wie eng das Tübinger Verhältnis der später berühmt gewordenen Zöglinge des Stifts gewesen ist.

Von Hegel gibt es aus jener Zeit kein einziges Briefzeugnis und auch so gut wie keine Texte. Bis auf zwei Ausnahmen: Schon am 3. Dezember 1788 hatte Hegel nach einer Prüfung den Titel des Bakkalaureus erhalten. Im Umkreis dieses Vorgangs schreibt er «Über einige Vortheile, welche uns die Lektüre der alten klassischen Griechischen und Römischen Schriftsteller gewährt» und datiert das Manuskript, das von fremder Hand korrigiert wurde, auf Dezember 1788. Mit diesem Aufsatz überarbeitet er ein Stück, das er wenige Monate zuvor in enger Anlehnung an Christian Garve für sein Gymnasium geschrieben hatte. Das ist insofern bemerkenswert, als die Stiftler angehalten waren, sich in ihrer Lektüre vor allem auf die heiligen Schriften und die Theologie zu konzentrieren. Lessings «Nathan», aus dem Hegel zitiert, gehörte – auch wenn man die Liberalität des Ephorus Schnurrer in Rechnung stellt, von dem man sich selbst mit Voltaire erwischen lassen konnte, ohne Folgen fürchten zu müssen[40] – gewiss nicht zum Kanon der Lehranstalt. So wenig wie die Schriften Rousseaus.

Die anderen Texte aus Hegels Tübinger Zeit sind Predigten, die Hegel, wie alle Studenten der theologischen Fakultät, an der er sich im November 1790 einschreibt, seinen Kommilitonen zu halten hatte. Sie waren vorher einzureichen und wurden, nachdem sie vorgetragen waren, von der Stiftsleitung beurteilt. Nach den neuen Statuten des Stifts von 1793 fanden die Predigten, fünf in Folge, gehalten von jungen, mittleren und älteren Studenten, sonntagnachmittags von vierzehn Uhr bis fünfzehn Uhr dreißig und donnerstagvormittags von neun Uhr dreißig bis elf Uhr statt. Die Bibelstellen, über die sie predigten, konnten die Studenten frei auswählen.

Das erste der vier erhaltenen Stücke Hegels befasste sich mit Jesaja 61,7 und 8: «Ihr sollt doppelt so viel zurückerhalten, wie die Feinde euch weggenommen haben, als sie solche Schande über euch brachten. Anstatt euch weiter zu schämen, dürft ihr euch für immer freuen über euer Erbe in Kanaan. Der HERR sagt: ‹Ich liebe Gerechtigkeit und hasse Raub und Unrecht. Ich halte mein Wort und gebe den Menschen meines Volkes den Lohn, der ihnen zusteht; ich will einen Bund für alle Zeiten mit ihnen schließen.›»[41]

Hegel spricht dazu von der Gerechtigkeit Gottes als strafender und belohnender Gerechtigkeit. Dabei wird der strafende Gott deutlich ausführlicher analysiert als der belohnende. Gottes Gebot soll ein Handeln unabhängig von Sinnlichkeit und Umständen erlauben. Handele man pflichtgemäß, so löse das Gefühle der Zufriedenheit aus. Handele man pflichtvergessen, kommt es zu Gewissensbissen und «Furcht vor den üblen Folgen, die niemals ausbleiben», oder wenn doch, sorge das Gewissen dafür, dass wir uns selbst verachten. Man sieht, wie Hegel unterscheidet: den Egoismus befürchteter Folgen vom Selbstgefühl, unwürdig gehandelt zu haben. Und er stellt sogar subtile Folgen des falschen Handelns in Rechnung; wenn der Mensch sich nämlich zu stark von den Banden «an diese Erde» fesseln lasse, «so zerstört er seine eigene Maschine, macht sich untüchtig und unbrauchbar zu ferneren und zu edlern Vergnügungen – und zieht sich Entkräftung und Schmerzen im Körper zu, die den ohnehin zerrütteten Geist noch mehr niederschlagen; denn dieser wird von Reue, von Unzufriedenheit gefoltert, hält ihm nur das Bild seiner Nichtswürdigkeit vor.» Wer ungut handelt, heißt das, senkt sein eigenes Niveau. Dem gegenüber steht für Hegel das ruhige Gewissen eines tugendhaften Lebens, dem der Tod nur «ein Übergang zur weitern Ausbildung seiner Fähigkeiten, und zu grössern Freuden» ist.[42]

Der Tod als Übergang zu weiterer Bildung, darauf muss man erst einmal kommen, und es bleibt offen, ob Hegel danach auf seiner Stube nicht gelacht hat. Das Leben als Wunsch nach einem guten Gewissen, das liegt schon näher. Hegels spezielles Temperament liegt darin, dass er die Begeisterung für die Revolution mit der Sorge um den inneren Ausgleich verbindet, der für das Nachdenken wichtig ist. Deutlicher jedenfalls kann die unter Aufsicht mitgeteilte Gesinnung Hegels nicht ausgedrückt werden. Das moralphilosophische Problem, ob Tugend die Aussicht auf Belohnung braucht – dieses Problem wird ihn bald beschäftigen –, zeichnet sich hier schon ab. Dasselbe gilt für die Beschreibung des Menschen als, wie er es später formuliert, «Amphibie» zwischen der Welt der Sinnlichkeit und der Welt der Ideale.

Zwischen der Sinnlichkeit und den Idealen findet das Alltagsleben statt. Hegel nimmt krankheitsbedingte Auszeiten, die er in Stuttgart verbringt, frequentiert ansonsten die Gasthäuser Tübingens, schwänzt Vorlesungen, reitet verbotenerweise aus, ist zwar kein guter Tänzer, aber flirtet mit Schönheiten und beträgt sich «etwas genialisch», wie sein Freund Christian Philipp Friedrich Leutwein in einem Brief, dem ausführlichsten Zeugnis über Hegel im Stift, berichtet. Leutwein lobt im Weiteren Hegels Jovialität, merkt aber an, er habe etwas «desultorisches» gehabt, es also an Zielstrebigkeit und Ausdauer bei einem Gegenstand fehlen lassen.[43] Hegel findet den Fokus seines Studiums jedenfalls nicht im offiziellen Lehrplan. Der Sommer 1790, schreibt er ins Stammbuch eines Freundes, habe als Motto den Wein gehabt, der Sommer 1791 die

Liebe. Er umwirbt die Tochter eines verstorbenen Theologieprofessors, Auguste, die ausgerechnet Hegelmaier heißt und an einer Weintheke den Ausschank macht. Zurückgeschwärmt wird jedoch nicht. Seinem Vater kommt er in derselben Zeit mit dem Vorschlag, anstatt Theologie doch lieber Juristerei zu studieren. Das wird schon aus Kostengründen abgelehnt; das Theologiestudium war durch ein herzogliches Stipendium abgedeckt.

Es bleiben die Lektüren, die auf eine unbestimmte Zukunft vorbereiten – und das Kartenspiel. Es heißt sogar, neben dem Studium der Schriften Immanuel Kants habe Hegel «die meiste Zeit mit Tarockspiel zugebracht».[44] Die Freude am Kartenspiel wird sich erhalten: Nach Tarock ziehen L'Hombre und Whist sein Interesse an. 1798 notiert er in Frankfurt, diese Neigung sei «ein Hauptzug im Charakter unserer Zeit». Und er hat eine kleine Theorie dazu: Es sei die leidenschaftliche, unruhige Stimmung des Geistes, die zum Kartenspiel führe. Einerseits könne man es mit Verstand angehen. Andererseits sei es von etwas bestimmt, von dem Hegel keinen Begriff hat: Risiko. Sonst, meint er, rede man bei allen Zufällen von Vorsehung, hier aber, beim Kartenspiel, nicht. Die erhabene Ruhe, analysiert er, fehle beim Spiel. Es sei im Kartenspiel «kein Funken eines Ingrediens von Vernunft vorhanden».[45] Das stimmt, Spielen hat, wendet man strenge Maßstäbe an, keinen vernünftigen Sinn. Festzuhalten ist aber, dass sich Hegel in einer Situation wohlfühlt, die von endlichem Verstand und Leidenschaft bestimmt ist, ohne der Vernunft zugänglich zu sein. Das einzelne Leben muss, insbesondere abends, diesseits der Vernunft geführt werden.

DRITTES KAPITEL

Das Pensum der Gruppe 1788.
Was Hegel, Hölderlin und Schelling lasen

«Dies ist es, was man unter *lesen* versteht. Man könnte dieser Tätigkeit als Symbol das Denkbild einer Flamme zuordnen, die sich ausbreitet, oder jenes andere eines Fadens, der von einem Ende zum anderen brennt, wobei es gelegentlich kleine Explosionen und Flackerfunken gibt.»

Paul Valéry

W ir haben gesehen, *wie* die Studenten des Tübinger Stifts gelernt haben. Damit tritt die noch interessantere Frage hervor, *was* sie denn gelernt haben. Und diese Frage teilt sich sofort. Denn sie lernten einerseits, was Storr und Flatt und Rapp und Süskind und wie die Dozenten der Universität noch alle hießen lehrten: vor allem Theologie und Philosophie, die das Durchdringen theologischer Fragen unterstützen sollte. Und andererseits lasen sie mit eigenem Sinn. Aus beidem ging die antriebsreiche Mischung von Gedanken hervor, die den Jahrgang 1788 bewegte und Hegel, Hölderlin und Schelling ihre spätere Bahn ziehen ließ.

Hegel war dabei von einer Bildungswelt in eine ganz andere gekommen. Welch ein Gegensatz zwischen Tübingen und Stuttgart! In der württembergischen Landeshauptstadt lebten damals mehr Schriftsteller als in Göttingen, Jena und Frankfurt und so viele wie in Hamburg.[1] Ihr intellektuelles Klima war durch die Popularphilosophen der deutschen Aufklärung gekennzeichnet, nicht wenige der Gymnasiallehrer waren der Gegenwart zugewandt, man hatte Interesse an den Naturwissenschaften, an der Psychologie sowie an der neuzeitlichen und zeitgenössischen Literatur. In

Stuttgart erschienen Zeitschriften, es hatte sich ein Republikanertum entwickelt, Schiller ist der bekannteste Sohn der Stadt. Hegel
liest ihn, Rousseau, Garve, Lessing, den «Werther» und Schriften
Johann Gottfried Herders, etwa «Haben wir noch jetzt das Publikum und Vaterland der Alten?» oder «Von Deutscher Art und
Kunst», in denen sich abzeichnet, was kurz darauf in eine Philosophie der Geschichte eingehen wird, die sich vom Gegensatz der
antiken vorbildlichen Zeiten zu den modernen befreit.

Natürlich fehlt es dieser Bildung an Konzentration, Hegel beschäftigt sich mit dem, was ihm zugetragen wird, und folgt den
Verweisen, die Bücher und Argumente untereinander verbinden:
Garve verweist auf Herder, der kritisiert Lessing, welcher mit
Mendelssohn und Nicolai über das Trauerspiel diskutiert. So ist
frühes Lesen, und es gibt wenig professionelle Leser – Gelehrte,
Forscher, Publizisten –, die sich nicht in die Zeit zurücksehnen, in
der die Lektüre kein Pensum war, also offenblieb, was als Nächstes
gelesen wurde, und nicht unter dem Gesichtspunkt der Verwertung stand.

Die Konzentration im Bildungsgang Hegels erfolgt durch das
Gelehrtenkloster in der Enge Tübingens. Über den Stundenplan
der Stiftler sind wir gut unterrichtet.[2] Der Hegels umfasste in dessen ersten vier Semestern an philosophischen Kursen und Vorlesungen solche über Logik und Metaphysik, Ciceros «De natura
deorum», Empirische Psychologie und Kants «Kritik der reinen
Vernunft» sowie Ontologie und Kosmologie, Moralphilosophie
und Naturrecht. Daneben besuchte Hegel Vorlesungen und Kollegien über die Apostelgeschichte, die Psalmen (zweisemestrig)
und das Buch Hiob sowie die sogenannten katholischen Briefe des
Neuen Testaments (Petrus, Jakobus, Johannes und Judas), über
den Gebrauch profaner Autoren in der Theologie, theoretische
Physik, Universalgeschichte, Philosophiegeschichte und 1790 ein
Kolleg über «Neueste statistische Veränderungen», womit Veränderungen im Staaten- und Verfassungsleben des Alten Reichs ge

meint waren. Im Wintersemester 1790/91 nahm Hegel dann nolens volens seine theologischen Studien auf. Sie umfassten Kirchengeschichte, Dogmatik, Moraltheologie, theologische Kontroversen – etwa über die Gnadenlehre – und Exegese.

Es wäre falsch zu sagen, Hegel habe sich alldem nur mit Widerwillen unterworfen, auch wenn seine mehrfachen Reisen nach Stuttgart wohl nicht nur krankheitshalber, sondern auch aus dem Bedürfnis nach Ferien erfolgten. Doch das Tübinger Lehrprogramm stand weitgehend im Zeichen einer gegen die Aufklärung gerichteten Theologie und muss ihm sehr gegen den Strich gegangen sein. Vor allem lief es darauf hinaus, ihn zu jemandem zu machen, der die Lehre von einer göttlich inspirierten Bibel, die ein in sich konsistentes System religiöser Wahrheiten bilde und wörtlich auszulegen sei, verinnerlicht, um den Beruf eines Pfarrers in Württemberg antreten zu können.

Ende des 18. Jahrhunderts verliert die Theologie allmählich die Schlüsselgewalt über die prägenden gesellschaftlichen Vokabulare. Recht, Moral, Wissenschaft, Erziehung und Kunst nehmen immer weniger Rücksicht darauf, ob das, was auf ihren Gebieten geschieht, zu den Erwartungen passt, die verschiedene Christentümer – etwa das katholische, reformierte oder lutheranische – daran anlegen. Das wirkt auf das Selbstverständnis der professionellen Vertreter der Religion zurück. Pfarrer zu werden ist jenseits der Universität – die sich aber in einem beklagenswerten Zustand befindet – nach wie vor eine der wenigen institutionell vorgesehenen Möglichkeiten, ein nachdenkliches Leben zu führen. Doch es werden immer mehr junge Männer Pfarrer, die ein sehr gemischtes Verhältnis zu ihrer Konfession unterhalten. «Gewiß», heißt es 1762 in Rousseaus «Glaubensbekenntnis des savoyischen Vikars», «weder meine Eltern noch ich dachten [im Studium der Theologie] das zu suchen, was gut, wahr und nützlich ist, sondern nur das, was man wissen muß, um die Weihe zu erhalten. Ich lernte das, was man wollte, daß ich es lernen sollte, ich sagte das, was

man wollte, daß ich es sagen sollte; ich legte das Gelübde ab, wie
man es wollte, und ich wurde zum Priester geweiht.»[3] Wie hätten
Hegel und seine Mitstiftler ihre eigene Lage in diesen Zeilen nicht
wiedererkennen sollen?

Den Vertretern des offiziellen Christentums war die Gefahr,
lauter Pfarrer mit einem durch eigenständige Lektüre herausge-
bildeten mentalen Vorbehalt heranzuziehen, nicht entgangen. Vor
allem der Theologe Gottlob Christian Storr schärfte den Stiftlern
die Gewissenspflicht zur Orthodoxie ein. Alle anderen Geistlichen zieh er, sie seien Betrüger, untergrüben das Ansehen Christi
und missbrauchten die Heilige Schrift.[4]

Praktisch lief das auf das Repetieren von Weisheiten und damit einhergehend auf eine massive theologische Bildung hinaus.
So gab es beispielsweise die «Loci theologici», die alle Magister
zu besuchen hatten, um das «Compendium Theologiae Dogmati-
cae» des Universitätskanzlers und Theologieprofessors Christoph
Friedrich Sartorius durchzunehmen. Während seiner Zeit im Stift
hatte sich Hegel dieser Übung im Memorieren und Durchdenken
von Dogmen – «de morte et resurrectione», «de deo triuno», «de
angelis et homine», «de damnatione et vita eterna» et cetera – ganze
drei Mal zu unterziehen. Je nach Repetent geschah das freier oder
geistloser.[5]

Eine Wirkung dieses intensiven Unterrichts in Hegels Schriften
lässt sich in seinem abschätzigen Gebrauch des Begriffs «objektive
Religion» gleich in den ersten Notizen nachweisen, die er sich bei
seinem Nachdenken über das Verhältnis von Politik und Religion
macht und mit denen sein Weg in die Philosophie beginnt. Unter
objektiver Religion versteht er dasjenige am Glauben, was sich
nur an «Verstand und Gedächtnis» wende, die objektive Religion
lasse sich «im Kopfe ordnen, sie läßt sich in ein System bringen, in
einem Buche darstellen und andern durch Rede vortragen»[6] – eine
Beschreibung dessen, was jeden Montagnachmittag zweistündig
«und in den Hundstagen», also zwischen dem 22. Juli und 22. Au-

gust, hitzehalber einstündig in den «Loci theologici» stattfand:
Gedächtnisbildung an einer «ganzen Masse von religiösen Kenntnissen».[7] Was ihn offenkundig mehr bewegte und wofür es Spuren in
seinem Briefwechsel mit Schelling gibt, waren wichtige Konfliktli-
nien in der Theologie jener Zeit: zwischen einem historischen
Verständnis vieler Passagen der Heiligen Schrift, ihrer moralischen Ausdeutung und den verschieden Arten von Moral, die
aus ihnen gezogen wurden. Es ging darum, was das zunehmende
philologische Wissen über die Entstehungsumstände des Neuen
Testaments für dessen Aussagen über Gott, Heilserwartung und
frommes Verhalten bedeuten konnte. Man begann, mit anderen
Worten, an den biblischen Texten das, worin ihre überzeitliche
Wahrheit bestehen sollte, von dem zu unterscheiden, worin sie ihrer eigenen Zeit Tribut gezollt hatten.

Zwölf Jahre nach Rousseaus Vikar hatte ein deutscher Aufklärer dieselbe Lage etwas anders beschrieben: «Man soll und muß
was glauben, gleich viel was, wenn es nur ein privilegirter Glaube
ist; sonst wird man nicht geduldet. Ein Jude, ein Türke, ein Ar-
minianer, ein Fantaste, ein Herrnhuter kannstu öffentlich seyn;
aber bloß als ein vernünftiger, tugendhafter frommer Mensch
findestu noch nirgends eine ruhige Statt, alles wird in Empörung
gegen dich gebracht.» Nach außen, heißt das, müssen sich die
Klugen irgendeiner Konfession anschließen, um ruhig leben zu
können, aber es wird womöglich ein Glaube sein, den sie selbst
nicht glauben. Im Jahr 1774 gibt Gotthold Ephraim Lessing in seiner zensurfreien Zeitschrift «Zur Geschichte und Litteratur. Aus
den Schätzen der Herzoglichen Bibliothek zu Wolfenbüttel» die
ersten «Fragmente des Wolfenbüttelschen Ungenannten» heraus,
in denen diese Sätze stehen.[8] Er wird es, Stück für Stück, bis 1778
tun; das vollständige Werk aber, das tausendfünfhundert Seiten
umfasst, wird erst zweihundert Jahre später publiziert werden.

Der Ungenannte kommt nicht aus Wolfenbüttel. Es ist der 1768 verstorbene Hermann Samuel Reimarus, ein Gymnasialdirektor aus Hamburg, der Spezialist für orientalische Sprachen, aufklärerischer Philosoph und Theologe war. In seinem Nachlass fand sich ein Manuskript, an dem der Autor mehr als dreißig Jahre lang gearbeitet hatte, das zu publizieren er aber aus den genannten Gründen nicht wagte. Denn es handelt sich um ein Plädoyer dafür, die Religionen am Maßstab ihrer Vernünftigkeit zu prüfen. Noch die Erben von Reimarus legten es nur unter der Bedingung strikter Anonymität des Verfassers in die Hände Lessings: die «Apologie oder Schutzschrift für die vernünftigen Verehrer Gottes». Was Lessing davon veröffentlichte, löste die größte Unruhe in der deutschen protestantischen Theologie des 18. Jahrhunderts aus.

Das hing mit mehreren Argumenten der «Schutzschrift» zusammen. Reimarus hält zunächst fest, dass niemand dem Christentum – man könnte ergänzen: oder einem anderen Glauben – durch eigene Einsicht angehöre. Kinder, die in eine Religion hineingeboren werden, beteten den Glauben vielmehr wie kleine Papageien nach, es gehe nicht um Verstehen, sondern um blinden Gehorsam mit dem Anreiz, wer ihn beweise, dürfe sich Hoffnung auf ein seliges Leben machen.[9] Müsse man stattdessen nicht mit der «natürlichen Religion» beginnen, um danach erst zu einer besonderen – Hegel wird später sagen: «positiven Religion» – fortzuschreiten? Unter natürlicher Religion wurde damals das verstanden, woran in allen Konfessionen oder «Sekten», wie Reimarus sich ausdrückt, geglaubt wird. Andernfalls sei es doch, als fange man in der Mathematik mit Algebra an, ohne dass die Schüler schon die Zahlen kennten.[10]

Niemand aber kann immer ein Kind bleiben. Also kommen Fragen an die Glaubensinhalte auf. Jede Schwierigkeit, die man mit ihnen habe, werde jedoch mit dem Hinweis weggewischt, Gottes Ratschlüsse und Erscheinungsformen – die Dreifaltig-

keit! – seien höher als alle Vernunft. Reimarus kehrte diese Behauptung um, die für ihn den Glauben gefährlich nahe an Dummheit heranbrachte. Wenn Gott gewollt hätte, dass eine bestimmte
Religion allgemeine Anerkennung finde, dann hätte er sie gegenüber allen anderen gewiss als widerspruchsfrei und vernünftig,
also zweifelsfrei einsichtig erscheinen lassen. Man hört hier Lessings Ringparabel aus seinem Drama «Nathan der Weise» heraus,
das 1779 erschien und schon zur Wirkungsgeschichte der «Schutzschrift» gehört: Im Vergleich der Weltreligionen orientalischen
Ursprungs erscheint Lessing der eine Glaube so gut wie der andere. Reimarus schreibt aus demselben Gefühl, dass die Zeit für
eine Vernunftreligion demnächst kommen wird: «Das Verbrennen
der Bücher hilft nicht mehr; sie werden nur desto begieriger gesucht, nachgedruckt, übersetzt und verbreitet [...]. Die gesitteten
Leute fangen immer mehr an zu denken, die Vernunft hebt ihr
Haupt empor.»[11]

In der zweiten Argumentationslinie, die den wahren theologischen Sprengstoff der «Schutzschrift» enthielt, wendet Reimarus
diese Vernunft, die für ihn mit dem gesunden Menschenverstand
übereinstimmt, auf die heiligen Schriften des Christentums an
und wird überaus fündig, was Ungereimtheiten, Irrtümer und Widersprüche angeht. So rechnet er beispielsweise nach, dass die aus
Ägypten ausziehenden drei Millionen Israeliten das Rote Meer im
angegebenen Zeitraum einer Nachtwache selbst bei wundersamer
Meeresteilung völlig unmöglich durchqueren konnten.[12] Oder
findet moralische Zweideutigkeiten: Abrahams Frau war Sarah,
seine Halbschwester, die Ehe mit Halbschwestern aber wird zu
den grauenhaften Verunreinigungen des Landes gerechnet, die
von den kanaanitischen Ureinwohnern Israels begangen wurden,
weswegen sie just von den Nachfahren Abrahams ausgerottet werden sollten.[13] Adam gibt jedem Tier einen Namen, in dem sich dessen Wesen ausdrückt, das Adam also kennt, wohingegen Eva, die
andere Hälfte, vom Wesen der Schlange nichts weiß? Und was soll

überhaupt die Geschichte mit dem Apfel, der zur Erkenntnis von Gut und Böse führen soll: «So albern denkt jetzt niemand, daß er sich im Obst zum Doktor fressen könne.»[14] Besonders schmerzhaft waren für seine Zeitgenossen die Untersuchungen, die Reimarus am Neuen Testament vornahm. Wieso untersagt Jesus etwa im Markusevangelium (1, 40–48) unter Drohungen dem Aussätzigen, es weiterzuerzählen, dass er ihn geheilt hat, und weist ihn zugleich an, sich den Priestern zu zeigen? Reimarus argwöhnt, Jesus habe die Verbreitung seiner Wundertätigkeit über den lokalen Kontext hinaus gescheut, weil er fürchtete, sie dann vor Fachleuten wiederholen zu müssen. «Nämlich vor dem gemeinen Hauffen, welcher die Wahrheit nicht zu untersuchen weis, war er freygebig mit seinen Wundern; wenn aber die Pharisäer und Schriftgelehrten kommen, und mit Fleiß ein Zeichen von ihm verlangen, damit sie an ihn glauben könnten: so fängt er an zu schelten, und will ihnen keins geben.»[15]

Die Geschichte von der Auferstehung Jesu erschien Reimarus äußerst fadenscheinig, weil sie nur durch die Apostel selbst beglaubigt sei, wohingegen sich die römischen Soldaten, die angeblich das Grab bewachten und Zeugen der Auferstehung gewesen seien, als eine reine «Ertichtung» des Matthäus erwiesen. Die Apostel wiederum inszenieren für Reimarus «sehr affektiert» zunächst ihre Skepsis, um dann ihr Überzeugtsein in Berichten wiederzugeben, die zu unterschiedlich seien, um glaubwürdig zu sein.[16] Reimarus nimmt an, schon das Märchen von Auferstehung und Himmelfahrt habe dazu gedient, die durch den Tod Christi enttäuschte politische Heilserwartung eines irdischen Reichs Gottes unter seiner Führung auf ein Reich umzubuchen, das nicht jetzt, aber irgendwann komme und das weiter zu propagieren jungen Männern nahegelegen habe, die nicht mehr in ihre alten Berufe zurückwollten.[17]

Diese Zitate aus der «Schutzschrift» zeigen, wie sich der Geist der Aufklärung zur Tradition verhielt: philologisch, pragmatisch, ungläubig in ihrem Sinne. Reimarus war, was man einen Deisten nennt. Die Religion, die ihm als vernünftig vorschwebte, passte in ihren Aussagen auf eine Buchseite: Es gibt ein höchstes Wesen. Man darf ihm keinen Unfug zuschreiben. Wenn ihm Unfug zugeschrieben wird, stecken höchst irdische Interessen der Zuschreiber dahinter. Das höchste Wesen ist Garant der Moral, die gelebt als Frömmigkeit zu bezeichnen ist. Garantiert wird Frömmigkeit durch die Aussicht auf göttliche Belohnung. Die Unsterblichkeit der Seele ist insofern ein notwendiger Glaubensinhalt aller vernünftigen Religion, als die Belohnung für Tugend ersichtlich nicht hienieden erfolgt, sondern erst danach.

Dieser aufklärerischen Betrachtung von Religion, die sich von politischen Fragen fernhielt und den aggressiven Stil der französischen Intellektuellen in ihren Attacken gegen die katholische Kirche nicht pflegte, ging es entsprechend darum, ein Maximum an Wissen und Denken in der Zone des Glaubens unterzubringen. Reimarus und Lessing zielten auf eine bürgerliche, verständige Religion. An dieses Programm versuchte Hegel, der es ansonsten an Spott über naive Auffassungen von Aufklärung nicht mangeln ließ, in seinen ersten Manuskripten anzuschließen.

Storr trat alldem entgegen. Eine heilige Schrift war für ihn nicht dadurch beglaubigt, dass sich in ihr etwas Vernünftiges finden lässt, sondern durch die Autorität des «Gesandten Gottes», Christus. Dessen Autorität wiederum gründe auf den Wundern, die er tat, den Weissagungen, die er erfüllte, und der Überzeugungskraft seines Handelns.[18] Storr bezog sich hier auch auf Kant. Da es dessen Lehre zufolge nur eine hypothetische Annahme der Geltung moralischer Gesetze gebe, könne der Glaube an die Richtigkeit guter Handlungen «ins Schwanken geraten». Er bedürfe mangels der theoretischen Beweisbarkeit Gottes einer Unterstützung. Diese findet Storr im physikotheologischen Gottesbeweis – eine zweckmäßig eingerichtete Natur lässt zwingend auf einen Zwecksetzer schließen – und im historischen Bericht über das Leben Jesu mit all den Wundern und all der Bestätigung unserer moralischen Erwartungen.[19]

Doch das Neue Testament ist nicht nur die Erzählung von einem, je nach Glaube, wundertätigen und vorbildlichen Leben, sondern erhebt darüber hinaus den Anspruch, von einem Heilsgeschehen zu berichten. Hier geht es weniger um das Leben Jesu als um sein Sterben. Wie kann es sein und welche «moralische Erwartung» liegt darin, dass ein Mensch die Sünden aller anderen Menschen auf sich nehmen muss, um sie zu tilgen? Auch das letzte Opfer bleibt ein Opfer und steht insofern im Widerspruch zur Vernunft. «Moralische Schulden können nicht wie Geldschulden übertragen werden», protestiert ein ehemaliger Stiftler und Schüler Storrs.[20] Der hatte in seiner Abhandlung «Über den eigentlichen Zweck des Todes Jesu» geschrieben, Jesus habe die Strafen erduldet, die eigentlich die Menschheit hätten ereilen müssen, und so wie einer, Adam, mit Folgen für alle gesündigt habe, so sei hier einer, Jesus, für aller Sünde den Opfertod gestorben.[21] Auch für künftige Sünden?

Storr und sein Übersetzer aus dem Lateinischen, Friedrich Gottlieb Süskind, bringen einen Vergleich: «Ein, durch den Erbprinzen ausgewirkter, Pardon ist allgemein, wenn er allen Verbrechern ertheilt wird, sie mögen ihn sich alle zu Nuz machen oder nicht. Genug, das Recht, dessen Ertheilung von dem Regenten selbst abhing, ist uneingeschränkt, und auch billige Bedingungen, unter welchen der Pardon ertheilt wird, thun der Allgemeinheit keinen Abbruch. Wer sie nicht erfüllen mag, schränkt erst ein, was nach der Absicht des Regenten uneingeschränkt war.»[22] Mit anderen Worten: Wenn die Menschheit nach dem Opfertod Christi, der eins war mit ihrer Begnadigung, die fast aussieht wie eine Entlassung auf Bewährung, gegen die Bewährungsauflagen verstößt, ist das nicht Gott anzulasten. Oder nehmen wir ein anderes Argument, das so aussieht, als sei es strafrechtlicher Herkunft: Darf

Gott Gebote nicht nur aufstellen, wie es Kant behauptet hatte, sondern das Verhalten zu ihnen auch sanktionieren? Antwort: «Vertrauen auf einen vergeltenden Gott [...] wird erfordert, wenn das Gesez, welches die Form des Willens vorschreibt, als übereinstimmend mit der Natur dieses Willens, dessen Materie Glükseligkeit ist, erscheinen, und so ‹Triebfeder des Vorsazes und der Ausübung› werden soll.»[23] Unter Einsatz von Zitaten Kants wird das genaue Gegenteil seiner Lehre vertreten: Ohne Strafandrohung keine Moral. Für Kant ist sie, die Moral, dann gar keine, sondern Angst.

Es war dieses Heranziehen von Erbprinzen, die Verbindung des Christentums mit der herrschenden Moral, die Konfusion von Sünde, Unmoral und Verbrechen sowie der Versuch, mit Theologie die politische Ordnung zu stützen, was Hegel aufbrachte. Mit selektiven Zugriffen auf das Neue Testament und unter Verwendung des Diktums Immanuel Kants, wer die Zwecke wolle, müsse vernünftigerweise auch die Mittel wollen,[24] lasse sich, so der Eindruck, alles Mögliche beweisen. Storr: Wenn die Annahme eines Welturhebers nötig ist, um das Reich der Natur mit dem Reich der Moral zu verbinden, weshalb soll es dann nicht erlaubt sein, «auch in Hinsicht auf die in der Geschichte Jesu vorkommenden Wunder [...] den nehmlichen Weg zu nehmen, mich durch das praktische Interesse bestimmen zu lassen, über diese Wunder (subjektiv) zu entscheiden»[25]. Zwar sei die Annahme des Daseins Gottes dringender als der Glaube an die Wunder Christi, aber diese zu glauben sei immer noch dringend genug. Man darf ergänzen: weil der Unglaube ja die Göttlichkeit Christi schwäche.

Wer aber entscheidet, was dringend genug ist, um durch hypothetische Sätze darüber gestützt zu werden, es geschehe auf Gottes Wille hin und sei tatsächlich so geschehen? Dann würden auch alle Folgen, die daraus ableitbar sind, als notwendige Bedingungen für Moral erscheinen. Der im Stift aufkommende Verdacht lautete, dass womöglich genau umgekehrt geschlossen werde: von für wünschbar gehaltenen Gesetzen auf deren Verankerung in der sakralen Zone. Der Verstand, heißt es in einem frühen Text Hegels sowohl gegen die Aufklärung wie gegen die Orthodoxie, diene nur der objektiven Religion, denn «der Verstand ist ein Hofmann, der sich nach den Launen eines Herren gefällig richtet – er weiß zu jeder Leidenschaft, zu jeder Unternehmung Rechtfertigungsgründe aufzutreiben.» Es nütze insofern auch nicht, das ist das Argument, dem Wunderglauben mit Wunderkritik entgegenzutreten, denn «Aufklärung des Verstands macht zwar klüger, aber nicht besser».[26] In der Auseinandersetzung um den richtigen Glauben jedoch geht es für Hegel nicht um das Klügersein, sondern um die Tugend.

Wenn wir uns die intellektuelle Entwicklung Hegels in jenen vier Jahren, in denen es kaum ein Zeugnis von ihr gibt, begreiflich machen wollen, reicht der Hinweis auf die Studierpflichten des Stifts also nicht aus. Nicht einmal der konkrete Widerstand Hegels gegen sie kann erklären, was er damals dachte. Wir müssen vielmehr an seinen ersten Texten nach dieser Studienzeit das Neue gegenüber denen aus seiner Stuttgarter Schulzeit wie gegenüber jenem Studierpensum festhalten, um zu verstehen, was Hegel in Tübingen außerdem noch durch den Kopf gegangen sein kann. In Johann Gottfried Pahls satirischem Roman «Ulrich Höllriegel» heißt es 1802 über den Protagonisten, der sich im Stift in einer ähnlichen Lage wie Hegel befand: «Es war nun von keinem theologischem Studium mehr die Rede. Das sei leer Spreu, wähnte der arme Tropf, und das höchste Interesse des Verstandes liege in der Wissenschaft, welche die Menschen lehre, frei und gleich zu werden und allen geistlichen und weltlichen Despotismus in die Pfanne zu hauen. Er forschte Tag und Nacht in Rousseaus Traum von dem bürgerlichen Vertrage [...]. Die Idee von dem tausendjährigen Reiche ging in seinem Kopfe in die Vorstellung der allgemeinen Weltrevolution über [...], denn die studierende Jugend war damals allgemein von dem Revolutionsfieber angesteckt; überall war der Sieg der Philosophie das Gespräch des Tages.»[27]

Rousseau, von dem schon die Rede war, bildete einen Fixpunkt der Lektüre Hegels, die anderen waren Kants Gedanken zur Religion und dem Gottesglauben, der von Friedrich Heinrich Jacobi ausgelöste Streit um Spinoza und den Pantheismus sowie die Welt des antiken, zumeist «klassisch» genannten Griechentums. Nicht, dass dies eine umfassende Beschreibung seiner Lektüre und der seiner Stubengenossen wäre – man muss nur die Werke Herders und Schillers aufrufen, um das zu sehen –, aber die wichtigsten Aspekte seiner frühen Gedanken konzentrieren sich doch in den genannten Geisteswelten.

«Sein Held war», heißt es im Bericht eines Zeitgenossen, «Jean-Jacques Rousseau, in dessen Emil, contrat social, confessions; und andere, bei denen ähnliche Sentiments herrschen, und worin man sich gewisser [all]gemeiner Verstandesregulierungen, oder, wie H. sagte, Fesseln, entledigte.»[28] Weshalb sprengte Rousseau die Fesseln des Verstandes? Man kann es in die Form einer Schlussfolgerung bringen: Die Französische Revolution war das epochale Ereignis in Hegels Jugend. Epochal war sie nicht nur als Umsturz einer sozialen Ordnung, sondern für den jungen Philosophen auch, weil sie nach einhelliger Meinung der Zeitgenossen auf Ideen beruhte. Wie nicht davon elektrisiert sein, zumal wenn es nicht nur für junge Leute viele Gründe gab, die Ordnung für umstürzenswert zu halten.

Wessen Ideen trugen zum Umsturz bei? Nicht nur die Rousseaus, aber doch ganz maßgeblich seine. Er gehörte nicht einfach zu den auf mehr Verstand drängenden Aufklärern, sondern zu den radikalen unter ihnen, die alle Religion untergruben, hatte er doch geschrieben, der Mensch sei von Natur gut und frei geboren und werde nur durch die Gesellschaft und ihre falsche Einrichtung verdorben. Jean-François de La Harpe schreibt, als er 1797 die Frage zu beantworten sucht, welche Ideen genau die Revolution ausgelöst haben, er glaube, Rousseau habe das als Erster gesagt.[29] Hegel stimmt in diese freundliche Anthropologie ein und hält fest, selbst im Kirchenstaat von Neapel und anderen despotischen Regimen verhindere «die nie ganz zerstörbare Güte der menschlichen Natur», dass die Laster vollkommen dem entsprechen, was die Sündenlehren erwarten lassen.[30] Rousseau war *der* Autor, der gegen Kirchenherrschaft und ein Regime angeführt werden konnte, das in den Augen der Gruppe 1788 von ihren Lehrern theologisch gestützt wurde.

Zugleich war Rousseau der Theoretiker der politischen Teilhabe anstatt von Repräsentation. Die Faszination seines Modells republikanischer Selbstgesetzgebung im «Contrat social» beruhte nicht wenig auf der Übersichtlichkeit der Bürgerschaft, die es verwirklichen kann. Es wird dort nicht viel delegiert. Nicht «Schutz gegen Gehorsam», sondern «Gehorsam gegen Beteiligung» könnte die Formel für das Gemeinwesen Rousseaus lauten. Die Bürger, die dabei sind, einen allgemeinen Willen auszubilden, kennen einander; das «Wir», das sie bilden und das den deutschen Philosophen zum Schattenbild ihres «Ich» werden wird, hat seinen Sitz im Leben einer Gemeinschaft, die als in wesentlichen Punkten einig vorgestellt wird.[31]

Mehr als die bei Pahl angesprochene Vorstellung vom «bürgerlichen Vertrage», also jene die Gesellschaft angeblich konstituierende Verabredung – eine Metapher, die Hegel nie einleuchten wird –, fasziniert Hegel der Gedanke einer Doppelmitgliedschaft des Bürgers jenseits seiner eigenen Individualität: in der beschlussgebenden Versammlung eines politischen Gebildes und in diesem Gebilde selbst. «Souverän sind Bürger nur *in corpore*», als Mitglieder der Gemeinschaft, «nicht als Individuen.»[32] Es ist nachvollziehbar, wie sehr dieser Gedanke, Beteiligung verwandele Gehorsam von Unterwerfung in einen vernünftigen Freiheitsgebrauch, die Tübinger Leser Kants anregte.

Außerdem war Rousseau ein Schriftsteller, der, jedenfalls aus der Ferne, einem Berufsideal Hegels entsprechen mochte: ein Intellektueller, der auf verschiedenen Gebieten – Erziehung, politische Theorie, Gesellschaftskritik und Literatur – in den unterschiedlichsten Formen publizierte, vom Roman über den Essay bis zum offenen Brief. Und er war hinreichend komplex, um das Nachdenken zu beschäftigen, was Hegel wohl nicht von jedem deutschen Spätaufklärer gesagt hätte. Die Wirkung eines Autors beruht nicht zuletzt darauf, welche interessanten Widersprüche sich in seinem Werk finden, wobei die Betonung auf «interessant» liegt, denn zumeist sind Denkfehler natürlich unergiebig.

Dass Rousseau der Ansicht war, die Gesellschaft denaturiere den Menschen zwangsläufig, ganz gleich, wie sie eingerichtet sei, ja, es sei geradezu die Aufgabe ihrer Institutionen, ihn als Bruch zu behandeln, dessen Nenner das soziale Ganze sei, das entzog sich dabei Hegels Aufmerksamkeit. Wenn Freiheit und Vernunft Bildung implizieren, ruht beides womöglich auf natürlicher Güte, aber im Naturzustand der voneinander isolierten und gerade dadurch Freien kann zumindest Bildung nicht angetroffen werden, sondern allenfalls Selbstversorgung. Ähnlich sieht er über Rousseaus Lob der selbsterhaltenden Sorge um das eigene Wohl im Unterschied zur Selbstsucht als sozialem Impuls, andere zu dominieren, hinweg.[33] Die natürliche Güte, zu der für Hegel Selbstliebe in keiner Form passt, soll die Bedingung sein, um eine Volkserziehung der Herzen zu ermöglichen, im Unterschied zu einer Volksaufklärung des Verstandes oder einer dogmatischen, also durch kompliziert begründete Furchteinflößung.

Hegel teilt also die doppelte Stoßrichtung Rousseaus: gegen den hergebrachten Glauben wie gegen die Plattitüden einer Aufklärung, die sich vorstellen konnte, den Glauben wegen erwiesener Irrationalität ersatzlos zu streichen. Negation, wird er später darlegen, verpflichtet nicht nur dazu auszuführen, was falsch am Vorfindlichen ist, sondern auch, worin seine Existenz begründet ist, was also geleistet werden muss, um das Negierte zu ersetzen.

Der Wirklichkeit können nicht einfach Fehler vorgeworfen werden, ohne zu bestimmen, wie es überhaupt zu ihnen kommen konnte und was die Bedingungen ihrer Stabilität sind. Man kann, heißt das auf den konkreten Fall angewendet, den Leuten nicht einfach die Kirche nehmen, ohne ihnen zu geben, was die Kirche ihnen, wenngleich auf falsche Weise, gab.

Jean-Jacques Rousseau schien daher als erster einen Weg zu weisen, der aus dem Gegensatz von orthodoxem Bibelglauben und der Kritik seiner fetischhaften Behandlung eines historischen Textes führte. Rousseau nämlich handelt nicht von Gott, sondern von der Religion. Eine Religionskritik, die nicht aufnehmen kann, was für die Glaubenden alles an Religion hängt, sondern die nur den Theologen nachweist, dass sie nicht lesen können und ansonsten sehr irdische Interessen verfolgen, greift für ihn am Phänomen vorbei. Religion mag der Versuch von Priestern sein, den Leuten Märchen zu erzählen. Aber es gibt Sachverhalte, die auch jenseits solcher Märchen bestehen bleiben und sich nicht durch wissenschaftliche Behandlungsarten auflösen lassen. Schuld, Gewissen, Tod, das Gefühl zu sollen, auch wenn es einem schadet, Liebe und die Bereitschaft zu hoffen, auch wenn es aussichtslos scheint, sind solche Sachverhalte.

Rousseaus Konzept der «Zivilreligion» («religion civile») ist ein Versuch, einige Funktionen von etwas radikal Abgelehntem, der Kirche, gedanklich zu ersetzen. Zivilreligion heißt: Auch eine Republik von religiös im hergebrachten Sinn Desinteressierten bedürfe eines Kultes, denn es gebe zwar Individuen, die nicht glauben, aber noch nie habe es einen Staat ohne Religion gegeben. Unter dem Namen «Volksreligion» wird Hegel diese Überlegungen aufgreifen und die Frage stellen, wie eine solche aussehen müsse, um Bürger anzusprechen. Rousseau hatte im letzten substanziellen Kapitel seines «Contrat social» die Religion des Menschen («religion de l'homme») von der Religion des Bürgers («religion du citoyen») und der Priesterreligion («religion du prêtre») unterschieden.[34] Die

Religion des Menschen kommt dabei ohne äußerliche Manifestationen (Gotteshäuser, Riten, Gesänge) aus, sie ist universell, ihr Gott ist ein Weltgott, ihr Inhalt sind die moralischen Pflichten. Die Religion des Bürgers hingegen hält sich an regionale Götter, es gibt sie nur auf einem bestimmten Territorium; Rousseau denkt an das, was später «primitive Religionen» genannt wurde und was Hegel «Naturreligion» nennen wird. Die Religion der Priester wiederum bringt den Menschen in Gegensatz zu seinen anderen Glaubensarten, denn sie macht ihm Vorschriften, die von denen des Staates abweichen. Für sie gilt, und Hegel hätte nichts freudiger unterschrieben als diese These: «Alle Einrichtungen, die den Menschen mit sich selbst in Widerspruch bringen, taugen nichts.»[35]

Schließlich gibt es noch die Zivilreligion, eine der politischen Form der Republik angemessene Form des Glaubens: nicht überregional, aber auch nicht betrügerisch nur die jeweiligen Machtumstände heiligend. Wie im Vorgriff auf spätere soziologische Theorien der Religion, namentlich die Émile Durkheims, ist für Rousseau hier die politische Gemeinschaft selbst Gegenstand einer Verehrung, die beispielsweise dazu führt, sich im Krieg für «das Vaterland» zu opfern. Hölderlin wird 1799 eines seiner berüchtigtsten, weil mehr als einhundert Jahre danach in Weltkriegen zum Frontlektüreeinsatz gekommenen Gedichte darüber schreiben: «Lebe droben, o Vaterland, / Und zähle nicht die Todten! dir ist, / Liebes! Nicht Einer zu viel gefallen.»[36]

Die «Neue Mythologie», die Hegel und die Seinen um 1797 als Aufgabe postulieren werden, gehört in den Kontext der an Rousseau anschließenden Frage, wie universelle Vernunft lokal wirksam werden kann. In beiden Konzepten, der Volksreligion wie der Neuen Mythologie, spielt dabei die Entgegensetzung von Verstand und Herz die zentrale Rolle. Sie überwölbt die kantische Entgegensetzung von Verstand beziehungsweise Vernunft und Sinnlichkeit. Hegel konnte sie als philosophische Unterscheidung den Schriften Friedrich Heinrich Jacobis entnehmen, der den Stiftlern wie allen intellektuell Interessierten Deutschlands durch den sogenannten «Pantheismusstreit» bekannt geworden war. Das Wort «Pantheismus» wird Hegel ein Leben lang begleiten, als Vorwurf, sein Denken sei ein Fall dieser für unchristlich gehaltenen Position.

«Hen kai pan», «Eins und Alles», war eine Losung der Stiftler Hölderlin, Hegel und Schelling. Sie richtete sich gegen jedweden Dualismus, gegen Zweiweltenlehren also, denen zufolge das Diesseits und das Jenseits, die Welt und Gott, aber auch die Sinnlichkeit und die Vernunft, Körper und Seele, Natürliches und Geistiges unüberbrückbar voneinander getrennt seien. Als erster hatte sich 1705 der irische Philosoph John Toland auf dem Titelblatt eines Pamphlets als einen Pantheisten bezeichnet. Vier Jahre später definierte er diese Lehre als die Überzeugung, dass es kein von der Materie und dem Weltgebäude unterscheidbares göttliches Wesen gebe. Die Natur im Sinne der Gesamtheit aller Dinge – rerum universitatem – sei der höchste Gott.[37] 1720 wird diese Ansicht durch sein «Pantheisticon» nicht zuletzt deshalb berüchtigt, weil sich die Orthodoxie gegen das Werk mit dem Vorwurf richtet, es handele sich um eine Vergötterung der Natur und damit in Wahrheit um eine Leugnung Gottes. In der Ketzergeschichte trat somit zum «Polytheismus» (zu viele Götter), «Unitarismus» (im Vergleich zur Trinitätslehre zu wenige göttliche Instanzen) und «Deismus» (ein zu vernünftiger und darum die Bibel ungern lesender Gott) der «Pantheismus» als die gefährlichste, weil Gott in die Welt umschmelzende und seinen Namen damit überflüssig machende Lehre hinzu.

Das sah auch der alles andere als orthodoxe Denker Friedrich Heinrich Jacobi. Jacobi war, was Hegel damals gern gewesen wäre: ein durch Vermögen zu unabhängiger Produktion in Stande gesetzter Intellektueller. 1785 hatte er in seiner Schrift «Ueber die Lehre des Spinoza in Briefen an den Herrn Moses Mendelssohn» von einem Besuch berichtet, bei dem er den späten Lessing nach dessen Glauben befragt hatte. Wir vergegenwärtigen uns kurz die Alterszugehörigkeit. Lessing und Mendelssohn: Jahrgang 1729. Jacobi: Jahrgang 1743. Hegel: Jahrgang 1770. Lessing nun also bekannte Jacobi, für ihn gebe es nur eine Philosophie, diejenige Spinozas, die des «Hen kai pan».[38] Nicht nur Jacobi war erschüttert. Spinoza? Der von seiner eigenen jüdischen Gemeinde in Amsterdam 1665 verstoßene Philosoph hatte den Gott eines Weltalls gelehrt, der von diesem gar nicht zu unterscheiden sei. Gott sei von unendlicher Ausdehnung, ohne Absichten, unveränderlich, unpersönlich. Jacobis Stellungnahme aber war nun nicht, die Argumente Spinozas zu bestreiten. Der Schluss, es gebe keinen Gott im überlieferten Sinne, sei vielmehr ganz richtig, wenn man dem logischen Verstandesgebrauch folge. Denn es gibt, so Jacobi, zwei Arten, etwas zu begreifen. Entweder etwas wird durch sich selbst begriffen oder durch anderes, dem es seine Merkmale verdankt. Die Möglichkeit, etwas durch anderes zu begreifen, ist leicht zu veranschaulichen: Die Linse bedarf des Linsenschleifers; dieser bedarf des Wissens über Linsen und seiner Techniken, die er wiederum von jemandem erworben hat; es braucht das Glas, das zuvor hergestellt sein muss, und das System der Geldwirtschaft, das es Linsenschleifern erlaubt, sich ganz darauf zu konzentrieren, und so weiter. Man kommt von einem aufs andere.

Was aber hieße es, etwas durch sich selbst zu begreifen? Spinoza nannte ein solches Etwas, dessen Erkenntnis nicht zu äußerlichen Ursachen seiner Art zu sein führt, eine Substanz. Und es erschien ihm logisch, dass es dann nur eine einzige Substanz geben könne. Ob man sie nun «Gott» oder «Natur» nannte, war nicht entscheidend, sondern dass alles, was existiert, sich darin abspielt und davon abgeleitet werden kann. Sofern man, wendet Jacobi ein, unter Philosophieren das Ableiten, Erklären, Ermitteln von Bedingungen versteht. Jacobi weist auf die Kosten dieser Auffassung hin: Es gibt keine Neuanfänge in ihr, denn alles, was ist, folgt nur dem, was vor ihm war. Freiheit wäre dann Täuschung, Fatalismus folgerichtig.

Die Wirkung der Mitteilung Jacobis, der späte Lessing habe sich als Spinozist «geoutet», war erheblich.[39] Es kam zu einer kontroversen Debatte, die sechs Jahre später auch das Tübinger Stift erreichte. Ihr wichtigster Effekt war, Spinoza überhaupt bekannt gemacht zu haben. In einem Brief an seine Mutter schreibt Hölderlin im Februar 1791, er habe sich gerade mit den Gottesbeweisen beschäftigt und dabei seien ihm die Schriften Spinozas in die Hände gefallen: «Ich fand, daß man, wenn man genau prüft mit der *Vernunft*, der *kalten* vom Herzen verlassenen Vernunft auf seine Ideen kommen *muß*, wenn man nemlich alles erklären will. Aber da blieb mir der Glaube meines Herzens, dem so unwidersprechlich das Verlangen nach Ewigem, nach Gott gegeben ist, übrig. Zweifeln wir aber nicht gerade an dem am meisten, was wir *wünschen*?»[40]

Tatsächlich ist genau das Jacobis Position, das «Ich fand» insofern etwas übertrieben, aber das Offenhalten des Zweifels im letzten Satz für die Gruppe 1788 bezeichnend. Hölderlin kommentiert im Sommer 1790 Jacobis «Briefe», deren zweite Auflage er später noch in Tübingen erwirbt, und kommt zu dem Schluss, Jacobi ziehe sich aus einer Philosophie zurück, die zu vollkommenem Skeptizismus führe, weil das Wissen für Jacobi zu keinen letzten Begründungen und Erklärungen fähig sei.[41] Das will ankündigen: Mal sehen, ob es nicht doch möglich gemacht werden kann. Schelling erklärt 1795 in seiner Schrift «Vom Ich als Princip der Philosophie», die sich als erste dieser Aufgabe annimmt, er achte einen – von ihm – widerlegten Spinoza immer noch mehr als die Kompromisse anderer «Coalitionssysteme», und macht die Überwindung des Gegensatzes von Jacobi und Spinoza geradezu zu seinem philosophischen Programm.[42]

In Hegels frühesten Äußerungen findet man wenig, was als direkter Kommentar zu Jacobis «Briefen» gelesen werden kann.

«Möglicherweise», heißt es, «hat der Pantheismusstreit auf Hegel nicht schlagartig, sondern allmählich gewirkt.»[43] Das ist schon deshalb plausibel, weil auf Hegel nie etwas schlagartig gewirkt hat, sondern alles erst allmählich. Wer ihm eine Tierart zuordnen wollte, müsste zwischen Wiederkäuer und Maulwurf schwanken. Hierin unterschied er sich stark von seinen Mitsternen am Tübinger Stift, Hölderlin und Schelling. Es wird noch Jahre dauern, bis an ihm hervortritt, was ihn in eine Reihe mit den beiden stellt. Wäre er, wie Hölderlin, schon 1805, mit fünfunddreißig also, aus der intellektuellen Welt ausgeschieden, er wäre, anders als Hölderlin und Schelling, nur eine Fußnote der Geistesgeschichte.

Hegel liest, wie die beiden anderen, auch die Romane Jacobis, in denen dem Gefühl, dem Herzen als maßgeblicher Instanz eines Freiheit entfaltenden In-der-Welt-Seins gehuldigt wird. Am schönsten vielleicht an einer Stelle des in mehreren Folgen in Wielands Zeitschrift «Teutscher Merkur» abgedruckten Briefromans «Aus Eduard Allwills Papieren», der das Problem anspricht, das auch Hegel umtrieb: wie nämlich Moral und Vernunft gedacht werden müssen, um nicht in Gegensatz zum Leben zu geraten. Voraus geht dem im Roman eine Polemik des Protagonisten gegen «die hohlste Idee von der Welt», dass nämlich aus bloßer Vernunft gehandelt werden könne. Die Tübinger Leser der «Kritik der praktischen Vernunft» musste diese Polemik interessieren. «Das Ding Vernunft, woher hat es sein Wesen? Ist es mehr als helleres Bewußtsein durch zartere Sinnlichkeit hervorgebracht? In seinem ganzen Umfange genommen, und zu einem besondern Dinge abstrahiert, mehr als System unsrer Empfindungen und Neigungen?» Jacobi, der hier seinem Allwill die eigenen Gedanken in die Feder diktiert, gibt ein Beispiel: «Ich soll mich um feste Grundsätze bemühen, damit ich zu unwandelbarer Tugend gelange. Nun klingt es mir gerade so, wenn mir jemand vorschlägt, aus Grundsätzen tugendhaft zu werden, als wenn mir einer vorschlüge, mich aus Grundsätzen zu verlieben. Ein Verliebter – nicht aus Empfindung, sondern aus Grundsätzen, wäre freylich wohl sehr treu.»[44] Hier ist die Grundfrage der ersten Schriften Hegels, wie Kants Moralbegriffe denen vorgeschlagen werden können, die sie nicht von sich aus einsehen, in aller Klarheit formuliert.

Ein entwickelter Begriff von Freiheit, das Bedürfnis, alles zu erklären, weil die Welt auf den Kopf gestellt werden muss, die Integration des Gefühls in die entsprechenden Grundsätze sowie die Überwindung von Gegensätzen, die im Verdacht stehen, begriffliche Instrumente von Unterdrückung zu sein – aus diesen Elementen bestand, was die drei Stiftler gedanklich einte und was sie der Lektüre Kants, Rousseaus und Jacobis zu entnehmen versuchten. Hegel konzentrierte sich dabei am meisten auf die Frage, welche Institutionen vernünftig und zugleich ansprechend für die Einbildungskraft sein könnten.

Dabei schwebte ihm wie Hölderlin ein teils historisches, teils mythisches Modell vor: das antike Griechenland, wie sie es sich etwa aus den Werken Homers, Herodots, Platons und Sophokles' zusammendachten, aber auch aus Winckelmanns «Geschichte der schönen Künste unter den Griechen», Georg Forsters «Ansichten» und Schillers Gedichten und Aufsätzen.[45] In seiner Gymnasialzeit hatte Hegel die «Antigone» übersetzt, ein Drama, das ihn nie mehr losließ. Die Religion der Griechen, heißt es in seinen ersten Notizen, fuße auf dem tiefen moralischen Bedürfnis der Vernunft und sei «lieblich belebt durch den warmen Hauch der Empfindungen». Griechenland erscheint als Inbegriff eines «ungekünstelten» Lebens, «woran das Herz teilnahm» und in dem alles, von den Volksfesten bis zu den Theaterstücken, von einer Religion durchwirkt gewesen sei, die nicht zwischen den gebildeten und den ungebildeten Teilen der Nation unterschieden habe.[46] Dem Aberglauben soll nicht mittels Aufklärung zu Leibe gerückt werden, sondern durch eine bessere Phantasie. Das Christentum, heißt es in einem frühen Fragment, habe zwar einen weiten Spielraum für Phantasien, was sich in der Kunstproduktion seit dem Mittelalter zeige, «aber sie sind nicht zum gemeinen Volk herabgestiegen, sie können es auch nicht, sie sind nicht öffentlich anerkannt, durch nichts sanktioniert.»[47]

Es ist also die Verbindlichkeit einer schönen Mythologie, die dem antiken Griechenland zugeschrieben wird. Hegel folgt hier oft wortgetreu Texten Herders[48] und leitet an einer Stelle den Gedanken über das Vorbild einer neuen Mythologie mit einem Seufzer ein: «Ach, aus den fernen Tagen der Vergangenheit strahlt der Seele, die Gefühl für menschliche Schönheit, Größe im Großen hat, ein Bild entgegen – das Bild eines Genius der Völker, eines Sohns des Glücks, der Freiheit, eines Zöglings der schönen Phantasie», woran sich weitere sentimentalische Bemerkungen anschließen.[49] Zugleich fällt Hegel auf, dass die politische Welt Athens unbeeindruckt von ihrer religiösen war und die Griechen «selbst von keinem Gotte sich Gesetze geben ließen».[50] Griechenland ist also die verschwundene Einheit des Gegensätzlichen, eine Welt, in der alles schön und ernst und heiter und tugendhaft war und die Menschheit in der Nähe einer freundlichen Natur unter «einem sanfteren Himmelsstrich» lebte.[51]

Das Bewusstsein davon, dass an eine Wiederherstellung altgriechischer Verhältnisse in keinem Sinne zu denken war, zeichnet sich zwar schon in den Jugendschriften Hegels ab. An der Vorstellung, Athen habe einst die kantische Autonomiemoral sowie die Einheit von Individuum und Sittlichkeit verwirklicht, als sei es eine Art rousseausche Idealgemeinschaft gewesen, hält Hegel aber lange fest. Er stellt das schöne öffentliche Leben im Süden der nordischen Innerlichkeit gegenüber, und es besteht weder ein Zweifel, wo seine Präferenzen lagen, noch, wo, ach, die welthistorische Entwicklung hingezogen war. Zunächst wird er sich zum Griechentum ein wahres frühes Christentum hinzudenken, das ebenfalls Gedanken Kants exemplifizieren soll. An ihm fällt dann allerdings auf, dass es für politische Zwecke nichts hergibt. Erst viel später kommt in seinem Werk dann auch der Gedanke auf, dass umgekehrt in der griechischen Welt das Individuum nicht als solches zählte und viele Individuen gar nichts.

«Aber wie finden wir uns selbst wieder? Wie kann sich der Mensch kennen?», heißt es in den «Unzeitgemäßen Betrachtungen» Friedrich Nietzsches, der auch gleich ein Mittel vorschlägt, diese Frage zu beantworten. «Die junge Seele sehe auf das Leben zurück mit der Frage: was hast du bis jetzt wahrhaft geliebt, was hat deine Seele hinangezogen, was hat sie beherrscht und zugleich beglückt? Stelle dir die Reihe dieser verehrten Gegenstände vor dir auf, und vielleicht ergeben sie dir, durch ihr Wesen und ihre Folge, ein Gesetz, das Grundgesetz deines eigentlichen Selbst. Vergleiche diese Gegenstände, sieh, wie einer den andern ergänzt, erweitert, überbietet, verklärt, wie sie eine Stufenleiter bilden, auf welcher du bis jetzt zu dir selbst hingeklettert bist; denn dein wahres Wesen liegt nicht tief verborgen in dir, sondern unermeßlich hoch über dir, oder wenigstens über dem, was du gewöhnlich als dein Ich nimmst. Deine wahren Erzieher und Bildner verraten dir, was der wahre Ursinn und Grundstoff deines Wesens ist, etwas durchaus Unerziehbares und Unbildbares, aber jedenfalls schwer Zugängliches, Gebundenes, Gelähmtes: deine Erzieher vermögen nichts zu sein als deine Befreier. Und das ist das Geheimnis aller Bildung: sie verleiht nicht künstliche Gliedmaßen, wächserne Nasen, bebrillte Augen [...]. Sondern Befreiung ist sie.»[52]

In gewisser Weise enthält Hegels Lebensweg wie auch der seiner Tübinger Freunde in Gedanken dieselbe Moral. Die ersten Festlegungen aufgrund von Lektüren sind denkbar heterogen: Jesus und Rousseau, Spinoza und Kant, die Griechen und Jacobi. Es folgt, sehr langsam und schrittweise, aber selten die Anfangsimpulse aus dem Sinn verlierend, der Versuch, das zu ermitteln, was sie vereint, aber auch – das geht über Nietzsches Rat hinaus –, jeweils den Widersprüchen Rechnung zu tragen, in denen sie zueinander stehen.

VIERTES KAPITEL

Der Hofmeister oder
Nachteile der Privaterziehung

«Bester, seliger Gellert! Ich brauche einen Hofmeister für
meinen Max; denn ich schreibe gegenwärtig über die Erziehung und behalte folglich keine Minute für sie übrig.»

Jean Paul

Jetzt bin ich an der Umarbeitung meines Gedichts an den Genius
der Jugend», schreibt Friedrich Hölderlin im Oktober 1794 an
seinen Freund Christian Ludwig Neuffer.[1] Zwei Jahre zuvor hatte
er eine gereimte Hymne dieses Titels dem «Schönsten der Dämo-
nen» und dem «Herrscher der Natur» zugedacht: «In der Jugend
Strahlen sonnen / Ewig alle Geister sich», heißt es darin. Als er das
Gedicht zu «Der Gott der Jugend» umgearbeitet hat, schwelgt er
weniger. Er gedenkt «der Jahre Flucht», und achtmal fällt im Gedicht das Wort «noch».[2] Im Schönen, so schreibt er, verhülle sich
das Göttliche, die Schönheit sieht er an die Jugend gebunden, aber
die Jugend währt nicht.

Außerdem hatte sich ihm die Jugend selbst anders als erwartet gezeigt. Der vierundzwanzigjährige und damit gerade «noch»
junge Hölderlin war nämlich wenige Monate zuvor Lehrer geworden. Im Schloss der Familie von Kalb, in Waltershausen bei
Weimar, unterrichtete er auf Vermittlung von Friedrich Schiller
den jungen Fritz von Kalb. Er bekleidete damit die Stellung eines
sogenannten Hofmeisters. So wie es zuvor auch Kant, Hamann
und Herder, Gleim, Hippel, Gottsched, Klopstock und Wieland,
Winckelmann, Jean Paul, Herbart und Lenz getan hatten.[3] Im Januar 1796, Hölderlin war mittlerweile Hofmeister in Frankfurt,

schreibt sein Freund Schelling an Hegel: «Viele Grüße von Süskind, der hier als Hofmeister – siedet! Auch von Pfister, item Hofmeister allhier. Grüße Mögling, der den Winter recht epikuräisch
auf seinem Dörfchen» – als Hofmeister in Bern – «verleben wird.
Daß Hölderlin in Frankfurt ist, wirst Du wissen.»[4] Schelling selbst
hatte damals eine Hofmeisterstelle bei den Baronen von Riedesel.
Es fällt leichter aufzuzählen, wer aus dem weiteren Kreis der deutschen Klassik sowie ihrer direkten Vor- und Nachläufer nie Hofmeister gewesen ist: Goethe und Schiller.

Auch Hegel war ein Hofmeister. Die Stelle in Waltershausen
war sogar offenbar zuerst ihm angeboten worden, und er hatte
Hölderlin empfohlen, um seinerseits eine in Bern anzunehmen.
Wie viele seiner Freunde wollte er nicht Pfarrer werden, musste
aber auf Zeit spielen. Er wollte es nicht, weil er, um es vorsichtig
zu sagen, tiefe Zweifel an der Theologie hegte, die man ihm gelehrt hatte; weil er die Kirche für ein Instrument der Despotie hielt
und Gott eher für ein philosophisches Problem als einen Herrn im
Himmel. Außerdem schwebte ihm eine intellektuelle Laufbahn
vor, obwohl er zu diesem Zeitpunkt kaum hätte sagen können, wie
sie hätte aussehen können. So wie die Laufbahn Lessings? So wie
die Schillers? Nicht nur hätte diese Vorstellung unterschätzt, unter welchen Risiken und Zumutungen die beiden Schriftsteller ihren Weg fanden. Beide waren auch Theaterautoren und Gelehrte.
Nichts von alledem, was einen Intellektuellen hätte ernähren können, stand Hegel, Hölderlin und Schelling damals zu Gebote. Aber
nur deswegen Pfarrer werden?

Ein gutes Viertel aller Pfarreien lag 1793 der Besoldung nach,
die zu vierzig Prozent aus Naturalien bestand, unter dem Exis-
tenzminimum.[5] Landgeistlicher zu sein hieß nicht zuletzt gärt-
nerische, wenn nicht landwirtschaftliche Tätigkeit, um durch den
Verkauf von Gemüse und Hausschlachtung über die Runden zu
kommen.[6] Andererseits hätten sie ihre Stipendien zurückzahlen
müssen, wenn sie eine ihnen zugewiesene Stelle im Kirchendienst

verweigerten. Sobald ein Nachfrageüberschuss nach Pfarrstellen bestand, war jedoch eine solche Zuweisung nicht unmittelbar zu erwarten. Und ein solcher Nachfrageüberschuss bestand tatsächlich; es gab lange Wartelisten für die gut zwanzig Pfarrstellen, die durchschnittlich im Lauf eines Jahres in Württemberg frei wurden. Manche Kandidaten, hieß es, seien über Land gefahren, um sich nach der Gesundheit der Amtsinhaber zu erkundigen und Station zu machen, wenn sie von einem hörten, der hustete.

Also bot sich für Absolventen der Priesterseminare am Ende des 18. Jahrhunderts die Tätigkeit als Erzieher adliger Kinder zumindest für eine Übergangszeit an. Gerade für junge Männer, die sich mit Blick auf Frankreich vorstellen konnten, dass sich demnächst vieles änderte, erschien Warten attraktiv. Alle Hofmeister warteten auf etwas Besseres, keiner von ihnen wollte dauerhaft Privaterzieher bleiben. Umgekehrt suchten die adligen Familien solche jungen Erzieher, weil die Väter und Mütter keine Zeit für Französischstunden oder Unterweisungen in Naturkunde hatten. Wenn man fürs Kochen, die Pferde und die Wäsche Personal hatte, warum denn nicht auch für die Kinder? Junge Männer sollten es sein, die aufgrund ihres Alters eine gewisse Nähe zum Kind hatten.

«Hochedelgebohrner, insonders hochzuverehrender Herr», schreibt Hegel Ende August 1793 an einen Herrn von Rütte, Stadtschreiber in Bern, «Ihre gütige Zuschrift an mich wegen der Hofmeister-Stelle in dem Hause des Hrn. Hauptmanns von Steiger habe ich durch Hrn. Ochsenwirt Brodhag richtig erhalten, und ich sehe es für meine Schuldigkeit an, Ihnen vorläufig wenigstens soweit darauf zu antworten, als meine gegenwärtigen Verhältnisse es mir möglich machen; diese verhindern mich, eine bestimmte Erklärung vor 14 Tagen geben zu können.»[7] Es ist also ein Netzwerk, das die Berner Patrizierfamilie des Herrn von Steiger zu Hegel bringt. Man fragt Bekannte, die haben wieder Bekannte, ein Kandidat fällt durch, aber es wird Ersatz benannt. Der Wirt des «Goldenen Ochsen» in Stuttgart kann selbstverständlich gut einschätzen, wer der junge Hegel ist und aus welcher Familie er kommt, mithin erhält Hegel ein Angebot aus Bern. Nach kurzen Verhandlungen wird es angenommen: «So sehr ich übrigens überzeugt bin, daß meine Beschäftigung und meine Lage in dem Hause des Herrn von Steiger der angenehmen Vorstellung, die ich mir davon mache, ganz entsprechen werde, so überlasse ich es dem Ermessen des Herrn Hauptmanns von Steiger selbst, ob bei der teuren Lebensart in Bern und den in den Verhältnissen des gesellschaftlichen Lebens nötigen Kleider-Aufwands- und anderen vorkommenden Despensen das ausgesetzte Appointement von 15 Louisd'or zur Bestreitung der notwendigen Bedürfnisse hinreichend sein werde.»[8] Anfang Oktober 1793 siedelt Hegel nach Bern über.

Was war das, ein Hofmeister? Der Titel ist alt, an mittelalterlichen und neuzeitlichen Höfen oblag den Hofmeistern deren Verwaltung oder die Organisation der zeremoniellen Aktivitäten. Erst allmählich galt die Bezeichnung den Erziehern. Die höheren Stände ließen ihre Kinder im Haus durch Privatunterricht erziehen. Schulpflicht herrschte ohnehin nicht, ebenso wenig das von der Generation Hegels eingeführte «Berechtigungswesen», das für Eintritte – in höhere Schulen oder Universitäten – zwingend Abschlüsse verlangte. Vielfach unterrichteten die Väter, Pfarrer oder eben Hauslehrer. Noch John Locke plädierte 1693 mit seinen «Thoughts concerning education» für diese Art des Unterrichts, weil nur er der Individualität des Kindes gerecht werden könne. Und auch Émile, der Modellzögling in Jean-Jacques Rousseaus gleichnamigem Epochenbuch von 1762, wurde selbstverständlich nur von einer Person erzogen, obwohl sogar das dem Philosophen eigentlich noch zu viel war. Stellte er sich doch im Grunde eine Erziehung vor, die Kinder von jedem gesellschaftlichen Einfluss fernhielt. Bald schon aber meldeten sich sogar unter Bewunderern Rousseaus widersprechende Stimmen, die dazu rieten, «selbst schon unter Kindern und unter Jünglingen Vereinigungen» zu stiften, damit sie die «geselligen Tugenden» – für Rousseau ein schwarzer Schimmel – lernen.[9]

Das war von den Schülern aus gedacht, doch das Schicksal der Hofmeister im Einzelunterricht konnte ebenfalls schwierig sein. Demütigend aufgrund von Hilflosigkeit: «Die meisten unserer Lehrer sind angehende Theologen», schreibt der Basler Aufklärer Jakob Sarasin, «die außer den für ihren künftigen Beruf unmittelbar nothwendigen Studien gar wenig wissenschaftliche Kenntnisse mit sich tragen», und er setzt hinzu: «Daß sie Weltleuthe und Magistratspersonen erziehen sollen, fällt ihnen umso seltener ein, da sie gemeiniglich sehr wenige usage du monde haben.»[10] Demütigend auch aufgrund der Stellung als Dienstpersonal. Wie sollen die Kinder den Lehrer achten, wenn er ein Angestellter ihres Vaters ist? Schlecht bezahlt waren die Hofmeister außerdem. So schwanken sie zwischen Unterwürfigkeit aufgrund ihrer Lage und Trotz aufgrund ihrer Kenntnisse. Außerdem sollen sie alles können: Französisch unterrichten, aber auch Tanzen, Rechnen, Fechten. In seinen «Satyrischen Briefen» spottete Gottlieb Wilhelm Rabener schon 1752 über einen Katalog von Kandidaten: «verlangt täglich drei Kannen Bier», «redet Latein und Griechisch, kann aber kein Deutsch», «böse wird er nicht leicht, man möchte denn seine Verse tadeln», «fängt auch Hamster». Resümee: «Der Schleifwege zum geistigen Schafstalle sind so viele, daß jemand dieser Gegend sehr kundig seyn muss, wenn er es unternehmen will, sie alle, oder doch nur die meisten zu beschreiben.»[11]

Die Hofmeister sollten also vieles können, aber nichts verlangen, immer in der Nähe sein, aber Distanz halten, Autorität und Dienstbarkeit verkörpern – «weder rasch gehen, – noch langsam», hieß es schon in Laurence Sternes Parodie eines Bildungsromans, «Tristram Shandy».[12] Glücklich wird man unter diesen Anforderungen nicht.

Berühmt geworden ist das Unglück des Hofmeistertums durch Jakob Michael Reinhold Lenzens Drama «Der Hofmeister oder Vorteile der Privaterziehung», das 1772 abgeschlossen und 1774 publiziert worden war – anonym. Es gilt als beispielhaft für die Periode des «Sturm und Drang» in der Literatur. Manche hielten die Komödie, die es angeblich war, für ein Stück «unseres Shakespeares, des unsterblichen Dr. Göthe», andere für das beste deutsche Lustspiel und so gut wie Lessings «Minna von Barnhelm». Im «Almanach der deutschen Musen» allerdings notierte der Rezensent: «Wenn das kein Trauerspiel ist, worinne ein Vater in Raserei verfällt, eine Tochter ihre Ehre verliert, Gefängnisse und Bettlerhütten erscheinen, Verwundungen, Ersäufungen und Kastrierungen vorgehen, so möchte manche französische Tragödie dagegen Lustspiel heißen.»[13]

Lenz lässt einen jungen Theologen zum Erzieher des recht beschränkten Sohns eines ostpreußischen Majors werden, nebenbei soll er auch dessen Tochter unterrichten. Es kommt zu erheblichen erotischen Komplikationen, während das Gehalt des Hofmeisters ständig reduziert wird. Schließlich ist die Tochter schwanger von ihm, obwohl sie in ihren Cousin verliebt ist. Der Vater wird fast wahnsinnig, er schießt auf den Hofmeister, verzeiht aber seiner Tochter, die sich in einen Teich stürzen wollte. Der Hofmeister entmannt sich und heiratet ein Mädchen, dem es egal ist, dass sie mit ihm keine Kinder haben kann, sie hat ja Enten und Hühner.

Das mehr dem Drang als dem Sturm zugewandte Drama von Lenz buchstabiert unter Mobilisierung aller denkbaren Gefühlsaufwallungen die Folgen eines für Intimität anfälligen Erziehungsgeschehens aus. Denn schließlich hatten die Hofmeister noch ein besonderes Problem zu bewältigen. Es lag weniger, wie bei Lenz, in den Zöglingen. Durch die Nähe zum Kind standen sie auch dessen Mutter und deren Freundinnen nahe, die oft im selben Alter wie die Hofmeister waren. Hölderlin an seine Schwester, im

Januar 1794: «Die Gesellschafterin der Majorin, eine Wittwe aus der Lausiz, ist eine Dame von seltnem Geist und Herzen, spricht Französisch und Englisch, und hat soeben die neueste Schrift von Kant bei mir geholht.» Er sei zwar reizbar, aber sie sei «versprochen und noch viel klüger» als er.[14] Dass die Witwe aus der Lausitz verlobt sei, ist ein Gerücht, das Hölderlin zweckmäßig einsetzt – im Sommer 1795 bringt sie, Wilhelmine Marianne Kirms, eine Tochter zur Welt, deren Vater Hölderlin gewesen sein dürfte. In Frankfurt, wo er seine zweite Hofmeisterstelle antritt, verschärft sich kurz darauf dieses Drama. Er verliebt sich nicht sterblich in eine Freundin des Hauses, sondern unsterblich in die Gattin des Bankiers Gontard, und sie auch in ihn.

Hegel war als Hofmeister für solche Möglichkeiten nicht empfänglich. Am 10. Juli 1794 schreibt ihm Hölderlin aus Waltershausen: «Deine Seen und Alpen möchte ich wohl zuweilen um mich haben. Die große Natur veredelt und stärkt uns doch unwiderstehlich. Dagegen leb' ich im Kreise eines seltnen, nach Umfang und Tiefe und Feinheit und Gewandtheit ungewöhnlichen Geistes. Eine Frau von Kalb wirst Du schwerlich finden in Deinem Bern. Es müßte Dir sehr wohl sein, an diesem Strahle Dich zu sonnen.»[15] Es ist dieselbe Wendung wie in seiner «Hymne an den Genius der Jugend». Hier aber erscheint der Genius weiblich. Hölderlin war vom Impuls bestimmt, jedwedes Verhältnis zu erotisieren und kannte jenseits von Freundschaft und Liebe gar keine sinnvollen Einstellungen.

Wenig später macht Hölderlin schlimme Erfahrungen mit seinem ersten Zögling, Fritz von Kalb. Stumpf, träge und verstockt, aufsässig und aggressiv, so lauten die Beschreibungen. «Meinen Zögling zum Menschen zu bilden», schreibt er an Friedrich Schiller, «das war und ist mein Zwek»; Humanität, die nicht mit anderem Wort Vernunft heiße, sei ihres Namens nicht wert.[16] Hölderlins Pensum: zwei Stunden jeweils vor- und nachmittags. Er strebt Freundschaft mit dem Kind an, und er versucht, die Erkenntnis des

Sittengesetzes zu befördern. Freilich sieht Hölderlin, dass die Gesellschaft schon ihr Werk am Schüler verrichtet hatte; sein Vorgänger als Hofmeister hatte den jungen Adligen körperlich gezüchtigt
und jene Verstocktheit mit hervorgerufen. Der Schüler erweist
sich als von mittelmäßiger Begabung, völlig unempfindlich für alle
vernünftige Lehre, ohne jede Achtung für das Gute. Der Vater hält
Selbstbefriedigung für ursächlich, die Sache wird ins Medizinische abgelenkt. Hölderlin fühlt sich überfordert und verlässt die
Stelle: «Das mannigfaltige Elend, das ich durch die besondern Umstände, die bei meinem Subjekte stattfanden, im Erziehungswesen
erfahren mußte»,[17] führte ihn dazu, sich ganz seinen literarischen
und philosophischen Arbeiten zuzuwenden – dem Roman «Hyperion» und dem Studium der Theorien Fichtes in Jena.

Hegel hatte es besser getroffen. Als Erzieher zweier junger Kinder, sechs und acht Jahre alt, stand er nicht in Kämpfen mit Frühpubertierenden. Seine Klage gilt nur der wenigen Zeit, die ihm
für seine eigenen Interessen blieb, da er bei Abwesenheit seines
Dienstherrn tatsächlich das Haus zu verwalten hatte. Aus den
Briefen erfahren wir nicht viel über seine Erziehungstätigkeit,
außer einer Notiz, die seine klare Sicht auf Erziehung und darauf bezeugt, dass er sich Bildung von Anfang an, anders als der
verehrte Rousseau, nicht als ein isoliertes Geschehen zwischen
Lehrern und Schülern hat vorstellen können. Im November 1796
schreibt er vom Landsitz der von Steigers in Tschugg an Hölderlin,
es gelinge zwar gewöhnlich, den Kopf der Zöglinge «mit Worten
und Begriffen zu füllen», aber «auf das Wesentlichere der Charakterbildung wird ein Hofmeister nur wenig Einfluß haben können,
wenn der Geist der Eltern nicht mit seinen Bemühungen harmoniert».[18] Das wird er auch später als Gymnasialdirektor in Nürnberg den Familien einschärfen.

Hegel hatte Bern der Schlosseinsamkeit in Thüringen vorgezogen, womöglich auch die politische Atmosphäre zwischen Patri ziertum und aufkommendem Republikanismus sowie die gefühlte Nähe zu Frankreich. Allerdings sah er sich in der Schweizer Stadt auch abgeschnitten «von den Schauplätzen literarischer Tätigkeit».[19] In Briefen erkundigt er sich, ob man in Tübingen noch französische Zeitungen lese, ob Schelling von der im Dezember 1794 erfolgten Guillotinierung Jean-Baptiste Carriers gehört habe, eines der rabiatesten Anhänger Robespierres, der in Nantes an vier Tagen sechzehntausend Menschen durch Ertränken hingerichtet haben lassen soll. Den Umschlag der Französischen Revolution in den Terror – «die ganze Schändlichkeit der Robespierroten» – hört man aus diesen Bemerkungen heraus. Gut zehn Jahre später wird Hegel in seiner «Phänomenologie des Geistes» schreiben: «Das Herzklopfen für das Wohl der Menschheit geht darum in das Toben des verrückten Eigendünkels über» – weil es sich in das Gefühl hineinsteigert, nicht nur Recht, sondern das Recht der Menschheit zu haben, was jeden Widerstand zu einem Widerstand gegen die Menschheit macht. Das Toben der Selbstgerechten «spricht also die allgemeine Ordnung aus, als eine von fanatischen Priestern, schwelgenden Despoten und für ihre Erniedrigung hinabwärts durch Erniedrigen und Unterdrücken sich entschädigenden Dienern derselben erfundne und zum namenlosen Elende der betrognen Menschheit gehandhabte Verkehrung des Gesetzes des Herzens und seines Glückes.»[20]

In Bern herrschte hingegen die angespannte Ruhe eines Bürgerstaates, der von alten Familien regiert wurde und Wahlen kannte, denen jedoch Intrigen vorhergingen, gegen die jene an Fürstenhöfen nichts seien, wie Hegel im Frühjahr 1795 an Schelling schreibt. Er lernt also die Aristokratie im Unterschied zur Monarchie kennen.[21] Hegel übersetzt, redigiert und kommentiert die «Vertraulichen Briefe», die der Advokat Jean-Jacques Cart aus Lausanne zur «völligen Aufdeckung der ehemaligen Oligarchie des Standes Bern» 1792 geschrieben hatte und die in Bern sofort verboten worden waren. Sie befassen sich mit dem politischen Schicksal des französischsprachigen Waadtlandes, das schon im 16. Jahrhundert unter Berner Herrschaft gekommen war, aber immer wieder den Aufstand übte und sich auf seine «alten Rechte» berief. Hegel hebt heraus, dass eine Regierungsform nicht danach beurteilt werden sollte, welchen ökonomischen Wohlstand sie hervorbringe, etwa wie geringe Steuern sie ihren Bürgern auferlegt, sondern danach, ob diese Steuern selbst gewählt seien: «Die Taxe, die das englische Parlament auf den in Amerika einzuführenden Tee machte, war höchst gering; aber das Gefühl der Amerikaner, daß mit der an sich ganz unbedeutenden Summe, welche sie die Taxe gekostet hätte, zugleich das wichtigste Recht verloren gegangen wäre, machte die amerikanische Revolution.»[22] Das wiederholte die Analyse der Französischen Revolution, die ihre Ursachen weniger in wirtschaftlichen Verwerfungen sah als im Einfluss von Ideen, die Widerstand mobilisierten. Mangelnde Rechtsstaatlichkeit würden wir heute nennen, was Cart und Hegel den Berner Patriziern vorwarfen, Missbrauch des Strafrechts, Gängelung der Bürger und einen bloß scheinbaren Republikanismus.

Hegel hat also starkes Interesse am politischen Geschehen, weit mehr als an den «Seen und Alpen», um die ihn Hölderlin beneidet. Sehr sprechend ist der Bericht über eine Alpenwanderung, die er erst im Sommer 1796 mit drei anderen Hofmeistern antritt, zu einem Zeitpunkt, als er schon die Übersiedlung nach Frankfurt erwägt. Sehr sprechend vor allem, weil Hegel hier so schreibt, wie er denkt, ohne Rücksicht auf ein Publikum, dem er etwas beweisen muss, und ohne den Versuch, Gedankenbewegungen im schriftlichen Ausdruck nachzubilden. In der Schilderung des Ausflugs verzeichnet er akribisch den Weg, den die Hofmeister nehmen, und wie schnell sie sich auf ihm bewegen. Er vergleicht, was er sieht und erlebt, mit dem, was er darüber gelesen hat, denn natürlich halten sich die Wanderer an einen Reiseführer. Die Freunde essen Murmeltierfleisch, «das uns eben kein Leckerbissen schien», sie erfrischen sich an Quellwasser, das sie mit Kirschwasser vermischen, und Hegel hält Anekdoten aus den Dörfern fest, durch die sie bei ihrer Reise bis nach Luzern kommen.[23]

Die Berge selbst aber vermitteln ihm vom Tal aus «etwas Einengendes und Beängstigendes», der Lärm, den die Gebirgsflüsse machen, langweilt ihn genauso wie die ewig toten Felsmassen, in denen die Vernunft nichts zu bewundern findet. Der Reisebericht ist darum auch für die philosophische Orientierung Hegels aufschlussreich. Sein Pantheismus beispielsweise muss von ganz besonderer und jedenfalls nicht goethischer Art gewesen sein, wenn er so wenig Erfreuliches und ganz bestimmt nicht Gott in der Natur finden konnte. Die Natur ist für Hegel das Gebiet, in dem der lapidare Befund «es ist so» herrscht. Er freut sich zwar über den «Wasserstaub», der aufspritzt, wenn ein Bach herabstürzt, und er notiert, man fühle dadurch nicht «das Muß der Natur», sondern ein freies Spiel. Länger als bei Naturschauspielen aber hält sich Hegel bei der Technik des Käsemachens auf, die ihnen ein Senner ausführlich erklärt, sowie bei der Angewohnheit der Senner, dem touristischen Käufer ihrer Milch und ihres Rahms zu überlassen, welchen Preis er dafür zahlen will. Darin stecke, so Hegel, nicht «allgemeine Unschuld und Gutmüthigkeit», sondern die Hoffnung auf Überbezahlung. Wer ihnen zahle, was es vielleicht wert sei, dem machten sie ein verdrießliches Gesicht, zahle jemand weniger, nennten sie den Preis.[24]

Alles in allem findet Hegel seine Erwartung von Größe und Erhabenheit der Berge enttäuscht. Der Anblick der Gletscher biete nichts Interessantes, es sei ein Sehen, das dem Geist «keine weitere Beschäftigung gibt».[25] In seiner Ästhetik wird sich Hegel später am Begriff des Naturschönen ganz desinteressiert zeigen. Der Kategorie des Erhabenen zumal wird er, der als Schüler die Schrift des Pseudo-Longinus «Über das Erhabene» ins Deutsche übersetzt hatte, nicht sehr viel Raum geben. Nur die Reichenbachfälle – heute berühmt durch Arthur Conan Doyles Geschichte «Das letzte Problem», in der Sherlock Holmes 1893 seinen vorläufigen

Tod in den Wasserfällen findet – erregen seine Aufmerksamkeit. Er notiert, dass sie ein Bild nach dem anderen hervorriefen, es löse sich sofort wieder auf und werde von einem neuen verdrängt, so dass man «ewig das gleiche Bild» sehe und zugleich, «dass es nie dasselbe» sei. Das gesehen zu haben, könne keine Beschreibung und kein Gemälde ersetzen. Vor allem ein Gemälde nicht, weil es seinen Betrachtern die Größe des Abgebildeten vorgebe und insofern für die Wasserfälle zu klein sei. Außerdem könne nur die Gleichheit des Wasserfalls, nicht aber seine «ewige Auflösung» gemalt werden.[26]

Selbst die Natur führt Hegel also sofort zur Zivilisation zurück. Sein Sensorium ist auf soziale Vorgänge gerichtet, auch wenn er merkwürdigerweise kein einziges Gespräch der Wanderer untereinander festhält. War er nur in Gedanken? Wie nüchtern er dabei ist, kann einer Bemerkung entnommen werden, die den Leuten gilt, die in den Bergen ein entbehrungsreiches, ärmliches, gefährliches Leben fristen. Er zweifle, so Hegel, «ob hier der gläubigste Theologe es wagen würde, der Natur selbst in diesen Gebirgen überhaupt, den Zweck der Brauchbarkeit für den Menschen zu unterlegen». Eine Physikotheologie dieser Art, die dem Menschen beweise, dass alles vortrefflich für ihn eingerichtet sei, entstehe wohl kaum in solchen Wüsteneien. An dieser Stelle notiert er, dass auch der Stolz seiner Zeitgenossen in dieser Vorstellung lebe, anstatt zu sehen, dass nicht die Natur dem Menschen entgegenkomme, sondern der Mensch alle möglichen Zwecke in die Natur gelegt habe. Stadtbewohner, so bricht es aus ihm heraus, bedürften viel stärker als solche der Alpen des Trostes, wenn ihnen ein Unglück widerfahre. Weswegen sie anfällig für die Vorstellung seien, alles Schlechte habe auch sein Gutes – «denn dazu können sie sich nicht erheben, ihren Nutzen aufzugeben.» Gott sei für sie jemand, der sie entschädigen werde.[27]

Das führt unmittelbar zu den religionsphilosophischen Fragen, an denen Hegel in seinen drei Berner Jahren von Oktober 1793 bis Winter 1796 gearbeitet hat. Zu ihnen gehört nämlich das Problem, ob der tugendhaft handelnde Mensch einen Anspruch auf Entlohnung wenigstens im Jenseits habe, einen Anspruch also auf Glückseligkeit. Hegel findet für diese Erwartung mitunter harte Worte. Die Hoffnung, für hiesige Verzichte dereinst entschädigt zu werden, erscheint ihm zwar trostreich, «aber wir müssen uns dabei doch gewöhnen, nicht alles, was etwa unserer Erwartung entgegen geschieht, als ein Unrecht anzusehen.» Es gibt, hieß es schon im Tübinger Fragment, die Natur, es gibt den Schmerz, für den es keinen Trost gebe, es gibt das Leiden, für das der einzige Trost die Vorsehung Gottes sei.[28] Und schon damals konnte er beim Thema Trost sarkastisch werden, wenn er schrieb, dass es einem angesichts der vielen Trostgründe der Religion fast leidtun könne, nicht alle acht Tage einen Vater oder eine Mutter zu verlieren. Jetzt konstatiert er, die Menschen schafften sich «eine Menge entweder wirklicher oder erträumter Leiden und Klagen über diese Welt als über ein Jammertal, wo sie doch wirklich nichts zu klagen haben». Unglück sei nicht als solches schon Unrecht, Entbehrung nicht schon ein Anrecht auf Ausgleich.[29] Hegel erwartet vom vernünftigen Menschen, nicht wehleidig zu sein.

Der ungeliebte Tübinger Professor Storr hingegen hatte zugunsten eines solchen Ausgleichs für tugendhafte Entbehrungen oder Entbehrungen aufgrund von tugendhaftem Verhalten so argumentiert: «Glücklich zu sein ist notwendig das Verlangen des vernünftigen endlichen Wesens, Glückseligkeit ist also die notwendige Materie (Objekt) unseres Wollens», zitiert er Kant. Entsprechend müsse der Wille, um sich zur Tugend zu entschließen, ein subjektives Interesse an ihr gewinnen können, es bedürfe «einer gewissen Affektion des guten Willens». Das Gesetz werde nur geachtet, wenn Vertrauen bestehe, durch solche Achtung und Beachtung Glückseligkeit zu erlangen. Wer das leugne und behaupte, dem

Gesetz müsse ohne jede Rücksicht auf spätere Belohnung gefolgt werden, suche seinerseits nur die Belohnung, von anderen und sich selbst ob seiner Tugend bewundert zu werden. An «Tugend durch Hoffnung», Hoffnung auf jenseitiges Glück und seinen Vorschein im Diesseits, führte für Storr kein vernünftiger Weg vorbei.[30]

Damit wendete Storr den moralischen Rigorismus gegen sich selbst. Wer den Zweck wolle, wolle auch die dazu unentbehrlichen Mittel, hatte Kant gelehrt. Wenn also die theoretische Vernunft nach Kant nicht hinreiche, letzte Fragen zu klären, so komme bei diesen der praktischen Vernunft der Vorrang zu. In der Moral zählt für Storr darum die Macht eines Gedankens, einer Erzählung oder eines Dogmas als Mittel, tatsächlich moralisches Verhalten als Zweck hervorzubringen, womit die Fähigkeit gemeint ist, der Sinnlichkeit des Menschen – Egoismus, Feigheit, Begierde, Trägheit et cetera – entgegenzuwirken. Was nützen sauber begründete Prinzipien, wenn sie niemanden erreichen? Dem hätte Hegel nur beipflichten können. Storr aber ist darum, mit anderen Worten, Tugend ohne autonomen Entschluss zu ihr lieber als Untugend oder die wirkungslose Belehrung der Menschen, sie hätten um der Vernunft selbst willen tugendhaft zu sein. Er zieht die unreine Vernunft der reinen vor. Festzustellen, Aussagen über Gott, die Seele und die Glückseligkeit seien weder beweisbar noch widerlegbar, reicht für ihn deshalb nicht aus, um das «positive» Christentum zu erschüttern, denn es müsse doch zusätzlich noch gefragt werden, ob «sich biblische Lehren durch moralische Gründe bestreiten lassen».[31] Sind sie moralisch wirksam, sind sie gerechtfertigt.

In seinen Berner Manuskripten setzt Hegel immer wieder von neuem an, um diese intelligente Verteidigung der Glückseligkeitslehre und weiterer «die Menschheit sowie die Gottheit entehrenden Grundsätze», die unter anderem «von einem Professor» abgehandelt würden,[32] indirekt zu attackieren. Direkt hat keiner der

Tübinger Stiftler versucht, Storr zu kritisieren, Hegel nicht einmal in seinen unveröffentlichten Manuskripten.

Womöglich auch, weil es so einfach nicht war. Hegels immer stärkere Anlehnung an Kants moralphilosophische Schriften war keine Hilfe. Kant verfügte nämlich selbst über keine abschließende Ansicht, welchen Stellenwert das Dasein Gottes oder der Zweifel daran für eine aufklärende Philosophie besitzen kann. «Thue das, wodurch du würdig wirst, glücklich zu sein» war 1781 in der «Kritik der reinen Vernunft» seine Auskunft in der Frage «Was soll ich thun?». Der Frage «Was darf ich hoffen?» gibt er danach diese Form: «Wie, wenn ich mich nun so verhalte, daß ich der Glückseligkeit nicht unwürdig sei, darf ich auch hoffen, ihrer dadurch theilhaftig werden zu können?», um zu antworten: Gott und ein künftiges Leben seien Voraussetzungen der Verbindlichkeit reiner Vernunft. Moralische Gesetze seien «leere Hirngespinste», wenn nicht die Erwartung bestünde, ihnen zu entsprechen führe zu Glückseligkeit. Diese wiederum sei nur im Jenseits – «in der intelligiblen Welt» – zu erwarten, zugeteilt durch einen weisen Gott, was mithin dessen Dasein zur Voraussetzung der moralischen Vernunft mache.[33] Zum erkennbaren Zirkelschluss, mit dem hier Gott aus der Notwendigkeit seiner Existenz für das moralische Verhalten bewiesen wird, kommt hinzu, dass Kant damit die Moral erfolgsabhängig, den kategorischen Imperativ zu einem hypothetischen und das heißt nach seinen Kriterien die Vernunft unvernünftig macht.[34]

Entsprechend ändert Kant sein Argument 1785 in der «Grundlegung zur Metaphysik der Sitten» und 1788 in der «Kritik der praktischen Vernunft» dahingehend, dass Gott und Unsterblichkeit «praktische Postulate» seien. In seinem Aufsatz «Was heißt: sich im Denken orientieren?» von 1786 bestreitet er ausdrücklich, dass der moralische Wert der Gesetze praktischer Vernunft von etwas anderem abhänge als von deren Vernünftigkeit, wiederholt die alte Position aber trotzdem wörtlich in der zweiten Auflage der «Kritik der reinen Vernunft» von 1787. In der «Kritik der Urteilskraft» von 1790 wird das Problem erneut aufgenommen. Dort wird Glückseligkeit als Endzweck aller vernünftigen Wesen und als höchstes physisches Gut bezeichnet, sofern sie mit Pflichterfüllung vereinbar sei. Gott und Unsterblichkeit wiederum seien «bloße Glaubenssachen»,[35] ihre Existenz ein moralisches Bedürfnis, nicht mehr. Niemand dürfe sich moralischen Pflichten mit Zweifeln an der Existenz Gottes entziehen, nur wenn man sicher wisse, dass es ihn nicht gebe, entbinde das von Moral – aber eben das könne niemand wissen. Die Argumente von 1788 werden dann in «Die Religion innerhalb der Grenzen der bloßen Vernunft» wiederholt, um von der «wahren Religion» zu sagen, sie bestehe nur aus dem, was sich durch Vernunft erkennen lasse.

Kant also gab in jenen Jahren die unterschiedlichsten Auskünfte zum Verhältnis von Vernunft und unsterblicher Seele, was nicht nur ein Hinweis auf die Vertracktheit der Fragestellung ist, sondern auch Hegels immer neu ansetzende Anstrengungen erklärt. Was sich als Lösung darstellt – Kants Vernunft- und Moralbegriff –, war tatsächlich für einen Bewunderer der zivilreligiösen Schriften Rousseaus, der Religion der Griechen und des Urchristentums ein Problem. Also schnappte das Schloss, das er mit diesem Schlüssel zu öffnen suchte, um zu einer Überwindung der Gegensätze von Moral und Sinnlichkeit zu kommen, immer wieder zu.

Auf die Palme bringt ihn dabei die Argumentation seines theologischen Lehrers Storr gleich aus mehreren Gründen. Zum einen empört ihn, dass kaum abzusehen ist, was nicht alles durch das Argument, es hebe die Moral der Menschen, wenn man ihnen mitteile, es gefalle Gott, gerechtfertigt werden kann: kindische Aussichten auf Belohnungen wie die Auferstehung der Leiber, schlimmer noch das Arsenal an Bestrafungen, die Hölle, der Teufel, aber auch die Pflicht zum regelmäßigen Besuch der Messe, Almosen, «Ablaßkram».[36] Mit Kant am Ende noch katholisch zu werden, das konnte der Sinn der Vernunftkritik doch nicht sein. Schelling, der noch in Tübingen studiert, schreibt in diesem Sinne im Januar 1795 an Hegel über die intellektuelle Lage in der Stadt: «Alle möglichen Dogmen sind nun schon zu Postulaten der praktischen Vernunft gestempelt, und wo theoretische-historische Beweise nimmer ausreichen, da zerhaut die praktische (Tübingische) Vernunft den Knoten.»[37] Hegel konzediert, der gute Mensch sowohl der praktischen Vernunft wie der christlichen Lehre verdiene Glückseligkeit, nur werde im Christentum zugleich die Unmöglichkeit vorausgesetzt, aus eigener Kraft und Einsicht ein guter Mensch zu werden. Andernfalls hätte Christus ja nicht sterben müssen für die Sünden aller, wie es die Dogmatik nicht nur in Tübingen lehrte. Der Verdorbenheit der menschlichen Natur, die in der Lehre von einer Erbsünde formuliert wird, «wonach schon Kinder für strafwürdig erklärt werden», könne allein der Glaube an Christus aufhelfen.[38] Doch eben dieser Glaube – als kirchlich ausformulierte Menge an Glaubenssätzen – enthält für Hegel nicht nur zu viele Zumutungen an die Vernunft wie den Verstand; er lenkt auch davon ab, dass Glückseligkeit allenfalls durch Taten, nicht durch Einstellungen erworben werden kann.

Zum anderen stört ihn die Unterstellung, der Mensch sei zu schwach für reine Vernunftargumente. Hegel teilt Storrs Prämisse nicht, Achtung vor dem Gesetz – tue dies, unterlasse das – setze Vertrauen in seine wohltuenden Wirkungen voraus, weshalb der Mensch von seinen niederen Begehren nur durch die Aussicht auf Erfüllung höheren Glücks abgezogen werden könne.[39] Pflicht und Tugend sind für ihn vielmehr selbstgenügsam; wer das anders sehe und zu ihnen überreden wolle, entheilige sie geradezu. Gerade die großen Philosophen – Hegel nennt Spinoza, Shaftesbury, Rousseau und Kant – hätten die Idee der Moralität aus ihrem eigenen Herzen entwickelt, ohne Rückgriff auf unbegreifliche Dogmen.[40] Wer moralisches Handeln von Belohnungen abhängig mache, steht für Hegel nicht dadurch besser da, dass er diese Er-

wartung aufzuschieben bereit ist, um sie nach dem Tod zu verlangen.[41] Außerdem sieht Hegel auf der Rückseite des Versuchs, die
Menschen durch Glückseligkeitsgewinne zu Vernunft motivieren
zu wollen, die negativen Sanktionen, die der Staat gegen falschen
Glauben vorsieht. Unerträglich ist ihm also die Fusion von politischer Macht und Kirche im Zeichen des Gehorsams.

Hegel protestiert gegen die Indienstnahme von Christus durch
das «positive», kirchliche Christentum. Für ihn ist die Person
Christi das maßgebliche Beispiel für eine vernunftreligiöse Einstellung reiner Moralität. Das führt ihn zu merkwürdigen Formulierungen wie der, «daß der ganze Geist der Moral Christi mit
jeder erhabenen Moral in Übereinstimmung gebracht werden
kann, daß der unbedingteste Gehorsam gegen das Gesetz darin
eingeschärft wird».[42] Soeben war Jesus noch exemplarisch für eine
gesellschaftlich nicht durchsetzbare Distanz zu allem, was die
bürgerliche Existenz ausmacht: Familie, Eigentum, Recht. Jetzt
ist Christus im Grunde ein Kantianer. Eines der umfänglichsten
Manuskripte der Berner Zeit widmet sich folgerichtig der Frage,
wie aus der urchristlichen freien Vernunft der autoritäre kirchliche
Unverstand werden konnte.

Und schließlich weist Hegel auf den nur vermeintlichen Uni-
versalismus des Christentums hin. So bekam der größte Teil der
Menschheit gar keine Chance, an Christus zu glauben. Selbst
dort, wo sich dieser Glaube verbreitet hat, war er von Beginn an
«nicht mehr das Eigentum aller», weil es seit jeher eines großen
Aufwandes an sprachlichen und historischen Kenntnissen bedurfte, um ihn überhaupt kennenzulernen: «Glaube an das, was
Leute uns sagen, die unser Zutrauen besitzen oder vom Staate
dazu privilegiert sind, daß man ihnen glaubt, ist eine unendlich
bequemere Sache, als sich selbst zum Nachdenken zu gewöhnen.»[43] Das wirkt für Hegel umso schwerer, als der christliche
Glaube, wie er sich in der Kirche darstelle, kein froher sei, sondern
sich überwiegend mit deprimierenden Umständen des Lebens be-

fasse. Seine Bilder sind «Ausbrüche der traurigsten, ängstlichsten Verzweiflung, die die Organe von Grund aus zerrüttet, und häufig unheilbar».[44] Das Christentum selbst hat sich außerdem weder der Despotie noch der Sklaverei widersetzt. Wenn man das aber ausspreche, so Hegel mit bitterer Stimme, werde «hintennach» gesagt, die Philosophen hätten ihre Grundsätze ohne die christliche Religion nicht gefunden. Aber wo sei ein moralischer Fortschritt *mit* dem Christentum erlangt worden und nicht gegen seine «Verwahrer»?[45]

Von all diesen scharfen Einreden gegen die Glückseligkeitslehre waren allerdings auch Hegels eigene Positionen und Leitbegriffe der Tübinger Zeit betroffen, in denen er gedanklich feststeckte. Nach wie vor geht es ihm um die Voraussetzungen einer Volksreligion, die geeignet wäre, die «allgemeine Menschenvernunft» gesellschaftsweit zu verbreiten.[46] Doch weil er jetzt heftig gegen die Rücksichtnahme auf sinnliche Bedürfnisse der Menschen argumentiert, tritt das Konzept der Volksreligion ganz in den Hintergrund. Er schreibt nicht mehr vom Herzen, an das sich eine solche Religion zu wenden habe, sondern besteht auf moralischer Rigorosität und Vernunft. Die Verluste an Einbildungskraft, die mit dem «Fortschritt der Vernunft»[47] einhergehen, scheint er tränenlos in Kauf zu nehmen. Die «subjektive Religion» ist nun nicht mehr die des Herzens, sondern die der Einsicht in den kategorischen Imperativ; ihr hat Religion zu dienen. An einer Stelle heißt es sogar, die Mysterien der Religion seien für die Vernunft, den Verstand und die Phantasie unzugänglich und nur für das Gedächtnis zu gebrauchen, «bloß noch für das Herz».[48]

Das wäre ihm ein Jahr zuvor, als das Herz noch der Ort der Liebe, der Vernunft und der Vermittlung von Sinnlichkeit und Moral war, nicht eingefallen. Fast scheint es, als wolle Hegel sagen, das Gefühl könne nicht zwischen Sinnlichkeit und Vernunft vermitteln, weil es selbst der Sphäre der Sinnlichkeit angehört, wohingegen im Herzen eines vernünftigen Menschen auch abstrakte Ideale des tugendhaften Verhaltens ihren Ort finden können. Womöglich hatte er aber auch nur gesehen, wie oft Storr in seiner Schrift über Kants Religionsphilosophie vom Begriff des Herzens Gebrauch machte, was ihm dieses Wort als Zentralbegriff verleidet haben mag.[49] So oder so ist seine Verlegenheit bemerkbar, die Kritik des sinnenfeindlichen Christentums mit einem Appell zu moralisch einwandfreiem Verhalten zu verbinden. Die Griechen sind darum jetzt weniger als eine beseelte Gemeinschaft beispielhaft, die schöne Götter bis zum enthusiastischen Taumel verehrt hat, sondern als eine Gemeinschaft von Republikanern; sie sind fast schon Römer. Auch der Begriff «Liebe» wird aus der Tübinger Zeit übernommen, als es hieß, sie sei etwas Ähnliches wie Vernunft: uneigennützig, sich im Anderen findend. Jetzt ist von «Liebe zur Pflicht» als der subjektiven Religion die Rede.[50]

Hegel bringt damit die Vernunftreligion fast unwillkürlich in immer stärkeren Gegensatz zur Sinnlichkeit und zu einer den sinnlichen oder herzlichen Bedürfnissen entgegenkommenden Volksreligion, um die es ihm zunächst ging. In Tübingen hatte es den Anschein, er interessiere sich vor allem dafür, die Vernunft mittels Religion auch denen plausibel und gewissermaßen anschaulich zu machen, die ganz andere Sorgen haben. Jetzt, in Bern, wirken seine unpublizierten Schriften so, als rufe der Volkserzieher sich selbst und die Seinen zur Ordnung. Selbstzwang zu moralischem Verhalten wird als wahre Freiheit interpretiert. Rücksichtnahme auf die Sinnlichkeit und auf das ihr entsprechende Bedürfnis nach einer angstfreien, frohen Existenz, nach Trost und Heilsaussicht scheint ihm nicht mehr geboten. Schlimmer noch: Sie kommt ihm als das Einfallstor einer Religionsauffassung vor, die alles der Erwartung unterstellt, der Glaube solle die Leute beruhigen. Die Sinnlichkeit ist die Sphäre der Kompromisse, die Hegel in seiner Berner Zeit nicht machen möchte. Erstens weil Vernunft ihm damals kein Begriff für Nachgiebigkeit scheint. Und zweitens weil er es zumutbar findet, dem angeblich fallsüchtigen Menschen zuzurufen, er solle sich zusammenreißen, er könne es auch, und es sei zum Wohle aller.

Die frühere Kritik einer abstrakten Moral, die an der lebendigen Wirklichkeit gesellschaftlicher Umstände vorbeigreife, weil sie die Herzen vernachlässige, ist hier nicht mehr wirksam. Denn der abstrakte Moralismus ist natürlich selbst eine Wirklichkeit, kann existenziell gefühlt und als Lebensform behauptet oder jedenfalls gefordert werden. Die Menge, heißt es in puncto Volksreligion, brauche keinen Glauben an Gott und Unsterblichkeit, sondern «freie Republikaner»,[51] deren Handeln aus Pflicht erfolgt. Hegel kommt in seinen Berner Manuskripten, die einsetzen, als in Paris Robespierre an die Macht gelangt, der Einstellung mancher französischer Revolutionäre sehr nahe, die der universellen Vernunft gegenüber dem «sens moral» den Vorzug gaben: «Wann wird es» – man darf ergänzen: endlich – «mit dem Menschengeschlecht so weit kommen, daß Grundsätze mehr herrschen als Empfindungen, Gesetze mehr als Individuen?»[52] Das hört sich nicht mehr an wie von einem Schüler Rousseaus und Leser Jacobis geschrieben.

Hegel schwankt also in seiner Zeit als Hofmeister zwischen der Möglichkeit, dem kirchlichen Christentum entweder die strengen Gesichtspunkte Kants oder das schöne Griechentum entgegenzusetzen.[53] Ihm leuchtet beides ein, aber Kant war so wenig ein Grieche, wie Jesus ein Kantianer war. Darum steht in seinen Überlegungen mal die Liebe zu Idealen und mal die Liebe zu Lebendigem im Vordergrund, die er der als trist, unterdrückend und unvernünftig empfundenen Theologie seiner Studienzeit entgegenhält. Mal weist er am Beispiel des klassischen Griechentums, aber auch des Lebens Christi darauf hin, wie sehr das Gelingen gesellschaftlichen Lebens von historischen und lokalen Umständen abhängt: «Ein Staat, der heutzutage die Gebote Christi unter sich einführen würde […], würde sich bald selbst auflösen.»[54] Mal gibt er demgegenüber einer überhistorischen Vernunft den Vorzug, deren Prinzipien, wie er sagt, in wenigen Worten angegeben werden können.[55] Mal ist es eine Volksreligion, für deren Voraussetzungen er sich auch deshalb interessiert, weil er sich als ihren Denker vorstellen kann, mal eine Vernunftreligion, die aus sich heraus jedermann einleuchten soll und auch muss, denn wo wäre sonst die Freiheit?

Zusammengehalten werden all diese Gegensätze nur durch Hegels Gegnerschaft zur Religion und Theologie seiner Tage. Wie sie aber zusammenpassen sollen, ist noch nicht zu sehen. Hegel hat, kurz gesagt, keine Theorie des Herzens, die es ihm erlauben würde, Phänomenen wie Freude, Zuversicht und Angst in religiöser und politischer Hinsicht gleichermaßen Rechnung zu tragen. Und er kann nicht erklären, weshalb Sinnlichkeit gut ist, wenn sie der farbenfrohen und leidenschaftsreichen griechischen Götterwelt abgelesen wird, die mit der Vernunft des Sokrates und einer Art von Demokratie einherging, aber schlecht, wenn Professor Storr auf sie hinweist, um den Sinn des christlichen Glückseligkeitsversprechens plausibel zu machen.

Was er aber ahnt, sind die Möglichkeiten, die sich erschließen, wenn Vernunft zum Maßstab jeglicher Weltbeschreibung gemacht wird. Noch hat er es nur vom Hörensagen und aus dem Briefwechsel mit Schelling, dass in Jena und Tübingen an einer solchen Theorie gearbeitet wird, aber er glaubt es schon jetzt. «Man wird schwindeln bei dieser höchsten Höhe aller Philosophie», schreibt Hegel im April 1795 an Schelling, «wodurch der Mensch so sehr gehoben wird; aber warum ist man so spät darauf gekommen, die Würde des Menschen höher anzuschlagen, sein Vermögen der Freiheit anzuerkennen, das ihn in die gleiche Ordnung aller Geister setzt?»[56]

Die höchste Höhe der Philosophie, von der er hier spricht, liegt für ihn dort, wo erkannt wird, dass der moralische Gesetzgeber nicht Gott, sondern die menschliche, praktische Vernunft ist. Sein nachträglich so betiteltes Manuskript «Leben Jesu», an dem Hegel vom 9. Mai bis zum 24. Juli 1795 schreibt, beginnt im selben Sinne mit dem Satz: «Die reine aller Schranken unfähige Vernunft ist die Gottheit selbst.»[57] Mitunter sei sie historisch zwar verfinstert, aber ihr Licht nie ganz ausgelöscht worden. Die Menschwerdung Gottes, heißt das, kann als Gottwerdung des Menschen verstanden werden, jedenfalls desjenigen, der von seiner Vernunft Gebrauch zu machen weiß und sich der Despotie widersetzt, die im Namen Gottes über den Menschen ausgeübt wird.

Die Bezeichnung dieser Sicht als «republikanischer Atheismus»[58] ist treffend, schließt allerdings das Problem ein, dass Hegel damals als Republikaner ohne Republik, als Theologe ohne Gott und als Intellektueller ohne wirklichen Beruf dastand. Als Lenzens Stück «Der Hofmeister» erschien, hatte unter allen Rezensenten nur der Rhetoriker und Altphilologe Christian Gottlob Heyne im «Göttinger Gelehrten Anzeiger» eine diese Aussichtslosigkeit berührende Frage aufgeworfen. Was sollten denn die jungen Akademiker sonst als Stellung anstreben, wenn der Privatunterricht wegfiele? «Wann der Staat die öffentlichen Erziehungs- und Unterrichtsanstalten auf den rechten Fuß schon gesetzt hätte: dann stünde eher zu wünschen, daß der ganze Orden von Informatoren und Hofmeistern aufgehoben würde.»[59] Wo wollte man, anders formuliert, hin, wenn man nichts als Bildung und Fragmente über höchste Gedanken anzubieten hatte? Die Alternative zu einer Hofmeisterstelle war für Hegel damals – eine andere. Er erhält sie 1797 durch Vermittlung Hölderlins.

Die Aussicht, in unmittelbaren Austausch mit dem philosophisch weit vorausgeeilten Freund kommen zu können, dürfte ein wesentlicher Grund dafür gewesen sein, von Bern nach Frankfurt am Main umzusiedeln, wo Hölderlin jetzt lebte. Im August 1796 widmet Hegel ihm sein «des Wiedersehens süßern Hoffnungen» geltendes Gedicht «Eleusis»,[60] das nach dem Geburtsort des Aischylos und der geheimnisvollsten griechischen Kultstätte benannt ist, an der die Rückkehr der Persephone aus dem Totenreich und die Wiedergeburt der Natur im Frühling gefeiert wurde. Man wird es kein bedeutendes Gedicht nennen, im Grunde ist es ein anrührender Brief in holprigen Versen, der aber Auskunft gibt, wie sehr Hegel davon überzeugt war, nicht ohne seinen Studienfreund und die Wiederherstellung der Tübinger Gemeinschaft in seinem Denken voranzukommen: «Schon malt sich mir der langersehnten, feurigen / Umarmung Szene; dann der Fragen, des geheimern / Des wechselseitigen Ausspähens Szene, / Was hier an Haltung, Ausdruck, Sinnesart am Freund / Sich seit der Zeit geändert, – der Gewißheit Wonne, / Des alten Bundes Treue fester, reifer noch zu finden, / Des Bundes, den kein Eid besiegelte, / Der freien Wahrheit nur zu leben, Frieden mit der Satzung, / Die Meinung und Empfindung regelt, nie, nie einzugehen.»

FÜNFTES KAPITEL

Im Haus zur Goldenen Kette –
Hegel mit und ohne Hölderlin
in Frankfurt

«Des Geistes Werden ist den Menschen nicht verborgen,
Und wie das Leben ist, das Menschen sich gefunden,
Es ist des Lebens Tag, es ist des Lebens Morgen,
Wie Reichtum sind des Geistes hohe Stunden.»

Hölderlin

Während Hegel in Bern lebt, entwickeln sich die beiden Freunde weiter. Schelling publiziert 1794 über die Möglichkeit einer Form der Philosophie überhaupt, 1795 über das Unbedingte im menschlichen Wissen, im selben Jahr leitet er auch noch das Naturrecht ab und schreibt über Dogmatismus und Kritizismus, 1797 dann – Was hat er nur 1796 gemacht? Antwort: in Leipzig begonnen, Naturwissenschaften und Medizin zu studieren – veröffentlicht er seine Abhandlung über den Idealismus der Wissenschaftslehre Fichtes und Ideen zu einer Philosophie der Natur, mit der er diesen Idealismus abzustreifen beginnt. Knapp vierhundert Druckseiten in sechs Jahren. Schelling ist 1797 zweiundzwanzig und eine Naturerscheinung auf dem Gebiet des Geistes.

Hölderlin wiederum arbeitet in drei Gattungen. Er schreibt Gedichte, aber seine Produktion stockt ein wenig, weil ihm die Hymnen seiner Tübinger Zeit – an die Unsterblichkeit, die Wahrheit, die Muse, die Göttin der Harmonie, den Genius Griechenlands, die Menschheit, die Schönheit, den Genius der Jugend, die Freundschaft, die Freiheit und die Liebe – kurz darauf allzu abstrakt und womöglich auch allzu hymnisch erscheinen. Daneben arbeitet er an mehreren Fassungen seines Romans «Hyperion», dessen erster Band schließlich 1797 veröffentlicht wird. Und er studiert 1794 in Jena bei Fichte, woraufhin er sich an grundsätzliche Überlegungen zu einer Philosophie des Bewusstseins macht, die Fichte hinter sich lassen.

Und Hegel? Hegel liest, schreibt aber so gut wie nichts. Seine Fragmente über Volksreligion fasst er immer wieder neu an, ohne zu einem Ergebnis, geschweige denn einer publizierbaren Abhandlung zu kommen. Er setzt sich in ihnen sehr implizit mit den Religionsschriften von Kant und Fichte auseinander, folgt Rousseau, der verlangt hatte, eine Zivilreligion müsse menschlich und einfach sein, entwickelt einige Grundbegriffe dafür. Außerdem stellt er aus dem, was ihm an den Evangelien zeitgemäß erscheint und nicht bloß als Ansammlung von «Phrasen und Bildern […], die nur vor einigen 1000 Jahren in Syrien verständlich und an ihrem Platze waren», ein «Leben Jesu» zusammen.[1] So interessant all diese Fragmente und die verschiedenen Überarbeitungsstufen des Arguments sind, das sie erkennen lassen, so evident ist, wie weit Hegel in der Berner Zeit gedanklich hinter seinen Tübinger Kommilitonen zurücksteht. Wichtige Grundbegriffe, die er für die Lösung seiner Fragen benötigen würde – Freiheit, Vernunft, Moral und Gesetz –, bezieht er nach wie vor aus den Schriften Kants, während sie in Jena gerade neu analysiert werden.

Es ist ihm bewusst. Hegel sehnt sich in Bern zunehmend nach seinen Freunden aus dem Tübinger Stift. Seine Gedanken leiden unter einem Mangel an Austausch. Zu Recht hat er den Eindruck, dass Hölderlin und Schelling sich in Richtungen entwickeln, die er nicht einmal absehen kann. Zu Recht auch vermutet er, dass das unmittelbare Gespräch mit ihnen seinen eigenen Überlegungen zur Vernunftreligion weiterhelfen würde. Im Sommer 1796 bittet er sowohl Hölderlin wie Schelling, sich nach einer Hofmeisterstelle für ihn umzusehen, die näher bei den Freunden liege.[2] Umgekehrt sehnt sich Hölderlin nach Hegel, er bedürfe seiner, glaube aber,

dass das auch für Hegel gelte. Hegel war in Bern immer betrüb-
ter geworden. Schelling, der wie ein guter Freund die Schwächen
Hegels sieht, liest es aus seinen Briefen heraus und schreibt ihm:
«Pfui! Ein Mann von Deinen Kräften muß diese Unentschlossen-
heit nie in sich aufkommen lassen. Reiße Dich baldmöglichst los.»[3]
Hölderlin wiederum sucht nach Stabilität. Schiller schlägt ihm
vor, er solle philosophische Stoffe fliehen und Weitschweifigkeit
in Gedichten vermeiden.

Am 24. Oktober 1796 schreibt Hölderlin an Hegel, zwei Tage
zuvor sei der Frankfurter Kaufmann Johann Noë Gogel auf ihn zu-
gekommen, um zu fragen, ob Hegel noch an der Hofmeisterstelle
in seinem Haus interessiert sei. Hölderlin empfiehlt die Familie
sehr, sie sei reich und wohne in einem der schönsten Häuser an einem der schönsten Plätze der Stadt, dem Roßmarkt. Dennoch, so
Hölderlin, lebten die Gogels «gröstentheils sich selbst» und abseits
von den «Frankfurter Gesellschaftsmenschen», auf die Hölderlin
nicht gut zu sprechen ist.[4] In seinem «Hyperion» kommen entsprechende Handelsplätze in Griechenland schlecht weg: Markt gleich
Lärm und Eigennutz und Angebertum und Netzwerkerei.

Hölderlin selbst wohnte nicht weit von jenem Haus «Zur Goldenen Kette», in dem Gogel, ein Weinhändler und Bankier, auch
seine Geschäftsräume unterhielt und die Bildersammlung seines
Vaters mit vierhundert Objekten.[5] Es lag nur hundert Meter von
Goethes Geburtshaus entfernt und wurde um 1900 abgerissen.
Als Hegel Anfang 1797 in Frankfurt ankam, traf er auf einen ausge-
ruhten, unkomplizierten Dienstherrn. Er soll dessen Neffen, neun
und elf Jahre alt, erziehen, ihr Vater war jung verstorben. Gogel,
hugenottischer Herkunft und auch als Weinhändler im Austausch
mit Frankreich, freut sich über Hegels Französischkenntnisse.
Hölderlin schreibt seinem Freund, um Unterricht in Tanzen, Fechten und Schönschrift komme er herum, dafür stünden eigene Lehrer bereit. Außerdem werde er «sehr guten Rheinwein oder französischen Wein über Tisch trinken»,[6] eine Formulierung, die nicht

zuletzt implizierte, dass im Hause Gogel der Hofmeister mit am Tisch der Familie saß.

Frankfurt, eine freie Reichsstadt, war weit weniger provinziell als Bern. Nicht, dass das städtische Patriziat dem entsprochen hätte, was sich später Bürgertum nannte. In Frankfurt gab es eines der letzten Judenghettos Europas, das erst kurz vor Hegels Ankunft aufgelöst worden war, nachdem der Beschuss der Stadt durch französische Revolutionstruppen ein Drittel davon hatte in Flammen aufgehen lassen. Zuvor waren Gesuche der jüdischen Bürger – die damals genauso wenig wie Hegel als «Bürger» bezeichnet worden wären –, die «Judengasse» sonntagnachmittags verlassen zu dürfen, als hochmütiger Versuch abgewiesen worden, sich Christen gleichzusetzen.[7] Frankreichfreundlich war die Stadt ebenfalls nicht, über Reformen der Reichsverfassung hatte man hier ganz unabhängig von der Französischen Revolution diskutiert.[8] Dafür findet Hegel Anschluss an die Freimaurer, zu denen Gogel, der Bildungsreformer Hufnagel und der Arzt Johann Christian Ehrmann gehörten.[9]

Hegel beginnt kaum zufällig während seiner Frankfurter Zeit eine Kritik der Verfassung Deutschlands zu skizzieren, die mit dem berühmten Satz «Deutschland ist kein Staat mehr»[10] einsetzt und ein von Machtpolitik, Kriegen und politischen Phrasen heimgesuchtes Reich beschreibt, in dem öffentliches und privates Recht verwechselt wird. Die Fürsten, kann man das zusammenfassen, halten ihre zwei Körper nicht auseinander, ohne die Illusion aufzugeben, einem größeren Ganzen, eben dem Staat Deutschland beziehungsweise dem «Reich» anzugehören. Die Einheit von Konfession und Staat ist zwar aufgelöst, wenn das Reich verschiedengläubige Fürsten kennt, aber in vielen Einzelstaaten herrsche nach wie vor Intoleranz und es seien Bürgerrechte an das Bekenntnis gebunden. Dabei ist es für Hegel nicht die innere Verschiedenheit als solche, die im Widerspruch zur Staatlichkeit eines politischen Gebildes steht: «In Rücksicht auf eigentliche bürgerliche Gesetze und die Gerechtigkeitspflege würde weder die Gleichheit der Gesetze und des Rechtsganges Europa zu einem Staate machen, so wenig als die Gleichheit der Gewichte, Maße und des Geldes, noch hebt ihre Verschiedenheit die Einheit eines Staates auf.»[11] Wer durch Frankreich reise, habe man vor der Revolution gesagt, wechsle die Gesetze so oft wie die Postpferde. Es ist also nicht Verschiedenheit, sondern Widersprüchlichkeit, die politische Einheit gefährdet, etwa jene Widersprüchlichkeit, dass konfessionellen Gruppen das Recht zugestanden wird, sich Mehrheitsbeschlüssen des Reichtags auch dann nicht zu beugen, wenn es sich gar nicht um Entscheidungen mit Bezug auf religiöse Fragen handelt.[12] Deutschland war für Hegel kein Staat mehr, weil es nur noch als eine von Einzelinteressen genutzte Hülle erschien, über die sich die Fürsten selbst lustig machten und die von anderen Staaten als Ensemble von Opportunismen wahrgenommen wurde.

Hegels Fragmente zur Verfassung Deutschlands weichen nicht nur in ihrer klaren Sprache von manchen seiner damaligen Texte ab; die Absicht, eine Veröffentlichung vorzubereiten, ist ihnen ebenso anzumerken wie der Sinn für Tatsachen. Später wird er, wie erwähnt, die Philosophie darauf verpflichten, ihre Zeit in Gedanken zu erfassen, hier hat es der Neunundzwanzigjährige zum ersten Mal getan. Daneben treibt er geometrische Studien über Euklid, beschäftigt sich mit Mechanik und Astronomie, Ökonomie und Staatsrecht, liest den antiken Skeptiker Sextus Empiricus und Platon. Das Bild der Frankfurter Jahre also, das von seinen sogenannten «Theologischen Jugendschriften» her gezeichnet worden ist, stimmt nicht nur deshalb nicht, weil es gar keine theologischen Schriften sind, sondern religionstheoretische; es stellt ihn auch zu sehr als einen fast ausschließlich an Religion interessierten Intellektuellen dar. Hegel befasst sich aber seit seiner Jugend mit – allem. Seine fortwährenden Hiebe gegen bloß empirisches Wissen und «Kenntnisse» wären missverstanden, würde man ihnen die Ansicht entnehmen, die Philosophie könne

das für ihre Gedanken nötige Wissen vollständig selbst hervorbringen.[13]

Die Wiederbegegnung mit Hölderlin allerdings stand ganz im Zeichen von dessen systematischen Überlegungen zu Grundbegriffen
des Denkens. Hölderlin hatte sich mit philosophischen Argumenten in einem Ausmaß vollgesogen, das vermutlich auch für Hegel
erstaunlich war und von dem er profitierte. Hinter dem Freund
lag eine lange Lehrzeit. Im November 1794 war er nach Jena gegangen, um dort Schiller zu treffen und Vorlesungen Fichtes zu
hören, dessen «Wissenschaftslehre» er zuvor schon als erster der
drei Tübinger Freunde zu studieren begonnen hatte: «Ich hör' ihn
auch einzig und sonst keinen.»[14] Im Frühjahr 1795 erwägt er sogar,
sich dort in Philosophie zu habilitieren, verlässt die Stadt aber im
Juni desselben Jahres plötzlich. Es wird ein Zusammenhang mit
freimaurerisch motivierten Studentenunruhen vermutet, doch die
Zeile «Ein vertriebener Wanderer / Der vor Menschen und Büchern floh» aus einer Vorstufe des Gedichts «Heidelberg» könnte
auch darauf hindeuten, dass ihm nicht nur Schillers Nähe und
das eigene Verhalten, das von dem Dichter ständig und vergeblich
«einen freundlichen Blick erbettelt[e]», unerträglich wurde, sondern auch die Konkurrenz zu Fichte und seinen Schülern, in die er
sich als Dozent begeben hätte.[15] Was Hölderlin gewiss aufwühlte,
war das Missverhältnis seiner Ambitionen, die auf dem Gefühl
beruhten, sowohl Schiller wie Fichte «überwunden» zu haben, zu
ihrem literarischen Ausdruck: den wenigen Fragmenten, dem be-
gonnenen Roman, der lyrischen Produktion, mit der er nicht zufrieden war, in Aussicht gestellten Aufsätzen, die nie erschienen.

Was die Philosophie anging, so drehte sich nach wie vor fast
alles um die Frage, wie Freiheit zu denken sei. Hölderlin nahm
Anstoß an Fichtes Behauptung, das Ich «setze» alle Realität und
damit auch sich selbst, außerhalb dieser Realität gebe es gar keine.
An Hegel schreibt er im Januar 1795, «ein Bewußtsein ohne Ob-

ject ist aber nicht denkbar, und wenn ich selbst dieses Object bin, so bin ich als solches notwendig beschränkt, sollte es auch nur in der Zeit seyn, also nicht absolut; also ist in dem absoluten Ich kein Bewußtsein denkbar, als absolutes Ich hab ich kein Bewußtsein, und insofern ich kein Bewußtsein habe, insofern bin ich (für mich) nichts, also das absolute Ich ist (für mich) Nichts.»[16] Fichtes Ergänzung, Freiheit sei ein sinnloses Wort, wenn sie nicht als Freiheit eines unendlich strebenden Ichs gegenüber Widerständen der Welt verstanden werde, konnte das Problem nicht auflösen. Denn auch diese Widerstände erschienen ihm durch das Ich bedingt, womit sowohl die Freiheit wie die Welt, der gegenüber sie auftritt, in die Beschäftigung des absoluten Ich mit sich selbst fielen. «Die absolute Monarchie», schreibt Hölderlin am Heiligabend 1798, «hebt sich überall selbst auf, denn sie ist objectlos.»[17]

Bewusstsein, das war Fichtes These, ist Entgegensetzung, nicht nur die kombinierende Verarbeitung von sinnlich gegebenen Eindrücken.[18] Eine Entgegensetzung von Bewusstsein und Objekt kann es aber nur geben, wenn beide durch etwas verbunden sind. Wodurch? Fichte nimmt sich gleich den schwierigsten Fall vor, nämlich ein Bewusstsein, das sich selbst zum Objekt wird, ein Ich, das über sich nachdenkt, von sich weiß, sich fühlt, seiner selbst gewiss ist. Und er behauptet, dass dieser Beziehung eines Ich auf sich selbst, dem Selbstbewusstsein, eine objektlose, durch nichts bedingte und insofern freie, absolute Einheit des Ich mit sich vorhergehe. Stark vereinfacht gesagt: Man muss sich schon kennen, um zu wissen, dass man im Nachdenken über sich auch wirklich über sich nachdenkt. Oder wieder anders formuliert: Der Satz «Ich bin» lässt sich nicht negieren, weswegen die Frage, ob es die Welt gibt oder so gibt, wie sie mir erscheint, nachrangig ist: «Ich jedenfalls bin ‹schon mal› da.»[19]

Hölderlins Gedanke war demgegenüber, dass die dem Selbstbewusstsein zugrundeliegende Einheit nicht als «Wissen des Ichs von sich» beschrieben werden kann. Wissen, Bewusstsein, Ich – das sind für ihn alles Ausdrücke, die eine Distanz, einen Gegensatz markieren und sich insofern nicht eignen, um das zu bezeichnen, was allen Gegensätzen zugrunde liegt. Hölderlin nennt dieses Zugrundeliegende «Seyn schlechthin», ohne allerdings zu erklären, wie aus diesem Sein alle Gegensätze hervorgehen, in denen sich Wissen, Bewusstsein und Ich dann mittels Urteilen bewegen. Für ihn war wichtiger, sie auf eine ursprüngliche Einheit zu beziehen, die in den Formen der Erkenntnis, der Liebe, der Religion und der Kunst wiedergewonnen werden will. Liebe etwa sieht er durch die Spannung zwischen dem Streben nach Vereinigung und der gegenseitigen Wahrnehmung von Individualität bestimmt, zwischen Hingabe und Freiheit. Die Schönheit in der Kunst, die schon Friedrich Schiller in seinen Briefen «Über die ästhetische Erziehung des Menschen» zur Gegensätze überwindenden Kraft erklärt hatte, ist für Hölderlin auf vergleichbare Weise ein Vorschein zurückgewonnenen Einsseins mit der Welt.[20]

Wie sehr diese Überlegungen Hegel beeindruckt haben, zeigen Fragmente aus seiner Frankfurter Zeit, die sich mit den Begriffen «Liebe» und «Glauben» befassen.[21] Das Stück «Glauben und Sein» etwa liest sich wie eine Transposition der Argumente Hölderlins oder besser noch: wie Hegels Versuch, sich durch Variation in sie hineinzufinden. «Vereinigung und Sein sind gleichbedeutend; in jedem Satz drückt das Bindewort ‹ist› die Vereinigung des Subjekts und Prädikats aus – ein Sein; Sein kann nur geglaubt werden; Glauben setzt ein Sein voraus; es ist also widersprechend zu sagen, um glauben zu können, müsse man sich von dem Sein vorher überzeugen.»[22] Man spürt förmlich, was Hölderlin und durch ihn Fichte ausgelöst haben, ein Interesse Hegels nämlich an Begriffen wie «Vereinigung», «Entgegensetzung», «Bestimmen» und «Bestimmtwerden», die zur Beschreibung ganz unterschiedlicher Sachverhalte eingesetzt werden können, weil sie zu einer allgemeinen Logik des Lebendigen gehören.

«Der Geliebte ist uns nicht entgegengesetzt», heißt es dann in einer zunächst der Religion geltenden Reflexion, «er ist eins mit unserem Wesen; wir sehen nur uns in ihm, und dann ist er doch wieder nicht wir – ein Wunder, das wir nicht zu fassen vermögen.» Sogleich löst Hegel den Begriff aber von seinem überirdischen Bezug, verweist auf eine Stelle in Platons «Phaidros», an der die Schönheit eines Gesichts als gottgleich beschrieben wird, spielt auf Spinozas «amor dei» an und leitet zu Gedanken über, die sich mit der Liebe unter Menschen beschäftigen, nicht zuletzt der zwischen Julia und Romeo. Die Vereinigung in der Liebe sei «zwar vollständig», aber sie könne das nur unter Personen sein, «die an Macht sich gleich und also durchaus für einander Lebendige» seien. Liebe, die nur «gegen das Echo unseres Wesens» stattfinden könne, nehme «dem Entgegengesetzten allen Charakter eines Fremden», in ihr «ist das Getrennte noch, aber nicht mehr als ein Getrenntes, sondern als Einiges».[23] Liebe ist Einssein im Anderssein und damit mehr als Theorie, deren Synthesen zu Objekten führen, und mehr als Praxis, die zumindest als kantische und fichtesche Praxis gegen das Sinnliche gerichtet ist, das Objekt «vernichtet».[24] Hegel löst sich von Kant und Fichte in einem Zug.

Apropos irdische Liebe. Auf seinem Weg von Bern nach Frankfurt hatte Hegel in Stuttgart Station gemacht, um sich dort die Genehmigung seiner kirchlichen Vorgesetzten für die Hofmeistertätigkeit in Frankfurt zu holen. Seine Schwester notiert, er sei «in sich gekehrt» gewesen und «nur im traulichen Zirkel fidel».[25] Im Elternhaus trifft er auf die zweiundzwanzigjährige Nanette Endel, eine aus Mannheim stammende Freundin seiner Schwester, an der er sogleich Gefallen findet.[26] Aus Frankfurt schreibt er ihr – «Meine liebe, sanfte Nanette» – sofort Briefe, das Schicksal schränke ihn auf schriftliche Unterhaltung ein, seine Einbildungskraft aber bezwinge es und ersetze «den Ton Ihrer Stimme, den sanften Blick Ihrer Augen und alles übrige Leben, das geschriebenen Worten fehlt». Jedes «ist», das er in Frankfurt höre, erinnere ihn, der «ischt» sage, an ihre nichtschwäbische Aussprache.[27] Endels Briefe an ihn sind nicht erhalten, womöglich fanden Hegels Söhne als Nachlassverwalter diesen Flirt nicht überliefernswert.²⁸

Hegel berichtet, wie wenig steif und wie herzlich es im Hause Gogel zugeht. Allerdings würden die Tugenden des heiligen Alexius von Edessa – so hatte Nanette ihn scherzhaft nach einem spätantiken Einsiedler genannt, der unmittelbar nach seiner Hochzeit Frau und Familie verlassen hatte, um ganz in Armut zu leben – in Frankfurt wenig Bewunderer finden. Eher sei der heilige Antonius bei den Fischen mit seiner Predigt erfolgreich, als er, Hegel, wenn er es durch vorbildliche Enthaltsamkeit bei den Frankfurtern versuchen würde. Also verzichtet Hegel auf den Verzicht. In seinen Berliner Vorlesungen über die Ästhetik ruft er später an einer Stelle die Legende vom heiligen Alexius als Beispiel für Märtyrergeschichten auf, ohne dessen Namen zu nennen, und kommentiert sie scharf: Der Mann, der seine Familie verlasse, um als unerkannter Bettler zurückzukommen und zwanzig Jahre lang unter der Treppe des eigenen Hauses zu leben, den Kummer um ihn mit ansehend und sich erst im Sterben zu erkennen gebend, sei ein Beispiel für den «gräßlichen Eigensinn des Fanatismus, den wir als Heiligkeit verehren sollen».²⁹

Nanette Endel war sehr katholisch und muss sich gefallen lassen, damit aufgezogen zu werden. Hegel nennt sie Schwester Jacqueline nach der ebenfalls den Bußübungen zugeneigten Äbtissin Jacqueline Arnauld des Klosters von Port Royal. In Frankfurt habe er schon manchen schmutzigen Kapuzinermönch herumlaufen sehen. Sobald ein Hochamt stattfinde, werde er hingehen und seine Seele zu einem schönen Marienbild erheben. In den Folgebriefen ist dann aber nur vom musikalischen Hochamt der Freimaurerkirche, Mozarts «Zauberflöte», und von «Don Giovanni» die Rede, auf den er «der Musik wegen sehr begierig» sei. An Kirchen komme er immer nur vorbei. Er werde, schreibt Hegel, «hier in Frankfurt wieder etwas mehr der Welt gleich».³⁰ Aus dem in Aussicht genommenen Wiedersehen wird nichts, Hegel schreibt

Nanette Endel, die inzwischen Gesellschafterin einer fränkischen Baronin geworden war, wohl auch zu unregelmäßig und im Mai 1798 den letzten erhaltenen Brief. Es sind übrigens die einzigen Briefe Hegels aus den Frankfurter Jahren.

Hölderlin stand zu diesem Zeitpunkt kurz vor seinem Rauswurf als Hofmeister im Hause des Bankiers Gontard, mit dessen Ehefrau er seit Sommer 1796 ein Liebesverhältnis unterhielt, auch noch über diesen Rauswurf hinaus. Hegel transportiert Briefe. Mitunter trifft man sich auf halbem Weg in Bonames. Hölderlin wohnte von September 1798 an vor den Toren der Stadt, im drei Fußstunden entfernten Homburg, dem heutigen Bad Homburg. Mit Isaac von Sinclair, einem Diplomaten am dortigen Hof, den Hölderlin in Jena kennengelernt hatte, und dessen Freund Jakob Zwilling, einem philosophierenden Offizier, hatte sich schon zuvor ein Gesprächskreis gebildet, in dem Hegel nach allem, was wir wissen, der gedanklich Beschenkte und Angeregte war. Sie diskutieren die Schriften Fichtes, Kants eigentümlichstes Buch, die «Kritik der Urteilskraft» mit ihren §§ 76 und 77, in denen Kant die Möglichkeit eines Verstandes in den Blick nimmt, der nicht von den Teilen auf das Ganze, sondern vom Ganzen auf die Teile schließt, und auch eigene Entwürfe wie Jakob Zwillings Text «Über das Alles» oder Hölderlins Drama «Empedokles» sowie die Theorie des Schönen.[31] Es dürfte durch die Teilhabe an diesen Gesprächen zu Hegels Entscheidung gekommen sein, den Weg zur Philosophie und Universität einzuschlagen.

Währenddessen schreibt Hegel weiter an seinen Manuskripten über das frühe Judentum und Christentum. Heute wissen wir, dass sie keinen einheitlichen Text bilden, wie es die Erstveröffentlichung unter dem Titel «Der Geist des Christentums und sein Schicksal» nahelegte, sondern aus etwa zwanzig, mitunter mehrfach abgeschriebenen, mehrfach dasselbe Motiv variierenden Fragmenten bestehen, die von ihm in keine Abfolge gebracht wurden. Gemeinsam ist ihnen die zunehmende Ablösung des Nachdenkens über Religion aus moralischen Gründen durch eine Theorie der religiösen Selbstbeschreibung einer Gesellschaft. In seinen Überarbeitungen verwendet Hegel mehr und mehr die Begriffe «Leben» und «Sein», um auszudrücken, dass Religion nicht einfach eine Form von Moral ist, sondern dass in ihrer besonderen Art das Ganze einer historischen Welt ebenso wie deren Grenze aufgefunden werden kann. Jesus ist nun kein Kantianer mehr, sondern ein Revolutionär, der gesellschaftlich nicht lebbare Normen vorgetragen hat. Das Ziel solcher Untersuchungen, die Konzeption einer neuen, «schönen» Religion in politischer Absicht, behält er bei. Freiheit aber als ihr Inhalt ist jetzt nicht mehr als Befreiung aus Abhängigkeit gefasst, sondern als Vereinigung gegensätzlicher und verfestigter Sachverhalte.[32]

«Menschlich muß man die Bibel lesen», hatte Herder zu Beginn seiner «Briefe, das Studium der Theologie betreffend» gefordert, die 1785 in zweiter Auflage erschienen und sich in direkter Ansprache an Studenten wie Hegel wendeten, «je humaner (im besten Sinne des Wortes) Sie das Wort Gottes lesen, desto näher kommen Sie dem Zweck seines Urhebers.» Was aber heißt es, die Bibel human zu lesen? Herder erklärt es, als wolle er nachgerade zu einem touristischen Ausflug ins Heilige Land einladen: «Werden Sie mit Hirten ein Hirt, mit einem Volk des Ackerbaues ein Landmann, mit uralten Morgenländern ein Morgenländer», also nicht etwa ein Abendländer, «wenn Sie diese Schriften in der Luft ihres Ursprungs genießen wollen.»[33]

Das ist nicht mehr die Perspektive der aufklärerischen Bibelkritik, die um den Nachweis von falschen Behauptungen, Widersprüchen, empirischen Unwahrscheinlichkeiten in den biblischen Texten bemüht war. Denn hier werden sie als fast schon poetische Texte gedeutet, die nicht dem Verstand Wahrheiten, sondern dem Gefühl (dem Herzen) etwas mitteilen wollen, das zu frommem oder moralischem Handeln bewegt. Eine «Mythologie der Vernunft»? Die entscheidende Frage ist dann, wie frei jemand ist, der solchen Phantasien folgt. Denn wenn die Volksreligion nicht auf Freiheit gründet, gründet sie auch nicht auf Vernunft. Wenn sie aber die Mythologie eines bestimmten Volkes ist, dann kann sie nicht Mythologie der Vernunft sein.

In diesem Widerspruch bewegt sich auch Hegel. Den Gegenpol der schönen Religion, deren Maßstab der antike Polytheismus ist, in dem die Menschen angeblich in Einheit mit der Natur lebten, bildet in seinen Frankfurter Reflexionen das Judentum. Abraham, der Nomade, der sein Vaterland verlässt und dessen Herz allein aus Gehorsam gegen seinen Gott schlägt, für den das Gute also einem Willen und nicht einer Erkenntnis entspringt, lebte in Hegels Augen ein entzweites Leben wider eine «schlechthin entgegengesetzte Welt». Noch der heutige Zustand des Judentums, Hegel denkt an das Frankfurter Ghetto, sei eine Folge des Hasses, den es durch diese Absonderung auf sich gezogen habe.[34] Das war nicht weit entfernt davon, den Entrechteten vorzuhalten, sie hätten sich als Opfer aufgedrängt. Als Repräsentant der Entzweiung konnte sich der jüdische Glaube in dieser Theorie andererseits als lebende Einrede gegen die Behauptung gedeutet sehen, das abgerundete Menschentum einer Welt ohne Gegensätze sei kurz davor, gedanklich oder tatsächlich, verwirklicht zu werden. Von der Tatsache, dass Christus ein Jude war, Morgenländer das Abendland begründet haben und eine reine Liebesreligion durchaus auch innerhalb des Christentums verhindert wurde, ist dabei noch gar nicht die Rede.

Es gibt ein Frankfurter Blatt von Hegels Hand, das diese Probleme verdichtet und zu den am besten erforschten Texten der Philosophiegeschichte gehören dürfte. 1913 ist es aus dem Nachlass des Hegel-Schülers Friedrich Förster aufgetaucht und in Berlin von der Preußischen Staatsbibliothek ersteigert worden. Vier Jahre später wird es von Franz Rosenzweig unter einem völlig irreführenden Titel veröffentlicht, der jedoch für ein nicht nachlassendes Interesse an den sechsundzwanzig Sätzen des Manuskripts gesorgt hat: «Das älteste Systemprogramm des deutschen Idealismus».[35] Das Blatt ist vermessen worden, seine Faltung wurde untersucht, man hat festgestellt, dass jedenfalls Hegel Blattränder sonst nie so eng beschrieben hat. Es beginnt mit dem letzten Teil eines unbekannt bleibenden Satzes: «… eine Ethik», weil es offenbar von einem anderen Blatt abgetrennt wurde. Von wem, weiß man nicht, so wenig wie die Gesamtlänge des Textes bekannt ist, und auch nicht, weshalb Hegel das Fragment aufbewahrte. Wasserzeichen und Wortstatistiken lassen vermuten, dass das Blatt wohl zwischen 1796 und 1797 beschriftet wurde. Da Hegel bis Dezember 1796 in der Schweiz lebte, wohin aber die Papiermühle ihre Produkte nicht auslieferte, er andererseits nach dem Februar 1797 in Frankfurt seine Schreibweise bestimmter Buchstaben änderte, nehmen die Forscher an, das Blatt sei zwischen Weihnachten 1796 in Stuttgart und dem 9. Februar 1797 in Frankfurt von Hegel beschrieben worden.

Was steht drin? Der Verfasser stellt fest, die Metaphysik sei künftig ein Untergebiet der Moral, alle Ideen seien Annahmen, in Kants Sprache «Postulate», die aus praktischen Gründen gemacht werden müssen, damit vernünftiges Handeln überhaupt möglich erscheint, und die erste dieser Ideen sei «natürlich die Vorstellung *von mir selbst* als einem absolut freien Wesen. Mit dem freien selbstbewußten Wesen tritt zugleich eine ganze *Welt* – aus dem Nichts hervor – die einzig wahre und gedenkbare *Schöpfung aus dem Nichts*.» Gefragt wird darum nicht, wie die Welt beschaffen ist, sondern wie sie für ein moralisches Wesen beschaffen sein muss. Hier adressiert der Autor zunächst die Physik, die er zu beflügeln hofft, weil sie in ihrem derzeitigen Zustand auf jene Frage keine Antwort geben kann. Gefragt wird auch nicht, wie ein idealer Staat beschaffen wäre, sondern ob es in einer idealen Situation überhaupt einen Staat gäbe. Gäbe es nicht, postuliert das Fragment, denn «[n]ur was Gegenstand der *Freiheit* ist, heißt

Idee.» Also soll der Staat aufhören. Frei ist der Mensch, wenn er von nichts als sich selbst abhängt, also dürfen auch Gott und die Unsterblichkeit nicht außerhalb des Selbstbewusstseins gesucht werden. Höher aber noch als die Wahrheit und die Güte steht für den Autor die Schönheit, der höchste Akt der Vernunft, in dem sie alle Ideen erfasse, sei ein ästhetischer, «die Philosophie des Geistes ist eine ästhetische Philosophie», und was denen fehlt, die alles in Tabellenform und Register bringen, ist der ästhetische Sinn.

Darauf folgen die berühmtesten Sätze des Fragments: «Monotheismus der Vernunft und des Herzens, Polytheismus der Einbildungskraft und der Kunst, dies ist's, was wir bedürfen.» Ja, beides soll in einer «Mythologie der *Vernunft*» zusammengeführt werden, denn nur dann interessiere sich das Volk für die Vernunft, und nur für eine vernünftige Mythologie müsse sich der Philosoph nicht schämen. Es geht ihm um die Stiftung einer neuen Religion, ohne Verachtung des Volkes durch die Priester und ohne Zittern des Volkes vor den Priestern. «Ein höherer Geist, vom Himmel gesandt, muß diese neue Religion unter uns stiften, sie wird das letzte größte Werk der Menschheit sein.»

Sind dies Gedanken Hegels? Hegel-Forscher erkennen sie durchaus, Hölderlin-Forscher hingegen erkannten den Stil Hölderlins darin, Schelling-Forscher wiederum Schelling. Sogar Friedrich Schlegel ist ins Spiel gebracht worden, ohne dass sich klären ließ, weshalb Hegel einen Text des romantischen Theoretikers hätte abschreiben sollen, mit dem er zu jener Zeit in keinerlei Verbindung stand, und zwar einen Text, der sich sonst nirgends erhalten hat.

Die Motive des Textes legen Hegels Autorschaft durchaus nahe. Jacobi hatte dargelegt, dass jeglicher Spinozismus die Schöpfung aus dem Nichts ausschließe. Der Text entgegnet dem, dass «mit» dem denkenden Ich – nicht «durch» das Ich – durchaus eine ganze Welt hervortritt. Gegen den Staat als Maschine hat Hegel auch zuvor schon polemisiert und wird es auch danach noch tun. Bei Fichte konnte er diese Metapher vielfach verwenden finden, insbesondere mit der Pointe, der Staat arbeite daran, dass auch die Bürger sich als Maschinen sehen anstatt als selbständige Wesen.[36] Darum gehe der Staat «auf seine Vernichtung aus: es ist der Zweck aller Regierung, die Regierung überflüssig zu machen.»[37] Das Priestertum, «das neuerdings Vernunft» heuchelt: So erschienen ihm Storr und die Seinen. Schließlich die «Mythologie der Vernunft», was ist sie anderes als die Volksreligion, auf die alle Schriften des jungen Hegel hinzielten? Später wird er in seinen Vorlesungen über die Ästhetik die Kunst ganz in den Dienst stellen, die jeweils herrschende religiöse Auffassung einer Kultur zur Darstellung zu bringen. Der Einfluss von Hölderlin ist greifbar. Das Fragment «Religion, eine Religion stiften» ist in nächster Nähe zum Systemprogramm entstanden.

Weshalb eine neue Mythologie? Weil die alte durch das Christentum verdrängt worden ist. Wie ist das gekommen? Durch Abnahme des Gemeingeistes, die Entwicklung eines Priesterstands und dadurch, dass das Christentum nie eine politische Volksreligion war. Es lehrte außerdem das Dulden statt Handeln. Die Philosophie muss mythologisch werden heißt also: Die Idee der Freiheit muss erzählbar sein. Für Hegels Autorschaft könnte auch sprechen, dass diese Fanfare mehrere Motive zusammenführt. Zunächst den Primat der praktischen Vernunft über die theoretische, dem zufolge sogar die Physik in die Moralphilosophie integriert werden soll – um 1968 hätte man vermutlich gesagt: Auch Physik ist Erkenntnis im Lichte von Naturbeherrschung, keine bloße Aufzeichnung dessen, was ist, und für Hegel insofern eine konstruktive Leistung des Geistes. Dann die These vom Staat, der in einer Gesellschaft freier Wesen aufhören soll. Später kann man sich kaum vorstellen, dass Hegel das jemals gedacht haben soll. Es folgt die an Schiller und Hölderlin erinnernde Behauptung, dass die Moral ihrerseits in die Ästhetik fällt und das «nicht mechanische», also nicht staatliche Gemeinwesen durch Schönheit integriert wird.

Hier hört man einerseits ein Echo der Griechenland-Sehnsucht, denn in den Kulten der Griechen war, den Stiftlern zufolge, die Schönheit zentral. Andererseits befindet sich Schelling auf dem Weg zu einem System, dessen Schlussstein eine Kunstphilosophie sein wird; allerdings erst drei Jahre später. Und schließlich wird eine Mythologie der Vernunft als neue Religion gefordert, die geeignet sei, das Volk mit Ideen vertraut zu machen und die Philosophen zu Anschaulichkeit zu führen und «sinnlich zu machen». Im Lichte der Französischen Revolution fordert das «Systemprogramm», sie auf das Volk auszudehnen. 1798 heißt es bei Hegel: «eine schöne Religion zu stiften, das Ideal davon? Findet man es?»[38] Die weitere Entwicklung Hegels wird von solchen Erwartungen Abstand nehmen. Religionsstiftung durch Fichte-Leser? Im Bildungsroman tritt stets der Moment ein, in dem die «Great Expectations» auf dem Wege des Erwachsenwerdens zu «Verlorenen Illusionen» werden. Hegels Denkweg entzieht sich dieser Verrechnung der Aussichten mit den Beständen. Er verlagert die Erwartungen von der Umkehr des Wirklichen zu seinem Begriff, der ihm besser erscheinen wird als eine Mythologie.

SECHSTES KAPITEL

Wie tot ist Gott in Jena?
Hegel wird Philosoph

CRUDELI: Darf ich fragen, was Sie sich alles
erlauben würden, wenn Sie ungläubig wären?
MARSCHALLIN: Nein, bitte nicht! Das fällt
unter das Beichtgeheimnis.

Denis Diderot, Entretien d'un philosophe
*avec la Maréchale de *** (1796)*

Hegel kommt nach Jena. Sein Anteil an der Erbschaft seines Vaters, der am 15. Januar 1799 gestorben ist, macht es ihm möglich, sich mit einunddreißig Jahren aus der unerwachsenen Hofmeisterexistenz zu lösen. Gut dreitausend Gulden beträgt dieses Vermögen, zu gleichen Teilen sind auch seine Schwester und sein Bruder bedacht worden, zusätzlich wurde die Schwester dafür entschädigt, dass ihre Brüder anders als sie eine Ausbildung erhalten hatten. Dreitausend Gulden – das Doppelte seines späteren Jahresgehalts als Professor in Heidelberg. Sofort gibt Hegel die Frankfurter Hofmeisterstelle aber nicht auf. Erst im Januar 1801 trifft er in Jena ein. Was er in den achtzehn Monaten zwischen dem Entschluss, sich ganz der Philosophie zu widmen, und der Übersiedlung in die thüringische Universitätsstadt getan hat, ist nicht ganz klar. In einem Brief an Schelling erklärt er noch im November 1800 – aus den anderthalb Jahren zuvor sind keine Briefe von ihm überliefert –, auf der Suche nach einer katholischen Stadt zu sein, in der das Leben erschwinglich und, um seiner körperlichen Konstitution willen, das Bier gut sei, damit er dort seine Studien vollenden könne, bevor er sich dem «literarischen Saus» in Jena «anzuvertrauen wage».[1]

Da er bislang eine recht zurückgezogene Existenz führte, hat Hegel also ein wenig Manschetten vor der intellektuellen Prominenz in Jena, die es auch tatsächlich in sich hatte. Denn der literarische Saus, das war die turbulente publizistische Szene der kleinen Stadt. In ihr, die kaum fünftausend Einwohner zählte, versammelte sich damals eine Reihe von Schriftstellern und Gelehrten, die Jena zu einem Ort fortwährender geistiger Reizung und Reizbarkeit machten. Es traf dort aufeinander, was später als Klassik und Romantik bezeichnet wurde, wobei sich der philosophische Idealismus, repräsentiert durch Fichte, Reinhold, Schelling und schließlich Hegel, teils gleichgültig gegenüber dieser Unterscheidung zeigte, teils mal mehr der einen, mal mehr der anderen Seite zuwandte. Die intellektuelle Empfindlichkeit für Unterschiede stachelte die Produktion der Beteiligten – durch Nachahmung, Überbietungsverhalten, eine ständige Bereitschaft zum Konflikt und mitunter auch erotische Konkurrenz – auf eine historisch beispiellose Weise an.

Zu den Protagonisten des literarischen Sauses gehörten allen voran die Brüder Schlegel, Pastorensöhne aus Hannover, die in Göttingen Klassische Philologie studiert und Rechtswissenschaften abgebrochen hatten und seit 1796 in Jena lebten, wo sie durch Übersetzungen, ästhetische Theorien und Kritiken, aber auch durch ein sehr forsches Auftreten und ihre Gemeinschaftsbildung bekannt wurden. Beispielhaft für ihre Art, sich einen Ruf zu erwerben, war die literarische Prügelei mit Friedrich Schiller, der seit 1789 in Jena lehrte und seit 1794 dort lebte. Er wurde von den Romantikern für seine Gedichte «Würde der Frauen» und «Das Lied von der Glocke» angegriffen. Caroline Schlegel berichtete, sie seien fast von den Stühlen gefallen vor Lachen, als die «Glocke» in ihrem Kreis vorgelesen wurde. Ihr Mann, August Wilhelm Schlegel, attackierte Schiller dann in einer Rezension, das Gedicht sei geschwätzig und stimme in puncto Glockenguss nicht einmal sachlich. Friedrich Schlegel empfahl in einer anderen Rezension

auf Anregung seines Bruders, «Würde der Frauen» rückwärts zu
lesen, es gewinne dadurch sehr, was Goethe und Schiller wiederum in einem Xenion ironisierten.[2] Die Romantiker schlugen also
ihre geselligen Einfälle mittels Zeitschriftenbeiträgen schnell an
das Schwarze Brett der Stadt. Schiller antwortete darauf, indem
er die Angreifer als vorlaute unbegabte Kritiker bloßzustellen
suchte: «Geschwindschreiber. / Was sie gestern gelernt, das wollen
sie heute schon lehren / Ach! was haben die Herren doch für ein
kurzes Gedärm.»[3]

Von 1798 an gaben die schnellverdauenden Herren ihre eigene
Zeitschrift «Athenaeum» heraus, in der sie ihren Stil nun weniger polemisch, aber genauso einfallsartig pflegten. Der berühmte
Aphorismus etwa, der die Französische Revolution, Fichtes Wissenschaftslehre und Goethes «Wilhelm Meister» zu den «größten
Tendenzen des Zeitalters» erklärte, schenkte sich jede Begründung für den Vergleich, um die Leser zu Reflexionen anzuregen,
beispielsweise darüber, inwiefern ein Roman denn eine Tendenz
sein könne.[4] Etwas später, in seinem Essay «Über die Unverständ-
lichkeit», nimmt Friedrich Schlegel diese Frage noch einmal auf,
bezeichnet die Französische Revolution als «eine vortreffliche Allegorie auf das System des transcendentalen Idealismus», das ihr
zeitlich folgte, und teilt mit, das Wort Tendenz «bedeute in dem
Dialekt der Fragmente, alles sei nur Tendenz, das Zeitalter sei das
Zeitalter der Tendenzen», um es danach der Weisheit der Leser zu
überlassen, ob damit gemeint sei, durch ihn selbst, Schlegel, würden diese Tendenzen vollendet «oder vielleicht durch meinen Bruder oder durch Tieck, oder durch sonst einen von unserer Faktion,
oder erst durch einen Sohn von uns» oder «erst am jüngsten Tage
oder niemals».[5]

Es wurde also witzig kommuniziert, assoziativ, paradox, unfass-
bar, unruhig und ironisch, in Fragmenten, kurzen Behauptungen,
Skizzen von Projekten. Zugleich gehen von Fichtes Vorlesungen
starke Impulse für die romantische Theorie der Poesie aus. «Filo-

sofie ist die Seele meines Lebens», schreibt Friedrich von Hardenberg 1796 an Friedrich Schlegel, «Fichten bin ich Aufmunterung
schuldig – Er ists, der mich weckte, und indirecte zuschürt.»[6] In
der gesamten Ideengeschichte dürfte kaum ein anderer Philosoph
derart auf Schriftsteller gewirkt haben wie Fichte, von, horribile
dictu, Arthur Schopenhauer vielleicht abgesehen. Dabei folgen die
Romantiker nicht einfach Fichte, sie experimentieren gedanklich
mit seinen Behauptungen. Dass nichts außer dem produktiven Ich
gegeben sei, sondern alles aus Freiheit «ein Erdichtetes, Erdachtes
seyn müsse».[7] Dass die Einbildungskraft zwischen Ich und Nicht-
Ich schwebe, was umgekehrt bedeute, das dichterische Vermögen,
etwas Abwesendes vorzustellen, sei die Wurzel aller Erkenntnis.
Dass es nicht einen Grundsatz gebe, aus dem alles abzuleiten
sei, sondern zwei oder drei oder unendlich viele. Die Romantiker
schrieben ständig Kommentare an den Rand von Fichtes Texten,
strichen seine Sätze durch, ergänzten sie durch entgegengesetzte
Sätze und Einfälle.

Die Schlegels lebten in Jena zeitweise zu viert. August Wilhelms
Gattin, Caroline, war die Tochter des Göttinger Orientalisten Mi-
chaelis und hatte um 1800 mit siebenunddreißig Jahren schon ein
abenteuerliches Leben hinter sich: Mit einundzwanzig verwitwet,
nahm sie an der Französischen Revolution in Mainz teil, wurde
schwanger von einem französischen Offizier, kam als Jakobine-
rin in deutsche Festungshaft und war nach ihrer Entlassung vielerorts eine unerwünschte Person, weil als politisch unzuverlässig und moralisch leichtfertig geltend. August Wilhelm Schlegel,
mit dem zusammen sie Shakespeares bekannteste Dramen übersetzte, hatte sie nicht zuletzt geheiratet, um zurück in den Kreis
gesellschaftlicher Anerkennung zu finden. Dort, in Jena, machte
ihr bald der zwölf Jahre jüngere Schelling den Hof, schließlich
erfolgreich – 1803 wurde die Ehe mit August Wilhelm Schlegel
geschieden. Friedrich Schlegel wiederum war in die romantische

Wohngemeinschaft in der Jenaer Leutragasse 5 mit Dorothea Veit eingezogen, die 1764 als Brendel Mendelssohn und Tochter des Philosophen Moses Mendelssohn und seiner Frau Fromet zur Welt gekommen war. Nach ihrer Scheidung von einem Berliner Bankier jüdischen Glaubens, mit dem sie im Alter von vierzehn Jahren verlobt worden war, nahm sie den Vornamen Dorothea an und lebte, selbst schriftstellerisch tätig, mit Friedrich Schlegel unehelich in Jena zusammen.

Die Schlegels waren aber nicht nur eine intellektuelle Unruhe und ein Stadtgespräch, sondern auch der Mittelpunkt eines Kreises anderer Zugezogener. Der Physiker Johann Wilhelm Ritter etwa lehrte an der Universität, den Dichter und Philosophen Friedrich von Hardenberg (Novalis) haben wir schon erwähnt, zeitweise lebte auch der Erzähler und Dramatiker Ludwig Tieck in Jena. Und eben Johann Gottlieb Fichte. Er nun aber war vom Temperament her alles andere als ein ästhetischer Geist. Ja, nicht einmal ein akademischer. Bildung war nicht sein Hintergrund. Aus armen Verhältnissen stammend, war schon der Achtjährige als Kind einem sächsischen Baron als Begabung aufgefallen, weil er ihm, der zu spät zur Kirche gekommen war, die gesamte Predigt nachträglich memorieren konnte. Stipendien des Barons brachten ihn auf gute Schulen und an die Universität nach Leipzig, bevor er nach einem unsteten Leben als Hauslehrer im Jahr 1790 gezwungen war, binnen weniger Tage die drei «Kritiken» Kants durchzulesen, um einem Privatschüler täglich außer sonntags eine Stunde lang Überblicke dazu geben zu können. Die Lektüre insbesondere der «Kritik der praktischen Vernunft» erschütterte sein Leben, er berichtet über «eine sehr vortheilhafte Revolution in meinem Kopfe, und Herzen».[8] Anders also als es bei Hegel, Hölderlin und Schelling der Fall war, die sehr disparate Lektüren, von Platon über Spinoza bis Rousseau, Lessing und Herder, zu vereinigen suchten, erfolgte bei Fichte eine punkthafte Konversion aufgrund eines einzigen großen Impulses.

Fichte hatte 1792 den «Versuch einer Critik aller Offenbarung» publiziert, der ohne Autorname in Königsberg gedruckt wurde, weshalb viele die Schrift für eine Immanuel Kants hielten. Dessen Hinweis, das Buch sei von Fichte, machte diesen mit einem Schlag berühmt. 1793 folgte ein «Beitrag zur Berichtigung der Urtheile des Publicums über die französische Revolution». Seit 1794 trug Fichte dann in Jena seine «Wissenschaftslehre» in immer neuen Fassungen vor und las im selben Jahr über die «Bestimmung des Gelehrten». Diese Abfolge von Gedanken zur Ethik angehender Eliten, zum Versuch, die Philosophie an die Stelle der Theologie zu rücken, sowie zu einer Gesellschaft, in der Menschen von nichts als sich selbst abhängig sein sollten – 1793 ist das Jahr, in dem die Revolution in Frankreich sich in ein Blutbad verwandelte –, trug ihm die Herzen der Studenten zu. Denn Fichtes Lehre versprach, aufgrund weniger elementarer Überlegungen, die alle ihren Ausgang vom eigenen Ich nahmen, den Entwurf einer ganzen Lebensanschauung. «Ihr wollt etwas wissen», schien Fichte seinen Zuhörern zu sagen, «dann müssen wir zunächst darüber reden, was Wissen überhaupt heißt und weshalb man es wollen kann.» Schelling notiert einmal, die Wissenschaftslehre sei noch nicht die Philosophie, «sondern Philosophie über Philosophie».[9]

Du sollst philosophieren, sagt Fichte, denn Freiheit ist allein dann möglich, wenn das Studium nicht nur zu Wissen über Sachverhalte führt, sondern eine Form der Selbsterkenntnis ist.[10] Jede Erkenntnis beruht nicht nur auf irgendwelchen Vorannahmen, sondern ganz konkret auf Vorannahmen, die das erkennende Bewusstsein über sich selbst macht. Allem, was wir über die Welt sagen, liegt demnach ein Entwurf unserer eigenen Stellung in ihr zugrunde. Anders formuliert: Aussagen über das Bewusstsein haben den großen Vorzug, nicht als Fakten mitgeteilt werden zu müssen, denn jeder kann sie im Nachvollzug selbst prüfen. Heute würde man Fichtes Vortrag vielleicht existenzialistisch nennen: «Wenn die Wissenschaftslehre gefragt werden sollte: wie sind denn nun die Dinge an sich beschaffen? So könnte sie nicht anders antworten als: so, wie wir sie machen sollen.»[11] Erkenntnis ist, auf diese Weise betrachtet, das Ergebnis eines praktischen Interesses. Begriffe wie «Gewissheit», «Tatsache» oder «Objekt» enthalten vielfältige Hinweise auf die Selbstbeschreibung derjenigen, die sie verwenden. Es ist die Selbstbeschreibung als Ich, das sich «nicht als bestimmt durch die Dinge, sondern als die Dinge bestimmend» erlebt.[12]

Fichte hielt das für Freiheit: durch nichts als sich selbst bestimmt sein. Kann es aber so etwas, ein «absolutes Ich», das nicht durch etwas außer ihm bestimmt ist, überhaupt geben? Ist es nicht nur ein äußerst anstrengendes und womöglich sogar leeres moralisches Postulat wie: «Gehorche niemandem außer dir selbst»? Oder steckt am Ende sogar eine Form von Größenichwahn in dieser Vorstellung? Die Zeitgenossen diskutierten es kontrovers.

Zitieren wir kurz statt anderer Philosophen zwei außenstehende Schriftsteller. In seiner Schrift «Clavis Fichtiana», Schlüssel zur Welt Fichtes, die 1800 herauskam, notiert Jean Paul, das absolute Ich sei nur ein anderer Name für Gott, was aber die Frage aufwerfe, wie viele solcher Götter es denn gebe. Fichte verfasse Sittenlehren und Rechtslehren und Staatslehren, obwohl das eine nach seiner eigenen Philosophie ganz unannehmbare «Viel-Icherei» voraussetze, damit das Ich etwas habe, um moralischen Umgang zu pflegen.[13] Das war die Antwort eines Schülers von Jacobi: Der Idealismus laufe bei Fichte auf ein System des Egoismus hinaus. Heinrich Heine wiederum charakterisiert Fichte in seinem Buch «Zur Geschichte der Religion und Philosophie in Deutschland», in dem er 1834 der französischen Leserschaft den Idealismus zu erläutern suchte, so: «Napoleon und Fichte repräsentieren das große unerbittliche Ich, bei welchem Gedanke und Tat eins sind, und die kolossalen Gebäude, welche beide zu konstruieren wissen, zeugen von einem kolossalen Willen. Aber durch die Schrankenlosigkeit dieses Willens gehen jene Gebäude gleich wieder zu

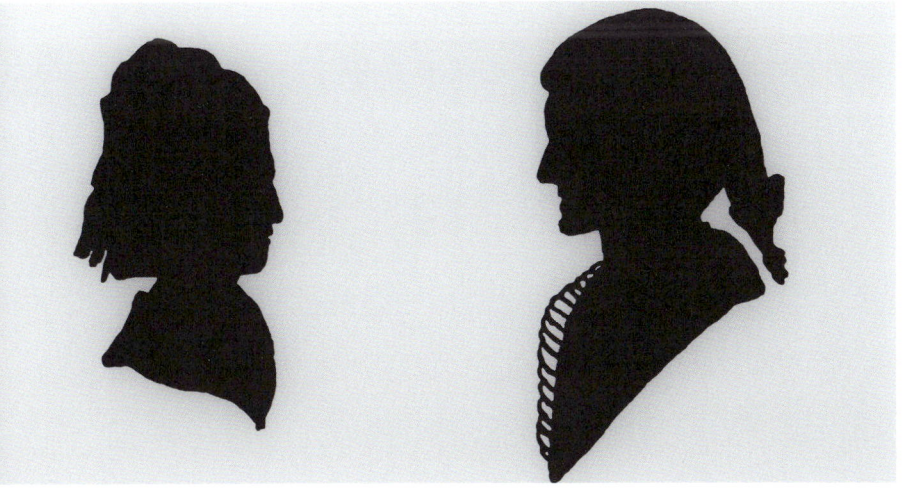

…gels Geburtshaus
…der heutigen Eberhard-
…aße 53 – hier eine
…fnahme aus dem Jahr 1931 –
…tte am 27. August 1770
…e Adresse «Haus 1345
…f dem kleinen Graben».

…e Eltern im Scherenschnitt:
…aria Magdalena Hegel
…741–1783), geborene Fromm,
…d Georg Ludwig Hegel
…733–1799), Finanzbeamter
…n höheren Dienst des
…erzogs von Württemberg.

Am Anfang stand die Reparatur: 1764 sollte James Watt eine Dampfmaschine wieder in Gang bringen – es begann eine Epoche der Industriegeschichte.

Die erste Freiballonfahrt der Weltgeschichte unternahm der Physiker Jean-François Pilâtre de Rozier am 21. November 1783 von Passy nach Gentilly bei Paris.

Die hässlichste Stadt Deutschlands? Tübingen am Neckar, um 1840.

Rechts:
Das Tübinger Stift
um 1900.

Links:
Entdeckung, Forschung,
Kolonialherrschaft:
James Cook erklärt
Australien für britisch.
Gemälde von John
Hamilton Mortimer
aus dem Jahr 1771.

Der zweiundzwanzigjährige
Hölderlin (1770–1843).

Schelling (1775–1854),
das Wunderkind.

Hegel (1770–1831), von dem es
gar kein Jugendbildnis gibt.

Die Handschrift Hegels.

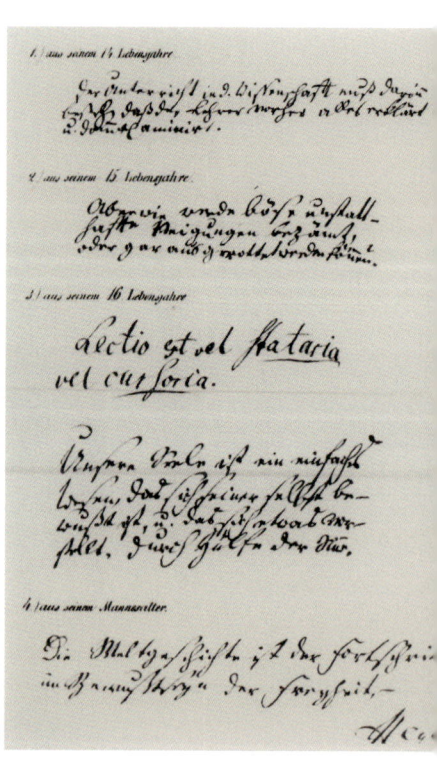

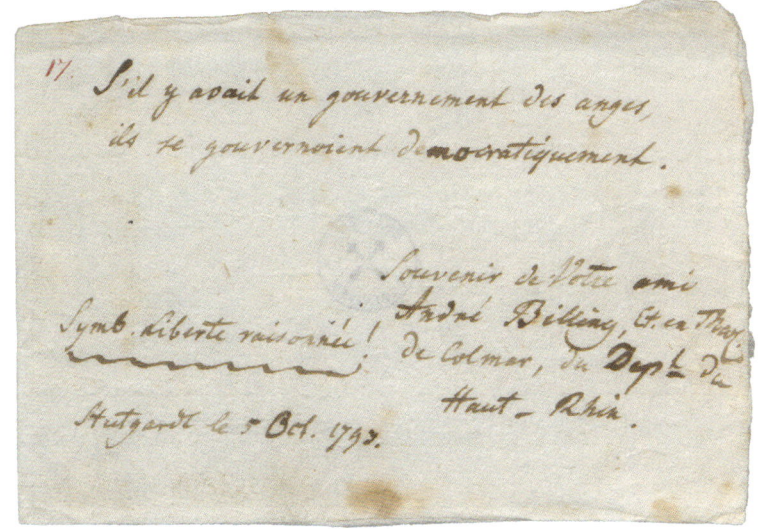

enn es eine
ierung der
gel gäbe,
würden sich
nokratisch
ieren.»

trag in Hegels
mmbuch
einem
studenten
Colmar.

trag in Hegels
mmbuch mit
em Porträt
gels als
r Mann»,
er in Tübingen
junger Student
n seinen
unden
annt wurde.

er Karzer der Universität, in dem die Studenten Strafen wegen Fehlverhaltens absitzen mussten.

Oben: Friedrich Förster berichtet von einem Abend, den er mit Hegel im Sommer 1820 in einem Gasthof verbrachte: «Ich ersuche die Herren, sagte Hegel, nachdem er ringsum eingeschenkt hatte, zum Gedächtnis des heutigen Tages die Gläser zu leeren. Wir alle taten es, ohne uns sofort der Bedeutung dieses Tages zu erinnern. Befremdend sah Hegel uns an, und sagte dann mit erhobener Stimme: ‹Dies Glas gilt dem 14. Juli 1789›, – der Erstürmung der Bastille.»

Immanuel Kant (1724–1804), mit dem alles anfing.

Jean-Jacques Rousseau (1712–1778), der intellektuelle Stern von Hegels Jugendjahren.

Gottlob Christian Storr (1746–1805), der führende Theologe am Tübinger Stift.

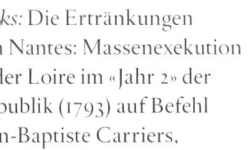

Links: Die Ertränkungen von Nantes: Massenexekution in der Loire im «Jahr 2» der Republik (1793) auf Befehl Jean-Baptiste Carriers, Mitglied des französischen Nationalkonvents.

Das «Haus zur Goldenen Kette», in dem Hegel Hofmeister war. Gelegen am Frankfurter Roßmarkt, zwischen Hotel Englischer Hof und Gutenberg-Denkmal. Hier eine Aufnahme aus dem Jahr 1903.

Der Bankier
und Weinhändler
Johann Noë Gogel
(1758–1825).

Grunde, und die Wissenschaftslehre wie das Kaiserreich zerfallen und verschwinden ebenso schnell, wie sie entstanden.»[14]

Die Frage, wie das Ich die Dinge bestimmt, hatte Fichte in seiner «Wissenschaftslehre» entsprechend diesem Akzent seiner Philosophie auf dem Willen so beantwortet: nicht durch die Kombination von Wahrnehmungen, sondern durch Unterscheidung, vor allem aber Entgegensetzung.[15] Das Bewusstsein lässt sich danach nicht durch den Nachvollzug seiner einzelnen Leistungen begreifen, beispielsweise anhand des «Synthetisierens» von Dingen aus der Vielfalt ihrer Eigenschaften. Vielmehr geht es darum, das Prinzip dieses Leistungswillens zu ermitteln. Bewusstsein ist eine Abfolge von Handlungen, «Tat*handlungen*», wie Fichte sie nennt, zum einen weil er gar nicht genug betonen kann, wie sehr alles auf der Selbstbehauptung des Ich beruht, zum anderen weil er einen Parallelbegriff zu «Tat*sache*» benötigt. Es gibt gar keine Sachen, die nicht Sachen für das Bewusstsein wären – es gibt also keine «Dinge an sich» –, und es gibt keine Dinge, von denen wir uns nicht dadurch unterscheiden würden, dass wir kraft unserer Selbstbezüglichkeit das Gegenteil von ihnen sind. «Die meisten Menschen würden leichter dahin zu bringen sein, sich für ein Stück Lava im Monde, als für ein Ich zu halten.»[16] Fichte lebte gedanklich im Protest gegen Menschen, die unterhalb ihrer Möglichkeiten bleiben und nicht einsehen wollen, was doch sonnenklar demonstriert werden könne: der Anspruch an sich selbst, der übernommen werden muss, wenn man ein Ich ist. Achim von Arnim berichtet später aus einer Berliner Vorlesung Fichtes, er habe sie damit eingeleitet, dass er seine Wissenschaftslehre seit fünfzehn Jahren vortrage, aber «seine Sache noch keinem habe beibringen können».[17]

1798 kommt Schelling nach Jena. Er hatte sich nach seiner Stellung als Hofmeister in Stuttgart von 1796 an in Leipzig an der Universität vor allem den Naturwissenschaften gewidmet. Der Ruf, der ihm vorauseilt, ist seitdem ein doppelter: Er «kann» einerseits Fichte und hat fast noch als Jugendlicher Schriften vorgelegt, die

in verständlicher Sprache Schritt für Schritt erläutern, was «un-
bedingt» und «Ich» und «kritisch» heißen soll; zusätzlich aber hat
er Fichtes Theorie des Bewusstseins durch seine «Ideen zu einer
Philosophie der Natur» auf Fragen angewendet, die denkbar weit
entfernt zu liegen schienen. Eine Theorie der Freiheit als Naturphilosophie? Die Natur selbst und nicht nur die Wissenschaft
von ihr als Manifestation von Subjektivität? Schelling löst die
Gedanken Fichtes davon, sich auf Fragen der Lebensführung und
Selbstbehauptung zu beschränken. Wenn Autonomie heißt, nicht
abhängig von dem zu sein, was einem undurchdringlich, dunkel
wirkmächtig und unbeeinflussbar erscheint, wenn ihr gegenüber
also das steht, was sich nicht ändern lässt, dann, so Schelling, gibt
es Autonomie nur, sofern das Dunkle aufgehellt werden kann und
selbst das Unabänderliche – die Schwerkraft, der Magnetismus,
die Stofflichkeit – als Produkt einer Kraft verständlich wird, die
dem Bewusstsein gleicht.

Schelling stellt insofern eine Weiche. Dem idealistischen Impuls, dem Sollen und Wollen mehr Bedeutung in der Erschließung
der Welt einzuräumen, gibt er die Aufgabe, sich an der Erkenntnis der für den Willen wie für moralische Imperative maximal
unzugänglichen Tatsachen zu bewähren. Obwohl er Fichte bis in
die Formulierungen hinein folgt, ist für ihn das Erstaunliche am
«absoluten Wollen» und der «transzendentalen», also alles tragenden Freiheit nicht, wie sie uns zu etwas Bestimmtem anhalten
und wozu. Ihn begeistert vielmehr, dass die Freiheit zugleich «das
einzig Unbegreifliche, Unauflösliche – seiner Natur nach Grund-
loseste, Unbeweisbarste, deswegen aber Unmittelbarste und Evi-
denteste in unserem Wissen ist».[18]

Während also Fichte in immer neuen Anläufen zu klären versucht, was es mit der Gewissheit, ein Ich und ein Selbst zu sein, auf
sich hat, ist Schelling davon fasziniert, dass Ich und Selbst unbe-
weisbar und doch evident sind. Er geht so weit zu sagen, dass dieser Punkt, von dem aus die Welt betrachtet werden müsse, nicht in

die Welt selbst falle. Es ist darum nur wenig zugespitzt, wenn man sagt: Fichte arbeitet gegen die absolute Unbeweisbarkeit der Freiheit und den Abgrund zwischen empirischem und absolutem Ich an, Schelling preist sie. Im absoluten Wollen habe der Geist «eine intellektuelle Anschauung seiner selbst», die er ausdrücklich deshalb so nennt, weil sie einen Gegenstand habe, der durch Begriffe nie erreicht werden könne, was eine bemerkenswerte Verwendung des Wortes «intellektuell» ist. Anschaulich heiße sie wiederum, weil sie «unvermittelt» erfolge, was neuerlich bedeutet: ohne Begriffe, Urteile, Schlussfolgerungen. «Was in Begriffen dargestellt wird, ruht», sagt Schelling, weswegen es Begriffe nur von begrenzten Objekten gebe: «Der Begriff der Bewegung ist nicht die Bewegung selbst, und ohne Anschauung wüßten wir nicht, was Bewegung ist.»[19] Eine intellektuelle Anschauung aber muss es sein, weil in einer allein sinnlichen gar nicht festzustellen wäre, ob das, was sich bewegt, Eines ist.

War für Fichte das absolut Freie eine Tathandlung, die weder anschaulich noch durch Gedanken fassbar und begrenzt sein sollte, sucht Schelling in ihr die Einheit von beidem. Die Hinwendung zur Natur ging dabei mit dem Versprechen einher, nicht nur wie Fichte Objektivität überhaupt aus dem Ich zu begründen, sondern ganz konkrete Naturerscheinungen als Produkte einer geistvollen Tätigkeit zu erschließen: «Die Natur ist das Absolute selbst, nicht insofern es Ich, sondern insofern es noch nicht Ich ist.»[20] Oder insofern vergessen wurde, wie vergleichbar die Produktivität der Natur der Produktivität des Willens ist. Aus diesem Versprechen wird die Nähe Schellings zum romantischen Nachdenken über Unbewusstes, das Echo der Naturerscheinungen in der Seele und die Einbildungskraft als Ursprung alles nur scheinbar Gegensätzlichen verständlich. Mit dreiundzwanzig Jahren wird Schelling unter Goethes Mitwirkung zum außerordentlichen Professor für Philosophie in Jena berufen.

Die dort sprudelnde Text-, Gedanken- und Assoziationenproduktion mit Ambition auf absolute Aussagen und Aussagen über das Absolute ließ den empirisch orientierten Verstand schnell hinter sich. Im literarischen Saus schreiben alle für- und gegeneinander. «Der tändelt nicht mehr, der ist jetzt transcendental!»,[21] heißt es in August von Kotzebues gehässiger Komödie «Der hyperboreische Esel oder Die heutige Bildung» von 1799 über den Protagonisten, der sich fast ausschließlich in Sätzen aus dem «Athenaeum» äußert, und zwar wie eine Maschine, die zu einem beliebig an sie gerichteten Wort eine Volltextsuche in jener Zeitschrift durchführt und mit einer passenden Stelle antwortet. «Oh, weh, was ist das», klagt seine Mutter, «Karl, du hast doch noch Religion?», und er antwortet: «Die Religion ist meist nur ein Supplement oder gar ein Surrogat der Bildung.» Was der Mutter nachvollziehbarerweise nicht viel sagt, aber als Aphorismus durchaus naheliegt, hat man erst einmal «Gott» durch «das Absolute» und das Absolute durch «das Ich» und seine Selbstreflexion ersetzt. Wozu dann noch Religion? Im Stück halten den Romantiker alle anderen bald für verrückt und vollkommen unmoralisch.

Die Rache folgte auf dem Fuß, als August Wilhelm Schlegel einen ganzen Band mit Kotzebue-Lobliedern, einem Kotzebue-Drama und einer Kotzebue-Musik herausbrachte, in dem ihm seine Mischung aus Biederkeit, Angeberei und abgeschmackter Poesie demonstriert wird: «Zwar er singt nur schlecht und heiser / Läßt auch keine Saiten rauschen / Doch Schauspiele kann er machen / Schöne Schauspiel', viele Tausend. / Eh man eine Hand umdreht, / Springen Sie aus seinem Haupte, / Schüttelt er sie aus den Ärmeln, / Und sein Herz ist ihre Traufe.»[22] Jeder wirft damals in Jena dem anderen vor, er schreibe zu viel und zu schnell.

In dieses Milieu einer intellektuellen Avantgarde zieht es Hegel, aber nicht weil ihm der Sinn nach einer neuen Lebensform steht, gar nach einer ästhetischen, oder weil er selbst an der publizistischen Konkurrenz hätte teilnehmen wollen. Jena war um 1800 die geistige Hauptstadt Deutschlands, und er ist entschlossen, sich der Wissenschaft zu widmen. Als er ankommt, ist allerdings Fichte nicht mehr da. Es war ihm Atheismus vorgeworfen worden. Fichte hatte einen Aufsatz des Philosophen Friedrich Karl Forberg publiziert, der die These vertrat, eine moralische Weltordnung könne auch ohne die Annahme eines persönlichen Gottes aufrechterhalten werden. Forberg, der in Jena bei Karl Leonhard Reinhold studiert und später dort auch als Dozent gelehrt hatte, war damals stellvertretender Rektor eines Gymnasiums in Saalfeld. In seinem Aufsatz «Entwickelung des Begriffs der Religion»[23], der 1798 in dem von Niethammer und Fichte herausgegebenen «Philosophischen Journal» erschien, handelt er auf kantianische Weise die bekannte Frage ab, welche guten Gründe es gibt, den einzigen Gottesbegriff anzunehmen, dessen eine Religion bedarf: den eines moralischen Weltregenten, von dem Tugend irgendwann belohnt und Laster bestraft wird. Dass der Aufsatz zu einem Skandal führte, lag vermutlich weniger an Forbergs Beantwortung dieser Frage als an den Folgerungen, die er aus ihr zog, und an seinen Formulierungen.

Vorausgesetzt, dass dem Schicksal die Moralität von Handlungen nicht gleichgültig ist, sei es nämlich eine Nebensache, wie viele Götter man annehme, die dafür sorgen, und was man sonst noch von ihnen sage. Worauf, fragt Forberg, fußt der Glaube an eine moralische Weltregierung? Auf Erfahrung gewiss nicht, man schaue sich die Welt nur an. Theoretische Gründe lehnt Forberg mit Verweis auf Kant ab: Der bloße Begriff eines vollkommenen Wesens, zu dessen Vollkommenheit dann auch Gerechtigkeit gehören würde, impliziere keinesfalls dessen Existenz, denn über die Existenz von etwas entscheide die Anschauung, nicht der Begriff. Dass Ordnung einen ordnenden Geist voraussetzt, sei eine willkürliche Einschränkung der Ursachen von Ordnungsbildung und außerdem könne man angesichts der Welt dann anstatt eines gütigen Gottes, der Übel duldet, genauso gut einen Satan als ihren Herrscher bezeichnen, der ab und zu Gutes zulässt. Bleibt als Grund dafür, Gott anzunehmen, das «moralisch gute Herz» oder Gewissen. Das böse Herz wünscht sich keine Gerechtigkeit, das gute schon. Dann aber ist Religion die Pflicht, so zu handeln, als ob man an Gott glaube: «Ich will, daß es besser werde, wenn auch die Natur nicht will!» Daraus folgt nun freilich, und Forberg hält es ausdrücklich fest, dass auch Atheisten, sofern sie dieser Maxime folgen, Religion haben, man also fromm sein kann, ohne an Gott zu glauben, und von moralischen Menschen nur Religiosität, aber nicht Gottesglaube verlangt werden kann.

Das Geschrei außerhalb Jenas und auch in Saalfeld war groß. Wer Gottesleugnern Tugend zubilligte und irgendeine Religion für wichtiger hielt als einen bestimmten Gott, der war selber ein Atheist. Fichte und Niethammer weigerten sich jedoch, auf Distanz zu Forbergs Aufsatz zu gehen. Im Gegenteil, Fichte, der zuvor geraten hatte, ihn nicht zu drucken, versuchte, mit einem eigenen vorangestellten Text das Argument zu erläutern und zu entschärfen. Die moralische Weltordnung sei selbst Gott, es bedürfe nicht des Übergangs zu einem sie verursachenden Wesen.[24]

Doch das half nichts. Wen kümmerte, außerhalb Saalfelds, Forberg, es ging um Fichte. In anonymen Publikationen sorgte man sich um die seinen Lehren ausgesetzte Jugend. Kirchenleute forderten seine Entfernung. Die sächsische Regierung untersagte die Verbreitung des «Philosophischen Journals» und drohte, der Landesjugend ein Studium bei dem Jenenser Bösewicht zu verbieten. Fichte erklärte, die Proteste seien nur vorgeschoben, man ziele auf den Jakobiner in ihm, nicht den Atheisten. Weimar aber, Minister von Goethe unterschrieb, entließ ihn im Frühjahr 1799. In der Folge fielen die Studentenzahlen erheblich, und auch Kollegen Fichtes wandten Jena den Rücken zu.

Nach Fichtes Weggang strahlte der Stern Schellings desto heller, zumal er sich aus der Umlaufbahn Fichtes zu lösen begann. Dabei spielte der Versuch, die Philosophie des Ichs mit einer Naturphilosophie zu verbinden, eine zentrale Rolle; in diese sollte eingehen, was an Erkenntnisgewinn der gerade erst entstehenden Disziplinen Physik und Chemie zutage kam. Das wiederum gefiel Goethe und dem Hof. Goethe, weil er es mehr mit der Naturgeschichte als mit moralischen Postulaten hatte, dem Hof, weil es die intellektuellen Energien stärker an unpolitische Gegenstände band.[25]

Dass Schelling Hegel aufforderte, möglichst bald nach Jena zu kommen, hing zweifellos mit seinem Bedürfnis nach einem Mitstreiter zusammen. Für Hegel war gewiss die Aussicht erfreulich, anders als in Bern, wo er intellektuell isoliert war, und anders als in Frankfurt, wo sich alles auf die Verbindung zu Hölderlin konzentrierte, unter geselligeren Umständen und vor allem: an einer Universität seiner Arbeit nachzugehen. Als er 1801 eintraf, studierten etwa achthundert junge Männer in Jena, und er konnte nicht wissen, dass beide Hufelands – es gab neben dem Juristen noch einen berühmten Mediziner, Christoph Wilhelm Hufeland, der vor fünfhundert Hörern gelesen hatte – 1803/04 schon wieder weiterziehen würden, Paulus und Niethammer kurz darauf, dass Schiller 1805 sterben würde, dass auch die jungen Juristen Thibaud und Feuerbach bald Rufe von auswärts annahmen und dass Schelling 1803 einen Ruf aus Würzburg annehmen würde. Mit der akademischen Prominenz ging die Zahl der Studenten zurück, «die Ausländer verschwinden, die Zahl wird auf 200 Inländer zurückkommen», notiert einer von ihnen 1805.[26]

Aber auch der Charakter von Hegels Arbeit hatte sich unter dem Einfluss Hölderlins, Fichtes und Schellings geändert. «In meiner wissenschaftlichen Bildung, die von untergeordnetern Bedürfnissen der Menschen anfing, mußte ich zur Wissenschaft vorgetrieben werden, und das Ideal des Jünglingsalters mußte sich zur Reflexionsform, in ein System zugleich verwandeln», schreibt Hegel an Schelling Ende 1800.[27] Hegel kündigt also früh an, ein System zu beabsichtigen. Das hieß für ihn zunächst einmal, den

Abstand aufzuholen, der intellektuell zwischen ihm und den avanciertesten Formen des philosophischen Nachdenkens entstanden war. Der Stand seiner Überlegungen, bevor er nach Jena kam, ist durch das sogenannte «Systemfragment» umrissen, das auf den 14. September 1800 datiert ist und in dessen Zentrum der Begriff des Lebens steht.[28]

Leben ist danach eine Einheit von Gegensätzen. Denn zum einen besteht alles Leben aus Teilen, die es nur gibt, weil sie vereinigt sind und an der ganzen «Organisation» teilhaben. Zum anderen gehört zum Leben aber auch die Differenzierung in Teile, die voneinander getrennt sind. Menschen haben ein individuelles Leben nur durch Beziehung zu anderen Menschen, von denen sie sich zugleich unterscheiden. Eine lebendige, selbstbewusste und vernünftige Gemeinschaft, das Ideal der Jugendschriften Hegels, setzt Individuen voraus, die weder in ihr verschwinden noch sich von ihr trennen. Diese Figur, die Einheit von Verbundenheit und Entgegensetzung, findet Hegel auf allen Ebenen des natürlichen, individuellen und gesellschaftlichen Lebens in einer «Unendlichkeit von Gestalten». Nimmt man aus ihr, wie er schreibt, «das Tote und sich Tötende der Mannigfaltigkeit» heraus, könne die Gesamtheit dieses unendlichen Lebens «Gott» genannt werden oder «Geist».

Eine andere Art, Vielheit zu vereinigen, nennt Hegel «Gesetz»; Gesetze aber seien unlebendig, sie fassen für ihn nur zusammen und bringen Verschiedenes, was in sich unzusammenhängend ist und insofern eine «von ihm getrennte, tote, bloße Vielheit» darstellt, unter eine Regel. Von Geist kann hingegen gesprochen werden, wenn die einzelnen Elemente von Vielheiten sich als Organe verstehen lassen. Hegel gibt als Beispiel den Gottesdienst, der die «beschauende oder denkende Betrachtung des objektiven Gottes», also desjenigen, der der Gemeinde entgegengesetzt ist, mit der Subjektivität Lebendiger durch Gesang, Rede, körperliche Bewegungen, Opfer in Freude vereint. Die subjektive Äußerung könne im Gottesdienst dann zum Tanz werden. Es liegt auf der Hand, dass es sich hier nicht mehr um einen württembergischen oder hessischen Gottesdienst um 1800 handelt, war es doch eine Besonderheit der christlichen Gottesdienste seit jeher, dass in ihnen auf Musik gerade nicht mit körperlicher Bewegung reagiert wurde, sondern nur mit innerlicher Bewegtheit.

Aber es gibt den Tod, die Trennung der Einzelnen vom Ganzen, und das Leben könne nicht nur als Vereinigung beschrieben werden, sondern sei «die Verbindung der Verbindung und Nichtverbindung», mithin die Einheit von Leben und Tod. Hegel bringt den Tod dabei nicht nur mit der natürlichen Vergängnis zusammen, sondern auch mit der Verstandestätigkeit, deren analytisches Vorgehen die Dinge voneinander trennt. Demzufolge hat es keinen Sinn, alles Wünschbare an Vereinigung in einen Gegensatz zum analytischen, differenzierenden, isolierenden Vorgehen des Bewusstseins zu bringen. Die Philosophie Jacobis ist, mit anderen Worten, für Hegel keine Option. Alles, was ist, ist es aufgrund einer Beziehung zu etwas Anderem und zugleich der Entgegensetzung zu ihm. Alles, was ist, ist produktive Differenz.

Hegel verfügt mithin, als er nach Jena kommt, über eine Denkfigur, von der er überzeugt ist, sie lasse sich auf alle möglichen Gegenstände anwenden und zu einem «System» ausbilden, das sich von dem, was Kant, Fichte und Schelling geleistet haben, deutlich unterscheiden würde. Zuvor waren aber noch ein paar Verwaltungsakte zu erledigen. Hegel musste «nostrifiziert», sein Tübinger Magisterdiplom als Doktorarbeit anerkannt werden. Auf dem Titelblatt seiner «Differenzschrift» firmiert er schon als «der Weltweisheit Doktor».[29] In der Fakultät murrt es zwar, die Herren Schwaben – Schelling, Niethammer, der Historiker Breyer und jetzt Hegel – würden die Universität verändern, aber man winkt Hegel durch, der alle Gebühren bezahlen kann, ein wackerer Mann scheint und für den ein positives Gutachten für die Zensur über seine «Differenzschrift» vorliegt, das von dem Philosophen Johann August Heinrich Ulrich geschrieben worden war, der schon mehr als dreißig Jahre lang der Fakultät angehörte. Nur eine Disputation muss Hegel jetzt noch über sich ergehen lassen und dazu eine kurze Habilitationsschrift gedruckt einreichen.

Hegel tut das und verteidigt seine in Eile zusammengestellte Schrift über die Planetenbahnen, «De orbitis planetarum», am 27. August 1801, seinem Geburtstag.[30] Unter den Thesen, die er als Prämissen dieser Schrift bezeichnet, finden sich so wunderliche wie die, das Quadrat sei das Gesetz der Natur, das Dreieck das des Geistes, aber auch so gedankenanregende wie «Der Naturzustand ist nicht ungerecht, und aus diesem Grunde muß man aus diesem herausgehen» oder gleich die erste: «Der Widerspruch ist die Regel für das Wahre, der Nicht-Widerspruch (die) für das Falsche.»[31]

Sich in seiner Habilitationsschrift mit einem naturwissenschaftlichen Thema zu befassen, entsprang dabei Hegels eigenem Entschluss. Aus den theologischen Jugendschriften hätte er allerdings ebenso wenig vortragen können, ohne seine Habilitation zu gefährden, wie aus seinen politischen Entwürfen. Dennoch zeigt seine Themenwahl, wie sicher sich Hegel in der Astronomie fühlte. Aller Wahrscheinlichkeit nach hat er das Material zu dieser Untersuchung schon aus Frankfurt mitgebracht, die späteste Literatur, die er zitiert, Herders «Gott» und Schellings «Von der Weltseele», stammt aus dem Jahr 1798.

Seine Abhandlung setzt mit einer grundsätzlichen Überlegung dazu ein, wie Natur sich überhaupt erkennen lässt. Sie ist nur erkennbar, insofern sie selbst eine Ordnung zeigt, die nachvollzogen werden kann und stabil ist. Das Mittel des Nachvollzugs sind mathematische Formeln, die nachbilden, was an Regelmäßigkeit empirischen Beobachtungen entnommen werden kann. Hegel widerspricht. So komme man nur zu einer «Mechanik des Himmels», nicht zu einer Physik. Aus Beobachtungen an Steinschleudern und Geschossen und entsprechenden Berechnungen allein lassen sich Begriffe wie «Zentrifugalkraft», «Stoß» oder «Schwere» nicht ableiten. Hegel beruft sich auf Johannes Kepler, der darauf bestanden hatte, in der Naturwissenschaft gehe es nicht nur um das versuchsweise Modellieren von Datenmengen, sondern um Wahrheit. Denn wenn man Daten einem Begriff zuordnen will, muss man ihn schon haben. Entsprechen die mathematisch definierten Linien, die Planetenbewegungen beschreiben, also tatsächlichen Kräften? Hegel warnt vor der Gleichsetzung von Mathematik mit Physik.[32] Die Natur, heißt das, muss gar nicht modelliert werden, wenn sie von sich aus idealen Strukturen folgt.

Unglücklicherweise kommt Hegel dort, wo seine Kritik an Newton konkret wird, selbst durcheinander, verwechselt Trägheitskraft und Zentrifugalkraft, was auch nach ihm noch viele taten, hält die Erde am Äquator für abgeflacht, spricht über Kraft vor dem Hintergrund der Naturphilosophie Schellings so, als meine er eigentlich Energie, und kritisiert darum ein mechanisches Verständnis der Himmelsbewegungen.

Noch viel unglücklicher sind aber die letzten Seiten seiner Schrift, auf denen er Angaben über die Abstände zwischen den Planeten macht, und zwar so, dass zwischen dem damals vierten Planeten, Mars, und dem fünften, Jupiter, kein Platz mehr für einen weiteren Himmelskörper sei. Im 18. Jahrhundert war die Hypothese aufgekommen, die Planetenabstände folgten einer arithmetischen Progression: Mars und Jupiter sind 3,7-mal so weit voneinander entfernt wie die Erde von der Sonne, Mars und Erde nur 0,5-mal. Aus solchen Relationen wurde abgeleitet, wo noch ein Planet aufgefunden werden könne. Hegel verwirft diese «der Vernunft fremde»[33] Vorgehensweise und notiert, dass trotz eifrigen Suchens – «seduloque quaeritur» – noch nichts gefunden worden sei. Arithmetische Reihen, schüttelt er den philosophischen Kopf, schafften die Zahlen ja nicht einmal aus sich selbst. Wenn schon, dann solle man eine geometrische Reihe zugrunde legen. Hegel entnimmt die seine aus Respekt vor der Tradition Platons Dialog «Timaios», bearbeitet sie undurchsichtig mathematisch und verrechnet sich noch dabei, um zu schließen, wenn diese Reihe die wahrhaftere Ordnung der Natur angebe, sei zwischen Mars und Jupiter kein Planet zu vermissen.[34]

Im Januar 1801 aber war schon der Kleinplanet Ceres von dem italienischen Astronomen Giuseppe Piazzi genau dort entdeckt worden, wo ihm Hegel kurz danach verboten hatte, entdeckt zu werden, wie gut fünfzig Jahre später der Philosoph David Friedrich Strauß formulierte.[35] Schon die erste astronomische Rezension seiner Abhandlung regt sich darum fürchterlich über die Menge an «transzendentalen Physikern» auf, die gerade überhandnehme, ohne dass ihre «Hyperphysik» zu irgendwelchen Entdeckungen führe. Ironie der Ideengeschichte: Nicht durch einen philosophischen Übergriff aufs Gebiet der Naturwissenschaft, sondern durch eine hypothetische Rechnung, die sich über die mit Zahlenreihen bewaffneten «Himmelpolizisten» mokierte, aber schiefging, hat Hegel es den Gegnern seiner Naturphilosophie leichtgemacht, sich ihrerseits über ihn zu echauffieren.

Von alldem ahnt die Kommission aber noch nichts, die Entdeckung des Planetoiden Ceres hatte sich offenbar noch nicht bis Jena herumgesprochen. Hegel hält Mitte Oktober eine Probevorlesung, deren Thema nicht überliefert ist. Kurz darauf bittet er auch um Erlaubnis, Vorlesungen gratis halten zu dürfen, was als ein Privileg der Professoren und Privatdozenten eigentlich nicht erlaubt war. Ob für Hegel eine Ausnahme gemacht wurde, bleibt im Dunkeln nicht vorhandener Akten. Was wir hingegen kennen, sind Namen und Zahl seiner Hörer im ersten Kolleg des Wintersemesters 1801 «Logik und Metaphysik»: elf, darunter Schelling. Wenn das Wiederkommen einen Hinweis auf die Zufriedenheit gibt, blieb der Erfolg begrenzt, denn in seinem zweiten Kolleg über «Das System der speculativen Philosophie» von 1803/04 hat Hegel zwar schon ganze dreißig zahlende Hörer, noch dazu aus vielen Weltgegenden (Litauen, Siebenbürgen, Petersburg, Estland, Livland und Schaffhausen), aber kein einziger davon kam jemals wieder oder war zuvor da gewesen. 1805 wird Hegel zum außerordentlichen Professor ernannt, eine feste Anstellung aber wird ihm bis zum Ende seiner Jenaer Tätigkeit nicht gewährt.

Noch vor seiner Habilitation hatte Hegel 1801 die sogenannte «Differenzschrift» veröffentlicht, ausgeschrieben: «Differenz des Fichteschen und Schellingschen Systems der Philosophie». Ideenstrategisch sollte sie unterstreichen, Schelling sei mit seinem «System des transzendentalen Idealismus» von 1800 aus der Schule Fichtes heraus. Fichte gibt dem Bewusstsein die letztlich moralisch motivierte Aufgabe, seine Unterschiedenheit von Objekten wieder einzuholen, um überall das Wirken von Subjektivität zu erkennen. Schelling hingegen versucht in seinem System, zwei Welten aufeinander zu beziehen: eine praktische, in der das Subjekt alle Entwicklung trägt, indem es sich in Handlungen objektiviert, die zum Begriff des Rechts und der Geschichte führen; und eine, in der die Natur die «Vergangenheit des Ich»[36] ist und insofern Träger einer selbst intelligiblen Entwicklung, die über das Anorganische und die Organismen auf das Ich zuläuft. Man kann diese Ausführungen heute nicht mehr anders lesen als im Gedanken an die Theorie der Evolution, zu der es damals noch sechzig Jahren hin waren.

Interessanterweise berühren sich für Schelling beide Entwicklungsreihen zuletzt in der Kunst, weil er dort eine sowohl bewusste (ichhafte, planende) wie unbewusste (triebhafte, sehnsüchtige) Produktion ineinandergreifen sieht. Hegel ergänzt, auch für die Religion gelte das. Ja, es huscht in einem Satz schon seine spätere Lehre vom absoluten Geist vorüber: «Beides, Kunst und Spekulation sind in ihrem Wesen der Gottesdienst, – beides ein lebendiges Anschauen des absoluten Lebens und somit ein Einssein mit ihm.»[37] Es ist also das Denken, die Spekulation gar nichts kategorial anderes als Glauben und Können, so denn Kunst, mit einem Satz, den als Erster Herder hinschrieb, von Können kommt «oder von Kennen her (nosse aut posse), vielleicht von beiden, wenigstens muß sie beides in gehörigem Grad verbinden.»[38] Wenn

Hegel an dieser Stelle von «lebendigem» Anschauen anstatt von «intellektuellem» spricht, markiert er überdies schon die Differenz seines entstehenden Systems zu dem von Schelling. Der Begriff des Lebens meint ein System von Beziehungen, in dem alle Unterscheidungen nur durch den Begriff des Ganzen verstanden werden können. So hätte es vielleicht auch Schelling noch formulieren können. Aber der Begriff des Ganzen wird für Hegel vom Leben selbst, das später «Vernunft» und «Geist» heißen wird und die kollektiven Voraussetzungen alles Begreifens meint, durch insistentes Negieren aller scheinbaren Subjekt-Objekt-Unterschiede hervorgebracht. Schon in der Differenzschrift heißt es: «Die Vernunft stellt sich als Kraft des negativen Absoluten, damit als absolutes Negieren, und zugleich als Kraft des Setzens der entgegengesetzten objektiven und subjektiven Totalität dar.»[39]

Schelling und Hegel gründen in Jena das «Kritische Journal», in dem sie sich einen Namen durch flammende Rezensionen machen wollen, die als Grillgut viele andere gerade herumgebotenen Philosophien in der Nachfolge Kants und Fichtes behandeln. Das «Philosophische Journal» Fichtes und Niethammers hatte den Atheismusstreit nicht überlebt, das «Athenaeum» hätte wohl kaum Texte gedruckt, die Fichte als überwunden darstellten, die «Allgemeine Literaturzeitung» stand Schelling nicht mehr offen, seit er gleich gegen die erste Rezension seiner Naturphilosophie lautstark protestiert hatte, und sein zweites Organ, die «Zeitschrift für spekulative Physik», hatte einen anderen Themenschwerpunkt.[40] Voran stellen Hegel und Schelling dem Journal ein Programm, das im Grunde sagt, man möge besser die Straße freimachen für sie, denn es komme jetzt das Absolute. Mit Philosophen, die nicht ebenfalls Anspruch auf seine Erkenntnis und die Selbsterkenntnis der Vernunft machten, hieß es, beschäftigten sie sich gar nicht. Im Grunde könne es nämlich nur eine Philosophie geben, da es ja auch nur eine Vernunft gebe. Kritik habe darum nur für diejenigen einen Sinn, «in welchen die Idee der einen und selben Philosophie vorhanden ist».[41]

Außerdem wird angekündigt, die Philosophie sei «ihrer Natur nach etwas Esoterisches, für sich weder für den Pöbel gemacht, noch einer Zubereitung für den Pöbel fähig». So grenzte man sich zwar von der im Zuge der Aufklärung eingetretenen Inflation der Journale ab. Doch sollten die Philosophen unter dem Pöbel die einfachen Leute oder auch nur die anderweitig beschäftigten Bürger verstanden haben, so waren diese weder hinreichend alphabetisiert, um sich mit Fichtes Ich zu beschäftigen, noch warteten sie in Massen auf die Zubereitung von Transzendentalphilosophie in populärer – Hegel sprach von «plattmachender» – Darreichungsform. Solche Fanfaren, die für einen zumutungsreichen Schreibstil auch noch eine moralische Prämie einfordern, wirken sehr pompös. Dass die beabsichtigte Philosophie dem gesunden Menschenverstand entgegengesetzt sei und ihre Welt eine «verkehrte Welt», traf die Sache schon besser.[42]

Hegel war völlig unbekannt, zehrte von seinem Erbe, sah also auf die Uhr und musste sich jahrelang als Adept Schellings ansprechen lassen, was er dem daran weitgehend Schuldlosen womöglich nie ganz verziehen hat. Für ihn bot das Journal eine besonders gute Möglichkeit, sich einen Namen zu machen. Das mag die verwegene Mischung aus Schwerverständlichkeit und sarkastischem Stil miterklären, die seine Texte damals kennzeichnet. In großer Schärfe kritisiert wurde jedenfalls von Hegel – die Beiträge erschienen anonym – der Philosoph Gottlob Ernst Schulze für seine Ansicht, auf allem Hinausgehen über das handgreiflich Feststellbare liege kein Segen. Hegel antwortet auf die Behauptung, aller Spekulation gegenüber sei Skepsis zu bewahren, mit der Rückfrage, wie es denn mit der Skepsis gegen Skepsis stehe. In der Antike jedenfalls seien die Skeptiker gerade gegen den gesunden Menschenverstand aufgetreten und hätten ihm die Widersprüche vorgerechnet, in die er sich verwickle. Der moderne Skeptizismus, der aber seinen Namen gar nicht verdiene, laufe letztlich nur auf die Behauptung hinaus, «daß Begriff und Sein nicht eins sind».[43] Wir werden in Hegels «Phänomenologie des Geistes» der radikaleren Version von Skepsis begegnen, die am allgemein für fraglos Gehaltenen zeigt, dass es ganz unhaltbar ist.

Eine andere Form des «gemeinen Menschenverstandes» findet Hegel bei dem Philosophen Wilhelm Traugott Krug, dessen Schreibgerät durch Hegel philosophiegeschichtliche Ewigkeit erlangt hat. Krug nämlich hatte den Transzendentalphilosophen entgegengehalten, ihr Vorwurf, andere Positionen seien nicht imstande, das Erkennen und Begreifen adäquat zu beschreiben, sei einseitig, denn die Idealisten wiederum könnten weder Hund noch Katze oder auch seine, Krugs, Schreibfeder herleiten. Hegel antwortet, sie hätten gerade Anderes, Höheres zu tun, und Herr Krug solle doch erst etwas Höheres («Moses, Alexander, Jesus usw.») werden, um die Notwendigkeit von Einzelnem zu begreifen. Tatsächlich hält es Hegel aber nicht für ausgeschlossen, wenn mehr Zeit sei irgendwann, auch das Schreibgerät zu «deduzieren». Schelling, auf den Krugs Kritik gemünzt war, so deutet Hegel an, deduziere ja zumindest Naturstoffe als die Vorprodukte der Feder.[44] Er schwankt also zwischen «Unverschämtheit» und «kommt noch». Erst später hat er über notwendig Zufälliges nachgedacht und im § 250 der «Enzyklopädie», der von den Zufallsformen im Naturreich handelt, zu Krugs Frage bemerkt, es sei «das Ungehörigste [...], von dem Begriffe zu verlangen», absolute Zufälligkeiten begreiflich zu machen.[45]

Sie waren mit Höherem beschäftigt. Der spätere Lehrer und Schuldirektor Bernhard Rudolf Abeken notiert in seinen posthum herausgegebenen Erinnerungen an seine Jenaer und Weimarer Zeit um 1800 ganz kurz zu Hegels erstem Seminar: «Gott, Glaube, Erlösung, Unsterblichkeit, wie sie sich früher in mir festgesetzt, wollten sich mit der neuen Lehre nicht verbinden, ja schienen ihr zu widersprechen; und Hegel, den Schelling bald herangezogen, hatte beim Beginn seiner Vorträge uns die Worte Dantes zugerufen: Lasciate ogni speranza voi ch'entrate! Ich weinte die bittersten Tränen.»[46] Wir wissen nicht, ob der Student noch im Seminar weinte oder erst hinterher, aber dass Schelling und Hegel als Philosophen wahrgenommen wurden, deren Lehre in starker Spannung zur hergebrachten Frömmigkeit stand, kann festgehalten werden. Die Stimmung in Jena war insgesamt nicht gerade religionsfreundlich, dafür wurde den Studenten bekannt gemacht, die Menschen seien, sofern nur genug gebildet, selber Götter. Der von Kotzebue aufgespießte Aphorismus «Die Religion ist meistens nur ein Supplement oder gar ein Surrogat der Bildung» kam genauso aus dem «Athenaeum» wie: «Jeder gute Mensch wird immer mehr Gott. Gott werden, Mensch sein, sich bilden, sind Ausdrücke, die Einerlei bedeuten.»[47]

Die Angriffe auf den hergebrachten Glauben waren aus verschiedenen Richtungen erfolgt. Die Nonchalance eines Diderot, der sich jemanden vorstellen konnte, der an gar nichts glaubt, erlaubten sich die deutschen Denker nicht. Gegen Ende seiner «Kritik der reinen Vernunft» hatte Immanuel Kant ein Kapitel «Vom Meinen, Wissen und Glauben» überschrieben. Zuvor meinte er nachgewiesen zu haben, mittels Vernunft allein ließen sich keine letzten Wahrheiten entdecken, sondern nur Irrtümer verhindern. Irrtümer nämlich, die sich aus einem ausschweifenden Gebrauch der Vernunft selbst ergeben: durch das Schließen von allen möglichen bedingten Urteilen des Verstandes auf etwas Unbedingtes. Die Vernunft sucht danach zu Sätzen wie «Sokrates ist sterblich» allgemeine Prinzipien wie «Alle Menschen sind sterblich» und verknüpft beides durch ein zuordnendes Urteil: «Sokrates ist ein Mensch.» Den Satz «Alle Menschen sind sterblich» kann sie nun ebenfalls so behandeln und noch allgemeinere Sätze suchen, aus denen er sich ergibt – etwa: «Alle Lebewesen sind sterblich» –, bis sie irgendwann auf Sätze stößt, die nicht mehr Schlussfolgerungen aus anderen sind: unbedingte Prinzipien, Aussagen über Unbedingtes: «Gott ist unsterblich» etwa oder «Die Sterblichkeit des Menschen betrifft nur seinen Leib».[48]

Worauf mag es nun aber beruhen, dass jemand den Satz, alle Menschen seien sterblich, für wahr hält? Kant bezeichnet ein Fürwahrhalten, das auf objektiven Gründen beruht, die für jedermann gültig sind, als Überzeugung. Er unterscheidet sie von einem Fürwahrhalten, das nur auf der Disposition einer Person beruht, etwas für wahr zu halten, also sich überreden zu lassen. Wenn sehr viele oder gar alle etwas für wahr halten, steigt die Wahrscheinlichkeit, dass es so ist; aber es bleibt, wie Kant schreibt, eine Vermutung.[49] Drei Arten solcher Überzeugungen gebe es: Meinen, Glauben und Wissen. Meinen ist für ihn subjektiv und objektiv unsicher, wer meint, zweifelt selbst. Glauben ist subjektiv sicher und objektiv unsicher. Man kann es nicht beweisen, aber ich bin voller Gewissheit. Wissen hingegen kombiniert subjektives Überzeugtsein mit objektiver Gewissheit. Es gibt darum kein Meinen, so dachte Kant, in der Logik und der reinen Mathematik. Wird die Vernunft jedoch spekulativ verwendet, ist Meinen zu wenig, Wissen zu viel. An Gott wird geglaubt, er wird weder vermutet noch gewusst: «Der Ausdruck des Glaubens ist in solchen Fällen ein Ausdruck der Bescheidenheit in *objektiver* Absicht, aber doch zugleich der Festigkeit des Zutrauens in *subjektiver*.»[50] Er, so bekennt Kant, lebe in der moralischen, nicht der logischen Gewissheit, Gott existiere, und diese moralische Gewissheit beruhe auf subjektiven Gründen, eben seiner Gesinnung. Was aber heißt unter diesen Umständen «Vernunftglauben», wenn von der Vernunft doch erwartet werden kann, mehr als subjektive Gründe aufzubieten? Und was ist denn «moralische Gewissheit»? Sollte es nicht besser «moralische Zuversicht» heißen?

Die aufklärerische Vernunft, für die Kant steht, hat damals über die positive Religion argumentativ gesiegt. Denn wer glaubt noch an Wunder? Wer nimmt der Kirche ihre Erzählungen noch buchstäblich ab? Wer billigt der Theologie zu, eine Wissenschaft zu sein? So setzt Hegels hundertseitiger Aufsatz über «Glauben und Wissen» ein, der im Juli 1802 im «Kritischen Journal» erschien. Doch der Sieg der Vernunft, sagt er, war zu leicht errungen, denn die Vernunft hatte sich unvernünftigerweise nur auf das an der Religion gestürzt, worin deren Eigentümlichkeit gar nicht lag, auf «Abgetanes und Obskures»[51]. Hegel spricht von «Aufklärerei»[52], die gegen den Betrug der Priester, die Interessengemeinschaft von despotischem Staat und Kirche, die Haarspaltereien und historischen Erfindungen der Theologie erfolgreich vorgegangen ist. All das war theoretisch – nicht praktisch, denn man konnte sein Leben oder mindestens seinen Frieden dabei verlieren – vergleichsweise leicht aufzuklären. Aber es traf nicht das Zentrum der Religion.

Hegel unternimmt es, das an den größten Philosophen seiner Zeit zu zeigen. Denn sie, die gegenüber Kirche und Religion versuchten, den Wahrheitsgehalt der Gottesidee zu demonstrieren, scheitern für ihn daran auf signifikante Weise. Es sind protestantische Philosophen, die dem folgen, was Hegel das «Prinzip des Nordens»[53] nennt: Sie siedeln die Religion im Herzen des Individuums und seinen moralischen Gewissheiten an. Kant, Jacobi und Fichte wird gemeinsam vorgeworfen, sie reduzierten die Religion auf den subjektiven Glauben, auf eine Angelegenheit der moralischen Gesinnung, des Gefühls, des Nichtwissens. Gott selbst, die Unendlichkeit, das Übersinnliche bezeichneten sie als unerreichbar, unerkennbar, allenfalls zu ahnen. Der Glaube macht sich auf dem Gebiet des Wissens selbst breit. Das Gefühl sehnt sich nach Gott, die Vernunft kommt darauf, dass es sich bei diesem Sehnen, Seufzen und Beten nur um subjektive Wünsche handelt. Es wäre so gut, wenn es ihn gäbe, und wir handelten dann auch besser, also lasst ihn uns annehmen.

Dadurch erscheint Hegel der Aberglaube aber bloß verinnerlicht. Er lautet jetzt: Von Gott, von dem wir nichts wissen, wissen wir doch, dass er der Erkenntnis nicht erreichbar ist. Hegel protestiert gegen den Protestantismus, dessen Sehnen sich auf etwas Sinnvolles richtet, «das Absolute und Ewige», aber zugleich behauptet, man könne nicht zu seiner «vollkommenen Anschauung und zum seligen Genusse» kommen.[54] Das wiederholt Hegel ein paar Dutzend Mal in seinem Aufsatz, schon nach zehn Seiten möchte man ihm zurufen, die Botschaft sei angekommen, und er überzieht es mit Spott: Gegen Glückseligkeit als Ziel des Lebens sei nichts einzuwenden, wenn nur die Idee der Glückseligkeit nicht so eng, als «eine empirische Glückseligkeit, ein Genuß der Empfindung», aufgefasst würde anstatt als «ewige Anschauung und Seligkeit».[55]

Was soll das heißen? Hegel denkt nicht nur an Leute, die nach dem Gottesdienst vor allem die Orgel loben oder das gute Gefühl der eigenen Nichtigkeit, das ihnen die Messe vermittelt hat, die sich an der Kunst erfreuen, wenn sie unterhaltsam ist oder ihnen unverständlich bleibt, die Wissenschaft bejahen, wenn sie technische Fortschritte hervorbringt, aber sonst nicht. Die sich also nicht an diesen Dingen «an sich» erfreuen, sondern allein wenn sie «für uns» sind. Viel mehr noch geht es ihm um solche, die sich am Schmerz erfreuen, den sie fühlen, weil Gott fern ist, die mit dem Abstand der empirischen Wirklichkeit zur Idee ihren Frieden machen, weil sie diesen Abstand und die Unerreichbarkeit Gottes geradezu genießen. Sie bilden sich viel auf ihre Endlichkeit ein.

Hegel sieht hier eine Dialektik am Werk. Die Aufklärung ist vom selben Geist wie der seelenvolle Protestantismus, nur dass alles, was er negativ besetzt, von ihr positiv besetzt wird. Sie schätzt die Sinnlichkeit, er lehnt sie als sündenbehaftet ab. Sie plädiert für Freiheit, er für Gehorsam. Sie findet, man müsse alles untersuchen, er ermahnt zum Glauben an den biblischen Buchstaben. Wie aber können diese beiden Einstellungen dann vom selben Geist sein? Die Aufklärung sorgt dafür, dass die Welt nüchtern betrachtet wird. Das reicht bis zu einem Naturalismus, dem alles Lebendige auf mechanische oder chemische Gesetze rückführbar erscheint, und einer Einstellung, die alles auf seine Nützlichkeit prüft. Für den Protestantismus wiederum sind alle äußerlichen Tatbestände, die Natur und der Körper und die gesellschaftlichen Dinge, letztlich nichts wert. Allein die Seele, das Selbstbewusstsein und das Gewissen zählen. Eine kalte Sicht auf die irdischen Dinge teilten insofern die Aufklärung und der Protestantismus, auch wenn die Aufklärung an dieser Sicht die Befreiung von religiös produzierten Illusionen erfreut, der Protestantismus hingegen in ihr den Impuls zu einer demütigen Haltung findet.

Von der Religion bleibt so nur das Echo, das sie in der Seele hat, die Kirche wird eine unsichtbare Kirche, der einst von Naturgeistern beseelte Hain wird, wie Hegel formuliert, nur noch als Ansammlung von Holz betrachtet.[56] Es erfolgt ein Rückzug der Subjektivität in sich. Die äußere Welt wird dem Verstand und dem Kausalwissen überlassen, das Endliche als für die Vernunft und den Glauben unergiebig bekämpft. Das, was dem Verstand nicht zugänglich ist, wird überhaupt als unzugänglich oder als äußerst innerlich behauptet: «Es ist also in diesen Philosophien nichts zu sehen als die Erhebung der Reflexionskultur zu einem System – eine Kultur des gemeinen Menschenverstandes, der sich bis zum Denken eines Allgemeinen erhebt, den unendlichen Begriff aber, weil er gemeiner Verstand bleibt, für absolutes Denken nimmt.»[57]

Die Sequenz dieser Verweltlichung ist für Hegel eindeutig: Indem sich die Subjektivität in sich zurückzieht, gibt sie die Welt dem Verstand und der Aufklärung preis. Es bleibt dann noch ein wenig Poesie und Musik, aus den Göttern werden Gespenster, von denen man sich abends erzählt, nachdem man tagsüber hart gegen sich war. Der Philosoph Walter Jaeschke hat allerdings darauf hingewiesen, dass zum einen der antike Hain nicht erst durch den sehnsüchtigen Protestantismus «entzaubert» wurde. Der Monotheismus ging nicht von Wittenberg aus. Zum anderen habe gerade Jacobi die Entzauberung – er verwendet das Wort «entzaubert» im Deutschen offenbar als Erster – nicht als Folge, sondern als Voraussetzung des Rückzugs des Glaubens ins Gefühl bezeichnet. Nicht sei die prosaische Welt entstanden, weil die Subjektivität in einer dualistischen Weltsicht Zuflucht biete, sondern die Subjektivität habe sich auf sich selbst fixiert, weil mechanistische, deterministische, spinozistische Weltdeutungen zugenommen hätten.[58] Romantik, denn «Glauben und Wissen» ist auch ein Traktat gegen die Romantik, ist eine Reaktion gegen Aufklärung, aber darin an ihre Gegner gebunden. Man könnte auch sagen: Die Verweltlichung vollzieht, was der Monotheismus begonnen hat, am Monotheismus selbst nur noch einmal: das Zurückdrängen des Überirdischen aus weiten Zonen des Irdischen.

Hegel stellt drei Stufen dieses für ihn und Schelling irrtümlichen Umgangs mit dem Absoluten dar. Kant schließe aus der Unerkennbarkeit der Dinge an sich auf die Begrenztheit des Denkens, behandle alle Wahrheit als eine «als ob» und die Vernunft sei für ihn «als eine reine Negativität ein absolutes Jenseits»[59]. Der Gegensatz von Endlichem und Unendlichem werde nur in Gedanken aufgelöst, dass wir die Welt wirklich erkennen, «ist ein bloßer Gedanke»[60]. Auch für Jacobi ist das Erkennen nur ein formales, er aber zieht daraus den Schluss, sich aus dem Erkennen zurückzuziehen und Subjektivität als Individualität zu interpretieren, die den Gegensatz nicht erkennend, sondern fühlend zu überwinden sucht. Was bei Kant die Begrenzung der Erkenntnismöglichkeiten ist, zeigt sich bei Jacobi darum als Schmerz und Sehnsucht.[61] Fichte führt, Hegel zufolge, beides zusammen. Er verbindet das Sehnen und den Kummer mit der kantischen Insistenz auf endlicher Erkenntnis zum Sollen: Subjekt und Objekt *sollen* übereinstimmen.[62]

These: Die Wahrheit (Gott) kann nicht erkannt werden, sondern nur postuliert. Antithese: Sie (Er) kann nur negativ gefühlt werden: Synthese: Sie (Ihn) zu verwirklichen, ist eine nichterfüllbare Pflicht. Man kann leicht auf den Gedanken kommen, Hegel habe sich in «Glauben und Wissen» das Schema angeeignet, das von da an ständig benutzt zu haben ihm manche nachsagen. Allerdings hat der Dreischritt hier einen dramatischen Ausgang, der im Gegensatz zu allen drei Positionen steht. Hegel spricht von dem, «worauf die Religion der neuen Zeit beruht – das Gefühl: Gott ist tot»[63]. Dieses Gefühl eines *Dieu perdu* sei das der drei behandelten Philosophen, aber die Philosophie der absoluten Freiheit müsse den «spekulativen Karfreitag» in «der ganzen Wahrheit und Härte seiner Gottlosigkeit wiederherstellen», denn nur aus der Gottlosigkeit als Durchgangsstadium, als Moment, als einem Tag, könne es zu einer Wiederauferstehung kommen. Philosophie, heißt das, muss alles der Erprobung seiner Negierbarkeit aussetzen. Es gibt nichts Positives, nichts, was unmittelbar Halt böte. Verweltlichung, heißt das weiter, muss bejaht werden, aber auch richtig verstanden, damit Freiheit verwirklicht werden kann.

Hegel denkt hier noch weitgehend in den Begriffen, die Schelling entwickelt hat, aber er schlägt einen anderen Ton an. Einen härteren und historischeren, der die Bemühungen um Wahrheit in eine religionsgeschichtliche Perspektive stellt, ohne auf irgendeine Geschichte vom lieben Gott zurückzugreifen oder anderen Nettigkeiten etwas abgewinnen zu können, wie dem unendlichen Wollen, dem Gefühl des Staunens über die Welt oder dem «Du kannst, denn Du sollst». Diese Härte verbindet er mit zunehmend schwer entschlüsselbaren Sätzen, aus denen sie oft unvermittelt aggressiv hervorbricht. Jacobi an Reinhold, nachdem er das Journal erhalten hat: «Wenn nur der verwünschte Hegel besser schriebe; ich habe oft Mühe, ihn zu verstehen. Wegen des schlechten Vortrags bin ich gewiß, daß er und nicht Schelling hier die Feder geführt hat.»[64]

SIEBTES KAPITEL

Die Nacht im Menschen –
Hegels «Phänomenologie des Geistes»

«Einzig der Widerspruch läßt uns erfahren, daß wir nicht alles sind. Der Widerspruch ist unser Elend, und das Gefühl für unser Elend ist das Gefühl für die Wirklichkeit. Denn unser Elend stellen wir nicht her. Es ist wahr. Deshalb muß man es lieben. Alles andere ist imaginär.»

Simone Weil (Cahier 8, Februar 1942)

J ena war auch Weimar. In seinem Brief an Schelling vom November 1803, in dem er dessen Wechsel an die Universität Würzburg nur halb bedauert – «selbst unter dem gemeinen Volk wurde Dein Verlust für den bedeutendsten gehalten, so wie auch das Volk, das sich nicht gemeines nennt, Dich wieder zu besitzen zu wünschen schien»[1] –, erwähnt Hegel Goethe brieflich zum ersten Mal. Goethe seinerseits hatte «den Herrn Doktor Hegel» schon im Herbst 1801 empfangen und ausweislich seines Tagebuchs auch später mehrfach zusammen mit anderen, zum Tee, zum Wein. Das Verhältnis Goethes zu Hegel ist dabei anders als etwa das zu den Romantikern, das Heinrich Heine so beschreibt: «In Weimar hatten sie manche Unterredung mit dem Herren Geheimrat von Goethe, der immer ein sehr großer Diplomat war, und die Schlegel ruhig anhörte, beifällig lächelte, ihnen manchmal zu essen gab, auch sonst einen Gefallen tat usw.»[2] Für Goethe war Hegel im Umgang eine erfreuliche Erscheinung, und er zog dessen naturwissenschaftliche Interessen denjenigen Schellings vor; später fand er in ihm, der Newton sowieso nicht mochte, einen tapferen Verteidiger seiner Farbenlehre. Vor allem aber war Goethe nach dem

Weggang Fichtes, Schellings und anderer Professoren bemüht, den Niedergang der Universität aufzuhalten, die seinen Herzog wenig interessierte. Viertausend Taler wurden wöchentlich in den Weimarer Schlossbau gesteckt; der große Anatom Justus Christian Loder ging nach Halle, weil ihm dort tausendvierhundert Taler jährlich geboten wurden.[3]

Just in jenem November 1803 schreibt Goethe an Schiller, ob man Hegel nicht durch Rhetorikunterricht helfen könne – «Es ist ein ganz vortrefflicher Mensch; aber es steht seinen Äußerungen gar zu viel entgegen» –, worauf Schiller erwidert, dieser Mangel an Darstellungsgabe sei ein deutscher Nationalfehler, der durch Gründlichkeit und Ernst kompensiert werde; allerdings nur für ein deutsches Publikum. Schiller empfiehlt, Hegel mit dem Weimarer Hofbibliothekar und Kunsthistoriker Carl Ludwig Fernow zusammenzubringen. Hegel müsse im Gespräch mit Fernow, der von Philosophie nichts wusste, verständlich reden, Fernow wiederum müsse, mit Hegel konfrontiert, «aus seiner Flachheit herausgehen».[4] Goethe greift den Vorschlag auf, lädt Fernow und Hegel zu sich ein und zieht Hegel hinzu, als Madame de Staël in der Stadt ist, weil wenigstens sein Französisch verständlich ist.

Tatsächlich galt Hegel als «Obskurität». Zwar loben manche seine Vorlesungen «über das verrufene Absolute», obwohl diese sich ganz an Manuskripte halten, die noch heutigen Forschern Verständnisfragen aufgeben. «Hegels Vortrag hat sich sehr gebessert», schreibt ein Student im Mai 1805, als Hegel allerdings nur vor acht Hörern liest. Sein Schüler Georg Andreas Gabler jedoch, der später Hegels Lehrstuhlnachfolger in Berlin werden sollte, erinnert sich, was Hegel vorgetragen habe, sei nicht nur sachlich, sondern auch sprachlich weit entfernt von allen vorigen Denk- und Vorstellungsweisen gewesen.[5] Man mag sich fragen, was Hegels Zuhörer in Jena davon auffassen konnten, der Mediziner Scarlatus Saraphaky etwa, der aus Thessalien nach Jena gekommen war, oder Georgius Rhetoridis aus Konstantinopel, der ebenfalls im Sommer 1806 Hegels «Logik und Metaphysik oder speculative Philosophie» hörte. Womöglich aber sprach Hegel ohnehin für alle eine Fremdsprache. Geprüft wurden die Zuhörer nicht, also nahm jeder etwas oder auch nichts mit nach Hause. Hegel liest dabei nicht nur «Die ganze Wissenschaft der Philosophie» oder «Logik und Metaphysik», sondern auch Naturrecht, Geometrie und Arithmetik.[6]

Vor allem aber arbeitet er jetzt an seinem «System», und es gibt auch schon Lehrveranstaltungen, die diesen Titel tragen: Das «Collegium privatum» von 1803/04 über «Das System der spekulativen Philosophie», das von 1804 über «Ein allgemeines System der Philosophie» und von 1804/05 über «Das ganze System der Philosophie». Was meinte Hegel, als er vor seinem Gang nach Jena an Schelling schrieb, das Ideal des Jünglingsalters habe sich in ein System verwandeln müssen, er suche aber, während er noch damit beschäftigt sei, nach einer «Rückkehr zum Eingreifen in das Leben der Menschen»?[7] Auf der Hand liegt, dass er zur Jahrhundertwende keineswegs über irgendetwas verfügte, was sich hätte «System» nennen lassen, und zwar ganz gleich, welche der damals gängigen Bedeutungen des Wortes «System» man heranziehen möchte.[8] Hegel wusste außerdem, dass er diese Zeilen an jemanden schrieb, der zuletzt binnen eines Jahres drei Publikationen vorgelegt hatte, die jenes Wort im Titel führen: den «Ersten Entwurf eines Systems der Naturphilosophie» und die separat erschienene «Einleitung» zu diesem Entwurf von 1799 sowie das «System des transzendentalen Idealismus» von 1800. Womöglich hatte er Schelling darum mit seinen Zeilen signalisieren wollen, selbst ebenfalls dem Zug der Zeit zu philosophischen Systemen zu folgen, zugleich aber sein Interesse an praktischer, politischer Philosophie im Auge zu behalten, wie es sich in der «Verfassungsschrift» dokumentierte.

Die Frage, die uns dieser doppelten Absicht nahebringt, lautet zunächst: Was ist das überhaupt: ein System? Die Auskunft in

Schellings erwähnten Schriften lautet: eine vollständige Menge von Ereignissen oder Tatsachen, die alle untereinander notwendig durch ein Prinzip verbunden sind, ein «organisches Ganzes», in dem «sich alles wechselseitig trägt und unterstützt» und das «in sich zusammenstimmt». Die Gegenbegriffe zu «System» sind: Geschichte, Empirie, Sammlung von Tatsachen, Erzählungen des Beobachteten sowie Skepsis.[9] Schelling schreibt es nämlich den Skeptikern zu, die Annahme einer solch widerspruchslosen, sich selbst tragenden Ordnung zu leugnen.

Die Frage, wie Hegel auf den Gedanken an ein «System» kommt, in dem sich das Wissen seiner Zeit, ob es nun die Natur, den Staat, die Religion oder die Kunst betrifft, in eine zusammenhängende Darstellung bringen lässt, findet hier eine erste Antwort. Er ist, angeregt vor allem durch Hölderlin, auf Denkfiguren gestoßen, die erst einmal nur dazu dienen sollten, Probleme seiner Beschäftigung mit der christlichen Religion zu lösen. Was ist eine lebendige Beziehung, was Leben, was Liebe? Die Antworten hierauf informieren ihn aber nicht nur über die Fragen, die ihn zunächst interessierten. Er überträgt sie vielmehr auf Probleme, die auf den ersten Blick weit entfernt davon liegen. So heißt es, die Liebe sei «nicht Verstand, dessen Beziehungen das Mannigfaltige immer als Mannigfaltiges lassen und dessen Einheit selbst Entgegensetzungen sind».[10] Der Verstand, heißt das, stellt hier das fest und dort etwas anderes, er unterscheidet und belässt es dabei. Liebe hingegen belebt, weil sie alles durch die Perspektive des Anderen, der kein Fremder ist, verbindet. Alles Trennende wird zunächst als Zeichen unvollkommener Liebe empfunden, dann als Zeichen unvollkommenen Durchdachthabens. Das bloße Feststellen von Grenzen ist für Hegel ein resignativer Zug im Denken. «System» ist, so gesehen, ein Gegenbegriff zu «Kritik» bei Kant.

Ein weiterer Grund für Hegels Zuversicht, ein System zustande zu bringen, trägt allerdings ebenjenen Namen: Immanuel Kant. Kant nämlich hatte in seiner «Kritik der reinen Vernunft» argumentiert, dass jegliche Verbindung von Unterschiedlichem auf einer Tätigkeit des Verstandes beruht. Es gibt keine Ordnung in der Welt, die nicht auf eine Leistung der Vorstellungskraft zurückgeht. Wir können uns nichts «als im Objekt verbunden vorstellen, ohne es vorher selbst verbunden zu haben, und unter allen Vorstellungen ist die Verbindung die einzige, die nicht durch Objekte gegeben, sondern nur vom Subjekte selbst verrichtet werden kann.»[11] Wer beispielsweise die Farbeigenschaft eines wahrgenommenen Objektes festhält – «rot» –, stellt sich etwas vor, was dasselbe Bewusstsein auch an einer Mehrzahl anderer Objekte feststellen kann. «Rot» ist eine Bezeichnung, die Vergleiche voraussetzt. In allen Vergleichen aber ist das tätig, was Kant die «synthetische Einheit der Apperzeption» nennt, also das Subjekt des Vergleichens, das seine Wahrnehmungen aufeinander bezieht, sie als seine identifiziert und nicht bei jedem Sinneseindruck von neuem beginnt, «denn sonst würde ich ein so vielfärbiges verschiedenes Selbst haben, als ich Vorstellungen habe, deren ich mir bewußt bin.»[12]

Die Einheit jedes Begriffs ist, kurz gesagt, die Einheit des Bewusstseins, das ihn bildet. Also gibt es gar keine vereinzelten Dinge, die nicht auch verbunden wären. Der trennende Verstand ist nicht das letzte Wort über die Welt, so wenig wie das sehnsuchtsvolle Gefühl, das sich nach einer göttlichen Einheit von allem verzehrt. Dualismen – Individuum und Gesellschaft, Körper und Geist, Subjekt und Objekt, Sollen und Sein – sind nur undurchdachte Entgegensetzungen. Liebe und Leben sind dem gegenüber zwei Phänomene, an denen sich zeigen lässt, dass nur eine eingeschränkte Auffassung der Wirklichkeit es bei solchen Gegensätzen bewenden lassen muss: «Solche festgewordenen Gegensätze aufzuheben, ist das einzige Interesse der Vernunft.»[13]

Wie Hegel dabei vorgeht, lässt sich an vielen Stellen seiner Systementwürfe erkennen, die er während seiner Jenaer Jahre zu Papier gebracht hat. Beispielsweise in seinem «System der Sittlichkeit» von 1802/03, einem Versuch, die Grundlagen des gesellschaftlichen Lebens zu beschreiben. Er beginnt mit dem «Gefühl der Trennung», das ein lebendiges Wesen hat, wenn es das Bedürfnis nach Essen und Trinken verspürt. Hier sein Hunger, dort das, was ihn stillen könnte. Das «Gefühl als Aufgehobensein» ist der Genuss. Zwischen Bedürfnis und Genuss liegt Arbeit in weitestem Sinne, die das Anbringen von Unterscheidungen wie essbar / ungenießbar oder Beute / Jäger einschließt. Die Außenwelt höre so auf, «ein allgemeines, identisches» zu sein, «und wird ein einzelnes besonderes».

Es entsteht das Bewusstsein von Objekten also nicht einfach durch die Anwendung von Kategorien auf Sinnesempfindungen, sondern durch die Kombination von Bedürfnis und Getrenntsein. Je mehr Arbeit vollbracht und zwischen Bedürfnis und Genuss geschoben wird, je «gehemmter» die Begierde also, desto ideeller (differenzierter, zivilisierter) wird der Genuss. Die Frucht und die Beute werden durch «Aufbewahren und Spahren» Besitz. Umgekehrt wird die Arbeit, wenn sie sich nicht einfach nur vollzieht, sondern über sie nachgedacht wird und sie sich objektiviert, zum Werkzeug als einem Ding, das dazu da ist, Dinge in ihrem Sosein zu negieren und in Dinge für uns umzuarbeiten.[14] Schließlich kann Arbeit auch am Arbeitenden selbst erfolgen, was zu Bildung führt.[15]

Was lässt sich der bis hierher skizzierten Entwicklung von «natürlicher Sittlichkeit» entnehmen? Erstens: Es gibt bei Hegel keine Zweistufigkeit des Erkennens wie des Handelns. Die Menschen haben nicht erst Sinneseindrücke, auf die sie dann Bewusstseinstechniken anwenden, wodurch es zu Objektwahrnehmungen kommt. Und sie haben nicht erst Absichten, die sie danach in Handlungen umsetzen.[16] Sondern jedes Begehren bringt sofort Objektbezüge hervor, jedes Wollen ist ein Denken und jedes Denken ein Wollen, wie Hegel es später in seiner «Rechtsphilosophie» formulieren wird.[17] Und zweitens: Die Bewegung, die dieses wollende Denken und denkende Wollen auslöst, macht nicht so leicht halt, sondern lässt sich über verschiedene Stufen der Begierde hinweg als im Grunde immer dieselbe Bewegung verfolgen.

Womit Hegel in Jena einsetzt, ist die Kritik von Einseitigkeiten. Auch sie drängt zum System. Vom Bewusstsein, von der Natur, von der Moral oder von der Kunst, denkt er, komme man niemals zu einer Philosophie des Ganzen. Der Satz «Das Wahre ist das Ganze»[18] war darum nicht als Lob des Zustands der Welt gemeint. Er war eine Beschreibung des Pensums einer Wissenschaft, die der Tatsache nicht ausweichen soll, dass es nur noch eine Welt gibt, die verlangt, alle ihre Differenzierungen und Verknüpfungen zu begreifen. Darum hält Hegel es ausdrücklich für einen «Wahn», aus irgendeinem unbedingten Satz (A=A, Cogito ergo sum, Gott existiert) alle anderen Sätze zu entwickeln, um so zu einem Verständnis der Welt zu gelangen.

Das Absolute, also das, was nur durch sich selbst, nicht durch etwas anderes erklärt werden kann, formuliert Hegel, ist keine Ursache einer Abfolge von Sätzen, sondern ein System. Das heißt: Man kann die Welt weder anschauen noch ableiten, man kann sie nur rekonstruieren. Wenn wir verstehen wollen, was unser Denken und unsere Stellung in der Welt bestimmt, dann müssen wir uns die Geschichte des Denkens selbst erschließen. Wobei Hegel unter Denken viel mehr als eine Tätigkeit an Schreibtischen versteht. Es geht ihm um die Geschichte sämtlicher welterschließender Leistungen: Arbeit, Religion, Technik, Kunst, Ökonomie, Recht. Die Philosophie denkt über sämtliche Formen des Wissens nach, und zwar mittels dieser Formen selbst, mittels logischer Kategorien und elementarer Ausdrücke (Existenz, Beziehung, Qualität, Widerspruch, Negation und so weiter). Was Hegel darum vorschwebt, ist eine Geschichte des Begreifens.

Was also macht das begreifende Bewusstsein? Es ist stets Bewusstsein von etwas, das es unterscheidet und zusammenhält. Sind wir uns eines Sachverhalts bewusst – unter Sachverhalt können wir ein Ding, aber auch eine Melodie, ein Dreieck, eine Stadt, eine Schwimmerin oder eine Liebeserklärung verstehen –, dann haben wir ihn von anderen Sachverhalten abgegrenzt und zugleich als die Einheit verschiedener Merkmale bestimmt. Dreiecke und Melodien, heißt das, werden nicht einfach wahrgenommen, sie lichten sich nicht einfach im Bewusstsein ab und werden nicht nur «aufgezeichnet», wie es Messinstrumente mit Signalen tun. In die bewusste Wahrnehmung von Melodien, Dreiecken und Schwimmerinnen gehen vielmehr Urteile ein. Das Bewusstsein prüft ständig durch solche Urteile: beispielsweise über Lagen im Raum, Grenzen, Abfolgen, Verursachung, Identität. Ab wann wäre etwas kein Dreieck, keine Melodie, keine Stadt oder keine Liebeserklärung mehr? Ist es wirklich eine Schwimmerin? Habe ich mich verhört? Das Bewusstsein ergänzt, schließt vorläufig oder endgültig vom einen aufs andere, liest Zeichen, korrigiert sich oder zuckt mit den Achseln, wenn nicht genug Information für ein Urteil vorhanden ist. Man kann es auch so formulieren: Bewusstsein ist eine rastlose Tätigkeit, die uns mehr oder weniger erfolgreich dabei hilft, in einer Welt zu bestehen, die sich durch ständige Zweideutigkeiten, Abgrenzungsschwierigkeiten, Zweifelsfälle, Widersprüche und Orientierungsprobleme auszeichnet.

Das gilt folgerichtig auch für das Bewusstsein selbst, das zwar ein besonderer Sachverhalt ist, aber sich der Anforderung, unterschieden werden zu können und eine Einheit zu haben, nicht entzieht. Es hängt nicht an dem, was ihm bewusst ist. Es ist also, wenn ihm beispielsweise aus der Menge an Geräuschen und Nichtgeräuschen, die es umgeben, eine Melodie bewusst wird, einerseits Bewusstsein davon, andererseits ist es aber auch nicht zu seinen Urteilen gezwungen. Hegel nennt das die «Negativität» des Bewusstseins. Es verhält sich nicht passiv, sondern verarbeitend zu seinen Inhalten. Es sagt ständig «nein», etwa indem es zwischen Reiz und Reflex tritt, um Letzteren zu reflektieren und darum sicherer zu machen. Jemand sagt in politischer Absicht: Ich bin doch kein Tier, ich lasse mich nicht dressieren. Darüber nachzudenken heißt festzustellen, dass sich auch fast alle Tiere (Spinnen, Antilopen, Stubenfliegen, Schmetterlinge, Schollen und so weiter) nicht dressieren lassen.

«Negativität» ist der Titel für die wichtigste Eigenschaft des Bewusstseins auch darum, weil das Bewusstsein die schiere Präsenz seiner Gegenstände negiert. «Vor der Wand steht eine Vase» – das kann man nicht sehen, denn weder «Wand» noch «Vase», noch auch nur «vor», «stehen» und «eine» sind völlig durch Wahrnehmung erschließbare Zuschreibungen. «Vor» im Unterschied wozu? «Steht» im Unterschied zu «stand» oder «scheint zu stehen»? «Eine» im Unterschied zu «zwei» oder zu «keine»? Und so weiter. Sobald sich das Bewusstsein daranmacht, erste Urteile zu präzisieren, bewegt es sich in Negationen wie ein Detektiv, der einen Tathergang durch den Ausschluss widersinniger oder unwahrscheinlicher oder eben nicht eingetretener Möglichkeiten zu rekonstruieren versucht. Dabei halten sich die Urteile des Bewusstseins für Negationen offen. Vielleicht war es gar keine Wand, sondern eine Kulisse, vielleicht war es nur der Schatten einer Vase. Die Bewusstseinsleistungen sind, in Variation einer Formulierung des Philosophen Robert B. Pippin, mehr oder weniger stabile Ansichten und nicht Zustände.[19]

Am ertragreichsten ist diese Arbeit des Bewusstseins naheliegenderweise, wenn sein Inhalt selbst variiert. Briefkästen sind vergleichsweise einfache Gegenstände, Postbeamte schon schwieriger, privatisierte Postbeamte noch mehr und am meisten das Postwesen. Das Bewusstsein ist sich selbst am klarsten, wenn es über seinen Gegenstand nachdenken muss, das aber ist für Hegel vor allem der Fall, wenn der Gegenstand lebendig ist und seinerseits dem Bewusstsein vor Augen führt, dass es in seiner eigenen Lebendigkeit von den Gegenständen betroffen sein kann. Nicht Dinge zu ordnen, sondern sich in einer Welt von Sachverhalten zu behaupten, ist die Funktion des Bewusstseins. Bewusstsein ist

Selbsterhaltung. Hegels Behauptung, Selbstbewusstsein sei «Begierde», hat hier ihren Sinn.[20]

Wer die Funktion des Bewusstseins so als nicht abschließbare, lebendige Arbeit an Gegenständen jedweder Art versteht, dem erschließt sich, was ein «Selbst» ist. Es heißt immer, Hegel sei der Philosoph des Idealismus gewesen, politisch ein Vertreter der napoleonischen Beruhigung des revolutionären Geistes oder des preußischen Staates, ästhetisch ein Klassizist, religiös ein nicht sehr enthusiastischer Protestant, gesellschaftlich ein Denker der Bildung und im dazugehörenden bürgerlichen Leben ein gemütlicher Familienvater mit Hang zu Bier, Wein und Kartenspiel. An alldem ist etwas dran. Aber er hat auch das geschrieben: «Der Mensch ist diese Nacht, dies leere Nichts, das alles in ihrer Einfachheit enthält – ein Reichtum unendlich vieler Vorstellungen, Bilder, deren keines ihm gerade einfällt – oder die nichts als gegenwärtige sind. Dies [ist] die Nacht, das Innere der Natur, das hier existiert – *reines Selbst*. In phantasmagorischen Vorstellungen ist es ringsum Nacht; hier schießt dann ein blutig Kopf, dort eine andere weiße Gestalt hervor, und verschwinden ebenso. Diese Nacht erblickt man, wenn man dem Menschen ins Auge blickt – in eine Nacht hinein, die furchtbar wird –, es hängt die Nacht der Welt hier einem entgegen.»[21]

Das trug Hegel in seiner Vorlesung 1805/06 in Jena vor. Der Mensch ist für Hegel also kein weiteres Ding unter den natürlichen Dingen, und er versucht auszudrücken, dass die menschliche Freiheit furchtbare Aspekte hat. Als leeres Nichts hat der Mensch nämlich keine Bestimmung, sondern ergreift, was sich ihm bietet, und lässt es wieder los. Was er will, weiß er – und auch sie – nicht. Er muss nichts, und wer behauptet, das stimme nicht, der Mensch müsse schlafen und essen, hat nur bedingt recht, denn der Mensch beweist auch gegenüber solchen Bedürfnissen, die ihn an seine Natur binden, ein Maximum an Freiheit. Was er isst, in welchen Rhythmen er schläft, ob er sich der Völlerei, der Diät, der Askese

oder der Selbsttötung hingibt, ist ihm von seiner Natur nicht vor-
geschrieben. Er kann von Bildern okkupiert sein, die ihm eine
Sekunde zuvor nicht eingefallen waren. Er kann ihnen, in Trauer
über Verluste oder in begehrenden Wünschen, bis zur Verrückt-
heit anhängen und einen Moment später sich ganz auf das ausrichten, was gegenwärtig ist und sich ihm durch Gegenwart aufdrängt.

Die «Nacht der Welt» ist diese Abblendung aller Zusammenhänge, die bei voller Beleuchtung scheinbar zu sehen sind. Die
Nacht ist ein Bild für das Maß an scheinbarer Willkür, das in die
Welt eingelassen ist. Tagsüber sieht man den Weg, die Wiese und
den Wald in ihrer unterschiedenen Verbundenheit. Nachts sieht
man an selber Stelle alles «schwarz in schwarz» und zugleich das,
was trotzdem hervorspringt wie ein Tier, stärker isoliert von allem
anderen. Der Mensch kann die Zusammenhänge sehen, aber er
kann auch von ihnen absehen und nur das fokussieren, was ihm
gerade wie eine aus dem Dunkel schießende Gestalt vor Augen
steht, um sie kurz darauf wieder loszulassen. Hegel unterscheidet
die Nacht vom süßen Traum, in dem der Mensch sich mit seiner
Umgebung verbindet, in sie eingeht.

Anders als die Substanz Spinozas, die nicht wird und nicht vergeht, und anders als der unbewegte Beweger des Aristoteles, der
den Kosmos in seinem Kreis- oder Ellipsenverkehr hält, hat der
Mensch also den Tod in sich, und nicht nur in sich, wie die Tiere,
sondern für sich, weil er recht früh weiß, sterben zu müssen.
Selbstbewusstsein als Begierde ist dem entgegengesetzt. Tiere haben Begierden, jetzt diese, gleich nachher eine andere. Der Mensch
weiß um seine, um die Unwahrscheinlichkeit ihrer unmittelbaren
Erfüllung und um den Bedarf an Organisation, an aufeinander
abgestimmten Entscheidungen, um sie zu erfüllen. Das Wissen
darum, dass es eine gegen diese Begierden gerichtete «Nacht der
Welt» gibt, die furchtbar ist, hebt ihn aus der Natur heraus: «Der
Tod, wenn wir diese Unwirklichkeit so nennen wollen, ist das
Furchtbarste, und das Tote festzuhalten, das, was die größte Kraft

erfordert.»²² Nur das Tote kann festgehalten werden, nicht der Tod selbst. Man kann das eigene Nichtsein nicht mit Bewusstsein begleiten, so, wie man sich nicht vorstellen kann, wie es ist, nicht zu sein, weil Vorstellen zu sein impliziert. Das Wissen vom Tod zwingt stattdessen zum Nachdenken über gelebte Episoden hinaus, zu stärkerer Gedächtnisbildung, Vergegenständlichung und Vergegenwärtigung dessen, was ist, vor dem Hintergrund all desjenigen, was nicht mehr ist. Zum Menschen gehört es, nicht immer wieder von vorn anzufangen.²³

Damit sind wir bei Hegels erstem großen Werk angelangt, das am Ende seiner Jenaer Zeit vorliegen wird, der «Phänomenologie des Geistes». Dieses Buch ist vieles, ganz gewiss aber eine Demonstration der Tatsache, dass wir aufgrund unseres Selbstbewusstseins kein episodisches Leben führen, sondern eines, zu dessen Möglichkeiten die Bereitschaft gehört, «dem Negativen ins Antlitz», also der Vergängnis ins Gesicht zu schauen. Handelt es doch davon, wie viel und welche Negation, Arbeit, Bildung, Weltgeschichte als Befreiung von Irrtümern und falschen Unterscheidungen nötig gewesen ist, damit das Bewusstsein durch freies Denken sich selbst zu erkennen vermag. Genauer lautet der Titel des Buches: «System der Wissenschaft: Erster Theil, die Phänomenologie des Geistes». Zwischen der Vorrede, die Hegel erst nach Abschluss des Buches schreiben wird, und der Einleitung steht als Zwischentitel «Wissenschaft der Phänomenologie des Geistes». In manchen Exemplaren des Erstdrucks lautet dieser Zwischentitel «Erster Theil: Wissenschaft der Erfahrung des Bewußtseyns»; ihn hat Hegel während der Drucklegung wieder herausschneiden lassen, was allerdings nicht in allen Exemplaren geschah.²⁴ Hegel hat das Werk mithin als ersten Teil eines Systems betrachtet, der dann jedoch nie durch einen zweiten ergänzt wurde, es sei denn, man betrachtet seine «Wissenschaft der Logik» als diesen zweiten Teil.

Der Begriff «Phänomenologie» hatte eine relativ kurze Vorgeschichte, als Hegel ihn aufgriff. 1764 verwendet ihn der Schweizer Mathematiker und Physiker Johann Heinrich Lambert in seiner Erkenntnistheorie, um zu bezeichnen, was er «transzendente Optik» nennt: «Wir haben nämlich nicht schlechthin das Wahre dem Falschen entgegen zu setzen, sondern es findet sich in unserer Erkenntnis zwischen diesen beyden noch ein Mittelding, welches wir den Schein nennen», weswegen zur Wahrheitssuche (Alethiologie), der Lehre von den Denkgesetzen (Dianoiologie) und der Zeichenlehre (Semiotik) die Phänomenologie als Untersuchung des Anscheins, seiner Arten und Ursachen sowie seiner Wirkung und deren Bekämpfung hinzukommt.[25] Kant übernimmt den Begriff von Lambert, verschiebt seinen Sinn aber von der Unterscheidung zwischen Schein und Wahrheit zu der von erscheinender Bewegung und ihrer theoretischen Verarbeitung (Erfahrung) in der Physik.

Hegel versteht unter Phänomenologie die Darstellung des «werdenden Wissens». Die Phänomene, die hier durchdacht werden, sind also nicht irgendwelche Objekte, sondern es geht um die Arten, in denen Gegenstände überhaupt dem Bewusstsein erscheinen können, um die komplette Abfolge von Subjekt-Objekt-Beziehungen und Wahrheitsbehauptungen, die in der Geschichte des Erkennens angetroffen werden können und von denen jeweils gezeigt werden soll, dass sie für einen vollständigen Begriff des Wissens noch nicht ausreichen. Hegel will aber nicht auf eine «Erkenntnistheorie» im üblichen Sinn hinaus. In seiner Einleitung polemisiert er gegen Philosophen, die damit beginnen, zuerst die Formen, Instrumente und Methoden des Erkennens zu prüfen, um zu sicherer Erkenntnis zu gelangen, die also der Wissenschaft, wie man heute sagen würde, eine Wissenschaftstheorie vorausschicken, damit beim eigentlichen Forschen keine Fehler gemacht und nur verlässliche Begriffe verwendet werden. Für ihn stecken darin ein Widerspruch und eine Mutlosigkeit.

Der Widerspruch: Die Prüfung von Instrumenten des Erkennens, also beispielsweise Kategorien wie «Ursache und Wirkung» oder «Sinnesdatum» oder «Wahrscheinlichkeit», ist selbst schon ein Erkennen, es gibt gar keine Möglichkeit, sich «vor» dem Erkennen vor Irrtümern in Sicherheit zu bringen, indem man die Brille und das Besteck putzt. Nicht, dass Hegel etwas gegen Brillen hätte, die besseres Sehen vor allem dann ermöglichen, wenn sie saubere Gläser haben. Nur daran, dass man sich mit dem Einsatz von Linsen schon auf das Sehen als Erkenntnismittel und auf einen Begriff von Erkenntnis als «Mittel» festgelegt hat, ändert die Überprüfung der Linsen nichts. Die Metapher der «Instrumente» des Erkennens führt Hegel zufolge in die Irre, weil sie einen von uns unabhängigen Gegenstand suggeriert, der uns durch solche Werkzeuge nähergebracht und dabei aber, wie es mit Werkzeugen so ist, verformt wird. Die «Besorgnis, in Irrtum zu geraten», schreibt er, führe zu einem «Mißtrauen in Wissenschaft», ohne angeben zu können, «warum nicht umgekehrt ein Mißtrauen in dies Mißtrauen gesetzt und besorgt werden soll, daß diese Furcht zu irren schon der Irrtum selbst ist».[26]

Die Mutlosigkeit: Absolute Wissensansprüche des Typs «Die Wirklichkeit ist letztlich …» oder «… in Wahrheit» liegen in zahlreicher und auch philosophisch vertretener Form vor. Die Wirklichkeit ist auf Sinneseindrücke zurückführbar. Die Wirklichkeit besteht aus Dingen, die sich durch ihre Eigenschaften voneinander unterscheiden. Die Wirklichkeit ist ein Spiel von Kräften, deren Gesetze ihre Wahrheit enthalten. Die Wirklichkeit, wie sie uns erscheint, ist Ausdruck unseres Bedürfnisses nach Selbsterhaltung. Das sind nur – in aller Kürze, Hegel nimmt sich Zeit mit ihnen, wendet sie hin und her, um ihre Implikationen ans Licht zu ziehen – die ersten vier Wirklichkeitsbegriffe, die in der «Phänomenologie» ihren Auftritt haben.[27] Wieso, lautet Hegels Vorschlag, sollten diese nicht so geprüft werden können, dass von den einfachsten solcher Wahrheits- und Wirklichkeitsbehauptungen

durch das, was er «bestimmte Negation» nennt, zu immer komple-
xeren Formen weitergegangen wird? Bestimmte Negation heißt:
Wird einer vertretenen Position nachgewiesen, sie sei ungenügend
und folge ihren eigenen Maßstäben nicht, verwickle sich in Widersprüche, so ist darin schon der Punkt des Übergangs zu einer voll-
ständigeren Beschreibung des von ihr Gemeinten zu finden.

Wenn beispielsweise behauptet wird, die Welt bestehe aus
Dingen unterschiedlicher Eigenschaften,[28] dann erscheint das
zunächst sehr plausibel. Der Einwand, Menschen seien doch
keine Dinge, verfängt dabei nicht. Denn sie sind beispielsweise
für eine Psychologie, die ihnen Eigenschaften zuordnet (gesellig
oder nicht, gewissenhaft oder nicht, aufgeschlossen oder nicht,
verträglich oder nicht, labil oder stabil), doch Dingen ähnlich. Hegel reserviert der «beobachtenden Psychologie» ein kurzes, für sie
nicht sehr vorteilhaft ausgehendes Kapitel: Es sei interessanter,
verschiedene Arten von Insekten und Moosen zu unterscheiden
als psychische Typen, die an den Handlungen der Individuen, ihrer Biographie, ihrer Bildungsfähigkeit und den Umständen, die
auf ihr Sosein einwirken, vorbeigriffen.[29] Hegel geht es also nicht
darum, dass es Phänomene gibt, die «Dinge» zu nennen ein Absehen von ihren höheren Qualitäten wäre: Die Streichquartette
Beethovens, Kinder und die Demokratie sind selbstverständlich
keine Dinge. Was ihn umtreibt ist vielmehr, dass auch Phänomene,
die für gewöhnlich als Dinge angesprochen werden, keine Dinge
sind. Selbst das Salz, der Tisch, die Lampe und die Bocciakugel
sind für ihn, näher betrachtet, als Dinge unvollständig beschrieben. Auch die Dinge sind keine. Es geht ihm um dinghaftes Denken, wie wir es im Alltag ständig praktizieren. Darum setzt er eine
Analyse in Gang, der zufolge ein Ding erstens die Einheit seiner
Merkmale ist, zweitens ein individuelles Etwas, das sich von anderen unterscheidet, und drittens etwas, was sich gegenüber etwa-
igem Wandel, der sich an ihm vollzieht, als Ding erhält: Auch die
verblühte Blume ist noch eine.

In der Prüfung solcher Wissensansprüche – «Die Welt besteht aus Dingen» – gilt bei Hegel nur das konstruktive Misstrauensvotum, das konstruktiv dadurch ist, dass es etwas Bestimmtes negiert, um aus dem Irrtum eine Kraft zu ziehen, und nicht am Ende nur die etwas fade Wahrheit übrig behält, dass eben alles Wissen relativ ist und immer irgendetwas nicht stimmt.[30] Hegel führt dabei eine eigene Terminologie ein, wonach die Gegenstände ein Doppelleben führen. Sie sind einerseits «an sich», was sie eben sind: Das Salz ist an sich weiß. Hegel nennt das die Wahrheit. Sie sind andererseits «für uns», für das Bewusstsein: Das Salz ist für uns nicht schwarz. Hegel nennt dies das Wissen. Gedankenbewegung entsteht immer dann, wenn das An-sich nicht mit dem Für-uns (oder bei Bewusstsein im Singular «Für es») übereinstimmt, was das Bewusstsein durch ein ständiges Vergleichen beider Versionen des Gegenstandes selbst merkt, worauf eine neue Bestimmung des An-sich vorgenommen und erneut mit dem Für-uns verglichen wird.

Das Salz, Hegels Beispiel, ist an sich «einfaches Hier», unterschieden vom Pfeffer und vom Salzstreuer, und «zugleich vielfach»: weiß (und nicht schwarz), salzig (und nicht süß), kristallförmig (und nicht dreieckig), hart (und nicht weich) und so weiter. Diese Eigenschaften ergeben eine Liste, deren Einträge sich indifferent gegeneinander verhalten, denn die Farbe, die das Salz mit anderem Weißen teilt, wirkt nicht auf das Gewicht, die Kristallform nicht auf den Geschmack. Die Eigenschaften, schreibt Hegel, durchdringen sich, aber ohne sich zu berühren. Und sie sind anderen Eigenschaften entgegengesetzt. Wer hier einwendet, die Kristallform impliziere doch Härte, sei auf Flüssigkristalle verwiesen, die Hegel noch nicht kennen mochte, oder auf Magnesiumsilikathydrat, genannt Talk. Zugleich ist auch das «einfache Hier» indifferent gegen die Eigenschaften, denn die abstrakte Dinghaftigkeit von Salz selbst hängt nicht von seinen Eigenschaften ab. Würde es rosa sein, aber alle anderen Eigenschaften behalten, wäre es immer noch Salz.

Mithin ist jedes Ding ein «Auch» spannungsloser Merkmale und zugleich eine Einheit, die nur durch Entgegensetzungen beschrieben werden kann, ein «Eins», das andere Eigenschaften und Dinge ausschließt. Es ist also die Beziehung von Auch, gleichgültig nach innen, und Eins, negierend nach außen. Woran liegt es, fragt Hegel, dass ein und derselbe Gegenstand mal als in sich ruhende Versammlung irgendwelcher Eigenschaften, mal als Ergebnis von Negationen und mal als die Einheit von beidem erscheint? Es liegt an unserer Wahrnehmung. Nicht der Gegenstand flimmert, sondern wir sind es, die ihn jeweils in anderen Hinsichten wahrnehmen. Mal fällt uns auf, dass Weiß nicht Schwarz ist oder eine andere Farbe, mal sehen wir, dass das Salz eine Kombination von Eigenschaften ist, die sich vertragen. Es fällt, sagt Hegel, dem Bewusstsein auf, wie sehr die Zuschreibungen «weiß», «salzig» oder «hart» von ihm abhängen, denn das Salz ist nur für unser Auge weiß, unsere Zunge salzig, unsere Haut hart. Was das Ding ist, hängt von seinem in sich instabilen Wahrgenommenwerden ab. «Für uns» ist das Salz ein Objekt der Wahrnehmung.

Wahrnehmung aber, so Hegel, kann sich täuschen. Sie hält etwas für Salz, das tatsächlich Zucker ist. Also merkt sie, dass es nicht nur an ihr liegt, welche Eigenschaften dem Gegenstand zugeschrieben werden, dass die Identität des Dings nicht nur von ihr abhängt. Das Ding ist demnach sowohl eine Einheit für sich als auch etwas, das sich nur in einem System von Beziehungen bestimmen lässt, Salz beispielsweise als NaCl gemäß des Periodensystems der Elemente. Es gibt einen sinnlichen Aspekt des Salzes und einen analytischen, sprachvermittelten, der es auf alle möglichen anderen Dinge negativ und teilhabend bezieht.

Für Hegel ist dies der Punkt, an dem klarwird, wie wenig die Wahrnehmung ausreicht, die meint, «es immer mit ganz gediegenem Stoffe und Inhalt zu tun zu haben»,[31] um zu erfassen, was ein Ding ist. Dem Bewusstsein wird klar, dass es gar nicht nur wahrgenommen, sondern den Verstand benutzt hat, um das Ding zu unterscheiden und zu identifizieren. «Ding» ist ebenso wie «Eigenschaft» eine Kategorie und nicht einfach ein Sinneseindruck. Der Übergang zur Frage, wie es zu den Eigenschaften eines Dinges kommt, ist gemacht. Das nächste Kapitel beschäftigt sich mit den Kräften, die es bestimmen und zusammenhalten und deren gesetzmäßige Erscheinung es sei. Auch diese Behauptung über die Wirklichkeit führt Hegel bis an den Punkt, an dem an ihr Widersprüche sichtbar werden, etwa der Widerspruch einer Theorie, die ganz empirisch das Tatsächliche als unter Gesetzen stehend behauptet, deren Gesetze aber nur im Allgemeinen gelten, heute würden wir sagen: unter Laborbedingungen oder modellhaft.

Analysen dieser Art führt Hegel in der «Phänomenologie» dutzendfach an verschiedensten Gegenständen durch. Dabei verlässt er bald den Bezirk des einzelnen Bewusstseins, das sich irgendwelchen Tatsachen gegenübersieht, um sich denjenigen Wirklichkeiten zuzuwenden, die auf praktischen Behauptungen beruhen. Denn Wirklichkeit, so sein Argument, konstituiert sich nur aufgrund von theoretischen Annahmen über Objekte im weitesten Sinne. Je mehr wir die Welt der Gegenstände, Kräfte, Gesetze erforschen, desto mehr werden wir dessen inne, dass in all dieser Erforschung ein «Wir» tätig ist, wodurch, in Hegels Worten, das Bewusstsein «sich selbst das Wahre wird», und zwar als handelndes. Labors und Modelle, Periodensysteme und Behauptungen über die Schwerkraft sind Handlungen. Also thematisiert Hegel die Welt solcher elementaren Handlungen, für die lange vor den Labors Impulse wie Begierde, Furcht, Gelassenheit, Unglücklichsein oder Desinteresse konstitutiv sind. Vereinfacht gesagt: Wenn etwas nur unter Laborbedingungen gilt, braucht es vorher Labors. Wo kommen sie her, welche geistigen Leistungen werden für eine Welt, in der Labors und Modellen Aussagekraft zugeschrieben wird, in Anspruch genommen? Welche Einstellungen zur Welt müssen alle schon auf Distanz gebracht sein, damit naturerforschender Verstand seine Arbeit verrichten kann?

Für Hegel sind das Fragen, die nicht mehr auf der Ebene einfachen Objektbewusstseins geklärt werden können, sondern Selbstbewusstsein voraussetzen. Der Grund dafür liegt in einem Umstand, der im Rücken der bisherigen Untersuchungen immer schon wirksam war, ohne explizit geworden zu sein. Jede Behauptung über etwas, sagen wir: das Salz, findet in einem Raum statt, in dem es auch andere Behauptungen über denselben Gegenstand gibt. Sprache setzt Sozialität voraus. Wer die Wahrheit von Aussagen geltend macht – «Salz *ist* weiß», «Salz *ist* NaCl» –, tut das in Bezug auf andere mögliche oder schon gefällte Urteile. Wahrheitsbehauptungen sind, in einer späteren Sprache, Kommunikationen, wodurch sie stets ein reflexives Moment mit sich führen. «Salz ist weiß» heißt ausgeschrieben: «Ich sage Dir / Euch / Ihnen, dass Salz weiß ist, und das ist meine Einsicht über das Salz.» Deshalb formuliert Hegel: «Mit dem Selbstbewußtsein sind wir also nun in das einheimische Reich der Wahrheiten eingetreten.»[32] Und er beginnt seine Beschreibung dieses Bezirks mit der verblüffenden Behauptung, die wir schon gestreift haben: Die Einheit des Ichs, das sich der Welt und damit auch seiner selbst in ihr bewusst ist, sei Begierde, und zwar «Begierde überhaupt»[33].

Inwiefern «Begierde» und inwiefern «überhaupt»? Weil die allgemeinste Beschreibung eines Bewusstseins, das Urteile über dies und das fällt, dabei aber immer wieder auf sich zurückkommt, sich selbst als in all diesen Urteilen tätig begreift, die ist, dass es sich durch Urteilen lebendig hält. Bewusstsein ist als reflektierte Aufmerksamkeit, Deutung der Umwelt, Versuch, sie als konsistent zu erschließen und sich möglichst nicht über sie zu täuschen, eine Funktion der Selbsterhaltung eines lebendigen Wesens; weil die Nacht in ihm ist, kann es sich bei dieser Selbsterhaltung nicht auf Wahrnehmung, Instinkte und Reflexe verlassen. Im Selbstbewusstsein ist darum für Hegel immer auch auf die Gattung Bezug genommen, also auf Merkmale des Ichs, das ein Wir ist, wie es bei ihm heißt.[34] Darum «Begierde überhaupt», weil es nicht um bestimmte Begierden geht, die sich befriedigen lassen, sondern um etwas, das prinzipiell gar nicht befriedigt werden kann, sich ständig erneuert, sich ständig neue Gegenstände sucht, die sich das Bewusstsein zurechtmacht. Hegel findet so in allem Objektbewusstsein, das mittels Negationen und Synthesen Unterscheidungen in der Welt trifft, eine Analogie zum Verzehr von Dingen, zur Bearbeitung von Natur. Dabei macht es sich nicht nur Gegenstände zurecht, denn es gibt nicht nur Begierden, die sich leiblich melden, sondern auch solche, die auf unsinnliche Befriedigungen zielen.

Die berühmteste der entsprechenden Analysen ist die der Entgegensetzung von Herr und Knecht. Ihr liegt die These zugrunde, das Selbstbewusstsein finde nur in einem Verhältnis zu anderem Selbstbewusstsein zu sich. Will sagen: Wer nicht nur herausfinden will, was Objekte, sondern was das Bewusstsein selbst ausmacht, mag sich theoretisch mit seinem Selbstgefühl oder dem Satz «Ich (denke, also) bin ich» oder seiner vorreflexiven Vertrautheit mit sich im Stil Fichtes beschäftigen. Auf sich gestoßen wird das Bewusstsein aber, Hegel zufolge, durch die Begegnung mit anderen «Ichs». Ernst mit dem Selbstbewusstsein wird es für ihn also nicht schon, wenn es nicht bei sich ist oder als Fichteaner irgendwelche widerspenstige Objektivität als selbstgeschaffen zu beweisen sucht, sondern erst wenn es einem anderen Selbstbewusstsein in die Augen schaut. Denn das Ich und die Dinge sind das eine, etwas anderes aber ein Etwas, das so ist wie Ich selbst, also eben kein Nicht-Ich, kein Ding, sondern ein Gegenüber, das nicht als Objekt verstanden werden kann und zum Begriff des «Wir» führt.

Die höhere Begierde äußere sich hier nicht darin, das Gegenüber zu erkennen, was aus Gründen der Selbsterhaltung, der Aufnahme von Beziehungen oder auch der bloßen Neugier natürlich möglich ist und ständig geschieht: Ist es / er / sie stärker, bewaffnet, schüchtern, kokett, geschwätzig, schön und so weiter. Vielmehr äußert sie sich im Bedürfnis, vom Gegenüber anerkannt zu werden. Das heißt unter anderem, in dem, was man sagt, nicht als Objekt behandelt zu werden, das die Eigenschaft hat, bestimmte Geräusche von sich zu geben, sondern als Teil eines «Wir». Dazu bedarf es nach Hegel noch nicht einmal eines konkreten Gegenübers; diese «Anerkennung» vollzieht sich auch schon, wenn das Bewusstsein über sich und seine Urteile nachdenkt, weil es schon in jeder Aussage über sich selbst und die Welt in ein Verhältnis zu sich tritt, das kein Verhältnis zu einem Objekt ist, sondern zu einer kommunizierenden, lebendigen Existenz. In jeden Gedanken – «Ich bin nicht Stiller», «Mir ist übel», «Das mache ich nicht noch mal» – geht bereits durch seine sprachliche Fassung ein, dass er prinzipiell auch von anderen anerkannt werden kann. Wer zu sich sagt, ihm sei übel, sagt als Selbstbewusstsein erstens: «Ich bin mir eines Zustands meiner selbst bewusst», und zweitens: «Ich weiß, dass ich mir dieses Zustands bewusst bin.» In der Formulierung des nicht nur an dieser Stelle, aber hier ganz besonders glänzenden «Phänomenologie»-Kommentars von Pirmin Stekeler: «Das unmittelbare Selbstbewusstsein kommt also ‹außer sich›, indem es nicht unmittelbar sein Selbstwissen behauptet, sondern dieses *als Wissen von sich selbst kontrolliert* und damit einer *bloß performativen Selbstgewissheit* gegenüberstellt.»[35] Im Selbstbewusstsein, das wir haben, liegt demnach immer der Bezug auf unsere Fähigkeit, uns selbst zu kritisieren und uns einen Begriff von uns selbst zu machen, ein Wissen von uns zu haben und nicht nur eine Gewissheit.

Wie kommen nun aber Herr und Knecht in diese Beschreibung hinein? Es gehört zu den faszinierenden Aspekten der «Phänomenologie des Geistes», dass Hegel in jedem ihrer Kapitel kleine Modelle und Veranschaulichungen seiner Begriffsanalysen gibt. So bezieht er sich im Abschnitt «Die Bildung» auf die Schwätzerfigur in Denis Diderots von Goethe übersetztem Roman «Rameaus Neffe», um zu zeigen, was geschehen kann, wenn Selbstbewusstsein nicht mehr nur Begierde ist, sondern gebildete Urteilsfähigkeit, die nicht mehr an eine «Substanz» – sei es eine Tradition, sei es der Staat, das eigene Vermögen oder die Religion – gebunden ist. Besteht jemand, so wie Rameaus Neffe, nur noch aus Reflexionsfähigkeit, gehen alle Begriffe von Gut und Schlecht verloren, weil es für so jemanden ein Leichtes ist, alles schlechtzumachen und sich dabei gut zu fühlen, ein Leichtes auch zu zeigen, dass allen Werten ein Gegenwert gegenübersteht, dass sich Ehre in Heuchelei verwandelt, Tapferkeit Angeberei ist, gute Absichten schlechte Folgen haben und so weiter. Andernorts schnappt sich Hegel die Physiognomik Johann Caspar Lavaters, um die Grenzen einer Wirklichkeitsauffassung zu bestimmen, für die das Äußere am Menschen der Ausdruck seines Inneren ist und für die sich die Wahrheit über eine Person an ihren Gesten, ihrer Mimik oder ihren Handlinien ablesen lässt. Wer das für eine überwundene Gestalt der «beobachtenden Vernunft» hält, übersieht ihre Nähe zu den Neurowissenschaften, der Welt der Lügendetektoren und der «empirischen Ästhetik», die aus Veränderungen der Hautoberflächenspannung und des Herzklopfens ableiten möchte, was die Rührung durch ein Gedicht ist und wodurch sie ausgelöst wird. Oder nehmen wir schließlich noch Hegels Deutung der Aufklärung. In ihr soll gezeigt werden, wie ein kritischer Impuls – dem Volk zu vermitteln, dass der König und der Priester nur Macht über es haben, solange diese Macht als legitim betrachtet wird – in einen Dogmatismus umschlägt; dieser führt dazu, dass jede andere Lebensführung als die der Aufklärer selbst als irrational oder unnütz bezeichnet wird, um die eigene Auffassung vom Begriff des Gemeinwohls und «allgemeinen Willens» diktaturfähig zu machen.

In all diesen Modellen geht es nicht in erster Linie um historische Analysen; Literatur, Geschichte und Ideengeschichte werden vielmehr herangezogen, um Typen von Wahrheitsbehauptung zu exemplifizieren. Um welche Wahrheitsbehauptung also geht es, wenn Hegel als erste Stufe des Selbstbewusstseins einen Kampf zwischen zwei Individuen auf Leben und Tod schildert, die einander wechselseitig zur Anerkennung zwingen wollen? Dem

Negativen ins Antlitz zu schauen, was Hegel zumindest von der
Philosophie verlangt, heißt für ihn, das Tote festzuhalten. Was
bedeutet: die Toten zu begraben, der Toten zu gedenken, Erinnerung zu fixieren, den eigenen Tod in Kauf zu nehmen für etwas,
das dann von einem bleibt, das Gedächtnis einer Tat. Der Mensch
trennt sich von der Natur gerade durch die Reflexion darauf, was
an ihm Natur, nämlich Vergängnis, oder, sofern es um seine kollektive Existenz geht, was an ihm Geschichte ist. Nur der Mensch
macht etwas aus dem Tod, lässt sich nicht ein auf die Natur, sondern fängt an, sie zu unterscheiden und zu bearbeiten. Der Tod er-
schreckt den Menschen jedoch, weil er ihm zu Bewusstsein bringt,
dass er aus der Natur herausfällt und ihr zugleich angehört. Schon
die frühesten Reflexionen – jene Höhlenmalereien, die Menschen
vor vierzigtausend Jahren angefertigt haben – sind Zeugnisse
dieses Bewusstseins. Gemalt wurden Tiere, die der Mensch jagt,
und solche, die, wie er, Jäger sind; gemalt wurde außerdem seine
Geschlechtlichkeit. Das Malen selbst aber hebt ihn aus dem Umkreis solcher Natur heraus, wie damals vielleicht sonst nur der Gebrauch des Feuers und die Sprache.[36] Das Selbstbewusstsein ist
insofern reflektierte Begierde.

Das führt zu Herr und Knecht, denn «das Selbstbewußtsein
erreicht seine Befriedigung nur in einem anderen Selbstbewußtsein».[37] Weshalb? Hegel scheint folgendes Modell im Blick zu haben: Begehrende Wesen habe eine eigene Art, die Dinge zu sehen,
nämlich nach deren Beitrag zu ihrer eigenen Selbsterhaltung zu
fragen. Aber es gibt mehrere begehrende Wesen, und also gibt es
mehrere Arten, die Dinge zu sehen. Eine monologische Prüfung
der eigenen Ansichten hingegen gibt es nicht.[38] Ist das Bewusstsein überdies nur mit dem Vermeiden von sachlichen Widersprüchen beschäftigt, sieht es gar nicht, dass es darüber hinaus noch
soziale Unterschiede gibt, die seine Selbsterhaltung betreffen. Für
das Tierreich formuliert: Die Sicht des Schafs auf die Pflanze als
Nahrung, die an einem bestimmten Ort zu einer bestimmten Jah-

reszeit aufgefunden werden kann, wäre unvollständig, wenn das Schaf übersähe, dass es seinerseits Nahrung für den Wolf ist. Die Eigenschaft der Pflanze, Nahrung zu sein, müsste, um Widersprüche zu vermeiden, durch die zusätzliche Eigenschaft ergänzt werden, im Jagdgrund der natürlichen Feinde zu wachsen.

Selbstbewusstsein ist diese Reflexion durch den Menschen, und sie ist komplett nur, wenn sie von einem anderen Selbstbewusstsein bestätigt wird, wenn also die verschiedenen Arten, die Dinge zu sehen, koexistieren können, weil sie von einer gemeinsamen Erwartung der Individuen überwölbt sind. Zwischen Schaf und Wolf ist das nicht leicht möglich, die Fabeln haben viel Stoff an dieser Schwierigkeit gefunden. Der Wolf setzt seine Sicht auf die Dinge durch, indem er das Schaf frisst, wodurch er aber kein Selbstbewusstsein erlangt, denn das würde voraussetzen, sich aus der Distanz und gewissermaßen mit den Augen anderer zu sehen und seine Sicht auf die Dinge mit der Sicht anderer auf dieselben Dinge abzugleichen. Weil wir uns aber nicht mit den Augen anderer sehen können, sondern uns nur anhören können, was die anderen über uns sagen und wie sie sich zu uns verhalten, und weil aber selbst das wieder nur mit unseren Augen gesehen und von unserem Bewusstsein beurteilt wird, sind wir in unserem Selbstbewusstsein von der Bestätigung durch andere abhängig. «Hiermit», folgert Hegel, «ist schon der Begriff *des Geistes* für uns vorhanden», und zwar als «*Ich*, das *Wir*, und *Wir*, das *Ich* ist».[39]

Dabei muss es sich für Hegel um eine tatsächliche, praktisch bewiesene, tätig ausgeführte Anerkennung handeln, nicht nur um eine versicherte. Weil das Bewusstsein lebendig ist und dem Leben seines Trägers dient, muss auch die Bestätigung, die es verlangt, eine lebendige sein – sie kann nicht durch einen Leichnam oder etwas Aufgegessenes erfolgen. Essen ist, in der Sprache Hegels, ein «Aufheben des Anderen», seine Negation. Doch im Essen sind wir nicht die Subjekte unserer Begierden, sondern diese haben uns im Griff. Erst im Kochen, einer Reflexion auf die Begierde nach Nahrungsmitteln, die einen normativen Sinn hat – die Normen heißen Rezepte –, wird Selbstbewusstsein erkennbar. Die gemeinsame Bearbeitung der Bedürfnisse hat ihre Pointe darum nicht in den Bedürfnissen selbst, denn diese melden sich immer wieder; das Selbstbewusstsein vermag, wie Hegel schreibt, «durch seine negative Beziehung ihn [den Gegenstand] nicht aufzuheben».[40] Ihre Pointe hat sie vielmehr in der stabilen Verabredung, die Bedürfnisse so und nicht anders zu bearbeiten. Nicht nur sachliche Widerstände, sondern auch soziale Einreden müssen berücksichtigt werden, wenn Selbsterhaltung stabil erfolgen können soll.

Die Sicht anderer auf die Dinge zu berücksichtigen heißt auf einer einfachen Stufe des Selbstbewusstseins: zu versuchen, die eigene Sicht durchzusetzen. Damit ist aber keine bestimmte Sicht auf einen bestimmten Sachverhalt gemeint, denn Bewusstsein zeichnet sich ja gerade durch seine Flexibilität aus und dadurch, dass es an nichts Bestimmtem hängt. Das «Ich sehe das so» soll als solches anerkannt werden, was für Hegel heißt: Es muss das Leben für die Selbstbehauptung eingesetzt werden, weil nur so klar wird, wie wenig es dem Selbstbewusstsein um die Durchsetzung einer konkreten Weltsicht geht. Es will nicht verhandeln, es geht ihm nicht um Präferenzen für dies oder jenes. Es möchte, wie Agamemnon und Achill zu Beginn der «Ilias», nicht dieses konkrete Mädchen, ja nicht einmal seinen «Goldwert», sondern es ist nur zufriedenzustellen, wenn anerkannt wird, dass ihm zusteht, was es hat, und dass es im Recht ist mit dem, wie es die Dinge sieht. Das Problem der Anerkennung ist darum nicht durch Entknappung zu lösen, wie es Eltern versuchen, die den Streit zweier Kinder um ein Spielzeug dadurch beilegen möchten, dass sie ein zweites herbeischaffen. Aber die Kinder wollen nicht das Spielzeug als solches, sondern das Spielzeug, das im Besitz des anderen ist. Denn es ist das Spielzeug, das ein anderer begehrt, was mich in meinem Begehren bestätigt. Es kommt zwangsläufig zu einer Auseinandersetzung, die nur durch ein Verbot beendet werden kann.

Die Dialektik, die sich aus einem entsprechenden Kampfge-
schehen unter Erwachsenen entwickelt, ist diese: Der eine wagt
den Tod, der andere scheut ihn, so wird der erste, der stärker an
seinem Selbstbewusstsein hängt als an seinem Leben, zum Herrn,
der zweite, stärker sich an seine Selbsterhaltung bindende, zum
Knecht. Denn der Herr tötet den Verlierer nicht. Von Toten ist
nämlich keine Anerkennung zu erwarten. In Hegels Modellge-
schichte zwingt der Sieger im Streit den Verlierer zu weiterer
Anerkennung durch sklavische Arbeit. «Ein Tier, das ein anderes
verschlingt, ‹gewinnt› nichts hinzu, es bleibt nur, was es ist.»[41] Ein
Mensch gewinnt durch den Sieg im Kampf um Ehre den Status
des Herrn. In der Folge aber entwickelt sich der Knecht weiter, der
Herr nicht, weil er keine «negative Beziehung auf den Gegenstand»
unterhält, soll heißen: weder viel nachdenkt noch arbeitet. «Die
Arbeit hingegen ist *gehemmte* Begierde, *aufgehaltenes* Verschwinden, oder sie *bildet*.»[42] Anders formuliert: Der Herr braucht den
Knecht, dieser ihn weit weniger. Insofern ist Herrschaft eine Form
von Knechtschaft. Der Knecht verwirklicht eine höhere Form von
Selbsterhaltung, die durch Bearbeitung der Natur, während der
Herr sich nur im Genuss dieser Arbeit anderer findet. Die Herren
sehen natürlich auf ihr Personal oder diejenigen herab, die arbeiten, anstatt durch Pferde- und Landbesitz sowie militärische Fähigkeiten und Konsum die eigene Überlegenheit zu beweisen. Der
eine baut an, erntet und kocht, der andere verzehrt. Der eine, deutet Hegel das, verändert die Welt, der andere macht es sich in ihr zu
sehr bequem, fast wie ein Tier ohne natürliche Feinde. Letzterer
bekommt zwar Anerkennung, aber sie ist nicht viel wert, weil sie
erzwungen wird. Die weitere Bildungsgeschichte in der «Phänomenologie des Geistes» ist die von Leuten, die arbeiten.

Es muss hier genügen, einige Beispiele für die komplexen und auch
sprachlich zu extrem langsamer Lektüre zwingenden, aber in jedem Abschnitt überraschenden Argumentationen Hegels gegeben

zu haben. Die Interpretationen der elf Seiten beispielsweise, auf denen es um die Auseinandersetzung zwischen Herr und Knecht geht, gehen weit auseinander, bis dahin, dass sogar mit guten Gründen behauptet wird, es handele sich zumindest zunächst nicht um einen Kampf zwischen Individuen, sondern um den zwischen Selbstbewusstsein und leiblicher Existenz und die Erzählung sei nur eine Allegorie für die «logische Struktur bewusster Selbstbeziehungen».[43] Ohne solche Differenzen mit einem Hegel ganz unangemessenen «Man kann es so sehen, aber auch anders» zu schlichten, sagen sie etwas über die ungewöhnliche Darstellungsweise eines Buches aus, das in der Behandlung sehr konkreter Fragen und bei einer ganz klaren Struktur immer höherstufiger Wirklichkeitsbegriffe ständig Rätsel aufgibt. Die «Phänomenologie» ist auf jeder Seite ein Kommentar zu philosophischen Positionen; sie ist der Versuch, von einer zur nächsten Position zu gelangen, indem sie sich gewissermaßen kontinuierlich an deren Widersprüche hält, ohne sich dabei aber auf eine zeitliche Abfolge einzulassen. Schillers «Räuber» und Jacobis «Woldemar» kommen als Modelle für eine vom empörten oder empfindsamen Herzen entworfene Weltsicht vor der «Antigone» des Sophokles ins Spiel, auf den antiken Skeptizismus folgt eine Auseinandersetzung mit Kant und Fichte, an die sich Erörterungen von Grundbegriffen der gerade entstehenden physikalischen und biologischen Disziplinen anschließen, und alles mündet in die Prüfung der Gottes- und insofern Wahrheitsvorstellungen verschiedener Religionen – bevor das Schlusskapitel «Absolutes Wissen» folgt.

Der französische Philosoph Jean Hyppolite steht nicht allein mit seiner Bemerkung, es sei das obskurste Kapitel des ganzen Buches.[44] Die Gründe dafür seien vielfältig: die Schwierigkeit des Themas, Hegels Versuch, auf wenigen Seiten sein Konzept von Philosophie als Summe der bis dahin gemachten Bewusstseinserfahrungen darzustellen, sowie die äußeren Umstände der Publikation. Das Thema ist die nicht zuletzt aus der Religionsgeschichte gewonnene Einsicht in den Irrtum, den Geist unter Namen wie «Gott» oder «Seele» als einen Gegenstand anbeten zu können. Deswegen wendet sich Hegel noch einmal dem «Ding» als einem «Sein für Anderes»[45] zu, das als Modell für Objektbezüge gilt. Dass im Schlusskapitel keine Erfahrungsgeschichte mehr erzählt wird, kein Salz und kein Knecht und kein Kant und kein Neffe Rameaus mehr vorkommen, veranschaulicht gerade durch Nichtanschaulichkeit, wo Hegel seine Argumentation angekommen sieht: in einem vorstellungslosen Raum. In ihm gibt es keine Dinge mehr, sondern nur noch Vollzüge, «Tun des Selbsts»,[46] weil sich für Hegel jede dingliche oder überhaupt «objekthafte» Sicht auf die Welt in gedankenbestimmte Praxis aufgelöst hat.

In welche Praxis? Die der Wissenschaft. Damit verbindet Hegel nicht die Behauptung, in der technisch-wissenschaftlichen Zivilisation, die sich während seiner Lebenszeit zu entfalten begann, komme das größte geistige Auflösungsvermögen gegenüber Das-ist-so-Behauptungen und Das-ist-hinzunehmen-Einstellungen den naturwissenschaftlichen Disziplinen zu. Auch diese Wissenschaften, die tatsächlich, was dinghaftes Denken angeht, hochauflösend sind, erscheinen ihm anfällig für Vergegenständlichungen, wie er im Kapitel über «beobachtende Vernunft» demonstriert. Doch dagegen und gegen die Vorstellung, richtig wissenschaftlich seien nur die Naturforscher, kann eben selbst nur mittels Wissenschaft argumentiert werden. In der Vorrede zur «Phänomenologie des Geistes» heißt es: «Der Geist, der sich so entwickelt als Geist weiß, ist die *Wissenschaft*.»[47]

Bleibt noch der Hinweis auf die äußeren Umstände des letzten Kapitels. Hegel stand unter erheblichem Druck. Sein Geld ging aus, er hatte eine Affäre mit seiner Haushälterin, aus der im Februar 1807 ein unehelicher und unehelich gebliebener Sohn hervorging, Schelling war nach München weitergezogen, Goethe konnte beim Herzog nichts für ihn bewirken, und Napoleons Truppen bewegten sich auf die Stadt zu. Mit dem Bamberger

Verleger Goebhardt hatte er eine Bezahlung pro Seite verabredet, die aber erst fällig werden sollte, sobald Hegel die Hälfte des Buches abgegeben hatte. Doch steckte, wie der amerikanische Philosoph Terry Pinkard zu Recht anmerkt, in diesem Vertrag ein logisch-praktisches Problem: Was ist die Hälfte eines Buches, das ständig weiterwächst?[48] Irgendwann riss der Geduldsfaden, und Goebhardt sah sich nicht mehr an die Abmachung gebunden, kündigte eine Reduktion der Auflage und eine Bezahlung erst nach Abgabe des kompletten Manuskripts an. Verabredet war der 18. Oktober 1806. Hegels Freund, der Philosoph Friedrich Immanuel Niethammer, auch ein Stiftler, auch einst außerordentlicher Professor in Jena, der ihm schon zwei Jahre zuvor unter die Arme gegriffen hatte, tut es von Bamberg aus, wo er ein hoher Schulbeamter ist, erneut, bürgt für ihn und besänftigt so den Verleger.

Noch am 6. Oktober 1806 schreibt Hegel, der Krieg sei noch nicht ausgebrochen und es würden vielleicht in wenigen Tagen «Friedenslüfte wehen».[49] Da täuscht er sich, zwei Tage später, er hatte gerade das erste Manuskriptpaket zur Post gebracht, hört er es schon schießen bis nach Mitternacht. Der Krieg wiederum macht die Postwege für das pünktliche Eintreffen des Manuskripts unsicher; die zweite Lieferung geht am 10. Oktober nach Bamberg ab. Am 13. Oktober besetzten die Franzosen Jena. Hegel schreibt an Niethammer und datiert seinen Brief «am Tage, da Jena von den Franzosen besetzt wurde, und der Kaiser Napoleon in seinen Mauern eintraf». Den Kaiser – «diese Weltseele» –, heißt es, «sah ich durch die Stadt zum Rekognoszieren hinausreiten; – es ist in der Tat eine wunderbare Empfindung, ein solches Individuum zu sehen, das hier auf einen Punkt konzentriert, auf einem Pferde sitzend, über die Welt übergreift und sie beherrscht.»[50] Das Märchen, Hegel habe die «Phänomenologie des Geistes» am Tag der Schlacht bei Jena und Auerstedt, also am 14. Oktober, beendet, muss man nicht bemühen für die Vermutung, dass er darüber nachgedacht haben wird, was die Weltseele mit dem Geist durch den gemeinsamen Termin verband. «Als in den Tagen des 14. Oktober», berichtet sein Schüler Gabler, «überall in der Stadt Zerstörung und Verwüstung war und nur wenige Häuser der Plünderung entgingen, kam Hegel, der in seiner Wohnung sich nicht für sicher hielt, nebst seiner Wärterin, welche einen Korb auf dem Rücken trug, zu uns.»[51] Überall quartierten sich Soldaten ein. Die letzten Bogen des Buches, das absolute Wissen also, soll Hegel durch die brennende Stadt mit sich herumgetragen haben.

ACHTES KAPITEL

Die Zeitung, Schelling und die Frage «Wer denkt abstrakt?»

> «Auf der Bühne muß man deutlich und einfach sein, man muß mehr das Herz rühren als in Erstaunen setzen, man muß sich selbst minder geübten Ohren begreiflich machen. Der, welcher ohne den Ton zu ändern, abgeänderte Gesänge darstellt, zeigt weit mehr Talent als der, welcher ihn alle Augenblicke ändert.»
>
> *Antonio Sacchini*

Hegel verlässt das zerstörte, intellektuell verödete und von den französischen Truppen nicht nur besetzte, sondern rücksichtslos geplünderte Jena. Die meisten seiner Freunde sind längst fortgezogen, es schreiben sich kaum noch Studenten ein: Im November 1806 sind es noch einunddreißig.[1] Es bricht Feuer aus, «das Glück der Windstille», schreibt er an Niethammer, habe dessen Haus «wie die ganze Stadt allein gerettet».[2] Jena ist ein Lazarett, im November 1806 liegen tausendzweihundert Personen im Hospital, bei nicht einmal fünftausend Einwohnern.[3] Zuletzt lebt Hegel gar nicht mehr in der eigenen Wohnung, sondern bei den Frommanns, zusammen mit siebzig bis achtzig Franzosen und weiteren fünfzig Deutschen.[4]

Man muss ihn sich erschöpft vorstellen. Das väterliche Erbe, das ihm ermöglicht hatte, sich ganz der Philosophie zu widmen, war zur Neige gegangen. Kriegsbedingt kommt es zu Preissteigerungen. Schon im Herbst 1806, der Krieg war noch gar nicht ausgebrochen, hatte er von Geldsorgen berichtet: «Ich bin in dem dringendsten Bedürfnisse», schreibt er an Niethammer und bittet um Unterstützung.[5] Der Anwalt der Universität, Ludwig Christoph Ferdinand Asverus, dessen Sohn bei Hegel studiert und dem wir in Berlin wiederbegegnen werden, beruhigt ihn zwar, die außerordentlichen Umstände enthöben ihn seiner Verbindlichkeiten. Dennoch droht ihm Armut.

Hinzu kommt die geistige Anstrengung. Ende Januar 1807 schließt er die Einleitung der «Phänomenologie» ab, deren erste Skizzen im Mai 1805 geschrieben worden und deren erste Bögen im Februar 1806 in den Druck gegangen waren – nicht einmal zwei Jahre also für ein Buch von sechshundert Seiten, von denen jede einzigartig und unerhört war. Es muss eine Produktion wie im Rausch gewesen sein. Am 5. Februar 1807 dann kommt Hegels unehelicher Sohn Ludwig zur Welt, dessen Mutter Hegels verheiratete, aber von ihrem Gatten verlassene Vermieterin und Haushälterin Christiane Charlotte Johanna Burkhardt war. Es war ihr drittes uneheliches Kind. Hegel wird sich des Jungen, der den Mädchennamen seiner Mutter, Fischer, trägt, annehmen, aber bis 1816 nur aus der Distanz. Erst dann nimmt er ihn in seine Familie auf. Hegel spricht ihn als Louis an, was nicht als Distanzierungsversuch gedeutet werden muss,[6] sondern auch eine Reminiszenz an die «französischen» Umstände seiner Geburt gewesen sein kann. Hegel leidet darunter, dass er der Mutter seines Kindes nicht in dem Umfang zu helfen vermag, wie sie auch in seinen Augen Anspruch darauf hätte. Sein Freund, der Jenenser Verleger und Buchhändler Carl Friedrich Ernst Frommann, greift ihm unter die Arme. Er hat Erfahrungen mit Ziehkindern, seine Pflegetochter Wilhelmine «Minna» Herzlieb wird als Adressatin von Sonetten Goethes und als Vorbild für die Figur der Ottilie im Roman «Die Wahlverwandtschaften», obzwar unglücklich, in die Literaturgeschichte eingehen. Frommanns Schwägerinnen unterhalten ein Waisenheim für Knaben, in das Louis im Alter von vier Jahren aufgenommen wird.

Hegel geht nach Bamberg, dem Sitz des renommierten Verlags seiner «Phänomenologie des Geistes». Zunächst nur um die Korrekturen des Buchs zu begleiten. Dann aber erhält er das durch Niethammer vermittelte Angebot, Redakteur der «Bamberger Zeitung» zu werden, und er schreibt sogleich an Goethe, dass ihn das ernähren könne, anders als das karge Professorensalär in Jena, und er darum beim Herzog von Weimar um Urlaub gebeten habe. Nolens volens, denn lieber wäre er Professor geblieben. Die politische Neuordnung Deutschlands unter der napoleonischen Herrschaft weckte zusätzliche Hoffnungen darauf, weil es zu universitären Neugründungen kam und viele alte Zöpfe abgeschnitten wurden. «Es ist mir nur Bayern übrig», schreibt er im Januar 1807 an Schelling, der ihm aber auf Stellen in Landshut, Erlangen oder Nürnberg wenig Hoffnung machen kann.[7] Alle Aussichten auf Lehrstühle und andere Quellen der Lebensführung zerschlagen sich nicht zuletzt deshalb, weil es vielerorts die Romantiker sind, die auf die neuen oder freiwerdenden Stellen kommen.

Aus Heidelberg war er angefragt worden, eine Zeitschrift herauszugeben, und entwirft 1807 das Programm für ein Blatt, das Kritiken «der abhandelnden Art» von wissenschaftlicher und schöner Literatur bringen soll. Hegel versteht darunter keine Rezensionen, die urteilen, sondern allgemeinbildende Berichte über die Inhalte von Neuerscheinungen, die man ob ihrer Neuheit ja oft noch gar nicht einschätzen könne. So weist er auf den romantischen Chemiker Jacob Joseph Winterl hin, dessen dualistische Atomlehre alle Unterschiede zwischen Elementen auf deren Anteil an sauren und basischen Bestandteilen zurückführte. Hier könnten Rezensenten mit Urteilen «noch nicht dicktun», sondern sollten erst einmal analysieren, worum es gehe. Umgekehrt sieht Hegel ein Bedürfnis, «das, was gang und gäbe ist, was das Herkommen für sich hat, was als längst bekannt gilt», auf den Kopf zu stellen, «um zunächst wenigstens Verwunderung und Stutzen zu erregen, und weiterhin Nachdenken zu veranlassen».[8]

Nicht gemeint sei damit aber, schickt Hegel hinterher, die Wissenschaften mit Philosophie zu «überschwemmen» und zu verwirren. Er sieht in seiner Zeit eine Beeinträchtigung des gesunden Menschverstandes durch «unreifes Gebraue halb aufgefaßter Begriffe, seichte und meist sogar läppische Einfälle», und er nennt Namen: den Mediziner Karl Joseph Hieronymus Windischmann, der gerade sein Gespräch unter jungen Romantikern «Von der Selbstvernichtung der Zeit und der Hoffnung zur Wiedergeburt» veröffentlicht hatte; den als Physiklehrer in Koblenz wirkenden Joseph Görres, der in seinen 1803 publizierten «Aphorismen über die Organonomie» von «Michelangelo Fichte» und «Rafael Schelling» als Propheten der Vernunftwissenschaft spricht und Fichte das Element Sauerstoff zuordnet, John Locke den Wasserstoff sowie Leibniz den Kohlenstoff;[9] und schließlich Henrich Steffens, dessen «Grundzüge der philosophischen Naturwissenschaft» 1806 herausgekommen waren. Auch dort schossen die Analogien nur so ins Kraut, und man kann dafür fast beliebige Seiten zitieren: «Das relativ überwiegende Unendliche in der magnetischen Axe wird in der experimentalen Physik, wo es am reinsten hervortritt, *Stickstoff* genannt, zeigt die nicht-kohärente oder expansive Seite der magnetischen Linie an, und bildet das Wesen der irdischen Luft. Im Ganzen repräsentirt der Stickstoff den weniger kohärenten südlichen Pol der Erdkugel. Die ältern Naturforscher bezeichneten dieses südliche Princip der Erde bedeutungsvoll durch das Element der *Luft*.»[10] Südpol – Stickstoff – Luft: Alles hängt mit allem so interessant wie unklar und unbewiesen zusammen. Alles, was es gibt, steht für etwas anderes.

Zuletzt nennt Hegel dann den entscheidenden Namen: Schelling. Als dessen Schüler und Anhänger verstanden sich die genannten romantischen Naturphilosophen. Dass Schelling auf einen Brief, in dem Hegel mit ihm die Kritik an Fichte diskutieren will und überdies auf seine prekäre Situation hinweist, nicht nur mit der Beschreibung seines mangelnden Einflusses auf die bayerischen Lehrstuhlbesetzungen reagiert, sondern ausgiebig über Experimente mit Pendelschwingungen über Wasser und Metall sowie Wünschelruten berichtet, mag in Hegel gemischte Gefühle erregt haben, auch wenn er Interesse an den magnetischen Spekulationen hat und diesen Teil des Briefes kurz darauf Goethe zur Kenntnis weiterleitet.[11] In einem merkwürdig formulierten Satz der Programmschrift für das Journal hält Hegel jedenfalls seinem einstigen intellektuellen Mitstreiter vor, die romantischen Redensarten erst auf den Weg gebracht zu haben, um jetzt anzufangen, ihnen «feierlich» zu entsagen.[12]

Es ist das erste Mal, dass er schriftlich die Entfremdung zwischen ihm und dem Jugendfreund sowie die Differenz zwischen seiner Auffassung von Wissenschaft und dem festhält, was ihm als leeres Spiel mit Formeln erscheint. Schelling selbst fordert er freilich auf, sich an jenem Journal zu beteiligen, und schlägt ihm vor, seine Pläne dazu auch höheren Münchner Ortes zu erwähnen, weil das womöglich seine Chancen auf eine Berufung erhöhe.[13] Wir sehen Hegel in der Bredouille, sein Netzwerk pflegen zu müssen und gleichzeitig die eigene philosophische Position zu vertreten, die eine immer kritischere, um nicht zu sagen: stark ablehnende Sicht auf zentrale Mitglieder des Netzwerkes einschloss. Im selben Brief, in dem er Niethammer unter Windungen ankündigt, sich um seiner Karriere willen mit Jacobi aussöhnen und dabei feurige Kohlen aufs eigene Haupt legen zu wollen, klagt er über die Berufung des «gänzlich unfähigen» Philosophen Wilhelm Köppen nach Landshut, die nur zeige, wie mächtig Jacobi in Bayern sei.[14]

«Mit Julius 1807 wird angefangen», so schließt Hegels Programmschrift für das Journal. Aber nichts fing an, die Heidelberger Sache verläuft sich im Sande. Währenddessen schreibt Hegel, der in Bamberg die Drucklegung des Werkes überwacht, die Vorrede zur «Phänomenologie des Geistes», in der er seine Kritik an der Romantik offen vorträgt. Schelling, der keines der ersten Exemplare erhält, kündigt er eines mit der Bitte um Nachsicht dafür an, die Redaktion des Buches sei in der Mitternacht vor der Schlacht bei Jena beendet worden, weswegen die letzten Kapitel an «Unform» litten. «In der Vorrede», setzt er fort, «wirst Du nicht finden, daß ich der Plattheit, die besonders mit Deinen Formen so viel Unfug und Deine Wissenschaft zu einem kahlen Formalismus herabtreibt, zu viel getan habe.» Hegel ist erkennbar nicht wohl dabei, Schelling könnte Teile der Vorrede auf sich gemünzt sehen, und versichert ihm daher, sie richteten sich gegen falsche Bewunderer des Freundes.[15]

Hegels Vorrede ist einer seiner schwierigsten Texte; dem Wunsch nach «größerer Verständlichkeit und Deutlichkeit», den Goethes Freund, Karl Ludwig Knebel, an den Autor herangetragen hat, werden sich Generationen von Philosophiestudenten anschließen.[16] Sie kündigt an, die Philosophie zur Wissenschaft zu erheben. Von allen anderen Wissenschaften setze sie sich dadurch ab, dass hier die Resultate des Nachdenkens nicht unabhängig von der Darstellung des Nachdenkens selbst seien. Erst beides sei «das wirkliche Ganze». Begreifen, heißt das, ist sowohl eine Aktivität wie ein Resultat, das aus dieser Aktivität hervorgeht, weshalb es, anders als in Lehrbüchern der Anatomie, keinen Sinn hat, nur die Ergebnisse des Begreifens darzustellen, ohne zu zeigen, wie sie sich ergeben haben. Die Geschichte des Gedankens ist dem Gedanken wesentlich. Die Leser sollen mitdenken, die Art, wie gedacht wird, ist selbst der Inhalt des Buches. Hegel reflektiert auf die Erfahrung des Jugendlichen, wenn er schreibt, Bildung sei das Sichherausarbeiten aus der Fraglosigkeit des Lebens. Diese Arbeit beginne mit der Kenntnis von Grundsätzen und Gesichtspunkten, mit der Einsicht in Gründe und der Widerlegung von Behauptungen, mit dem allmählichen Erwerb von Urteilsfähigkeit. Dann komme der «Ernst des erfüllten Lebens [...], der in die Erfahrung der Sache selbst hineinführt», und schließlich der Ernst des Begriffs. Das Absolute, Hegels Wort für etwas, das nicht durch anderes begriffen werden kann, sondern nur durch sich selbst, die ganze Wirklichkeit also, soll nicht angeschaut und gefühlt, sondern begriffen werden.

Die ganze Wirklichkeit wird von Hegel mittels verschiedener Begriffe angesprochen: das Absolute, das Wahre, das Ganze, Gott, Geist. Gleich jedoch, wie er sie bezeichnet, stets gibt es für ihn nur einen Weg, sie zu erschließen, nämlich Wissenschaft. Der Redensart, am Ende gehe es beim Verstehen der Welt um etwas Höheres, als Wissenschaft jemals leisten könne, tritt Hegel mit einer Haltung des «Das wollen wir doch erst einmal sehen» entgegen. Er polemisiert gegen erbauliches Denken, das nicht beim Irdischen verweilt und in ihm nicht jene Klarheit sucht, die am Himmel und im Himmel leicht gefunden werden kann. Darin steckt die These, dass die Theologie und die in ihrem Schatten operierende Philosophie in der Geschichte des Abendlandes deshalb zu einem so hohen begrifflichen Unterscheidungsvermögen gelangen konnten, weil das Überirdische leichter durchdrungen und geordnet werden kann als das verworrene Diesseits. Man kann endlos über die Dreifaltigkeit Gottes oder die Transsubstantiation von Wein in Blut nachdenken, ohne Schwierigkeiten jenseits des konsistenten Argumentierens und der Abstimmung von Begriffen untereinander zu begegnen. Das leugnet nicht die konstruktiven Leistungen der Theologie. Aber einer Wirklichkeit, die das Spekulieren begrenzt, begegnet das Denken dort, wo es sich dem Überirdischen überlässt, nicht. Im Zeitalter der aufkommenden Wissenschaften, deren Erkenntnisse nicht mehr das Privileg einzelner Denker sind, sondern sich ausbreiten, ist die Beschwörung von «Höherem» eine Flucht, die genauso wie die Beschränkung auf Einzelerkenntnisse unter den Möglichkeiten des Denkens bleibt.

Hegel reagiert hier auf die beginnende Spezialisierung des disziplinären Erkenntnisgewinns. Er sieht ein Zeitalter heraufziehen, in dem der halbgebildete Aufklärer mit seinem «Smalltalk» genauso wenig noch in Kontakt zu den Wissenschaften steht wie der romantische Natur- oder Gesellschaftsphilosoph, der sich auf alles einen Reim macht, aber nur weil er gut im Reimen ist. Die technologischen und rechtlichen, politischen und ökonomischen, wissenschaftlichen und ästhetischen Veränderungen bringen eine Gesellschaft hervor, in der zwei Fragen aufkommen: Was verbindet sie noch mit ihrer Vergangenheit? Und worin besteht ihre Einheit, was verbindet ihre nicht mehr religiös überwölbten Teile, kann man sie als Ganze verstehen?

Gegen Versuche, diese Einheit in einer neuen Mythologie zu finden, schießt Hegel spöttisch Dutzende von Pfeilen ab: «Das Schöne, Heilige, Ewige, die Religion und Liebe sind der Köder, der gefordert wird, um die Lust zum Anbeißen zu erwecken; nicht der Begriff, sondern die Ekstase, nicht die kalt fortschreitende Notwendigkeit der Sache, sondern die gärende Begeisterung soll die Haltung und fortleitende Ausbreitung des Reichtums der Substanz sein.» Doch das Verlangen nach dem unbestimmten Genuss unbestimmter Göttlichkeit sagt, wie Hegel schreibt, nur etwas über die Verlangenden aus, nichts über Gott. Man denke an Heideggers «Nur ein Gott kann uns retten» – irgendein Gott unter Weglassung näherer Bestimmungen bis auf die seiner Rettungsfunktion. Hegel attestiert solchen Gedanken, die auch in seiner Zeit beliebt waren, «leere Tiefe», und er merkt sarkastisch an, wer den Verstand aufgebe, gehöre tatsächlich zu den Seinen, denen Gott «die Weisheit» im Schlafe gebe, nämlich Träume. Hegel polemisiert, mit anderen Worten, gegen eine Sicht, für die sich die Welt aufteilt in tagtägliche Einzelheiten, die empirisch erforscht werden können, und in ein nächtliches Ganzes, zu dem es keinen denkenden Zugang gibt, sondern letztlich nur neue religiöse Vokabulare, weil es sich nur dem Gefühl, der unmittelbaren Anschauung oder Erzählungen erschließe.[17]

«Das Einfache will angeschaut sein», hatte Schelling 1804 in «Philosophie und Religion» geschrieben und sich gegen die Möglichkeit gewandt, demjenigen, das zugleich Gedanke und Realität sei, mit Erklärungen und Beschreibungen beizukommen. Nicht «Anleitung, Unterricht u.s.w.» führten zur Erkenntnis des Ewigen, sondern das Absehen von allem Zufälligen, Leiblichen, der

Erscheinungswelt.[18] Das ging Hegel gegen den Strich. Er insistiert auf Bildung. Warum sollten sich die wichtigsten Konzepte, um das Weltganze zu verstehen, nicht erlernen lassen, weshalb sollten sie eine bestimmte Intuition voraussetzen? Das Ganze ist für ihn kein Geheimnis, das nur wenigen zuteilwerden kann, weil sie das Licht gesehen haben. Und das Ganze muss für ihn, sofern es denn das Ganze ist, auch als etwas beschrieben werden, das all die Qualen und Defizite, all das Scheitern und Verzweifeln, alles Leid und alle Kontingenz in sich enthält. Es hat für Hegel einfach keinen Sinn, aus dem Ganzen der Welt die Mühsal, das Versagen und das Zurückbleiben hinter den goldenen Erwartungen an Gott, das Absolute und das Wahre herauszudefinieren. Der Zufall, die Sinnlichkeit, die bloße Erscheinung, der Tod und der Schmerz sind für ihn Teil der Wirklichkeit. Ihm stand der auf das Verstehen des Weltganzen gerichtete Sinn nicht danach, irgendetwas ohne Grund zu einer Wirklichkeit zweiten Ranges herabzusetzen.

Die Einheit der neuen Zeit findet Hegel demgegenüber im Wissen, das sich auf allen Gebieten immens zu vermehren beginnt, und «einer weitläufigen Umwälzung von mannigfaltigen Bildungsformen», die in der «Phänomenologie des Geistes» untersucht werden sollen.[19] Das Ganze ist für ihn dabei erkennbar, weil es selbst aus Arbeit am Erkenntnisgewinn hervorgegangen ist. Deswegen besteht er darauf, dass die Position, die irgendeine einzelne Erkenntnis in der Darstellung des Weltganzen einnimmt, nicht die Einerleiheit sein kann: «Dies eine Wissen, dass im Absoluten alles gleich ist», dass also das Ganze gar keine Struktur hat, sondern aus einem dunklen Urgrund hervor- und auch wieder in ihn hineingeht, behandele das Absolute als die Nacht, «worin, wie man zu sagen pflegt, alle Kühe schwarz sind».[20] Es scheint, als habe Schelling vor allem in diesem Satz einen Angriff auf sich vermutet. «Das Absolute», hatte er in «Philosophie und Religion» geschrieben, «ist das einzig Reale, die endlichen Dinge sind dagegen nicht real; ihr Grund kann daher […] nur in einer Entfernung, in einem Abfall von dem Absoluten liegen.»[21] Hegel erkannte darin dasselbe Denkmuster, das er auch bei Spinoza und Fichte beobachtete: Die Wirklichkeit wird als eine Einschränkung des Ganzen statt als seine vernünftige Entwicklung verstanden.[22]

In derselben Abhandlung hatte Schelling die Lage der Philosophie so beschrieben: Lange habe sie sich bemüht, «Geburten der Vernunft» und Ideen als Verstandesbegriffe zu analysieren. Dem Verstand aber sei durch Kant nachgewiesen worden, dass er nur über Erfahrungsgegenstände etwas Sinnvolles zu sagen habe, nichts jedoch zur übersinnlichen Welt und Vernunft. Wenn nun aber eine andere Art von Philosophie sich dem Absoluten zuwende, treffe sie auf das Problem eines sich der Reflexion entziehenden «Objekts». Denn Reflexion trägt in alles, was reflektiert wird, Gegensätze hinein, das Absolute jedoch muss frei von Gegensätzen gedacht werden – also gar nicht gedacht. Gegensätze sind für Schelling letztlich «nichtig», für Hegel produktiv.

«Das Absolute ist die Nacht», hatte er schon in seiner «Differenzschrift» formuliert, um das Sehvermögen des entzweiten Verstandes zu beschreiben, für den Endliches und Unendliches strikt getrennt sind, «und das Licht ist jünger als sie, und der Unterschied beider, so wie das Heraustreten des Lichts aus der Nacht, eine absolute Differenz.»[23] Allerdings hatte auch Schelling das Bild kritisch verwendet, als er 1802 in «Fernere Darstellungen aus dem System der Philosophie» schrieb: «Denn die meisten sehen in dem Wesen des Absoluten nichts als eitel Nacht, und vermögen nichts darin zu erkennen.»[24] Doch der Vorwurf, den Hegel an ihn richtete, war, dass Schelling sich darin übte, auf eigene Faust in jeder Identität, jeder Gegenständlichkeit, jeder Lebensform Gleichgewichtszustände von Kräften zu erkennen, anstatt der Arbeit der Negation in der Wirklichkeit zuzuschauen und sich auf die Vernunft als Triebkraft der Geschichte zu verlassen. Schelling wird später die Position einnehmen, Geschichte lasse sich nur erzählen, Hegel darauf bestehen, sie lasse sich begreifen.

Schließlich schreibt Hegel, es komme alles darauf an, «das Wahre nicht als *Substanz*, sondern ebensosehr als *Subjekt* aufzufassen und auszudrücken».[25] Dieser vielzitierte Satz besagt, dass Wahrheit nicht einfach das Ergebnis von Versuchen ist, einen Gegenstand, eine Substanz zu erkennen. Descartes beispielsweise hatte in seinem berühmten «Ich denke, also bin ich» («Je pense, donc je suis») dem Ich die Fähigkeit zugeschrieben, das Fundament aller Gewissheit zu sein. Denn wenn ich mein Sein bezweifeln würde, wäre es stets noch ein Ich, das sich in Zweifel zöge. Wir können uns, verkürzt gesagt, alles Mögliche wegdenken, aber nicht unser Denken selbst. Doch von welcher Beschaffenheit ist dieses Denken? Descartes sprach vom Ich als einem denkenden Sachverhalt (res cogitans), einer Seelensubstanz, die noch dazu die Eigenschaft habe, keine räumliche Ausdehnung zu besitzen. Jemand (ich) ist etwas (eine Substanz).

Hegel kehrt das um und verlangt, die Wahrheit eines Wissensanspruchs nicht einfach in einer Entsprechung von Urteil und Gegenstand zu erkennen, sondern sich zu vergegenwärtigen, dass in die Bestimmung jedweden Gegenstandes schon subjektive Leistungen eingegangen sind. In jedem Urteil stecken zahlreiche vorangegangene Negationen, ohne die es gar nicht verständlich wäre. Die Seele ist für ihn kein nichträumliches Ding, da sie sich, obzwar nicht räumlich, so doch in einem Körper und Körpern gegenüber befindet. Wieso das «Ich» als Seele von Körpern unterscheiden? Wenn das «Ich» auch wollen kann und nicht nur denken, wie gibt es seine Impulse dann an den Körper weiter? Wenn wir einen Körper beseelt nennen, meinen wir dann dieselbe Instanz, die ihn erkenntnisfähig macht?[26]

Das Zusammenziehen der zahlreichen Ursachen für die kognitive Lebendigkeit eines Menschen zu einer «res cogitans» ist mithin so metaphorisch, wie es metaphorisch ist, Gott, den Spinoza mit der Welt und der Natur identifiziert hatte, auf diese Weise als immenses, dynamisches und alles determinierendes System aller Naturvollzüge vorzustellen – ein System, das auf das Handeln von Subjekten nicht angewiesen ist, welches selbst nur als ein Naturvollzug erscheint. Denn das Weltganze ist für Hegel nicht die Natur. Vielmehr ist es für ihn nicht anders strukturiert als die Subjektivität: ein Werden seiner/ihrer selbst. Es unterhält Selbstbeziehungen, ist tätig, evolviert, wie wir heute sagen würden, prüft und verwirft, verrichtet Arbeit, trägt Konflikte aus, lebt in Differenzen – es hat, kurz gesagt, eine Geschichte. Darum bezeichnet er die Voraussetzung unseres Erkennens als «Geist». Wir urteilen stets über Sachverhalte, die es nicht einfach gibt, sondern die nur im Zusammenhang von Erkenntnisordnungen erschließbar sind, die über ein Aggregat von Einzelurteilen weit hinausgehen. Mit dem Begriff «Geist» meint Hegel also die Bedeutungsgemeinschaft, die wir, die Menschheit, seit jeher sind. Er nennt sie «das allgemeine Individuum».[27]

Das führt zu dem bekannten Satz «Das Wahre ist das Ganze»,[28] dessen Pointe zunächst allerdings nicht das Lob des Ganzen ist. Der Satz hält nur fest, dass die Wahrheit ein Resultat langer Entwicklungen ist und keine punktuelle Qualität einzelner voraussetzungsloser Sätze. Schon einfachste Feststellungen wie «Dies ist ein Glas Wasser» haben zahlreiche Voraussetzungen. Beispielsweise die Produktion und den Begriff von Glas und Gläsern im Unterschied zu Tassen, Bechern, Schalen, aber auch anderen Materialien. Außerdem den Begriff des Wassers im Unterschied zu Bier, Tee oder H_2O. Dann das Verständnis des Ausdrucks «Glas Wasser», der anders funktioniert als Sätze wie: «Dies ist ein Koffer voller Kleidung», oder: «Dies ist eine Pfütze Wasser.» Und so weiter. Wir fällen ganz selbstverständlich Urteile, aber das Wunder, uns die Welt so aneignen zu können, erweist sich bei einfachem Nachdenken als sehr groß. Sätze machen aus Worten Begriffe, die in weitere Sätze eingehen, von ihnen präzisiert, vor allem aber negiert werden. Ein Glas ist kein Pokal, Wasser, das getrunken wird, ist nicht H_2O. Erst mit der Abfolge solcher Negationen eröffnet sich die Möglichkeit, zum Bewusstsein dessen zu kommen, was den Sinn eines Begriffs umfasst. Worte werden zu Begriffen, wird Hegel später einmal ausführen, wenn an «abstrakt-allgemeinen Vorstellungen» wie «blau» oder «Mensch» deutlich wird, dass sie widerspruchsvolle Unterscheidungen in sich enthalten: hell/dunkel, Körper/Geist.[29]

Hegel exemplifiziert das alles nicht an einem Glas Wasser. Er behandelt die Fragen, die sich für alle Ansprüche auf Erkenntnis stellen, anhand der am weitesten gehenden Aussagen. Was für sie gilt, gilt auch für weniger anspruchsvolle Sätze. Die Intuitionen, die sich beispielsweise im Wort «Gott» von Beginn seiner Verwendung an melden, sind für Hegel erst nach einem religionsgeschichtlichen Durchgang durch soundsoviele versuchsweise und instabile Fassungen des Begriffes «Gott» erfüllt: wenn «Gott» beispielsweise nicht mehr nur eine Projektion der Angst oder des Bedürfnisses nach Wunscherfüllung ist; wenn er nicht mehr als in einem unzugänglichen Jenseits angesiedelt erscheint oder nicht nur als Formel für Überdruss an der Welt in Anspruch genommen wird; wenn «er» nicht mehr als Mann mit Bart oder Blitz oder vielarmiger Dämon aufgefasst wird; wenn er als lebendig erschienen ist, was seinen Tod implizierte. Und so weiter. Auch «Gott» ist darum, als großes Weltsubjekt, dem historisch alle möglichen Eigenschaften zugeschrieben worden sind, kein punktuelles Objekt, sondern die «Selbstbewegung» dieses Begriffs. In einem Brief vom Januar 1807 schreibt Hegel in diesem Sinne: «Die Wissenschaft ist allein die Theodizee», also die Verteidigung Gottes gegen den Vorwurf, er habe das Böse zugelassen und sei insofern selbst nichts Gutes.[30]

Das Wahre ist für Hegel außerdem darum das Ganze, weil die Erkenntnis nicht nur eine Geschichte hat, sondern die begrifflichen Leistungen, in denen sie sich darstellt, untereinander verbunden sind. Die Wahrheit hat für Hegel den Charakter eines Systems. Die einzelnen Begriffsgeschichten lassen sich für ihn folglich nicht in separierten Fächern ablegen, sondern nur in ihrem Zusammenhang – ein, nebenbei gesagt, nahezu unübersetzbarer deutscher Begriff, dessen Bedeutung durch «interrelation» oder «interconnessione» oder «interdependence» nicht gut wiedergegeben ist.

Schließlich beschreibt Hegel die Anforderungen, die eine solche Art des Erkennens an diejenigen stellt, die sich ihr widmen. Er – Hegels besonderes Individuum ist männlich – müsse die weltgeschichtlichen Bildungsstufen durchlaufen und für sich in Besitz nehmen: geduldig, verweilend, nichts Bekanntes schon als erkannt voraussetzend. Wissenschaft behandelt ihre Gegenstände als fremd und unwirklich, um im Durchgang durch solche Fremdheit sie am Ende neu wiederzuerkennen. Dafür findet Hegel eine eigentümliche Beschreibung. Wer etwas analysiere, zerstöre die Form seines Bekanntseins, um in dem Analysierten Gedanken zu finden, die tatsächlich in ihm wirksam sind, die es bewegen, seine Elemente beispielsweise, Kräfte, Strukturen, die es mit anderem vergleichbar machen. Man kann an Pathologen denken, deren Erkenntnis voraussetzt, dass sich das Subjekt nicht mehr bewegt. Oder an Historiker, die einen Vorgang am besten beschreiben können, wenn sie selbst nicht mehr Teil dieses Vorgangs sind. Hegel nennt diese Tätigkeit, aus Sachverhalten das herauszulösen, was sie erkennbar macht, «die ungeheure Macht des Negativen» und vergleicht sie dem Tod. Das Analysieren löst die Gegenstände auf, stellt sie still, dringt in ihr Inneres, trennt Teile ab, bezieht sie auf anderes, erforscht das Skelett einer Erscheinung oder ihre Gefäße, löst sie aus ihrem lebendigen Zusammenhang und kann sie mitunter am besten erkennen, wenn sie vergangen sind. Auch das heißt: «Der Tod, wenn wir jene Unwirklichkeit so nennen wollen, ist das Furchtbarste, und das Tote festzuhalten das, was die größte Kraft erfordert.» Am liebsten hätten wir, dass alles lebendig ist, und wir träumen uns gerne in andere Zeiten. Wir schrecken vor der Vergänglichkeit zurück, hängen an hergebrachten Ideen ohne Prüfung, ob sie noch etwas taugen, und sehen mit Unbehagen, dass der Verstand, den Hegel nicht nur als die «verwundersamste» Macht bezeichnet, sondern auch als die größte und absolute, uns die liebgewordenen Gewohnheiten wegnimmt. Hegel appelliert in seiner Vorrede an unsere Fähigkeit, unsentimental zu sein und der Ehrlichkeit des Erkennens zu vertrauen.[31]

«Hegel ist hier und schreibt die Zeitung», meldet Ende April 1807 der Bamberger Arzt Adalbert Friedrich Marcus trocken an Schelling, der inzwischen in München angekommen war.[32] Von März 1807 bis November 1808 wird Hegel dieser Redakteurstätigkeit nachgehen. Die «Bamberger Zeitung» wirkte damals mit einem Abonnentenstamm von etwa zweitausend Exemplaren über die Stadt hinaus. Sie war zuvor von einem 1791 aus Frankreich geflohenen katholischen Priester redigiert worden. Der hatte sich aber nun der nach Polen weiterziehenden französischen Armee angeschlossen.[33] Sein Nachfolger, ein Bamberger Professor, zündete der Zeitung durch unlesbare Beiträge, wie Niethammer an Hegel schreibt, «beinahe schon die Todesfackel» an.[34] Der verzweifelte Verleger kannte die Schriften und den Stil Hegels offenbar nicht und fasste Zutrauen in den Vorschlag Niethammers, dem er die Redakteursstelle erfolglos angeboten hatte, seinem Freund das Blatt in die Hände zu legen. Hegel nimmt an, nachdem er die Bücher geprüft hat, da ihm kostenloses Wohnen und die Hälfte der Gewinne als Salär zugesagt worden waren, nicht aber ohne die sich danach bald zerschlagenden Hoffnungen auf Heidelberg zu erwähnen.

Bamberg selbst fand Hegel viel urbaner als Jena. Tatsächlich war es auch fast viermal so groß. Ein nicht erhaltener Brief, aus dem Karl Rosenkranz zitiert, nennt Jena ein Kloster, das, wie Weimar, gegenüber dem Rest Deutschlands isoliert sei, weshalb die Schule nun in die Welt müsse.[35] Hegel will über das kleine Publikum, das ihm bislang folgte, hinauswirken, und es ist ihm nach der Tortur der «Phänomenologie» erkennbar nach Geselligkeit. Als er zu Beginn des Wintersemesters im November 1806 schon einmal in Bamberg weilte, schreibt er an Frommann, «artige Bekanntschaften» gemacht und «mit Damen L'Hombre gespielt» zu haben, «woraus zu ersehen, um wieviel die Kultur hier weiter vorgerückt ist, da sogar Jenenser Damen noch nicht auf dieser Höhe stehen».[36] L'Hombre, ein Kartenspiel für drei Personen, war damals in Mode; Hegel berichtet in seinen Briefen wiederholt davon, dass bei Zusammenkünften an mehreren Tischen gespielt wurde.

Als Hegel in Bamberg lebt, nimmt die Zahl seiner artigen Bekanntschaften deutlich zu. Als Redakteur der Zeitung war er dort jemand. Vor allem frequentiert er das Haus des Oberjustizrats Johann Heinrich Liebeskind und seiner musikalischen Frau. Hegel nimmt an Stadtfesten teil, bei denen die Teilnehmer als Luther, Märtyrer, Bären und Göttinnen maskiert sind: Beim dreistündigen Souper unterhält sich Hegel – als Kammerdiener verkleidet – mit einer Aphrodite.[37] Er lobt das Bier, und er lernt den hierin ebenfalls sachkundigen Jean Paul kennen – «Hegel gefällt mir über alle Erwartungen hinaus» –, der die «Phänomenologie» schon deshalb liest, weil er alles las, und gegenüber Jacobi Hegels «Klarheit, Schreibart, Freiheit und Kraft» rühmt sowie dass er sich von seinem «Vater-Polypen» Schelling abgelöst habe.[38]

Die Tätigkeit als Journalist ermöglichte Hegel einen Ausgleich der in ihm stets vorfindlichen Spannung zwischen Denken und öffentlicher Wirksamkeit. «Die Philosophie ist etwas Einsames», schreibt er, «sie gehört zwar nicht auf die Gassen und Märkte, aber noch ist sie von dem Tun der Menschen fern gehalten, worein sie ihr Interesse, so wie von dem Wissen, worein sie ihre Eitelkeit legen.»[39] Die Grammatik erlaubt bemerkenswerte Fügungen: Auf die Gassen gehört die Philosophie zwar nicht, *aber* sie ist dort auch nicht. Weshalb dieses «aber», wenn nicht um die Hoffnung auszudrücken, die Philosophie könne das Interesse der Menschen erreichen? In der Zeitung war freilich kein Platz für Philosophie, doch Hegels Interesse am Weltgeschehen entschädigt ihn dafür.

«Ich werde», so beschreibt er seine Stellung als Redakteur, «teils
nicht gerade ein Privatleben führen, denn es gibt keinen publikern
Menschen als einen Zeitungsschreiber, und literarische Arbeiten
sind eben etwas Öffentliches.»[40]

Die Zeitung selbst lag, da sie in Bayern herauskam, auf einer
napoleonfreundlichen Linie, die zu halten Hegel gewiss nicht
schwerfiel. Napoleon, ein Jahr jünger als Hegel, stand im Zenit seiner Bedeutung. Preußen war halbiert, alles, was politisch denkt,
denkt nun über Napoleon nach. «Die deutschen Staatsrechtslehrer» notiert Hegel, «unterlassen nicht, eine Menge Schriften über
den Begriff der Souveränität und den Sinn der Bundesakte zu
schreiben. Der Große Staatsrechtslehrer sitzt in Paris», denn er
lehre den deutschen Fürsten den Unterschied zwischen Souverän
und Despot.[41] Dass Napoleon zu dieser Zeit selbst die Grenze zur
Despotie überschreitet, sieht Hegel nicht. In kleinen Wendungen
der Berichterstattung lässt sich seine Parteinahme erkennen, etwa
wenn vom «glorreichen» Sieg der Franzosen in der Schlacht bei
Friedland geschrieben wurde.[42] Oder wenn er von Huldigungen
berichtet, die Napoleon von Pariser Wissenschaftlern erfuhr, um
in den folgenden Ausgaben ausführlich die gegenaufklärerischen
und religiös intoleranten Umtriebe des Kopfs der Gegenrevo-
lution, Louis-Gabriel-Ambroise de Bonald, zu kritisieren. Die
große Kraft, die die französische Nation gegen andere beweise,
hatte er in einem Brief vom Januar 1807 geschrieben, komme daher, dass die Individuen dort die Furcht des Todes gespürt und
ihr «Gewohnheitsleben, das bei Veränderung der Kulissen» durch
die Revolution «keinen Halt mehr in sich hat», abgelegt hätten. Er
hofft, dass dies auch in Deutschland seine Wirkung tun werde, ja
vielleicht sogar die Innerlichkeit, wenn sie ihre Trägheit gegen die
Wirklichkeit aufgebe, sich in der Äußerlichkeit bewahre und «ihre
Lehrer übertreffen werde».[43]

Sein «ganzes politisches Gemüt»[44] sieht Hegel an der Frage hängen, ob die deutschen Staaten sich eine Verfassung nach Art der

französischen geben – und am Frieden. Obwohl: Die Friedenszeit sei für Zeitungsschreiber, was der Mondschein und gute Polizei für Diebe sei.[45] Die Frage der Verfassung aber, die er seit den Berner Jahren mit sich herumträgt, bringt jenes politische Gemüt ins Wallen. Freiheit des Volkes, allgemeines Wahlrecht, öffentliche Begründung des Regierungshandelns – bei allen «Nachahmungen des Französischen» werde diese Hälfte in Deutschland immer weggelassen, weshalb es für Hegel mit der anderen Hälfte auch nichts ist: «Sie haben Schreib- und Preß (hätte schier gesagt Freß-) Freiheit, aber keine Publizität, d. h. daß die Regierung ihrem Volke den Zustand des Staates vorlegt [...], dies Sprechen der Regierung mit dem Volke über ihre und seine Interessen ist eines der größten Elemente der Kraft des französischen und englischen Volkes.»[46] Die Reihe von Vokabeln, mit denen Hegel die politischen Umstände in Deutschland charakterisiert, ist drastisch: Willkür, Grobheit, Rohheit, vornehmlich Stummheit, Hass der Publizität, Aussaugung, Verschwendung, Dumpfheit, Missmut, Gleichgültigkeit gegen alles Öffentliche, Kriecherei und Niederträchtigkeit.[47] Will man dieser Liste eine Analyse entnehmen, so ist es folgende: Ohne politische Freiheit und das Zutrauen in Selbstverwaltung auf lokaler Ebene liegt auf der Straffung der Exekutive und dem zentralen Organisieren – die man dem Staat Napoleons abzulernen mancherorts und gerade im Bayern des Staatsministers Maximilian von Montgelas bereit war – kein Segen.

So etwas hätte Hegel nicht publizieren können. Das bayerische Pressegesetz von 1799 erlaubte damals überhaupt keine «raisonierenden Artikel», also offene Meinungsstücke.[48] Doch Hegel stellt aus französischen und anderen deutschen Zeitungen Artikel zusammen, versucht, widersprechende Mitteilungen zu klären, setzt Anmerkungen wie diese an das Ende eines Berichts: «Es ist daher an jenen Nachrichten, die sich Übelgesinnte, oder gedankenlose Menschen, die keine Data vergleichen, auch in andern Gegenden auszubreiten befleißen, nichts wahr, als die Verlegenheit des preuss. Gen. Gouvern., wodurch es sich genöthigt sieht, zu solcher Abgeschmackheit in der Erdichtung seine Zuflucht zu nehmen.» Von Ende 1807 an erscheint in fast jeder Ausgabe der Zeitung ein Beitrag aus Kassel, der Hauptstadt des neuen, von Napoleon gegründeten Königreichs Westfalen, Hegel druckt praktisch die gesamte Selbstdarstellung dieser «freien Monarchie» ab. Außerdem in mehreren Fortsetzungen eine Rede des Historikers Johannes von Müller, der gerade zum höchsten Schulmann Westfalens ernannt worden war, in der dieser vor den Reichsständen in Kassel die neue napoleonische Ordnung – «Einem Chaos von Gesetzen folgt die Klarheit und Ordnung eines Gesetzes» – erläuterte und die Absicht der Verfassung, «geringere Bürger und Menschenklassen empor zu heben», überschwänglich pries: «Jeder hat seine Ehre, alle haben gleiches Recht.»[49]

Von den französischen Truppen im Vierten Koalitionskrieg versucht Hegel ein freundliches Bild zu zeichnen, dem gegenüber die russischen schlecht abschneiden. So erzählt die «Bamberger Zeitung» vom 21. März 1807 eine Anekdote, die sich knapp einen Monat zuvor in Hersfeld zugetragen haben soll, als Napoleon nach einem tödlichen Attentat auf einen seiner Offiziere befohlen hatte, die Stadt zu plündern und danach niederzubrennen: «Der Commandant ließ die Bürger versammeln, um ihnen den Befehl des Kaisers bekannt zu machen, und sie nochmals vor aller Widersetzlichkeit zu warnen. Die Bürger waren so erschrocken, und ohne Geisteskraft, daß sie der Commandant selbst erinnerte, ihre besten Habseligkeiten auf die Seite zu schaffen. Darauf versammelte er seine Soldaten (es war ein badisches Detaschement) [eine besondere Einsatztruppe], stellte ihnen erst das traurige Schicksal der Bürger lebhaft vor, und sagte hierauf: Soldaten! Die Erlaubnis zu plündern, fängt jetzt an; wer von dieser Erlaubnis Gebrauch machen will, der trete aus dem Glied! Kein Soldat bewegte sich. Er wiederholte den Aufruf, und kein Soldat bewegte sich.» Die Leser werden danach aufgefordert, das mit Berichten über das grausame

Verhalten von «Cosacken-Corps» zu vergleichen, die tags zuvor erschienen waren.[50]

Wer in Hegel einen dem preußischen Staat verpflichteten Denker erkennen will, wird in der Bamberger Zeit also keine Anhaltspunkte dafür finden. Als der offizielle Bericht des preußischen Hofes über die Schlacht bei Jena und Auerstedt veröffentlicht wird, in dem der König von Preußen Wert auf die Feststellung legt, man sei dem Feind vielleicht an Kriegserfahrung, aber nicht an Tapferkeit unterlegen gewesen, reagiert Hegel schneidend. Die Aufzählung toter preußischer Prinzen, die der Bericht enthielt, zähle für die Nachwelt nichts, denn diese urteile nach dem Ergebnis: «Mit seiner Person in einer Schlacht bezahlen, ist die vorzüglichste Eigenschaft eines Soldaten, nicht eines Fürsten.»[51]

Die Engländer vor Kopenhagen, seine Majestät auf Schweinsjagd, die Verfassung des Herzogtums Warschau, ein genauer Überblick über die Schlacht von Eylau, die Abreise einer herzoglichen Familie, die Durchreise des einen oder anderen Marschalls, ein Flugblatt des königlich preußischen Generalgouvernements, die Neuordnung Deutschlands in Tilsit, die konstitutionellen Entwicklungen im Königreich Westfalen – es sind solche Ereignisse, die Hegel in seinem Blatt vermeldet und kommentiert. Er nennt seine Tätigkeit «zwar genuß- aber auch verdrußlos»,[52] spricht vom «vegetierenden Gang» des Zeitungslebens[53] und bestellt bei Niethammer, um seinem Geist aufzuhelfen, eine Rumfordsche Kaffeemaschine, eine von dem wunderlichen Grafen Rumford erfundene Filterkanne also, die damals der letzte Schrei war. Als die «den Wissenschaften verdankte Maschine» ankommt, dankt Hegel – nicht ohne zu klagen, in Bamberg hätten die Wissenschaften noch keinen Einfluss, einen blechernen Wasserkessel habe man ihm noch nicht zu verschaffen gewusst.[54] Was die ohne viel Freude beschriebene Arbeit angeht, so sieht Hegel seinen Hang zur Politik, den er immer gehabt habe, bemerkenswerterweise durch die Redakteurstätigkeit geschwächt, weil er weniger auf den Inhalt als auf die Neuigkeit der Artikel zu achten habe. Auch die Vermutung, er wisse noch viel mehr, als er drucke, die er als Neugier seines Umkreises erlebt, muss er enttäuschen: «Unter uns gesagt, weiß ich jedoch niemals mehr, als in meiner Zeitung steht und sehr oft dies nicht einmal.»[55] Hegel nennt die Publizität «eine so göttliche Macht», ergänzt aber, «gedruckt sieht die Sache oft ganz anders aus als gesagt und getan, ihre Schiefheiten kommen ebenso sehr an den Tag, als ihre Vortrefflichkeit erst ihren Glanz dadurch erhält» – um den unparteiischen Spiegel der Zeitung rein zu halten, habe er jetzt weißeres Papier bestellt.[56]

In kaum einem Brief, den Hegel in seiner Bamberger Zeit schreibt, vergisst er zu erwähnen, dass er auf der Suche nach einer seinen eigentlichen Aufgaben angemesseneren Stelle ist. Was er jedoch ablehnt, ist das Ansinnen, Religionslehrer in Bamberg zu werden. An einer Logik zu arbeiten, denn das tut er nach den Redaktionsstunden, und gleichzeitig theologischen Unterricht zu geben, das sei wie «Weißtüncher und Schornsteinfeger zugleich sein, Wiener Tränkchen nehmen und Burgunder dazu trinken [...]. Herr! Gib, daß dieser Kelch vorüber gehe!»[57]

Am 2. November 1807 antwortet Schelling auf die Zusendung der «Phänomenologie des Geistes». Zunächst entschuldigend: Vielerlei Engagements halber sei er bis jetzt nur zur Vorrede gekommen. Nach einem halben Jahr? Man kann es sich kaum vorstellen. Hegel hatte ihm ein Werk übersandt, fünfmal so umfangreich wie die längste Schrift, die Schelling zwischen 1801 und 1807 verfasst hatte. In seinen Vorlesungen über die Geschichte der Philosophie wird Hegel sehr viel später schreiben: «Schelling hat seine philosophische Ausbildung vor dem Publikum gemacht.»[58] Anders als er, Hegel, publizierte Schelling einfach so gut wie alles, was ihm durch den Kopf gegangen war. Das hieß unter anderem, dass Schelling wie vor den Kopf geschlagen sein musste, als er die «Phänomenologie» in Händen hielt, weil solch ein Buch vom

Spätentwickler Hegel, der sich in Jena weitgehend in den Bahnen Schellings zu bewegen schien, schlechterdings nicht zu erwarten gewesen war. Ein Werk überdies, das schon in seinem Inhaltsverzeichnis und seinen Kapitelüberschriften deutlich machte, von wie anderer Art es im Vergleich zu allen idealistischen Texten war, die seit Kants «Kritik der reinen Vernunft» publiziert worden waren. Vielleicht jedoch hatte Schelling gerade darum der Versuchung, sich das anzuschauen, widerstanden, weil er ahnte, dass hier etwas Außerordentliches ohne viel Rücksicht an ihm vorbeizog.

So oder so, Schelling will es kurzmachen. Um die in der Vorrede vorgetragene Polemik auf sich zu beziehen, schreibt er, müsste er doch zu gering von sich denken. Hegel selbst habe die Kritik ja in seinem Brief «auf den Mißbrauch und die Nachschwätzer» bezogen, «obgleich in dieser Schrift selbst dieser Unterschied nicht gemacht ist». Schelling versteht schon, dass es sich hier um eine in ihren Mitteln nicht wählerische Attacke handelt, und schreibt, ihre Differenzen ließen sich «ohne Aussöhnung kurz und klar ausfindig machen und entscheiden [...]; denn versöhnen läßt sich freilich alles, Eines ausgenommen.» Was meinte er mit diesem «Einen», Untreue, Verrat, Bosheit? Schelling bewahrt jedoch die Contenance. Er verstehe nur nicht, schreibt er, was Hegel gegen den Begriff der Anschauung habe, denn was beide «Idee» nennen würden, habe eben eine Seite, die Begriff, und eine, die Anschauung sei.[59]

Tatsächlich hatte Schelling stets, zuletzt in seiner Schrift «Fernere Darstellungen aus dem System der Philosophie» von 1802, eine Erkenntnisart verlangt, die beides, Anschauung und Begreifen, vereine. Schelling hatte es mit der Natur und mit dem Versuch, das am meisten ungeistig Erscheinende doch aufzuschließen und alle Naturgesetze als Produkt einer Intelligenz zu ermitteln. Dazu sollte sich der Gegensatz von Natur und Geist selbst als ein Irrtum erweisen lassen, samt einer Naturwissenschaft, die in der Natur nur eine komplizierte Kausalmaschine zu erkennen vermag.

«Denn wie kann eine Reihe von Kenntnissen ein Wissen sein, welche in keinem Punkte etwas Unbedingtes hat», sondern immer nur eine Ursache auf die ihr vorausliegende verweise, womit man sich begnüge, weil man sicher sei, es nie nötig zu haben, die Bedeutung des Ganzen zu kennen? Schelling fügte hinzu: «Wie die englische Staatsschuld. Beständiges Borgen von einem zweiten, um den ersten, von einem dritten, um den zweiten zu bezahlen.» Dieser aufklärerischen Art, in der Natur vor allem mechanische Wirkungsketten zu erkennen, hält Schelling vor, sie reiße «aus der Indifferenz des Denkens und Anschauens» heraus, die gegenüber dem Erklären der eigentliche Charakter des Philosophen sei.[60]

Dass die Einbildungskraft als ein Vermögen dieser Indifferenz zwischen dem Endlichen und Unendlichen, zwischen Natur und Freiheit, «in der Mitte schwebt» und dabei Ideen produziert, wie Schelling schon 1800 formuliert, drückt sehr gut sein Zögern aus, Natur und Geschichte auf Begriffe und gar noch auf einen Begriff bringen zu wollen. Die produktive Intelligenz, die alles hervorbringt und den Gegensatz von Natur und Geist nicht kennt, stellt er sich nach Art poetischer, mythologischer oder religiöser Produktion erfinderisch vor. Hegel hingegen denkend. Schelling spricht von Kräften und Gegenkräften, Hegel von der Negativität des Denkens, das sich bei nichts beruhigt. Schelling interessiert sich für Polaritäten, Hegel für Widersprüche.[61]

Zwischen Hegel und Schelling geht es mithin nicht nur um philosophische Argumente, sondern auch um eine mit ihnen zusammenhängende Art, Philosophie zu betreiben. In Hegels Texten findet sich die Welt ganz anders angesprochen – als eine Welt, in der es Staaten gibt, Kriege und Intellektuelle, Hunger, Guillotinen und Theater, Proletarier, den Protestantismus und Diderot. In Schellings Untersuchungen, denen Hegel im Stil lange folgte, kommt all das gar nicht vor, sie bewegen sich seit seiner Jugend zumeist im Prinzipiellen, in Kategorien und üben das Denken in sich auflösenden Gegensätzen ein. Später beschwert er sich, er könne nicht zulassen, dass sich der Methode, die er in seinem «System des transzendentalen Idealismus» entwickelt habe, ein anderer rühme und dass er sie sich rauben lasse, denn er habe sie erfunden. Gemeint ist Hegel und gemeint die Methode, dem Ich «transzendentale Vergangenheiten» dadurch nachzuweisen, dass gezeigt wird, wie jede «Objektivität», die dem Ich gegenübertritt, nur eine vormals vom Ich selbst produzierte Welt sei, deren Subjektivität es bloß vergessen habe.[62] Das Ich ist also Subjekt und Objekt zugleich, woran es der Philosoph erinnern muss. – Schelling hat recht, er hat die Methode erfunden, aber wie Hegel sie eingesetzt hat, dürfte für ihn doch etwas Neues gewesen sein.

Hegel wird auf diesen Brief nicht antworten, die Freunde werden lange nur noch übereinander, aber kaum mehr miteinander sprechen. Isaac von Sinclair schickte Hegel, der offenkundig nach Hölderlin gefragt hatte, am 23. Mai 1807 die Mitteilung, er wisse auch nichts über ihn, außer dass er «in der Kur» bei Professor Autenrieth in Tübingen sei.[63] Tatsächlich war der Dichter gerade aus dieser, nach allem, was wir wissen, malträtierenden Zwangsbehandlung als unheilbar entlassen worden. Eine der bedeutendsten intellektuellen Konstellationen der deutschen Ideengeschichte war somit nach nicht einmal zwanzig Jahren zerfallen. Hölderlin versinkt, in Pflege genommen, im Dunkel einer mal erregten, mal stillen Geistesabwesenheit. Schelling entwickelt unter dem Einfluss des katholischen Theosophen Franz von Baader seine Theorie der Weltalter, in der die Vernunft als Grundbegriff des Nachdenkens über die Geschichte von den bedeutenden «Philosophischen Untersuchungen über das Wesen der menschlichen Freiheit» an, die 1809 erscheinen, immer stärker zurückgedrängt wird. Hegel hingegen hält an den Losungsworten seiner Jugend fest und legt von nun an in kontinuierlicher Arbeit Schritt für Schritt sein «System» vor: eine Logik, eine Enzyklopädie, eine Rechtsphilosophie und in vielen Vorlesungen den Rest.

Doch das wird noch dauern; die Erwartung, an eine Universität zurückzukehren, erfüllt sich auf Jahre hinaus für Hegel nicht. Intellektuell und in puncto Karriere leidet Hegel unter der vielen schlechten Philosophie, die er um sich herum reüssieren sieht. Die ersten Kritiken der «Phänomenologie des Geistes» fallen negativ und verständnislos aus; wer freilich wollte dieses Buch gern rezensieren? Mitunter rächen sie sich auch einfach nur für Sarkasmen, die Hegel bei anderer Gelegenheit über die Rezensenten oder ihre Lehrer ausgeschüttet hatte. Solche Kritiker wie der vier Jahre ältere katholische Priester Jakob Salat – «Die Fortschritte des Lichts in Baiern» (1805) – und der fünf Jahre jüngere Jacobi-Schüler Friedrich Köppen – «Schellings Lehre oder Das Ganze der Philosophie vom absoluten Nichts» (1803) – werden nach Landshut berufen. Hegel spricht von einer «in Landshut zusammengebacknen Pastete».[64] Als sich ein gewisser Karl Rottmanner zu einer Attacke auf Jacobis Rede über gelehrte Gesellschaften aufschwingt, mündet die Empörung Hegels, der alles andere als ein Anhänger Jacobis war, in einen Kommentar zur beliebten Unterscheidung zwischen norddeutschem und süddeutschem Denken. Rottmanner hatte die «frühere Bildung» als die protestantisch-nördliche bezeichnet, der es an höherem Sinn und Leben an sich mangele und die sich fremden Sitten sowie ausländischer Eitelkeit hingegeben habe, während die «wahrhaftteutsche» Bildung natürlicher, wärmer und dem alten Glauben verpflichtet sei.[65] Hegel findet nicht nur jede Menge philosophisch ahnungsloses Geschwätz darin, sondern auch eine Ironie: «Ebenso schwatzt dieser Jünger die Vortrefflichkeit des katholischen Mittelalters nach, welche bekanntlich nirgends als in Norddeutschland erfunden worden ist.» Man wittere hinter allem Angriffe auf den katholischen Glauben, bekreuzige sich beim Lesen und sage sich ständig vor, man lasse sich von den teuflischen Philosophen nicht täuschen, so dass gar nicht mehr durchdringe, was diese sagten.[66]

In seiner Bamberger Zeit schreibt Hegel einen unveröffentlicht gebliebenen Aufsatz, der die Philosophie gegen solche Vorwürfe verteidigt, zu weit vom gesunden Menschenverstand entfernt, zu kalt, allgemein und zu spekulativ zu denken: «Wer denkt abstrakt?» Der schönen Welt und der guten Gesellschaft wird darin eine Abneigung gegen Metaphysik und das abstrakte, schwierige Denken attestiert. Können uns die Philosophen nicht mit ihren Schwierigkeiten in Ruhe lassen? Aber nicht die Philosophie, sagt Hegel, ist abstrakt, vielmehr das Gerede, das beispielsweise in einem zum Tode verurteilten Verbrecher nur dies erkennen will, «daß er ein Mörder ist», und sonst nichts, ja, das sich beschwert, wenn jemand darauf hinweist, dass er zuvor ein elendes Leben geführt oder ein schönes Gesicht hat. Auch die Scheinheiligkeit derjenigen ist abstrakt, die das Rad, auf das er geflochten wurde, mit Blumen bekränzt, weil es «eine Kotzebuesche Versöhnung, eine Art liederlicher Verträglichkeit der Empfindsamkeit mit dem Schlechten» sei. Jemand hat eine Verteidigung des Selbstmordes geschrieben, und ein Bürgermeister empört sich: «Schrecklich, gar zu schrecklich! – Es ergab sich aus weiterer Nachfrage, daß *Werthers Leiden* verstanden waren.» Abstrakt sei es, wenn eine Marktfrau auf die Beschwerde, ihre Eier seien faul, entgegnet, die Kundin sei selber liederlich, von schlechten Eltern und Betragen. Abstrakt behandele ein Herr seinen Bedienten, wenn er in ihm, anders als es die Franzosen pflegten, nur den Bedienten sehe und nicht auch den, der eine Meinung hat, die Neuigkeiten kennt und die Mädchen und die öffentlichen Anschläge, worüber man ihn befragen kann.[67]

Hegel formuliert später einmal, «die gesunde Menschenvernunft geht auf das Konkrete»[68] – er verwendet also nicht den Begriff «gesunder Menschenverstand» –, um zu sagen: Die Unwahrheit der Marktfrau liegt darin, dass sie nicht bei der in Frage stehenden Sache bleibt, sondern aus ihr die Mitteilung «Vorwurf» herausabstrahiert, um auf einen Vorwurf gleich ein halbes Dutzend eigener zurückzugeben. Der Verstand ist einseitig, die Vernunft betrachtet die Dinge in ihrer konkreten Allgemeinheit, ihrer Totalität. Eine Gesellschaft, die das Denken verachtet, denkt insofern selbst abstrakt von sich. Sie kennt das Denken nur abstrakt, nicht konkret. Wenn sie nur ihren höheren Kreisen Bildung zuschreibt, so täuscht sie sich, denn abstrakt wird in allen Schichten gedacht. Sie ist insofern ungebildeter, als sie glaubt. In seiner Vorlesung über das Prinzip der Tragödie, Komödie und des Dramas wird Hegel sagen: «Komisch […] ist überhaupt die Subjektivität, die ihr Handeln durch sich selber in Widerspruch bringt und auflöst, dabei aber ebenso ruhig und ihrer selbst gewiß bleibt.»[69]

NEUNTES KAPITEL

Hauptsache anstrengend:
Schule, Logik, Ehe

«Der Mensch will brutto geliebt werden,
nicht netto.»

Friedrich Hebbel

K ann man sich Hegel als jemanden vorstellen, der Waffen-
übungen beaufsichtigte? Nein, nicht nur beaufsichtigte,
sondern für pädagogisch wertvoll erachtete? «Schon als Bildungs-
mittel», lässt er am 14. September 1810 seine Zuhörer wissen, «ist
dieser Unterricht sehr wichtig» – und er meint militärische Exer-
zitien. Die Übung in Sinnesgegenwart, fällt ihm dazu ein, «das
Befohlene, ohne sich erst hin und her zu bedenken, auf der Stelle
mit Präzision auszurichten, ist das direkteste Mittel gegen die
Trägheit und Zerstreuung des Geistes, die sich Zeit nimmt, bis sie
das Gehörte in den Sinn hineingehen lässt, und noch mehr Zeit,
bis sie wieder herausgeht und das halb Gefaßte halb ausrichtet.»
Liegt der Sinn der Schule also nicht nur im Denken, sondern auch
im Nichtdenken? Sportunterricht wurde damals am Gymnasium,
trotz des auf Körperübungen verweisenden griechisch-lateini-
schen Namens dieser Schulform, nicht erteilt. «So pflegen Waffen-
übungen», fuhr Hegel fort, da ihm bewusst war, wie sehr sich dieser Unterricht doch von der Lektüre von «De bello Gallico» oder
der «Ilias» unterschied, «als etwas der Bestimmung zum Studium
sehr Heterogenes zu erscheinen; aber der jugendliche Geist ist an
und für sich nicht entfernt davon, und eine solche Probe dient am
meisten, die Vorstellung der Scheidewand, die wir um unsere Bestimmung ziehen, niederzureißen.»[1]

Hegels Zuhörer sind die Schüler und Lehrer, gewiss auch ehemalige, des Nürnberger Aegidianums, das heute Melanchthon-Gymnasium heißt und das erste humanistische Gymnasium in Deutschland war – und Hegel von 1808 bis 1816 sein erster Leiter. Was ein humanistisches Gymnasium sein sollte, war mithin eine völlig offene, von keinem Vorbild schon beantwortete Frage, und wir sehen, dass Hegel sich Mühe gab, sogar den «allerhöchst anbefohlenen Unterricht»[2] der Oberklasse im Befehleausführen in seine ansonsten mehr dem Geist gewidmeten Schulauffassung zu integrieren.

Hegel also geht erneut zur Schule, nun als Lehrer und Direktor. Schon in seiner späten Jugend schwebte ihm ein Leben als intellektueller Volkserzieher vor. Lessing schien ihm ein Vorbild dafür gewesen zu sein. Das Problem war freilich nicht nur, dass Hegel damals gar keine Schriften vorweisen konnte, die irgendeinen Anspruch auf eine solche Rolle hätten begründen können. Theaterstücke, ästhetische Programme, religionspolitische Interventionen – das alles hatte er nicht anzubieten, selbst seine politisch-theologischen Entwürfe hielt er zurück, weil sie ihm zu Recht nicht konsistent genug schienen. Darüber hinaus war er zunächst auch ein langsamer Arbeiter, der sich mit dem Rücken zum Publikum bildete. Hegel war ein Maulwurf. Das Temperament des bewunderten Denis Diderot, der ein Projekt nach dem anderen verfolgte, hier einen Roman schrieb, dort eine öffentliche Auseinandersetzung verfolgte, dazwischen eine ganze Enzyklopädie redigierte und noch Zeit fand, kleine und große Dialoge zu publizieren, war nicht das Temperament Hegels.

Leicht kann außerdem übersehen werden, wie ökonomisch prekär die Positionen Lessings und Diderots zu ihrer Zeit waren. Von seinen Autorenhonoraren allein hätte Lessing schwerlich leben können. Über Diderot gibt es die Anekdote, dass er mitunter das Haus nicht verließ, weil sein einziges Hemd in der Reinigung war. Diese ökonomische Unwahrscheinlichkeit einer schriftstellerischen Existenz galt damals umso mehr, als das Urheberrecht an Texten über Hunderte von kleinstaatlichen Grenzen hinweg nur schwer durchsetzbar war. «Freier Autor» sagte sich also leichter, als es im Rahmen einer bürgerlichen Lebensweise möglich war. Denn um sie – und beispielsweise eine Familiengründung – durch freie Autorschaft zu ermöglichen, bedarf es eines literarischen Marktes mit gut zahlenden Abnehmern, etwa Journalen. Wann immer solch ein Markt entstanden ist, um 1800 gab es ihn für die wenigsten deutschsprachigen Autoren, jedenfalls solange sie keine Romane schrieben, wie Jean Paul oder Ludwig Tieck. Alle anderen Intellektuellen, die nicht Erben eines Vermögens waren, sahen sich auf die Unterstützung von Mäzenen, auf die Universität, Pfarreien, Theater oder Bibliothekarsstellen oder auf hauptberufliche Tätigkeiten außerhalb des intellektuellen Feldes verwiesen: als Sekretär, Kirchenbeamter, Minister.

Hegel ist achtunddreißig, und er war bis dahin Hofmeister in Bern und in Frankfurt, unbezahlter Privatdozent und außerordentlicher, mithin ebenfalls unbezahlter Professor der Philosophie in Jena, zuletzt, von Juni 1806 an, dort durch Fürsprache Goethes dann doch mit einem Gehalt versehen, und schließlich Redakteur einer Regionalzeitung in Bamberg. So allerdings hatte er sich die Volkserziehung nicht vorgestellt, «denn jede Minute bei meinem Zeitungswesen ist verlornes, verdorbnes Leben.»[3] Damit meinte er nicht verlorene Lebenszeit bei Powerpoint-Präsentationen oder das Verschwenden von Gedanken im Umgang mit den Eigentümern seiner Zeitung. Vielmehr reiben ihn die Kämpfe mit der Zensur auf. Bayern hatte sich 1805 an das napoleonische Frankreich gebunden und war 1806 Königreich geworden. Der berühmte Staatsminister Maximilian von Montgelas strafft den Staat, zentralisiert die Verwaltung, und der König verbietet in diesem Zuge, Periodika ohne staatliche Genehmigung herauszugeben. Hegel ächzt in der «Zeitungs-Galeere», in der ihn jeder Artikel, den er ins Blatt nimmt, das Vertrauen der Zeitungsbesitzer kosten kann.[4]

So fragt das Königliche General-Kommissariat Bamberg etwa, woher der Artikel in der «Bamberger Zeitung» vom 26. Oktober 1808 denn gekommen sei. Dieser Artikel hatte das dreiwöchige Treffen von Napoleon I. und Zar Alexander I. in der damaligen französischen Exklave Erfurt behandelt, das gerade zu Ende gegangen war. Hegel interessierte sich schon deshalb dafür, weil es bei diesem G-2-Gipfel auch zur Begegnung von Goethe und Napoleon gekommen war. Sein Freund Karl Ludwig von Knebel, das Ohr Goethes seit 1774, hatte ihn in Briefen über die Ankünfte der Monarchen und Fürsten, ihre Frühstücke, ihre Jagden und Theaterbesuche, vor allem aber über den Eindruck informiert, den Napoleon machte: «Man ist enthusiastisch für den großen Mann gesinnt. Mit unserm Goethe hat er sich schon ein paarmal ziemlich lange unterhalten und vielleicht dadurch auch deutschen Monarchen das Exempel gegeben, daß sie sich nicht scheuen dürften, ihre vorzüglichsten Männer zu erkennen und zu ehren.»[5] Knebel schildert all dies, nicht ohne die Bitte anzuschließen, Hegel möge davon Gebrauch machen, aber ohne ihn zu kompromittieren.

Der prompt nachfragenden Zensurbehörde, sie habe jenen Artikel vom 26. Oktober «mit Mißfallen» gelesen und werde die Aufsicht über die Zeitung jetzt nach München ziehen, antwortet Hegel «alleruntertänigst» und «mit tiefster Devotion». Der Artikel sei teils aus dem Erfurter «Allgemeinen Deutschen Staatsboten», teils aus der in Gotha erscheinenden «Nationalzeitung» wörtlich übernommen worden. In der nächsten Ausgabe der «Bamberger Zeitung» allerdings sei man schon den Gerüchten entgegengetreten, die der Artikel enthalte, zum Beispiel dem, Erfurt werde eine freie Stadt bleiben.[6] Diese Erklärung half Hegel aber nicht viel. Schon Monate zuvor hatte die bayerische Regierung angewiesen, für Artikel nur noch «offizielle Quellen» zu verwenden: den französischen und westfälischen «Moniteur» nämlich.[7] Dass die Zensurbehörde in München die Aufsicht über das Bamberger

Blatt an sich zog, war nicht nur ein Eingriff in die Meinungsfreiheit – ein Konzept, das es damals nur in den Köpfen, aber nicht in der rechtlichen Wirklichkeit gab. Es bedeutete für eine Zeitung auch erhebliche Verzögerungen; über der Münchner Prüfung, ob in Bamberg gedruckt werden durfte, was die dortigen Redakteure drucken wollten, wurde aus einer Neuigkeit etwas Altes.

Es ist bemerkenswert, wie genau Hegel die besondere Lage einer Zeitung beschreibt, bei der, anders als bei einem anderen Industrieunternehmen damals, anders «als bei jeder Fabrike oder Gewerbe»,[8] die Existenz von Zufällen abhängt. Ein einziger Artikel kann alles in Frage stellen, ohne dass der Produzent, in diesem Fall Hegel, der den Artikel angenommen hat, sichere Kriterien dafür hätte, welche Wirkungen der betreffende Artikel in der Zensurbehörde auslösen wird. An Meinungen, heißt das, konnte man 1808 viel mehr und vielfältiger Anstoß nehmen als an Schuhsohlen, Stühlen oder Omeletts. Kurz nach Hegels Weggang aus Bamberg wird die Zeitung geschlossen.

Hegel ist also zermürbt. Schon in Jena hatte er überlegt, ob ihm nicht eine Tätigkeit als Gymnasiallehrer in Frankfurt aus seinen ökonomischen Schwierigkeiten heraushelfen würde.[9] In Bamberg nimmt er diesen Faden wieder auf und verfasst eine verlorengegangene Denkschrift über das Lehramt an Lyzeen und Gymnasien.[10] Dennoch zeigt er sich überrascht, als ihm im Mai 1808 vorgeschlagen wird, Rektor eines solchen Gymnasiums zu werden. Er zweifelt, ob er, unerfahren in der Verwaltung, es mit seinen Vorgesetzten aufnehmen kann. Wird er noch die Zeit finden, sich um das zu kümmern, was er als seine eigentliche Aufgabe begreift? Selbst die Aussicht auf eine Stelle in München verbindet er mit der Frage, ob dort nicht eine «Literaturzeitung» fehle, also mit seinem Bedürfnis nach Nebentätigkeiten, die für ihn die eigentliche Haupttätigkeit ausmachen.

Bei alldem ist sein Ansprechpartner der protestantische Theologe und Schulreformer Friedrich Immanuel Niethammer. Er war der Adressat des berühmten Briefes über Napoleon als durch Jena reitende Weltseele; er schlägt Hegel den Wechsel ans Gymnasium vor. Der vier Jahre ältere Niethammer hatte Hegel 1789 auf dem Tübinger Stift gerade noch kennengelernt, bevor er zum Studium der Philosophie nach Jena ging und dort von 1798 bis 1804 als außerordentlicher Professor der Theologie lehrte. Nach einer theologischen Professur in Würzburg – wohin er Hegel ziehen wollte – wurde Niethammer schließlich 1806 in Bamberg Konsistorial- und Schulrat sowie von 1808 an in München Zentralschul- und Oberkirchenrat. Damit war er einer der wichtigsten bildungspolitischen Amtsträger in Bayern.

Niethammer, der auch Hölderlin eng verbunden war, gehörte zu denen, die das Gymnasium in seiner modernen Gestalt aus der Taufe hoben. Als er Hegel auffordert, in irgendeiner Provinzhauptstadt Gymnasialrektor zu werden, hat er gerade seine Kampfschrift gegen einen an Berufsnützlichkeit ausgerichteten Unterricht publiziert – einen Text, der noch heute verdient, gelesen zu werden. Ausgangspunkt der «praktischen» Schulauffassung war Niethammer zufolge die Zweck-Mittel-Vertauschung beim Unterricht in den alten Sprachen. Immer mehr sei ihr Studium Selbstzweck geworden, anstatt sich als Mittel zu verstehen, antike Texte als «die vollendetsten Meisterwerke der Cultur mit der Leichtigkeit, die der Genuß eines Kunstwerks und die davon zu erlangende Bildung fordert, lesen und studieren zu können». Zu dieser Aversion gegen das bloße Pauken von Latein und Griechisch ist für Niethammer die Absicht Friedrichs II., «Industrie und Gewerbefleiß» zu fördern, hinzugekommen. Nur das Nützliche sei noch geachtet worden. Niethammer spricht von der Herrschaft des Erdgeistes, der am Ende auch Religion auf Moralität reduziere, «die Weltweisheit zur Erdweisheit, die Wissenschaft zur Pulsmacherei erniedrigt». Das Erheben über das Irdische werde verachtet, man fördere, formuliert er, die Kenntnis der Außenwelt auf Kosten der Innenwelt. Die Schule sei zur «bloßen Vorschule zur künftigen bürgerlichen und Berufs-Bestimmung» erklärt worden.

Das sei mit Schulpflicht nicht vereinbar, denn die Pflicht, einen bestimmten Beruf auszuüben, existiere nicht; das Recht des Staates, Schulpflicht durchzusetzen, beruhe auf deren Zweck, zu Menschen zu erziehen: «Liegt denn etwa in dem Kinde eine an und für sich vorherrschende Richtung des Blicks über die Erde weg nach dem Himmel, daß es so nöthig wäre, eine Gewöhnung zur entgegengesetzten Aufgabe des Erziehungsunterrichts zu machen?» Die Schule soll also gegen die Tendenz zum nützlichen Spezialwissen erziehen. Niethammer notiert, dass sie der allgemeinen Bildung diene und nur in einem Fall einer speziellen Bildung: im Fall der Wissenschaft oder «Gelehrten-Bildung». Die Fehler der praktischen Schulauffassung: Man könne gar nicht alle Berufe im Schulunterricht unterbringen; man erkenne im Jugendalter noch nicht, welchen Beruf die Schüler ergreifen werden; die nur praktische Orientierung untergrabe den Idealismus, den Enthusiasmus, also den Patriotismus, was man in der Gegenwart – 1808! – erkenne. In den Kinderbüchern hätten Messer, Schere und Nadel die «luftigen Gestalten» ersetzt. Der Philanthropinismus wolle nicht nur in Worten, sondern auch in Sachen üben. Aber Gefühle und Gedanken seien auch Sachen.

Der Mensch, so Niethammer, bestehe aus Vernunft und Animalität. Er komme aus dem Blick, wenn die Vernunft und das Animalische nicht zusammen mit dem jeweils anderen betrachtet würden. Niethammer hält gleichwohl eine Asymmetrie zwischen beidem fest. Die Vernachlässigung des Geistigen habe schlimmere Folgen als die des Praktischen, weil man vom Geistigen aus das Praktische durchdringen könne, aber nicht umgekehrt. Man könne sich nicht selbst zur Vernunft bilden, sondern nur Vernunft könne das. Und wie? Den Geist üben. Wenige Unterrichtsgegenstände, aber diese intensiv. Ideen statt Sachen. Die Klassizität des

Guten, Wahren und Schönen verpflichte zum Altertum als Unterrichtsgegenstand.[11]

Der Geist dieser Schrift ist der Geist des Idealismus. «Die theoretische Arbeit», schreibt Hegel an Niethammer, «überzeuge ich mich täglich mehr, bringt mehr zustande in der Welt als die praktische; ist erst das Reich der Vorstellung revolutioniert, so hält die Wirklichkeit nicht aus.»[12] Schon im Mai 1808 hatte Niethammer angeregt, Hegel möge eine «Landlogik» ausarbeiten, also eine Logik für die Schulen. Damals zeigt sich Hegel reserviert, er wisse die Aufgabe nicht recht zu fassen. Einer weiteren Version der herkömmlichen Logik bedürfe es für ihn nicht, aber die neue Logik, an der er arbeite, könne nicht in einem Lehrbuch für Gymnasien vorgetragen werden, denn ein solches Buch wäre Lehrern wie Schülern zu fremd. Noch wisse er nicht, wie er Altes und Neues in einem solchen Kompendium vereinigen könne: «Sie wissen, daß auf eine sublime Art unverständlich zu sein, leichter ist, als auf eine schlichte Weise verständlich.»[13] Wenn er allerdings die Zeit fände, seine Logik auszuarbeiten, könne davon ein populärer Auszug in Aussicht gestellt werden: «Sollte nicht die Verbindung dieser beiden Geschäfte bei höheren Behörden selbst als Motiv gebraucht werden können?»[14] Als Motiv, ihn einzustellen. Hegel hat sich einstweilen damit abgefunden, dass es mit einer Universitätsprofessur in Erlangen etwa oder in Altdorf so schnell nichts wird.

Im Oktober 1808 ist es dann so weit, Hegel wird an das Egidiengymnasium in Nürnberg als Rektor berufen, «es fehlt nur noch des Königs Unterschrift», schreibt Niethammer.[15] Die Schule ist in einem ehemaligen Augustinerkloster untergebracht. Der für ihn zuständige Schulrat ist ein Freund, der Theologe Heinrich Eberhard Gottlob Paulus, mit dessen Frau Hegel ebenfalls korrespondiert. Hegel wird außerdem zum Professor der philosophischen Vorbereitungswissenschaften ernannt. Was Letzteres heißen soll, ist ihm zunächst völlig unklar. Es heißt: Einleitung in die Philosophie, «logikalische Übungen», Einführung in den Zusammenhang aller Wissenschaften, Religions-, Rechts- und Pflichtenkenntnis. Alles jeweils vier Stunden. Das Gymnasium hat zwischen dreißig und vierzig Schüler, aufgeteilt in vier Klassen, acht in der letzten Klasse, schreibt Hegel. «Drei-, sieben, neunmal» preist er Niethammer, der einen Lehrplan verordnet hat, «für die Emporhebung des Studiums der Griechen» und auch dafür, dass alle «Schnurrpfeifereien von Technologie, Oekonomie und Papillonfangen» aus dem Lehrplan verschwunden sind.[16]

Das richtet sich nicht zuletzt gegen den «Lehrplan für alle kurpfalzbaierischen Mittelschulen», den der katholische Priester und Gymnasialdirektor Kajetan Weiller 1804 veröffentlich hatte und der neben den alten Sprachen auch Unterricht in Landwirtschaft, Klugheitslehre und Völkerkunde vorsah. Weiller war ein Vertreter der katholischen Aufklärung, die es mit Realien und dem rechten Glauben hatte, weshalb es ihm stark auf die Nerven gehen musste, dass in Bayern zunehmend spekulative Protestanten in wichtige bildungspolitische Positionen gekommen waren: neben Niethammer und Paulus beispielsweise Jacobi 1807 als Präsident der Bayerischen Akademie der Wissenschaften, Schelling 1803 als Professor in Würzburg und drei Jahre später in München sowie der Altphilologe Friedrich Jacobs 1807 als Hofrat, Schulmann und Privatlehrer des Kronprinzen, der nach seiner Resignation am Münchner Wilhelmsgymnasium 1809 durch den noch hartnäckigeren Altertumswissenschaftler Friedrich Thiersch («Betrachtungen über die angenommenen Unterschiede zwischen Nord- und Süddeutschland», 1809) ersetzt wurde – und nun eben auch noch Hegel.

Die Protestanten hatte Weiller 1803 gleich mit der Schrift «Der Geist der allerneuesten Philosophie der HH. Schelling, Hegel, und Kompagnie» empfangen, die dem Leser eine «Übersetzung aus der Schulsprache in die Sprache der Welt» geben wollte. Denn die Lehre der Idealisten sei unverständlich, sie befinde sich «auf einer schwindelnden Höhe, – ob auf einer der äußersten Bergspitzen der

Vernunft, oder in einer Gondel der Luftschifferin Einbildungskraft».[17] Der Idealismus sei ein bloßes Spiel mit Begriffen und
Phantasmen. Die Freiheit von äußeren Zwängen, die als bloße
Traumgestalten dargestellt würden, werde nur durch Unfreiheit
gegenüber inneren Zwängen ersetzt: «Und ist Kettentausch – Frey-
heit?», fragt Weiller.[18] Entsprechend schien ihm die idealistische
Pädagogik zu theorielastig. In seinem im selben Jahr erschienenen
Erziehungstraktat mit dem deutlichen Titel «Über die Herstellung
des gehörigen Verhältnisses der Bildung des Herzens zur Bildung
des Kopfes als die dermalige Hauptaufgabe der Erziehung» diagnostiziert er, dem Zeitalter fehle es weniger an Wissen als an
Herzensstärke. Diese aber entstehe durch Übung der Gefühle gegen – wir würden heute sagen: für – das oberste Vernunftwesen
mittels erbaulicher Betrachtungen, Katechismusstunden und Predigten.[19]

Hegel hingegen wünscht sich in Nürnberg gleich ein paar mehr
Stunden Physik; einen Mathematiklehrer, der keine Algebra
(«Buchstabenrechnung») versteht, vertritt er selbst; in der Mittel-
stufe hat er vor, Psychologie «als Geisteslehre» zu unterrichten. Er
entwirft eine «Bewußtseinslehre für die Mittelklasse», eine Logik
jeweils für die Unter- und Mittelklasse und eine «Begriffslehre für
die Oberklasse». Wir werden gleich sehen, was er damit meinte
und wie grundlegend seine Unterrichtsvorbereitungen für die
Entwicklung seiner eigenen Hauptwerke werden sollten. In Französisch lässt er Texte von Molière bis Rousseau lesen. Ansonsten
sind die alten Sprachen obligatorisch. Hinzu kommen Religionsunterricht in deutscher Sprache, die «vaterländischen Klassiker»,
Geschichte, aber auch Zeichnen und Kalligraphie.[20]

Seinen Bildungsbegriff erläutert Hegel in den Gymnasialreden,
die er von 1809 an bis 1815 – außer 1812 und 1814 – jeweils zum
Abschluss des Schuljahrs hält. Zweck des Gymnasiums ist für
ihn die Vorbereitung zum gelehrten Studium, dessen Grundlage
die Griechen und Römer sind. Noch jeder Fortschritt in der Wis-

senschaft – Hegel spricht von «Aufschwung» – sei aufgrund einer
Rückkehr zum Altertum erfolgt. Das war ein wenig übertrieben,
denkt man daran, wie sehr beispielsweise wesentliche Errungenschaften der modernen Physik nur durch ein Sichabwenden von
den antiken Körper- und Bewegungslehren möglich wurden. Aber
Hegel hat die zahlreichen Renaissancen im Sinn, die griechisches
und römisches Denken, Rechnen, Messen, Bauen, Dichten und
Gestalten im Verlauf der europäischen Geistesgeschichte erleb-
ten. Aus der Zeit, in der das Lateinlernen ein Zweck an sich gewesen ist, sieht er seine Gegenwart allerdings heraus. Auch finde
die Wissenschaft inzwischen oft völlig unabhängig von der älteren
Literatur statt. Aber, und hier meldet sich der Bildungsgedanke,
gerade dadurch, dass das Studium der alten Sprachen in einer
Welt nationalsprachlicher Verständigung eine Spezialübung geworden ist, erschließt es für Hegel Perspektiven auf das Ganze
der Bildungswelt: «Nur was sich abgesondert in seinem Prinzip
vollkommen macht, wird ein konsequentes Ganzes, d. h. es wird
etwas; es gewinnt Tiefe und die kräftige Möglichkeit der Vielseitigkeit.»[21]

Soll heißen: Wenn Bildung die Fähigkeit ist, sich mit unbekannten Problemen auseinanderzusetzen und unerwarteten Tatsachen
etwas abzugewinnen, dann entsteht sie durch Übungen, die in die
Tiefe, nicht in die Breite gehen. Sich eine komplexe Sache, hier
Latein und die römische Welt, zu erschließen und sie ganz in sich
aufzunehmen, öffnet den Geist mehr für die ganze unrömische
Welt der Gegenwart als die aus Furcht vor Einseitigkeit bevor-
zugte «vielseitige inkonsequente Oberflächlichkeit».[22] Hegel, der
hier erfindet, was wir «exemplarisches Lernen» nennen, bringt
das Kunststück fertig, Spezialisierung für einen besseren Schlüssel zur Allgemeinbildung zu erklären als die zerstreute Beschäftigung mit diesem und jenem. Vielseitig kann danach nur sein, wer
zuvor einseitig war, sich an etwas verlor, sich den spezifischen und
womöglich abseitigen Schwierigkeiten eines begrenzten Gebiets

hingegeben hat. Die Voraussetzung für diesen Schluss von der einseitigen Beherrschung eines Gebiets auf die Befähigung zur Vielseitigkeit liegt auf der Hand: Überall kehren dieselben Probleme wieder; was man an den Römern und Griechen gelernt hat, bewährt sich auch an den Bayern oder den Chinesen. Und zwar nicht weil die Bayern eine Art Römer oder Griechen wären oder in deren Nachfolge stünden. Sondern weil die Griechen und Römer in ihren überlieferten Schriften Beispiele für etwas «Vortreffliches» sind: «Die Vollendung und Herrlichkeit dieser Meisterwerke muß das geistige Bad, die profane Taufe sein, welche der Seele den ersten und unverlierbaren Ton und Tinktur für Geschmack und Wissenschaft gebe.»[23]

Hegel bewegt sich also zwischen seinem Enthusiasmus für das antike Griechenland, der für ihn «schönsten [Welt], die gewesen ist», und der pädagogisch nützlichen Fremdartigkeit und Komplexität jener Welt. Der Stoff, an dem sich die Seele der Jugendlichen entwickle, müsse «zugleich eine Nahrung sein». Es ist für Hegel nicht gleichgültig, woran man lernt, und die bloße Nützlichkeit der Unterrichtsgegenstände reicht für ihn nicht aus, weil sie auch erstaunlich, beseelend und schwierig sein müssen. Die Trennung von Kopf und Herz, die Kajetan Weiller vornahm, als seien es «zweierlei unabhängige und gegeneinander gleichgültige Wesen», leuchtet ihm nicht ein.[24] Denn weshalb soll das Herz nicht durch Argumente bewegt werden, das Denken nicht Gefühlen nachgehen? Kopf und Herz werden durch Schwierigkeiten bewegt. Deswegen plädiert Hegel beispielsweise dafür, die antiken Texte im Original zu lesen, weil hier nicht die Gewohnheit den Sprachgebrauch regiert, sondern alle Aufnahme der Sprache bewusst und durch Überwindung von Schwierigkeiten erfolgt. Er geht sogar so weit, ganz generell die Entfremdung sowie «den leichteren Schmerz und [die] Anstrengung der Vorstellung» als «Bedingung der theoretischen Bildung» zu bezeichnen. Es muss schwierig sein, man muss sich von sich selbst entfernen und in die Weite gehen, um, aus ihr zurückkehrend, eine spürbare Erfahrung gemacht zu haben.[25]

Was Hegel dabei nie aus dem Auge verliert, sind die sozialen Besonderheiten des Schulunterrichts. Er trägt Einsichten, die mehr als einhundertfünfzig Jahre danach soziologisch reformuliert worden sind, fast beiläufig in seinen Gymnasialreden vor. Dass die Schule für die Schüler «zwischen der Familie und der wirklichen Welt» steht, sieht jeder. Aber was bedeutet das? Das Familienleben ist von Liebe, der verdienstlosen Anerkennung wie des Zorns ohne Rechtsgrundlage bestimmt. In der wirklichen Welt zählt die Leistung; «hier gilt die Sache, nicht die Empfindung und die besondere Person.» Die Schule aber ist eine Übergangszone vom einen zum anderen. Die Kinder werden mit formellen Ordnungen konfrontiert, sie sehen sich verglichen, persönlicher Gehorsam wird durch Pflichten ersetzt, die auf Gesetzen beruhen und darum Ausnahmen nicht kennen. «In der Schule schweigen die Privatinteressen und Leidenschaften der Eigensucht; sie ist ein Kreis von Beschäftigungen, vornehmlich um Vorstellungen und Gedanken.»[26] Oder Hegel lobt seine Landesregierung dafür, dass sie untersagt hat, die Zensuren der Schüler öffentlich zu machen. Das mag bei der Landesregierung auch dazu gedient haben, Schüler aus hohen Häusern zu schonen. Die meisten seiner Schüler stammten aus der Nürnberger Honoratiorenschaft, waren Söhne von Beamten, Kaufleuten, Pfarrern oder Ärzten. Aber Hegel erkennt in der Mitteilung von Zensuren nur an die Schüler noch etwas anderes. Die Zensuren seien Vorurteile, schreibt er, Urteile der Lehrer über Schüler, die kein Wissen über die zukünftige Entwicklung der so Beurteilten enthalten. Schule ist etwas Vorläufiges, sagt der Schulmann, der selbst außerordentlich strenge Anforderungen an sie stellte. Es lohnt sich noch immer, diesem realistischen Blick auf Schulen zu folgen.

Hegels eigener Unterricht vollzog sich so:[27] Den Schülern diktierte er zunächst aus Paragraphen eines Manuskripts, «Tabak

rechts und links reichlich verstreuend», das er für die verschiedenen
Unterrichtsgegenstände angefertigt hatte – Logik, Bewusstseins-
lehre, philosophische Enzyklopädie, Begriffslehre, Religionslehre.
Danach erläuterte er diese Paragraphen mündlich. Auch davon waren Mitschriften anzufertigen. Zu Hause hatten die Schüler dann
das Diktat in Reinschrift zu übertragen und Hegels Kommentare
in eigenen Worten zusammenzufassen. Zu Beginn jeder Stunde
wurde ein Schüler aufgerufen, die zurückliegende mündlich wiederzugeben. Es durfte gefragt werden. An Sinclair schreibt er im
Oktober 1810: «Ich bin ein Schulmann, der Philosophie zu dozie-
ren hat, und halte vielleicht auch deswegen dafür, daß die Philosophie, so gut als die Geometrie, ein regelmäßiges Gebäude werden
müsse, das dozibel sei so gut als diese.»[28]

Etwas Fremdes in eigenen Worten zusammenfassen – das steht
im Zentrum der Bildung, wie Hegel sie sich vorstellt. Ganz ist er
dagegen, dass die Jugendlichen – damals nur männliche Personen – auf eigene Rechnung denken, «drauflosdenken». Denn darin
sieht er den Hauptzweck der Erziehung: dass die eigenen Einfälle,
Gedanken, Reflexionen der Jugend «ausgereutet werden».[29] Ausgerottet – das klingt martialisch und gar nicht nach einem Schüler Rousseaus. In seinem Gutachten für den Freund Niethammer
«Über den Vortrag der Philosophie an Gymnasien» formuliert er
es 1812 etwas weniger drastisch, aber genauso entschieden: Die
Schule habe nicht «zum Selbstdenken und eigenen Produzieren
zu erziehen», wenn darunter Originalität verstanden wird. Wahrheit ist wichtiger als Originalität, und das Aneignen von Wahrheiten sei ohnehin nicht möglich, wenn dabei nicht selbst gedacht
werde.[30] Doch Hegel lehnt auch die entgegengesetzte Erziehungs-
auffassung ab, nach der Lernen die bloße Übernahme von Wissen
ist, «denn nicht das Empfangen, sondern die Selbsttätigkeit des Er-
greifens und die Kraft, sie wieder zu gebrauchen, macht erst eine
Kenntnis zu einem Eigentum».[31] Bildung, die Hegel immer wieder
mit der Aufnahme von Nährstoffen bei Pflanzen vergleicht, ist An-

eignung durch Arbeit. Ihr Effekt ist die Fähigkeit, etwas, das an einem Fall verstanden wurde, auf einen anderen so anzuwenden, dass die Unterschiede wie die Gemeinsamkeiten der Fälle im Blick bleiben und genutzt werden.

Am Ende des Schuljahres wurden nach diesen Reden die besten Schüler ausgezeichnet. Im Studienjahr 1815/16 war das unter den Zehn- bis Zwölfjährigen Ludwig Friedrich Wilhelm August Seebeck, der später als Physiker durch Arbeiten über die Farbenblindheit bekannt wurde. Sein Name findet sich auf dem Vorsatzblatt seines Preisgeschenks, das Hegel unterschrieben hat. Der Preis war die Erstausgabe des 1811 erschienenen «Schatzkästleins des Rheinischen Hausfreundes» von Johann Peter Hebel. Das zeigt nicht zuletzt, wie wenig das humanistische Gymnasium eine Paukschule für Griechisch und Latein war, in der nur antike Autoren als maßgeblich galten. Es zeigt aber auch – Seebeck war zehn Jahre alt –, welche Lesefähigkeiten unterstellt werden konnten.

Und Denkfähigkeiten: Hegel lehrt seinen dreizehnjährigen Schülern in der Mittelklasse nicht weniger als die eigene, im Entstehen begriffene Logik. Welche Beispiele hat er ihnen wohl für Sätze wie «Das Wesen ist das aus seiner Unmittelbarkeit in sich zurückgenommene Sein, dessen Bestimmungen in einfacher Einheit aufgehoben sind» gegeben?[32] Vielleicht das Beispiel, dass, wenn vom Wesen einer Sache (eines Seins, das ein Ding, eine Handlung, eine Person, ein Bild oder was immer sein mag) gesprochen wird, stets ihr kompaktes Vorliegen (Unmittelbarkeit) als Oberfläche bezeichnet wird, unter der sich etwas für ihre Existenz Entscheidendes befindet, etwas Inneres (das in sich zurückgenommene Sein), das alle ihre Eigenschaften (Bestimmungen) prägt, und zwar durchgehend und einheitlich (in einfacher Einheit), nicht als Reihe von Merkmalen, sondern als deren Gemeinsamkeit oder Grund. Das Wesen des Teufels (Sein) ist die Bösartigkeit (in sich zurückgenommenes Sein), die im Hintergrund aller seiner sonsti-

gen Merkmale (Bestimmungen) steht. Sein wird zu Wesen, wenn
man über es nachdenkt, dabei aber bei der Einheitlichkeit und Einfachheit seiner Beschreibung bleibt. Etwa: Es ist das Wesen von
allem, einen zureichenden Grund zu haben.

Oder nehmen wir einen kurzen Abschnitt aus der «Rechts-,
Pflichten- und Religionslehre für die Unterklasse», die Hegel im
selben Schuljahr unterrichtet hat. § 12: «Damit aber der Wille
wahrhaft und absolut frei sei, kann das, was er will, oder sein Inhalt nichts anderes sein als er selbst. Er kann nur in sich selbst wollen und sich zum Gegenstande haben. Es will also der reine Wille
nicht irgendeinen besonderen Inhalt um seiner Besonderheit willen, sondern daß der Wille als solcher in seinem Tun frei sei und
freigelassen werde oder daß der allgemeine Wille geschehe.» Hegel
erläutert das mit Sätzen wie: «Endlichkeit besteht überhaupt darin,
daß etwas eine Grenze hat, d. h. daß hier sein Nichtsein gesetzt ist
oder daß es hier aufhört, daß es sich hiermit also auf etwas anderes bezieht.»[33] In der unendlichen Reflexion beziehe man sich aber
auf sich selbst. Ein Gedanke für Dreizehnjährige? Den Schülern
dürften die Köpfe geraucht haben. Was Hegel damit meinte, als er
dem Unterricht die Aufgabe zuschrieb, der Jugend müsse zuerst
«das Sehen und Hören vergehen, sie muss vom konkreten Vorstellen abgezogen, in die innere Nacht der Seele zurückgezogen
werden»,[34] wird an solchen für Kinder gewiss sehr übersetzungs-
bedürftigen Stellen deutlich.

Als Lehrer war Hegel geachtet, er soll meistens ernst gewesen
sein, aber den Schülern wie dem Schulgeschehen zugewandt.
Dass Hegels Wohnung im obersten Stock des Schulgebäudes lag,
symbolisiert das gut. Und wenn Schelling ihn «ein solches reines
Exemplar innerlicher und äußerlicher Prosa» nennt, das «in unsern
überpoetischen Zeiten heilig gehalten werden» müsse, bestätigt
auch dies den Eindruck, den Hegel auf seine Schüler machte. Dass
es sich Schelling nicht verkneift, den für Sentimentalität nicht anfälligen Hegel als einen «verneinenden Geist» zu bezeichnen, um

dann gleich zu beschwichtigen, ein Mephisto sei er aber nicht, zeigt wiederum, zu welchem Rätsel Hegel für seinen Freund geworden war.[35] Empfänger von Schellings Brief war der Arzt und romantische Naturphilosoph Gotthilf Heinrich Schubert, der kurz darauf durch seine «Symbolik des Traumes» von 1814 einen starken Einfluss auf Literatur und Psychologie ausüben würde. Schelling schildert, wie stark der Eindruck, den Hegel öffentlich machte, von seinem liebenswürdigen, zärtlichen und witzigen Umgang im persönlichen Kreis abwich. Clemens Brentano nennt ihn «den ehrlichen hölzernen Hegel», erzählt aber auch eine Anekdote, die von einer wenig hölzernen Seele handelt: Hegel soll die Hochzeit seines Kollegen Johann Arnold Kanne, der Geschichte unterrichtete und später Professor für orientalische Sprachen in Erlangen wurde, gerettet haben. Kanne, ein zeit seines Lebens sehr unsteter Mensch, hatte sich nämlich am Vorabend der Hochzeit panisch nach Würzburg abgesetzt, Hegel reiste ihm hinterher und brachte ihn der Braut zurück.[36]

Dann heiratet Hegel, «beinahe schon dem Cölibat verfallen»,[37] selbst. «Ich bin nächstens 40 Jahre alt und ein Schwabe», schreibt Hegel Anfang Oktober 1809 an Niethammer, um zu begründen, dass er sich eine Frau «zu nehmen oder vielmehr zu finden» wünsche.[38] Das mochte gegenüber dem Landsmann auf ein Sprichwort angespielt haben: «Dr Schwob, der wird mit Vierzig gscheid, dia andre itt [nicht] en Ewigkeit.» Karl Rosenkranz zählt in seiner Biographie die Philosophen des 17. und 18. Jahrhunderts auf, die alle ehelos geblieben waren: Bruno, Campanella, Descartes, Spinoza, Malebranche, Leibniz, Wolff, Locke, Hume, Kant. Das ändere sich erst mit der Generation der Idealisten. Fichte sei «der erste welthistorische Philosoph» gewesen, der geheiratet habe.[39] Dass auch Rousseau ein abenteuerliches Eheleben hatte, übergeht der Chronist.

Schon ein halbes Jahr nach jenem Wunsch hat er sie gefunden, aber nennt ihren Namen noch nicht. Erst im April 1811 erfährt Niethammer, dass es sich um Marie Helena Susanna von Tucher handelt. Sie ist zwanzig Jahre jünger als Hegel und die Tochter einer der ältesten Patrizierfamilien der Stadt. Kennengelernt hatten beide sich bei der Kaufmannsfamilie Merkel. Um ihre Hand angehalten hatte eine Schwester von Hegels zukünftiger Schwiegermutter, die so alt ist wie er, und auch der Marktvorstand Paul Wolfgang Merkel ist in die Verhandlungen eingeschaltet. Der Geliebten schreibt Hegel Gedichte, wovon eines mit den Versen schließt: «Denn das Leben ist nur Wechselleben, / Das die Lieb in Liebe schafft; / Der verwandten Seele hingegeben, / Tut das Herz sich auf in seiner Kraft, // Tritt der Geist auf freie Bergeshöhen, / Er behält vom Eignen nichts zurück; / Leb' ich, mich in Dir, Du Dich in mir zu sehen, / So genießen wir der Himmel Glück.»[40]

Schon im Mai 1810 hatte Hegel an Niethammer geschrieben, nun werde er entweder ewig glücklich oder bekomme einen «Ka o er b».[41] Die Zustimmung zur Hochzeit mit Marie von Tucher erhält er im April 1811, aber die Eltern der Geliebten wollen der Werbung zunächst nur unter der Bedingung stattgeben, dass Hegel eine Universitätsprofessur erlange. Das zeigt nicht nur, wie es damals um das Heiratsrecht stand, sondern auch das Gefälle zwischen einem Gymnasialdirektor und einer Familie von städtischen Ratsmitgliedern. Erst kurz zuvor hatte Nürnberg den Status als freie Reichsstadt verloren. Niethammer weist darauf hin, dass Hegel als Staatsbeamter die Genehmigung des Königs brauche, um zu heiraten. Und die bekomme er leichter als Rektor in Nürnberg denn als Professor in Erlangen. Warum? Der für die Witwenpension zuständige Rentenfonds der Schulen sei schon eingerichtet, der der Erlanger Universität noch nicht. Das scheint für die Tuchers ein Argument gewesen zu sein. Denn obwohl Hegel den erwünschten Titel erst fünf Jahre später vorweisen kann, wird schon im September 1811 geheiratet. «Ich habe damit im ganzen [...]

mein irdisches Ziel erreicht», lässt er Niethammer wissen, «denn mit einem Amte und einem lieben Weibe ist man fertig in dieser Welt.»[42]

Zuvor hatte er in einem langen Brief an die Zukünftige erläutert, die Ehe sei für ihn wesentlich ein religiöses Band und in ihr sei *«selige* Zufriedenheit» noch mehr anzustreben als «alles, was glücklich sein heißt». Offenbar hatte sich Marie von Tucher irritiert über eine vorhergehende Bemerkung gezeigt, in der Hegel seinem Ausdruck erhofften Glücks die Einschränkung hinzufügte: «*insofern* Glück in der Bestimmung meines Lebens liegt». Hegel schließt einige Betrachtungen über den Unterschied zwischen Glück und Zufriedenheit zugunsten Letzterer an, aber fällt sich schließlich selbst ins Wort und nennt es «hypochondrische Pedanterei», so auf diesem Unterschied herumzureiten.[43] Anrührend ist es, wenn er im nächsten Brief mit philosophischen Erläuterungen weitermachen zu müssen glaubt, weil sie noch immer dadurch verletzt scheint, dass er nun ihr das Glücklichsein, sich selbst das Zufriedensein als Wunsch zugeschrieben hat. Er schreibe, erklärt Hegel, die Orientierung am Herzen statt an der Pflicht nicht Maries Selbst zu, sondern nur ihrer Reflexion, die sie nicht in ihrer Konsequenz durchdacht habe. Außerdem dürfe sie nicht vergessen, dass er bei seinem Urteil über bestimmte Maximen stets leicht aus dem Blick verliere, wie solche Maximen «in dem bestimmten Individuum – hier in Dir – wirklich sind».[44] Er insistiert also, gibt aber zu, dass Insistenz im Gedanklichen an dieser Stelle vielleicht unangemessen ist.

Wenn Marie von Tucher an den Rand eines späteren, an Caroline Paulus abgehenden Briefes schreibt: «Hegel gehört auch zu diesen Hoffnungslosen, die nichts erwarten, nichts begehren», dann war das vermutlich nicht nur ein Kommentar zu seinem ausgebesserten Satz «Eine Rückkehr zum Besseren erwartet in dieser Welt ohnehin niemand», in dem er «Ruck» durch «Rückkehr» ersetzt hatte.[45] Es lässt sich aus dieser Bemerkung auch herauslesen, dass ihr sein Charakter in all seiner Merkwürdigkeit deutlich vor Augen stand. Jemand schreibt eine ganze Philosophie des Begehrens, des Rucks zum Besseren, der Freiheitsemphase und einer Vernunft, deren anderer Name für ihn «Liebe» war – und hält persönlich doch all diese Impulse auf Distanz.

ZEHNTES KAPITEL

Ein Quantum Sinn:
das schwierigste Buch der Welt

«Die optimale Weise der Vermeidung
von Langeweile ist die Theorie.»
Hans Blumenberg

Wir denken nicht ständig. Oft nehmen wir nur wahr, empfinden etwas, stellen uns etwas vor, träumen. Tatsächlich aber gehen auch in Wahrnehmungen, Gefühle, Träume und Vorstellungen Bewusstseinsleistungen ein, die gedankennah sind. Die «Phänomenologie des Geistes» diente unter anderem dem Nachweis, dass noch bei einfachsten Feststellungen «das Denken überhaupt nicht untätig gewesen ist». Alle Dinge, hält Hegel einmal fest, «sind ein Urteil».[1] Das wird einerseits in jedem Versuch bemerkbar, die Wahrnehmungen, Gefühle und Vorstellungen sprachlich zu artikulieren. Jede Aussage nimmt Kategorien in Anspruch; die Aussage «Dies Blatt ist grün» etwa, die Hegel als Beispiel gibt, beansprucht die Kategorien des Seins und der Einzelheit. Hegel nennt Vorstellungen darum «Metaphern der Gedanken und Begriffe»,[2] womit er nicht meint, nur wer in Gedanken lebe, lebe wirklich und alle anderen nur in einer Sphäre der Bilder für Gedanken. Seine Ambition ist nicht, alle zu Philosophen zu machen. Sondern er behauptet, dass nichts dem Denken unzugänglich bleibt, weil alles mit Gedanken «vermischt» ist.[3] Die Nähe von Wahrnehmungen, Gefühlen und Vorstellungen zu Gedanken zeigt sich mit der Frage, ob wir richtig wahrgenommen haben, ob unsere Vorstellungen zutreffen und ob unsere Gefühle stimmen: Ist es Eifersucht, Neid oder Habgier? Ist man verliebt oder nur geschmeichelt?

Denken hat mindestens zwei Voraussetzungen.[4] Wer denken will, braucht *etwas* zum Denken, denn Denken ist nicht von der Art des Schwimmens oder Spazierengehens, sondern mehr von der Art des Zeichnens, Essens oder Wahrnehmens. Es bedarf eines Problems, einer objekthaften Vorgabe, eines Gegenstandes oder wie heute oft gesagt wird: eines Themas. Stets wird *über etwas* nachgedacht. Genauer noch: über etwas *als etwas*. Über den Hund von Baskerville als Phantom, über den Satz des Pythagoras als richtig und schön, über den Klimawandel als das Ergebnis von Messungen und Modellen, über das momentane Verliebtsein als etwas möglicherweise Folgenreiches oder darüber, ob Demokratie ein Ideal oder eine Wirklichkeit ist, vielleicht aber auch nur über die nötigen Zutaten für eine Lasagne. Das Nachdenken über all das hat dann zur Aufgabe, «sowohl das Sein [...] als die Bestimmungen seiner Gegenstände zu beweisen».[5] Es ist, mit anderen Worten, ebenso erheblich, in welchem Sinne es den Hund von Baskerville oder den Satz des Pythagoras überhaupt gibt, wie auch, was ihre Eigenschaften sind.

Insofern wird nicht nur über etwas, sondern auch mittels etwas nachgedacht. Denken findet in Begriffen und in Sätzen, in Urteilen statt. Ein bescheidener Begriff von Logik umfasst dabei Worte wie «und», «nicht» oder «alle». Man braucht aber auch Worte wie «wird», «ist», «viel» und «möglicherweise». Für das Nachdenken über den Hund von Baskerville wird man Begriffe wie «Fiktion» und «scheint» benötigen, für den Satz des Pythagoras «Länge» und «Zahl», also Konzepte des Messens und der Menge. Hegel versteht unter Logik die Erläuterung, was es mit solchen Worten, die als «Werden», «Sein», «Schein», «Quantität» und «Möglichkeit» zu Begriffen werden, auf sich hat. Sie stecken, ohne dass uns das bewusst ist, in allen anderen Kategorien, die wir verwenden, seien es nun Begriffe wie «Tier», «Gott», «Krieg» oder «Liebe» – wer etwa von Monotheismus redet, nimmt den Begriff der Zahl in Anspruch, und wer über Liebe spricht, kommt ohne den Gedanken des Grundes nicht aus. Hegel vergleicht die «natürliche Logik» mit den Leidenschaften, Interessen und Trieben, von denen unklar ist, ob wir sie haben oder sie uns. So sei es auch mit den Denkformen, deren wir uns zwar bedienen, die aber, wenn wir sie bewusstlos verwenden, vielmehr uns beherrschen. Das «höhere logische Geschäft»[6] dient für ihn also der Freiheit.

Was die Denkformen implizieren, ist dabei nicht unabhängig davon, wie sie sich zueinander verhalten. Möglichkeit ist beispielsweise auf Wirklichkeit bezogen, aber auch auf Notwendigkeit und auf Werden, denn das Mögliche ist nicht notwendig, kann aber wirklich werden: Was nicht wirklich werden kann, ist auch nicht möglich. Die Philosophie hat das lange vor Hegel gewusst. Aber weder hat sie eine systematische Klärung versucht, die zeigt, wie sich all diese Begriffe auseinanderentwickeln, noch ist sie zuvor mit dem Anspruch aufgetreten, den unendlichen begrifflichen Aufwand nachzuzeichnen, der nötig ist, um etwas Wahres über die Wirklichkeit auszusagen.

Schließlich gibt es für Hegel ein drittes Merkmal des Denkens, das er immer wieder betont und mit dem er viel Kritik auf sich gezogen hat. Die «betrachtete Negativität», schreibt er ganz am Schluss seiner Logik, sei «der innerste Quell aller Tätigkeit, lebendiger und geistiger Selbstbewegung, die dialektische Seele, die alles Wahre an ihm selbst hat, durch die allein Wahres ist».[7] Für ihn ist Denken also stets und wesentlich eine negierende Tätigkeit. Es bewegt sich stets in Widersprüchen, Entgegensetzungen. Das war schon eine der Thesen seiner Habilitation: Der Widerspruch ist die «regula veri», die Norm des Wahren. Die Pointe liegt dabei im «stets», denn selbstverständlich kennen wir Gedanken, die Negationen beinhalten: «Ceci n'est pas une pipe», «Niemand hat die Absicht, eine Mauer zu errichten», «Ach wie gut, dass niemand weiß …». Doch weshalb sollte in schlechterdings allen Gedanken etwas negiert werden? Weshalb sollte in jedem Begriff eine Negation enthalten sein?

Zum einen nimmt Hegel den Satz Spinozas «omnis determi-
natio est negatio» für sich in Anspruch. Danach enthält jede Bestimmung von etwas mindestens eine, meist mehrere Unterscheidungen. Das Blatt ist grün – also weder gelb noch braun, noch rot.
Die Lage ist ernst – also nicht lustig und auch nicht harmlos. Der
Teufel ist böse – also nicht gut. Manches unterscheidet sich von
seinem Gegenteil, manches unterscheidet sich von allem anderen,
und den Gebrauch vieler Begriffe verstehen wir nur, wenn wir wissen, von welchem Gegensatz sie gerade unterschieden werden. Es
ändert viel, wenn Liebe nicht von Hass, sondern von einem Flirt,
von Sex oder von Gleichgültigkeit unterschieden wird, Sprechen
von Schweigen oder von Zeigen, von Bellen oder von Singen.

Weil das so ist, geht für Hegel jedem Gedanken und allem, was
auf Gedanken beruht, Arbeit voraus. Wir füllen nicht einfach die
Welt in Begriffe als mentale Behälter, wenn wir etwas über sie
aussagen. Wir sind auch kein Film, den die Weltgegenstände be-
lichten; in Hegels Zeit hätte man gesagt: keine Wachstafel, die von
der Wirklichkeit beschrieben wird. Sondern wir negieren die Unmittelbarkeit dessen, was sich uns aufdrängt, schon dadurch, dass
wir es benennen, von anderem trennen, mit anderem vergleichen,
analysieren. Ein Stein liegt einfach neben einem anderen Stein,
aber wir können, sobald wir wach sind, nicht einfach steinhaft
neben etwas liegen, sondern geraten schon durch die Wahrnehmung eines schönen Gesichts in eine Aktivität, die es von anderem abhebt und beispielsweise von einem Traum unterscheidet,
Abwesendes, aber Dazugehöriges vergegenwärtigt, die Situation
erfasst. Der Verstand, schreibt Hegel, «bestimmt und hält die Bestimmungen fest»;[8] er erfasst Eigenschaften, die Vernunft aber
setzt sie ins Verhältnis zueinander.

Eine andere Bedeutung des Negierens für jedwede gedankliche Operation liegt darin, dass diese offen für Negationen ihrer
selbst ist. Wir können uns täuschen, wir machen Denkfehler, wir
handeln so, wie wir später nicht gehandelt haben möchten. Den-

ken, hat Sigmund Freud gesagt, «ist ein probeweises Handeln mit kleinen Energiemengen, ähnlich wie die Verschiebung kleiner Figuren auf der Landkarte, ehe der Feldherr seine Truppenmasse in Bewegung setzt.»[9] Insofern wird jeder Gedanke von der Möglichkeit begleitet, nicht zuzutreffen und seine Festlegungen revidieren zu müssen. Mit dem Denken geht eine ständige Unruhe einher, auch das unterscheidet es von Registrieren oder Abbilden. Die Freiheit, die Hegel als Eigenschaft des Denkens bezeichnet, ist die «absolute Negativität des Begriffes», die Eigenschaft, von nichts anderem abhängig zu sein, alles prüfen zu können, von allem sich vorstellen zu können, dass es nicht so ist. Es ist nicht die Freiheit, einer gefügigen Außenwelt Begriffe wie Stempel oder Setzungen aufdrücken zu können, keine Freiheit vom Anderen, sondern eine «im Anderen errungene Unabhängigkeit vom Anderen». Den Satz des Johannesevangeliums «Die Wahrheit wird euch frei machen» (8, 32) kehrt Hegel um: «Die Freiheit wird euch wahr machen», weil Wahrheit nur erreichbar für ein freies Denken ist, was für Hegel heißt, dass es sich auch gegen sich selbst wenden kann.[10]

Hegels «Wissenschaft der Logik» ist in drei Lieferungen publiziert worden – im Mai 1812 «Die Lehre vom Sein», im Dezember 1812 «Die Lehre vom Wesen» und im Juli 1816 «Die Lehre vom Begriff». In Jena hatte er vom Wintersemester 1801/02 an insgesamt sechsmal Vorlesungen über «Logik und Metaphysik» angekündigt, einmal, im Sommer 1806, nur über Logik. Es ist allerdings unklar, ob er all diese Vorlesungen tatsächlich gehalten hat.[11] 1805 und 1806 jedenfalls verschwindet die Abfolge, in der die Logik den «negativen» Part zu spielen hatte, die Widersprüchlichkeit vieler Kategorien zu erweisen, um dann zu einer Metaphysik als positivem Teil des Systems zu führen. Für seine Nürnberger Gymnasiasten hat er verschiedene Fassungen der «Wissenschaft der Logik» geschrieben, und die «Enzyklopädie der philosophischen Wissenschaften», die er 1817 vorlegte, beginnt mit einer kürzeren Version der «Wissenschaft der Logik», die 1827 und 1830 noch einmal überarbeitet worden ist. Nimmt man die ersten Bemerkungen zu diesem Vorhaben mit den letzten Korrekturen an ihm zusammen, so ergibt sich also für die «Wissenschaft der Logik» eine Arbeitsphase von achtundzwanzig Jahren, fast die Hälfte von Hegels Leben.

Die Frage, weshalb Hegel so viel Arbeit in dieses Buch gesteckt hat, ist nicht schwer zu beantworten. Die Epochenzäsur, die er in seiner Jugend mit der idealistischen Philosophie Kants, der Französischen Revolution und der Ablösung alter theologischer Autoritäten der Weltdeutung gesetzt sah, lief auf ein Zeitalter der Vernunft hinaus. In ihm musste alles, was es gibt – Moral, Recht, Religion, Familie, Kunst, Wissenschaft – in seiner Existenz neu begründet werden. Folgerichtig war aber auch die Vernunft selbst zu begründen. Da sie jedoch den Anspruch erhob, *absoluter* Maßstab aller Begründungen zu sein, lief das auf die Aufgabe hinaus, sich selbst zu begründen. Das wiederum hieß, nicht von religiösen Autoritäten, nicht von naturwissenschaftlich beschreibbaren Zwängen, nicht von Gefühlen der eigenen Insuffizienz, sondern von nichts als der eigenen Fähigkeit abhängig zu sein, alle Schlussfolgerungen der Vernunft für sich selbst und durch sich selbst transparent zu machen. Die Logik hatte insofern den Beweis anzutreten, dass das Denken keine Macht fürchten und nichts als unbegreiflich oder unklar hinnehmen muss. Es kann sich selbst erschließen. Das Pathos, mit dem Hegel spricht, wenn er die Leistungen des Denkens erläutert, kommt daher.

In seiner Vorrede zur ersten Ausgabe der «Logik» verbindet Hegel den Hinweis auf das verbreitete Verständnis von Kants Philosophie, derzufolge der Verstand an die Erfahrung gebunden sei, die theoretische Vernunft hingegen nur «Hirngespinste» hervorbringe, mit dem Hinweis auf eine Pädagogik, die nur praktische Absichten verfolge. Der Verstand macht Erkenntnisse über Sachverhalte zugänglich und stellt beispielsweise fest, etwas sei blau, weil es anderem Blauen gleicht, etwas anderes weiß, ein Drittes rot, und hält sich mit diesen Feststellungen im Begriffsspektrum von «Farbe» auf. Der Verstand folgt vergleichsweise einfachen Regeln. Hegel hat ihn in einer seiner ersten Notizen einen Höfling genannt, der heranholt, was ihm befohlen wird. Heute würde man vielleicht von einem Algorithmus sprechen. Farbigkeit jedoch ist mindestens ein Fall von Qualität, Identität und Erscheinung, weshalb eine logische Analyse von Farburteilen ohne diese Konzepte nicht vernünftig ist. Das Vorgehen des Verstandes ähnelt insofern einer Pädagogik, die Schüler mit den Zahlen bekannt macht, als sich mit ihnen etwas berechnen oder ausrechnen lässt, ohne jedoch auf die Fragen einzugehen, was zum Beispiel eine Null ist, was eine negative Zahl, eine unendliche Zahl oder eine imaginäre.

Hegels Logik erfüllt dabei die erste Voraussetzung des Denkens, indem sie über etwas *nachdenkt*, nämlich über das Denken selbst. Logik ist «reflektierendes Denken».[12] Hegel hat das in dem Satz zusammengefasst, man könne sich so ausdrücken, dass die Logik «die Darstellung Gottes ist, wie er in seinem ewigen Wesen vor der Erschaffung der Natur und eines endlichen Geistes ist».[13] Vor der Schöpfung – denn wenn es sie erst einmal gibt, ist sie zwar durch Denken erschließbar, aber ihr Bestehen hängt nicht vom Denken ab, so wie wir zu essen vermögen, ohne es zu begreifen, auch wenn es «seinen Sinn» hat. Man kann sich ihn, Hegel, also als jemanden vorstellen, der in seinen Abendstunden nach der Tätigkeit als Zeitungsredakteur und Gymnasialdirektor zu rekonstruieren versuchte, was alles an Begriffen nötig war, um eine für das Bewusstsein wirkliche Welt an Objekten entstehen zu lassen, die zuvor in der «Phänomenologie des Geistes» beschrieben worden war. Man kann es aber auch nüchterner formulieren: Es geht Hegel mit einem treffenden Ausdruck um die «logische Topographie unseres begrifflichen Verstehens».[14]

Zugleich hat die Metapher einer Karte oder einer sonstigen Anordnung der Begriffe im Raum eine Grenze. Denn Hegel beansprucht, die Konzepte, die wir zum Denken benötigen, nicht nur in ihren sachlichen Beziehungen zueinander zu erschließen, sondern auch in einer zeitlichen Abfolge darzustellen. Er behauptet also, dass sie sich sinnvollerweise nur in einer Sequenz auseinanderentwickelt darstellen lassen. Will sagen: Bevor man über den Sinn von «Werden» nachdenken kann, muss man verstanden haben, was «Sein» bedeutet. Erst Parmenides, dann Heraklit – die logische Anordnung kehrt die historische um. Am Ende, stellt Hegel in Aussicht, haben wir dann begriffen, was Begreifen und «Begriff» überhaupt heißt, was also alle Begriffe, die es gibt, gemeinsam haben.[15]

Die zweite Voraussetzung des Denkens – dass es Denken mittels Begriffen und Urteilen ist – führt zur Problematik des Anfangs: Wie soll man mit dem Denken beginnen, wenn Denken heißt, Begriffe einzusetzen, die anfangs noch gar nicht da sind? Die «Wissenschaft der Logik» setzt also eine Polemik gegen die Vorstellung voraus, man könne sich im Denken an empirischen Gegenständen orientieren. Ohne Begriffe wie «Tatsache», «Gegenstand», «viele» oder «Gleiches» gäbe es eine solche Empirie nicht einmal, die Begriffe können ihr also nicht einfach entnommen werden. Vielmehr gehen sie für Hegel aus der Selbstprüfung des Denkens hervor.

Dadurch unterscheidet sich Hegels Logik aber noch nicht von Kants Versuch, die Grenzen der Vernunft zu bestimmen, womit die Möglichkeit angenommen wird, durch bloßes Denken zu sinnvollen Schlussfolgerungen zu kommen. Der entscheidende Unterschied zu Kant liegt vielmehr darin, dass Hegel die Einschränkung, unsere Begriffe und Urteilsformen führten nur zur Konstruktion von Erscheinungen, sagten aber nichts über die ultimative Wirklichkeit aus, völlig unplausibel findet. Denn die ultimative Wirklichkeit, im Unterschied zu unseren Gedanken über sie, sei schließlich selbst nichts anderes als ein «Gedankending».[16] Sachen jenseits von Gedanken gibt es nicht. Hegel geht so weit zu sagen, das «an und für sich Seiende» sei «gewußter Begriff» und der Begriff als solcher «das an und für sich Seiende».[17] Denn was immer wir als etwas ansprechen, wir vergleichen es mit seinem Begriff oder besser noch: mit den vielen Begriffen, die nötig sind, um zu wissen, was es ist, und zu begründen, wie wir es ansprechen. Die Wissenschaft vom Denken, die Hegel in Angriff nimmt, ist also auch eine Wissenschaft des begründeten Zugriffs auf die Welt und ihre «Logik» im Sinne ihres sinnhaften Funktionierens.[18]

In der Logik sei darum der Gegensatz zwischen Subjekt und Objekt überwunden, das Sein werde als reiner Begriff «und der reine Begriff als das wahrhafte Sein gewußt», beide seien untrennbar und zugleich unterschieden.[19] Was soll das heißen? Das Denken ist unterschieden von dem, was gedacht wird. Alle Dinge mögen sich nur durch zahlreiche Urteile über sie erschließen, trotzdem müssen wir zwischen den Dingen und dem Urteil, das sie aus der Gesamtheit aller Wahrnehmungen herauslöst und etwas über sie sagt, unterscheiden. Wenn wir über den Zustand des Kinderzimmers nachdenken, behaupten wir nicht, das Kinderzimmer sei ein Gedanke. Dieser Vorwurf ist Hegel immer wieder gemacht worden. Er schließe aus der Tatsache, dass jede Zuschreibung von Wirklichkeit ein ganzes Netz von Gedanken voraussetze, irrigerweise, Wirklichkeit sei selbst, wie «Dasein» und «Existenz», nichts anderes als gedankliches Konstrukt.[20]

Es sei dahingestellt, ob es in Hegels Nürnberger Direktorenwohnung ein Kinderzimmer gegeben hat. Wir dürfen jedoch annehmen, dass er der Überzeugung war, Zimmer nicht nur in Gedanken betreten zu können. Gleichwohl können wir Urteile über den wirklich betretenen Raum – «Das Kinderzimmer ist in schrecklicher Unordnung» – nur fällen, wenn wir Begriffe, also Gedankengebilde, in Bewegung setzen: dieses Kinderzimmer, seine Merkmale, ein besonderes davon, Sein und Sollen des Kinderzimmers, Ordnung im Unterschied zu Unordnung und so weiter. Selbst für die Unterscheidung zwischen dem Kinderzimmer und allen seinen Beschreibungen benötigen wir Begriffe, selbst für die Feststellung, Dinge seien keine Urteile, sondern eben Dinge, benötigen wir Urteile. Sollten wir beispielsweise erkennen, dass die Unordnung des Kinderzimmers liebevoll arrangiert worden ist, so wäre auch das ein Gedanke – Unordnung als Zweck –, und das erste Urteil hätte dann nur im Widerspruch zu einer Möglichkeit gestanden, die wir um der Wahrheit über das Kinderzimmer willen auch hätten einbeziehen sollen.

Es leuchtet schon jetzt ein, wie anspruchsvoll das Programm der «Wissenschaft der Logik» ist. Hegel unterscheidet zwischen ihrem objektiven Teil, in der sich das Denken mit etwas anderem als sich selbst beschäftigt: mit dem Dasein, der Zahl, dem Maß, den Begriffen «Grund» und «Ursache» beispielsweise, und einem subjektiven Teil, in dem sich das Denken mit sich selbst beschäftigt. Dort geht es um Begriffe wie «Begriff», «Urteil», «Schluss» oder «Zweck». Man kann das auch so unterscheiden: Hegel beginnt mit Begriffen, denen man auf den ersten Blick gar nicht ansieht, wie voraussetzungsvoll sie sind, weil man das, wofür sie stehen, für einfach gegeben hält. Es gibt etwas, es gibt Veränderungen, es gibt Mehreres, es gibt mathematische Begriffe, alles hat eine Ursache. Danach wendet er sich Begriffen zu, die den Unterschied zwischen dem Wesen einer Sache und der Art, wie sie erscheint, betreffen. Anhand dieser Begriffe wird schon deutlicher, dass hier argumentiert und nicht nur festgestellt wird. Und schließlich geht es um Begriffe, die man seit jeher unter der Überschrift «Logik» behandelt: Was ist ein hypothetischer Befund, was eine Analogie, was heißt «notwendig»?

Beliebig in diese Darstellung der immer konkreter werdenden Entwicklung von Begriffen hineinzublättern und zu verstehen versuchen, was an der gefundenen Stelle vor sich geht, ist aussichtslos oder vorsichtiger gesagt: sehr anstrengend. Zumal es auch hier Passagen gibt, die selbst dann jenseits der Grenzen des Verständlichen liegen, wenn man sich ihnen Schritt für Schritt und unter

Zuhilfenahme von Kommentaren genähert hat. Es kann daher nur um den Versuch gehen, exemplarisch anhand einzelner Abschnitte zu zeigen, was Hegel in seiner «Wissenschaft der Logik» unternimmt – die Betonung liegt hierbei auf «versuchen».

Nehmen wir gleich ihren ersten, berüchtigten Satz – wenn es denn überhaupt ein Satz ist: «Sein, reines Sein, – ohne alle weitere Bestimmung.»[21] Hegel möchte völlig voraussetzungslos beginnen. Seinem eigentlichen Text schickt er eine lange Überlegung über «die Schwierigkeit, einen Anfang zu machen», voraus, eine Schwierigkeit, die er schon in der Vorrede zu seiner «Enzyklopädie» und zuvor in der zur «Phänomenologie des Geistes» festgehalten hatte.[22] Sie liegt darin, dass jede Denkform abhängig von anderen ist. Sie zu begreifen, setzt daher voraus, über andere Denkformen zu verfügen, deren Verständnis wiederum von anderen abhängt, und so weiter. Es ist eine fixe Idee der Philosophie seit Descartes, einen Sachverhalt oder einen Satz zu finden, von dem aus sich alles andere erschließen lässt. Das Wort «Letztbegründung» verdeutlicht diese zunehmend verzweifelte Suche nach einem festen Boden, einem unbezweifelbaren Urteil, einer vorreflexiven Tatsache. Weshalb denn nicht dem romantischen Gedanken folgen, irgendwo anzufangen im Vertrauen, das Ganze lasse sich von jedem zu ihm gehörenden Punkt aus erschließen? Das hätte zusätzlich den Vorteil, nicht alle Zweifel am eigenen Gedankengang auf dessen Behauptung zu lenken, er erfolge voraussetzungslos.

Die Antwort, die Hegel auf dieses Problem gibt, ist fast ironisch zu nennen. Er beginnt mit etwas, von dem er zeigt, dass es vollkommen voraussetzungslos scheint, weil es so gut wie keinen gedanklichen Inhalt hat: Sein. Um dann zu demonstrieren, was er schon in seinen Vorüberlegungen gesagt hatte: «daß es Nichts *gibt*, nichts im Himmel oder in der Natur oder im Geist oder wo es sei, was nicht ebenso Unmittelbarkeit enthält als die Vermittlung, so daß sich diese beiden Bestimmungen als *ungetrennt* und *untrennbar* und jener Gegensatz sich als ein Nichtiges zeigt».[23]

Die Unterscheidung «unmittelbar/vermittelt» hat also für Hegel eine Eigenschaft, die anderen Unterscheidungen nicht zukommt: Sie tritt an allem auf. Alles hat die Eigenschaft, sich dem Denken kompakt aufzudrängen, in der Form eines «Es gibt»-Satzes: Es gibt Zahlen, Bäume, Träume. Und alles, was es auf diese Weise unmittelbar gibt, hat die Eigenschaft, zugleich vermittelt zu sein, in unseren Beispielen etwa durch Denkoperationen, Klassifikationen, das Angepflanztsein oder Ängste. Das trifft beispielsweise auf die Unterscheidungen «bewegt/unbewegt», «Ich/Nicht-Ich» oder «endlich/unendlich» nicht zu: Nicht alles ist bewegt, nicht an allem treten Ich-Eigenschaften auf, nicht alles ist (hoffentlich) zugleich endlich und unendlich.

Während Fichte, Schelling und Schleiermacher behauptet hatten, es gebe etwas Unmittelbares, Unbedingtes – eine Tathandlung, das Ich, das Gefühl –, insistiert Hegel, Wahrheit sei etwas, das erarbeitet werden muss und nirgendwo in der Welt oder im Ich einfach angetroffen und angeschaut werden kann. Was einfach angetroffen wird, zeigt sich aber nur durch Denken als voraussetzungsvoll, nicht an sich. Darum hat das Denken eine doppelte Aufgabe: die netzwerkförmigen begrifflichen Voraussetzungen jeder Wahrheitsbehauptung zu ermitteln und zugleich zu zeigen, weshalb diese Voraussetzung an den «Gegenständen» des Denkens nicht von sich aus sichtbar sind.[24] Das logische Denken selbst, so notiert Hegel, hat beispielsweise die «Wissenschaft des erscheinenden Geistes» zur Voraussetzung, was sich so übersetzen lässt: Ohne eine bestimmte, historisch hervorgebrachte kognitive Situation, in der an unterkomplexen Weltbeschreibungen (magischen, naturgesetzlichen, skeptischen, moralistischen und so weiter) gelernt wurde, dass und inwiefern sie nicht taugen, ist auch der Weg für die Abstraktionsleistungen des «reinen Wissens» nicht frei.

Hegel macht den Anfang mit dem auf den ersten Blick denkbar anspruchslosesten Begriff. Er verwendet zur ersten Charakteristik dieses Begriffs nicht einmal ein Hilfsverb. Schon deshalb nicht, weil die Verwendung des Hilfsverbs «ist» – etwa in «Sein ist ohne weitere Bestimmung» – den Eindruck der Unmittelbarkeit stören würde. Der elementarste und erste Begriff ist «Sein» als Inbegriff dessen, was mit «ist», «ist hier» oder «ist so» ausgedrückt wird,[25] und zwar nicht nur weil denken heißt, über etwas nachzudenken, das in irgendeiner Weise ist, sondern auch weil denken nur kann, wer ist. Den Zusatz «reines Sein» macht Hegel, weil es ihm um den abstrakten Sinn der Behauptung geht, etwas sei, ohne dass dieses Etwas dabei selbst konkret ins Spiel kommt. Man oder etwas kann fröhlich sein, blau sein, vergangen sein, wasserfest sein oder aufdringlich – aber Hegel geht es zunächst nur um die Frage, was es in all diesen und anderen Fällen heißt zu sein. In der «Kleinen Logik», derjenigen innerhalb seiner «Enzyklopädie der philosophischen Wissenschaften», hatte er vom Sein gesagt, es sei «der Begriff nur *an sich*».[26] Warum «nur»? Weil Hegel begriffliche Seinsbestimmungen von anderen abgrenzt, etwa von denen des Wesens einer Sache oder von dem, was sie zu sein scheint, oder von ihrer Wirklichkeit.

Der Abschnitt, in dem Hegel mit dem Begriff «Sein» einsetzt, ist «Bestimmtheit (Qualität)» überschrieben. Alles, was ist, ist durch das bestimmt, was es nicht ist. Die Zwei ist keine Null, keine Eins und keine Drei. Das Süße ist nicht farbig. Was gerade ist, ist nicht schief. Bonn ist nicht Weimar. Tortellini sind nicht Tortelloni. Blau ist nicht Violett. Das Kleid ist jetzt da. Will man diese Eigenschaft bestimmter Begriffe ohne den Gebrauch einer Negation (ist nicht, ist kein) demonstrieren, geht das auch, aber im Hintergrund stehen dennoch Verneinungen. Blau ist eine Farbe (kein Ton) und Süße eine Geschmacksqualität (kein Geruch und keine optische Eigenschaft), Bonn und Weimar stehen für Regierungsepochen (sind nicht nur Städte), das Kleid ist jetzt da (war es bis jetzt nicht) und so weiter.

Damit sind ganz verschiedene Arten von Unterschieden bezeichnet: einfache Differenzen, kategoriale Unterschiede (Geschmack/Aussehen), Gegensätze, Namensunterschiede, Bestimmtheiten auf einem Kontinuum (Farben). Jedes Mal aber ist vorausgesetzt, dass es einen gemeinsamen Bereich gibt, in dem diese Unterschiede gemacht werden. Diesen Bereich nennt Hegel «Sein», weil das Wort «ist» in jedem dieser Fälle eben das anzeigt: das Gemeinsame noch so unterschiedlicher Bestimmungen, der Bezug auf das «Sein» von etwas.

Das sieht man leicht an besonders absurden Urteilen, die sich am Rande der Verständlichkeit bewegen: «Aphrodite ist eine Primzahl.»[27] Denn auch wenn Aphrodite eine griechische Göttin ist, die zumindest heute sehr fiktiv erscheint – und somit eigentlich in Hegels Kapitel über «Schein» gehört –, und Mathematiker tiefe Diskussionen über die tatsächliche Existenz von Zahlen führen können – nur gedankliche Konstrukte oder die Buchstaben im Buch der Natur? –, und auch wenn die Behauptung, eine Person könne eine Zahl sein, ein noch so krasser Kategorienfehler ist: Es bleibt, dass sowohl Aphrodite wie Primzahlen in irgendeinem Sinne «sind». Fänden wir den Ausdruck «Aphrodite, nombre premier» beispielsweise in einem Gedicht von Paul Valéry, dächten wir sinnvollerweise darüber nach, was damit gemeint sein könnte, und würden dabei nach Gemeinsamkeiten der Götterfigur mit dem Zahlbegriff suchen.[28]

Das Sein als Inbegriff aller «Ist»-Aussagen hat also, wie wir merken, doch eine Eigenschaft, die es von allem anderen unterscheidet, nämlich die, keine Eigenschaft zu haben. Man kann von ihm nichts aussagen, ohne den Bereich der bloßen Begriffsverwendung zu verlassen. Alles andere ist etwas, das Sein selbst aber ist – nichts. Würde man von ihm etwas aussagen, «würde es nicht in seiner Reinheit festgehalten».[29]

Hegel schreibt «Nichts» groß, so wie er «Sein» – oder im Original «Seyn» – groß geschrieben hat, und man kann darüber diskutieren, ob es gerechtfertigt ist, aus Hilfsverben Substantive zu machen, die suggerieren, es gebe irgendeine Art von Objektbereich «Sein», an dem alles, was ist, teilhat. Das berührt ein altes Problem der Philosophiegeschichte. Der Vorsokratiker Parmenides hatte das Sein als etwas Wahrnehmbares beschrieben, dem gegenüber das Nichtsein gar nicht existiere. Gewiss, wer nichts (kein Etwas) wahrnimmt, nimmt gar nicht wahr; nichts wahrnehmen heißt nicht wahrnehmen. Aber wer *sagt*, dass etwas nicht ist, sagt durchaus etwas. Wahrnehmen und Denken (Sagen) ist zweierlei, weil im Denken die Negation – «Etwas ist nicht» – zu unterscheiden ist vom Nicht-Denken.[30]

Außerdem ist eingewendet worden, nicht Begriffe, sondern Sätze seien die elementaren logischen Einheiten. In Sätzen aber sei das «ist» ein unselbständiges Element, weshalb es ein «unmittelbares», also selbständiges Sein gar nicht geben könne.[31] Doch es geht keine Information verloren, wenn der Satz «Das Sein, das unbestimmt Unmittelbare, ist in der Tat Nichts und nicht mehr noch weniger als Nichts»[32] so übersetzt wird: Die Begriffsverwendung von «Sein» benennt nichts, weil man sein Gegenteil, das Nichtsein von etwas und die Aussageform «ist nicht» in Anspruch nehmen muss, um eine Bedeutung, einen Gedanken zu erhalten. Ansonsten ist es gleichgültig, ob von jemandem gesagt wird, er oder sie denke nichts oder sie dächten das Sein ohne weitere Bestimmung. Hegel nennt dies «das leere Denken selbst» und Sein wie Nichts «leere Gedankendinge»,[33] wenn man sie denn als voneinander unabhängige Dinge begreift anstatt als einander vollständig entgegengesetzte, gerade dadurch aber vollständig aufeinander bezogene Begriffe.

Aufeinander bezogen sind Aussagen, die von «ist» und «ist nicht» Gebrauch machen – sofern sie sich auf ein und denselben Gegenstand und ein und dieselbe Bestimmung beziehen –, durch das Werden. Wenn etwas ist – das Blatt grün, Desdemona glücklich – und dasselbe Etwas nicht ist – das Blatt nicht grün, sondern gelb, Desdemona verzweifelt –, hat es sich verwandelt. Hegel bezeichnet das Werden als die Einheit von Sein und Nichts. Denn erst wenn etwas wird oder, wie man auch sagen kann, etwas etwas anderes wird, können wir an ihm Sein und Nichtsein unterscheiden. Immer noch dasselbe Blatt, aber anders. Wir finden hier die berühmte Identität von Identität und Nichtidentität wieder: Identisch ist etwas, was seine zeitliche, sachliche, soziale Unterschiedlichkeit überwölbt.

Wie reich die Implikationen dieser sehr grammatisch wirkenden Überlegungen sind, geht aus den Anmerkungen hervor, die Hegel an dieser Stelle macht und mit denen wir dieses erste Beispiel für sein Vorgehen in der «Wissenschaft der Logik» abschließen wollen. Zunächst erinnert uns Hegel daran, dass auch in Beispielsätzen wie denen, die wir gebraucht haben, schon viele Begriffe eingegangen sind, die noch gar nicht zur Verfügung stehen, wenn nur die Konzepte «Sein», «Nichtsein» und «Werden» bekannt sind. Wir haben nämlich schon von Gegenständen, Sachverhalten oder einem Etwas gesprochen, an dem sich der Übergang von einem Sein («es ist») zu einem Nichtsein («es ist nicht») vollzieht. Wer auf diesen Vorgriff auf spätere Begriffsanalysen der Logik verzichten will, die sich auf Dasein, Etwas, Substanz und Qualität beziehen, muss sich mit Sätzen wie «Aus Nichts wird nichts» beschäftigen, die nicht nur Sprichwörter sind, sondern auch von der Schöpfungstheologie in Anspruch genommen wurden.

Aus Nichts wird nichts – das kann heißen: Alles, was entsteht, entsteht in einem Übergang. Die christliche Theologie hat den Satz darum abgelehnt und ihm die «Schöpfung aus dem Nichts» entgegengehalten. Oder genauer: Sie hat unter Verweis darauf, dass ja etwas geworden ist, die Folgerung gezogen, es müsse davor auch etwas oder besser noch: jemanden gegeben haben, der aus dem materiellen Nichts – denn es sollte eine freie Schöpfung sein – mittels seines Willens und seiner Gedanken ziemlich viel Etwas, nämlich Alles, geschaffen habe. Wer hingegen den Satz in der Fassung «Aus Nichts wird Nichts, Nichts ist eben Nichts» annehme, so Hegel, stimme dem griechischen Pantheismus wie jenem des Spinoza zu, wonach alles immer schon da war.[34] Die Wahrheit dieser Weltsicht liegt darin, dass die Welt nur durch sich selbst erklärt und nur von innen beschrieben werden kann. Der Himmel hat keine Rückseite. Ihre Unwahrheit zeigt sich hingegen, wenn sie zur Behauptung führt, alles sei im Grunde nur eine Neukombination von schon Bekanntem und es gebe nichts Neues, weil eben nichts im strikten Sinne entstehen könne, wodurch umgekehrt auch nichts verlorengehen oder vergehen könne.

Für Hegel lässt sich die Unwahrheit dieser Weltsichten mit ihrer Wahrheit verbinden: In die Bestimmung jedweden Sachverhalts gehen Urteile der Form «ist» und «ist nicht» ein, weil jede Bestimmung eine Negation enthält – auch dies ein Satz von Spinoza –, und zwar eine bestimmte Negation: Was völlig blau ist, ist nicht rot, oder: ist nicht nüchtern, je nach Richtung der Negation. Wenn aber der Satz stimmt, «daß es nirgend im Himmel und auf Erden Etwas gebe, was nicht beides Sein und Nichts in sich enthielte»,[35] wie verhält es sich in dieser Hinsicht mit dem Inbegriff aller Dinge, nenne man ihn nun Gott, Welt, Substanz, Sein oder Vernunft? Lassen sich diese Sachverhalte von etwas unterscheiden, das sie nicht enthalten? Das wäre erkennbar ein Widerspruch. Gott – im Unterschied wozu? Zur Welt wohl kaum. Zu einem zweiten Gott? Was wäre dann deren Einheit, zeitlich gefragt: ihre Herkunft? Zum Bösen? Erneut die Rückfrage: Unde malum, woher das Böse, von wem hervorgebracht, von wem geduldet, von wem in einen Erlösungsplan eingestellt? Selbst der Vorschlag Schellings, sich Gott als einen Schöpfer vorzustellen, der zur Perfektion seiner Schöpfung ein freies Wesen geschaffen hat, dessen Freiheit sich daran beweist, zur Negation Gottes und des Guten befähigt zu sein, verlegt die bestimmte Negation Gottes in die Möglichkeit eines Gottesgeschöpfes.

Hegel zeichnet die Argumente Kants gegen einen spekulativen Gebrauch der Vernunft in der Frage des Weltanfangs und Weltendes nach. Es kann nichts anfangen, denn wenn es schon etwas gibt, fängt gar nichts an, sondern alles ist nur eine Fortsetzung, und wenn es noch nichts gibt, kann es aus dem Nichts heraus nicht entstehen. Dasselbe gilt natürlich auch fürs Aufhören.

Aber wie kann man denn sagen, Sein und Nichtsein seien dasselbe? Es spielt doch eine Rolle, ob in meiner Brieftasche fünfzig Euro sind oder nicht sind? Ja, wendet Kant ein, aber nur für die Brieftasche und mich, nicht für den Begriff «fünfzig Euro». Für den Begriff ist es gleichgültig, ob zu den Eigenschaften, die er unter sich befasst, noch «Existenz» hinzukommt. «Es gibt» ist keine Inhaltsbestimmung, das Mögliche enthält, so Kant, nicht weniger als das Wirkliche, Sein oder Nichtsein spielen für den Begriff keine Rolle. Das jedoch ist es nicht, was Hegel sich unter einem Begriff vorstellt, eine isolierte Vorstellung. Für ihn unterscheiden sich mögliche fünfzig Euro – bei ihm sind es hundert Taler – sehr wohl von wirklichen fünfzig Euro, nämlich dann, wenn sich die Bestimmung dessen, was fünfzig Euro sind, erst im Zusammenhang von anderen Sachverhalten ergibt: Nimmt jedes Geschäft Bargeld an, sind fünfzig Euro auf der Bank dasselbe wie fünfzig Euro in der Brieftasche? Für wen ist es gleichgültig, ob er die fünfzig Euro hat und für wen nicht? Eventuell lässt sich also der Begriff der fünfzig Euro nur anhand von tatsächlichem und nicht nur vorgestelltem Geld bilden.

Hegels Argument, er erörtere hier allerdings nicht das Sein oder Nichtsein von Vermögensbeständen, sondern die «reinen» Begriffe, provoziert den Einspruch, solche reinen Begriffe seien doch bloße Abstraktionen. Aber wir verwenden solche abstrakten Elemente in Sätzen, mit denen wir die Welt und unsere Zustände in ihr beschreiben. Für Hegel kommt es darauf an, richtig zu abstrahieren. Er zitiert Jacobis Schilderung, wie man zum Begriff des Raumes gelange: «Ich muß ... für so lange rein zu vergessen suchen, daß ich je irgendetwas sah, hörte, rührte und berührte, mich selbst ausdrücklich nicht ausgenommen. Rein, rein, rein vergessen muß ich alle Bewegung, und mir gerade dies *Vergessen*, weil es das schwerste ist, am angelegentlichsten sein lassen. Alles

überhaupt muß ich, so wie ich es weggedacht habe, auch ganz und
vollkommen weg*geschafft* sein lassen, und gar nichts übrig behalten, als die *mit Gewalt* stehen gebliebene Anschaung allein des unendlichen *unveränderlichen Raums.*»[36] Hegel pflichtet Jacobi darin
bei, dies sei keine sinnvolle Übung, und er vergleicht sie sarkastisch
mit der Meditation derjenigen, die «äußerlich bewegungslos und
ebenso in Empfindung, Vorstellung, Phantasie, Begierde usf. regungslos jahrelang nur auf die Spitze ihrer Nase [sehen]», nur Om,
Om sprechen oder gar nichts.[37]

Auf Begriffe wie «Sein» oder «Nichts» kommt man Hegel zufolge nicht durch Weglassen, Vergessen oder das angebliche Still-
stellen des Verstandes, wie es «spirituelle Lehrer» verlangen. Sie
ergeben sich auch nicht dadurch, wie Jacobi nahelegt, dass eine
Person sich den Sinn der Begriffe anschaulich herbeidenkt, indem
sie damit beginnt, ihr Zimmer leerzuräumen. Sie ergeben sich vielmehr durch den Vergleich tatsächlicher Sätze und die Frage nach
ihren Voraussetzungen, durch die Analyse von Unterscheidungen
und die Untersuchung dessen, was bei ihrer Verwendung keine
Rolle spielt. Das Nichts hat dann insofern «an dem Denken, Vorstellen, Sprechen u.s.f. sein Sein»,[38] als wir – obwohl wir es nicht
wahrnehmen können – über Inexistentes zu reden vermögen und
sinnvoll von etwas aussagen können, es sei nicht, sei nicht mehr,
sei noch nicht, sei schon wieder da. Oder genauer: Wir können es
sogar wahrnehmen, wenn wir etwas oder jemanden als abwesend
vorstellen: Kälte als Abwesenheit der Wärme, Sättigung als Abwesenheit des Hungers. Hegel schreibt dann beispielsweise der Finsternis sogar eine Existenz im Licht zu, weil dieses nur als Farbiges
wahrgenommen werden kann und nicht als reines Licht.

Nun kann man sich fragen, was eigentlich damit gewonnen ist,
wenn man all das nachvollzogen hat. Hegel demonstriert, wie die
Inanspruchnahme von allerelementarsten, anscheinend denkfrei
und unterscheidungslos gegebenen Sachverhalten («Sein») zum

einen doch Reflexionen (Unterscheidungen) voraussetzt, zum anderen in eine Bewegung von Widersprüchen hineingezogen wird. Es gibt im Wortsinne keine «fixen Ideen», alles, selbst das bloße Sein oder später Sachverhalte, die als Objekte, Dinge, Strukturen angesprochen werden, sind das Ergebnis von Aktivitäten und näherhin von Negationen, die sich selbst korrigieren. Als Sein wurde die Gemeinsamkeit von allem angesprochen, das es gibt und von dem sich «Ist»-Aussagen machen lassen. Es ist das «Alles», was in den vorsokratischen Fragmenten eine so große Rolle spielt: «Alles ist voll von Göttern», «Alles fließt», «Alles besteht aus vier Elementen». Hegel will hier und auch überall sonst im Fortgang seiner Begriffsanalysen zeigen, dass in jeder Aussage der Übergang zu einer entgegengesetzten Aussage steckt. Unterschiedenes ist sowohl unterschieden wie in der Unterscheidung verbunden, und das Nachdenken über beides führt dazu, dass sich die Unterscheidung relativiert, oder wie Hegel sagt: «unmittelbar aufgelöst hat».[39] Wer Sein und Nichts unterscheidet, hat Werden impliziert, und wenn das, was vergeht oder entsteht, festgehalten wird, tritt schon der Begriff des Daseins hervor – einer bestimmten Existenz, einer Realität, die sich ändert, eines Etwas.

Innerhalb der «Lehre vom Sein» als dem ersten Teil der Logik werden dann, um es vorsichtig zu sagen, eine ganze Reihe von Bestimmungen dieses «Alles» betrachtet, was als «Etwas» zu «Etwas und ein Anderes» führt. Dies bringt den Begriff der Endlichkeit hervor – «Etwas ist nicht Alles» –, was wiederum ein Nachdenken über «Unendlichkeit» nach sich zieht und so weiter. Jedes Mal geht es weniger darum, über die Struktur der Welt Aufschluss zu geben, als um die Überwindung von Schwierigkeiten: Was ist, kann sich verändern, aber wie kann man in einer Sprache, die selbst stabil ist, Veränderung gerecht werden? Was geht vor sich, wenn wir Tag und Nacht, Berg und Tal unterscheiden, aber nicht exakt angeben können, wo der Berg beginnt und wann die Nacht? Gehört das Ohr zum Gesicht? Hegel denkt hier über den Begriff «Fürsichsein» nach, also darüber, wie überhaupt Einheiten mit Mustern des Wiedererkennens gebildet werden. Sind Zahlen ein umfassendes Beispiel für Unterscheidbarkeit?[40] Worin besteht der Unterschied zwischen einem Kontinuum und der Zusammensetzung einer Einheit aus winzigen Teilen? Wie gut können mathematische oder physikalische Gewohnheiten im Umgang mit diskreten Größen auf sprachlich vermittelte Weltbeschreibungen übertragen werden?

Verfolgen wir nur eine kurze Passage aus dem Kapitel «Quantum», um das Vorgehen und auch die Sprache zu verdeutlichen, in der Hegel über solche Seinsbestimmungen nachdenkt. Die Behauptung, er denke abstrakt, trifft die Sache nicht. Denn er denkt nur in einer uns abstrakt vorkommenden und tatsächlich zumutungsreichen Sprache über sehr konkrete Fragen nach. Ein Quantum ist eine qualifizierte Menge, eine Zahl verbunden mit einer Messeinheit: 451 Grad Fahrenheit, vier Minuten dreiunddreißig, 90, 718 Kilogramm, dreißig Silberlinge. Die Zahl gibt an, bis wohin (mit dem Thermometer, der Uhr, der Waage oder einfach nur mit einer Strichliste) gezählt werden soll oder gezählt wurde.

Hegel nennt das «die Grenze als Beschränkung der daseienden Vielheit», weil es selbstverständlich mehr Minuten gibt als die vier Minuten dreiunddreißig, die gerade gezählt wurden, und mehr Silberlinge als die dreißig. Das heißt: So gut wie alle Zahlen zählen alles, was gezählt werden kann; seltene Ausnahmen sind Begriffe wie Paar, Trio oder Quartett, die nur bestimmte Gegenstände zählen, weil niemand von einem Trio Reißnägel sprechen würde. Andere Dimensionen wie Minuten, Grad, Kilogramm sind wiederum «gleichgültig» gegenüber der Zahl, die ihnen zugeordnet wird.

Nun aber formuliert Hegel einen Satz, der es sich und seinen Lesern nicht leichtmacht: «Die Quantität ist als das aufgehobene Fürsichsein schon an und für sich selbst gegen ihre Grenze gleichgültig» – dies wurde gerade erläutert –, «aber damit ist ihr ebenso die Grenze oder ein Quantum zu sein nicht gleichgültig; denn sie enthält das Eins, das absolute Bestimmtsein, in sich als ihr eigenes Moment, das also gesetzt an ihrer Kontinuität oder Einheit ihre Grenze ist, die aber als Eins, zu dem sie überhaupt geworden, bleibt.»[41] Denn als Quantum ist die Quantität «nicht gleichgültig» dem gegenüber, was *eine* Minute, *ein* Grad, *ein* Kilogramm oder *ein* Meter ist. Man kann die entsprechenden Maßeinheiten natürlich auch durch kleinere ersetzen, etwa Sekunden, Milligramm oder Millimeter. Die Aufgabe, eine Maßeinheit festzulegen, wird man dadurch aber nicht los. 1791 hatte beispielsweise die französische Nationalversammlung auf Anraten der Pariser Akademie der Wissenschaften beschlossen, eine universelle Längeneinheit als den zehnmillionsten Teil der Strecke vom Pol bis zum Äquator festzulegen, die zwei Jahre später als «Meter» bezeichnet wurde, auch wenn die empirische Messung und Teilung zu etwas mehr als tausend Millimetern für «das Eins» des Urmeters führte.

Hegel bohrt sich also mittels abstrakter Einerseits-Andererseits-Erwägungen in Implikationen der untersuchten Begriffe hinein. Etwas später wendet er sich auf diese Weise einer weiteren Eigenschaft des Zählens zu: «Das Quantum nur als solches ist begrenzt überhaupt, seine Grenze ist abstrakte, einfache Bestimmtheit desselben. Indem es aber Zahl ist, ist diese Grenze als *in sich selbst mannigfaltig* gesetzt. Sie enthält die vielen Eins, die ihr Dasein ausmachen, enthält sie aber nicht auf unbestimmte Weise, sondern die Bestimmtheit der Grenze fällt in sie.»[42] Das Quantum, scheint das zu heißen, ist begrenzt, weil seine Einheit begrenzt ist. Minuten können beispielsweise nicht in Gramm umgerechnet werden. Außerdem begrenzt auch die Anzahl das Quantum, indem ein Kilo eben nicht zwei Kilo ist. «In sich selbst mannigfaltig» ist diese Begrenzung des Ausdrucks «ein Kilo» hingegen, weil ein Kilo Federn, ein Kilo Stahl und ein Kilo Wasser vielfache Arten desselben einen Kilos sind.

Mitunter ist die Lektüre von Hegels Argumenten, wie hier, auf Vermutungen angewiesen. Sein Pochen auf «reine» Begriffsbestimmungen, die als solche gedacht werden sollen und von denen nicht durch anschauliche Erläuterungen abgelenkt werden soll, lösen selbst bei dem ihm gewogensten und mathematisch gebildetsten Kommentator dieser Abschnitte, Pirmin Stekeler, an einer Stelle den Stoßseufzer aus: «Endlich bringt Hegel selbst ein Beispiel, nämlich die Zahl Hundert»![43] Der Verzicht auf beispielhafte Erläuterungen ist tatsächlich eines der großen Ärgernisse der «Wissenschaft der Logik», weil sie ihre Leser oft mit dem Gefühl zurücklässt, wer ihr nicht folgen könne, sei selbst schuld und habe einfach darauf verzichtet, Monate des eigenen Lebens in die Entschlüsselung dieser Argumentationsverläufe zu investieren. Dennoch ist es faszinierend, wie Hegel durch sein Selbststudium der Mathematik und ohne dass die Grundlagenarbeit von Mengen- und Messtheorie, ja, auch nur die einer Philosophie der Arithmetik damals schon aufgenommen worden wäre, eine Problemskizze nach der anderen für dieses Feld zeichnet. Die Fragen, die sein Vorgehen hier anleiten, lauten: Was heißt Menge, was heißt Zahl und was Zählen, was beinhaltet das Rechnen mit einfachen Größen?

Das Kapitel «Quantum» geht danach zu weiteren Beobachtungen an den Grundrechenarten über, kommentiert Kants Satz, «7 + 5 = 12» sei ein synthetischer Satz, macht ausführliche Anmerkungen zu antiken Philosophien, die Zahlen für den Schlüssel zur Welterkenntnis hielten, und arbeitet beispielsweise die Unterscheidung extensiver und intensiver Größen aus, also solcher, die wie Temperaturgrade nicht Mengen bezeichnen und deswegen auch nicht analog zu Zentimetern oder Kilogramm behandelt werden können. Ein Kilo Reis und zwei Kilo Reis ergeben drei Kilo, aber was sollte es heißen, gemessene fünfzig Grad eines Wassers mit anderem fünfzig Grad warmen Wasser zu addieren? Zwischendurch kommentiert Hegel die Ansicht, derzufolge das Rechnen in der Schule «zum Hauptbildungsmittel des Geistes» gemacht werden solle, mit Verweis auf den Einsatz von Rechenmaschinen dahingehend, dass er dadurch auf die Folter gelegt werde, «sich zur Maschine zu vervollkommnen».[44] Was ihn an Mathematik interessiert, ist ihre Form des Denkens, nicht so sehr die Möglichkeit, etwas auszurechnen.

Damit ist zwar etwa die Hälfte des Pensums von Hegels «Wissenschaft der Logik» geschafft, die eigentlich schwierigen Überlegungen haben die Leser an dieser Stelle aber noch vor sich. Denn noch bevor sich das Denken nach der Beschäftigung mit dem, was ist, in der «Lehre vom Begriff» ganz mit sich selbst beschäftigt – mit den Eigenschaften von Begriffen überhaupt, mit den Urteilsformen, mit dem Schlussfolgern beispielsweise –, richtet es sich auf eine Eigenschaft von dem, was ist, die nicht in den Bestimmungen seiner Arten zu sein aufgeht. Alles, was ist, hat nämlich nicht nur Qualitäten (der «endliche Mensch») und Quantitäten («ein» Gott), sondern an allem, was ist, wird auch unterschieden, was es im Unterschied zu seiner Erscheinung «wirklich» ist. Es werden Kern und Hülle, wesentliche und unwesentliche Merkmale, zufällige und notwendige Tatbestände unterschieden. Hegel nennt das Ensemble dieser Begriffe die «Logik des Wesens» und beginnt ihre Betrachtung mit dem Satz: «Die *Wahrheit* des *Seins* ist das *Wesen*.»[45]

Inwiefern? Wir haben mit Hegel gesehen, dass alles, was es gibt, eine – der Ausdruck sei gestattet – Mischung aus Sein und Nichtsein ist, die als Etwas angesprochen werden kann, das sich von anderem unterscheidet, Eins oder Vieles ist, in einem Kontinuum steht oder als diskrete Einheit existiert, gezählt oder gemessen werden kann, womöglich farbig ist oder eine Temperatur hat, Kräften ausgesetzt ist oder Proportionen aufweist. Aber wir haben bislang nicht die Frage gestellt, was dieses so beschreibbare Sein denn bedeutet. Die Wesenslogik ist das Reich der Bedeutungsanalysen, wobei sich im Durchgang mit Hegel nicht zuletzt zeigen soll, was es mit dem Begriff der «Bedeutung», der Frage nach dem Wesen, dem wahren Sinn einer Sache, auf sich hat.

Liebt sie mich wirklich? Ist Politik mehr als schlecht verschleierte Gewaltausübung? Kann ein Urinal Kunst sein? Wie verhält sich Rhetorik zur Wahrheit? Sind Biographien nur Ketten von Zufällen? Solche Fragen führen zu Begriffen der Wesenslogik, die ihrerseits, das ist Hegels Annahme, unabhängig von solchen konkreten Fragen sind, weil beispielsweise die Form der Überlegung «Ist es der Fall oder scheint es nur so?» für viele solcher Fälle einschlägig ist. Auf das Ganze dessen, was ist, gewendet, führt die Frage nach dem Wesen des Seins leicht erkennbar in metaphysische Gebiete.

Hegel zieht aber zunächst einen für alle, die die Bedeutung einer Sache mit ihren Qualitäten assoziieren, überraschenden Vergleich: «Das Wesen ist *im Ganzen*, was die *Quantität* in der Sphäre des Seins war; die absolute Gleichgültigkeit gegen die Grenze.»[46] Denn so, wie etwas zwar nicht unendlich blau oder grenzenlos anders sein kann, aber zu jeder Zahl noch eine größere existiert, so überschreitet die Frage nach dem, was dahintersteckt, das Sein in Richtung grenzenloser Bestimmungen. Sie sind in den Religionen zu finden, aber auch in Spekulationen wie derjenigen von Jorge Luis Borges über eine «göttliche» Bibliothek, in der alle denkbaren Bücher stehen, die mithin den gesamten überhaupt formulierbaren Sinn enthalten, der mittels sechsundzwanzig orthographischer Symbole aufgeschrieben werden kann.[47]

Die Frage nach dem Wesen einer Sache oder des Ganzen verhält sich negativ zu dem, was offenkundig der Fall ist. Wer vom Wesentlichen spricht, qualifiziert viele Merkmale dessen, worüber gesprochen wird, als unwesentlich, nebensächlich. Das ist aber eine sanfte Art des Negierens, sie teilt einfach Merkmale einer Sache nach höherer und weniger hoher Bedeutung für ihr Verständnis auf: Ist es wesentlich für ein Theaterstück, drei Akte zu haben? Wie wichtig ist es für den Rechtsstaat, in einer Verfassung festzulegen, dass alle Handelsschiffe eine einheitliche Handelsflotte bilden (GG Art. 27)? Gehört es zum Wesen des Menschen, ein

Zweibeiner zu sein? Hier liegen das Wesentliche und das Unwesentliche nur nebeneinander, und es kann viel darüber diskutiert werden, ob die Zuordnung richtig getroffen wurde, ob also für den Monotheismus wesentlich ist, von Engeln und der Mutter Gottes abzusehen, oder ob es für die Demokratie unwesentlich ist, wie die Abgeordneten in einem Parlament sitzen, im Kreis oder einander gegenüber, oder doch ganz wesentlich.

Eine viel schärfere Negation des Seins durch eine Wesensunterscheidung liegt vor, wenn behauptet wird, es sei gar nicht so, wie es sich zeige. «Das Sein des Scheins besteht allein im Aufgehobensein des Seins», reimt Hegel nachgerade – er sagt «in dem Aufgehobensein», aber das nimmt den Rhythmus aus dem Vers –, «in seiner Nichtigkeit; diese Nichtigkeit hat es im Wesen, und außer seiner Nichtigkeit, außer dem Wesen ist er nicht.»[48] Für Hegel entspricht ein starker Gebrauch der Kategorie «Schein» einer skeptischen Einstellung, denn Skeptiker finden es unangemessen, zu etwas zu sagen: «Es *ist*.» Sie ziehen das Urteil «Es sieht so aus als ob» vor. Der Begriff des Scheins macht dabei – weil Schein immer von etwas abhängig ist – aus dem, was bis dahin einfach als existent galt, etwas Komplizierteres, nämlich eine Erscheinung von etwas anderem. Die Frage nach dem Wesen erzeugt so zwei Welten, eine erscheinende und eine, deren Erscheinung sie ist. Es scheint Liebe, ist aber nur Verführung. Es scheint Demokratie, ist aber «bloß formale Demokratie». Es scheint leicht zu sein, eins und eins zu addieren, aber wenn die Zahlentheoretiker mit einem fertig sind, wird man nicht mehr verstehen, wie es je gelingen konnte.

Das eine ist nun die Entwertung von Etwas oder gleich des ganzen Seins, indem man es als Schein bezeichnet. Das andere ist die Frage, wie beides – der Eindruck, etwas sei so und so, und die Behauptung, in Wahrheit sei es ganz anders – miteinander zusammenhängt. Denn es ist nicht nur zu erklären, dass in Wahrheit alles oder jedenfalls vieles nicht so ist, wie es scheint, sondern auch, wie der gegenteilige Eindruck entstehen konnte, wie also der Schein es bewerkstelligt, für Sein genommen zu werden.[49]

Die Unterscheidung von Sein und Wesen setzt daher Reflexion in Gang, weil das Wesen nur im Nachdenken über die verborgenen Eigenschaften (bei Handlungen beispielsweise Absichten) zur Erscheinung kommt oder über die unsichtbaren Gründe dafür, dass etwas so ist, wie es ist. Reflexion negiert Anschein, mitunter fast willkürlich.[50] Für die Frage «Wie, wenn es anders wäre?» bedarf es keines Verdachts, es genügen Phantasie und Lust am Denken. Oder der Eindruck von etwas Rätselhaftem. Geschieht es beispielsweise aus Pflichtbewusstsein oder Pedanterie, aus Unterwürfigkeit oder Phantasielosigkeit, wenn jemand stets sehr akkurat arbeitet? In dem Maße, in dem sein Inneres nicht manifest ist, sondern eben von innen und im Hintergrund des Anscheins wirksam ist, bleibt jeder Versuch, das Wesen zu bestimmen, irrtumsanfällig. In der treffenden Formulierung von Robert B. Pippin: «Gelegentlich wissen wir nicht, wovon etwas eine Erscheinung ist, aber wir wissen, dass es die Erscheinung von etwas ist», dass also ein Wesen gefunden werden kann.[51] Die Suche nach dem Wesen wird so doppelt reflexiv. Sie denkt über ihr Objekt nach, und sie denkt darüber nach, ob eine Wesensbestimmung selbst nur scheinbar zutrifft: «Die Reflexion ist das *Scheinen des Wesens in sich selbst.*»[52] Wer einen solchen Versuch wagt, ist darum auf längere Beobachtung einer Sache oder Person verwiesen, auf die Beobachtung von Handeln oder Sein unter wechselnden Umständen, auf die mehrfache Lektüre eines Textes.

Wir halten an dieser Stelle inne, lange bevor Hegels «Wissenschaft der Logik» in ihre abschließenden Überlegungen über die Begriffe «Leben», «Erkennen», «Wahrheit» und «das Gute» einmündet. Die davor zu findenden Erläuterungen des Urteilens und Schlussfolgerns können allen empfohlen werden, die an Hegels Sinn für praktische Aspekte des Denkens zweifeln. Viel deutlicher als in seinen Sätzen über Sein und Nichts, das Quantum oder die Negativität des Scheins hört man hier den Nürnberger Gymnasialdirektor sprechen, der Unterricht erteilt. Etwa wenn er den Unterschied zwischen einem Satz und einem Urteil erläutert: «Mein Freund N. ist gestorben» wäre nur dann ein Urteil, wenn der Zustand des Freundes kontrovers wäre, wenn man also die performative Qualität des Ausdrucks «ist» in diesem Satz kennt. Oder nehmen wir Hegels Bemerkung über «unendliche Urteile», also solche, die jede Verbindung von Subjekt und Prädikat leugnen: «Der Verstand ist kein Tisch», «die Rose ist kein Elefant», aber auch über das Verbrechen, das für Hegel die logische Form eines unendlichen Urteils hat, weil es nicht nur ein bestimmtes Recht negiert, sondern Recht überhaupt. Oder die Bemerkungen über apodiktische Urteile. Für Hegel sind sie die «wahrhaft objektiven» Urteile, weil sie schon einen Grund enthalten, weswegen mit ihnen das Urteilen zum Schlussfolgern übergeht: «Die Handlung, so und so beschaffen, ist recht.»[53] Auch hier und in den Erläuterungen, wie Einzelnes, Besonderes und Allgemeines in solchen Schlussfolgerungen angeordnet werden können, geht es Hegel um den Nachweis, dass einzelne Gedankenoperationen sinnvoll nur in einem Kontext verstanden werden können, der ihnen nicht auf den ersten Blick anzusehen ist.

Denken, das versucht Hegels Logik auf diese Weise zu zeigen, ist eine Form der Praxis. Dass in ihr die «Idee des Guten» der «Idee des Wahren» folgt und damit das Handeln dem Erkennen, begründet er damit, dass sie «nicht nur die Würde des Allgemeinen» habe, «sondern auch die des schlechthin Wirklichen», wobei in Hegels Vokabular das Wirkliche stets mit dem Wirksamen und dem auf Verwirklichung Zielenden verbunden ist. Es werden aber unter der Idee des Guten nicht irgendwelche Zwecke zu verwirklichen versucht, sondern derjenige einer Selbstbestimmung des menschlichen Willens. Diese Selbstbestimmung setzt für Hegel ein freies Verhältnis zur «äußerlichen Welt» voraus.

Freiheit ist für Hegel nur möglich, wenn der Mensch, mit einem Wort Kants, in die Welt passt, sie ihm also nicht als Fremde gegenübersteht und nicht unverstanden ist. Einer auf Befreiung von den Übeln zielenden Praxis, so Hegel, komme die Wirklichkeit oft «als unüberwindliche Schranke» und zugleich als «das an und für sich Nichtige vor», das seinen einzigen Wert durch das sich zwecksetzend verwirklichende Subjekt erhalte. Damit aber steht der Wille sich genau dann «nur selbst im Weg», wenn er weder die Wirklichkeit noch seinen Anteil an ihr erkennt. Wenn er also blind dem gegenüber ist, was es heißt, von Wirklichkeit, Zweck, Wesen, Schein und auch Quantum zu sprechen. Der Freiheit ist die Wachheit gegenüber allen denkbaren Ausarbeitungsstufen günstig, das Vermögen, undurchdacht verwendete Begriffe in ihrer Kompaktheit aufzulösen, und die Bereitschaft, sich mittels Denken über das Denken selbst aufzuklären. Es könne darum, schließt Hegel, «die Idee des Guten [...] ihre Ergänzung allein in der Idee des Wahren finden».[54]

ELFTES KAPITEL

Geist- und Leibzuständigkeit:
das kurze Vergnügen in Heidelberg

«Never drink because you need it, for this is rational
drinking, and the way to death and hell. But drink
because you do not need it, for this is irrational drinking, and the ancient health of the world.»

Gilbert Keith Chesterton

M ir ist es gegenwärtig zumute», schreibt Hegel im Herbst
1810 aus Nürnberg an seinen Freund Niethammer, «wie
dem Adam in der geistlichen Komödie, der morgens früh am
sechsten Schöpfungstage, ehe der Aktus der Schöpfung an ihm
verrichtet ist, mit einer Arie auftritt, anfangend: O wenn i nu au
geschaffen wär!» In einem französischen Wetterbericht habe er
außerdem einmal gelesen: «le vent ayant été longtemps sans exis-
ter», der Wind lag lange in der Luft, ohne schon zu wehen. Genauso gehe es ihm, er fühle zu sein, ohne zu existieren.[1] Das Werk
lag vor, den Autor aber gab es noch nicht.

Karrieren haben etwas Zufälliges. Sie hängen selbst dann nicht
nur von Leistungen ab, wenn die Leistungen «Phänomenologie des
Geistes» oder «Wissenschaft der Logik» heißen. Hegel publiziert
diese Werke 1807 und von 1812 bis 1816. Seiner Zeit fallen sie nicht
weiter auf oder finden jedenfalls wenig Interesse. Friedrich Schleiermachers Exemplar der «Logik» stand bis zu seinem Tod 1834 völlig unbenutzt in dessen Bibliothek.[2] Hegel ist ein Philosoph unter
anderen. Lange galt er als Schüler Schellings, fand zwar die Unterstützung eines kleinen Netzwerks an protestantischen Neuhuma-
nisten, aber andere hatten eben ihre eigenen Netzwerke, und das

durchweg polemische Auftreten Hegels in seiner Jenaer Zeit hatte
überdies dafür gesorgt, dass er nicht überall wohlgelitten war. In
Göttingen saß Gottlob Ernst Schulze, den er der unerhörtesten
philosophischen Taschenspielertricks und der denkbar geistlose-
sten Auffassung von Kants Werk geziehen hatte. In Leipzig lehrte
Wilhelm Traugott Krug, über dessen «Entwurf eines neuen Or-
ganons der Philosophie» Hegel gespottet hatte: «Es geht alles durcheinander / Wie Mäusedreck und Koriander.»[3] Fichtes Lehrstuhl war
seit dessen Tod 1814 vakant, aber nicht nur widerstrebte es Hegels
Gattin, nach Berlin zu ziehen, es gab auch dort Professoren, mit
denen Hegel nicht eben sanft umgegangen war, etwa Schleiermacher, um nur den wichtigsten zu nennen. Der aber verwendete sich
in Berlin immerhin halbherzig für ihn. In Bayern wiederum waren
weder Schelling – «die Nacht worin, wie man zu sagen pflegt, alle
Kühe schwarz sind» – noch Jacobi – «frostiges und schales Herzer-
gießen» –, noch deren katholische Gegner wie Jakob Salat – «Ge-
wäsche», «Schwätzer» – Freunde Hegels.[4] Man konnte um 1815 an
fast jeder deutschen Universität jemanden finden, dem Hegel mehr
oder weniger deutlich mitgeteilt hatte, was er von ihm hielt.

Zehn Jahre lang hat Hegel auf den Ruf einer deutschen Universität gewartet. Zuletzt, im Mai 1816, erfährt er, dass eine Stelle
in Jena mit dem verachteten Jakob Friedrich Fries – sein Werk sei
eine «bedeutungslose Erscheinung»,[5] «seicht, geistlos, kahl, trivial,
das saloppeste erläuternde unzusammenhängendste Katheder-
gewäsch, das nur ein Plattkopf in der Verdauungsstunde von sich
geben kann»[6] – besetzt worden ist, nachdem man sich zuvor um
Schelling bemüht hatte. Aber Hegel, der an seinen Freund, den
Theologen Heinrich Eberhard Gottlob Paulus, schreibt, in Jena
habe man Vorurteile gegen ihn, Hegel, seines unfreien und un-
deutlichen Vortrags halber – es waren nicht ganz unbegründete
Urteile –, ist darüber nicht verstimmt.[7] Denn Fries wiederum hatte
zuvor einen philosophischen Lehrstuhl in Heidelberg, der dadurch
nun frei geworden war.

Allerdings hatte auch der Jurist Anton Friedrich Thibaut, der inzwischen in Heidelberg lehrte und bald ein Freund Hegels werden sollte, aus Jena Vorbehalte gegen Hegels Art mitgebracht, alles abzulesen und nichts mündlich zu erläutern. Andere berichten jedoch, das habe er sich in Nürnberg bei den Schülern abgewöhnt, auch wenn er nach wie vor «Schwäbische, eckige Eigenschaften» habe.[8] Spätere Berichte von Hegels Nürnberger Schülern bestätigen beides.

Schon 1804, als ein regelrechter Exodus von Jena in das doppelt so große Heidelberg stattfand, hatte Hegel den daran teilnehmenden Tasso- und Ariost-Übersetzer Johann Diederich Gries gefragt, «ob nicht dort für einen Philosophen, qui s'étoit retiré jusqu'ici du monde, etwas zu machen wäre».[9] «Der sich bisher von der Welt zurückgezogen hat» war dabei eine kleine Untertreibung – mit der intellektuellen Welt wenigstens war Hegel im Weltdorf Jena doch überhaupt erst in Kontakt gekommen. Zwei Jahre später – die finanzielle Not in Jena war groß, der uneheliche Sohn schon geboren – klopfte er bei Johann Heinrich Voß an, dem Übersetzer Homers.

Die verschiedenen Entwürfe von Hegels Brief an Voß sind erhalten, und sie zeigen das Bemühen, ein Stellengesuch mit dem Bekenntnis zu verbinden, dass sein «System» der Philosophie rückzugshalber noch ausstehe. Das führt zu einem der längsten Briefsätze, die Hegel je schrieb: «Wenn ich von dem, was ich in dieser Wissenschaft leisten könnte, sprechen soll, so habe ich nach den ersten Ausflügen, die ein billiger Urteiler nicht sowohl, wie sie als erste Versuche daliegen, als danach, ob in ihnen ein Keim liegt, aus dem etwas Fertiges hervorgehen wird, seit 3 Jahren vor dem Publikum geschwiegen und Vorlesungen über die gesamte Wissenschaft der Philosophie – spekulative Philosophie, Philosophie der Natur, Philosophie des Geistes, Naturrecht – gehalten und wünschte außerdem, daß ich ein bestimmtes Fach derselben, das in Heidelberg noch nicht besetzt ist, ausfüllen würde, über die

Ästhetik im Sinne eines cours de litérature zu lesen, – ein Vorsatz, den ich längst hegte und um so lieber ausführte, als ich hoffe, so glücklich zu sein, mich Ihrer Unterstützung dabei zu erfreuen zu haben.» Es folgt ein Vergleich von Voß mit Luther – jener habe die Bibel, er den Homer «deutsch reden gemacht» –, um schließlich sein eigenes Bestreben darin zu sehen, «daß ich die Philosophie versuchen will, deutsch sprechen zu lehren».[10] Für jemanden, der soeben noch ein Hindernis seiner Berufung in Jena im eigenen schwerverständlichen Vortrag erkannt hatte, war das ein erstaunliches Vorhaben. Es ging offenkundig um ein Deutsch mit vielen Nebensätzen.

Voß antwortete damals freundlich, konnte Hegel aber keine Aussichten machen. Es sei in Heidelberg kein Geld für eine Stelle da. Jetzt, zehn Jahre später, ist es auch nicht sehr viel Geld, aber immerhin eine Stelle. Allerdings bemüht sich auch Berlin um Hegel; im April 1816 erklären Rektor und Senat, ihn für den Lehrstuhl für spekulative Philosophie vorzusehen, denn er besitze «die größte Gewandtheit und Sicherheit in den allgemeinen philosophischen Operationen. [...] Dieser Besitz der Kunst zu denken, hat ihn auch zum Erfinder gemacht, so daß man ihm wesentliche Fortschritte der ganzen Philosophie zu danken hat und nicht bloß eine Bearbeitung und Erläuterung des schon Bekannten.»[11] Doch Marie Hegel wollte noch nicht nach Berlin. Hegel wiederum teilt mit, hätte er keine Frau, würde er «bei irgendeiner belebteren Universität auftreten».[12] Niemand kann allen Rollen gleichermaßen gerecht werden.

Fries hatte in Heidelberg auch die Physik vertreten – was immer das für eine Physik war –, weswegen Paulus nachfragt, was Hegel notfalls alles lesen könne. Physik ja, lautet die Antwort, «aber um Experimentalphysik zu lesen, habe [ich] nicht selbst genug Hand angelegt».[13] Gar keine, wäre die zutreffende Auskunft gewesen. Heidelberg wiederum will Hegel nicht mehr zahlen als Fries seinerzeit, und das war weniger als das Gehalt des Gymnasialdirektors und Schulrats in Nürnberg, wo außerdem die Mieten nicht so hoch waren wie in der bei Studenten sehr beliebten Universitätsstadt am Neckar. Man bietet ihm tausenddreihundert Gulden – am Ende bekommt er tausendfünfhundert – plus sechs Malter (tausend Liter) Getreide und neun Malter Dinkel.

Der Theologe Carl Daub, der ihm das nicht gerade großzügige Angebot unterbreitet, macht seine Sache aber geschickt. Er weist Hegel nicht nur darauf hin, dass Gehälter auch erhöht werden können, wenn man erst einmal «mit Fleiß und einigem Beifall» lehrt, er flechtet in seinen Brief auch ein, Hegel sei seit Gründung der Universität im Jahr 1386 der erste Philosoph an ihr. Soll heißen: der erste echte Philosoph. «Spinoza», fügt Daub hinzu, «wurde einst», nämlich 1673, «vergebens hierher gerufen, wie Sie vermutlich wissen.» Außerdem kenne er Hegel nicht nur aus den Vorreden seiner Bücher «oder gar nur aus den Rezensionen, womit sie besudelt worden».[14] Sie halten ihn für einen Spinoza, sie kennen seine Sachen, und sie haben eine Stelle – wer könnte da widerstehen?

Der Ruf an die Ruperto-Carola oder Ruprecht-Karls-Universität – Ruperto für den Gründerfürst, Carola für den ersten badischen Großherzog, der sich von 1806 an für sie verwandte – erfolgt aus einer Stadt, von der unsicher ist, ob Hegel jemals zuvor dort gewesen war. Er nimmt ihn im Sommer 1816 an. Vielleicht kannte er Hölderlins Gedicht, das 1801 im Frankfurter «Jahrbuch für Frauenzimmer» erschienen war: «Du der Vaterlandsstädte / Ländlichschönste, so viel ich sah.»[15] Hegel wird nur zwei Jahre in Heidelberg verbringen, weiter südlich wird er – nach seinen Jugendjahren – nie wieder wohnen. Doch was heißt Sommer, was südlich und was ländlichschön? Hegel lobt die «romantische Umgebung» Heidelbergs, aber 1816 ist das berühmte «Jahr ohne Sommer». Im April 1815 war der indonesische Vulkan Tambora ausgebrochen und hatte Megatonnen von Asche in den Himmel geschleudert, die sich wie ein Sonnenfilter über die gesamte Erde legten und in Europa von 1816 an zu Missernten führten. Im Oktober 1816 macht Hegel darum auch sogleich von der Verabredung Gebrauch, einen Teil seines Salärs zu einem vor der Hungersnot festgesetzten Preis in zusätzliche Mengen an Korn (zehn Malter) und Spelz, also Dinkel, (zwanzig Malter) umwandeln zu können. Wenig später ersucht er das Badische Innenministerium, ihm den Monat nachzuzahlen, der zwischen dem Abschied aus dem bayerischen Staatsdienst und dem Antritt in Heidelberg lag. Es bleiben die einzigen Spuren in seinen Briefen, die von den wirtschaftlichen Engpässen jener Jahre zeugen.

In seiner Antrittsrede findet sich eine weitere Spur. Hegel hält sie über die Geschichte der Philosophie – später wird er sie zur Einleitung seiner Berliner Vorlesungen zu diesem Thema machen. Wie viele seiner Einleitungen ist Hegels Vortrag eine Verteidigung der Philosophie, die er hier eine «beinahe verstummte Wissenschaft» in einer «für sie taub gewordenen Welt» nennt. Taub «für das höhere innere Leben» scheint ihm die Gegenwart aus zwei Gründen geworden: der Not der Zeit wegen, die die kleinen Interessen des alltäglichen Lebens vorrangig mache, und durch die Kämpfe um die «hohen Interessen der Wirklichkeit», also die Kämpfe um die politische Ordnung Europas. Beides hat für Hegel die gedankliche Aufmerksamkeit absorbiert. Der Weltgeist sei so sehr mit der Wirklichkeit beschäftigt gewesen, dass er sich nicht nach innen wenden, auf sich selbst besinnen konnte. Die kleinen Interessen des Alltags, die hohen Interessen der Politik – es ist nicht nur als Reverenz an die Theologen zu verstehen, die ihm den Ruf nach Heidelberg verschafft haben, wenn Hegel sagt: Nachdem der Staat «alles Interesse in sich verschlungen» habe, sei nun zu hoffen, dass nicht mehr nur an das Reich der Welt, sondern «auch wieder an das Reich Gottes gedacht werde».[16]

«Reich Gottes» – die Formel der Tübinger Stiftler, an die sie alle möglichen politischen und in die Gesellschaft ausstrahlenden Vorstellungen geknüpft hatten, steht inzwischen also für die Philosophie als Wissenschaft dieses Reichs. In anderen Ländern Europas, meint Hegel, habe man sich von ihr abgewandt. Je mehr die Intelligenz dort mit praktischen Fragen beschäftigt war, desto geringer seien ihre theoretischen Leistungen gewesen. Hegel analysiert diesen Zusammenhang nicht, er stellt nur eine Art Summenkonstanz fest, was die Verwendung von Geist entweder für praktische Probleme oder für gedankliche Durchdringung betrifft. Je praktischer, desto flacher. Man könnte auch sagen, dass er im sehr eingeschränkt europäischen Vergleich der Nationen Frankreich, England und Deutschland der deutschen Nation einen Spitzenplatz in der Disziplin «Reflexionstiefe» zuschreibt, sonst jedoch nicht. Hegels Heidelberger Antrittsvorlesung enthält jedenfalls den Appell, es sei die Aufgabe der Deutschen, sich dem Denken zu widmen.

Welchem Denken? Einem stärker national orientierten? Als Hegel in Heidelberg ankommt, geht es ihm wie in Jena. Die Romantiker, die hier kurzzeitig gewohnt hatten, waren schon wieder weggezogen. 1804 war Clemens Brentano, der in Jena Medizin (nicht) studiert hatte, nach Heidelberg gekommen, wo gerade auch der Klassische Philologe und Mythenforscher Friedrich Creuzer seine Lehrtätigkeit aufnahm. Der katholische Universaldilettant und «Professor der Physik an der Secondärschule zu Koblenz» Joseph Görres hielt von 1806 an in Heidelberg vier Semester lang Vorlesungen mit allerdings rasch schwindender Zuhörerschaft, Joseph von Eichendorff nahm hier im Sommer 1807 das Studium der Rechtswissenschaften bei Thibaut auf, Achim von Arnim kam ab und zu vorbei und verbrachte das Jahr 1808 in der Stadt, um mit Brentano an der Volksliedsammlung «Des Knaben Wunderhorn» zu arbeiten. Das wiederum bewegte Görres, der die beiden in Heidelberg kennengelernt hatte, 1807 zur Herausgabe der «Teutschen Volksbücher» mit dem schönen Untertitel: «welche teils innerer Wert, teils Zufall, Jahrhunderte hindurch bis auf unsere Zeit erhalten hat».

Später hat man – namentlich Joseph von Eichendorff, aber auch jüngste Darstellungen der Zeit – aus alldem eine «Heidelberger Romantik» machen wollen, beherrscht durch das «Triumvirat» Görres, Arnim und Brentano, das in der Kneipe «Faulpelz» am Schlossberg hauste. Tatsächlich aber war das eine Erfindung. Eichendorff tut in seinen Erinnerungen nur so, als habe er in Kontakt zu Arnim und Brentano gestanden, in Wirklichkeit war der damals Neunzehnjährige den beiden nicht einmal begegnet.[17] Brentano war während der Studienzeit Eichendorffs ohnehin nur eine Woche lang in Heidelberg. Sie lebten auch nicht in der Kneipe, sondern im Haus gegenüber. Zudem war es Görres, anders als den Editoren von «Des Knaben Wunderhorn», mehr um eine kommentierende und phantasierende Nacherzählung der Volkstraditionen und um den Nachweis eines «Volksgeistes» gegangen, weniger um die Erschließung historischer Dokumente.

Immerhin zog sich aber durch die unabhängig voneinander existierenden romantischen «Projekte» ein Band philologischer, sammelnder, konservierender und auf deutsches Volksgut zielender Aktivitäten. Die Entdeckung der Vergangenheit wurde in Stellung gebracht gegen eine Gesellschaft, die sich Schritt für Schritt einer Moderne näherte, die von Industrie, Erfindung und Entdeckung sowie von der Auflösung traditionalen Verhaltens bestimmt war. Dass über der Stadt eine riesige Ruine, die des alten Schlosses, thront, erscheint wie ein Sinnbild für diese zweite Generation romantischer Intelligenz.

Das alles aber war nicht Hegels Sache. In seinen Briefen kommt das Schloss nicht vor.[18] Altdeutsche Mythologien und andere «vaterländische Antiquitäten» waren ihm fremd. In der Kontroverse zwischen seinem Kollegen Thibaut und dem Berliner Rechtswissenschaftler Friedrich Carl von Savigny, der sich gegen ein allgemeines deutsches Zivilrecht ausgesprochen hatte, stand Hegel auf Seiten der Befürworter einer vernünftigen Gesetzgebung. Das Recht war auch für ihn nicht als normative Gewohnheit eines Volkes aufzufassen, als Ausdruck eines «Volksgeistes», der nicht kodifizierbar, sondern aus einer Pluralität historischer Rechtsquellen zu schöpfen sei. Die Polemik Savignys richtete sich gegen den Schein «mechanischer Sicherheit» durch vollständige Gesetzbücher, die sich durch neue Gesetzgebungen unablässig änderten und ständig widersprüchliche Normen erließen. Demgegenüber trete das wahre Recht erst aus dem Studium seiner organischen Entwicklung hervor. Wie es keine preußische und bayerische Sprache oder Literatur, sondern nur eine deutsche gebe, schrieb Savigny, so sei es auch mit den «Urquellen» des Rechts, die der Willkür von Fürsten oder französischen Despoten entzogen seien. Das aber lief darauf hinaus, die Normauslegung der rechtsgeschichtlichen Bildung national einfühlsamen Professoren zu überantworten.[19] Die Vorstellung, historischem Fachwissen die Entscheidung zu überlassen, was vernünftig sei, musste Hegel gegen den Strich gehen.

Den entscheidenden Beitrag der Germanen zur Weltgeschichte wiederum sieht Hegel nicht, wie viele Romantiker, in einem schönen katholischen Mittelalter. Dieser Beitrag besteht für ihn vielmehr in der Reformation und im Begriff der Bildung. Selbst der Trojanische Krieg – der für Hegel die Konstitution der griechischen «Nation» durch Vereinigung gegen einen äußeren Feind bedeutet[20] – habe mehr mit der Gegenwart zu tun als die «wie mit dem Besen rein weggekehrte Geschichte» der Nibelungen, die in keinem Zusammenhang mehr stünden «mit unserem häuslichen, bürgerlichen, rechtlichen Leben». Brentanos halb amüsiertem, halb empörtem Bericht zufolge soll Hegel sich das Nibelungenlied ins Griechische übersetzt haben, um daran überhaupt Gefallen finden zu können.[21]

Ein häusliches, bürgerliches, rechtliches Leben führt Hegel selbst mit seiner um den unehelichen Sohn Ludwig ergänzten Familie im eigenen Haus in der Plöck 48. Es ist, verglichen mit der tumultuösen Zeit in Jena, der ungeliebten Tätigkeit in Bamberg und den enorm arbeitsamen Nürnberger Jahren, die erste Epoche ausgeglichenen Daseins für ihn. «Hegel fällt gewiß nun und nimmer nicht aus seinem Gleis», schreibt die Schwiegermutter, die sich an einem Schwiegersohn voller Besonnenheit, mit gebildeten Freunden und «Sinn für das Wahre, Schöne und Gute» erfreut.[22] Das hing nicht nur mit seinem Temperament zusammen, sondern auch mit anderen Umständen seiner akademischen Existenz. In Heidelberg hat er erstmals Kollegen, die nicht mit ihm konkurrieren. Er kann sich, mit seinem eigenen Begriff, «anerkannt» fühlen, er wird geschätzt und trotz der vielen Zumutungen seiner Werke nicht in Frage gestellt. Geselligkeit unter Gelehrten spielt darum jetzt eine größere Rolle. Und bringt schöne Anekdoten wie die über die Ehrenpromotion des Dichters Jean Paul hervor.

Hegel kannte den in Deutschland berühmten, vorromantischen und nebenklassischen Autor jener teils satirischen, teils sentimentalen, stets mit Gelehrsamkeit überhäuften und an Versteckspielen reichen, aber an nacherzählbarer Handlung armen Romane schon aus Nürnberg. Jean Paul war seinerseits mit der idealistischen Philosophie vertraut. Er empfand sich als Schüler Jacobis, hatte sich als einer der wenigen deutschen Intellektuellen lobend über die «Phänomenologie des Geistes» geäußert und in seinem Roman «Titan» in Form eines Psychopandämoniums von Charakteren, die mit jeder Faser ihrer Seele und ihres Leibs den Bezug zur Welt verlieren, ausbuchstabiert, was es für eine Person bedeuten kann, sich die Welt- und Ich-Sicht Fichtes und Schellings anzueignen. Es bedeutet, verrückt zu werden. Im «Komischen Anhang zum Titan», in dem auch die Verabsolutierung der Ästhetik im Weimarer Stil bitter kommentiert wird, findet sich neben dem Tagebuch des Ballonfahrers («Luftschiffers») Gianozzo überdies eine Abhandlung über Fichte.

Im Hochsommer 1817 nun besucht Jean Paul Heidelberg, was wie ein Lauffeuer durch die Stadt geht, und er wird von Heinrich Voß, dem Vater des Homer-Übersetzers, zu einem Punschabend eingeladen. «Die Zungen», berichtet Voß in einem Brief, «wurden

immer beredter, die Schädel feuriger, und gesprochen ist unstrei-
tig mehr als zehn dicke Folianten voll.» Als ein Pfarrer Hegel vorschlägt, doch einmal eine Philosophie für Mädchen zu schreiben,
weicht der unter Verweis auf seinen schwerfälligen Stil aus, was
zur Replik führt, darum könne sich ja Jean Paul kümmern. Das
dürfte nicht nur ein Hinweis auf dessen Sprachvermögen gewesen
sein, sondern auch eine Anspielung auf die überwiegend weibliche
Leserschaft seiner gefühlsfarbigen Romane. Jean Paul erkannte
sein eigenes Motiv in der Auseinandersetzung mit dem Idealismus
und protestierte, Hegel sei wohl für den Geist zuständig, er für
den Leib.

Unter Zufuhr weiterer Bowle kommt es, laut Voß, so weit, dass
Hegel kurz davorsteht, die Mädchenphilosophie wirklich zu entwickeln; er «ward so ausgelassen, so frohherzig, so populär (was
er auf dem Katheder nicht immer[!] ist)». Nach der vierten Bowle
trennt man sich, und jeder geht nach Hause, «einige auf unsicheren
Füßen, neben sich selbst». Kurz zuvor aber zeigt Hegel auf Jean
Paul: «Der muß Doktor der Philosophie werden.» Fünf Tage und
einen Punschabend bei Hegel später wird tatsächlich eine Fakul-
tätssitzung einberufen, es gibt Einwände, mit Jean Pauls Christentum stehe es «nicht ganz geheuer», außerdem trinke er gern über
den Durst, was der Jugend kein gutes Beispiel sei. Hegel aber weist
nach, dass der Autor der «Rede des toten Christus vom Weltgebäude herab, daß kein Gott sei» tatsächlich «ein ganz herrlicher
Christ sei», und Voß erläutert den skeptischen Kollegen den Unterschied zwischen bacchischer Trunkenheit und bacchanalischer
Besoffenheit. Ergo Ehrenpromotion, ergo Einladung bei Professor Creuzer, ergo «wieder ein seliger Abend».[23]

1817 herrscht zwar noch immer Hunger im Volk, aber es gibt wie-
der einen Frühling und Sommer. Aus dem Tagebuch von Sulpiz
Boisserée erfahren wir einiges über die Geselligkeit in Heidelberg.
Boisserée, zusammen mit seinem Bruder Melchior Erbe eines

Kölner Kaufmannsvermögens, war Kunst- und Architekturhistoriker und ein durch Friedrich Schlegel angeleiteter Autodidakt. Aus den durch die napoleonische Säkularisation der Kirchengüter heimatlos gewordenen Gemälden – insbesondere jener der niederländisch-flämischen Maltradition – bauten die Brüder eine atemberaubende Sammlung auf. 1810 waren sie zusammen mit ihrem ästhetischen Mentor, Johann Baptist Bertram, nach Heidelberg gezogen und zeigten dort ihre Bilder. Boisserée kannte Hegel schon seit 1808, als sie sich in Nürnberg begegnet waren. Sein Tagebuch berichtet von Spaziergängen, Ausflügen, Gesprächen in der Stadt oder Musiksoireen bei Thibaut. Boisserée schätzt an Hegel, dass er in seiner «Enzyklopädie der philosophischen Wissenschaften», die in Heidelberg entsteht, Goethes Farbenlehre verteidigt, nennt seine Gedanken andererseits aber eine «Ja doch, ja nein Philosophie».[24] Damit stand er nicht allein. Ein Besucher der Musikabende bei Thibaut notiert über eine physikalische Diskussion, die der Philosoph mit Jean Paul führte: Hegel habe «früher aus den im Sein ruhenden dialektischen Gesetzen bewiesen, daß es keinen Magnetismus geben könne. Jetzt bewies er aus denselben Gesetzen, daß es einen Magnetismus geben müsse.»[25] Boisserée hatte den Eindruck einer gewissen Unberechenbarkeit von Hegels Gedanken schon in Nürnberg gewonnen, als es ihm schien, Hegel verschleife den Unterschied zwischen Böse und Gut im Begriff des Geistes, wenn er General Lazare Carnot – Organisator der französischen Revolutionsheere, Erfinder der «Levée en masse», also der Wehrpflicht, und späterer Innenminister Napoleons – lobe und die Bourbonen schmähe. Hegel wird den nach Magdeburg geflohenen Carnot 1822 dort sogar besuchen.

Unter den vielen kurzen Begebenheiten, die Boisserée festhält, findet sich auch eine große Wasserfahrt auf dem Neckar. Als Hegel einen Toast auf den anwesenden Kronprinzen von Schweden ausbringt, beginnt der erst siebenundzwanzigjährige Carl Theodor Welcker, Professor der Rechtswissenschaft und Teilnehmer der Befreiungskriege gegen Napoleon, auf dem Boot national zu randalieren: «Der ist kein Deutscher Mann, der hier nicht einstimmt, ich lasse mich nicht unterdrücken.»[26] Das war eine Posse unter dem Einfluss von Wachenheimer Riesling. Es war aber auch ein anekdotisches Vorzeichen kommender Unruhen, die sich bis zum Lebensende Hegels hinziehen werden und hier wie ein winziger Riss in der geistigen Ausgeglichenheit der universitären Sommerfrische erscheinen. Denn es meldet sich in dieser Situation der nationale Liberalismus oder liberale Nationalismus und damit die Verbindung zweier politischer Kräfte, die in Hegels Denken zweitrangig behandelt werden.

Die intellektuelle Begeisterung durch ein Deutschsein jenseits der Selbstverpflichtung Hegels, der die Deutschen als die Bewahrer des heiligen Feuers der Philosophie sah, war von Fichtes «Reden an die deutsche Nation» ausgegangen. Der 1814 verstorbene Fichte hatte darin 1808, also unter den Bedingungen der französischen Herrschaft über halb Europa, die eigenartige Theorie entwickelt, Engländer und Franzosen stünden sprachlich und insofern auch gedanklich unter dem Einfluss des Lateinischen, weswegen sie keine originären, sondern fremdbeherrschte Völker seien. Einzig die Deutschen sind für Fichte in Europa ein «Volk der lebendigen Sprache».[27] Das konnte so nur im Horizont einer Universität formuliert werden, in der das Lateinische selbst rückläufig war und mit ihm die Theologie, an deren Stelle zu treten Hegel in seiner Heidelberger Antrittsvorlesung von der Philosophie verlangt hatte.

Der amerikanische Hegel-Biograph Terry Pinkard hat festgehalten, dass sich damit auch das Spannungsfeld zwischen Universität und Landesherrschaft verschob. Die katholische Theologie in Heidelberg wurde nach Freiburg versetzt. In der evangelischen herrschte der Geist des Idealismus und Rationalismus. Nicht so sehr der Kampf gegen die theologische Orthodoxie, die sich im Dienst gesellschaftlicher Ordnungen fühlte, der Streit etwa um

Begriffe wie Pantheismus oder Atheismus und allgemein um Rechtgläubigkeit, stand nun im Vordergrund, sondern zunehmend politische Differenzen.[28]

Die wissenschaftlich ertragreichen Forschungen romantisch bewegter Gelehrter über die deutsche Sprache, deutsche Rechtsaltertümer und deutsche Mythen hätten zwar an sich ganz gut ohne die Behauptung auskommen können, sie seien auch ein Beitrag zur nationalen Selbstfindung. Wer unterhalb einer Schlossruine forscht, muss es ja nicht in ihrem Schatten tun. Beispielhaft in dieser Hinsicht war der Philologe Creuzer, mit dem Hegel sich anfreundete und der schon 1808 in seinem Aufsatz «Philologie und Mythologie in ihrem Stufengang und gegenseitigen Verhalten» das Postulat aufstellte, man wolle einen Wissenschaftler nur über das Allgemeine hören, wenn er «im Einzelnen gesehen und geforscht habe»; nicht ohne darauf zu bestehen, dass der Blick für das Allgemeine – etwa die Totalität des mythologischen Denkens der hellenischen Welt – wissenschaftlich ergiebig sei.[29] Aber der wissenschaftliche Ertrag als solcher genügte vielen als Sinn ihrer Erkenntnisanstrengung nicht, sie sahen sich von vornherein in höhere Zusammenhänge gestellt, wobei sich die Adresse des Höheren von Gott zur Nation unter Nutzung aller Mischformen sowie des «Polytheismus der Einbildungskraft» verschieben ließ. Die Suche nach echtem Deutschsein, das aufgeboten werden konnte gegen die politische, industrielle und ökonomische Dynamik der bürgerlichen Gesellschaft in Großbritannien, Frankreich wie zu Hause, wurde so vor allem in den «geisteswissenschaftlichen»[30] Teilen der universitären Intelligenz mitunter zu einer fixen Idee. Hegel schreibt im August 1818 an den französischen Studenten Victor Cousin, der über Schelling zu ihm fand, dass selbst im liberalen Denken seines Freundes Niethammer und Jacobis leicht erkennbare Spuren («des nuances que vous saisirez aisément») eines «patriotisme teutonique et anti-français» zu finden seien.[31]

In Form der Burschenschaften organisierte sich diese Gesinnung. Die Universität Heidelberg hatte nach 1805, als sie ihren neuen Namen erhielt, einen Aufschwung genommen. Zwei Jahre später schon zählte sie vierhundert Studenten, was gegenüber den achtundvierzig im Jahr 1802 bemerkenswert war. Das erlaubte eine Gruppenbildung, die gegenüber der alten universitären Tradition, die zugereisten Studenten nach Landsmannschaften (Nationes) zu sortieren, jetzt entlang der Unterscheidung von nationaler und kosmopolitischer Einstellung erfolgte. Hatten die Studenten als Fremde in der von ihnen gewählten Universitätsstadt mittels solcher Verbindungen einst ihre Herkunft gepflegt, verbanden sie sich nun im Geist einer politisch gewollten Zukunft. Die unter dem Einfluss von Fries und den Seinen stehenden «Teutonen» ausländerfeindlichen und antisemitischen Furors, die sich nach dem Vorbild der 1814 gegründeten Gießener Verbindung «Germania» («Im Herzen Muth, Trotz unterm Huth, am Schwerte Bluth, macht alles Gut») schwarz kleideten, setzten sich dabei durch. Einige Schüler Hegels gehörten zum kosmopolitischen Flügel, der sich nicht behaupten konnte, beispielsweise Friedrich Wilhelm Carové, der später in Berlin Hegels erster Assistent werden sollte. In Heidelberg promoviert Carové bei Hegel 1818 mit dem bereits publizierten «Entwurf einer Burschenschaftsordnung und Versuch einer Begründung derselben». Hegels eigene Begründung: Dass der Kandidat nicht lateinisch schreibe, gehe auf seine Lebensumstände des «Herumirrens in fremden Ländern» aufgrund der «Zerrüttung seines Vaterlandes zurück»; die an sich für eine Universität ungewöhnliche Schrift über die Burschenschaften aber enthalte eine Widerlegung der Ansichten des Herrn Professors Fries über Ehre und Zweikampf: «Ich muß gestehen», heißt es in Hegels Gutachten, «daß wenn Hr Prof. Fries diese seine Ansichten an d. Facultät eingeschickt hätte, um ein Doctordiplom zu erlangen, ich ein negatives Votum abgegeben haben würde.»[32] Niemanden hatte Hegel so gefressen wie den «seichten» Antisemiten Fries.

Auch in die Diskussion um die württembergische Verfassung, die in seinen Heidelberger Jahren geführt wurde, greift Hegel ein. Seine langjährige Freundschaft mit dem Theologen Heinrich Eberhard Gottlob Paulus zerbricht daran. Fast dreißig Jahre lang waren ihre Lebenswege miteinander verbunden. Der neun Jahre ältere Paulus hatte ebenfalls am Tübinger Stift studiert, war in Jena 1789 Professor für orientalische Sprachen und 1793 für Theologie geworden, kam 1807 als Schulrat nach Bamberg und 1808 in derselben Funktion, die ihn zum Vorgesetzen Hegels machte, nach Nürnberg, um 1811 als Professor für Theologie in Heidelberg zu landen, wo er sich darum bemühte, seinem Freund eine Anstellung zu verschaffen. Kaum aber ist Hegel da, bricht ein politischer Dissens auf.

Auch in jenem Verfassungsstreit geht es um die Frage der schriftlichen Kodifikation von Rechten, wobei hier aber nicht, wie zwischen Thibaut und Savigny, über die Form «bürgerlicher» Rechte gestritten wird, sondern über die Form politischer Beteiligung. Bezeichnete der Begriff «Verfassung» ehedem nur den politischen Zustand eines Gemeinwesens, wie er sich in einer Mixtur aus Traditionen, Verträgen und Gesetzen darstellte, so sollten nun einheitliche «Konstitutionen» erlassen werden. Insbesondere die Rechte der Stände sollten darin geregelt werden. Hatten diese doch seit langem schon in Württemberg wenn auch nicht das Recht zum Mitregieren, so doch ein verbrieftes Mitwirkungsrecht, sofern es um erhebliche Entscheidungen wie die Teilnahme des Landes an einem Krieg oder die Steuergesetzgebung ging.[33] Das durch Napoleons Armee herbeigeführte Ende des Heiligen Römischen Reichs Deutscher Nation erzwang eine Neuordnung, die der an Napoleons Seite stehende Herzog von Württemberg dazu nutzte, zahlreiche Gebietsgewinne in Form der «Eingemeindung» zuvor unabhängiger Reichsstädte und Rittergüter zu verwirklichen, sich zum König zu erklären und die Finanzen der Stände zu beschlagnahmen.

Napoleons Niederlage und der Wiener Kongress, in dem Europa neu aufgeteilt wurde, führten zu einer Wiederaufnahme der Diskussion über die ständischen Rechte. Die Verfassung des Königs von 1815, die mit den alten Privilegien aufräumen wollte und beispielsweise an eine Besteuerung aller dachte, wurde vom Adel, der protestantischen Kirche wie dem Bürgertum, denen die Verfassung zur sofortigen Beachtung zugestellt worden war, abgelehnt. Man beschwerte sich über die Oktroyierung und bestand auf Verhandlungen. Die Stände beriefen sich dabei auf das «alte, gute Recht», von den Kanzeln wurde es gepredigt, und Ludwig Uhland, der württembergische Hausromantiker, schrieb vaterländische Gedichte, die es beschworen.

In seinem ausführlichen Kommentar zu den Verfassungsverhandlungen von 1817 ergreift Hegel die Partei des Königs. Ihn interessiert dabei aber weniger die Monarchie als solche oder gar ihre Privilegien. Vielmehr sieht er in der Auflösung des Reichs die Chance, einen Staat zu verwirklichen, der nicht nur auf zentralisierter Macht beruht, sondern über administrative Kraft verfügt und eine repräsentative Beteiligung kennt: «Es kann wohl kein größeres weltliches Schauspiel auf Erden geben, als daß ein Monarch zu der Staatsgewalt, die zunächst ganz in seinen Händen ist, eine weitere und zwar *die* Grundlage hinzufügt, daß er sein Volk zu einem wesentlich einwirkenden Bestandteil in sie aufnimmt.»[34] Hegel denkt an eine Kammer, in der Adlige wie Bürger sitzen sollen und auch Beamte, denen das passive Wahlrecht zu geben sei, weil sie nicht in «Privilegien und Partikularitäten» verstrickt seien. Überhaupt solle die Zusammensetzung des Parlaments der Maßgabe der auf den Staat gerichteten Handlungsmotive – der «habituellen Beschäftigung mit den öffentlichen Angelegenheiten»[35] verschiedener Stände – folgen. Darum nicht so viele Kaufleute wie in England, aber auch weniger Advokaten, die aus ihrer beruflichen Einstellung heraus ebenfalls zumeist nicht ans allgemeine Interesse denken. Selbst demokratische Wahlen, in denen sich Parlamente aus individueller Stimmabgabe bilden, kritisiert Hegel dahingehend, dass sie zu wenig politisches Interesse mobilisierten – weil die Stimmabgabe «von der zufälligen Gesinnung und augenblicklichem Belieben abhängt» und zwischen Stimme und politischer Wirkung kaum ein Zusammenhang bestehe, wodurch die Stimmbürger letztlich gleichgültig gegen ihr Recht würden.[36]

Gegen die Wiederherstellung des alten ständischen Rechts bringt Hegel ein Argument vor, das auf diesem ganz anderen Gebiet noch einmal seine Vorbehalte gegenüber dem romantischen Geist Savignys und überhaupt der Tendenz romantischer Intellektualität beleuchtet, von der Geschichte die entscheidende Auskunft über die Gegenwart zu erhoffen. Werde Geschichtskenntnis vorausgesetzt, sei bereits das Verständnis der Verfassung Spezialisten vorbehalten. Man müsse nur die vom Kirchenrat Paulus besorgte Sammlung der alten Verfassungsurkunden betrachten, um zu erkennen, dass sie eine «unerschöpfliche Rüstkammer für Advokaten und Konsulenten» sei. Die Verfassungskenntnis werde so dem Volk entzogen.[37] Außerdem war mit dem Ende des Reichs auch eine Instanz weggefallen, die bei Dissens zwischen Monarch und Ständen entscheiden konnte. Wo die Stände von Bürgerrechten sprächen, sei in Wahrheit der Vermögensbesitz das Kriterium für die Bürgerlichkeit. Ob es nun also die Art der Verfassung ist, die Zusammensetzung des Parlaments oder die Kritik an der Macht der Stände über die Steuerkasse, die nur zu «sittlicher Versumpfung», zu Verlangsamung jeder politischen Entscheidung und zur «Privatplünderung» durch pseudosouveräne Instanzen führe – stets hält es Hegel mit den Aussichten, aus Württemberg einen modernen Staat zu machen, in dem die Interessen des Volks nicht zugunsten alter Privilegien zurücktreten müssen. Die Landstände hätten, so seine Schlussfolgerung, die Jahre seit 1789, die «reichsten, welche die Weltgeschichte wohl gehabt hat», verschlafen.[38]

Es muss Hegel sehr ernst mit dieser Position gewesen sein, sonst hätte er ihr wohl nicht die Freundschaft mit Paulus geopfert. Als er im Herbst 1816 die Herausgeberschaft der philosophischen und philologischen Abteilung der «Heidelberger Jahrbücher» übernimmt, verweigert er, unterstützt durch Thibaut und den Historiker Friedrich Wilken, den Abdruck eines Kommentars, den Paulus zur Verfassungsfrage geschrieben hatte. Er sei zu lang. Spätestens als stattdessen Hegels noch viel längerer Text erscheint, weiß Paulus, was er davon zu halten hat. Er bricht die Verbindung zu Hegel ab.

Es war Hegel so ernst mit dem württembergischen Konflikt, weil er hier ganz grundsätzliche Begriffe seiner Philosophie herausgefordert sah. Die vertauschten Fronten zwischen einem König – zweien, um genau zu sein, denn der konziliante Friedrich II. starb im Herbst 1816, worauf ihm der wenig kompromissbereite Wilhelm I. folgte –, der für den modernen Staat stand, und den angeblich für das Volk sprechenden Landständen, gaben ihm ein gutes Beispiel dafür, dass es in der Geschichte wie überall nicht darauf ankommt, was die Akteure beabsichtigen, sondern darauf, was sie tun.[39] Und was sie tun, hängt mit den Rollen und Rechtspositionen zusammen, in denen sie agieren. Dem alten Regime ordnet Hegel dabei eine fast unüberschaubare Vielzahl von Interessengruppen zu (Fürsten, Ritter, Klöster, Städte, Zünfte, Kaufleute und so weiter), für die das Gemeinwesen nur eine riesige Verhandlung über das Geben und Nehmen zwischen ihnen ist und der Staat als Hof nur eine Partei unter anderen.

Auf den entsprechend ausgehandelten Rechten, den alten Verträgen, zu bestehen, lief für Hegel darauf hinaus, nicht zu merken, dass sie unter den gegenwärtigen Umständen des bürgerlichen Privatrechts, der Geldwirtschaft, des Fernhandels, der Säkularisierung und einer modernen Verwaltung aus der Zeit gefallen waren. Der mit dem Begriff «romantisch» viel zu freundlich beschriebene Impuls, etwas wiederhaben zu wollen, nur weil es ein-

mal existierte und man schöne Erinnerungen daran hat, hält vor
der Einsicht nicht stand, dass «auch die Abschaffung des Men-
schenopfers, der Sklaverei, des Feudaldespotismus und unzähliger
Infamien» immer «ein Aufheben von etwas» bedeutete, «das ein
altes Recht war».[40] Dem Kaufmann, dessen Schiff untergegangen ist, so Hegel sardonisch, möge das Recht an diesem Schiff ver-
bleiben.

Im August 1816 hatte sich Hegel für den Ruf nach Heidelberg
mit den Worten bedankt, in keiner Wissenschaft sei man so einsam wie in der Philosophie, «und ich sehne mich herzlich nach
einem lebendigen Wirkungskreise».[41] Ja, es sei der höchste Wunsch
seines Lebens, da seinen bisherigen Arbeiten der Mangel an lebendiger Wechselwirkung ungünstig gewesen sei. Die Jahre in Heidelberg hatten ihm diesen Wunsch erfüllt. Die vielen Anlässe, sich
mit Kollegen, denen er nichts zu beweisen hatte, über Gott und die
Welt auszutauschen, führen bei Hegel – wenn der Eindruck nicht
täuscht – zu einem verständlicheren Stil. Zwar schreibt Sulpiz
Boisserée an Goethe, dass die Studenten seine Vorlesungen nach
anfänglichem Zögern – Hegel klagt, in seinem ersten Kolleg säßen
nur vier – «trotz abstruser Form und Sprache» frequentieren.[42]
Aber Boisserée hat nicht den Vergleich zu Hegels Vorlesungen in
Jena und ist wohl auch kein Leser der «Wissenschaft der Logik».
Dass Hegel sich in der «Enzyklopädie der philosophischen Wissenschaften», die er in seiner Heidelberger Zeit publiziert, um eine
verständliche Fassung seines Systems bemüht, ist wohl kaum zu
bestreiten, selbst wenn zugegeben werden muss, dass «Verständlichkeit» eine relative Einschätzung ist. «Wir saßen im Trüben bis
zum Schwindel», notiert ein Student Hegels, «und blieben leer.
Nur wenige hatten eine Ahnung von dem, was vorging und ließen
sich durch das Vertrauen zur Vernunft halten.» Jeder dritte Satz
des «lungenkranken» Vortrags habe mit «also» begonnen, manche
Studenten hätten die Alsos gezählt.[43] Die großen Vorlesungen jedoch, die er in Heidelberg zu halten beginnt und die in Berlin in

ausgereifter Form zur Attraktion ganzer Jahrgänge von Studenten werden, verdanken in ihrer Materialfülle wie ihrem Duktus der kurzen Zeit und dem kollegialen Austausch in der ländlichschönsten Vaterlandsstadt viel.

ZWÖLFTES KAPITEL

Die Universität des Mittelpunktes –
Hegel kommt nach Berlin

«Wer über den Geist nachdenkt, wird nicht an
irgendeinem Ort angetroffen, sondern im Tempel.»
Bernhard von Clairvaux

Hegel wird 1818 nach Berlin an eine Universität berufen, die es damals erst seit neun Jahren gab. Gegründet worden war sie aus dem Geist Weimars, Jenas und der preußischen Reformen im Jahr 1809. Weimar: das Bildungsideal und die Maßgeblichkeit der Antike. Jena: die idealistische Philosophie als innere Revolution und der romantische Wille, der Gegenwart Traditionen zu erschließen. Die preußischen Reformen: die Modernisierung des Staates und seine Beamten als akademisch informiertes Personal. Was diese Universität interessant machte, war entsprechend ihr Mischcharakter; die heterogenen Absichten und, wenn man so will, die Widersprüche, die in sie eingingen.

Die Jahre vor ihrer Eröffnung waren für Preußen keine glücklichen, und man staunt im Rückblick, dass Universitätsgründung überhaupt ein Projekt jener Zeit war.[1] Zwar wuchs die Berliner Bevölkerung auf etwa hundertachtzigtausend Einwohner bei etwa gleichbleibender Zahl von fünfundzwanzigtausend Soldaten, was die Stadt zur sechstgrößten Europas hinter London, Paris, Wien, Amsterdam und Petersburg machte. Und sie industrialisierte sich auch, wenngleich langsam. Mit Straßenbeleuchtung, Kanalisation und Droschken war es um 1800 noch nicht weit her. Aber Preußen war nach der Niederlage in Jena und Auerstedt ruiniert, Napoleon zog am 27. Oktober 1806 durchs Brandenburger Tor, Berlin wurde

besetzt und eine Verwaltung eingerichtet, deren wichtigste Aufgabe es war, durch Steuern, Beschlagnahme und Zwangsabgaben
an Naturalien die Kriegskosten bei den Verlierern einzutreiben.
«Das bißchen Plündern und Mißhandeln», so fünfzig Jahre später
der Schriftsteller Willibald Alexis aus zweiter Hand, «hätte man
abgeschüttelt wie ein Unwetter, aber dann die Kolonnen auf Kolonnen, die wie ein Alp ruhten, wie Vampyre aussogen, und hinter
ihnen die Marodeure, die nächtlichen Einbrüche, Feuersbrünste,
die Lazarette und ihr vergiftender Pesthauch. Doch das übelste der
Übel war das System, das die Fremden mitbrachten, und auf die
Verhältnisse, die sie vorfanden, impften [...], das systematische
Aussaugungssystem.»² Die Bevölkerung ächzte, die Kindersterb-
lichkeit stieg, «il n'y a plus ni commerce ni industrie» hieß es in der
Stadtverwaltung nach der Missernte von 1807. Erst 1808 zogen
sich die Franzosen allmählich aus der Stadt zurück.

Die ersten Planungen für eine Universität in der preußischen
Hauptstadt waren da schon angelaufen. 1802 hatte der Schriftsteller und Philosoph Johann Jakob Engel, der bis 1794 das Berliner
Nationaltheater geleitet und zuvor als Professor am Joachimstha-
ler Gymnasium unterrichtet hatte, in seinem letzten Lebensjahr
auf Verlangen des preußischen Kabinettsrats Carl Friedrich von
Beyme eine «Denkschrift über Begründung einer großen Lehranstalt in Berlin» verfasst. Die Schrift Engels, der auch Lehrer Friedrich Wilhelms III. gewesen war, atmete den Geist der deutschen
Aufklärung. Für Berlin als «fabrikreichsten Ort des Landes» verlangte sie eine Anstalt, die nutze, dass die Stadt über Bildersamm-
lungen, Naturalienkabinette, Theater und Bibliotheken verfüge,
die dem Studium mittels Erfahrungen aus erster Hand zugute
kommen, allerdings auch «eine Menge Häuser, deren Bestimmung
man lieber erraten läßt als angibt».³ Studenten, sollte das heißen,
sind nicht nur Studierende, sondern auch für Bordelle und Glücks-
spiele empfänglich.

Fünf Jahre danach, also mitten in der Zeit der Besatzung und

zwei Jahre vor der Berliner Gründung, stellte der 1799 aus Jena
vertriebene Fichte auf Bitten desselben Kabinettsrats Beyme seine
Universitätsideen in der Schrift «Deduzierter Plan einer zu Berlin zu errichtenden höhern Lehranstalt» dar.[4] Fichte war zunächst
auch in Berlin als Atheist verrufen, hatte sich dann aber mit Privatvorlesungen vor Bankiers, Geheimräten und interessiertem Adel
nicht nur über Wasser gehalten. Ihm beim Denken zuzuschauen,
ließ sich die preußische Elite etwas kosten. «Er hat nur 20 Zuhörer verlangt und bekommen, von denen jeder 4 Friedrichsd'or
bezahlt», schreibt 1802 ein Berliner Buchhändler, «zusammen
40 Stunden und dafür 80 Friedrichsd'or. Wenn das manche Professoren erfahren, werden sie sich nach Berlin hin umsehen.»[5]
Grob überschlagen waren das in heutiger Währung mehr als tausend Euro pro Zuhörer. Selbst als Fichte später das Hörergeld
halbierte, hatte er angesichts solcher Preise kein studentisches Publikum. In seiner Privatvorlesung im Januar 1804 fanden sich der
spätere preußische Kultusminister Altenstein, der Leibarzt des
Königs, Christoph Wilhelm Hufeland, der Schriftsteller August
von Kotzebue sowie August Wilhelm Schlegel, der selbst in Berlin
Privatvorlesungen hielt, und Kabinettsrat von Beyme. Der jüngste
Zuhörer war der neunzehnjährige Karl August Varnhagen von
Ense, der damals an der «Pépinière», der medizinischen Akademie
Berlins, studierte und später durch seine Tagebücher und Brief-
wechsel und die Edition der Briefe seiner Frau, Rahel, zu einem
der bedeutendsten Chronisten der Jahre bis 1848 werden sollte.

In seiner Schrift fragt Fichte zunächst, wozu es überhaupt Universitäten brauche. Gebe es doch Bücher, deren Gedanken aufzunehmen viel praktischer sei, als einem Professor zuzuhören,
der sich nicht unterbrechen lasse und dessen Vortrag man nicht
zurückblättern könne. Allenfalls komme die Vorlesung Büchern
zugute, die noch gar nicht geschrieben worden seien, aber durch
probeweise Mitteilung verbessert würden. Unendlich verbessert,
legt man Fichtes eigene, nie zu einem Abschluss kommende Ar-

beit an der «Wissenschaftslehre» zugrunde. Er bezweifelte jedoch, dass die Mehrheit der Professoren diesem Ideal des gedankenentwickelnden Lehrvortrags entsprechen würde, das Wilhelm von Humboldt kurz darauf in einem Text angedeutet hat, der fast hundert Jahre lang ungedruckt blieb; der Nachwelt gab dies Zeit, die bei Humboldt gar nicht anzutreffende «Einheit von Forschung und Lehre» zum Wesenskern der Universität zu machen.[6]

Die eigentliche Rechtfertigung dafür, Universitäten einzurichten, liegt für Fichte in der «fortlaufenden Unterredung» von Lehrern und Schülern.[7] Die einen stellen Aufgaben zu den von ihnen vorgetragenen Erkenntnissen, die anderen sollen das Gelernte anwenden, zurückfragen und von ihren Lösungen oder Schwierigkeiten berichten. Fichte sieht, mit anderen Worten, nicht die Vorlesung, sondern das Seminar als Zentrum des akademischen Studiums, die Universität als «eine Schule der Kunst des wissenschaftlichen Verstandesgebrauchs» und die Beteiligten als «Künstler im Lernen».[8] Fichtes eigene Lehrtätigkeit entsprach diesen Ideen wenig. Idealist zu sein konnte auch heißen, angesichts der Nichterfüllung eigener Absichten auf widrige Umstände der Wirklichkeit zu verweisen.

Eine zweite Forderung Fichtes, der die deutsche Universität jener Jahre nicht entsprach, war die nach der «Absonderung» der Studenten «von aller andern Lebensweise, und vollkommne Isolierung». Am besten, so Fichte, studierten sie fern von ihren Familien, um sich ausschließlich der Wissenschaft widmen zu können. Diese sei ein Zweck, kein Mittel, geübt werde, «allein in der Idee die Wurzel seines Lebens [zu] haben, und nur von ihr aus die Wirklichkeit [zu] erblicken».[9] Einen anderen Einfluss auf die Schüler als den ihres Lehrers will Fichte in mehr oder weniger bewusster Wiederholung des Erziehungsprogramms von Rousseau nicht zugestehen. Fichtes Gedanke bei alldem ist, Herkunft durch Erziehung zu neutralisieren. Er selbst, Kind einer Heimarbeiterfamilie aus dem Erzgebirge, hatte sich über manche biographische

Kurve bis zur Stellung eines zumindest in Deutschland berühmten Philosophen durchgearbeitet, der in der Hauptstadt «Anweisungen zum seligen Leben» gab und «Reden an die deutsche Nation» hielt. In seinem Plan für die Berliner Universität hatte er formuliert – vermutlich ganz ohne ironische Absicht, denn Ironie war nie seine Sache –, der Adel werde einer nur auf Talent gegründeten Bildung zustimmen, «um zu zeigen, daß es nicht bloß die versagte Konkurrenz war, die ihm bei seinem bisherigen Range erhielt».[10]

Eine Isolierung der Studierenden, so Fichte, lasse sich freilich leichter in einer kleinen Stadt verwirklichen, in der sie ausschließlich Umgang untereinander hätten und nicht «in die allgemeine Masse des gewerbetreibenden oder dumpfgenießenden Bürgertumes» zerstreut würden. Hätte er das Tübinger Stift gekannt, wäre ihm diese Erwartung an eine Universität, ein Kloster in einer kleineren Stadt zu sein, wohl selbst fragwürdig geworden. Friedrich Schleiermacher wird, ohne Fichtes Schrift zu kennen, die erst aus seinem Nachlass heraus publiziert wurde, 1808 ein ganz pragmatisches und gewissermaßen wirtschaftssoziologisches Argument dagegen vorbringen: Gerade in großen Städten gebe es viele junge Männer, die wohlhabender seien als die Studenten. Auf sie und ihre Geldbörsen würden sich diejenigen ausrichten, «welche von der Sittenlosigkeit der Jugend leben». In kleinen Städten aber, in denen die Studenten das Gros der Jugend bilden, würden «die Künste der Verführung» ganz ihnen gelten.[11]

In die Berliner Universität ging von Fichtes «oxfordischen» Gedanken, wie der Historiker Johannes von Müller sie nannte,[12] jedenfalls nur ein, dass sie der Forschung dienen sollte, anstatt nur tradiertes Wissen zu vermitteln, und die Studierenden an der Hervorbringung von Erkenntnissen zu beteiligen seien. Das war nicht selbstverständlich. Die Gesetze der ebenfalls preußischen Universität Königsberg enthielten um 1800 noch die Anweisung, in den Dissertationen möge sich nichts Neues finden: «ne quid novi insit».[13] Die polemische Spitze der idealistischen Universitätsideen war allerdings weniger gegen alte Versteinerungen gerichtet als gegen die schon seit dem 18. Jahrhundert bestehende und durch die politische Revolution forcierte französische Methode, Universitäten durch Elitefachschulen zu ersetzen, die ganz auf einen bestimmten Bedarf an Berufstätigen zugeschnitten sind: Schulen für Ingenieure und Militärs, für Bergbau, Brücken- und Straßenbau, Wirtschaftsverwaltung, Lehrerausbildung oder Tiermedizin beispielsweise.

Dem stellte insbesondere Humboldt, der von 1797 bis 1801 im Paris des Direktoriums wie des Ersten Konsulats Napoleons gelebt hatte und insofern wusste, wovon er sprach, den Gedanken entgegen, angesichts einer Wissenschaft, deren Träger «immer im Forschen bleiben», gebe es gar keine dem Staat bekannte Zukunft im Sinne fertiger Kenntnisse, die nur noch zu vermitteln seien. «Der Staat muss seine Universitäten weder als Gymnasien noch als Specialschulen behandeln», weil es nicht um die Weitergabe von Wissen, sondern um seine Hervorbringung gehen sollte.[14] In seinem «Antrag auf Errichtung der Universität Berlin» schrieb Humboldt, der von Februar 1809 an fast anderthalb Jahre lang Sektionschef für Kultus und Unterricht im Innenministerium war, an den König, die Universität solle die Trennung der Fakultäten überwinden sowie Bibliotheken, Sammlungen, die Sternwarte und die Medizinerausbildung integrieren. Nur so könnten «Bildung und Aufklärung» nützlich werden. Humboldt, der auch die ungedruckten Denkschriften aus den Akten des Ministeriums kannte, nahm gewissermaßen den Plan seines einstigen Hauslehrers – «meine erste bessere Bildung bekam ich durch Engel»[15] – in das Bildungsideal Weimarer Herkunft auf.

Von der alten, korporativen Universität unterschied sich die Berliner gleichwohl durch ihre enge Anbindung an den preußischen Staat. Zu dessen durch die Niederlage gegen Napoleon angestoßenen Reformen gehörten auch die des Bildungswesens. Gebietsabtretungen im Zuge des Tilsiter Friedens von 1807 –

Preußen schrumpfte auf etwa die Hälfte seines Territoriums und seiner Bevölkerung – hatten das Land sechs Universitätsstädte gekostet, darunter Halle und Erlangen. Der König, Friedrich Wilhelm III., hatte 1807 mitgeteilt, was man an materiellen Kräften verloren habe, müsse durch geistige ersetzt werden.[16] Neben der Berliner Universität wurde 1811 auch die «Schlesische Friedrich-Wilhelms-Universität» in Breslau gegründet und 1818 schließlich die «Rheinische Friedrich-Wilhelms-Universität» in Bonn. Die eigene universitäre Gerichtsbarkeit wurde abgeschafft, und die Besoldung ihrer Professoren erfolgte aus dem Etat. Humboldt hatte für Berlin noch eine Eigenfinanzierung aus Landbesitz und Domänen vorgeschlagen, um der Universität mehr Freiheit gegenüber dem Ministerium zu sichern. Daraus und aus mehr Freiheit wurde nichts. Es sollte sich außerdem zeigen, dass die Lehre nicht nur der Wissenschaft, sondern auch der Ausbildung von Beamten diente. In Fichtes Unterscheidung von Philosophen und gewerbetreibendem Dumpfbürgertum war diese Berufsgruppe so wenig vorgekommen wie das «Bildungsbürgertum», das im 19. Jahrhundert zumindest in den Beschreibungen städtischer Geselligkeitsformen existierte.

Als Hegel am 31. März 1818 den Ruf aus Berlin annimmt, ist die Universität schon sehr viel stärker in die Stadtgesellschaft und ihre kulturelle Selbstverständigung eingebettet, als es polemische Entgegensetzungen von «Brotgelehrten» und «philosophischen Köpfen», Wissenschaftlern und Philistern, Geist und Welt hätten erfassen können. Die größte Stadt, die Hegel bis dahin bewohnt hatte, war siebzehn Jahre zuvor Frankfurt gewesen, das damals gut vierzigtausend Einwohner zählte. Berlin hat 1818 knapp zweihunderttausend Einwohner, zwanzigmal so viel wie Heidelberg, siebenmal so viel wie Nürnberg und vierzigmal so viel wie Jena. An eine Isolation der Studenten wie der Universität von dem urbanen Geschehen war gar nicht zu denken.

Hegel kam das entgegen. Von Fichtes Verständnis der Universität wich seines in vielem ab. Das lässt sich keiner besonderen Schrift Hegels entnehmen, in der er ihre Theorie entwickelt hätte. Anders als Kant, Fichte, Schelling und Schleiermacher schrieb er keinen programmatischen Text über das akademische Studium, das Verhältnis der Fakultäten zueinander oder den Sinn der Universität. 1816 hatte er für den Preußischen Regierungsrat Friedrich von Raumer, der damals Professor in Breslau war, ihn in Nürnberg besuchte und in Berlin sein Kollege in der juristischen Fakultät werden sollte, ein kurzes Memorandum «Über den Vortrag der Philosophie auf Universitäten» geschrieben. Man sondierte in Berlin nämlich bereits, ob Hegel als Nachfolger Fichtes taugen würde. Raumer gewann einen guten Eindruck und beruhigte Kaspar von Schuckmann, den Nachfolger Wilhelm von Humboldts und preußischen Innenminister, auch hinsichtlich Hegels Verständlichkeit in der Konversation. Der Berliner Theologe Wilhelm de Wette, der seinen Freund aus Heidelberger Tagen, Jakob Friedrich Fries, nach Berlin holen wollte, hatte Hegel beim Minister als verworrenen Naturphilosophen mit unklarem Vortrag angeschwärzt.[17]

In seiner Skizze fordert Hegel, das Studium der Philosophie solle dem Erwerb von Kenntnissen und nicht von allgemeinen Formeln dienen. Fichtes Argument, Denken neutralisiere Herkunft, ist für ihn selbstverständlich. Die Vorstellung, das Studium müsse auch auf die Lebensführung der Studenten als die eines eigenen Standes einwirken, teilte er aber nicht. Denn anders als Fichte war er selbst viel zu gesellig, um das Denken in einen scharfen Gegensatz zu einer unphilosophischen Freizeitausübung zu bringen. Außerdem setzt Hegel den Aufenthalt im Reich der Gedanken, das keine Rücksicht auf Herkunft nimmt, nicht mit der Ansicht gleich, jeder müsse nur tief in sich schauen, um einen originären Zugang zur Wahrheit zu gewinnen. Erneut polemisiert er also gegen das «Selbstdenken», denn die Abweichung von den Gedanken anderer Menschen sei nicht im Mindesten ein Hinweis darauf, dass die eigenen zutreffend sind. Das Nachdenken der Gedanken anderer sei vielmehr neben der Philologie die zweite propädeutische, also vorbereitende Wissenschaft für einen Beruf.[18] Schon in einer Nürnberger Gymnasialrede von 1813 hatte er der Universität die «nähere Bestimmung zum besonderen Berufe» zugewiesen.[19] In Heidelberg übertrug er der Philosophie dann die Aufgabe, das Interesse an der Religion wachzuhalten. In Berlin schließlich geht es um das Bündnis von Bildung und Wissenschaft mit einem weltlichen Staat, «welcher durch das geistige Übergewicht sich zu seinem Gewicht in der Wirklichkeit und im Politischen emporgehoben hat».[20]

Die Universität, das sind für Hegel ganz ähnlich wie für Schleiermacher, der gar von ihrem «Heiligtum»[21] spricht, die Vorlesungen. Der Einwand, in ihnen werde vorgetragen, was besser durch Lektüre angeeignet werden könne, trifft ihn nicht. Von der Rechtsphilosophie abgesehen, waren alle großen Vorlesungen Hegels – über Kunst, Religion, Geschichte und Philosophiegeschichte – nicht als Text verfügbar. Schleiermachers These war, der «Kathedervortrag» müsse das Nichtwissen seiner Zuhörer darlegen, dem nicht entgegensetzen, was der Lehrer wisse, «sondern sein eigenes Erkennen, die Tat selbst, reproduzieren, damit sie beständig nicht etwa nur Kenntnisse sammeln, sondern die Tätigkeit der Vernunft im Hervorbringen der Erkenntnis unmittelbar anschauen und anschauend nachbilden».[22] Sogar die später prominent gewordene Formel vom «Lernen des Lernens» findet sich bei Schleiermacher; das Universitätsstudium, das diesem reflexiven Lernen gelte, könne kürzer sein als die Schulzeit.[23] Hier wich Hegel ganz praktisch ab: Sein Vorlesungsprogramm war nicht dazu angetan, die Meinung zu bestätigen, für das Ganze brauche es weniger Zeit als für alle Teile. Der Gegensatz von den vielfachen «Kenntnissen» und der einen «Idee des Erkennens» organisierte seine Lehre nicht, dazu ging viel zu viel Wissen, vor allem historisches Wissen, in sie ein.

Als im Oktober 1810 im ehemaligen Palais des Prinzen Heinrich, in dem die Universität Unter den Linden noch heute logiert,
der Lehrbetrieb begann, kamen auf 52 Dozenten 256 Studenten.
Manche davon suchten sofort Raufereien mit Handwerksburschen
oder den «Pepinieristen» des militärchirurgischen Instituts, grün-
deten in bewährter Manier Burschenschaften, duellierten sich, ließen ihrem Antisemitismus freien Lauf. Fichte, der sich schon in
Jena gegen die Studentenorden gewandt hatte, trat vom Amt des
Rektors, das er 1811 übernommen hatte, im Zuge solcher Hän-
del nach einem Jahr wieder zurück. Seine Kollegen hatten ihn im
Kampf gegen das studentische Unwesen nicht sonderlich unterstützt, er wiederum ging ihnen mit seiner Unnachgiebigkeit und
seinem Moralismus auf die Nerven und auch dadurch, dass er allen
zu verstehen gab, durchaus nicht als Individuum, sondern als Repräsentant der Idee zu handeln.

Von Hegel hat das nie jemand behauptet. Nicht, dass er in Berlin Konflikten mit seinen Kollegen, mit Schleiermacher etwa oder
Savigny, aus dem Weg gegangen wäre. Hegel machte in intellektuellen Auseinandersetzungen wenig Gefangene. In die Berliner
Akademie der Wissenschaften wurde er, solcher Dissense halber,
bis zu seinem Tod nicht aufgenommen; zunächst, weil Schleiermacher deren philosophische Klasse ohnehin auflösen wollte
und Hegel zu Recht als Konkurrenten empfand; danach, weil die
Naturwissenschaftler sich der Neuaufnahme von Philosophen wi-
dersetzten. Aber Hegel brachte sich in den dreizehn Jahren seiner
Berliner Zeit nie in einen Gegensatz zur Stadt, zur Universität und
zum sozialen Leben des Bürgertums. Zu sehr war für ihn die Philosophie eine Angelegenheit, die aus Argumentationen und dem
Durchdenken weniger individueller als «geistiger» und insofern
generischer Vokabulare sowie kollektiver Dynamiken bestand,
als dass er aus sich als Person viel gemacht hätte. Er spottete zuweilen und wurde sarkastisch, gegen Schleiermacher schoss er
fortlaufend Pfeile ab, aber er eiferte nicht und verkämpfte sich

nie, weil er noch anderes zu tun hatte. Seinen Feinden – allen voran dem «seichten» Fries – warf er ihren Charakter nur insofern vor, als Dummheit für ihn ein Ausmaß erreichen konnte, das vom Willen zu ihr nicht mehr zu unterscheiden war. Und so, wie er die kleine Marotte hatte, fast jeden seiner Wohnortwechsel – den nach Jena und den von Jena weg, den nach Bayern und den nach Heidelberg – geistesgeographisch zu deuten, so fand er sich auch in großer Übereinstimmung mit der Tatsache, nach Berlin berufen worden zu sein. «Berlin ist ein großer Mittelpunkt für sich, und die Philosophie war von jeher mehr im nördlichen Deutschland Bedürfnis und zu Haus als im südlichen», schreibt Hegel vor der Abreise aus Heidelberg an seine Schwester.[24]

Noch in seiner Verfassungsschrift von 1801/02 hatte er das anders gesehen und Preußen einen völligen «Mangel an wissenschaftlichem und künstlerischem Genie» und ein «ledernes, geistloses Leben» attestiert.[25] Damals stand Preußen für die Enge und «Dürre» einer in eine staatliche «Maschinerie» übersetzten Aufklärung, und das nördliche Deutschland lag in Thüringen, Sachsen, Niedersachsen. Jetzt steht ihm Berlin für eine Reform der Staatlichkeit im Zeichen kulturgewordener Vernunft. Über Frankfurt, Jena und Leipzig reist er im September 1818 zu ihrem Mittelpunkt und fühlt sich dort sogleich zu Haus.

Hegels Berufung war schon 1816 versucht worden, der Ruf aus Berlin traf am selben Tag in Nürnberg ein wie seine Rufannahme in Heidelberg. Als ihn 1817 neuerlich ein Ruf ereilte, geschah das, um endlich die seit dem Tod Fichtes 1814 entstandene Leerstelle zu füllen. Anders als es spätere Legenden wollten, spielten dabei politische Erwägungen keine Rolle. Eine Berufung Schellings, der seit 1806 in München lebte, erschien aussichtslos; man glaubte nicht, dass er nach Berlin kommen würde. Auch war Schelling in München weder als akademischer Lehrer noch publizistisch hervorgetreten. Sein Ruhm beruhte trotz der «Untersuchungen über das Wesen der menschlichen Freiheit» von 1809, die seinen Gegentwurf zu Hegels Welt und den Versuch einleiteten, den Idealismus abzustreifen, inzwischen mehr darauf, dass er für diesen Ruhm bekannt war. So entschieden sich die Fakultät und das Ministerium unter der Leitung von Karl vom Stein zum Altenstein, der es 1817 übernommen hatte, für den Philosophen, der nach Schelling am vielversprechendsten schien.

Altenstein, der zuvor Fichtes Privatvorlesungen gehört hatte, war Hegel auf der Rückreise von Paris, wo er nach dem Wiener Kongress die Rückgabe der von Napoleon geraubten Kunst einleiten sollte, in Heidelberg begegnet. Womöglich führte ihn sein Weg dorthin, weil er die Kunstsammlungen der Boisserées besichtigen wollte. In seinem Antrag an den König, Hegel zu berufen, ist von der Absicht die Rede, einen Philosophen zu finden, der, «gleich fern von paradoxen, auffallenden, unhaltbaren Systemen und von politischen und religiösen Vorurteilen, mit Ruhe und Besonnenheit seine Wissenschaft» lehre.[26] Dem badischen Ministerium wiederum teilte Hegel mit, sein Gang nach Berlin stehe auch im Zeichen eines eventuellen Übergangs von der Philosophie zu einer mehr praktischen Tätigkeit.[27] Altenstein hatte ihm offenbar eine führende Rolle in der Königlich Preußischen Akademie der Wissenschaften in Aussicht gestellt. Deren Sekretar der philosophisch-historischen Klasse, Friedrich Schleiermacher, wusste das zu verhindern.

Altenstein wird das Ministerium mehr als zweiundzwanzig Jahre lang führen. Seine Sympathien für Hegel beruhten naturgemäß mehr auf einem persönlichen Eindruck als auf einer Beschäftigung mit seinen Schriften. Dass seine Schwester Hegels erste Berliner Wohnung in der Leipziger Straße 29, Ecke Friedrichstraße, anmietet, unterstreicht die Nähe. Die trägt Hegel auch deshalb durch die gesamte ihm verbleibende Zeit seiner akademischen Existenz, weil Altenstein wiederum sich zunehmend der Sympathien des Königs sicher sein konnte. Er stand nämlich von 1821 an Friedrich Wilhelm III. bei dessen zu heftigen Konflikten führender Herzensangelegenheit bei, die Liturgie der reformierten und lutherischen Protestanten zu vereinen und dabei das Gewicht der Predigt im Gottesdienst zurückzudrängen. Der Dank des Monarchen war ihm darum sicher.

Ob Altenstein mit seiner Universitätspolitik inhaltliche Vorstellungen von Wissenschaft verband, ist ungewiss. Das Wort Goethes an Sulpiz Boisserée, Altenstein scheine sich durch seine Berufungen eine «wissenschaftliche Leibgarde» zulegen zu wollen,[28] übertreibt vermutlich den Bedarf eines preußischen Ministers an intellektuellem Schutz oder Glanz. Auf Altenstein, der sich bis zum Tod des Staatskanzlers Karl August von Hardenberg ohnehin mit diesem abzustimmen hatte, gingen nicht nur bedeutende Rufe wie die an Hegel, den Juristen und Historiker Friedrich von Raumer, den Geographen Carl Ritter, den Germanisten Karl Lachmann und den Historiker Leopold von Ranke sowie erfolglose Versuche wie die zurück, August Wilhelm Schlegel nach Berlin zu ziehen und Ludwig Tieck zum Professor zu machen, sondern auch ganz mediokre Ernennungen.

Hegels Antrittsvorlesung vom 22. Oktober 1818[29] wiederholt in manchen Passagen wörtlich diejenige, die er in Heidelberg gehalten hatte.[30] Was gelten soll, muss auch jetzt sich vor dem Gedanken rechtfertigen. Aber in Heidelberg war nicht vom Staat die Rede. Der preußische Staat, hieß es in Berlin, «der mich nun in sich aufgenommen hat», zeige, dass unterlegene äußere Mittel durch überlegene innere wettgemacht werden könnten. Hegel mochte das Wort des Königs gekannt haben. «Preußen auf Intelligenz gebaut» notiert er in der Berliner Zeit an den Rand der Heidelberger Rede.[31] Napoleon ist nun nicht mehr die Weltseele, sondern die Franzosen sind Repräsentanten «fremder gemütloser Tyrannei». Der Philosophie entgegen steht für Hegel die Skepsis derer, die behaupten, Wahrheit sei gar nicht zu erlangen, das Erkennen habe sich auf die Empirie, Zufälliges, Vergängliches zu beschränken, alles Wichtige sei nicht zu erkennen, man müsse beim Glauben stehenbleiben. Hegel macht deutlich, dass die wahre Religion für ihn eine Form des Wissens ist.

Damit griff er Motive von «Glauben und Wissen» auf, jener Schrift, die als erste sein philosophisches Programm skizziert und dabei den Norden als philosophische Himmelsrichtung bestimmt hatte. Jetzt sieht er drei verschiedene Arten, unvernünftig zu sein: Zum einen die Art der Aufklärung, die sich auf alles Naheliegende beschränkt und nur das Nützliche im Blick hat. Zum anderen Kants Beschränkung des Denkens auf das, was im Sinne einer an sinnliche Anschauungen gebundenen Erfahrung gewusst werden kann. Und schließlich die in der Romantik kulminierende Haltung, das angemessene Verhältnis zur Wahrheit sei die Sehnsucht nach ihr oder in der irreligiösen Variante das ironische Spiel mit ihren Ansprüchen, das ebenfalls voraussetzt, nicht zu stabilen Aussagen kommen zu können. Dem setzt Hegel den «Glauben an die Vernunft» und den «Glauben an die Macht des Geistes» als Bedingungen des philosophischen Studiums entgegen.[32] Wer an der Welt ein Reich der Gegenwart, an das das Bewusstsein gebunden ist, und ein Jenseits unterscheidet, zu dem der Geist «fortreißt», muss sich fragen lassen, worin denn die Einheit dieser beiden Seiten besteht. Wie also kann die Abhängigkeit von Objekten mit Freiheit verbunden werden, wie die Zufälligkeit der Naturerscheinungen mit Gesetzlichkeit, wie das freie Handeln mit dem vernünftigen?[33]

Hegel reiht die Prämissen seiner Antwort wie an einer Perlenschnur auf. Das Universum ist vernünftig. Die Teile können nur aus dem Ganzen begriffen werden. Das Verstehen des Ganzen ist von einer Unruhe angetrieben, die sich nicht bei dem beruhigt, was ihm sinnlich gegeben ist, sondern nach Gründen und Ursachen fragt. Der Geist ist ein Wühler, der – so viel zum Gegensatz von Kenntnissen und Methode – einen «positiven Inhalt» hat, es ist zu wenig, zu «philosophieren ohne Philosophie»[34]; ein Vorwurf, der Fichtes Neigung trifft, sich im Prinzipiellen aufzuhalten und von dort aus die Welt mit Forderungen zu überziehen. Hegel kündigt in seiner Antrittsvorlesung an, was er in den kommenden Jahren in Berlin ausführlich vortragen wird: eine Theorie, die das begrifflich entfaltet, was in der Religion und ihrer Geschichte in Form von Vorstellungen – Erzählungen, Bilder, Riten – verwirklicht ist. Die Schöpfung, der Baum der Erkenntnis, der Sohn, der Heilige Geist – all das sind für ihn Momente einer noch nicht erkannten, nicht durchdachten Verbindung des Irdischen mit dem Göttlichen. Dass man an sie glauben muss, führt zu Autorität, nicht zu Freiheit. Frei sein und eine Sache durchdacht haben, ist für Hegel synonym. Wenn er formuliert: «Verkehr mit der Philosophie ist als der Sonntag des Lebens anzusehen»,[35] impliziert diese Inanspruchnahme des Tags abschließender Anschauung allerdings, dass die Arbeit der Werktage getan und Freizeit jenseits der «Interessen der Not» vorhanden ist. Der Mensch arbeite um des Sonntags willen, nicht sei umgekehrt der Sonntag zur Erholung da.

Der Mensch. Manche Menschen arbeiten auch sonntags, andere sind sonntags zu erschöpft, um zu philosophieren, und selbst wenn Hegel voraussetzen kann, dass die allermeisten am Sonntag zum Gottesdienst gehen, wird die Frage nach der sozialen Arbeitsteilung von seiner Apotheose des Dienstes an der Vernunft nicht vollständig beantwortet. Seine Sicht auf die universitäre Philosophie versucht, unter modernen Umständen an das anzuschließen, was Aristoteles beinahe zweitausend Jahre zuvor als die Aufgabe der theoretischen Wissenschaften beschrieben hatte: die von jeder Zweckvorgabe freigesetzte, begriffliche Erschließung der Weltordnung. Der «theorós» war im antiken Griechenland ein politisch bestimmter Abgesandter zu Götterfesten anderer Städte, bei denen es sich um Kulte in Form von Kampfspielen handelte, oder ein Beauftragter, der an fernen Kultstätten Orakel befragen sollte. Er war, anders als oft behauptet, zunächst kein Zuschauer. Erst später trat die Bedeutung «betrachten» hinzu, die sich aus dem Umstand ergab, dass weltläufige Erfahrungen zu machen als Privileg solcher

Gesandten galt. «Theoria wird zu ‹Erfahrung, Erkenntnis, die man
auf Reisen gewinnt›, schließlich zu ‹Schau, Erkenntnis› schlechthin.»[36] Theorie setzt insofern Muße voraus und Ablösung von Interessen.

Tatsächlich geht Hegel in seiner Berliner Antrittsvorlesung so
weit, die Philosophen als staatsfinanzierte Nachfolger der Priester
zu bezeichnen. Das lässt die spätere Beschreibung merkwürdig erscheinen, die Philosophie sei zuvor «auf den Markt, auf die Gasse
gegangen; sie war zur Predigt geworden, zur Fahne in den Kämpfen des Tages gemacht.»[37] Gemeint ist aber, dass Hegel sie keinem
tagespolitischen Dienst unterstellte und auch darauf verzichtete,
moralisch zu unterweisen. Philosophie sei «Zweck für sich selbst –
Staatsveranstaltung – und alles Zweck für sie».[38] Allerdings ist
für ihn die «Ausscheidung» der Philosophen aus dem Alltag nicht
vollständig, da ihre besondere Art des Gottesdienstes zugleich
Beschäftigung mit der Wirklichkeit ist. Deshalb kann auch ihre
konkrete Nützlichkeit angegeben werden, die in der «fortdauern-
den Gewöhnung mit dem Wesentlichen» besteht, mithin darin,
die Zuhörer aus der Verstrickung in Zufälligkeiten und gewohnte
Vorstellungen, also aus der Verstrickung in Vorurteile, zu lösen.

Hegels Kollege Karl W. F. Solger schreibt am Neujahrstag 1819
missbilligend über solche Ambitionen an Ludwig Tieck, die «stren-
geren Philosophen», zu welchen er besonders Hegel rechne, hielten das spekulative Denken ganz offenbar für das einzig wirkliche,
hingegen alle – wir dürfen ergänzen: werktägliche – «Erfahrungs-
erkenntnis, insofern sie sich nicht auf diese Gesetze zurückführen
lässt», für täuschend und nichtig.[39] Es gibt, hieß das, noch andere
Reisen und Erfahrungen als solche in Gedanken.

Schon Hegels Vorgänger Fichte waren solche Einreden begegnet, als 1804, nach der ersten seiner Privatvorlesungen, in der Zeitschrift «Der Freimüthige oder Ernst und Scherz» eine Miszelle erschien, in der er mit dem Satz zitiert wurde: «Einer der falschesten
Gemeinplätze ist, man solle jeden Gegenstand von allen Seiten

betrachten. Nein! Man muß jedes Ding von der rechten Seite betrachten.» Der anonyme Autor fährt fort: «Aber woher kann man denn wissen, welche die rechte ist, wenn man nicht alle kennt? – Die Antwort ist leicht vorauszusehen: der göttliche Mann wird uns lehren, welche die rechte ist.» Das erziehe die jungen Leute anstatt zum Denken zum Glauben.[40] Als Fichte das in der nächsten Vorlesung mit der Behauptung anspricht, man habe ihn falsch zitiert, denn er habe nur gesagt, nicht die «empirischen Seiten» der Dinge betrachten zu wollen, erhob sich Kotzebue, einer der Herausgeber der Zeitschrift, und verwahrte sich dagegen, der Urheber des Artikels zu sein.

Die Berliner Jahre Hegels werden Versuchen gewidmet sein, diesen Gegensatz aufzulösen. Nicht, dass Hegel viel Zugeständnisse an die einzelwissenschaftliche Erforschung der «empirischen Seiten» der Dinge machen wird. Regelmäßig setzen seine Vorlesungen, ob sie nun vom Recht, der Kunst, der Natur oder der Geschichte handeln, damit ein, die philosophische Betrachtungsweise dieser Tatbestände von einer bloß erklärenden und verstehenden, Tatsachen sammelnden und ordnenden oder sich in einzelnen Fragestellungen verlierenden zu unterscheiden. Er hält daran fest, dass den Namen «Wissenschaft» im vollen Sinne nur die Philosophie verdient.

Dass die erste Vorlesung, die Hegel in Berlin hält, den Zuhörern seine «Enzyklopädie der philosophischen Wissenschaften» vorstellt, ist kein Zufall. Denn sie exponiert ausführlich und in einer Sprache, die weit verständlicher ist als die der «Logik» und der «Phänomenologie», worin für ihn der prinzipielle Unterschied zwischen empirischen und philosophischen Wissenschaften besteht. So führt er beispielsweise aus, dass ein Begriff der Natur aller empirischen Erforschung ihrer Einzelheiten vorhergehen müsse. Zugleich jedoch ist die Empirie eine Voraussetzung der Begriffsbildung: «Nicht nur muß die Philosophie mit der Naturerfahrung übereinstimmend sein, sondern die *Entstehung* und *Bildung* der philosophischen Wissenschaft hat die empirische Physik zur Voraussetzung und Bedingung. Ein anderes aber ist der Gang des Entstehens und die Vorarbeiten einer Wissenschaft, ein anderes die Wissenschaft selbst; in dieser können jene nicht mehr als Grundlage erscheinen, welche hier vielmehr die Notwendigkeit des Begriffs sein soll.»[41]

Hegel verspricht also, dass einer Forschung, die unabhängig von philosophischer Begriffsbildung durchgeführt worden ist, nachträglich gezeigt werden kann, wo sie implizit doch von ihr Gebrauch gemacht hat, etwa dadurch, dass sie sich die Natur disziplinär erschlossen hat und eine physikalische, eine chemische und eine biomedizinische unterscheidet. Diese Unterscheidung ist für Hegel keine zufällige, bloß historische, sondern er hält sie für vernünftig. Viele Gegenstände der Forschung hingegen – man kann an die Eingeweidewürmer denken, die sein Berliner Kollege, der Anatom und Physiologe Karl Asmund Rudolphi, studierte, oder an das Spannungsgefälle in der Voltaschen Säule, das der von 1809 an in Berlin lehrende Physiker Paul Erman nachgewiesen hatte – ergeben sich zunächst auf «dem Felde des Veränderlichen und Zufälligen» oder Vereinzelten und werden erst durch Generalisierungen begrifflich ergiebig.[42]

Ähnlich wendet sich Hegel in seinen Vorlesungen über die Philosophie des Rechts gleich eingangs gegen den Sprachgebrauch, die Juristen beschäftigten sich mit Rechtsbegriffen. Vielmehr seien es «Rechtsbestimmungen, Verstandessätze, Grundsätze, Gesetze», die dort vorkämen, ohne das Wesentliche der Sache zu behandeln. Es werde das Recht aus seinen Umständen, einzelnen Fällen, seinen nützlichen Folgen nicht nur hergeleitet, sondern gerechtfertigt. Dadurch aber sei noch nicht das an ihm begriffen, was es zum Recht im Unterschied zu einer abscheulichen Gewaltmaßnahme ohne Chance auf weitere Überlieferung macht. Denn wie soll der Sinn einer Institution begründet werden, wenn

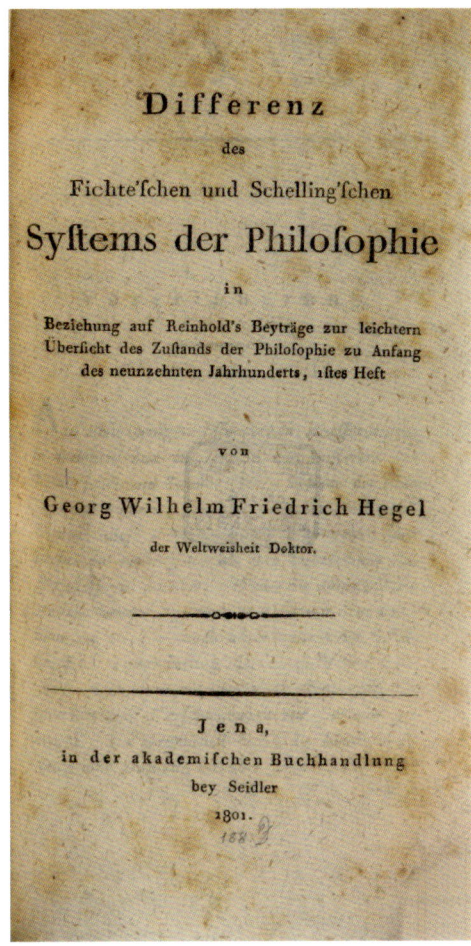

Differenz

des

Fichte'schen und Schelling'schen

Systems der Philosophie

in

Beziehung auf Reinhold's Beyträge zur leichtern
Übersicht des Zustands der Philosophie zu Anfang
des neunzehnten Jahrhunderts, 1stes Heft

von

Georg Wilhelm Friedrich Hegel

der Weltweisheit Doktor.

Jena,
in der akademischen Buchhandlung
bey Seidler
1801.

[...]hann Gottlieb Fichte (1762–1814),
[...]r so oft «Ich» sagte und neben dem Hegel
[...]graben werden wollte. Kreidezeichnung
[...]n Friedrich Bury, um 1800.

[...]ie «Differenzschrift» (1801) mit dem Zusatz,
[...]egel sei «der Weltweisheit Doktor».

[...]na: das Weltdorf um 1800, fünftausend
[...]nwohner und die höchste Dichte
[...] Witz im Universum.

Die Weltseele
zu Pferde:
Napoleon nach
der Schlacht von
Jena und Auerstedt.
Gemälde von
Édouard Detaille.

System

der

Wissenschaft

von

Ge. Wilh. Fr. Hegel

D. u. Professor der Philosophie zu Jena,
der Herzogl. Mineralog Sozietät daselbst Assessor
und andrer gelehrten Gesellschaften Mitglied.

Erster Theil,

die

Phänomenologie des Geistes.

Bamberg und Würzburg,
bey Joseph Anton Goebhardt,
1807.

Die «Phänomenologie
des Geistes», das Titel-
blatt der Erstausgabe
aus dem Jahr 1807.

Bamberg, für Hegel
…07 das rettende
…fer vor Armut
…d vor der
…nenser Affäre.

…extlastig, aber dafür
…r wenige Seiten:
…e «Bamberger
…eitung» unter
…hef- und einzigem
…edakteur Hegel.

Marie Helena Susanna Hegel (1791–1855), geborene von Tucher, stammte
aus einer alteingesessenen Nürnberger Patrizierfamilie. Ihren Eltern
schien die Stellung Hegels zu unsicher, und sie stimmten der Ehe,
die im September 1811 geschlossen wurde, deshalb nur zögerlich zu.
Ein Empfehlungsschreiben Niethammers hatte geholfen.

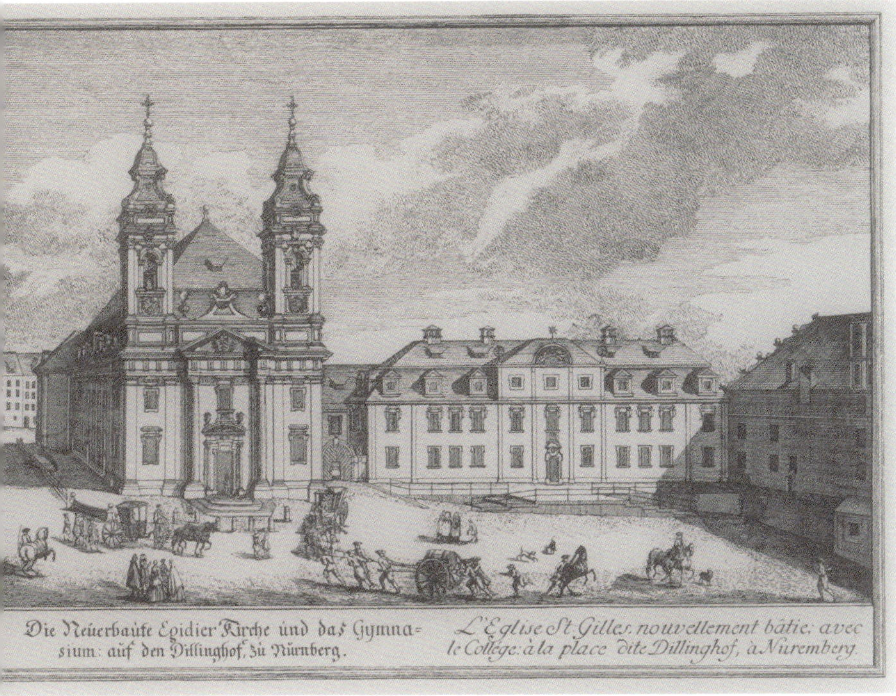

Die Neuerbaute Egidier Kirche und das Gymna=
sium auf den Dillinghof zu Nürnberg.

L'Eglise St Gilles, nouvellement bâtie, avec
le Collège à la place dite Dillinghof, à Nuremberg.

...as Nürnberger Egidiengymnasium, an dem Hegel von 1808 an Schuldirektor und Lehrer war.

...elleicht der einzige Freund,
...n dem er sich nie abwandte:
...riedrich Immanuel Niethammer
...766–1848), Theologe,
...chulmann, Bildungspolitiker –
...er Erfinder des Gymnasiums
...oderner Art.

«Aber schwer in das Tal hing die gigantische / Schicksalskundige Burg nieder bis auf den Grund.» So Hölderlin. Christian Philipp Koester malte 1816/17 «Stadt und Schloß Heidelberg von Osten» und schenkte das Gemälde Hegel.

Der Schriftsteller Jean Paul (1763–1825), zum Doktor der Philosophie promoviert von Hegel und seinen Mittrinkern. Hier ein Porträt aus dem Jahr 1823, gemalt von Johann Lorenz Kreul.

Rechts: Der Student Karl Sand (rechts, entschwindend) hat soeben, am 23. März 1819, den Dichter August von Kotzebue erstochen und löst damit die «Karlsbader Beschlüsse» zur Unterdrückung der Meinungsfreiheit aus.

Turnen als Identitätspolitik: Zug der Burschenschaftler auf die Wartburg, Oktober 1817.

[Handschriftliches Manuskript, datiert oben rechts: Berlin 22. Oct. 1818]

Anmerkungsreich und
überarbeitungsfreudig:
aus Hegels Rechtsphilo-
sophie-Manuskript, 1821.

Der Trinkbecher, den
Goethe Hegel im April 1821
mit der Widmung schenkte:
«Dem Absoluten empfiehlt
sich schönstens zur
freundlichen Aufnahme
das Urphänomen.»

die historischen Umstände, die zu ihr führten, nicht mehr gegeben sind?[43] Die «Kenntnis all des unendlichen Details» sei «für die vernünftige Einsicht sehr überflüssig»,[44] Gelehrsamkeit und Erkenntnis seien zweierlei.

Hegels scharfe Polemik gegen den Rechtshistoriker und Zivilrechtler Gustav Hugo ist ganz von dieser Unterscheidung zwischen der «Natur der Sache» und den «historischen Umständen» getragen. Hugo hatte einen römischen Rechtsgelehrten dafür gelobt, sich bei der Deutung der Gesetze an diese gehalten und einen antiken Philosophen, Favorin von Arles, der sich gesetzeskritisch einmischte, zurechtgewiesen zu haben. Daraufhin schnappt sich Hegel den Rechtsgelehrten, der das damalige Gesetz, Gläubiger dürften säumige Schuldner nach Ablauf der Zahlungsfrist töten oder als Sklaven verkaufen, damit begründete, eine solche Drohung bekräftige «Treu und Glauben» beim Vertragsabschluss. Der Gelehrte habe offenbar gar nicht gemerkt, dass damit vielmehr die Begriffe «Treu und Glauben» samt dem Konzept maßvoller Strafe zerstört würden.[45]

Man kann also nicht sagen, dass Hegel großen Respekt vor der begrifflichen Urteilsfähigkeit der Einzelwissenschaften hatte. Vielmehr besteht er darauf, dass sie erst dann «wahres Wissen» hervorbringen kann, wenn in sie eingeht, was wir heute wissenschaftstheoretische Reflexion nennen würden: Reflexion über ihren Gegenstand, ihre Grundbegriffe, ihre Grenzfälle, ihre Abstraktionen.[46] Gut einhundert Jahre nach Hegel hat der französische Philosoph Gaston Bachelard das anhand eines naturwissenschaftlichen Beispiels so formuliert: «Einen Gegenstand auf einem Tisch um einen Millimeter zu verschieben, ist keine wissenschaftliche Operation. Sie beginnt mit der nächsten Dezimalstelle. Um ein Objekt einen Zehntelmillimeter zu bewegen, benötigen wir ein Gerät, also ein Handwerk. Gelangt man schließlich zur nächsten Dezimalstelle, wenn man z.B. versucht, die Breite eines Interferenzstreifens herauszufinden und durch entsprechende Messungen die Wellenlänge einer Strahlung zu bestimmen, dann braucht man nicht nur Apparate und handwerkliches Können, sondern auch eine Theorie – und damit eine ganze Akademie der Wissenschaften.»[47] Je tiefer man in die Strukturen des Universums einzudringen versucht, seien es nun Zellen, Elementarteile oder Lichtwellen, desto mehr Abstraktion ist vonnöten. Als Bachelard dies schrieb, war die theoretische Reflexion allerdings längst auf die Einzelwissenschaften selbst übergegangen. Hegel meinte noch, sie von der Philosophie aus leisten zu können und deren Vorrangstellung an der Universität, wie er sie in Jena glaubte erlebt zu haben, auch gegenüber den naturkundlichen Disziplinen zu behaupten.

Schaut man sich an, womit die Naturforscher sich befassten, die zu seiner Zeit an der Berliner Universität lehrten und forschten, so liegt auf der Hand, dass sie dabei ohne Philosophie auskamen. Zumal ohne eine, die sich wie die Hegels in Gegensatz zur Physik Newtons brachte, die Farbenlehre Goethes verteidigte, die Lehre vom animalischen Magnetismus in der Nachfolge Mesmers für plausibel hielt, es nicht überzeugend fand, dass Wasser nur eine Kombination zweier Elemente sei und die Qualität der Weinernte von 1811 auf einen Kometen zurückführte.[48] Die romantische Naturwissenschaft mit ihrer Metaphernseligkeit hatte in Berlin viele Gegner. Hegel selbst muss das Vorurteil ausräumen, er, dessen Name immer noch mit dem Schellings assoziiert wird, hänge ihr an. Stattdessen sind seine Kollegen entweder Systematiker wie der Universalbotaniker Heinrich Friedrich Link oder Spezialisten wie der Parasitenforscher Karl Asmund Rudolphi und der Physiker Paul Erman, der über elektrische Phänomene arbeitete und die Naturphilosophen verachtete. Der Pathologe Christoph Wilhelm Hufeland wiederum schrieb über alles – Scheintod, Magnetismus, gesunde Ernährung, Pocken, Armenfürsorge und Cholera –, ohne dafür eines systematischen Zusammenhangs zu bedürfen.

So spannungsvoll aber Hegels Verhältnis zur Welt der Einzelheiten war, sein Anspruch, Grundbegriffe der Wissenschaften philosophisch zu klären, setzt ihre Kenntnis voraus. Hegel trägt über Recht vor, Religion, Geschichte, Kunst und Naturphilosophie. Allein die Tatsache, dass er nun sein «System» viel stärker auf Gegenstände ausdehnt, die philosophisch aufzuschließen ihm weitläufige Lektüre außerhalb der Philosophie abverlangt, ist festzuhalten. Genauer: Er bringt nun die Ergebnisse solcher Lektüren, wie er sie sein ganzes Leben lang betrieben hat, in Versuche ein, die Welt, wie sie seinem Publikum vor Augen steht, zu erhellen.

Die Studenten frequentierten Hegels Vorlesungen. Gleich in seinem ersten Semester hat er für seine «Enzyklopädie» und «Naturrecht und Staatswissenschaft» hundertzwei Zuhörer, im Halbjahr darauf sind es in «Logik» sowie «Geschichte der Philosophie» sogar hundertsiebzig. Das ist umso erstaunlicher, als ihm, anders als Fichte, jedwede Klarheit und jegliches Pathos fehlten und anders als Schleiermacher jede polierte Gewandtheit im Vortrag: «Seine dunkle, abstruse Sprache und der ziehende, näselnde, kreischende, unterbrochene Vortrag sachreckten zurück», hieß es in den «Hallischen Jahrbüchern», nicht ohne den Zusatz, dass die Dunkelheit gleichwohl Zuhörer aller Klassen angezogen habe, die danach «über das An-sich, Für-sich und An-und-für-sich» disputiert hätten oder über die Identität von Sein und Nichts.[49] Holprig, durch vieles Räuspern unterbrochen, den Ausdruck für Gedanken angestrengt suchend, so wird Hegels Redeweise fast durchweg beschrieben. Nur Ludwig Feuerbach, der 1824 in seinen Vorlesungen sitzt, wird sie klarer finden als seine Schriften.[50]

Am eindrücklichsten ist die Schilderung, die Heinrich Gustav Hotho, der spätere Herausgeber von Hegels Vorlesungen zur Ästhetik, von dessen Auftreten gegeben hat: «Abgespannt, grämlich saß er mit niedergebücktem Kopf in sich zusammengefallen da, und blätterte und suchte immer fortsprechend in den langen Folioheften vorwärts und rückwärts, unten und oben.» Es habe keinen Redefluss gegeben, ständig sei das Sprechen in breitem schwäbi-

schem Dialekt ins Stocken geraten, jeder Satz habe vereinzelt da-
gestanden, Hegel sei nicht fertig mit seinen Gedanken gewesen,
wenn er sie vorgetragen habe, das Argument sei nicht vorange-
schritten, sondern «drehte sich mit den ähnlichen Worten stets
wieder um denselben Punkt». Aber wer deswegen die Konzentration aufgegeben habe, habe sich nach Minuten der Unaufmerk-
samkeit völlig abgehängt gefunden, weil zwischendurch heftige
Bewegung in die Gedanken geraten seien. Die einfachsten Dinge
darzulegen habe Hegel angestrengt, in den schwierigsten «sinn-
lichkeitslosesten Abstraktionen» bewegte er sich dagegen flüssig:
«Als sei es seine eigene Welt schien er damit verwachsen, und erst
nach dem das volle Bild entworfen war, kehrte er die Mängel, die
Widersprüche heraus, durch welche es in sich zusammenbrach
oder zu anderen Stufen und Gestalten hinüberleitete.»[51]

Diese Beschreibung liest sich wie eine Illustration zu Heinrich
von Kleists Aufsatz «Über die allmähige Verfertigung der Gedanken beim Reden» von 1806, in dem es heißt, wenn man andere
belehren wolle, dürfe man vielleicht nur von dem sprechen, was
man verstehe. Wolle man sich aber selbst belehren, komme die
Idee beim Sprechen so wie der Appetit beim Essen: «Denn nicht
wir wissen, es ist allererst ein gewisser Zustand unsrer, welcher
weiß.»[52] Eben jener Unterschied zwischen «andere belehren» und
«sich selbst belehren» war es, von dem Humboldt verlangt hatte,
der universitäre Vortrag müsse ihn hinter sich lassen. Ein Hörer
und zugleich Leser Hegels, der Literaturhistoriker Alexander
Jung, hat seine Ausdrucksweise ganz ähnlich beschrieben: «Man
sollte meinen, wenn man ihn liest, es sei noch gar nicht Sprache
vorhanden, sondern *er* schaffe sie gerade *jetzt*, indem er denke. *Sein*
Denken ist Sprechen und umgekehrt. Alles entsteht soeben.»[53]

Tatsächlich ist die Dunkelheit in den Vorlesungen Hegels, wie
wir noch sehen werden, ungleich verteilt. Gegenüber der «Wissenschaft der Logik» und Partien der Naturphilosophie wirken
Passagen völlig transparent, in denen er en passant seine Grund-

gedanken erläutert, wie etwa hier in seiner Vorlesung über die Geschichte der Philosophie seine Sicht auf Jacobi: Dieser habe daraus, dass begreifen heiße, eine Sache durch etwas anderes, «ihre
nächsten Ursachen», zu erklären, geschlossen, das Unbedingte,
Gott, lasse sich nicht begreifen. Gott ist also unmittelbar, wir
verhalten uns glaubend und nicht wissend zu ihm. Dann aber, so
Hegel, glauben wir nur an seine Existenz, ohne konkrete Bestimmungen, die nämlich wieder endliche, bedingte, vermittelte wären
(Gott als Stier, als Stimme, am Kreuz und so weiter). «Ich weiß
z. B. unmittelbar von Amerika, und doch ist dies Wissen sehr vermittelt. Stehe ich in Amerika und sehe den Boden, so mußte ich
erst hinreisen, Columbus mußte es erst entdecken, Schiffe muß-
ten gebaut werden usf.; alle diese Erfindungen gehören dazu. Das,
was wir jetzt unmittelbar wissen, ist ein Resultat von unendlich
vielen Vermittlungen. Sowie ich ein rechtwinkliges Dreieck sehe,
weiß ich, die Quadrate der Katheten sind gleich dem Quadrate
der Hypothenuse; ich weiß dies unmittelbar, und doch habe ich es
nur gelernt und bin überzeugt durch die Vermittlung des Beweises. Das unmittelbare Wissen ist so überall vermittelt.» Und das
gelte auch von Gott, zu dessen Begriff, ja sogar zu dessen Gefühl
zu gelangen, voraussetzungsvoll sei. Der Begriff des Unbedingten
sei bedingt. «Der Gegensatz vom unmittelbaren und vermittelten
Wissen ist so ganz leer; es ist eine der letzten Flachheiten, so etwas
für einen wahrhaften Gegensatz zu halten: es ist der trockenste
Verstand, der meint, daß eine Unmittelbarkeit etwas sein könne
für sich, ohne Vermittlung in sich.»[54] Wer entsprechende Passagen
aus der «Wissenschaft der Logik» über die Vermitteltheit des Unmittelbaren neben solche Ausführungen legt, wird Hegels Berliner
Vorlesungen nicht dunkel nennen.

In diesem Zusammenhang ist die Überlegung Theodor W.
Adornos bemerkenswert, dass Hegels Werke nach der «Phäno-
menologie des Geistes» keine Bücher seien, «sondern notierter
Vortrag».[55] Ob das von der Großen Logik gesagt werden kann,

scheint fraglich, denn selbst die Nürnberger Schullogik enthält kaum, was Hegel den Schülern frei vortrug, sondern was er ihnen zum Memorieren und Nachlesen diktierte. Für die Vorlesungen allerdings gilt es in einem ganz trivialen Sinn. Adorno nennt es exzentrisch, dass sie einzig in den Kollegheften von Hörern oder in Manuskriptentwürfen überliefert sind: «Daß ein Denken von so maßlosem Anspruch soll darauf verzichtet haben, sich selbst bestimmt, definitiv zu überliefern», was eben für die Logik nicht gilt, «ist erklärbar einzig aus seinem Darstellungsideal, der Negation von Darstellung.» Adorno will in Hegels Verzicht auf definitive, endgültig ausgearbeitete Mitteilungen über Kunst, Geschichte, Religion und Philosophiegeschichte sogar ein Moment von Beliebigkeit, ja von romantischer Hingabe an den Wechsel von Bewegung und Stocken im Gedanken erkennen, das dem sonstigen Duktus des Hegelschen Werks fremd sei. Man könnte diesen Verzicht auch einfacher als eine Verwirklichung von arbeitender Geistesgegenwart im Hörsaal bezeichnen, der Erkenntnisgewinn und Bildung zunächst wichtiger waren als ihre Einrichtung für die Publikation.

Es wird politisch ungemütlich: Waschlappen, Strudelköpfe und der Herr Geheimrat Knarrpanti

---

«Die Verleumdung ist ein Lüftchen,
Kaum vernehmbar im Entstehen,
Still und leise ist sein Wehen:
Horch, nun fängt es an zu säuseln –
Immer näher, immer näher kommt es her.»

«Der Barbier von Sevilla»

Hegel erwartete philosophisch ergiebige Ruhe im Mittelpunkt des preußischen Staates. Sie war ihm nicht lange vergönnt. Ende März 1819 schreibt er an Niethammer, seit langen Jahren habe er nicht so ruhig, zufrieden und auskömmlich gelebt.[1] An der Auskömmlichkeit wird sich nichts ändern. Sein vierteljährlich ausbezahltes Gehalt von zweitausend Talern erhöht sich noch einmal um gut ein Viertel durch Hörergelder – «hier kommt man sogar dazu, Majors, Obristen, Geheime Räte unter seinen Zuhörern zu haben»[2] – und Prüfungsgebühren.[3] Doch als er von seiner Zufriedenheit berichtet, weiß er noch nicht, dass nur drei Tage zuvor etwas geschehen war, das die Zeit der Ruhe rasch beenden würde. Am 20. Juli 1819 schreibt die «Allgemeine Preußische Staats-Zeitung» dazu: «Die für die Ruhe in allen Ländern und für alle rechtliche Staatsbürger so wichtige Untersuchung der bisher in Teutschland Statt gehabten demagogischen Umtriebe hat bereits sehr erhebliche Resultate geliefert. Sie bestätigt die von der Regierung bereits ermittelte Existenz einer durch mehre teutsche Länder verzweigten Vereinigung übelgesinnter Menschen und verleiteter Jünglinge, die den Zweck hat, die gegenwärtige

Verfassung Teutschlands und der einzelnen teutschen Staaten umzustürzen, und Teutschland in eine auf Einheit, Freiheit und sogenannte Volksthümlichkeit gegründete Republik umzuschaffen.»[4]

Am 23. März 1819 hatte der Jenaer Student Karl Ludwig Sand den Lieblingsdramatiker der Goethezeit, August von Kotzebue, in dessen Mannheimer Wohnung durch Messerstiche ermordet. Der ebenso erfolgreiche wie leicht intrigante, vor allem aber seinen Ruhm maßlos überschätzende Schriftsteller war durch publizistischen Spott über die deutschen Burschenschaften aufgefallen.[5] Namentlich hatte er ihren turnenden Fanatiker Friedrich Ludwig Jahn sowie die Kombination von Liberalismus, Deutschtümelei und Fremdenfeindlichkeit der Burschenschaften verhöhnt. An den Turngeräten Jahns, ließ er die Leser in seinem «Literarischen Wochenblatt» wissen, hingen dessen Schüler so, dass ihnen eben das Blut in die Köpfe schösse. Die europäischen Nachbarn brächen in Gelächter aus über das entsprechende patriotische Geschrei. Kotzebues Komödien, die gern Verführungs- und Eheanbahnungsstoffe behandelten, galten den sich rein vorkommenden studentischen Herzen überdies als besonders sittenwidrig. Außerdem sahen die Nationalisten in ihm, der mit dem Titel eines russischen Generalkonsuls in Königsberg ausgestattet war, einen ausländischen Agenten, der angeblich despotiefreundliche Berichte über das deutsche Geistesleben nach Petersburg lieferte. Im Frühjahr 1800 hatte man Kotzebue in Russland zwar auch schon einmal als Jakobiner verhaftet, jedoch war er aus der sibirischen Verbannung wieder freigelassen und mit einem Gut in Livland samt vierhundert Leibeigenen beschenkt worden, nachdem er Zar Paul I. sein Rührstück «Der alte Leibkutscher Peters III.» hatte zukommen lassen.[6]

Die innerlich glühenden Burschenschaftler, die sich sehr deutsch, sehr demokratisch und sehr opferbereit fühlten, nahmen die Enttäuschung auf, die nach dem Wiener Kongress 1815 einge-

treten war, weil sich die Erwartungen, das abgestreifte napoleonische Joch werde die Chancen auf eine Vereinigung der deutschen
Länder erhöhen, nicht erfüllt hatten. Kotzebue empfanden sie
als erfolgreich korrupten Publizisten des Status quo, der seine
Feder sowohl den zaristischen Interessen lieh wie dem Kampf
gegen alles, was nicht ins Konzept des «gesunden Menschenverstandes» und seiner gemütlichen Einrichtung in die Verhältnisse
passte. Schon 1817 hatten Studenten auf der Wartburg neben Saul
Aschers «Germanomanie», dem Code Napoléon und Karl Ludwig von Hallers «Restauration der Staatswissenschaften» auch
Kotzebues «Geschichte des Deutschen Reiches» verbrannt, die der
schwärmerischen Verehrung eines deutsch-christlichen Mittelalters entgegengetreten war.[7]

Kotzebues Ermordung wiederum bot den argwöhnisch auf
jede Kritik an den europäischen Monarchien achtenden Kräften
einen willkommenen Anlass, hart gegen die Studenten durchzu-
greifen. Österreichs Staatskanzler Metternich waren die deutsche
Presse und die deutschen Universitäten schon eine Weile suspekt.
Auf dem Aachener Kongress Ende 1818 hatte der russische Zar
den Vertretern der Heiligen Allianz aus Preußen, Österreich und
Russland sowie Großbritanniens und Frankreichs eine Denkschrift vorgelegt, in der die Maßregelung der Meinungsfreiheit
in den deutschen Territorien und insbesondere an ihren Universitäten gefordert wurde. Ihr Autor, der aus Moldawien stammende
russische Diplomat Alexander Stourdza, war zuvor durch ein auch
auf Deutsch erschienenes Lob der orthodoxen Kirche hervorgetreten. Hier nun attackierte er die deutschen Universitäten als
«Staat im Staate», als «Archive aller Irrtümer des Jahrhunderts», als
Brutstätten der religiösen Indifferenz und darum, so durften seine
Leser schließen, des politischen Ungehorsams. Deutschland sei
«der leere Sarg des römischen Reichs» in der Mitte Europas und
insofern zu wichtig, um es sich selbst zu überlassen.[8]

Doch noch hatten in Preußen die repressiven Kräfte nicht die

Oberhand, noch zögerte der Staat, sich der katholisch-orthodoxen Allianz gegen jede Liberalität anzuschließen. Sand kam ihr darum gerade recht. Ende April 1819 schrieb Metternich aus Rom an Friedrich von Gentz, es gehöre zu seinem Glück, dass ihm «der vortreffliche Sand [...] auf Unkosten des armen Kotzebue» erlaubt habe, seine Maßnahmen gegen den «Universitätsunfug», der von der Reformation herrühre, die nun zurückzunehmen sei, mit einem Beispiel auszuschmücken.[9] Plastischer lässt sich der Gegensatz nicht darstellen: Hegel erkennt den Beitrag der «germanischen» Welt zur Geschichte der Freiheit in der Reformation und ihren geistigen Auswirkungen bis hin zur deutschen Philosophie. Metternich hingegen will die Reformation zurücknehmen und nimmt dazu instinktsicher die Universitäten sowie die Meinungsfreiheit ins Visier. Unmittelbar nach Sands Tat setzten Repressionen gegen diejenigen ein, die sich nicht eindeutig von ihr distanzierten. Die Karlsbader Beschlüsse vom September 1819 lösten die Burschenschaften auf, dehnten die Zensur aus und setzten den Rahmen für die Entlassung von Akademikern, die im Verdacht standen, liberal zu sein.

Zurück nach Berlin. Man darf sich Hegel als den Leser jener Zeilen aus der «Allgemeinen Preußischen Staats-Zeitung» vorstellen und fragen, was ihm wohl angesichts der Übersetzung der französischen Revolutionsparole «Gleichheit, Freiheit, Brüderlichkeit» in «Einheit, Freiheit, Volksthümlichkeit» durch den Kopf gegangen ist. Die Sorge, verleitete Jünglinge arbeiteten an der Verwandlung deutscher Staaten in Republiken, dürfte ihn an seine eigene Jugendzeit erinnert haben. Rufe nach nationaler Einheit? Hatte er nicht unter Anleitung von Herder über den «Volksgeist» als Ausdruck von Gemeinschaftsbildung nachgedacht? Auch die Bezeichnung von «Aposteln» dieser revolutionären Absichten als Personen, die sich selbst für «Rechts- und Freiheitsprediger» hielten und es vorzüglich mittels «ächt jakobinischer Lehren» auf «die Verführung der Jünglinge auf Universitäten» abgesehen hätten,

muss ihn an die Tübinger Devise «Reich Gottes» sowie seine Begeisterung für die Französische Revolution erinnert haben, wenngleich seine Sympathien damals den Girondisten und nicht den
Jakobinern gegolten hatten.

Ein Vierteljahrhundert war nun vergangen. Hegel hatte in dieser Zeit mit seiner Philosophie den Versuch unternommen, die
Revolution von 1789 als Revolution der Ideen ernst zu nehmen
und das Heraufkommen der modernen Welt in ihren widersprüch-
lichen Auswirkungen zu analysieren. Es galt, die Widersprüche,
in die alles «Positive» in Religion, Staat, Recht und Kunst geraten
war, weil Stabilität nicht mehr einfach nur auf Tradition und den
Hinweis auf die gottgewollte Ordnung der Dinge gegründet werden konnte, festzuhalten. Es galt aber auch, solche Widersprüche
mit der fortgesetzten Geltung dieser gesellschaftlichen Mächte
zu vereinbaren, Epochenbruch und Epochenkontinuität in einem
Konzept unterzubringen. Freiheit sollte darum ihrem Begriff nach
als Vernunft erwiesen werden und nicht nur, mit einem Wortspiel
der Zeit, als Frechheit.[10] Denn aus Freiheit zu handeln heißt für
Hegel: begründet zu handeln, also weder Kausalerklärungen noch
Überlieferungen oder Nützlichkeitserwägungen heranzuziehen,
sondern sich auf dem Niveau erreichter Argumentationen zu bewegen. Das wirft die Frage auf, ob Hegel das, was gern als «bürgerliche Gesellschaft» angesprochen wird, mit der modernen Welt
identifizierte und deren Entwicklung für abgeschlossen hielt.
Damit hätte die Französische Revolution samt Napoleon ihren
welthistorischen Dienst getan, und das «Reich Gottes» wäre verwirklicht. Anders als die romantische Klage, die Welt sei entgöttert, und die aufklärerische Freude darüber bestritt Hegel die von
beiden Positionen vertretene Prämisse eines absoluten Bruchs
mit der alten Welt. Die Welt, die unter anderem, aber nicht nur
durch die politische Revolution hervorgebracht wurde, litt seiner
Einschätzung zufolge an unsachgemäßen Selbstdeutungen, einseitigen Darstellungen und dem, was später «Ideologien» genannt

wurde. Sein eigener Denkweg kann nicht anders als die Anstrengung begriffen werden, sich aus solchen Irrtümern herauszuarbeiten.

Insofern musste sich Hegel von den politischen Konflikten in Preußen auch dann betroffen sehen, wenn sich die Lage 1819 in Berlin für ihn deutlich von der 1793 in Tübingen unterschied. Es beginnt für ihn eine Zeit, in der sein Gefühl, das Wichtigste sei nun und nicht zuletzt durch ihn gesagt, auf Belastungsproben gestellt wird: Die Wissenschaften hören immer weniger auf die Philosophie, die Kunst wird auf eine Weise romantisch und ironisch, die ihm ganz gegen den Strich geht, der «Atheismus der sittlichen Welt»[11] – in Wahrheit aber noch viel beunruhigender für ihn: die Indifferenz der sittlichen Welt gegenüber Religion – verbreitet sich, und das «System der Bedürfnisse», die Wirtschaft, ist längst dabei, Staat und Recht als Einrichtungen der vernünftigen Freiheit Konkurrenz zu machen.

In der konkreten Frage, was vom Protest der Studenten gegen die staatliche Ordnung zu halten sei, ergriff Hegel keine Partei. Die Formulierungen der «Staats-Zeitung» waren denn auch mehr auf seine Kollegen Friedrich Schleiermacher und den Alt- und Neutestamentler Wilhelm Martin Leberecht de Wette gemünzt. Schleiermacher trat seit jeher als ein Freund studentischen Verbindungswesens auf; in einem beschlagnahmten Brief an seinen Schwager Ernst Moritz Arndt hatte er auch wenig damit zurückgehalten, dass ihm Friedrich Wilhelm III. als eine lächerliche Figur erschien, und er ließ auf Versammlungen den Attentäter Karl Sand hochleben.[12] De Wette wiederum, ein Intimus des Philosophen Fries und eingeschworener Gegner Hegels, hatte Sand im Herbst 1818 in Jena kennengelernt und danach dessen Familie in Wunsiedel besucht, das als Geburtsort von Jean Paul ohnehin eine geistestouristische Attraktion war. Noch im selben Jahr wurde de Wette als Professor entlassen und sogar aus Preußen verbannt, weil er der Mutter von Sand im August 1819 einen langen Trostbrief geschickt hatte. Darin verurteilte er zwar das Attentat an sich, verteidigte aber die Motive Sands und nannte die Tat «ein schönes Zeugnis der Zeit».[13] Es sprach der protestantische Theologe: Außerhalb der weltlichen Gerichte werde jeder einzig auf der Grundlage des Glaubens beurteilt, das Verbrechen werde durch die Lauterkeit der Überzeugung aufgewogen, aus der es geschah, Sand habe beschlossen, für die höchsten Impulse seines Herzens zu sterben. In einem Postskriptum fügte de Wette einen Auszug aus Jean Pauls Essay über Charlotte Corday an, die girondistische Mörderin des Jakobiners Marat, in dem der Dichter ihre Tat mit der Ermordung Caesars durch Brutus verglichen hatte.

Da war er jedoch an den Falschen geraten. Jean Paul bestand darauf, Wunsiedel hin oder her, die Unterschiede beider Taten festzuhalten. In zwei langen, vertrackten, aber ob ihrer moralischen Klarheit atemberaubenden Sätzen wies er den Vergleich zurück: «Ein höchst achtbarer Gelehrter voll Geist und Herz», fügte er in die nächste Auflage seiner Erzählung «Doktor Katzenbergers Badereise» ein, «wandte obige Stellen [aus dem Essay über Corday] sehr irrig auf einen feurigen Jüngling an, der an einem düstern Jugendfeuer eine Tat auskochte, welche, wie er selber nicht an Brutus, so auch nicht an dessen Tat anders erinnern kann als dadurch, daß in beiden Fällen gerade die Freiheit, wofür ein Leben geopfert wurde, sich selber noch stärker nachgeopfert sah. Der Unseligst-Verblendete raubte ein doppeltes Leben – das fremde und seines, denn jeder Mörder ist Selbstmörder –, nicht für *Handlungen*, sondern für *Meinungen* und stellte so sich selber zu etwas Schrecklicherem als zu einem Inquisitionstribunal auf; denn er war zugleich Richter – nur *einer*, nicht ein Gericht –, Ankläger, Zeuge und Scharfrichter und strafte am Leben sein Opfer, im Winkel, ohne Defensor und Verhör, ohne Aufschub und ohne die Fristen, welche dem größten Übeltäter die Menschlichkeit gern bewilligt zur Abrechnung mit den Seinigen und sich, und» – hier meldet sich ein nicht minder protestantischer Protest gegen

Selbstgerechtigkeit – «unter dem Giftgefühl eigener Schuldlosig-
keit und fremder Sündengewalt.»[14]

Tatsächlich war Sand keinem wichtigen politischen Akteur in
den Arm gefallen, sondern einem wenig bedeutsamen, vielmehr
nur auffälligen Teilnehmer an der Meinungszirkulation. Kotzebue
starb nicht für Taten, sondern für seine aufdringlich gepflegte Prominenz, seine frivolen Einstellungen und seine Ansichten, die für
noch gravierender als Taten zu halten seit jeher das Privileg von
Moralisten ist. Die Gleichung, der Sand und seine Verehrer folgten, war einfach: Das Menschsein gründet auf der Fähigkeit zu
moralischem Handeln, Kotzebue hatte ehrlos gehandelt, indem er
die hohen Ziele der Vaterlandsbefreiung verhöhnte, also hatte er
sein Menschsein verwirkt.[15] Der Gießener Ur-Burschenschaftler
Karl Follen – seine Gruppe rühmte sich des Namens «Die Unbedingten» –, der 1819 als juristischer Privatdozent in Jena lehrte, wo
Sand unter seinem Einfluss stand, hatte diesem den Grundsatz
eingeimpft, das sittlich Notwendige unverzüglich auszuführen, sei
es auch Tyrannenmord – selbst wenn der Tyrann hauptberuflich
Autor von Lustspielen ist.[16]

Es ist offensichtlich, dass Hegel nicht als Verführer der Jugend
zu solchen Ansichten in Betracht kam. Sein ganzes Denken war
gegen eine sich zum Maßstab des öffentlichen Verhaltens aufschwingende rigorose Moral gerichtet. Tugend erschien ihm
schon in seiner Jugend mehr als eine Forderung an sich selbst und
an das Ganze, weniger als etwas, das konkret von anderen zu fordern wäre. Als Forderung an das Ganze wiederum erachtete er
die Ermöglichung von tugendhaftem oder frommem Verhalten
als einen Gesichtspunkt für Reformen, nicht für revolutionären
Zwang. Den Tugendterror der Französischen Revolution hatte er
als «Wahnsinn des Eigendünkels», mithin als eine paradoxe Form
des Egoismus analysiert: als Selbstgerechtigkeit. Sein Gedanke
war dieser: Das Individuum, dem es um das Wohl der Menschheit

geht, hat gleichwohl eine ganz bestimmte Auffassung von diesem Wohl, nämlich seine eigene. Es ist ihm klar, was es seinen Taten und Urteilen zugrunde legt, nämlich die Evidenz dessen, wovon es glaubt, sein Herz teile es ihm mit. Dass sich in diesem Herz aber auch ziemlich viel von dem findet, was sich das Individuum angelesen hat, wird geleugnet. Es ist wie die Addition von Jacobi und Kant: eine Gefühlsgewissheit plus ihre Behandlung als Gesetz, das allen andern als Einsicht aufgezwungen werden kann, ergibt praktische Entscheidungen. Der Fanatiker kann sich gar nicht vorstellen, dass andere seine Prämissen nicht teilen.

In einer Rezension der nachgelassenen Schriften seines Lehrstuhlnachbars Karl Wilhelm Ferdinand Solger lässt Hegel 1828 diesen nachträglich seine eigene Ansicht zur Studentenrebellion und zu Sand aussprechen: «Aber nun die stupide Dummheit, durch den Mord des alten Waschlappens das Vaterland retten zu wollen! Der kalte, freche Hochmut, als kleiner Weltrichter die sogenannten Schlechten abzuurteilen! Die leere Heuchelei vor sich selbst mit der Religion oder vielmehr ihren Floskeln, die die größten Greuel heiligen sollen!» Hegel unterstreicht, dass es wichtig sei, die Aufmerksamkeit auf die Professoren zu lenken, die diese «politisch-philosophischen Narren» erzogen hätten, und beklagt, dass Solgers Darstellung 1819 nicht öffentlich geworden sei, auch wenn das dem bald danach Verstorbenen im letzten halben Jahr seines Lebens die «Verunglimpfung wegen serviler Gesinnung» erspart habe.[17]

Wem sie nicht erspart blieb, war Hegel. Er saß, wie wir gleich sehen werden, zwischen allen Stühlen. Die einen vermissten an ihm, seiner Philosophie und an seiner Einstellung zur preußischen Politik den kritischen Impuls. Später wurde Hegel sogar unterstellt, er beabsichtige eine «Erziehung von Querulanten und Weltverbesserern zum geschichtsphilosophisch aufgeklärten Quietismus»,[18] so als versäume, wer eine theoretische Perspektive einnimmt, in der das «hirngespinstische Treiben einiger junger Strudelköpfe»[19] noch keine Revolution ist, ein praktisches Pensum. Es wird die Bereitschaft vermisst, politisches Handeln oder gar eine «umwälzende Praxis» philosophisch anzuleiten. Hegel habe sich von entsprechenden Ambitionen, wie er sie noch um 1800 hatte und wie sie in seinem Aufsatz über Württemberg und in seiner Verfassungsschrift zum Ausdruck kamen, am Ende seiner Jenaer Zeit abgekehrt und sich einem aristotelisch-kontemplativen Theoriebegriff zugewendet. Ob diese Einschätzung zu Hegels politischen Schriften nach 1807 passt, ist fraglich. Zweifelhafter aber noch ist die Unterschätzung der «kritischen» Effekte, die ein Studium von Hegels Logik, seiner Rechtsphilosophie oder seiner Vorlesungen über die Philosophie der Religion haben konnten. Man muss nicht den jungen Hegel dafür loben, Marx vorweggenommen zu haben, wenn man sehen kann, was nicht nur der junge Marx dem alten Hegel verdankt.

Die anderen fühlten im Gegenteil den Geist der Revolution in Hegels Schriften und argwöhnten, seine Schüler seien alles andere als treue Anhänger der Monarchie. Und mehr als das: Schleiermacher und de Wette, die unmittelbar Attackierten, gehörten bei allem Dissens mit ihren theologischen und philosophischen Lehrmeinungen zu seinem engen akademischen Umfeld. Noch im Mai 1819 hatten sich eben diese drei Professoren im Gedenken an die Schlacht bei Lützen, der ersten Schlacht der Befreiungskriege gegen Napoleon, mit Burschenschaftlern im Westen Berlins an der Havel versammelt, um dort auf dem gleichnamigen Pichelsberg dem Wein zuzusprechen; auf etwa neunzig Teilnehmer sollen hundertfünfundsiebzig Flaschen Rheinwein gekommen sein.[20] Unter Hörern der Vorlesungen Hegels befanden sich Studenten, die der Rebellion verdächtig waren. Hegels Schüler Friedrich Förster soll bei jenem Havelbesäufnis «nicht Sands Lebehoch» angestimmt haben, «sondern daß das Böse falle, auch ohne Dolchstoß!».[21] Der spätere Repetent von Hegels Vorlesungen, Leopold von Henning, wurde als Burschenschaftler im Zuge der einsetzenden «Demagogenverfolgung» in Berlin inhaftiert. Karl Rosenkranz berichtet, Kommilitonen hätten ihn, dessen Gefängniszelle in der Stadtvogtei zur Spree hinaus lag, nachts mit einem Boot besucht, und Hegel habe an einer dieser Fahrten teilgenommen, bei der durch die Gitterstäbe hindurch aus Vorsicht Latein gesprochen worden sei.[22]

Ebenfalls verhaftet wurde Hegels Schüler, der Student der Jurisprudenz Gustav Asverus.[23] Sein Vater, Jenenser Universitätssyndikus, hatte in den Verhandlungen um Hegels unehelichen Sohn dem Philosophen als Ratgeber zur Seite gestanden. Gustav Asverus hatte sich in Heidelberg zunächst Fries, dem philosophischen Stichwortgeber der Burschenschaften, angeschlossen und gehörte zu den besonders nationalistischen und antisemitischen Verbindungsmitgliedern. Dann aber suchte er die Bekanntschaft mit Hegel, die ihn nach und nach maßvoller werden ließ, ohne sich jedoch auch nach dem Wechsel an die Berliner Universität besonders für dessen Philosophie zu interessieren. In Haft kam er zunächst wegen eines Duells in Jena. Aus der Haft heraus aber lobt er in Briefen den Attentäter mittels Phrasen, die er für Ideengut Hegels hält: «Der im Fortschreiten ewig begriffene Weltgeist» behaupte in der Tat sein Recht, weil «die Freiheit aller Menschen und die Einheit des Vaterlandes» zu verlangen seien, wenngleich ihm Hegel klargemacht habe, «daß eine Republik und Wahlreiche und Gleichheit der Güter etc. nichts frommen». Im Juli 1819 wurde Asverus erneut verhaftet, nun wegen Demagogieverdacht. Hegel legte für ihn beim Preußischen Polizeiministerium schriftlich ein gutes Wort ein, er sei «keineswegs mit in sich gekehrtem Eigendünkel und Schwärmerei behaftet».[24] Asverus blieb ein Jahr in Haft und konnte sich erst 1826 den Fängen der preußischen Justiz entwinden.

Das Ministerium leitete damals Karl Albert von Kamptz – ein Vokal, fünf Konsonanten, deutscher kann ein Nachname nicht sein –, der auf den Umkreis Hegels gewiss nicht gut zu sprechen war. Nachdem auf der Wartburg auch seine «Sammlung interessanter Polizeigesetze» von 1815, der «Codex der Gensd'armerie», verbrannt worden war, hatte sich Kamptz ausführlich zur Rechtmäßigkeit von Bücherverbrennungen geäußert. Hegels Schüler Förster antwortete darauf mit einer sarkastischen Abhandlung, die nicht nur das mäßige Deutsch und die Unbildung des Polizeichefs – er verwechsle «bezeigen» mit «bezeugen» und wisse nicht, was «Histrionen» seien, gebrauche das Wort aber –, sondern auch seine juristischen Schwächen und absurden Gesetzgebungsvorschläge als «baaren Unsinn» offenlegte. Missbilligung eines Werkes, belehrt Förster den späteren Justizminister Preußens, sei nicht deswegen schon eine «Injurie», weil sich der Autor davon gekränkt fühle; es müssten zum Verbrennen als Ausdruck von Kritik am Werk noch Beschimpfungen seines Autors hinzukommen. Zu solchen Beleidigungen sei es auf der Wartburg nicht gekommen, ja, Kamptz sei nicht einmal Autor, sondern nur der Sammler jener Polizeigesetze. Dass der Polizeichef seinerseits den Scheiterhaufen für die Werke und Körper von Universitätsprofessoren fordere, die jungen Bürgern «das Gift ihrer demagogischen Grundsätze einhauchen», müsse jeden redlichen Preußen mit Schauder erfüllen.[25]

Kamptz sollte es kurz darauf, im Jahr 1822, als Geheimrat Knarrpanti in E. T. A. Hoffmanns letzter Erzählung «Meister Floh» ungewollt zu literarischer Berühmtheit bringen. In einer Episode dieses merkwürdigen Weihnachtsmärchens, das in Frankfurt spielt, wo der Protagonist Peregrinus Tyß ausgerechnet «ein sehr schönes Haus auf dem freundlichen Roßmarkt besaß»,[26] kommt das Gerücht auf, eine vornehme Dame sei entführt worden. Gerüchte waren damals, als es noch keine Staatsanwaltschaften gab, ein zwingender Anlass, richterliche Untersuchungen einzuleiten.[27] Zwar lässt sich nicht ermitteln, wer die Entführte ist, noch fehlt auch nur irgendjemand von den Gästen der Abendgesellschaft, aus der sie angeblich entführt wurde. Die Polizei hält die Sache schon für erledigt, als jener Knarrpanti auftritt. Eigentlich ist er auf der

Suche nach einer andernorts verschwundenen Prinzessin, doch
die in Frankfurt angeblich entführte Dame ist ihm ebenfalls recht.
Er kenne den Täter schon, es sei eben jener Tyß. Die Meinung,
«daß doch eine Tat begangen sein müsse, wenn es einen Täter geben solle»,[28] dreht er um: Wenn ein Verbrecher ermittelt worden
sei, finde sich das Verbrechen von selbst. Dass keine entführte
Dame nachgewiesen werden könne, möge ja beispielsweise damit
zusammenhängen, dass sich die Entführte scheue, sich zu melden.

E. T. A. Hoffmann war als hoher Richter am Kammergericht
Mitglied der Berliner «Untersuchungskommission zur Ermittlung
hochverräterischer Verbindungen und anderer gefährlicher Umtriebe» und dadurch mit den Verfolgungsphantasien und -prakti-
ken des Herrn von Kamptz vertraut. In seinem Märchen stehen sie
den romantischen Visionen des verdächtigten Protagonisten gegenüber, den sein Vater zum Studieren nach Jena geschickt hatte,
von wo er aber, wie es heißt, so träumerisch zurückkam, wie er
hingefahren war. Albträumerisch, um es genauer zu sagen, denn
seine Geschichte ist eine einzige Abfolge von Motiven, wie sie später im Genre des Horrors entfaltet werden: Insekten, die sich selbständig machen und ihre Größe verändern, Frauengestalten, die
ineinander übergehen, Augen, in die Mikroskope eingesetzt werden, Forscher, die längst tot sind, aber wiederkehren. Hegel sprach
von der «höchsten Fratzenhaftigkeit in den Hoffmannschen Produktionen» und meinte es nicht als Lob.[29]

Was Hegel nicht wissen konnte, weil die Erzählung der Zensur
unterlag: Hoffmann machte sich nicht nur über den «Stellensamm-
ler» Kamptz lustig, der Listen angelegt hatte, in denen er verzeich-
nete, welche Inhaftierten in ihren Briefen das Wort «Freiheit»
verwendeten; in «Meister Floh» sind es Listen zum Wortfeld «Ent-
führung». Er zitierte auch aus den Akten des Asverus-Falls, um
die bizarre Logik der Verdächtigung darzustellen. Asverus hatte
in seinem Tagebuch an einer Stelle das Wort «mordfaul» notiert,
um seine Untätigkeit festzuhalten, woraufhin Kamptz die Silbe

«mord» dreifach rot unterstrich. Als diese Anspielung bekannt wurde, setzte der Polizeidirektor alle Hebel in Bewegung und erlangte zwar kein Verfahren gegen den schon todkranken Hoffmann, aber die Streichung des ihn betreffenden Kapitels, das erst 1908 erschien.

Schließlich ein dritter verhafteter Student: Friedrich Wilhelm Carové, der sich in Heidelberg sowohl den Burschenschaften wie der Philosophie des Geistes angeschlossen, eine Rede auf dem Wartburgfest gehalten hatte und 1818 mit nach Berlin gegangen war. Er meldete sich schon einen Monat nach der Ermordung Kotzebues mit einer Schrift, die sich als Beitrag der Hegelschen Schule zum Attentat verstand. Sands Tat, die sich nicht in ihrem Unrecht erschöpfe, so argumentierte Carové, galt dem vollendeten Stellvertreter der «Aufklärung oder Ausklärung», für die die Welt «eine große Mahlzeit» sei, «an welcher jeder Einzelne für seine eigene Sättigung und mögliche Belustigung zu sorgen habe». Dieser Huldigung des Eigennutzes und der vaterlandslosen «Allerweltsthümlichkeit», die sich auch im europäischen Staatensystem finde, sei die deutsche Philosophie durch Kant, Fichte, Schelling und Hegel mit den Begriffen «Freiheit» und «Liebe» entgegengetreten. Das allerdings, die vernünftige Widerlegung des Falschen, sei auch die richtige Antwort, nicht Sands «eitle Selbstermächtigung».[30] Kamptz macht denn auch eine Aktennotiz, gegen den Dr. Carové liege nichts vor, in seiner Druckschrift missbillige er Mord und Täter, und es gehe «auf Rechnung des unseligen Mystizismus der neueren Philosophie und besonders der Hegelschen», wenn man ihn seiner schwerfälligen Darstellung halber für einen Apologeten des Attentats gehalten habe.[31]

Hier findet man nicht die «Mißbilligung der Handlung bei Billigung der Motive», die Heinrich von Treitschke zufolge «das vorherrschende Urteil der gebildeten Klassen» über Sands Tat war.[32] Vielmehr ist das Dilemma einer verständigen Einstellung zu den Demagogenverfolgungen erkennbar. Ihr Anlass entsprang einer

Mischung aus Dummheit und Selbstgerechtigkeit. Die Reaktion darauf war scheinheilig. Als E. T. A. Hoffmann den Protagonisten seiner Erzählung in die Seele des Inquisitors Knarrpanti schauen lässt, sieht dieser dort nur den Zynismus einer um jede Begründung unbekümmerten, karrieristischen Verfolgungsabsicht. Dem gegenüber verhielt sich Hegel ganz sachlich. Er setzte sich für Studenten ein, deren Ansichten er nicht im Mindesten teilte. Sein Einsatz für verhaftete und des Hochverrats bezichtigte Studenten war sogar beträchtlich. Er verwendete sich für sie gegenüber der Exekutive, bot Kautionen an, vermittelte zwischen ihnen und der Polizei.[33] Warum? Gerade weil er nicht glaubte, dass Individuen als Weltverbesserer einen so großen Einfluss auf die Geschichte, sei es die Preußens, Deutschlands oder der Welt, würden nehmen können.

VIERZEHNTES KAPITEL

Vernünftig,
wirklich, wirklich vernünftig?
Hegel in einem Satz

«Als ich einst unmutig war über das Wort: ‹Alles, was
ist, ist vernünftig›, lächelte er sonderbar und bemerkte:
‹Es könnte auch heißen: Alles, was vernünftig ist,
muß sein.› Er sah sich hastig um, beruhigte sich aber
bald, denn nur Heinrich Beer hatte das Wort gehört.»

Heinrich Heine über eine Begegnung mit Hegel

B ehauptet ein Philosoph, alles fließe, wird das nicht als starke
Übertreibung behandelt, sondern es finden nachdenkliche
Deutungsversuche statt. Ephesos liegt am Meer, und irgendwie
fließt ja zumindest sehr vieles. «Auch der Himmel, auch die Berge,
auch der Philosoph selber?», versetzt allerdings ein anderer Theoretiker. Womöglich jedoch war gar nicht das Fließen, sondern
die anfängliche All-Behauptung das philosophisch Interessante.
Schließlich wurde auch gesagt, alles sei voll von Göttern, alles entspringe dem Feuer oder dem Wasser und was dergleichen frühe
Weltbegriffe waren. Naheliegend die Frage: «Weshalb wurde die
Welt denn nicht etwa als Vielheit gedeutet», sondern als Herkunft
aus einem? Allerdings war die Philosophie noch ganz jung und
also entweder frisch und tief oder unausgebildet, als so formuliert wurde. Behauptet ein weiterer Philosoph, als sie schon sehr
viel älter war, die Welt sei alles – schon wieder alles –, was der Fall
sei, sind Mit- und Nachwelt zumindest erleichtert. Zum Glück
nämlich lässt sich so einem bedeutenden, freilich in weiten Teilen
sehr spröden Werk, in dem sich auch so schwierige Sätze finden

wie: «Immer kann man die Logik so auffassen, daß jeder Satz sein eigener Beweis ist», wenigstens ein zwischen Tiefsinn, Banalität und religiöser Metaphorik – der Fall Adams! – changierender, vor allem aber zitierbarer Satz entnehmen.[1]

Solche Sätze der Philosophie gehören zu ihrer Wirkungsgeschichte. Sie erlauben es, das Schwierige leicht zu tragen und machen es damit transportabel: Philosophieren heißt sterben lernen; cogito ergo sum; Sein ist Wahrgenommenwerden; Aufklärung ist der Ausgang aus selbstverschuldeter Unmündigkeit und so weiter. Doch die Operation, aus komplexen Argumentationen formelhafte Mitteilungen herauszulösen, ist nicht einfach nur ein Effekt der Schwierigkeit philosophischen Denkens oder des Aufwands philologischer Forschung, was Heraklit denn gemeint haben könnte. Sie dient vielfältigen Zwecken. Martin Heidegger etwa hat in einer phantasievollen Analyse versucht, über einen einzigen Satz des Anaximander die gesamte Geschichte der Philosophie aus den Angeln zu heben. Jener seit jeher falsch übersetzte Satz – «Woher die Dinge ihre Entstehung haben, dahin müssen sie auch zu Grunde gehen, nach der Notwendigkeit; denn sie müssen einander Buße zahlen für ihre Ruchlosigkeit, gemäß der Ordnung der Zeit» – deute ein Denken vor allen späteren Irrtümern an.[2] Folgerichtig qualifizierte Heidegger den Satz, von dem er nur den zweiten Teil für originär hielt, als «Spruch» und nicht als Fragment, weil «Spruch» einer Fernkommunikation von Seher zu Seher angemessener ist. Es ließe sich also eine Geschichte des Denkens entlang des unterschiedlichen Verknappungsbedarfs der Mit- und Nachdenkenden schreiben.

In einer solchen Geschichte käme Hegel eine prominente Rolle zu, weil sich angesichts seiner schwierigen Texte auf besondere Weise das Bedürfnis meldet, ihn zusammenzufassen. Wie gut, dass er behauptet hat: «Was vernünftig ist, das ist wirklich; und was wirklich ist, das ist vernünftig.»[3] Auch dies ist ein Satz, dessen Schicksal es sein sollte, weitgehend abgetrennt von dem Text auf-

gerufen zu werden, in dem er stand oder genauer: in dem er besonders auffiel – denn tatsächlich stand er davor und danach in einer
ganzen Reihe von Texten Hegels. Nur meistens nicht genau so, wie
in den «Grundlinien der Philosophie des Rechts», Hegels letztem,
1820 erschienenen Buch. In dessen Vorrede ist er wie ein zweizei-
liger Vers eingerückt, so dass ihn nicht nur jeder Leser bemerken
musste, sondern auch glauben durfte, ihn als einen vom Autor
selbst autorisierten Spruch behandeln zu können. Entsprechend
geschah es auch. Der ungereimte Vernunftvers wurde als Motto
des Buches aufgefasst, in dem viele auch schon seine Zusammenfassung erkannten.

Nur eben, dass ihm zumeist sehr wenig Nachsicht oder Nachdenken begegnete. Auf den Satz von der Identität des Vernünftigen mit dem Wirklichen wurde zumeist reagiert wie zuvor vielleicht nur auf Spinozas «Deus sive natura»: mit der fassungslosen
Rückfrage, wie man so etwas Absurdes denn behaupten könne.
Das Wirkliche vernünftig? Das Vernünftige wirklich? «Ist das
nicht Unsinn?»[4] Rette sich wer kann, «sauve qui peut!»,[5] davon hätten wir aber gehört, darauf muss man erst einmal kommen.

In Hegels Werk gibt es viele Sätze, die zu Zitierklassikern geworden sind. Sein Stil war es, die Leser über Seiten hinweg mit
extremen Möglichkeiten der deutschen Sprache bekannt zu machen, nicht zuletzt mit der Möglichkeit, in langen Perioden das
regierende Verb zu verlieren, um dann ganz plötzlich kurz, schneidend und bildhaft zu werden: «Das Wahre ist das Ganze»; «das
Schöne ist» – im Original heißt es «bestimmt sich dadurch als» –
«das sinnliche Scheinen der Idee»; «die Perioden des Glücks» sind
in der Weltgeschichte «leere Blätter»; «die Wahrheit einer Absicht
ist die Tat»; «das Bekannte ist darum, weil es bekannt ist, nicht erkannt»; «das Zeitungslesen des Morgens ist eine Art von realisti-
schem Morgensegen»; «es ist die Ehre großer Charaktere, schuldig
zu sein»; «wer die Welt vernünftig ansieht, den sieht sie auch vernünftig an».

Womit wir wieder bei jenem Satz und dem Text sind, in dem er steht. Hegels erste Publikation in Berlin ist seine Rechtsphilosophie aus dem Jahr 1820. Die «Grundlinien der Philosophie des Rechts», die auch «Naturrecht und Staatswissenschaft im Grundrisse» heißen und deren Adressat die Studenten seiner Vorlesungen sind, waren zugleich sein letztes Buch. Im Wintersemester 1817/18 hat er in Heidelberg und im Winter 1818/19 in Berlin über «Naturrecht und Staatswissenschaft» gelesen, im März 1819 spricht er erstmals von einem Buchmanuskript. Von Jugend an war seine Beschäftigung mit philosophischen Fragen von einem ganz konkreten Interesse an der politisch-rechtlichen Lage des Gemeinwesens begleitet. Die Abhängigkeit des individuellen Lebens und des Bewusstseins von Voraussetzungen, die er als «Geist» ansprach und die für ihn in das Denken, die Begriffsbildung hineinwirkten, stand ihm vor Augen. Was wir denken, wie wir die Welt verstehen, hängt dieser Philosophie zufolge maßgeblich davon ab, wie wir Vokabeln wie «Wille», «Eigentum», «Person», «Schuld» oder «Familie» bestimmen. Die Philosophie des Rechts behandelt, so verstanden, nicht irgendeinen Spezialbezirk der modernen Gesellschaft, sondern ihr Zentrum.

Im Sommer 1819 verbringt Hegel mit seiner Familie die Ferien auf Rügen, zuvor scheint er an seinem Manuskript gearbeitet zu haben, denn für den Oktober kündigt er den Studenten an, sein «Leitfaden» erscheine demnächst. Während er jedoch noch auf Rügen weilt, werden jene Karlsbader Beschlüsse, die einen Monat zuvor festgelegt hatten, wie den republikanischen Rechts- und Freiheitspredigern das Handwerk zu legen sei, zu Gesetzen. Zu Presse- und Universitätsgesetzen, die durch eine Zentralbehörde zur Ermittlung gegen revolutionäre Umtriebe ergänzt wurden. An seinen Freund, den Heidelberger Altertumsforscher Friedrich Creuzer, schreibt Hegel, dass er nun wisse, woran er sei, und das Manuskript «jetzt nächstens» in den Druck geben werde.[6]

Was er aber nicht tut. Weil er vermutlich sein Manuskript noch gar nicht abgeschlossen hat, so wie es auch bei Druckbeginn seiner «Wissenschaft der Logik» und seiner «Enzyklopädie der philosophischen Wissenschaften» der Fall war.[7] Hegel schreibt nicht selten noch, während der Verlag schon Teile druckt. Dass er von dieser Praxis jetzt abweicht, hat seinen konkreten Grund in jenen Zensurbeschlüssen. Denn bis dahin waren die Universitäten und Akademien der Wissenschaften von der Zensur ausgenommen worden, vom 18. Oktober 1819 an galt das nicht mehr. Hegel will also den ganzen Text der Zensur vorlegen, um nicht bei Eingriffen des Zensors, die er für möglich hält, seinen Verleger zu schädigen. Ende Juni 1820 unterzeichnet er seine Vorrede zum Buch. Das abgeschlossene Werk, die «Grundlinien der Philosophie des Rechts», die mit der Jahresangabe «1821» erscheinen, übersendet er dem preußischen Staatskanzler Karl August von Hardenberg in der ausdrücklichen Hoffnung, es befinde sich im Einklang mit demjenigen, was der preußische Staat «teils erhalten, teils noch zu erhalten das Glück habe».[8]

Eine doppeldeutige Formulierung. Meint «erhalten» hier «bekommen» oder «bewahren»? Meint «noch zu erhalten», dass dem Staat noch weiteres Gutes bevorsteht, oder meint es, dass er etwas Gutes noch bewahre? Hegel ist sich jedenfalls bewusst, dass der preußische Staat, dem er in seinem Buch die Theorie zu liefern vorhat, der Staat der Reformen Steins und Hardenbergs, der Staat der Universität des Mittelpunkts, gerade dabei ist, sich zu verwandeln. Die Schrift, die sich der revolutionären Errungenschaft von 1789 – eines auf dem Willen zur Selbstgesetzgebung beruhenden Staates – verdankt, erscheint pünktlich zur einsetzenden Restauration. Sofort melden sich darum auch Stimmen, die Hegel anhand seiner Einleitung, die das Wirkliche für vernünftig erklärt und die Vernunft für wirklich, empört vorhalten, er singe das Lied dieser Restauration oder noch schlimmer: Er segne alles, was sich gewaltsam durchsetzt, als notwendig.

Schon die erste Rezension der «Grundlinien» befindet, der Satz über die wirkliche Vernunft gebe «den eigentlichen Standpunkt an, aus welchem die ganze Schrift angesehen werden soll».[9] Verfasst hatte sie anonym der Theologe Paulus, mit dem Hegel lange befreundet gewesen war, bevor die Freundschaft 1817 an der württembergischen Verfassungsfrage und Paulus' Anhänglichkeit an das alte Recht – «er ist der Gott unserer Landstände», seufzt Hegel[10] – zerbrach. Paulus bestreitet dem Philosophen die Originalität seiner Identifikation von Vernunft und Wirklichkeit. Die finde man nicht nur bei Plotin, sondern auch bei Schelling, der in einer Schrift von 1806 gesagt hatte: «Sein ist Wahrheit, und Wahrheit ist Sein. Was der Philosoph denkt, und wovon er spricht, muß *sein*, weil es *wahr* sein soll. Was nicht *ist*, ist nicht wahr.»[11] Allerdings nimmt Schelling für das, was ist, an dieser Stelle keineswegs die Vernunft in Anspruch, sondern redet über die «seiende Natur». Hegels Bemerkung «Das, *was ist*, zu begreifen, ist die Aufgabe der Philosophie; denn das, *was ist*, ist die Vernunft»[12] könnte man darum, durch Paulus' Unschärfe informiert, geradezu als direkte Replik auf Schelling verstehen.

Ein Jahr später warf sich Johann Friedrich Herbart in einer langen Besprechung ebenfalls auf Hegels Satz.[13] Herbart stört schon das «und», mit dem Hegel im Untertitel seines Werks das Naturrecht mit der Staatswissenschaft verbindet. Folge der Staat (das Wirkliche) doch durchaus nicht immer dem Recht (dem Vernünftigen). Staatskunst sei vielmehr der Versuch vorherzusehen, wie sich «aus dem Zusammenwirken vieler Willen» ein Resultat ergeben kann, «welches vielleicht Niemand will». Auch im Gedanken, dass Individuen nur in Staaten frei sind, wittert Herbart einen «durch Schelling überarbeiteten Spinozismus», dem es an der Konsequenz fehle, wie Spinoza das Recht des Stärkeren, also das absolute Unrecht, zu behaupten. Denn darauf läuft für ihn die Gleichung zwischen «wirklich» und «vernünftig» hinaus. «Ist's wirklich der Staat, der jenen Gedanken von der Zurückbildung der

Individuen in die absolute Substanz ausdrücken soll?», fragt der
Nachfolger Kants auf dem Königsberger Lehrstuhl und an Hegel
adressiert: «Ist ihm etwa noch niemals ein Finger von den Rädern
der Staatsmaschine geklemmt worden? In dem Falle wünscht Rez.
ihm von Herzen Glück, selbst wenn seine Staatslehre unter diesem
Mangel an Erfahrung sollte gelitten haben.» Es könne wohl kaum
Hegels Ernst sein, sich als Philosoph nicht über die Wirklichkeit
erheben zu wollen. Wenn er als Folgerung daraus beispielsweise
sage, jedes Volk habe die Verfassung, die ihm angemessen sei, war
dann von den vielen Verfassungen, die Frankreich seit 1789 gehabt
habe, «in jedem Augenblicke die eben vorhandene die rechte?»[14]
Soll heißen: Aus der Ablehnung normativen Besserwissens folge
nicht die Huldigung des Vorfindlichen.

So geht es weiter. Kaum eine zeitgenössische Stellungnahme
zu Hegels Buch, die sich nicht jenem Satz zuwendet. Die kritischen Argumente sind dabei stets dieselben. Die Philosophie
«akkommodiere» sich auf diese Weise an das, was gerade an der
politischen Tagesordnung sei.[15] Und zwar nicht zufällig, nicht das
Individuum Hegel, sondern notwendig eine Rechtsphilosophie,
die der Wirklichkeit von vornherein Vernunft attestiert. Als ein
Schüler Hegels, der schleswig-holsteinische Jurist Nicolaus von
Thaden, ihm 1821 besorgt schrieb, er sei «verschrieen, abwechselnd als royalistischer Philosoph und als philosophischer Roya-
list»,[16] hat Hegel damit wohl leben können. Für Napoleons Herrschaft hatte er schließlich in seinen Bamberger Jahren den Begriff
«freie Monarchie» gefunden und diese Staatsform den Deutschen
empfohlen.

Von anderem Gewicht war jedoch die Bemerkung Thadens,
dass aus der Forderung an die Philosophie, sich der Wirklichkeit zuzuwenden, um sie zu begreifen, nicht folge, das Begreifen
schlechter Wirklichkeiten mache aus ihnen qua Begriff vernünftige. Die Einsicht in die Politik des türkischen Staats mache diese
nicht gut. Ein verwandtes Argument, das immer wieder aufkam,

war: Da es viele Staaten, also viele Wirklichkeiten gebe, müsse es wohl auch viele Vernünfte geben, die einander dann aber widersprächen. Sowohl Paulus als auch Karl Salomo Zachariae bringen diesen Einwand vor. Er läuft auf die Frage hinaus, wie konkret emphatische Aussagen, etwa über den Staat, sein können, ohne dadurch beeinträchtigt zu werden, dass es verschieden erfreuliche Beispiele dafür gibt. Die Antwort könnte in einer Reduktion der Emphase liegen oder in ihrer Verzeitlichung durch die Erwartung, das Unerfreuliche werde sich nicht durchsetzen.

Schon vor Hegels Tod füllten sich diese Formulare prinzipieller Einwände mit konkreten Vorwürfen. Von seinem Satz ausgehend, hat man Hegel zu einem Philosophen des preußischen Staates verklärt, der dessen Wirklichkeit im Jahr 1820 zu einer vernünftigen habe erklären wollen. Also jenes Staates, der seine Reformbestrebungen allmählich abbrach und auf die Ermordung des Schriftstellers August von Kotzebue mit Repressionen reagierte. Im Streit um den Hinauswurf des Theologen de Wette, der zu diesen Maßnahmen gehörte, hatte Hegel das Recht des Königs bekräftigt, Professoren unter Fortzahlung ihrer Bezüge zu entlassen, was Schleiermacher «erbärmlich» fand, obgleich er dieses «unartige Wort» nach Hegels «in gleicher Grobheit» erfolgender Antwort bald bereute.[17] In einem Brief an Friedrich Creuzer schrieb Hegel: «Ich bin gleich 50 Jahre alt, habe 30 davon in diesen ewig unruhevollen Zeiten des Fürchtens und Hoffens zugebracht und hoffte, es sei einmal mit dem Fürchten und Hoffen aus. [Nun] muß ich sehen, daß es immer fortwährt, ja, meint man in trüben Stunden, immer ärger wird.»[18] Er sei, schrieb er an Niethammer, «einesteils ein ängstlicher Mensch, anderteils liebe ich die Ruhe, und es macht eben nicht gerade ein Behagen, alle Jahre ein Gewitter aufsteigen zu sehen, wenn ich gleich überzeugt sein kann, daß mich höchstens ein paar Tropfen eines Streifregens treffen.»[19]

Nimmt man die sehr konkrete Übersetzung von «wirklich und

vernünftig» mit «Preußen» ernst, obwohl die Einträge für «Preußen» im Register der Werke Hegels überschaubar sind und seine
Rechtsphilosophie gewiss nicht exklusiv vom preußischen Recht
handelt, so hatte dieser Staat nach der ruinösen militärischen Niederlage von 1806/07 begonnen, sich zu modernisieren. Nach dem
Wort des Ministers Carl August von Struensee an einen französischen Gesandten: «Die heilsame Revolution, die ihr von unten
nach oben gemacht habt, wird sich in Preußen langsam von oben
nach unten vollziehen. Der König ist Demokrat auf seine Weise: er
arbeitet unablässig an der Beschränkung der Adelsprivilegien [...].
In wenigen Jahren wird es in Preußen keine privilegierte Klasse
mehr geben.»²⁰ Das Personal dieser Veränderungen war, da es an
einem großen wirtschaftskräftigen Bürgertum mangelte, jene an
den Universitäten ausgebildete Beamtenschaft, die Hegel als seine
Vernunftadressaten vor Augen hatte. Mit Verweis auf die Niederlage konnte sie ihre Ideale als einziges Mittel anbieten, Preußen wieder stark zu machen. An den Rand seiner zuerst 1817 in
Heidelberg gehaltenen Vorlesung zur Geschichte der Philosophie
schreibt Hegel in Berlin: «Wir sind jetzt überhaupt so weit, daß nur
Ideen gelten, daß alles durch Vernunft gerechtfertigt wird. Preußen ist auf Intelligenz gebaut.»²¹

So ist es kein Zufall, dass Hegels Satz damit beginnt, dem Vernünftigen Wirklichkeit zuzuschreiben, und erst im zweiten, weit
häufiger zitierten, weil für das eigentliche Skandalon gehaltenen
Teil wird der Wirklichkeit Vernunft zugemessen. Es hat einhundert Jahre gebraucht, bis das jemandem auffiel, ohne dass es allerdings viel geändert hätte.²² Franz Rosenzweig nämlich, der an
der Formel einen «Grundsatz der Tat» und «geschichtsdeutenden
Vordersatz» von einem «erkenntnisgründenden Nachsatz» unter-
schied.²³ In diesem Sinne eines Wirksamkeitsgebots der Vernunft
hatte Karl August von Hardenberg in seiner Rigaer Denkschrift
von 1807 dem preußischen König fast im Ton Hegels vorgetragen,
die Aufgabe des Staates sei es jetzt, sich «in jenen Weltplan durch

die Weisheit seiner Regierung ruhig hinein zu arbeiten». Es sei ein Wahn gewesen, der Französischen Revolution durch Festhalten am Alten entgegenzutreten, denn die Grundsätze der Revolution seien so groß, so verbreitet und allgemein anerkannt, dass der Widerstand gegen sie den Untergang des Staates oder ihre von außen erzwungene Annahme bedeute. Hardenberg empfahl «eine Revolution im guten Sinne», worunter er demokratische Grundsätze bei monarchischer Regierung verstand: «Die reine Demokratie müssen wir noch dem Jahre 2440 überlassen, wenn sie anders je für den Menschen gemacht ist.»[24]

Dies ist die eine vernünftige Wirklichkeit, die Hegel in seiner Gegenwart sah: den Vollzug des welthistorisch aufkommenden Rechtsstaats durch eine gebildete Verwaltungselite. Der Handel wurde liberalisiert, Gewerbefreiheit gewährt, die Reorganisation des Heeres betrieben, Bildungsreformen durchgeführt, die bürgerliche Gleichstellung der Juden erreicht, die Freiheit der Berufswahl für Bauernkinder eingeführt.[25] Sozialhistorisch gedeutet, ist der Satz über die Wirklichkeit der Vernunft einer über ihre erwartete Verwirklichung durch philosophisch gebildete Fachkräfte. Denkt man so über ihn nach, kommt die in den Worten von Karl Marx gefasste Frage auf, ob es ausreicht, dass der Gedanke zur Wirklichkeit drängt, oder nicht vielmehr auch die Wirklichkeit zum Gedanken drängen muss. Eine vermutlich schwer entscheidbare Frage, wenn Gedanken selbst Wirklichkeiten sind, wovon zumindest Hegel überzeugt war.[26]

Nach der Niederlage Napoleons nahm der Reformdruck ab, der politisch-militärische Ausnahmezustand war zu Ende. Die Verfassungsversprechen blieben eben dies: Versprechen. An eine Repräsentation des Volkes wurde nicht mehr gedacht, Ständevertretungen sollten genügen, so dachte Metternich, und darin folgte ihm Preußen. Wilhelm von Humboldt, Minister für Ständische Angelegenheiten, kritisierte 1819 die preußische Übernahme der Karlsbader Beschlüsse und wurde nach nur einem halben Jahr

im Amt entlassen. Andere Minister ähnlicher Gesinnung demis-
sionierten ebenfalls. Es begann, was Theodor Fontane viel später die «Stillstands- und Polizeiperiode der 20er und 30er Jahre»
nannte, nicht ohne hinzuzufügen, dass jene Periode die «Enge
und Unfreiheit» seiner eigenen Gegenwart nicht gekannt habe.[27]
Es kam zur Demagogenverfolgung, auch wenn viele preußische
Beamte sich dieses Unterfangens nur zögerlich und halbherzig annahmen.

Entlang dieser Entwicklung ist Hegel als liberaler Philosoph
dargestellt worden, der aber, kaum war er in Berlin, im Schatten
der historischen Ereignisse kalte Füße bekam und sich beeilte, der
Wirklichkeit Vernunft zu attestieren. Dass unter den «Demagogen», auf die nach 1819 polizeilich Jagd gemacht wurde, auch manche seiner Schüler waren, soll ihn vom Mai 1819 an zusätzlich in
diese Richtung bewegt haben. Briefzeugnisse, die sein Bedürfnis
nach Ruhe belegen, sollen diese Beschreibung stützen.

Tatsächlich war Hegels Sicht auf die damaligen Studentenunruhen gemischt. Alles in allem fand er viel «Gewäsch» in den Redensarten der turnenden Befreier der Nation. Er hielt aber denen,
die sich von einem Umsturz etwas versprachen, gerade nicht die
Vernünftigkeit der preußischen Zustände entgegen. Er sprach
auch nicht über den Fremdenhass, die Männerbündelei und den
Antisemitismus der angeblich liberalen Nationaldemokraten.
In den «Grundlinien» spricht er vielmehr an einer Stelle von der
«Freiheit der Leere» und dem «Fanatismus der Zertrümmerung
aller bestehenden gesellschaftlichen Ordnung», zu dem die Trennung von Denken und Wollen führe. Wer einfach nur will, ohne
nachzudenken, hieß das, tendiert dazu, jede Wirklichkeit an seinen abstrakten Vorstellungen zu messen. Er wird so nicht gewahr,
dass durch die Beseitigung einer Ordnung stets eine neue entsteht, die sich in puncto Ungleichheit und Herrschaft von der vorigen eventuell nicht wesentlich unterscheidet. Jede Institution sei
«dem abstrakten Selbstbewußtsein der Gleichheit zuwider». Die

«Hinwegräumung der einer Ordnung verdächtigen Individuen» aber – man beachte Hegels Genitiv: verdächtigt die Ordnung Individuen, die sie hinwegräumen möchte (Karlsbader Beschlüsse), oder sind die Individuen als Vertreter einer Ordnung verdächtig und deshalb hinwegzuräumen (Kotzebue durch Sand)? – führe zur «Furie des Zerstörens». Denn der bloße Wille habe nur in der Zerstörung «das Gefühl seines Daseins». Hegel hatte über Terrorismus aufgrund der Französischen Revolution nachgedacht.[28]

Dass Hegel sich an den völkischen Einstellungen der Burschenschaftler und ihres Ideengebers, des Philosophen Jakob Friedrich Fries, störte, sollte festgehalten werden. Warum? Weil es zu den Grotesken der Ideengeschichte gehört, dass Hegel seines Satzes über die Vernunft des Wirklichen halber zu den Vorbereitern desselben Nationalsozialismus gezählt wurde,[29] dessen Geist sein erbitterter philosophischer Gegner, Jakob Fries, mit der Forderung einer Kennzeichnungspflicht für Juden in Deutschland in einem ekelhaften Traktat vorgearbeitet hat.[30]

Schließlich hieß es, der Satz spreche das «classische Wort des Restaurationsgeistes» und die «absolute Formel des politischen Konservatismus, Quietismus und Optimismus» aus.[31] Das war nicht nur in dieser Zusammenstellung originell, sondern auch deshalb, weil einer der wenigen Wissenschaftler, die Hegel in seinem Buch auf offener Szene verprügelt, der Erfinder des Begriffs «Restauration» war, Carl Ludwig von Haller. Der zum Katholizismus konvertierte Schweizer Staatsrechtler hatte in seiner von 1816 an in sechs Bänden erschienenen «Restauration der Staats-Wissenschaft» die «Theorie des natürlich-geselligen Zustands» der «Chimäre des künstlich-bürgerlichen entgegengesetzt».[32] Dies war programmatisch gemeint: «Die Hyder der Revolution ist in ihren Werkzeugen und größtentheils in ihren Resultaten vernichtet: lasst uns auch ihre Wurzel vernichten», schreibt er, um diese Wurzel in einem falschen Staatsverständnis zu erkennen. Denn

die Revolution gründe Politik auf Theorien, die den Staat als eine
Maschine begriffen, die sich mechanisch ändern lasse. Die Französische Revolution habe Freiheit und Eigentum vernichtet. Jetzt
gelte es, eine «Makrobiotik oder Lebensverlängerungskunst der
Staaten» zu entwickeln, wozu Haller eine Wiederherstellung feu-
daler Rechtsordnungen vorschlägt.[33]

Über Hallers dazu passende Ansicht, die Judikative sei eine
reine Gefälligkeit der Fürsten, heißt es bei Hegel, sie gehöre «zu
der Gedankenlosigkeit, die davon nichts ahnt, daß beim Gesetz
und Staate davon die Rede sei, daß ihre Institutionen überhaupt
als vernünftig an und für sich notwendig sind».[34] Nicht die Historie der Entstehung von Gerichtsbarkeit ist danach für ihren Sinn
im modernen Staat maßgeblich, sondern ihre Funktion. Die vernünftige Wirklichkeit wird von Hegel also, weit entfernt, einem
«Restaurationsidealismus» (Haym) zu dienen, gerade dem Propa-
gandisten der Restauration entgegengehalten. Vor allem aber: Hegel hatte die Philosophie, die in jenem Satz epigrammatisch ausgedrückt ist, längst vor seiner Übersiedlung nach Berlin und seiner
Auseinandersetzung mit dem Preußentum jener Jahre entwickelt.
Das gilt sowohl für Einzelheiten seiner Staatswissenschaft als
auch für ihre Grundsätze: «Was allgemein gültig ist, ist auch allgemein geltend; was sein *soll*, *ist* in der Tat auch, und was nur sein
soll, ohne zu *sein*, hat keine Wahrheit», heißt es schon 1807 in der
«Phänomenologie des Geistes».[35]

So bleiben die prinzipiellen Einwände gegen den Satz. Hegel
selbst scheint sich nicht ganz sicher gewesen zu sein, welches die
beste Form ist, seinen Gedanken auszudrücken. In den rechtsphilosophischen Vorlesungen von 1817/18 hieß es: «Was vernünftig
ist, muß geschehen.» Ein Semester später, 1818/19, liest man: «Nur
das Vernünftige [könne] geschehen.» 1819/20 wiederum lautet der
Satz: «Was vernünftig ist, wird wirklich, und das Wirkliche wird
vernünftig.» Und 1820/21 dann: «Es ist übrigens mehr Vernunft in
der Welt als der Eigendünkel annimmt.» 1821/22 schließlich wird

erläutert: «Das Vernünftige ist wirklich, und das Wirkliche ist vernünftig [...]. Man muß das Unausgebildete und das Überreife nur nicht wirklich nennen.» Und 1822/23 wird mitgeschrieben: «Die Wirklichkeit ist kein Unvernünftiges.»

Muss, könne, wird, mehr, nicht unvernünftig. Dass die Vernunft wirklich werden *muss*, ist ein Appell an die Zuhörer und ihre künftige Wirksamkeit. Im Hinblick auf die am Aufbau eines modernen Staates Beteiligten in seinem Publikum könnte man Hegel die Umkehrung seines eigenen Satzes zutrauen: Es ist übrigens mehr Wirklichkeit in der Vernunft, als angenommen wird. Ideen sind wirksam. Dass das Vernünftige wirklich *wird*, ist eine geschichtsphilosophische Auflösung des Satzes. Dass in der Wirklichkeit *mehr* Vernunft steckt, als vielen vorkommt, fordert vom Denken, allenfalls das abzulehnen, was zuvor verstanden wurde, enthält aber auch das Eingeständnis, dass die Wirklichkeit nicht durch und durch vernünftig ist. Schließlich wählt Hegel die Möglichkeit, den Begriff des Wirklichen so zu verwenden, dass der türkische Staat von Thadens und die vielen Verfassungen Frankreichs nach 1789 bei Herbart diesen Status verlieren. Sofern sie unvernünftig sind, sind sie *unwirklich*.

Im § 6 seiner «Enzyklopädie der philosophischen Wissenschaften» wird der Satz 1827 ebenfalls eingerückt, kursiviert und kommentiert. Er habe «manchen auffallend geschienen und Anfeindung erfahren». Doch es bedürfe der Bildung, um zu verstehen, dass das Dasein teils Erscheinung, teils Wirklichkeit sei. Hegel hält also die bleibende Wirklichkeit gegenüber der vorübergehenden Erscheinung fest und bittet die Kritiker um etwas Respekt: «Wer wäre nicht so klug, um in seiner Umgebung vieles zu sehen, was in der Tat nicht so ist, wie es sein soll?» Doch auf dem Gebiet der Philosophie wird man mit solchen trivialen Beobachtungen nicht viel ausrichten, ohne mindestens das Zufällige vom Wirklichen, Notwendigen und Möglichen zu unterscheiden. Schon das Zufällige könne als Mögliches sein oder nicht sein, weshalb es nicht den «emphatischen Namen des Wirklichen» verdiene. Darüber kann man diskutieren, aber die Diskussion lohnt umso mehr, wenn man sich mit dem Sinn dieser Begriffe und der langen, seit Aristoteles anhängigen Diskussion über sie vertraut gemacht hat. Hegel beschwert sich ganz offen darüber, dass seine Kritiker nicht die «Wissenschaft der Logik» gelesen haben, in der er «auch die Wirklichkeit abgehandelt und sie nicht nur sogleich von dem Zufälligen, was doch auch Existenz hat, sondern näher von Dasein, Existenz und anderen Bestimmungen genau unterschieden habe».[36]

So geht es mit den Sätzen, die zu Sprüchen gemacht werden. Sie haben Bedeutungen, die es erzwingen, noch mehr als sie selbst zu lesen und bis dahin ein Urteil zurückzuhalten. In Hegels Satz gibt es zwei Begriffe von Wirklichkeit. Wirklich ist, was vorgefunden wird, und Hegel ermahnt die Philosophen, nicht in wünschbare Welten nur deshalb auszuweichen, weil man das für «Praxis» hält, sondern die tatsächliche, die für ihn allerdings im Singular existiert, ernst zu nehmen. Wirklich ist aber auch das, was gedanklich einleuchtet und dem Stabilität zugetraut wird. Bemerkenswert ist dabei der Zeitraum, der für eine Wirklichkeitszuschreibung an das Vorfindliche in Anspruch genommen wird. Hegels Satz steht dort, wo er steht, in der Mitte einer Auseinandersetzung mit Platons «Staat», oder besser in den Worten Rosenzweigs: Er springt aus ihr wie aus der Pistole geschossen hervor.[37] Schon Platon, so Hegel, sei jenem Prinzip der Einheit von Vernunft und Wirklichkeit gefolgt, aber ohne «die damals bevorstehende Umwälzung der Welt» durch das Christentum zu ahnen, die dieses Prinzip erst wirklich gemacht habe. Deswegen habe Platon sich von «äußeren» Formen die Vernunft seines Idealstaats und eine Abhilfe gegen das Individuum, «die unendliche Persönlichkeit», die sich seiner idealen Ordnung nicht fügen möchte, versprochen. Mit anderen Worten: Platon meinte, aus Gedanken heraus dekretieren zu müssen und zu können, was vernünftig sei, und landete bei überkonkreten, durch keinerlei Vernunft gedeckten Anweisungen, etwa auf welche Weise Ammen Kinder zu wiegen hätten.[38]

Die Hilfe gegen den sophistischen Zweifel an der Wahrheit als einer wirklichen Macht musste demgegenüber, wie Hegel schreibt, «aus der Höhe kommen». Aus welcher Höhe? In seinen «Vorlesungen zur Geschichte der Philosophie» kommt Hegel auf den Mangel zu sprechen, den Platons Ideal einer Staatsverfassung hatte. Er nennt es eine Chimäre, wir würden vielleicht von Utopie sprechen. «Soll eine Idee zur Existenz zu gut sein, so ist dies Fehler des Ideals selbst.» Die Grenze des platonischen Ideals nun war für Hegel, dass in diese Konstruktion eines Gemeinwesens das Prinzip der subjektiven Freiheit, der Rechte und Interessen des Einzelnen sowie des Gewissens nicht aufgenommen ist, vernünftige Ordnung also nicht als ein Ergebnis von Spontaneität oder Negativität, Eigensinn und Dissens in den Blick kam. «Denn wenn die Vernunft die allgemeine Macht ist, diese aber wesentlich geistig ist, so gehört zum Geistigen die subjektive Freiheit.» Die Menschen waren nicht zu wenig tugendhaft für Platons Staat, sondern seine Konstruktion war zu schlecht für sie: «Die Wirklichkeit ist zu gut; was wirklich ist, ist vernünftig.»[39]

Das wirklich gewordene Vernünftige ist für Hegel demnach die Umwälzung der Welt durch den dem Christentum innewohnenden Gedanken, dass das Wort Fleisch geworden ist, Gott als Individuum oder sagen wir: als Person am Kreuz hing und die Seligkeit weder vom Vollzug der Rituale abhängt noch das Streben danach delegiert werden kann. Die immer weitere Einarbeitung der Freiheit in die soziale Ordnung, in der sie von Beginn an wirksam war, ihre zunehmende Entfaltung also, das war es, was Hegel unter wirklicher Vernunft verstand. Polittheologisch bedeutete das eine Religion, die Säkularisierung bejaht und die Freiheit aller impliziert.

Hierin lag die eigentliche Zumutung des Satzes und seiner Herleitung: dass Hegel unter der Gegenwart wirklicher Vernunft, die zu begreifen sei, eine Gegenwart verstand, die schon seit Christus am Kreuz andauerte. Anders als in seiner «Phänomenologie des Geistes» ist das Christentum hier nicht mehr eine Durchgangsstation des Geistes, sondern seine letzte. Das Ende der Geschichte, die wahre Revolution und die Verwirklichung der Vernunft haben für ihn zwischen 30 und 50 n. Chr. mit dem Gedanken begonnen, dass eine Religion auftritt, die in ihren Grundgedanken das Diesseits nicht entwertet.

Man kann das für eine völlig abwegige Geschichtsphilosophie oder eine merkwürdige Auffassung des Christentums halten. Heute liegt es vielen wohl nahe, in Hegels These von der Endgültigkeit des Christentums einen maßlosen europäischen Anspruch zu erkennen oder eine sehr private Meinung, die mehr über ihren Autor sagt als über die Welt. Das Christentum für eine Geschichte der Vernunft maßgeblich zu finden, leuchtet, vorsichtig ausgedrückt, nicht mehr jedem ein. Hegel hingegen meinte, in seiner Philosophie Argumente dafür beibringen zu können, dass die Weltgeschichte bis zu seiner Gegenwart nicht anders als das Ergebnis maulwurfhafter Wühlarbeit mittels urchristlicher Gedanken beschrieben werden könne. Er behauptete, dass eine adäquate Weltbeschreibung auch dann durch eine spezifische Form von Religiosität bedingt ist, wenn die Beschreiber subjektiv von Religion gar nichts wissen wollen, sondern glauben, den Begriff der Vernunft unabhängig von solchen Festlegungen verwenden zu können.

Von der Behauptung, die Vernunft sei wirklich und das Wirkliche vernünftig, ist es weit zu solchen weniger leicht transportablen Überlegungen. Im Gefühl einer Gegenwart, die beinahe zweitausend Jahre alt ist, lebten schon zu Hegels Zeit nur noch die wenigsten. 1913 allerdings notierte der französische Schriftsteller Charles Péguy, dem man sonst wenig Verbindungen zur

Welt Hegels nachsagen kann: «Le monde a moins changé depuis Jésus Christ qu'il n'a changé depuis trente ans.» – Die Welt hat sich seit Jesus Christus weniger verändert als in den letzten dreißig Jahren.[40]

Christiane, Ludwig und die herrlichste Gestalt aller Zeiten – Hegel über die Familie

«Ich weiß, wem ich gefallen muss am meisten.»

Sophokles, Antigone, Vers 91

Manche leugnen eine eigenständige Existenz sozialer Sachverhalte. Für sie gibt es nur Individuen. Wer etwas anderes als diese und etwas anderes als Gebilde anspricht, die auf der Verabredung von Individuen beruhen – etwa auf Verträgen oder Organisationen – sowie auf den unbeabsichtigten Nebenfolgen solcher Verabredungen – etwa Märkten und Gewohnheiten –, der beschwört dieser Ansicht zufolge Geister. Sie können sich nicht vorstellen, dass es Sachverhalte wie die Gesellschaft gibt. Genauer: Sie halten solche Sachverhalte für Phantasmen, die dazu dienen, Individuen zu betrügen oder aus der Verantwortung für ihre Handlungen zu entlassen. Was immer es gibt, muss für sie auf die Atome des Sozialen, handelnde Personen, zurückführbar sein.

Der klarste Ausdruck dieser Haltung stammt von Margaret Thatcher, die Großbritannien von 1979 bis 1990 regierte. «There's no such thing as society», hat diese unbewusste Antihegelianerin reinsten Wassers einst gesagt, «there are», und man darf ergänzen: only «individual men and women and there are families.»[1] Sich auf die Gesellschaft zu berufen heißt bei dieser Sicht der Dinge also nur, seine eigenen individuellen Interessen, aber auch individuelles Versagen durch Anrufung höherer, inexistenter Mächte zu verschleiern.

Man kann sich für einen Moment versuchsweise vorstellen, was

Hegel auf diesen Angriff erwidert hätte, der Tausende von Beiträgen zum «methodologischen Individualismus» zusammenfasst, für den alles, was zwischen Menschen wirklich ist, auf individuelles Meinen, Wollen, Denken und Handeln zurückgeht. Womöglich hätte er einfach nur gefragt, was Lady Thatcher und die Ihrigen sich denn unter «men» und «women» und «families» vorstellen. Was soll es heißen, dass Individuen nicht als solche, sondern unter den Titeln «Mann» und «Frau» angesprochen werden? Und was sind denn Familien? Sind es auch nur Verabredungen unter Vertragspartnern, Interessengemeinschaften, unbeabsichtigte Nebenfolgen eines individuellen Bedürfnisses?

Über die Familie heißt es in Hegels Rechtsphilosophie, sie sei der «natürliche sittliche Geist».[2] Das mag einem, bei genauem Hinhören auf die Begriffe, heute seltsam vorkommen. Denn wir neigen inzwischen nicht nur dazu, zwischen der Natur und der Sitte als den stabilen Gebräuchen und kulturellen Gepflogenheiten einen Gegensatz zu erkennen. Natürliche Sitte, was soll das sein? Wir sehen auch gesellschaftliche Konventionen und den Geist der Freiheit in einem widerspruchsvollen Verhältnis. Ist die Konvention nicht etwas, das die Freiheit einschränkt? So hatte Rousseau schon argumentiert.

Sittlich und Geist ist die Familie für Hegel, der beide Begriffe synonym verwendet – «der Geist ist die sittliche Wirklichkeit»[3] –, weil Individuen in ihr nicht Personen sind, die für sich stehen und einer eigenen Moral folgen, sondern als Mitglieder einer vernünftigen Institution in Übereinstimmung mit ihr handeln. So, wie wir im Erkennen stets Vokabulare und Grammatiken benutzen, die über unseren Wahrnehmungsapparat hinausreichen, so gehen auch in unser Handeln stets überindividuelle Handlungsnormen ein. Sie werden, Hegel zufolge, dem entnommen, was ist, nicht dem, was aufgrund individueller Beschlusslage sein soll. Es handelt sich um sozial verkörperte Normen, nicht Gesinnungen.

Vernünftig erscheint ihm die Familie als eine solche normative

Erwartung, insofern sie auf freiem Entschluss der Ehegatten beruht, also nicht rechtlich angeordnet werden kann. Die Sittlichkeit ist «das lebendige Gute»,[4] das weder bloße Absicht und einzelne Selbstgesetzgebung ist noch kollektive Verordnung. Das Paar setzt sich durch den Entschluss zur Ehe ins Verhältnis zu dem, was die Unfreiheit des Menschen ausmachen könnte: seine Abhängigkeit von natürlichen Bedürfnissen. Freiheit wird von Hegel niemals als ein spontanes Draufloshandelnkönnen verstanden, also nicht jenem eigentümlichen Gedanken Kants entsprechend, sie bestünde in der Fähigkeit, keiner Ursache zu unterliegen, sondern selbst eine zu sein. Hegel erkennt in ihr vielmehr die Fähigkeit, gerade durch Verbindung mit etwas oder jemand anderem zu sich selbst zu finden und im Anderen bei sich zu sein. Nicht das Losreißen von der Natur und die Entgegensetzung zu ihr, sondern die Auflösung ihres Zwanges durch die aneignende Umformung ihrer Impulse ist für Hegel – wie übrigens später auch für seinen intellektuellen Enkel Marx – das Freie am Geist in allen seinen Formen, ob es nun ästhetische, sittliche oder wissenschaftliche sind.

«Natürlich» ist die Familie für Hegel darum nicht etwa, weil es in ihr zur sexuellen Reproduktion kommt, was sich ja auch anders vorstellen ließe, oder weil niemand außerhalb einer Familie gut aufwachsen kann, wofür es ebenfalls Gegenbeispiele gibt. Natürlich ist die Familie für ihn vielmehr, weil ihre Einheit empfunden wird und insofern bewusst ist, aber nicht gewusst, weil sie auf einem Gefühl und nicht auf Gedanken beruht, dem Gefühl der Liebe: «Der Geist ist als Familie empfindender Geist.»[5] Insofern ist die Ehe, aus der sie hervorgeht, für ihn auch keine «Verbindung zweier Personen verschiedenen Geschlechts zum lebenswierigen wechselseitigen Besitz ihrer Geschlechtseigenschaften», wie Kant es formuliert hat.[6]

Liebe bedeutet hier etwas Doppeltes: das Gefühl zweier, sich als Person jeweils unvollständig zu fühlen, als «Hälfte», wie es in Platons «Symposion» heißt,[7] und ihre Sicherheit, sich wechselseitig im Gegenüber ganz zu finden. Zugleich ganz und unvollständig, «je mehr ich gebe, desto mehr habe ich»,[8] hieß es schon in den Frankfurter Fragmenten über die Liebe: Hegel nennt sie darum noch mehr als zwanzig Jahre danach den «ungeheuersten Widerspruch» und seine Auflösung zugleich.[9] Liebe ist der größte Protest gegen jenen methodologischen Individualismus, der sie sich als «Partnerwahl» vorstellen muss, ohne klären zu können, was es am Begriff der Wahl ändert, wenn zwei einander wählen, anstatt dass jemand aus einer Reihe von Möglichkeiten auf eine zugreift.

Die Ehe, die für Hegel der Familiengründung vorhergeht, macht aus zwei Personen eine und lässt aus der Liebe die zufälligen, launenhaften Züge der Verliebtheit verschwinden, wobei die Zufälligkeit erhalten bleibt, dass es gerade dieser Mann, gerade diese Frau sein sollte. Hegel erörtert als Möglichkeiten dazu die von den Eltern angebahnte Ehe, der die Neigung erst folgt – bei Hegel allerdings noch vor der Heirat, während der Verlobungszeit –, sowie das entgegengesetzte Eingehen einer Ehe, der die unvermittelte Neigung voranging. Sie sieht Hegel vor allem durch die moderne Literatur, Theaterstücke und Romane propagiert, und er räuspert sich, weil er die Anbahnung durch die Eltern im Grunde besser findet.

Worauf es ihm aber ankommt, ist zum einen das Vorliegen von Liebe und Zutrauen, das durch Leidenschaft eingeleitet oder sogar stets begleitet sein mag, aber das mehr ist als Leidenschaft, nämlich eine geistige Gemeinsamkeit. Es sei «die körperliche Vereinigung […] Folge des sittlich geknüpften Bandes»,[10] was in gewissem Gegensatz zu der Tatsache steht, dass Hegel nach Maßstäben seiner Zeit und der eigenen Philosophie einen ohne jenes sittlich geknüpfte Band gezeugten unehelichen Sohn mit seiner Vermieterin in Jena hatte. Wir kommen darauf zurück. Zum andern betont er, durch Ehen würden Familien gegründet, nicht bloß fortgesetzt.[11] Er spricht also von der bürgerlichen Familie, nicht der adligen, in der Immobilien, Wälder und Verwandtschaftsbestände zwecks Fortbestehens dieser Vermögen einander heiraten. Auch insofern ist die Ehe eine Form von Freiheit, denn man kann zu ihr nicht zwingen, und sie übernimmt auch keinen Dienst an einer Vergangenheit.[12]

Das entspricht in groben Zügen den Befunden, die mehr als einhundert Jahre später durch die Familiensoziologie erhoben worden sind. Die moderne Kernfamilie ist verwandtschaftlich verknüpft, aber es gibt keinen Zwang für sie, solche Verbindungen auch zu aktivieren. Hierarchische Beziehungen zwischen Familien sind untypisch. Jenseits des Inzestverbotes gibt es keine Vorschriften, wer wen heiraten kann. Im Normalfall wohnt auch die Familie an einem anderen Ort als ihre Verwandtschaft. Familiengründung nimmt Liebe in Anspruch.

Wir können an dieser Stelle kurz zurückblicken auf die Veränderungen, die der Begriff der Liebe in Hegels Werk seit seinen Anfängen durchlaufen hat. Zunächst fand er in der Liebe ein Analogon zur Vernunft, weil auch Liebe auf einer Entäußerung beruht, die nicht in völliger Preisgabe endet. Herders Aufsatz «Liebe und Selbstheit» konnte Hegel den Gedanken entnehmen, dass der Genuss der Liebe die Existenz von zusammenstimmenden, «aber nicht unisonen, geschweige identificierten Geschöpfen» voraussetzt.[13] «Liebe» wurde dadurch für ihn bald zum Begriff dafür, dass Vereinigung ohne Verlust der Selbständigkeit der sich Vereinigenden möglich ist. So wird sie zum Paradigma für das Erkennen und jedwede andere Beziehung von Subjekt und Objekt.[14] Später ersetzt Hegel den Begriff der Liebe durch «Leben», das für ihn dieselbe Struktur hat, aber darüber hinaus den Vorteil besitzt, sich auch für die Beschreibung von Organismen und Organisationen zu eignen. Und schließlich tritt an die Stelle von «Leben» der «Geist», womöglich um dem Bedürfnis nach einem Begriff Rechnung zu tragen, der die Einheit von Leben und Tod stärker markiert. Durch diese Substitutionen jedenfalls wird der Begriff der Liebe, der nun nicht mehr als Metapher – denn sind kognitive Akte allein dadurch schon ein Beispiel für Liebe, weil sie Synthesen (Vereinigungen von Subjekt und Objekt) enthalten? – eine Systemlast zu tragen hat, frei für die Beschreibung dessen, was auch außerhalb der Philosophie als Liebe bezeichnet wird.

Es ist also die auf Intimität gründende Familie, die Hegel in seiner Rechtsphilosophie vor Augen hat. Was die Ehe, aus der sie hervorgeht, für Hegel dabei kennzeichnet, ist die Asymmetrie der Geschlechter. Zwar notiert er einmal, der Mann solle in der Familie nicht mehr gelten als die Frau,[15] aber er hat für diese gleiche Geltung eine sehr unterschiedliche Aufgabenverteilung im Blick. Das Mädchen – jetzt spricht er nicht mehr von der Frau, denn er hat einen gehörigen Altersabstand im Sinn – finde seine Bestimmung wesentlich nur im Verhältnis der Ehe. In der sinnlichen Hingabe gebe es seine Ehre auf,[16] der Mann aber nicht, weil er außerdem noch «im Staate» sittlich tätig sei, also berufstätig: erkennend, kämpfend, arbeitend «mit der Außenwelt und mit sich selbst». Hegel lässt an dieser Stelle wirklich nichts aus, nicht einmal den Vergleich von Männern mit Tieren und Frauen mit Pflanzen, «die in der Form der Unschuld in der Einigkeit mit sich selbst bleiben»,[17] sowie die Behauptung, Frauen an der Spitze eines Staates gefährdeten diesen. Man möchte entweder erwidern, dass die Spitze des Staates, ganz unabhängig davon, von welchem Geschlecht sie eingenommen wird, diesen nicht selten gefährdet, oder fragen, ob Elisabeth I., Maria Theresia, Katharina die Große ihre Plätze in der Staatenchronik wirklich als Staatsgefährderinnen einnehmen.

Hegel meint auch gar nicht, dass der Mann «außerdem» noch arbeite, sondern «eigentlich». Der Mann sei zerrissen, in sich, dann aber auch zwischen seinen verschiedenen Rollen, in Beruf und Familie. Er nimmt für Hegel eine Grenzrolle ein. Die Frauen hingegen hätten ihre «sittliche Gesinnung» in der Pietät, mit der sie die Gefühlsvoraussetzungen der Familie pflegen und die Führung im Inneren der Familie übernehmen würden. Die Familie reiche für sie aus. Gebildet, so Hegel, könnten Frauen wohl sein, aber für Produktionen, «die ein Allgemeines fordern», seien sie nicht gemacht.[18] In seiner Naturphilosophie hat Hegel versucht, anhand der Forschungen des Mediziners Jakob Fidelis Ackermann zu Hermaphroditen[19] die Hypothese einer anfänglichen Identität der Geschlechter im Tierreich aufzunehmen, aus der sich dann bei höherstehenden Lebewesen eine Zweigeschlechtlichkeit entwickelt habe, deren Organe spiegelbildlich zu begreifen seien. Auch hier aber ordnet er sogleich dem männlichen Geschlecht die üblichen Merkmale zu: Aktivität, Produktion, Ausgreifen in die Umwelt.[20] Und er scheut nicht die absonderlichsten Entgegensetzungen wie etwa die Erektion als aktiven Einsatz von Blut im Unterschied zur Menstruation als bloße Abstoßung desselben.[21]

Die Ausrede, er behandele eben die Familie, so wie sie sich ihm um 1800 herum zeigte, kann man nicht gelten lassen. Denn tatsächlich behandelt er eine idealisierte Form davon, der ganze Streit in Familien, die Spannungen, unter denen sie stehen, das Nachlassen der Liebe in ihren Routinen gehen bei Hegel auch nicht in ihren Begriff ein.[22] «Die Frau soll ruhig sein», heißt es,[23] also beschreibt er doch kein vernünftiges Sein, sondern ein Sollen. Und überdies hat er sich zeit seines Lebens dagegen gewehrt, einfache begriffliche Unterscheidungen wie Sinnlichkeit/Vernunft, Subjekt/Objekt, Glauben/Wissen als maßgeblich zu akzeptieren. Wie steht es dann aber mit Mann und Frau? Hegel spricht von einer natürlichen Bestimmtheit der beiden Geschlechter, die «durch ihre Vernünftigkeit» eine «intellektuelle und sittliche Bedeutung» erhalte.[24] Das ist zweideutig formuliert, denn es könnte meinen, die natürlichen Unterschiede seien selbst vernünftig oder aber es werde in der Ehe mit ihnen vernünftig umgegangen.

Über die Vernunft des Unterschieds zwischen den Geschlechtern finden sich in Hegels Naturphilosophie jedenfalls nur wenige Andeutungen, etwa die, der «Geschlechtsprozess» sei eine triebhafte Beziehung des Subjekts auf ein Objekt, das selbst ein Subjekt ist. Das Individuum habe das Gefühl des Mangels, einerseits der Gattung anzugehören, andererseits ihr nicht angemessen zu sein. Die Artikulation dieses Mangelgefühls ist für Hegel die natürliche Differenz der Geschlechter. Das Gefühl, der Gattung nicht angemessen zu sein, und «der Trieb, im Anderen seiner Gattung sein Selbstgefühl zu erlangen», und zwar durch Begattung, leuchtet allerdings nur ein, wenn es diesen Anderen schon gibt, erklärt aber nicht seine Existenz, die vorausgesetzt werden muss, um ein Mangelgefühl zu begründen.[25]

Man fühlt sich hier an die Paradoxie der Schöpfungsgeschichte erinnert, in der Gott den Menschen einerseits als sein Abbild erschafft, andererseits als Mann und Frau (Gen 1,26). Man könnte sie durch den Gedanken auflösen, dass Gott sich im Menschen ein Reflexionsobjekt schafft, das eben durch den Mangel der Erkenntnis von Gut und Böse kein vollkommenes Abbild ist, und dem Mann/Menschen sofort nach der Warnung an ihn, nicht vom Baum dieser Erkenntnis zu essen, auch ein solches Objektsubjekt gibt – «Es ist nicht gut, dass der Mensch allein sei» (Gen 2,18) –, das dem Mann ebenfalls nicht vollständig ähnelt, da es sonst nichts zu reflektieren gäbe.[26] Hegel allerdings nimmt in seinen Deutungen des Sündenfalls keine Rücksicht auf die misogyne Erzählung, dass er von Eva vorbereitet worden ist. Da er nämlich den Sündenfall positiv als Entschluss zur Freiheit deutet, neigt er dazu, ihn Adam oder «dem Menschen überhaupt» aufs religionsgeschichtliche Habenkonto zu setzen.[27]

Wenn Hegel also die Individuen verschiedenen Geschlechts auf das jeweils andere verweist und beide darauf, dass sie in der Liebe ihre Selbständigkeit aufgeben und in der Familie das dauerhaft akzeptieren, anerkennen sie sich bei ihm doch nicht auf gleiche Weise. Es handelt sich nicht nur um eine «bloß natürliche Anerkennung», weil sie sich auf eine sexuelle Differenz bezieht, sondern die Differenzen werden auch auf unterschiedliche Weise in die Familie eingebracht.[28] Während das «Mädchen», Hegel zufolge, für die Anerkennung in der Liebe Selbständigkeit völlig aufgebe, sei dem Mann eine Sphäre vorbehalten, in der weitere Anerkennung, nämlich die staatsbürgerliche, auf ihn warte. Zwar ist für Hegel die Aufgabe der Selbständigkeit in der Familie idealerweise keine Unfreiheit, weil das andere Individuum nicht als Beschränkung, sondern als Ermöglichung des eigenen Selbstgefühls erlebt wird.[29] Aber die Freiheiten sind sehr ungleich verteilt. Die Frau verliert zu Hegels Zeit Rechte, wenn sie in die Ehe eintritt, der Mann nicht.

Hegel selbst verweist an der Stelle, an der er dem Mann die freie Allgemeinheit durchs aktive Berufsleben zuordnet, der Frau hingegen das passive «Wissen und Wollen» der konkreten Familie, auf die Erläuterungen, die er in seiner «Phänomenologie des Geistes» zum Unterschied zwischen Mann und Frau gemacht hat, anhand der «Antigone» des Sophokles. Dieses Drama ist für ihn das «absolute Exempel der Tragödie»[30] und «eines der allererhabensten, in jeder Hinsicht vortrefflichsten Kunstwerke aller Zeiten»[31]. Seine Zuordnung verschiedener, ja entgegengesetzter Auffassungen von Pflichten zu Mann und Frau ist das erste Beispiel, das Hegel für die Bedeutung des Begriffs «Geist» gibt. Geist zeigt sich dort, wo gerade im Konflikt entgegengesetzter Weltsichten und seiner Auflösung bewusst wird, dass wir in *einer* Welt leben. In Konflikt zueinander können solche Weltdeutungen nämlich nur unter dieser Voraussetzung geraten. Hier sind es die normativen Weltdeutungen politischer Gesetzgebung einerseits und andererseits die des als selbstverständlich empfundenen Guten.

Antigone, «die herrlichste Gestalt, die je auf Erden erschien»,[32] ist eine Tochter des Ödipus, des einstigen Königs von Theben. Sie hat ihren Bruder Polynikes[33] begraben, obwohl ihr das vom Herrscher Kreon bei Todesstrafe verboten worden war. Denn Polynikes und sein Bruder Eteokles hatten nach dem Tod ihres Vaters vereinbart, Theben abwechselnd zu regieren. Eteokles hielt sich nicht an die Verabredung, es kam zu «zweideutigem Zank» und Krieg, die Brüder töteten einander. Kreon erklärte beide zu

Feinden des Gemeinwesens, das er nun regiert. Er ist ein Bruder der Iokaste und war darum sowohl ein Onkel wie der Schwager des Ödipus, der – wie er sagte: irrtümlicherweise – seinen Vater erschlagen und seine Mutter geheiratet hatte, um mit ihr Polynikes, Eteokles, Antigone sowie ihre Schwester Ismene zu zeugen. Das wiederum führte dazu, dass Antigone sowohl die Tochter wie die Enkelin der Iokaste war und Kreon ihr Großonkel. Verwandtschaft ist kompliziert, insbesondere wenn es an einer Stelle ihrer Ordnung zu einem Inzest gekommen ist. Das Inzestverbot wird von Hegel aber weder aus dieser Unordnung abgeleitet noch aus befürchteten Folgen «schwächlicher Früchte». Vielmehr widerspricht für ihn die Ehe unter nahen Verwandten der Forderung, in der Ehe sollten sich selbständige Personen vereinen, die einander erst in der Ehe vertraut werden.[34]

Kreon ist aus einer Seitenlinie heraus an die Macht in Theben gekommen und identifiziert sich wohl auch darum übermäßig mit der Polis, dem Vaterland, dem Gesetz und der «Wohlfahrt»[35] der Städter. Entsprechend hält er es mit Eteokles, der regierte und «kämpfend für die Stadt war»,[36] und nicht mit Polynikes, der auf der Verabredung des Herrschaftswechsels bestand. Antigone optiert genau umgekehrt. Der Chor der Alten Thebens erinnert Kreon daran, dass die Gesetze nicht nur die Lebenden betreffen, sondern auch die Toten.[37] Doch warum sollte das so sein? Man kann hier auf Besonderheiten des Ahnenkultes in frühen Gesellschaften verweisen, aber wer unsere eigene Gesellschaft anschaut, kommt unschwer darauf, dass auch wir in Gestalt des Gedenkens die Vergangenheit für maßgeblich halten. Das Gefühl, den Toten etwas zu schulden, verschwindet in der Moderne und durch Aufklärung nicht.

Antigone folgt mit ihrer Weigerung, allein den Befehlen der irdischen Macht zu gehorchen – «Wer weiß, da kann doch drunt' ein andrer Brauch sein»[38] –, einem göttlichen Gesetz gegen das der Polis, das «staatliche». Sie hält einen Ehemann für ersetzbar, und selbst ein Kind lasse sich neu zeugen, aber wenn Vater und Mutter tot seien, «stehts nicht, als wüchs' ein andrer Bruder wieder».[39] Da aber jeder Bürger ganz der Staatsmacht unterworfen ist – die Polis kennt keine Abwehrrechte gegen den Staat, und noch der Staat der Rechtsphilosophie Hegels kennt keine Grundrechte –, kann das entgegenstehende göttliche Gesetz sich nur auf tote Bürger beziehen. Hier kommt es nun zur Kollision, weil Kreon auch über die Toten Macht ausüben will und sich überdies weder von einer Frau noch von Verwandtschaftsbanden etwas sagen lässt: «Mir herrscht kein Weib im Leben.»[40] Antigone wird bei lebendigem Leibe begraben.

Jede komplexe Gesellschaft setzt sich nicht unmittelbar aus Individuen, sondern aus Gemeinschaften zusammen, in denen Individuen untereinander schon verbunden sind. Mit diesen Gemeinschaften kann sie in Gegensatz geraten, weil jede von ihnen Normen hervorbringt, die sich mit den kollektiv verbindlichen Entscheidungen der politischen Regierung einer Gesellschaft nicht in Übereinstimmung befinden müssen, aber selbst Anspruch auf Allgemeinheit erheben. Anders als bei der sinnlichen Wahrnehmung, bei der sich an einem einzelnen Gegenstand erweist, dass er nicht ohne Bezug zu allgemeinen Begriffen beschreibbar ist, tritt im Bereich des Geistes der Fall ein, dass die einander widersprechenden Beschreibungen der Gemeinschaft «der ganze Geist»[41] sein wollen.

Sie sind es aber nicht. Individuen können weder ohne politische Ordnung noch ohne Familie existieren, wobei Hegel hier immer die antiken Verhältnisse vor Augen hat, in denen die Familie auch eine Wirtschaftseinheit, ein *oikos*, ist, was in die Überlegungen der «Phänomenologie des Geistes» aber nicht eingeht. Hegel ordnet das menschliche Gesetz, das durch den Staat vertreten werde, den Männern und dem Tage zu, das göttliche, das in den Familien wirke, den Frauen und der Nacht. Warum? Die Familie ist für Hegel diejenige Institution, die ihre Mitglieder als Ganze sieht. Mit anderen Worten: die sie nicht nach ihren Leistungen beurteilt. Durch Erziehung bereitet die Familie die Kinder auf ein Leben außerhalb der Familie vor, besonders unter modernen Umständen. Auch in der Versorgung der Individuen oder in der Ansammlung von verwandtschaftlich begründeter Macht kann der Sinn der Familie nicht liegen, denn das fällt nicht ins Reich des Geistes, sondern in das der Begierde. Die so verstandene Familie würde sich von einer Mafia oder einem Clan wie etwa dem der Borgia, die dann unter Umständen sogar in einen «Familienstaat» übergehen,[42] gar nicht unterscheiden.

Das führt Hegel dazu, die eigentlich «sittliche Handlung» der Familie darin zu erkennen, dass sie ihre Mitglieder unabhängig davon, wie sie sind und wo sie sich gerade befinden, als ganze Personen im Sinn hat. Das heißt letztlich, sie auch dann noch zu erinnern, wenn sie gar keine Leistungen mehr verrichten können, weil sie gestorben sind. Im öffentlichen Leben wird ihrer gedacht, wenn sie durch etwas Bestimmtes hervorgetreten sind: politische Taten, Siege, Kunstwerke oder Erfindungen. Der positive Zweck der Familie hingegen, formuliert Hegel, ist «der Einzelne als solcher»,[43] diesseits aller öffentlichen Anerkennung, weshalb umgekehrt auch alle Verfehlungen von Einzelnen in Familien auf eine hohe Bereitschaft treffen, sie zu entschuldigen, zu verzeihen oder zumindest mit großer Nachsicht zu behandeln. Diesen Zweck zu verwirklichen heißt, sowohl die hierarchischen wie die sinnlichen Momente der Familie hinter sich zu lassen. Und darum ist es in der Tragödie die Schwester, die sich diesem Zweck hingibt. Sie liebt den Bruder schon zu Lebzeiten nicht sinnlich, weswegen sie prädestiniert ist, die unsinnliche, gerade deshalb aber rückhaltlose Hingabe an die Familie zu artikulieren.

Antigone erfüllt diese Hingabe, indem sie sich unter Inkaufnahme des eigenen Todes weigert, der politischen Anordnung zu folgen, ihren Bruder wie ein Tier zu behandeln, dessen Kadaver dem Vergessen überlassen wird. Erneut beschreibt Hegel die Zivi-

lisation als der Macht des Todes entgegengesetzt. Hier, indem ein
Teil von ihr, die Familie, die einzelne Person gegenüber ihrem ver-
wesenden Körper ehrt und erinnernd festhält.[44] Anders aber als in
der bürgerlichen Welt ist es im antiken Drama nicht die Ehefrau
und Mutter, die das Gefühlsleben der Familie vertritt, sondern die
Schwester. Hegel erkennt darin die Intuition, aus der erinnernden
Beziehung die Sinnlichkeit fernzuhalten, und den Hinweis auf jene
Freiheit, die auf einem symmetrischen, nicht von Abhängigkeit
bestimmten Verhältnis zum Anderen beruht. Die Schwester verhält sich zum Bruder, von dem sie sich geschlechtlich unterscheidet, ohne auf ihn sexuell bezogen zu sein, anders als die Ehefrau
zum Ehemann, aber auch anders als die Mutter zum Sohn oder
der Tochter: «Das Weibliche hat daher als Schwester die höchste
Ahndung des sittlichen Wesens.»[45]

Antigone ist, obzwar Königstochter, weder Bürgerin, weil
Frauen das in der Polis und auch in der bürgerlichen Gesellschaft, so wie Hegel sie skizziert, nicht sein können, noch begehrende Frau, weil sie ihre Rolle als Braut zugunsten ihrer Rolle als
Schwester zurückstellt. Sie ist Tochter, aber die Eltern leben nicht
mehr, sie ist Schwester, aber die Brüder leben nicht mehr, sondern
nur noch Ismene, ihre eigene Schwester, die mit ihr in den Tod gehen will. Antigone ist vom Tod umgeben, der sie aus allen Interessen, allen Emotionen und allen Verbindungen zum Tagesgesche-
hen löst. Sie begehrt nicht, sie arbeitet nicht, und sie kämpft nicht,
ihr Kampf um die Anerkennung der Welt, die sie vertritt, vollzieht
sich völlig passiv. Das Tragische der Tragödie ist, dass die Frau frei
nur ist, indem sie diesseits des sinnlichen wie des politischen Lebens und also wie ein Schatten lebt, dessen Handeln einem Schatten gilt.

In der Moderne hingegen tritt unter dem Einfluss des Christentums, das seinem Ideal nach nur noch Individuen kennt, die
Verinnerlichung der Liebe hervorgebracht hat und die Sexualität
zu einem bloßen Moment der Ehe macht, das Verhältnis der Ehe-

leute als sittliche Instanz an das von Schwester und Bruder. Der natürliche Unterschied der Geschlechter wird nicht neutralisiert, sondern überhöht, die Eheleute erkennen einander nicht nur in der Sexualität und in ihren Funktionen für die Reproduktion eines Haushalts an, sondern als beseelte Wesen.[46] Und dennoch bleibt die Frau in der bürgerlichen Ehe wie in der antiken Familie auf den Wirkungskreis des Gefühls beschränkt. Die Familie als rechtliche Einheit wird, da es jenes göttliche Gesetz, auf das Antigone sich beruft, nicht mehr gibt, um 1800 vom Mann vertreten, der auch schon vor der Eheschließung eine Rechtsperson ist. Gegenüber dem romantischen Desinteresse an der gesellschaftlichen Asymmetrie zwischen Frauen, die bürgerlich nicht selbständig sind, und Männern, die nur durch Eheschließung Verantwortung für ihr sexuelles Verhalten übernehmen, hält Hegel daran fest, dass solche Voraussetzungen eine Rolle spielen, wenn nach der Freiheit gefragt wird, die in Ehen und Familien möglich ist. Die frühromantische Idee der von rechtlichen Umständen absehenden «freien» Liebe entspricht für Hegel nur der Weltsicht von Verführern.

So zieht sich durch Hegels Theorie der Familie als roter Faden die Einsicht, dass sich die Individuen täuschen, wenn sie glauben, ihr Leben unabhängig von gesellschaftlichen Einrichtungen führen zu können oder schon zu führen. Die bürgerliche Gesellschaft, die er vor Augen hat, beruht vielmehr darauf, zwei Formen der Individualität zu ermöglichen, die zueinander in Spannung stehen: die wechselseitige Anerkennung von Personen als ganzer Individuen und die wechselseitige Anerkennung von Personen als selbständiger Individuen. Erstere erfolgt durch Liebe und in Familien, Letztere «im Staat», womit Hegel die Gesamtheit öffentlicher Tätigkeiten, insbesondere das Berufsleben, meint. Eine andere Aufteilung dieser beiden Formen von Individualität als die auf Geschlechter kann Hegel sich nicht vorstellen. Seine mühsamen Versuche, ihre Sinnhaftigkeit in der körperlichen und geistigen Konstitution von Frauen wie Männern nachzuweisen und beiden

Einsicht in die Notwendigkeit ihres Geschlechtscharakters zu empfehlen, zeigen die Grenzen dieser Theorie, die einen historischen Zustand festhält, als sei er der endgültige und als sei alle Vernunft seit jeher auf ihn zugelaufen. Er ignoriert geradezu, was sich in seiner nächsten Umwelt alles schon an Gleichheitsansprüchen von Frauen abzeichnete, und schließt beispielsweise von den für ihn haltlosen Reflexionen der Romantiker auf die Unangemessenheit ihrer Lebensformen. Erschreckend seine Reaktion auf den Tod Caroline Schellings in einem Brief an Niethammer vom 4. Oktober 1809: «Der besten Frau», gemeint ist die Niethammers, «küsse ich tausendmal die ihre schönen Hände. – Gott möge und wird sie nach ihrem Verdienst 10mal länger erhalten als jene Septern, deren Tod wir neulich hier vernommen, und von der einige hier die Hypothese aufgestellt haben, daß der Teufel sie geholt habe.»[47]

Hegels Nachdenken über den Geschlechterunterschied wurde auch deshalb so ausführlich zitiert, weil seine ganzen Überlegungen zur Familie annehmen, dass jedwede bürgerliche Person ihr Leben in einer Ehe und einer Familie zu führen hat. Unverheirateten hält er die Pflicht zu heiraten vor,[48] die sexuelle Reproduktion wiederum will er sich sittlich nur innerhalb von Ehen vorstellen. Genau die beiden entgegengesetzten Fälle aber, die unverheiratet bleibende Frau und das unehelich entstandene Kind, spielten in seinem eigenen Leben eine erhebliche Rolle: seine Schwester Christiane und sein unehelicher Sohn Ludwig. In seine Theorie hat dieses Besondere keinen Eingang gefunden.

Christiane Hegel war nur drei Jahre jünger als ihr Bruder Georg Friedrich Wilhelm. Als die Mutter 1783 stirbt und der Vater nicht wieder heiratet, übernimmt die Schwester des späteren Philosophen kaum zehnjährig gleichwohl zahlreiche Pflichten im Haushalt der Hegels in Stuttgart. Frauen und Mädchen außerhalb des Adels war damals nicht nur in Deutschland die Rolle zugewiesen,

Männern den Rücken für die Entfaltung ihrer Möglichkeiten frei-
zuhalten. Und zwar unabhängig von ihrem Willen. Frauen waren die Lückenbüßer der Geschichte, die zu schreiben – in Form
von Berufskarrieren – ausschließlich ihren Vätern, Brüdern und
Söhnen oblag. Wir haben gerade die aufwendigen Begründungen
Hegels dafür gehört. Da Christiane Hegel keine höhere Schulaus-
bildung erhält, fehlt für ihre Kindheit und Jugend fast jegliches
Zeugnis. Ab und an wird sie in Briefen von Hegels Jugendfreunden
erwähnt. Das erste schriftliche Zeugnis, das es von ihr selbst gibt,
ist der Brief der Sechsundzwanzigjährigen, in dem sie im Januar
1799 ihrem Bruder mitteilt, dass der Vater gestorben ist: «Vergangene Nacht, kaum vor 12 Uhr, starb der Vater ganz sanft und ruhig. Ich vermag Dir nicht weiter zu schreiben. Gott stehe mir bei!
Deine Christiane.»[49]

Seit wenigen Jahren wissen wir durch die historische Meister-
leistung ihrer Biographin, Alexandra Birkert, dennoch sehr viel
von ihrem Leben.[50] Es war das über weite Strecken hinweg unglückliche Leben einer Frau, die von einer Enttäuschung in die
nächste geriet: unerfüllte Bildungsaussichten, unerfüllte Liebe,
unerfüllte politische Erwartungen, schließlich eine Entfremdung
von ihrem immer berühmter werdenden Bruder, dem sie näher-
stand als er ihr. Um es mit einem seiner Konzepte zu formulieren:
Christiane Hegel erfuhr bei guten Voraussetzungen in ihrem Leben nie die Anerkennung, die sie sich erhoffen durfte.

Vermutlich erhält Christiane Hegel in ihrer Kindheit Privatunterricht, denn schon die «mittleren Stände» zogen ihn dem Kontakt ihrer Töchter mit den Kindern aus niederen Schichten in der
Volksschule vor. Sie kann jedenfalls Latein und unterrichtet später
Französisch. Der Philosoph Jakob Friedrich Abel, der als Lehrer
Schillers bekannt ist – der Dichter widmet ihm seinen «Fiesco» –
und sowohl am Gymnasium wie seit 1790 an der Universität Tübingen auch Hegel unterrichtet hat, hielt in Stuttgart öffentliche
Vorlesungen für «Frauenzimmer von Stande», an denen sie aller

Wahrscheinlichkeit nach teilgenommen hat. Über ihre Verwandtschaft und Freundschaften ist Christiane Hegel früh in das schwäbische Milieu der aufgeklärten Gebildeten integriert. Im Haus der
Hegels trifft sich damals die Ortsgruppe der Illuminaten, eines
aufklärerischen Geheimordens, der 1776 von Adam Weishaupt,
einem Ingolstädter Kirchenrechtler und Philosophen, gegründet worden war, aber sich schon 1787 wieder auflöste, nachdem
die sektenhafte Scheinheiligkeit des Ordens durch die Veröffentlichung seiner geheimen Schriften offenkundig geworden war. Die
Ideen einer gegen die Ständegesellschaft gerichteten Aufklärung,
die sich mittels eines Marschs von Illuminaten durch die Institutionen verwirklichen sollten, strahlten gleichwohl auf die Netzwerke
der württembergischen Intelligenz aus, zu denen Christiane Hegel
gehörte.

In diesem noch ganz unerforschten Netzwerk der Kletts und
Cottas, Neuffers, Hauffs, Märklins, Uhlands, Reinhards, Bilfin-
gers und wie sie alle hießen, findet Christiane Hegel Freundinnen, Freunde und wohl auch Verehrer, aber niemanden, der sie
oder den sie heiratet. Ihre eigene große Liebe, Gotthold Friedrich
Stäudlin, hatte sie «aus vielleicht zu peinlichen Rücksichten ablehnen zu müssen geglaubt. Er war, ohne seine Liebe je aufgegeben zu
haben, fern von ihr unverheiratet gestorben», wie Karl Rosenkranz
schrieb.[51] Fünfzehn Jahre älter als Christiane Hegel, galt der spätere Jurist Stäudlin schon zu seiner Gymnasialzeit als dichterische
Begabung, als lyrischer wie erotischer Kontrahent Schillers und
insgesamt bald als Frauenheld, republikanischer Trinker und Spie-
ler. Der Kanzleiadvokat hatte nicht nur den Anlass des Verbots
seiner «Chronik», einer Zeitschrift, die er von Christian Friedrich Daniel Schubart übernommen hatte, dem prominentesten
intellektuellen Insassen des württembergischen Staatsgefängnis-
ses Hohenasperg, um 1794 aus Stuttgart zu fliehen. Er war nicht
nur vom Hof aus diesen politischen Gründen des Landes verwiesen worden. Sondern er floh auch seiner vielen Schulden halber.

Stäudlin zieht hierhin und dorthin und versucht, durch eine weitere Zeitschriftengründung von Baden aus wieder auf die Füße zu kommen, aber auch dieses Blatt geht ein. Im September 1796 ertränkt sich Gotthold Stäudlin, erschöpft und von der «Übermacht meines Mißgeschicks endlich übermannt», wie es in seinem Abschiedsbrief heißt, in der Ill bei Straßburg.[52] Ob Stäudlin Christiane Hegel tatsächlich in Liebe verbunden war, bleibt eine offene Frage, aber es spricht viel dafür, dass sie zeitlebens an der Vorstellung litt, mit ihm hätte mehr aus ihrer Existenz werden können als die einer Schwester.

Doch man muss genauer formulieren: Christiane Hegel erlebte ihre Jugend bis in das Alter, in dem sie nach damaligen Maßstäben noch als Braut in Betracht kam, auf äußerst intensive Weise. Als früh für die Familie in Anspruch genommenes Kind, durch die Stuttgarter Freundschaften, bei der zu jeder Freundin mindestens ein Bruder gehörte, durch das Umgebensein von jungen Männern also, die nicht nur Bildung, sondern große Erwartungen an eine zu erkämpfende Zukunft repräsentierten, durch die auf Württemberg ausstrahlende Französische Revolution. Als sie zwanzig ist, erklärt das Heilige Römische Reich Deutscher Nation Frankreich den Krieg. Im selben März 1793 wird Stäudlins «Chronik» verboten. Hölderlin sendet im Sommer 1793 eine erste Fassung seines «Hyperion» nach Stuttgart und schreibt an seinen Freund Neuffer: «Laß Deine edlen Freundinnen urteilen, aus dem Fragmente, das ich unsrem Stäudlin heute schicke, ob mein Hyperion nicht vielleicht einmal ein Plätzchen ausfüllen dürfte, unter den Helden, die uns doch ein wenig besser unterhalten, als die wort- und abenteuerreichen Ritter.»[53] Besonders interessiert ihn die Reaktion einer Leserin, die er im Brief nicht nennt, Lotte Stäudlin, die Schwester des Schwarms von Christiane Hegel: Hölderlin war stets dabei, Eroberungen zu machen. Hegel wird später den Bildungsroman, zu dessen Gattung «Hyperion» gehört, als moderne Rittergeschichte bezeichnen, und was immer von diesem Ver-

gleich zu halten ist, das Gefühl, in einer abenteuerlich verdichteten
Zeit zu leben, hat sich Christiane Hegel fraglos mitgeteilt.

Am stärksten womöglich durch ihre Teilnahme an republikanischen Aktivitäten, die sie selbst hätten ins Gefängnis bringen können. Für ihre Freundin Mine Hauff scheint sie 1799 Briefe an deren
in der Festung Hohenasperg einsitzenden Mann, August Hauff,
geschmuggelt zu haben, den späteren Vater des Märchendichters
Wilhelm Hauff, dessen Patentante Christiane Hegel 1802 werden
wird.[54] In ihrem Umkreis leben zahlreiche heimliche Republikaner, die zugleich Positionen im württembergischen Ständestaat
bekleiden, mit dem Frankreich längst seinen Frieden gemacht
hat, weil ihm Ruhe an den Außengrenzen wichtiger war als der
Export revolutionärer Ideen und Taten ins deutsche Territorium.
Die schwäbischen Jakobiner sehen sich in jenen Jahren daher vielfältigen Fahndungen und Verhaftungen ausgesetzt. Hegel selbst
geriet 1800 ins Visier der Polizei, als ein inhaftierter württember-
gischer Leutnant ihn als ahnungslosen Postboten eines umfangreichen Briefes an ein französisches Regierungsmitglied bezeichnet.
Im Juni 1799 hatte sich Württemberg dem Koalitionskrieg gegen
Frankreich angeschlossen, was große Teile der Bevölkerung em-
pörte, weil ihre Söhne dafür sterben mussten. Deshalb versuchten
die Gegner dieses Krieges herauszufinden, wie in Paris über die
Lage gedacht wurde, und der französischen Regierung darzulegen, wie groß die Bereitschaft zur Opposition in Württemberg
war. Der entsprechende Brief ging nicht an irgendein Regierungsmitglied, sondern an den Abbé Sieyès, den Autor der berühmten
Flugschrift «Was ist der dritte Stand?» vom Januar 1789, der zehn
Jahre später, nachdem er die Revolution überlebt hatte, dem Di-
rektorium Frankreichs angehörte, das er zugleich zu stürzen unternahm. Davon allerdings wusste man in Stuttgart nichts.

Der Autor des Sendschreibens, der geheimrevolutionäre Leutnant Carl Friedrich von Penasse, war an der Hohen Carlsschule
in Stuttgart erzogen worden und hatte in Tübingen Jura studiert,

bevor er in den Militärdienst eintrat. Als er einen Kurier für seine Kontaktaufnahme zur französischen Regierung suchte, kam er oder kamen die Leute, die ihn berieten, auf den in Frankfurt lebenden Hegel, wohl aufgrund seiner engen Verbindungen zu den württembergischen Netzwerken des Republikanismus und aufgrund seiner Nähe zu Mainz, dem Vorposten der französischen Republik auf deutschsprachigem Gebiet. Tatsächlich sind zwei Reisen Hegels nach Mainz in jenen Tagen dokumentiert. Als im März 1800 der hochverräterische Vorgang aufgeflogen war, drohten allen Beteiligten drakonische Strafen, ohne dass die württembergischen Behörden allerdings einen direkten Zugriff auf den in einer freien Reichsstadt wohnenden Hegel gehabt hätten. Um wie viel mehr muss seine Schwester in der Angst gelebt haben, in Stuttgart womöglich nicht mehr sicher zu sein.

Im Herbst 1801 verlässt sie Württemberg, der Vater ist inzwischen gestorben, das Elternhaus verkauft, sie ist siebenundzwanzig, viele ihrer Freundinnen heiraten gerade, sie hingegen ergreift einen der wenigen Berufe, der für Frauen ihres Standes überhaupt vorgesehen war, und tritt eine Stelle als Hausdame und Erzieherin an. Teils weil sich die Verdichtung des jugendlichen Lebens in Stuttgart auflöst; die meisten sind inzwischen woanders, die Lebenslinien streben auseinander. Teils auch weil sich die Erwartungen an eine grundlegende Änderung der politischen Situation und die Übersetzung gemeinschaftlicher Ideale in eine Lebensform nicht erfüllt haben. Ihr Bruder nimmt sein Erbteil und kauft sich bald in die Universität Jena ein, was sich, ökonomisch gesprochen, längerfristig als Investition erweist. Sie hingegen, die mehr erbt als er, weil ihr die Studienfinanzierung der Brüder ausbezahlt wird, hat gar keine Möglichkeiten, diesen Geldbetrag in ihr eigenes Leben zu investieren, sondern ist darauf angewiesen, von den Zinsen zu leben.

Dreizehn Jahre lang ist Christiane Hegel Gouvernante im nördlich von Heilbronn gelegenen Haus des freien Reichsritters

Joseph von Berlichingen, Nachkomme des durch Goethes Drama
klassisch gewordenen Götz von Berlichingen. Man hütet dort die
berühmte «Eiserne Hand» des Haudegens. Aber mit dem Reichs-
rittertum ist es im Kontext der Napoleonischen Kriege nicht mehr
weit her, der Hausherr tritt nolens volens in die Dienste des württembergischen Königs, der sich seinerseits Napoleon angeschlossen hat. Man zieht von Jagsthausen um, zunächst nach Schorndorf,
dann nach Ludwigsburg. Christiane Hegel erzieht die fünf Töchter Berlichingens nach dem frühen Tod ihrer Mutter, der Freifrau
Sophie, im Jahr 1807, und nach allem, was wir durch Birkerts Biographie wissen, muss sie das auf anspruchsvolle Weise getan haben, denn sie wurde nicht nur dafür gelobt, «abgesehen von dem
Wissenschaftlichen» auch erzieherisch gewirkt zu haben, sondern
zog sich später sogar den Vorwurf zu, sie habe gewissermaßen ge-
schlechtswidrig nach «Gelehrsamkeit» gestrebt.[55]

Den wenigen Briefen, die Hegel an seine Schwester schreibt,
lässt sich nicht nur ihre fortschreitende Erschöpfung entnehmen. Hegel bietet ihr 1814 von Nürnberg aus für den Fall ihrer
bleibenden Arbeitsunfähigkeit aufgrund von Krankheit an, «auf
immer zu uns zu ziehen»[56]. Er reagiert auch auf Schilderungen
von Konflikten mit der neuen Frau ihres Dienstherrn, von der sie
offenbar mehr Beteiligung an der Erziehung ihrer Stiefkinder erwartete. Hegel antwortet, die Schwester solle ihr Gemüt beruhigen, er kenne diese Art von Verhaltensunsicherheit, die anderen
nicht sage, was zu tun sei, weil sie «selbst nicht rechten Bescheid
zu geben und zu regieren weiß». Er rät, Christiane solle ihre Stellung als Amt verstehen, selbst entscheiden und nicht auf Anordnungen warten. Wenig später löst sie aber ihre Beschäftigung bei
den Berlichingens auf, nachdem ihr das mit Verweis auf ihren Ge-
sundheitszustand nahegelegt worden ist. Der Hausherr hatte einer
zweifelhaften, verschuldeten, der Trunksucht verfallenen, rhetorisch begabten Person, die sie womöglich an Gotthold Stäudlin
erinnerte, die freigewordene Pfarrstelle in Jagsthausen sowie die

Erziehung seiner jüngsten, elfjährigen Tochter anvertraut. Noch wohnt Christiane Hegel ein Jahr im Pfarrhaus und führt nun offenbar diesen Haushalt, aber als der Pfarrer heiratet, ist erneut unklar, wie es mit ihr weitergehen soll.

Inzwischen ist sie zweiundvierzig. Ihren Bruder, der nun eine Familie gegründet hat, trifft sie nach sechzehn Jahren das erste Mal wieder in Nürnberg, genauer: in Ansbach, wohin er ihr entgegengereist ist. Die Wohnverhältnisse sind beengt, der eine Sohn Hegels ist zwei Jahre, der andere zehn Monate alt. Entsprechend widersprach die schon ein Jahr zuvor geäußerte leise Erwartung, Christiane Hegel möge seiner Frau Marie unter die Arme greifen, die eine Fehlgeburt hinter sich und im Dezember 1815 eine weitere vor sich hat, der Aussicht, sie solle in Nürnberg sich erholen. Nach kurzem Aufenthalt reist sie wieder ab. Die Behauptung, dem sei ein Streit mit Hegels Gattin vorausgegangen, auf die Christiane eifersüchtig gewesen sei, hat keine Grundlage. Sie habe die «Hausordnung gestört», aber nicht den «Hausfrieden», schreibt sie in einem Briefentwurf an ihren Bruder.[57]

Dass es beim Entwurf eines Briefes bleibt, der nie abgeschickt wurde, kennzeichnet auch die kommenden Jahre, in denen es zwischen den Geschwistern nur wenige Briefkontakte gibt. Hegel ist anderweitig beschäftigt, er macht Karriere, arbeitet an einem Werk nach dem anderen. Einmal schickt er Geld und kommentiert ihre Lage, schätzt dabei aus der Ferne aber völlig falsch ein, auf wen die Schwester sich verlassen kann. Der Rat, sich einem Vetter ganz anzuvertrauen und ihre Gedanken ihm zu «unterwerfen»,[58] war letztlich keine Hilfe. Der Vetter, Louis Göritz, Pfarrer im schwäbischen Aalen, kümmert sich zwar um die Schutzbefohlene, verfolgt dabei aber auch eigene Interessen. Christiane Hegel gibt Handarbeitsunterricht und gründet 1817 eine Strickschule für arme Mädchen, aus der Vetter Göritz eine ganze Anstalt machen möchte. Im Streit zwischen ihm, dem örtlichen Magistrat der Stadt, die eigentlich ein Dorf von nicht einmal dreitausend Seelen ist, sowie den ortsansässigen Baumwollwebern, die ohnehin schon unter der Konkurrenz der aufkommenden Textilindustrie litten, geht Christiane Hegels Projekt nach zwei Jahren schon wieder unter. Kurz darauf heiratet der verwitwete Vetter zum dritten Mal. Sie fühlt sich von ihm in jeder Hinsicht ausgenutzt, allein das hohe Kostgeld, das er ihr berechnet, übersteigt ihre jährlichen Einnahmen aus Zinsen und der Berlichingischen Pension.[59]

So reiht sich Niederlage an Niederlage in diesem Leben, das nicht zur Ruhe kommt. Ständig gerät Christiane Hegel an Männer, die sie bevormunden, sie finanziell übervorteilen, sie belehren und eine andere heiraten. Birkerts Befund, sie sei stets das fünfte Rad am Wagen gewesen, trifft es genau. Sobald sie dagegen protestierte, wurde sie als zänkisch, labil, hysterisch und hochmütig bezeichnet. Das löst bei ihr genau die Reaktionen aus, die von jemandem solchen Unglücks und solcher Einsamkeit erwartet werden können: depressiv und verzweifelt zu sein und im Protest gegen ihre Umwelt zu leben. Ein neuerlicher Versuch, sich in Jagsthausen niederzulassen, scheitert an ihrem inzwischen tatsächlich zerrütteten Nervensystem, das zu einem offenbar hochtrabenden Auftritt im Rittergut führt, und bevor noch der durch den empörten Joseph von Berlichingen alarmierte Bruder reagieren kann, wird sie in Privatpflege gegeben und 1820 schließlich gegen ihren Willen in die «Staatsirrenanstalt» Zwiefalten eingewiesen. Jenen Vetter, mit dem sie in unversöhnlichem Streit liegt, bestellt Hegel von Berlin aus – «auch heute weiß ich nicht, was ich darüber schreiben soll; die Nachricht hat mich tief bewegt, es ist das Härteste, was den Menschen treffen kann» – zu ihrem Vormund.[60] Er schreibt zunächst nicht an sie, sondern an ihn, und bittet ihn, wie ein Bruder zu handeln.

Allerdings gibt es keine Hinweise darauf, dass sie verrückt war. Ihr Gemüt hatte sich in der Spirale von Enttäuschungen, ihren zunehmend hilflosen Reaktionen darauf, anschließenden Vorwürfen ihrer Umwelt, sie verhalte sich falsch, und neuerlicher

Ratlosigkeit verdüstert. Aufgrund einer schwachen Konstitution war sie immer wieder körperlich krank und schwankte zwischen Erschöpfung und Aufbäumen. All das belasteten noch Geldsorgen. Vor allem aber fand sie keinerlei Unterstützung und herzliche Zuwendung, ohne dass das Leben ihr Schicksalsschläge wie den Kriegstod des jüngeren Bruders 1812 im Russlandfeldzug Napoleons oder den Tod ihres Freundes aus revolutionären Tagen, Isaac von Sinclair, 1815 in Wien erspart hätte. Alles, woran sie Halt hätte finden können, löste sich immer wieder auf: ihre Freundschaften, ihre Berufe, ihr Vermögen. In Hegels Sprache gab es niemanden, der sie als ganze Person wahrnahm, sondern zeit ihres Lebens erschien sie entweder als eine Ressource oder als ein Problem. Der «stille melancholische Wahnsinn», den man ihr in der Anstalt attestierte,[61] wurde als psychosomatische Reaktion auf enttäuschte Erwartungen und überspannte Gemütszustände gedeutet.

1821 wird sie als geheilt entlassen und zieht zurück nach Stuttgart. Hegel schreibt wieder an sie – einige seiner vorigen Briefe haben sie offenkundig verfehlt und sind verloren gegangen –, und er empfiehlt ihr, das Gewesene hinter sich zu lassen. Nein, er empfiehlt es ihr nicht, er hämmert es ihr in sechs aufeinanderfolgenden langen Sätzen gleichen Inhalts geradezu ein: Sie solle die Gegenwart und Zukunft nicht durch schmerzliche Erinnerungen an die Vergangenheit belasten. Sie solle das Gefühl vergangenen Unrechts gegen sie überwinden. Sie solle in sich daran arbeiten, die Vergangenheit hinter sich zu bringen. Je mehr sie Erinnerungen bezwinge, desto mehr werde ihr Gemüt gesunden. Sie habe sich in ihrem Brief an ihn der Vergangenheit zugewandt, um sich zu rechtfertigen, aber die erinnernde Wiederholung sei nur nachteilig, denn sie führe zu Vorwürfen an andere, was die Zuneigung derer, vor denen sie sich rechtfertige, von ihr abwende. Also ermuntere er sie, die Erinnerung erlittenen Unrechts aufzulösen.

Welche Wirkung aber mag es haben, jemandem zu sagen: Vergiss, was war, vergiss, was war, vergiss, was war …? Vermutlich

eine erinnernde Wirkung, zumal Hegel in seinem Brief anschließend vieles von dem thematisiert, was war: den Vetter Göritz,
ihren Auftritt in Jagsthausen, die Geldsorgen, um es schließlich
sogar zu bedauern, dass sie ihre Aalener Strickschule aufgegeben
und sich in die Abhängigkeit von ihrem Vetter begeben habe – derselbe Hegel, der sie einst ermahnt hatte, sich den Gedanken jenes
Vetters zu unterwerfen! Es ist einer der gedankenlosesten Briefe,
die Hegel je geschrieben hat.

In Stuttgart tritt Christiane Hegel wieder in frühere Zusammenhänge ein, sie lebt in der Nähe ihres einstigen Elternhauses, arbeitet als Privatlehrerin, verbindet sich wieder mit alten Bekannten.
Zehn Jahre lebt sie dort, ist von 1827 an jedoch krankheitshalber
nicht mehr imstande zu unterrichten, was die finanziellen Sorgen
doppelt erhöht: durch ausfallende Einnahmen und Behandlungs-
kosten. Ende 1831 wird an ihr zunehmende Geistesabwesenheit
wahrgenommen. Christiane Hegel ist zermürbt, nicht zuletzt von
den vielen Kuren, die man an ihr ausprobiert hat. Sie steigert sich
in ihre Ängste vor den «Elektrisir-Maschinen»[62] ihrer Ärzte und vor
der Cholera in Württemberg hinein. Eine Zwangsvorstellung, die
sie verfolgt, ist es, ein Postpaket zu sein, verschnürt und verschickt
zu werden.[63] Am 14. November 1831 jährt sich der Geburtstag ihrer
Mutter zum neunzigsten Mal, was sie in eine Depression stürzt,
die vermutlich mit den Erinnerungen an den Typhus zusammenhängt, der damals alle Mitglieder der Familie erfasst hatte. Kurz
darauf erfährt sie nicht nur vom plötzlichen Tod ihres Bruders,
sondern dass er just an diesem Tag gestorben ist.

Ihr Arzt, Karl Schelling – die Welt ist klein, es ist der Bruder
des Philosophen, mit dem Hegel bis 1807 eng verbunden war –,
sorgt dafür, dass sie von Stuttgart in den Kurort Bad Teinach im
Schwarzwald übersiedelt, dessen Wasser der Ruf vorauseilt, bei
Hypochondrie und Melancholie zu helfen. Aber die Entfernung
von der Vater- oder sollte man nicht besser sagen: Mutterstadt ver-
stärkt ihre Niedergeschlagenheit nur. In ihrem letzten Brief an He-

gels Witwe bittet sie aber am 9. Januar 1832 noch darum, ihr eine kurze und verständliche seiner Schriften zuzuschicken. Sie habe einst «Glaube und Wissen» besessen, aber ein junger Verwandter habe sie darum gebracht. Christiane Hegel setzt ihr Testament auf, in dem sie zum späteren Unwillen der Familie Hegels auch den verschwundenen unehelichen Sohn, den nach Hegels Schwiegermutter «unwürdigen» Ludwig, zu gleichen Teilen bedenkt.[64] Drei Tage danach, am 2. Februar 1832, ertränkt sich Christiane Hegel im Alter von achtundfünfzig Jahren in der Nagold, einem nicht sehr großen, aber reißenden Fluss, der an Bad Teinach vorbeifließt.

Erst durch ihr Testament erfahren die Söhne Hegels, dass Georg Ludwig Friedrich Fischer, der mit ihnen aufwuchs, kein Pflegekind war, sondern ihr Halbbruder. Hegel hatte vor seiner Heirat sowohl Marie von Tucher wie seinen Schwiegereltern von der Existenz des Knaben berichtet, der im Februar 1807 in Jena zur Welt kam. Ob die Schilderung Varnhagen van Enses zutreffend ist, dass Hegel der Mutter, Christina Burkhardt, ein Eheversprechen gegeben hatte, das diese dann, nach Nürnberg eilend, dort in Form einer Szene, die sie Hegel machte, einforderte, ist mehr als zweifelhaft. Als er 1817 nach Heidelberg umzog, nahm Hegel jedenfalls den zehnjährigen Ludwig in die neue Familie auf. Dessen Mutter war unterdessen gestorben, ihr Tod, schreibt Hegel, «hat ihn mehr als mich affiziert. Mein Gemüt ist längst mit ihr fertig gewesen.»[65] «Louis» kommt aufs Gymnasium, und Hegel schreibt, er und seine Frau erfreuten sich an dem Buben.

In Berlin dann wird der uneheliche Sohn unter dem Nachnamen Hegel beim Französischen Gymnasium angemeldet. Geplant war, ihn in Stuttgart in eine Lehre als kaufmännischen Lehrling zu geben, aber Hegel erwägt auch Berufe wie Förster oder Ökonom. Ludwig hätte lieber Medizin studiert, aber das ist Hegel entweder zu teuer, oder er glaubt nicht an die Befähigung des Jungen. Zwischen den Zeilen der Briefe, in denen Hegel darüber dem Buchhändler Frommann aus Jena berichtet, der sich fünfzehn Jahre zuvor um Ludwig gekümmert hatte, lässt sich eine gewisse Sorge über die charakterliche Stabilität seines Sohnes herauslesen. So oft, wie betont wird, er sei jetzt fleißig, dürfte er schon damals gegen die Pflichten, die man ihm auferlegte, rebelliert haben.[66] Auf Strafen reagiert er mit Verstocktheit. Als er in seiner Lehrstelle bei einem kleinen Diebstahl erwischt wird, entzieht ihm Hegel seinen Nachnamen wieder, was Ludwig, jenem Bericht Varnhagens zufolge, «als eine tödliche Schmach empfand»[67]. Er könne nicht um Verzeihung bitten, schreibt Hegels Erstgeborener 1825 aus Amsterdam, denn er sei sich keines Fehlers bewusst. Er habe immer in der Furcht der Eltern, nie aber in der Liebe zu ihnen gelebt.[68] Ludwig Fischer, wie er nun wieder heißt, tritt in den holländischen Kolonialdienst ein und stirbt 1831 im indonesischen Yogyakarta an Tropenfieber.

Christiane Hegel hat erst ganz zu Ende ihres Lebens davon erfahren, dass ihr Bruder diesen Sohn hatte. Und sie hat es nicht von ihrem Bruder erfahren. «Hegel», schreibt seine Witwe, «wollte mit ewigem Stillschweigen den unsäglichen Verdruß und Kummer den ihm und mir dieser von ihm aufgegebene, verlorene Sohn gemacht hat, bedacht wissen – und was nun wirklich längst vergessen und überwunden war, was vor meinen Kindern nicht zur Sprache kommen sollte, fällt ihnen, während ich den Brief der Tante lese, befremdend in die Hände – ich sehe Karl erröthen und sehe zu meinem Schrek, was auf dem Blatt, das er in Händen hält, offenbar und schonungslos (im Testament) geschrieben steht. Dieß sind Dinge, die sich nicht so leicht abschütteln und vermindern lassen, und schwerer verletzen als ein wirkliches Unglück.»[69] Hegel hatte in seinem Werk viele Gedanken daran gewendet, was die idealisierte Schwester dem Bruder und der Familie schulde. Was der Bruder der tatsächlichen Schwester und Familie schulde, dafür fand er keine Worte.

SECHZEHNTES KAPITEL

Nach dem Ende der Kunst
eilt Hegel in die Oper

«Die schönen Dinge zeigen an,
dass der Mensch in die Welt passe.»

Immanuel Kant

O der hat es überhaupt mit der Kunst und mit der Welt selbst ein trübseliges Ende?» Der 1831 so fragte, war Heinrich Heine. In seinem Bericht für deutsche Leser über den Salon, die Gemäldeausstellung im Louvre, galt diese Frage einer gefühlten Schwellensituation der Kunst.[1] Der Schriftsteller war im selben Jahr unter dem Eindruck der Julirevolution von 1830 nach Paris ausgewandert, um der Gegenwart dort den Puls fühlen zu können. Die Erwartung, Kunst und Literatur sollten die Nähe zu den politischen Konflikten ihrer Zeit suchen, bestimmte auch sein Epochengefühl. Drei Jahre zuvor hatte Heine in den «Neuen Politischen Annalen», einer Zeitschrift, die er selbst mit herausgab, die zweibändige Literaturgeschichte des Historikers Wolfgang Menzel rezensiert. Er verglich sie dort mit Friedrich Schlegels Wiener Vorlesungen über die «Geschichte der alten und neuen Literatur», die 1814 erschienen waren. In diesen sei «die Idee der Kunst noch immer der herrschende Mittelpunkt», wohingegen Menzel versuche, «das Verhältnis des Lebens zu den Büchern aufzufassen». Außerdem strebe er nach Wissenschaftlichkeit, was «eine Tendenz unserer neuesten Zeit» sei, durch die sie sich von der vorangegangenen «Kunstperiode» unterscheide.

Die Bedeutung dieser Tendenz zur Wissenschaft sah Heine mancherorts sogar staatlich anerkannt, «absonderlich in Preußen», wo Humboldt, Hegel, der Indogermanist Franz Bopp, Schlegels Bruder August Wilhelm und Friedrich Schleiermacher den Wert der Erkenntnis um ihrer selbst willen kultivierten, nicht wegen ihres Nutzens für die Gegenwart. Die Idee der Kunst war für Heine darum nicht nur der Mittelpunkt der Vorlesungen Schlegels, sondern «zugleich der Mittelpunkt jener ganzen Literaturperiode, die mit dem Erscheinen Goethes anfängt und erst jetzt ihr Ende erreicht hat».[2]

Heines Diagnose vom «Ende der Kunstperiode»[3] bezog sich auf eine Zeit, in der die Kunst – bei Goethe auch die Natur –, wie es später heißt, «als eine unabhängige zweite Welt» erschien, der gegenüber die erste, in der es Religion, Moral und Politik, also im intensiveren Sinne Geschichte gibt, sekundär wurde.[4] Bei Goethe sei das auf seinen Pantheismus zurückgegangen, der ihn indifferent gegen die Geschichte habe werden lassen. Wenn alles Gott sei, so der Gedanke, könne man sich ruhig dem zuwenden, was einem am besten gefalle, bei Goethe «Kunstspielsachen, Anatomie, Farbenlehre, Pflanzenkunde und Wolkenbeobachtungen», anstatt den höchsten Menschheitsinteressen. Goethes Werke seien Meisterwerke, man könne sich in sie verlieben, aber sie seien unfruchtbar wie antike Statuen, «unglückliche Mischlinge von Gottheit und Stein».[5]

Der Kunstperiode ordnet Heine aber nicht nur den Klassizismus mit seiner Begeisterung für jene Statuen zu, sondern auch die Romantik, die er seinen französischen Lesern ebenfalls als Abwendung von der Gegenwart darstellt, hin zu einem poetisch aufgefassten Mittelalter, einem poetisch aufgefassten Katholizismus, zu Volksbüchern und Sagen. Das Ende der Kunstperiode ist für Heine darum durch den Niedergang solcher Kunst gekennzeichnet, die sich bewusst in einen Gegensatz zur eigenen Zeit hineinarbeitet und ihr den Rücken zuwendet. Mit Blick auf die dreißig Jahre, die auf Heines Überlegungen folgten und in denen beispielsweise die Romane Stendhals, Balzacs, Melvilles, Thackerays und

Flauberts erschienen, die Dramen Büchners, die Erzählungen Poes und die Gedichte Baudelaires, wird man seine Erwartung großer Literatur, die sich stärker der eigenen Zeit und ihren Konflikten zuwendet, nicht enttäuscht finden, obzwar der deutsche Beitrag zu ihr bescheiden blieb.

Es war ein Student Hegels, der diese Zeitdiagnose stellte. Vom Sommersemester 1821 bis zum Wintersemester 1822/23 hatte Heinrich Heine die Vorlesungen des Philosophen in Berlin besucht. In seinen «Geständnissen» erinnert er sich gut dreißig Jahre danach: «Eines schönen hellgestirnten Abends standen wir beide nebeneinander am Fenster, und ich, ein zweiundzwanzigjähriger junger Mensch, ich hatte eben gut gegessen und Kaffee getrunken, und ich sprach mit Schwärmerei von den Sternen, und nannte sie den Aufenthalt der Seligen. Der Meister aber brümmelte vor sich hin: ‹Die Sterne, hum! hum! die Sterne sind nur ein leuchtender Aussatz am Himmel.› ‹Um Gottes willen› – rief ich – ‹es gibt also droben kein glückliches Lokal, um dort die Tugend nach dem Tode zu belohnen?› Jener aber, indem er mich mit seinen bleichen Augen stier ansah, sagte schneidend: ‹Sie wollen also noch ein Trinkgeld dafür haben, daß Sie Ihre kranke Mutter gepflegt und Ihren Herrn Bruder nicht vergiftet haben?›»[6]

Die Anekdote gibt nicht nur einen guten Eindruck von der – seit seinen Tübinger Tagen frisch gebliebenen – Aversion des Philosophen gegen die Glückseligkeitslehre. Sie enthält auch in aller Kürze seine Stellung zum Schönen. Denn das schärfte Hegel seinen Zuhörern gleich zu Anfang ein: Nicht Schönheit an sich interessiere ihn und auch nicht das Erhabene. Der Satz über den Ausschlag am Firmament war die geraunzte Antithese zu Kants Satz, der gestirnte Himmel über ihm und das moralische Gesetz in ihm erfüllten das Gemüt, Kants nämlich, mit stets zunehmender Bewunderung.

Hegel beginnt die Vorlesung, die er vom Wintersemester 1820/21 an in Berlin und zuvor 1818 schon einmal in Heidelberg gehalten hat, fast ein wenig missgelaunt und betont vor allem die Schwierigkeiten, der Ästhetik etwas abzugewinnen. Beinahe ist es, als beschwere er sich über seinen Gegenstand. Der Begriff «Ästhetik» passe gar nicht, sagt er, denn es gehe nicht um eine Wissenschaft von der Wahrnehmung und Empfindung, das aber sei der Begriffssinn von «aisthesis». Als bloßer Name sei dieser Titel allerdings «für uns gleichgültig», also könne man ihn, wenn er nun schon einmal im Umlauf sei, auch beibehalten. So nonchalant war Hegel mit «Namen», die Begriffe sind, selten.

Doch auch um den allgemeinen Begriff der Schönheit geht es ihm nicht. Er behandle, sagt er seinen Studenten, hier nur die schöne Kunst und nicht anderes Schönes wie schöne Menschen, Landschaften, Tiere, Blumen, Himmelskörper. «Denn alles Geistige ist besser als jedes Naturerzeugnis», eine gemalte Landschaft höherrangig als die tatsächliche.[7] Nur in der Kunst sei das Schöne geistig, eine freie Hervorbringung und insofern auch begrifflich zu fassen. Hegel bringt ein witziges Argument dafür. Es läuft darauf hinaus, dass eine griechische Tragödie mit einem Trauerspiel des Barock verglichen werden kann und vielleicht sogar ein Bild von Vermeer mit einer Sonate von Vinteuil, aber nicht die Schönheit einer Katze mit der Schönheit eines Sonnenaufgangs. Das hindert ihn aber nicht, wenig später einzelne Tierarten auf den Grad ihrer inneren Beseeltheit und anmutigen Lebendigkeit durchzugehen, wobei die Faultiere ihrer Trägheit wegen besonders schlecht abschneiden und die Schnabeltiere, weil sie ein «Gemisch» aus Vierfüßer und Vogel seien, ein Vorwurf, den Hegel aber weder auf Kentauren noch auf Engel oder Nixen ausdehnt.[8]

Andere als schöne Kunst behandelt Hegel ebenfalls nicht. Dem Begriff «erhaben», der Kant umtrieb, kann er wenig abgewinnen, weil er an einen unermesslichen Abstand zwischen dem Menschen und dem Absoluten nicht glaubt; er reserviert ihn für Vor-

stufen der Kunst.[9] Solche Kunst wiederum, die nicht nur Häss-
liches zeigt, sondern selbst absichtlich hässlich ist, beschäftigt ihn
kaum.[10] Naturalismus ist für Hegel keine ästhetische Maxime. So
fordert er beispielsweise von der Kunst des Porträts, alle Äußer-
lichkeiten – «Härchen, Poren, Närbchen, Flecke der Haut» – weg-
zulassen, die nicht dem Charakter des Porträtierten entsprechen.[11]
Satiren und Karikaturen zählen bei ihm, wenn sie prominent werden, zu den Zerfalls- und Übergangserscheinungen von Epochen
der Kunst. Zugleich gibt es in den drei Bänden seiner Vorlesungen
aber kaum einen Satz darüber, was mit dem Urteil «Das ist schön»
denn gemeint sei.[12]

Weitere Einschränkungen folgen. Kunst als Schmuck, Verzie-
rung, Unterhaltung – das alles beschäftigt Hegel so wenig wie
Kunst als ein Mittel, um zu belehren oder als eines, um Vernunft
und Sinnlichkeit, Pflicht und Neigung zu versöhnen.[13] Für diese,
auf Friedrich Schiller zurückgehende Überlegung zum Zweck der
Kunst verwendet Hegel keine zwei Minuten Vorlesungszeit, so
wenig plausibel findet er sie. Weder Vernunft noch Sinnlichkeit
bedürften einer Vermittlung. Kunst, die ihren Zweck nicht in sich
trage, sondern ein täuschendes Mittel zu anderen Zwecken sei,
verdiene gar kein philosophisches Interesse, das ja auf die Wahrheit gehe und nicht, darf man ergänzen, auf Techniken. «Was *wir*
aber betrachten wollen, ist die auch in ihrem Zwecke wie in ihren Mitteln *freie* Kunst», eine Kunst also, die weder dem Wand-
schmuck, dem Zeitvertreib, der Pädagogik, der Ablenkung – «mit
Musik geht alles besser» – noch der Veranschaulichung des Guten
dient.[14]

Was bleibt jetzt noch übrig? Bevor Hegel diese Frage beantwortet, mutet er seinen Studenten etwas Weiteres zu. Es führt zurück
zu Heinrich Heine, dessen im Tübinger und Stuttgarter «Morgen-
blatt für die gebildeten Stände» in mehreren Folgen publizierten
Bericht über den Pariser Salon Hegel nicht mehr hätte zu Ende
lesen können; die erste Folge erschien drei Wochen vor seinem

Tod im November 1831, die Sätze über das Ende der Kunstperiode erst danach. Hegel trägt eine auf den ersten Blick ganz andere Diagnose zum Ende der Kunstperiode vor. Die ästhetische Produktion der Gegenwart um 1800 steht ihr zufolge im Gegensatz zur gesamten Geschichte der schönen Kunst. Nicht die Goethezeit, also grob gerechnet Hegels eigene Lebensspanne, ist für ihn die Periode welthistorisch höchsten Ansehens der Kunst, sondern die der klassischen griechischen Mythologie, Skulptur und Architektur. Auch danach unterhielten Kunstwerke noch einen intensiven Bezug zum Göttlichen. Seit dem Untergang der griechischen Polis und spätestens seit dem Mittelalter mit seiner ikonischen Verehrung erfülle die Kunst aber nicht mehr unsere höchsten Bedürfnisse. Wir verehren Kunstwerke nicht länger, wir finden nur noch Gefallen an ihnen, und wir denken über sie nach: «Uns gilt die Kunst nicht mehr als die höchste Weise, in welcher sich die Wahrheit Existenz verschafft.» Die Zeit der griechischen Götterbilder und Tempel, der christlichen Jesus- und Mariengemälde sowie Kirchenbauten ist vorüber – «es hilft nichts, unser Knie beugen wir doch nicht mehr.»[15] Berühmt geworden ist diese vermeintlich größte Zumutung seiner Vorlesungen als These vom Ende der Kunst.

Seine Hörer mögen sich spätestens an dieser Stelle gefragt haben, inwiefern Kunst dann überhaupt noch entscheidend ist, um die Welt zu verstehen. Fehlt denen, die wenige Erfahrungen mit Kunstwerken gemacht haben, überhaupt etwas, um die Welt zu begreifen? Hält man sich Hegels Idee vom Begreifen des Ganzen vor Augen, stellt sich vor allem die Frage, ob das Verstehen von Kunst erheblich für jemanden sein kann, der als eigentlichen Zugang zur Welt das wissenschaftliche Wissen bezeichnet. Das Weltganze ist für Hegel ein sich erkennend und selbsterkennend bewegendes Gebilde. Kunst aber kommt von Können, nicht von Wissen. Sie hat eine Nähe zum Spiel, nicht zum Ernst, eine Nähe zur entlasteten Zeit, nicht zur Arbeit, zum Schein, nicht zur Wahrheit. Und dann soll sie, was ihre höchsten Hervorbringungen angeht, auch noch etwas längst Vergangenes sein? Was weiß man denn mehr über die Welt, nachdem man ein Kunstwerk betrachtet hat, außer dass man nun bestenfalls auch ein Wissen von diesem Kunstwerk hat? Worin sollte die Kunst ein gegenwärtiges und nicht nur historisches Interesse finden?

Die Frage ist umso berechtigter, als Hegel seine Philosophie der Kunst über weite Strecken tatsächlich historisch anlegt. Die Berliner Vorlesungen, deren Manuskripte verschollen sind, wurden vier- bis fünfstündig gehalten, und dass sie trotzdem so stark frequentiert waren, ist nachvollziehbar. Denn bei den Nachschriften, die seine Studenten davon angefertigt haben – sie schrieben mehr oder weniger buchstäblich mit[16] –, handelt es sich vielleicht um seine am leichtesten fasslichen Texte. Hegel ist hier nicht nur klarer als irgendwo sonst. Er trägt die Philosophie der Kunst auch über weite Strecken als erzählenden Gang durch ihre Epochen vor. Womit aber schon die nächste Überraschung anzusprechen ist. Denn es gibt für Hegel überhaupt nur drei Epochen der Kunst, eine der «symbolischen» und eine der «klassischen» Kunst sowie eine dritte der «romantischen» Kunst, in der das Kunstschaffen seinen Höhepunkt aber schon überschritten haben soll und die mit dem Tod Christi begann. Christus am Beginn der romantischen Kunst? Gewiss sind manche Epochenbezeichnungen wie «Romanik», «Renaissance» und «Barock» erst nach oder während Hegels Lebenszeit üblich geworden. Man kann ihm insofern keine absichtliche Ignoranz ihnen gegenüber vorwerfen. Doch die Behauptung, die letzte große Zäsur der Kunstgeschichte habe sich vor eintausendachthundert Jahren ereignet, war mindestens originell.

Weshalb gibt es für Hegel nur diese drei Epochen? Weil er sich Kunst nicht als autonome Kunst vorstellt. Die Probleme, als deren Lösung Kunstwerke begriffen werden können, hält er nicht in erster Linie für ästhetische Probleme. Vielmehr sind es Probleme, die sich aus einer grundsätzlichen Spannung zwischen sinnlichen und gedanklichen Antrieben des Menschen ergeben. Alles, was ist, ist für ihn einerseits eine Tatsache, andererseits Ausgangs- und Zielpunkt von Gedanken, es ist sinnliches Objekt und Träger von Bedeutungen. Kunstwerke nun sind sinnliche Objekte, die in Tausenden von Variationen diese Dualität zur Erscheinung bringen. Die berühmteste Formulierung dafür ist, das Schöne sei das sinnliche Scheinen der Idee. Kunstwerke vereinigen etwas Gedankliches mit etwas sinnlich Fassbarem, indem sie die unmittelbaren Impulse gegenüber Objekten, als da sind Begierde und begriffliche Verarbeitung, durch den Schein und eine Schönheit zurückdrängen, die geistig ist. Das Kunstwerk steht, wie Hegel formuliert, in der Mitte zwischen der unmittelbaren Sinnlichkeit und dem ideellen Gedanken. Es scheint ein Objekt zu sein, aber man kann mit ihm nichts anderes anfangen, als es wahrzunehmen und darüber handlungsentlastet nachzudenken. Es löst Gedanken aus, aber es ist kein Argument, sondern zwischen Ding und Begriff etwas Drittes. Alle bedeutenden Werke sind darum für Hegel auf ein jeweils historisch herrschendes Ideal des Verhältnisses von Sinnlichkeit und Übersinnlichem bezogen.

Schon in seiner «Enzyklopädie» hatte Hegel die Kunst als eine der Gestalten des «absoluten Geistes» bezeichnet. Damit ist sie für ihn eine Form des Wissens vom Göttlichen und letztlich eine Form von Religion.[17] Doch schon in den knappen Einlassungen dort ist zu spüren, wie spannungsreich sich das Verhältnis der Kunst zum Wissen darstellt. Die Kunst, heißt es, zerfällt einerseits in Werke «von äußerlichem gemeinen Dasein» und in Subjekte, die sie verehrend anschauen. Andererseits erlaubt sie die konkrete Anschauung der Idee. Unter «Idee» versteht Hegel dabei nichts Jenseitiges, Abgehobenes, sondern einen Zustand, in dem die Dinge so sind, wie sie sein sollten. Die Idee ist darum in dem Sinne die Wahrheit einer Sache, wie wir etwas «ein wahres Kunstwerk» nennen, wenn es unsere Aufmerksamkeit und unser Gefühl genauso absorbiert wie unsere Nachdenklichkeit – was bei Kunstwerken beispielsweise heißen kann, dass sie nicht einfach einer Regel folgen, nach der auch andere Werke hervorgebracht wurden. Sie teilen, sofern sie einer Epoche angehören, nur dasselbe Grundproblem. In religiöser Sprache: «Die Dinge sind das, was sie sind, nur durch den ihnen innewohnenden göttlichen und damit schöpferischen Gedanken.»[18]

In Gestalten des absoluten Geistes sind alle Gegensätze zur Ruhe gebracht: zwischen Subjekt und Objekt, Sinnlichkeit und Geist, Besonderem und Allgemeinem. «Die Tiere leben in Frieden mit sich und den Dingen um sie her, doch die geistige Natur des Menschen treibt die Zweiheit und Zerrissenheit hervor, in deren Widerspruch er sich herumschlägt.»[19] Hegel nennt verschiedene Möglichkeiten, den Gegensatz von Freiheit und Abhängigkeit aufzulösen: Hunger führt zu Essen, Müdigkeit zu Schlafen. Aber die Befriedigung stillt das Bedürfnis nicht ganz, denn es kommt wieder. Die Unfreiheit des Unwissenden hingegen kann durch Lernen schon stabiler überwunden werden. Die Unfreiheit des Handelnden bearbeitet der Rechtsstaat. Diese Befriedigungen nennt Hegel allerdings «einseitig» und wechselhaft, weil die Freiheitsausübung sich in Einzelheiten erweise, die nicht miteinander zusammenhängen und außerdem auch der Freiheit immer wieder Grenzen gesetzt werden. Der Mensch bleibe auch im Staat in Endlichkeit verstrickt.[20]

Erst die Religion bilde eine Sphäre, in der die Gegensätze schwinden. Die Dinge religiös zu betrachten heißt demnach, sie nicht zerrissen von Widersprüchen zu sehen, sich nicht in Gegensatz zu ihnen zu bringen, sondern alles, was Widersprüche an sich trägt, in einer höheren Einheit ausgeglichen zu wissen. Dasselbe gilt für die Philosophie, die eine solche Einheit ohne Vorstellungen (ohne Himmel also, ohne Messias, Auferstehung von den Toten, Wiedergeburt und so weiter) denken kann. Und, Hegel zufolge, auch für die Kunst, die den Gegensatz von Freiheit und Endlichkeit in der sinnlichen Anschauung eines Objektes aufzuheben vermag, das durch Schönheit die Betrachter begeistert. Dabei ist an mehr gedacht als an die Verklärung des Irdischen, wie man sie einerseits mancher christlichen Bildkunst bis hin zu Raffael zuschreiben kann, andererseits der Musik. Hegel denkt auch gegenläufig an die Versinnlichung der Götter oder an die Verlebendigung von Normen etwa in der Tragödie. Er spricht von unmittelbarem, sinnlichem Wissen, und die griechische Kunst ist für ihn die höchste Form, in der damals die Götter vorgestellt wurden.

Das wurde auch schon anders gesehen.[21] Platon zum Beispiel fand, dass die Dichter und damit im Grunde alle Künstler lügen. Denn sie fertigen nur Abbilder von Abbildern an. Ein Maler, der ein Bett malt, das ist Platons Beispiel, weiß weniger davon als der Handwerker, der es hergestellt hat. Und schon der Handwerker hat das Bett nur herstellen können, weil er zuvor eine Idee von Stabilität, Geometrie und Gewicht hatte, für Platon alles Gedanken, die auf das Urbild des Betts verweisen, das nicht der Handwerker, sondern Gott geschaffen habe.[22]

Ob nun je sich ein Gott mit einem Ur-Bett beschäftigt hat, in dem man nicht liegen kann, weil es sich in Ideen eben nicht liegen lässt, können wir dahingestellt sein lassen. Auch ob Künstler überhaupt vornehmlich mit dem Abbilden von «Schattenbildern» beschäftigt sind, auf denen sich Betten zeigen, kann bezweifelt werden. Denn die Malerei erschöpft sich nicht in der Nachahmung von Dingen, gar Bettgestellen, und für die Kunst ist Malerei auch nur ein mögliches Beispiel. Dass Platon die Dichter attackiert, aber unter der Hand über den Begriff «Mimesis» die bildgebende Kunst einführt, um sie gegenüber Handwerkern schlecht aussehen zu lassen, gibt als rhetorischer Trick ebenfalls zu denken. Hätte er beispielsweise die Musik oder Gedichte so leicht als Abbildung von Abbildern kritisieren können? Inwiefern ist ein Gedicht Fiktion?[23]

Die Künstler bringen ihre Werke mithin als Illusionen, Fiktionen, Phantasien und Spiele der Einbildungskraft hervor, nicht als Mitteilungen über Sachverhalte außerhalb der Kunst. Selbst die Beschwichtigung des Aristoteles, die Dichter würden nicht sagen, was tatsächlich war – in diesem Fall würde Literatur Geschichtsschreibung imitieren –, sondern was möglich gewesen wäre, kommt nicht aus der Zone des alten Vorwurfs heraus: «Bloßes Spiel, aber keine ernste Befassung mit Wirklichkeit.»[24]

Schließlich Kant. Auch seine «Kritik der Urteilskraft» zeigt noch das Bedürfnis, die Kunstwerke in einer, je nachdem, höheren oder tieferen Wirklichkeit abzusichern. «Schöne Kunst», heißt es dort, «ist eine Kunst, sofern sie zugleich Natur zu sein scheint.»[25] Dass es gemacht wurde, soll darum dem Werk ebenso wenig anzusehen sein wie der Natur. Es soll den Eindruck machen, unabsichtlich hervorgebracht worden zu sein. Weshalb? Weil an Schönheit gerade gefällt, dass sie unverfügbar ist, sich einer glücklichen Fügung verdankt, aus keinem Gesetz hergeleitet werden und also auch nicht fabriziert werden kann.[26] Doch auch diese Auffassung von gelungenen Kunstwerken als bejahtem Anschein des Nichtgemachten führt nicht zu einer Theorie, die mit ihnen eine besondere Form des Wissens verbindet. Im Gegenteil. Etwas, das wirken soll, als sei es unwillkürlich entstanden, kann kaum den Anspruch erheben, seinen Betrachtern Erkenntnis zu vermitteln.

Für Hegel ist Kunst dennoch eine Form der Selbsterkenntnis. Unter modernen Umständen ist der Mensch, wie er schreibt, nämlich eine Amphibie, die in zwei sich widersprechenden Welten lebt: in der Welt der Bedürfnisse und Leidenschaften einerseits, andererseits in der Welt der ewigen Ideen. Der Verstand komme hier nicht weiter als zum «Sollen» des Höheren, und das Bewusstsein pendelt zwischen den Welten. Beides führt auf Kunst zu, denn zum Nachdenken gehört auch das Phantasieren sowie das Bedürfnis, den anderen zu zeigen, was man sich ausgedacht hat. Zur Bearbeitung der Umwelt wiederum gehört es, Dinge nicht nur zweckmäßig einzurichten, sondern sie zu verschönern. Die Kunst könne darum die Versöhnung des Gegensatzes zwischen Sinnlichkeit und Idee darstellen.[27] Ist ein Gegenstand nur Gegenstand, dann macht er das Denken unfrei: Es hat sich ihm anzupassen. Ist eine Empfindung nur Empfindung, dann macht sie den Willen unfrei: Man kann sie nicht abweisen, sie drängt sich auf und reißt einen mit oder stößt zurück. Ist ein Gegenstand hingegen schön, dann entspricht er seinem Begriff von sich aus. Löst ein Kunstwerk Empfindungen aus, so richtet sich doch keine Begierde auf das Objekt. Kunstwerke werden nicht als Mittel zu Zwecken verwendet, jedenfalls nicht dort, wo sie als Kunstwerke betrachtet werden. Kein Besitzenwollen und Benutzen geht von der Betrachtung des Schönen aus, wie Hegel sie versteht. Sie sei «liberaler Art».[28]

Kunstwerke sind für Hegel also, sofern sie schön sind – und allein dadurch sind sie für ihn Kunstwerke –, das Paradox einer wahrnehmbaren Vollkommenheit. Paradox ist das deshalb, weil Wahrnehmbares per se unvollkommen ist, denn ohne gedankliche Deutung bleibt es unvollständig, unverstanden. Der Diamant mag noch so schön geschliffen sein, er bedarf, um als vollkommen zu gelten, des Begriffes «Schmuck», der selbst nicht wahrnehmbar und einer sozialen Situation entnommen ist. Vollkommen sind Kunstwerke darum, wenn «kein Zeichen von subjektiver Besonderheit darin» ist. Zwar seien sie «ein Werk der freien Willkür», aber ebenso sei «der Künstler der Meister des Gottes». Über den letzten Satz haben sich manche Leser Hegels gewundert.[29] Er spielt mit dem Genitiv, indem er seine Ansicht, die Griechen verdankten ihre Götter den Dichtern und Bildhauern (vielleicht auch den Architekten),[30] mit der Bedeutung verbindet, dass die Künstler die Handwerksmeister des Absoluten sind. Sie machen für Hegel aus dem, was nicht als Ding gedacht werden kann, ein Ding, das seine Dinghaftigkeit zugleich durch Lebendigkeit und belebende Wirkung ständig dementiert.

Für Hegel ist Kunst mithin etwas Ähnliches wie Religion oder Denken. Weil wir uns auf diesen Feldern selbst begegnen – und zwar einerseits im strikten Sinne als «Wir» einer kollektiven Selbstvergegenwärtigung und andererseits interesselos.[31] Sie ist ein besonderer Zugang zur Wirklichkeit, weil Wirklichkeit sich gerade nicht durch unmittelbares Empfinden erschließt. Sie erfindet etwas, täuscht etwas vor, geleitet als Musik in Welten, die nichts nachahmen. Durch das Denken löst sich das kollektive Weltverständnis («der Geist») von dem, was wahrnehmbar ist. Aus dem Eindruck, «nicht alles ist wahrnehmbar», wird dabei «es gibt Übersinnliches» und «es gibt ein Jenseits», was impliziert, «es gibt ein Diesseits».

Die schöne Kunst nun, so Hegels These, versucht diesen Bruch zwischen dem Jenseits und dem Diesseits, zwischen Geist und Natur, zu «heilen».[32] Ihre Werke sind «noch nicht reiner Gedanke, aber [ihrer] Sinnlichkeit zum Trotz auch nicht mehr bloßes materielles Dasein».[33] Ist Kunst also, wenn sie heilt, eine Art metaphysische Medizin? Wenn Schiller mit der Bemerkung vom Hof gejagt wurde, die Kunst vermittle nicht zwischen Anderem, was heißt dann, der Geist heile, indem er die Kunst hervorbringe, einen Bruch? Hegel schreibt der Kunst eine «Kraft der Milderung»[34] zu, weil sie das, was sonst einfach nur ist – Leidenschaft, Angst, Schmerz, Erregung et cetera –, darstellt und dadurch zu Bewusstsein bringt. Kunst befreit von Empfindungen, indem sie uns zu Urteilen über Empfindungen auffordert. Wir wüssten, mit anderen Worten, gar nicht so viel über unsere Gefühle, wenn es keine Kunstwerke gäbe, die sich mit ihnen beschäftigen und sie viel deutlicher ausarbeiten, als es im alltäglichen Leben möglich ist, in denen sie meist nur in diffusen Mischungen aufkommen.

Unter diesen Voraussetzungen kennt Hegel drei Arten, wie sich Sinnliches auf Übersinnliches beziehen kann. Das Sinnliche kann auf Übersinnliches verweisen. Es kann von ihm ununterscheidbar sein. Und es kann ihm unangemessen sein. So ist das Wahrnehmbare ein Zeichen des Überirdischen: symbolische Kunst. Es kann durch vollkommene Schönheit die belebende Wirkung des Göttlichen vor Augen und Ohren führen und seine Betrachter oder Zuhörer ergreifen, ohne dass sie ein Deutungsbedürfnis haben: klassische Kunst. Und es kann sich in ihm die Unangemessenheit des Wahrnehmbaren wie des Schönen für die Seele darstellen, die Sehnsucht und Zerrissenheit der Subjektivität: romantische Kunst.

In der Epoche symbolischer Produktion muss ein Kunstwerk rätselhaft sein, um bewundert zu werden, weil alle Kunst die Rätselhaftigkeit der Welt selbst zum Thema hat. Hegel macht hier Gebrauch von den noch heute lesenswerten Studien seines Heidelberger Freundes Friedrich Creuzer, der in den ersten Symbolproduktionen früher Kulturen einen «Pantheismus der Phantasie» erkannte: «Die Natur spricht zum Menschen durch Zeichen, nur Kundigen vernehmlich.»[35] Die Werke – Tierplastiken, indische Götterbilder, muslimische Lyrik, aber auch Fabeln und Sprichwörter – haben sich noch nicht aus kultischen Praktiken herausgelöst, die das Geheimnisvolle, das Verwunderliche anrufen. Damit dokumentieren sie eine sachliche Differenz zwischen Objekt und Bedeutung und eine soziale zwischen Volk und Deutungselite.

Zur Zeit dessen, was Hegel «Vorkunst»[36] nennt, sind alle Werke eingebettet in ein mythologisch-religiöses Verweisungssystem, sind mithin keine individuellen Hervorbringungen und durch Wahrnehmung allein kaum zu erschließen, sondern Aufforderungen, sie zu entziffern. Alle Werke beschäftigen sich mit der Frage, ob es mehr gibt als die irdische Vergängnis, alle beschäftigen sich mit dem Tod, dem Werden und Vergehen und dem, was danach kommt. Tiere werden als göttliche Existenzen verehrt, weil sie ein geheimnisvoll belebtes Inneres haben. Pyramiden sind die aufwendigsten Kunstwerke als verschlossene Grabkammern, in denen die Leiber einbalsamiert wurden, ein schweigendes Jenseits im Diesseits. Im selben Jahr, in dem Hegel seine Berliner Ästhetikvorlesung aufnimmt, entziffert Jean-François Champollion im September die Hieroglyphen auf dem Stein von Rosette, und es ist wie ein Kommentar dazu, wenn Hegel bemerkt, die ägyptischen Kunstwerke enthielten nicht nur Rätsel für uns, «sondern am meisten denen, die sie sich selber aufgaben».[37] Die kolossale Sphinxfigur von Gizeh bezeichnet er als das Symbol des Symbolischen, weil sich in ihr, wie in anderen Zwischenwesen auch, der Mensch halb aus dem Tier herausarbeitet; es ist nur folgerichtig, dass die Sphinx der Sage nach vom Felsen stürzt, als Ödipus das ihm von ihr gestellte Rätsel löst, was morgens auf vier, mittags auf zwei und abends auf drei Beinen gehe: der Mensch.

In der Epoche der klassischen Kunst, in der sich der Mensch also aus seiner Verhaftung im Tierleben freigekämpft hat, besitzt die Kunst gar keinen anderen Inhalt als Schönheit. Hegel spricht von einer «Identität von Bedeutung und Körperlichkeit»,[38] die in griechischen Plastiken und architektonischen Werken erreicht sei. Die Schönheit, die nun doch den Menschen zukommt, gehe darauf zurück, dass sich in ihren Körpern unter Weglassung alles Befremdlichen daran ihre Seele, ihr Charakter, ihr Inneres widerspiegele. Gestaltet wird dabei, was von der Mythologie als Volksglaube an Figuren schon vorgegeben ist: Götter, Halbgötter, Helden, aber auch Randindividuen wie der dornausziehende Knabe oder ein Diskuswerfer. Die Kunst entwickelt hier eine religiöse Welt weiter, in der Tiere nicht mehr verehrt, sondern geopfert und danach gegessen werden, in der die Verwandlung in Tiere für den Menschen keine Erhebung, sondern eine Verwünschung und jedenfalls etwas Unglückliches ist und in der sich die herrschenden Götter gegen dunkle Naturmächte durchgesetzt haben. Das Übersinnliche streift dabei nicht die Sinnlichkeit als solche ab, sondern die Finsternis.

Hegel spricht über Dutzende von Seiten hinweg gar nicht über Kunstwerke im engeren Sinn, sondern über die neuen, olympischen Individuen der griechischen Götterwelt, die ihm insgesamt wie ein Produkt poetischer Einbildungskraft erscheint, das zu genießen kein Aberglaube nötig sei.[39] Erst im dritten Teil seiner Ästhetik, dem nach der Erläuterung seiner Grundbegriffe und seiner Epocheneinteilung erfolgenden Durchgang durch einzelne Kunstgattungen, kommt er auf Werke zu sprechen und bezeichnet hier die Skulptur als den Mittelpunkt der klassischen Kunstform. Sie ist es, weil sie den menschlichen Leib idealisiert, von seinen Unregelmäßigkeiten wie seiner Färbung absieht – Hegel wusste noch nicht von der Tätowiertheit der antiken Plastik – und auf die Ruhe einer Gestalt konzentriert ist, die «nur ein erster und leichter Beginn von Handlung» bewegt.[40] Die Kunst beschäftigt sich in solchen Gebilden überhaupt nur mit Schönheit, Anmut, Lebendigkeit und der Verklärung dessen, was sinnlich erfahrbar ist. Wenn Hegel festhält, der Geist führe außerhalb des Denkens noch ein empfindsames, phantasiegeladenes, vorstellendes Leben, ist deutlich, dass er die erotische Dimension der Weltwahrnehmung in der griechischen Kunstform verwirklicht sieht: «Schöneres kann nicht sein und werden.»[41]

Man hat Hegel darum als einen für Kunst anderer Art letztlich unempfänglichen Exponenten des Klassizismus bezeichnet. Doch er machte sich keine Illusionen darüber, wie nahe die griechische Mythologie und die ihr teils folgende, sie teils hervorbringende Kunst der Epoche symbolischer Produktion noch war. Von den Tiergöttern zu Zeus als Stier, von den Erdgöttern zum Kampf der Titanen, vom Menschenopfer zur Geschichte der Atriden ist es nicht weit. Aber die Kunst löst für Hegel aus der Mythologie im Zeichen der Schönheit und der politischen Moral Elemente heraus, um sie zu vermenschlichen und aufzuhellen. Dabei bleibt, wenn die Sinnlichkeit in Schönheit idealisiert ist, noch etwas Entscheidendes übrig, das nicht in Schönheit aufgelöst werden kann.

Es ist die Negativität des Todes, ohne die jeder Gedanke zum Irdi-schen unvollständig wäre und also auch jede Kunst, die sie nicht in sich aufnähme.

Dem Tod, man kann an die vielen Beschreibungen der Lao-koon-Gruppe denken, mag Schönheit abgewonnen werden, aber er selbst ist so wenig schön wie der Geist. Wenn außerdem in jeder Kunstform «das Göttliche an und für sich Gegenstand der Kunst»[42] ist, so fehlt dem Begriff des Göttlichen bei den Griechen die Sterblichkeit. Erst in der romantischen Kunst wird der Tod als schreckliche Negation des Individuums, der Subjektivität, thema-tisch: «Man kann nicht sagen, daß bei den Griechen der Tod in seiner wesentlichen Bedeutung sei aufgefaßt worden.» Denn den Griechen sei es nicht ernst mit dem gewesen, was für die christ-liche Welt Unsterblichkeit heiße. In der christlichen Kunst wie-derum gibt es im Wesentlichen nur eine plastische Gestaltung Gottes, diejenige, die ihn am Kreuz zeigt. Erst in der nachklassi-schen Kunst treten so das Unglück, «das Wehegefühl der Nichtig-keit»,[43] die Qualen des Lebens und die Sehnsucht nach Unsterb-lichkeit als Motive hervor. Die Kunst wird dadurch seelenvoll, «porträtartig» und erzählend, weil das Endliche, das sich in der Zeit entfaltet, als solches zu ihrem Inhalt wird, darunter auch das Unheroische, einfache Dinge, einfache Leute. Denn auch das ist eine ganz unaristokratische, unheroische Eigenschaft des Todes: alle zu ereilen. So werden Sancho Panza oder Ochs und Esel an der Krippe oder das Hausgesinde bei Shakespeare darstellungsfähig, «auf daß auch in der Kunst das Wort erfüllt sei, die da niedrig sind, sollen erhöht werden».[44]

In der romantischen Kunst – Hegel verliert kein Wort darüber, wie er zu diesem Begriff kommt – ist nicht das dargestellte Objekt Träger der Bedeutung, sondern die Seele und Subjektivität, die sich seiner annimmt. Der schöne Leib eines Gottes oder Halbgot-tes oder einer Nymphe führt zwar das vollständige Eingehen von etwas Unsichtbarem ins Sichtbare vor Augen. Aber nicht nur die

Götter sind ohne ihre Darstellung unsichtbar, auch die Seele ist es. Nur dass ihre Darstellung immer hinter dem, was über sie gedacht wird, zurückbleibt. Der schöne Leib beispielsweise ist ihr unangemessen, denn auch der unschöne oder mittelmäßig bewundernswerte ist beseelt. Wenn Christus am Kreuz hängt, weiß in Hegels Worten der Geist, «daß seine Wahrheit nicht darin besteht, sich in die Leiblichkeit zu versenken», sondern sich gerade unter für ihn widrigen Umständen entweder zu verklären oder zu behaupten. Aus der wahrnehmbaren wird so eine geistige Schönheit oder sogar eine Kunst, in der Schönheit nicht mehr die zentrale Idee ist. Iphigenie in Goethes Drama ist schön, weil sie schön handelt, wie immer die Schauspielerin aussieht, die sie verkörpert. Rembrandt in seinem Selbstporträt ist schön, weil die Seele eines Mannes aus dem Bild spricht, der das eigene Gealtertsein nachdenklich hingenommen hat.

Schließlich ist für Hegel die Musik das zentrale Beispiel für eine romantische Kunstgattung, weil sie ganz auf die Empfindung zielt und im trivialen Sinn kein Objekt hervorbringt, sondern objektlose Schönheit. Sie sei «die Kunst des Gemüts», der gegenüber sich die Wahrnehmung weit weniger auf Distanz halten könne als gegenüber Bildwerken oder Literatur, weil ihr Inhalt das Subjektive selbst sei.[45] Andererseits irritiert ihn Musik, weil sie sich von allen Stoffen (bestimmten Gefühlen, kultischer Untermalung, opernhaften Handlungen, liedhafter Artikulation von Poesie) befreien kann, um reine Instrumentalmusik zu werden, die Hegel dann nicht mehr von einem nur noch geistreichen, aber gedanken- und empfindungslosen Spiel mit musikalischen Strukturen zu unterscheiden weiß.[46] Er schwankt also zwischen dem Lob der Musik als einer zur Freiheit von irdischer Schwerkraft disponierten Kunst, die gleichzeitig die sinnliche Empfindung anspricht, und der Frage, welche Art von Bedeutung uns denn dergestalt freie Werke mitteilen. Hier wie bei vielen anderen Fragen kommt Hegel das eigene Bedürfnis in die Quere, philosophische und also

eindeutige Auskunft zu geben; der Darstellung einer objektiv am-
bivalenten Sach- und Begriffslage wäre ein Verweis auf weitere
nötige Forschungen angemessener als ein abschließendes Urteil.
Zeitgenossen haben dieses Dilemma in anekdotischer Form überliefert, wenn sie berichteten, die Studenten hätten Hegel gesehen,
der, «sobald die Universitätsglocke sechs geschlagen und er eben
seinen Satz beendigt hatte: ‹daß die Musik die Kunst des leeren
Träumens›, nun hastig in das geradeüberliegende Opernhaus» hin-
übereilte, «wo eine Oper von Gluck gegeben wurde und er die Sängerin Milder enthusiastisch beklatschte».⁴⁷

Zusammengefasst nimmt der Begriff der Schönheit in der langen
Geschichte der romantischen Kunst viele Aspekte in sich auf, die
einem Mitglied der Polis um 400 v. Chr. sich nicht leicht erschlossen hätten. Hegels Ästhetik verabschiedet insofern auch die Vorstellung, die seine frühen Schriften mitbewegte, es sei die Aufgabe
der Philosophie, die Einrichtung einer schönen Gesellschaft und
die Wiederherstellung der griechischen Staatlichkeit unter modernen Umständen zu befördern. Dass wir vor der Kunst die Knie
nicht mehr beugen, heißt für ihn insofern auch, dass sie für uns
keine Auskunft mehr darüber gibt, was sein soll. Wir können die
Vergangenheit in den Objekten, die sie hervorgebracht hat, nur
noch erinnern, aber nicht mehr zum Maßstab der Gegenwart machen. Hegel verbindet die Trauer über verlorene Schönheit mit der
Einsicht in den Preis der Unfreiheit vieler und des Nichtwissen-
wollens vom Ernst des Todes, der für sie einst zu zahlen war.
   Die romantische Kunst, die Hegel mit dem Christentum beginnen lässt, äußert sich in den abenteuerlichen Ritter- und Liebes-
epen ebenso wie in Genremalerei oder humoristischen Romanen
seiner eigenen Zeit, die mit Zufällen spielen. Sie muss sich darum von ihm den Vergleich gefallen lassen, hinter der klassischen
Kunst in puncto Schönheit zurückzubleiben und, wenn man so
will, religiös und philosophisch mehr zu beeindrucken als ästhe-

tisch. Das mutet als Vergleich von antiken Statuen, Minnelyrik
und «Tristram Shandy» – einem der Lieblingsbücher Hegels – insofern merkwürdig an, als zumindest die Romanautoren gar nicht
in einem Wettstreit um die schönste Hervorbringung stehen. Umgekehrt wird man auch die «Orestie» oder «König Ödipus» nicht
umstandslos «schön» nennen wollen. Hegel notiert das und spricht
von der Tragödie als einem Hinausgehen der Kunst über sich
selbst in die «Prosa des Denkens».[48] Zentral aber sind für ihn in
seinen Ausführungen über die klassische Kunstform nicht nur die
Kunstwerke, sondern die Tatsache, dass die Griechen ihre Götter
überhaupt als sinnliche Erscheinungen behauptet haben. Wenn
Kunst die Aufgabe hat, etwas, das nicht wahrnehmbar ist, wahrnehmbar zu machen, liegt es nahe, in der griechischen Mythologie
selbst ein poetisches Vermögen am Werk zu sehen. Hegel spricht
von der klassischen Kunst als einem «offenbarenden Belehren»[49]:
Es gibt die Götter ohne Homer gar nicht.

Von hier schreitet die Kunst für Hegel zu Formen fort, denen
es darum geht, einen angemessenen Ausdruck für die Innerlichkeit des Menschen und jene Spannung zu finden, in der sie sich
zur Leiblichkeit befindet. Die romantische Kunst ist ein «Hinausgehen der Kunst über sich selbst, doch innerhalb ihres eigenen
Gebiets».[50] Deswegen kommentiert sie die Welt viel mehr, erzählt
sie viel mehr von ihr, als Objekte unmittelbarer Evidenz hervorzubringen. Wahrheit, heißt das, ist nicht in einfacher Anschauung zu
gewinnen, sondern allenfalls im Durchgang durch sehr viele und
disparate Geschichten. Deswegen findet die Kunst unter romantischen Umständen auch in allem einen Anlass zur Gestaltung,
«Blumen, Bäume und gewöhnlichste Hausgeräte» werden zum
Stoff der Kunst, weil die Künstler im Zeichen der Subjektivität
immer weniger gehalten sind, kollektiv verbindliche Objekte oder
Geschichten hervorzubringen. Hegel antizipiert geradezu gegen-
standslose Kunst, wenn er schreibt, dass die äußerlichsten Dinge
in der romantischen Kunst ihren Wert durch die Innigkeit ihrer

Behandlung erhalten, denn das Innere sei hier «die äußerlichkeits-
lose Äußerung, gleichsam nur sich selbst vernehmend, ein Tönen
als solches, ohne Gegenständlichkeit und Gestalt, ein Schweben
über den Wassern, ein Klingen über einer Welt» – der Grundton
aller romantischen Kunst sei musikalisch und lyrisch. Das Kunstwerk stellt nicht die Wirklichkeit des Schönen dar, sondern bewegt
die Seele.[51]

Das geht allerdings mit einer größeren Subjektivität der ästhetischen Produktion einher. Immer mehr wählen die Künstler, was
sie zur Darstellung bringen, und übernehmen es nicht als verbindliche religiöse oder politisch-repräsentative Vorgabe. Sie können
sich, wie es Heine beklagt hat, in Gegensatz zu ihrer Zeit bringen
oder sich Motive vornehmen, an denen gar kein allgemeines Interesse besteht, sie können sich sogar von ihren Motiven distan-
zieren, ironisch werden, ihre Mittel, wie etwa das Erzählen, oder
die Modi ihrer Wahrnehmung, das Sehen und Hören, als solche
reflektieren. «Das romantische Innere kann sich […] an *allen Umständen* zeigen.»[52] Zugleich folgt die Objektwahl, wie Hegel anlässlich der holländischen Genremalerei formuliert, dem Bedürfnis,
die Kunst selbst zu zeigen. «Was uns reizen soll, ist nicht der Inhalt
und seine Realität», Trauben, umgestoßene Stühle, seidene Kleider gibt es in der Wirklichkeit genug.[53] Vom Schönen werde vielmehr das Scheinen als solches fixiert, ohne dass etwas erschiene.
Subjektivität wird selbst zum Inhalt.

Hegel spricht von der «inneren Auflösung des Kunststoffs»[54] als
Ergebnis der romantischen Kunst und meint damit, dass es in ihr
zuletzt kein «Wir» mehr gibt. Dialektisch formuliert: Dass es kein
«Wir» in der Kunst mehr gibt, ist die einzige Formel, auf die sich
die an ihr Beteiligten noch einigen können. Ihre letzte Stufe ist
für Hegel der Künstler, der sich in seinen Werken als den Zufällen
und seinen Gefühlen ausgesetztes, Zufälle und Gefühle nutzendes
und witziges Subjekt zeigt. Die Kraft des verbindlichen Stoffes
schwindet, jedes Werk vollzieht nur noch, was es sich selbst vor-

genommen hat, keine religiöse oder metaphysische Vorgabe mehr. Da hilft es auch nicht, um der Kunst willen katholisch zu werden, wie Hegel spöttisch über die Romantiker seiner Zeit schreibt. Wer heute einen griechischen Gott oder Maria zum Gegenstand einer Skulptur oder eines Gemäldes mache, dem fehle der Ernst gegenüber solchen Stoffen. Die Stoffe der Vergangenheit sind als solche «ausgesungen», sie dienen allenfalls noch als Anspielungen.[55]

Wie sah Hegel die Kunst seiner eigenen Epoche, jene Kunst, der Heine das Ende diagnostiziert hatte? Hegel spricht vom Ende der Kunst in einem Moment, in dem viele Zeitgenossen im Bannkreis Weimars, aber auch Hölderlin und Schelling sowie die Romantiker aller Spielarten sich gerade von der Kunst die Artikulation der wichtigsten Bedürfnisse und Einsichten ihrer Gegenwart erhofften. Der Künstler wurde geradezu als Inbegriff einer freien, einbildungskräftigen, alles mit allem in Beziehung setzenden Tätigkeit gesehen. Die Verehrung Goethes galt nicht nur dem Autor bestimmter Werke, sondern dem Statthalter des Schönen im Wirklichen. Schiller erwartete von der ästhetischen Bildung die Reform der Gesellschaft. Manche Romantiker stellten sich die Beschäftigung mit Poesie, Schauspiel und Roman geradezu als entscheidende Schule des Sinns für eine moderne Welt vor, in der mittels Mode, Design, Unterhaltung und einer für Inszenierungen empfänglichen Öffentlichkeit die ästhetischen Formen weit über das Gebiet der Kunst hinaus wirksam werden. Das Hauptwerk des deutschen Philosophieprofessors Diogenes Teufelsdröckh in Thomas Carlyles 1833/34 erschienenem Fortsetzungsroman «Sartor Resartus» (Der wiedergeschneiderte Schneider), einer Satire auf den Idealismus, ist ein Buch mit dem Titel «Kleider. Ihr Ursprung und Einfluß».[56]

Hegel hingegen nimmt in seiner Zeit eine in Bezug auf ihre eigene Geschichte reflexiv gewordene Kunst wahr, die sich zu ihren Inhalten verhalte wie ein Dramatiker, der fremde Personen aufstelle: Kunst über Kunst und mittels Kunst, im Sinne aller bis dahin verwendeten Formen, Schein hervorbringen. Natürlich meinte er mit dem «Ende der Kunst» nicht, was der Komponist Felix Mendelssohn Bartholdy dachte: «Und da machte es mich grimmig, daß das Unwesen immer noch fortgeht, und daß der Philosoph, der behauptet, die Kunst sei nun aus, immer noch fortbehauptet, die Kunst sei aus, als ob die überhaupt aufhören könnte.»[57] Kunstwerke wird es weiterhin geben, Hegel selbst verweist sehr knapp auf Möglichkeiten einer «geistreichen Freiheit» eines reinen, sehnsuchtslosen Gefallens an den Gegenständen, die er in Goethes «West-östlichem Divan» verwirklicht sieht. Aber kollektiv verbindliche Kunst wird unwahrscheinlich, weil sie immer schon, anders als Recht, Religion und Wissenschaft, aus einzelnen Werken und oft auch einzelnen Wahrnehmungen der Werke besteht. Das macht die Kunst anfälliger für ein Auseinanderstreben ihrer Elemente, die zwar über ihren Stil, über normative Vorgaben oder über ihre Inhalte integriert sein können, aber sich vereinzeln, wenn solche sozialen und ästhetischen Klammern aufgrund von Freiheit entfallen. Oder wenn die bestimmenden Ideen einer Epoche nicht mehr versinnlicht werden können.

Kunst wird unter diesen Umständen ein entweder zurückblickendes oder gelehrtes oder die Existenz der ästhetischen Sphäre selbst kommentierendes Spiel.[58] Heines Protest dagegen, die ästhetische Welt selbst zum primären Inhalt der Kunst zu machen, die er in Form einer Zeitdiagnose festgehalten hat, trifft sich an dieser Stelle mit dem Befund Hegels. Wollte man dessen Urteile über die Kunst der eigenen Zeit in wenigen Worten zusammenfassen, so könnten sie lauten: Kritik der Ironie und Freude an poetischer Sachkenntnis.

Vor allem Hegels scharfe Kritik an der Ironie als ästhetischer Grundhaltung[59] zeigt seinen Widerwillen an, ausgerechnet an der Kunst abzulesen, welcher Geist seine Gegenwart bestimmt. Denn das hätte ihn nach seinen eigenen Maßstäben zu einer Analyse gedrängt, in der am Beispiel der Kunst hätte nachgewiesen werden können, dass Wahrheit nur noch ein Gesichtspunkt des gesellschaftlichen Lebens unter vielen anderen ist und Kunst, die nicht nur etwas zu genießen, sondern auch etwas zu denken gibt, nur eine Kunstform unter anderen. In der Ironie nämlich löst sich der Schein vom Verlangen, im Kunstwerk etwas Wahres darzustellen, und behauptet, als Schein selbst schon alles zu sein. Vor allem zeigt der ironische Künstler, dass es aus anderer Sicht etwas anderes ist. Wie in Fichtes Philosophie wird damit durch die Freiheit oder genauer: das «Belieben» des künstlerischen Ichs jeder Sachbezug vernichtet.[60] Folgerichtig kommt es dazu, dass die Künstler nicht mehr an etwas arbeiten, sondern an sich und ihrer Fähigkeit, alles spielerisch zu verwerten. Hegel skizziert hier, was später bei Sören Kierkegaard «ästhetische Existenz» heißt und bei Carlyle «Dandiadical Body», der dandyhafte Körper, der 1822 wohl noch nicht in Deutschland, aber zuvor schon in London und Paris in Erscheinung getreten war: Versuche eines ganz nach ästhetischen Maßstäben geführten Lebens, in dem die Unterscheidungen von Fiktion und Wirklichkeit, Illusion und Wahrheit, Schein und Sein selbst für fiktiv, illusionär und entweder für Spielmaterial oder für langweilig gehalten werden.

Die entfesselte Subjektivität, die Hegel befürchtet und die Romantiker begrüßen, wird allerdings durch das Material und die Bedingungen ästhetischen Gelingens begrenzt: Alles mag erlaubt sein, aber es muss noch immer beeindrucken können und sich als Lösung von Problemen erweisen. Schon Platon meinte, den Handwerker dem Künstler vorziehen zu sollen, weil jener immerhin über «techné» verfüge, also über Wissen, während der Künstler einen Stuhl auch malen kann, wenn er von Stühlen nichts versteht. Kann er ihn aber auch gut malen, wenn er nichts von ihm weiß? Oder anders ausgedrückt: Was heißt es unter malerischen Gesichtspunkten, etwas von einem Stuhl zu verstehen? Das Wissen der Poeten, Maler und Komponisten steht im Verdacht, nur ein

Wissen über Täuschungstechniken, Zaubertricks, Rhetorik zu sein.

Doch zum einen: Was heißt «nur», wenn allein das Gebieten über fortentwickelte malerische Beschreibungsmittel, Erzählformen oder Kompositionsweisen es vermag, die Aufmerksamkeit des Publikums auf die Implikationen des von einem gesteigerten Individualismus wie einer gesteigerten Nachahmungsbereitschaft bestimmten Lebens in der modernen Welt zu lenken? Man denke erneut an die Mode, die beides zusammenschließt, oder an die vielen Bildungsromane des 19. Jahrhunderts, die davon handeln, welche Erwartungen an Originalität, Schönheit und Liebe im Leben durch Literatur geweckt werden, um es danach mit dem Leben selbst zu tun zu bekommen.

Zum anderen, und damit schließt Hegel seine Bemerkungen zur romantischen Kunstform ab, entsteht auch der Kunst nach dem Ende ihrer größten gesellschaftlichen Verbindlichkeit eine Kompensation dafür – die immense Erweiterung ihrer Stoffe dadurch, dass schlechterdings alles Menschliche ihr Interesse finden kann: die Liebe auf den zweiten Blick im englischen Markt für Versorgungsheiraten beispielsweise; die Großstadt als Ort der Zirkulation immer derselben Charaktere sowie ihres Vermögens und ihrer Leidenschaften; die ruinösen Phantasien einer mit ihrem Leben unzufriedenen Leserin im Herzen Frankreichs; die Passionen auf einem Walfangschiff; die Bilder, die sich von Pferderennbahnen oder Frühstücken im Freien geben lassen; die Suche eines Ästheten nach den Tagen seiner Kindheit; die Entwicklung großer musikalischer Spannungsbögen aus der unablässigen Variation kleinster Motive. Am Ende der Kunst, für die Schönheit einst das Wichtigste war, entsteht eine neue, ungöttliche Kunst, deren Werke sich gegen die «transzendentale Obdachlosigkeit» (Georg Lukács) behaupten müssen, die sie voraussetzen. Aus Hegels Prognosen, wie es mit der Kunst weitergehen könnte, lässt sich nicht viel entwickeln, dazu sind sie viel zu beiläufig. Aber er hat seiner

Nachwelt das produktive Paradox hinterlassen, dem zufolge die Moderne einerseits als eine Welt der Erinnerung bezeichnet wird und andererseits als eine, die einem Diktum folgt, das von Heine hätte stammen können, aber von Hegel stammt: «Nur die Gegenwart ist frisch, das andere fahl und fahler.»[61]

SIEBZEHNTES KAPITEL

System oder Roman?
Die Philosophie der Geschichte

«Genauso uns das Laster nutzt,
Wenn das Gesetz es kappt und stutzt.»

Bernard Mandeville (1714)

W ir hatten eine herrliche Fahrt nach Chios gemacht, hatten
tausend Freude an uns gehabt», heißt es in Friedrich Hölderlins 1797 publiziertem Roman «Hyperion oder Der Eremit in
Griechenland» über einen Ausflug, den der Protagonist mit seinem
Freund Alabanda zur unmittelbar vor der kleinasiatischen Küste
gelegenen griechischen Insel unternimmt.[1] Weshalb gerade Chios,
es gibt so viele ägäische Inseln? Schon in seinem Gedicht «Griechenland» von 1794, das Gotthold Stäudlin gewidmet ist, hatte
Hölderlin geschrieben von «der süßen Chiertraube Blut / Hättest
du vom stürmischen Gewühle / Der Agora, glühend ausgeruht»,
und auch in der 1801 verfassten Ode «Der Archipelagus», die einen von Hölderlin selbst erfundenen Meergott als Vater der Ägäis
anruft, wird die Insel für ihren Überfluss gepriesen.[2] Sie stand damals für die Windstille eines von der Natur begünstigten Wohler-
gehens. Außerdem galt Chios, «die Klippenreiche», wie Homer sie
nannte, als dessen Heimat.

Dort nun kommt es zu einem Gespräch zwischen den beiden
Freunden, die später am griechischen Befreiungskampf gegen das
Osmanische Reich teilnehmen werden. Es geht um die Voraussetzungen für ein freies Leben. Hyperion hält Alabanda vor, er räume
dem Staat dabei zu viel Macht ein, denn den Staat zum Himmel
zu machen, lasse ihn zur Hölle werden. Das Wichtigste in Ge-

meinschaften, «was aber die Liebe gibt und der Geist», sei nämlich nicht erzwingbar. Deswegen könne der Staat niemals eine «Sitten-schule» sein. Die Übereinstimmung dieses Gedankens mit Hegels frühen Schriften liegt auf der Hand. Im ältesten Systemprogramm des deutschen Idealismus wurde der Staat 1796, als Hölderlin am «Hyperion» arbeitete, in den unversöhnlichsten Gegensatz zur Freiheit gebracht. Der Staat sei etwas Mechanisches, hieß es dort, von Maschinen gebe es keine Idee, nur was aus Freiheit hervor-gehe, sei einer Idee fähig: «Wir müssen also über den Staat hinaus! [...] also soll er aufhören.»[3]

Auf Alabandas Entgegnung, der Staat schütze nur, was wichti-ger sei als er selbst, versetzt Hyperion, das helfe nicht, wenn es auf-grund seiner Gewalt nichts zu schützen gebe. Drei Freiheitskämp-fer treten hinzu. Es sind harte, illusionslose Gestalten. Sie seien dazu da, sagen sie, «aufzuräumen auf Erden, daß wir die Steine vom Acker lesen [...] und das Unkraut an der Wurzel fassen, an der Wurzel es durchschneiden, samt der Wurzel es ausreißen, daß es verdorre im Sonnenbrande». Auf eine Ernte ihrer Hoff-nungen während der eigenen Lebenszeit rechnen diese Kämpfer nicht mehr, auf die Zustimmung der Menschen zu ihrem Kampf verzichten sie: «Wir betteln um das Herz der Menschen nicht.» Denn alles arbeite ohnehin für ihre Absichten, alle Tugenden «der Rohheit und der Bildung» stünden in ihrem Dienst und «helfen blindlings mit zu unserem Ziel». Diese Haltung schreckt Hyperion nicht nur ab, weil sein schwärmerischer Narzissmus es nicht ver-trägt, dass er den Freund mit diesen Leuten teilen soll.[4] Er hält sie, die für ihn aussehen, «als stünde man vor der Allwissenheit», auch für Betrüger. Das Gespräch bricht ab, es treibt die Freunde aus-einander.

In poetischer Form ist hier eine wichtige Auseinandersetzung im Umkreis der idealistischen Philosophie angedeutet worden. Sie dreht sich um die Frage, in welchem Verhältnis sich die auf eine gute Einrichtung des Gemeinwesens gerichteten Absichten von

Individuen zum tatsächlichen historischen Geschehen verhalten. Reichen gute Absichten aus, das Gute zu verwirklichen? Und wieviel Ungutes darf eingesetzt werden, um das Gute zu befördern? Gibt es ein begründetes Vertrauen darauf, dass sich die Freiheit, «die Liebe und der Geist» auch in der Geschichte gewaltlos durchsetzen, oder ist die Gesellschaft nicht mehr als ein «planloses Aggregat menschlicher Handlungen», wie es Kant in seinen «Ideen zu einer allgemeinen Geschichte in weltbürgerlicher Absicht» von 1784 formuliert hatte?

Kant belegt den Gegensatz zum planlosen Aggregat mit zwei Begriffen: einem skeptischen, wenn er sagt, die Übereinstimmung vernünftiger Zwecke mit dem Weltlauf gehöre anscheinend eher in einen «Roman» als in eine Geschichte. Und mit einem zuversichtlichen, wenn er darauf hinweist, die Staatengeschichte von den antiken Griechen und Römern bis in die Gegenwart erwecke den Eindruck eines Fortschritts «der Staatsverfassung in unserem Weltteile», weshalb gehofft werden dürfe, die Geschichte sei nicht nur ein «verworrenes Spiel», sondern stelle ein «System» dar.[5]

Zehn Jahre später ist auf jeden Versuch zu ermitteln, ob Vernunfterwartungen in einen Roman gehören oder von der Philosophie ein welthistorisches System gefunden werden kann, das sie bestätigt, längst der Schatten einer Revolution gefallen, in der Befreiungsabsichten zu einem Blutbad geführt hatten. Es war durchaus von Personen betrieben worden, die um das Herz der Menschen nicht bettelten, weil sie ihrer gerechten Sache gewiss waren. 1794, als Hölderlin die Arbeit am «Hyperion» aufnimmt, ist das Jahr, in dem Frankreich offiziell die Sklaverei in seinen Territorien abschafft, in dem zuerst Danton und seine Freunde, dann aber auch Robespierre und die Seinen hingerichtet werden, in dem beschlossen wird, die französischen Dialekte zu unterdrücken und Religion und Staat radikal zu trennen. Es ist offensichtlich, dass Theorien, die sich einen Übergang von vernünftigen Ideen zu gesellschaftlichen Wirklichkeiten vorstellten, angesichts dieser Lage in Schwierigkeiten kamen. Das Schlechte, um nicht zu sagen: das Böse, nahm seinen Ausgang von guten Absichten. Die Begeisterung für Vernunft und Freiheit erwies sich als Treibstoff für fanatische Vernichtungsaktionen. Alles erfassend, sich beschleunigend, keine Rücksicht auf Individuen nehmend, plötzlich und überwältigend, ist die Französische Revolution vielfach wie eine Naturkatastrophe beschrieben worden: als Erdbeben, Flut, Orkan, Blitzschlag, Vulkan, Gewitter, Schiffbruch, Komet, einstürzender Berg, Wasserfall und reißender Strom, später auch Epidemie und Delirium.[6] Für Prozesse, die ebenso zwangsläufig abzulaufen schienen, wie sie gesellschaftlich destruktiv und individuell tödlich waren, standen jenseits solcher Bilder noch kaum Begriffe zur Verfügung.

Womöglich auch deshalb hatte Friedrich Wilhelm Joseph Schelling 1797/98 in einem kurzen Aufsatz gefragt: «Ist eine Philosophie der Geschichte möglich?», und die Frage verneint.[7] Denn wer die Geschichte auf die Revolution hätte zulaufen sehen, weil sie einen Durchbruch der Vernunft darstellte, was hätte er kurz darauf denn zu dieser Vernunftverwirklichung durch die Guillotine gesagt, ohne das Wissen um die wiederum kurz darauf erfolgende Beruhigung der Revolution durch eine Militärmonarchie mit parlamentarischem Anstrich? Dem Menschen sei seine Geschichte «nicht vorgezeichnet, er kann und soll seine Geschichte selbst machen.»[8] Es ist vermutet worden, dies sei die erste ideengeschichtliche Formulierung der Machbarkeit von Geschichte überhaupt.[9] Machbarkeit aber heißt Unvorhersehbarkeit. «Rien», «Nichts», schrieb Ludwig XVI. am 14. Juni 1789 in sein Tagebuch, und auch wenn es ein Jagdtagebuch war und er wohl nur meinte, an diesem Tag nichts geschossen zu haben, dokumentierte der Eintrag die Erwartung, es gehe immer so weiter.

Was aber immer so weitergeht und deshalb zu berechnen sei, so Schelling, weil es als «Mechanismus» – wie die Maschine Staat des Systemprogramms – strikten Gesetzen folge, sei kein Element von

Geschichte. Es gibt «in Sachen der Freiheit kein a priori», heißt es etwas später.[10] Nur was sich unvorhersehbar verändert, führt für ihn eine historische Existenz, also nach damaligem Erkenntnisstand weder das Weltall noch die «Tierheit» – «weil die Gattung nicht fortschreitet» –, weder hat eine Uhr Geschichte noch auch «Menschen nach der Uhr», die in den natürlichen Zyklen der Landwirtschaft und biographischer Erwartbarkeit leben. Wir ergänzen: Professoren und andere Helden, die etwas Neues hervorbringen, schon. Das heißt aber, dass wir desto weniger Geschichte haben, je mehr Wissen wir über die Handlungen besitzen, die in den Weltlauf eingehen, und darüber, wie sie verarbeitet werden. Eine Philosophie der Geschichte also sei unmöglich.

Es sei denn, die Geschichte wäre abgeschlossen. Wenn wir von Napoleon wissen müssen, um über die Revolution zu urteilen, von Preußen wissen müssen, um die Wirkungen Napoleons einschätzen zu können, von den Karlsbader Beschlüssen, um die Reformrückschläge Preußens zu bewerten und so immer weiter, dann ist der Eindruck der Abgeschlossenheit einer Epoche ausschlaggebend, um überhaupt von ihr zu sprechen. Erst dann nämlich, wenn nichts mehr hinzukommt, das geeignet ist, auch die Bedeutung des bisherigen Geschichtsverlaufs in ein ganz anderes Licht zu setzen, erst dann könnte über Vernunft oder Unvernunft des bisherigen Ganzen entschieden werden.

Von Hegel gibt es zu diesem Zeitpunkt trotz seines anhaltenden Interesses an Verfassungsfragen Deutschlands, seiner Begeisterung für die Revolution in Frankreich, seiner Beschäftigung mit der Geschichte des Christentums noch keine allgemeinen Äußerungen zur Frage der Geschichte. Das wird noch sieben Jahre dauern. Schelling hingegen nimmt sich das Problem im Jahr 1800 noch einmal vor und kommt jetzt bei gleichen Prämissen – nicht alles, was geschieht, ist ein Objekt der Geschichte und am wenigsten dasjenige, das sich berechnen lässt – zu einem etwas anderen Ergebnis.[11] Wenn weder das völlig Absehbare noch das völlig Unberechenbare, die zerstreute Spontaneität von Individuen, zum Begriff der Geschichte hinführt, dann kann er doch für die kollektive Annäherung an ein Ideal reserviert werden. Die Verwirklichung seiner frei gefassten Ziele hängt beim Individuum nie nur von ihm selbst ab, sondern stets auch von seiner Mitwelt. Denn wenn alle frei handeln, steht die Freiheit der einen gegen die Freiheit der andern, und es ist unklar, wodurch sich die Freiheit aller (oder wenigstens derjenigen Menschen, die nicht nach der Uhr leben) in eine harmonische Zielstrebigkeit des Ganzen transformiert. Außerdem kann das Ich noch so frei sein – wenn seine Taten Gesetze gegen sich haben, an denen es nicht selbst beteiligt war, ist es mit dieser Freiheit nicht viel her.

Verallgemeinert man diese Überlegungen, so ist es für Schelling allein die Gattung, organisiert in Staaten, die auf die Verwirklichung von Idealzuständen hinarbeiten kann. Insofern hat die Gattung nicht nur eine Geschichte, sie macht Geschichte. Auch hier also wird der rechtlichen Verfassung von Gemeinwesen und nur ihr zugetraut, einem historischen Fortschritt zu folgen, der sich aber im Rücken der handelnden Individuen vollzieht. Für die idealistische Philosophie ist es keine Kleinigkeit, wenn Schelling formuliert, «es muß hier etwas sein, das höher ist denn menschliche Freiheit»,[12] nämlich die Umstände, die Freiheit überhaupt wirksam machen.

Wir wissen aus den Forschungen des Historikers Reinhart Koselleck, dass die Vorstellung, es gebe eine Geschichte im Singular, die noch dazu machbar sei, vor der Französischen Revolution und dem Auftritt Napoleons gar nicht formuliert werden konnte. Bis dahin überwog der Eindruck eines Neben- und Nacheinanders vieler Geschichten – etwa eines Landes, einer Dynastie, einer Kirche –, die allenfalls und abhängig von einer bestimmten Bedeutungstiefe mit der Bemerkung vergoldet werden konnten, irgendwie seien sie wohl mit einer göttlichen Vorsehung verbunden.[13] Schelling kommt mit seiner entgegengesetzten Deutung, es arbeite die Menschheit unbewusst an einem historischen Fortschritt, auf den ästhetischen Vergleich Kants zurück, nur dass er ihn von einer Romanhandlung in ein Bühnengeschehen verlegt: «Wenn wir uns die Geschichte als ein Schauspiel denken, in welchem jeder, der daran Teil hat, ganz frei und nach Gutdünken seine Rolle spielt, so läßt sich eine vernünftige Entwicklung dieses verworrenen Spiels», Schelling bedient sich sogar derselben Wendung wie Kant, «nur dadurch denken, dass es Ein Geist ist, der in allem dichtet.»[14] Doch der Dichter des Weltgeschehens ist, anders als der Theaterschriftsteller, nicht getrennt von seinem Stück zu begreifen, sondern es ist so, als befänden sich der Autor eines Schauspiels und die Schauspieler auf einer gemeinsamen Bühne, ja die Schauspieler, wir selbst, sind «Mitdichter des Ganzen und Selbsterfinder der besonderen Rolle, die wir spielen».[15]

«Hat die Erde eine Geschichte? Was ist Geschichte?» – diese Randnotiz ist noch in Hegels Jenaer Vorlesung zur «Naturphilosophie und Philosophie des Geistes» von 1805/06 die einzige Spur, die der Begriff bis dahin bei ihm hinterlassen hat. Als er im Wintersemester 1822/23 in Berlin erstmals seine Vorlesungen über die Philosophie der Geschichte hält, sind die Tage der Auseinandersetzung über die Französische Revolution längst vergangen. Aber nicht ihre Fragestellungen. «Es ist sehr unwahrscheinlich, dass die Revolution jemals aufhören wird», hatte Friedrich Schlegel in seinen «Philosophischen Lehrjahren» notiert, «sie ist allem Anschein nach ewig. Man braucht nicht in Paris gewesen zu sein.»[16] Selten dürfte er Hegels Sicht auf etwas so nahegestanden haben.

Dennoch nimmt die für Hegel vorletzte Revolution der Menschheit – die letzte ist die philosophische Revolution in Deutschland – in seiner Vorlesung nur einen verhältnismäßig kleinen Raum ein: nicht viel mehr als elf Seiten von gut fünfhundertfünfzig. Über den chinesischen Kaiser weiß er mehr zu sagen als über Napoleon.

Die Wirkung auf die Geschichtsphilosophie übt die Französische Revolution weniger als Ereignis aus, das zu schildern wäre. Vielmehr ist sie für Hegel der wichtigste Grund, überhaupt von Geschichte zu sprechen. Denn Hegel bezeichnet die Weltgeschichte als «Fortschritt im Bewußtsein der Freiheit – ein Fortschritt, den wir in seiner Notwendigkeit zu erkennen haben».[17] Das Bewusstsein der Freiheit aller aber ist in der Französischen Revolution entbunden worden, indem sie zu einer bislang unbekannten Form politischer Selbstgesetzgebung führte. Oder genauer: indem sie zu ihr zwang. Der Habsburger Kaiser hatte 1806 abgedankt, mit dem immerwährenden Reichstag war das oberste Gesetzgebungsorgan verschwunden, das Reichskammergericht in Wetzlar und der Reichshofrat in Wien wurden geschlossen, eine nahezu tausendjährige Verfassungsgeschichte im Zentrum Europas war beendet. «Alle Vergleiche unserer Zeit mit den Wendepunkten in der Geschichte einzelner Völker und einzelner Jahrhunderte sind viel zu kleinlich», schreibt 1820 der Verleger Friedrich Perthes und sieht in seiner Gegenwart «die Gegensätze eines vergehenden und eines kommenden halben Jahrtausends zusammenstoßen». Alle romanischen Völker seien in Bewegung, alle slawischen stünden regungslos da, und die germanischen befänden sich in der Mitte, «geistig wild bewegt wie die Romanen, politisch regungslos wie die Slawen».[18] In dieser Situation hält Hegel seine Vorlesungen, in denen er ganz ähnlich wie Kant und Schelling die Geschichte der Staatlichkeit als Hauptmoment von Geschichte überhaupt bezeichnet.

Anders aber als seine Vorgänger beabsichtigt er, dies auch anhand des weltgeschichtlichen Verlaufs zu zeigen. Seine Vorlesungen über die Philosophie der Geschichte sind über weite Strecken hinweg Charakteristiken alter Staatsformationen und ihrer gesellschaftlichen Ausstrahlung. Die Berliner Zuhörerschaft lernte etwas über die Königtümer Afrikas, die Religion der Inder, die Stadtherrschaft der Griechen und die Spiele der Römer. Dabei weist Hegel einleitend auf einen Widerspruch hin, der aufgrund solcher konkreten Illustrationen zwischen Philosophie und Geschichte bestehen könnte. Erscheint doch Geschichte leicht als eine Ansammlung von Tatsachen, Ereignissen und Taten, die sich unabänderlich so zugetragen haben. Wir sagen: «Das war einfach so», auch wenn es womöglich nicht einfach war, sondern kompliziert, was aber an der Tatsächlichkeit nichts ändert. Wozu braucht es also die Philosophie, wenn es darum geht, zu berichten oder zu erzählen, was geschehen ist? Eine Antwort ist, dass es angesichts der ungeheuren Menge vergangener Ereignisse einiger durchdachter Kriterien der Auswahl bedarf, wovon berichtet wird, und folglich in diesen Kriterien des Berichtenswerten begriffliche und, wenn man so will, philosophische Vorentscheidungen stecken. Insbesondere dann, wenn die Zahl der Berichterstatter, anders als heute, nicht in die Zehntausende geht. Man könnte die Philosophie außerdem für zuständig erklären, über historische Grundbegriffe wie beispielsweise «Ereignis», «Entscheidung», «Ablauf» oder «Folge» nachzudenken. Dann wäre es die Aufgabe einer Philosophie der Geschichte zu klären, wie über Vergangenes sinnvoll berichtet werden kann.

Doch diese Möglichkeit ergreift Hegel nicht. Es geht ihm bei seiner «Philosophie der Geschichte» nicht um eine Erkenntnistheorie historischer Forschung oder eine Logik historischer Urteile. Was gewesen ist, scheint ihm nämlich ganz unstrittig und jedenfalls nicht schwer herauszufinden. Einzelne Berichte über historische Vorgänge werden von ihm kaum kontrovers diskutiert. Was ihn demgegenüber ausschließlich interessiert, ist ihr Zusammenhang. Darum macht er vom ersten Satz seiner Vorlesung an ganz selbstverständlich und ohne jede Erläuterung von jener seit dem 18. Jahrhundert etablierten Form Gebrauch, über Geschichte im Singular zu reden. Es gibt «die» Geschichte, und der Beitrag der Philosophie zu ihrer Deutung ist genau dieser: ihre Einheit zu bestimmen und also zu begründen, was alle welthistorischen Be-

schreibungen zusammenhält. Mit einem Ausdruck aus der Literatur geht es darum, die Moral von der Geschichte festzuhalten, ihre
Quintessenz.[19]

Das liegt im Begriff der Weltgeschichte, der hier verwendet
wird. Schon Schiller hatte in seiner Jenaer Antrittsvorlesung eine
Universalgeschichte diejenige genannt, die aus der Gesamtheit der
Begebenheiten das heraushebe, was auf die heutige Gestalt der
Welt «einen wesentlichen, unwidersprechlichen und leicht zu ver-
folgenden Einfluß» gehabt habe. Die Folge der Ereignisse laufe auf
die Gegenwart zu, der Universalhistoriker hingegen laufe von der
Gegenwart aus «dem Ursprung der Dinge entgegen».[20]

So auch Hegel. Für ihn steht die Quintessenz des Vergangenen
schon von vornherein fest. Dass es in der Weltgeschichte vernünftig zugegangen sei, ist für ihn eine Voraussetzung historischer Betrachtung, nicht etwa ihr Ergebnis. Es sei in der Philosophie die
Vernünftigkeit der Welt schon bewiesen, weswegen man es für
die Geschichte schon voraussetzen könne. Aber Hegel fällt sich
ins Wort, das Resultat «vernünftig» für die Weltgeschichte sei ihm
schon bekannt, «weil ich bereits das Ganze kenne», in der Vorlesung habe es sich aber erst aus der Betrachtung der Weltgeschichte
selbst zu ergeben, «wir haben historisch, empirisch zu verfahren.»[21] Dieses Schwanken in der pädagogischen Situation, in der
die Antworten auf gestellte Fragen schon bekannt sind, weshalb
die Fragen also nur rhetorisch gestellt werden, ist aufschlussreich.
Hegel weiß um die Vernunft in der Geschichte, aber fühlt sich
selbstverständlich verpflichtet, dieses Urteil als ein Resultat darzustellen und nicht als Gewissheit a priori.

In diesem Schwanken zwischen der Verwiesenheit auf Tatsachen und der tiefen Überzeugung, es müsse in der Geschichte
vernünftig zugegangen sein, drückt sich nicht nur die Spannung
aus, die zwischen Historikern und Philosophen besteht. Hegel ist
vielmehr klar, welche Zumutung es bedeutet, die Weltgeschichte
mit ihren Blutbädern, niederträchtigen Aktionen, Zufällen, Zer-

störungen des Guten und Fahrten in Sackgassen «alles in allem» als vernünftig zu bezeichnen. Er sagt ausdrücklich, diese Sicht auf Geschichte sei eine Theodizee, eine Rechtfertigung Gottes, die den denkenden Geist mit dem Bösen auszusöhnen versuche. An solchem Bösem, zumindest Üblem und Zufälligem ist in der Chronik des Weltgeschehens kein Mangel. So sehen wir in der Geschichte auch dann, wenn wir vom 20. Jahrhundert absehen, zunächst alles andere als die Vernunft am Werk, wir sehen den Kampf ums Überleben in einer nicht immer günstigen Natur, den Streit um Macht, Hass und Brutalität, ökonomische Rücksichtslosigkeit und Konkurrenz, Unterjochung und Eroberungslust. Zur Lebenszeit Hegels waren Europas Straßen voller Flüchtlinge und Soldaten. Wer in Tagebüchern von Kriegsbeteiligten etwa der napoleonischen Feldzüge liest, dem wird schlecht angesichts ihrer Qualen.

Oder nehmen wir Chios. Hölderlin hatte Hyperion 1770 – dem Geburtsjahr Hölderlins und Hegels – am ausgebrochenen griechischen Freiheitskampf gegen das Osmanische Reich teilnehmen lassen. Ging es aber in diesem Freiheitskampf, historisch und nicht poetisch betrachtet, um Freiheit? Tatsächlich war der Widerstand der Griechen gegen die osmanische Herrschaft nur eine Episode in einer ganzen Reihe von Auseinandersetzungen zwischen Moskau und Konstantinopel. Auslöser des russisch-türkischen Krieges, der schon 1768 begonnen hatte, waren wiederum innerpolnische Konflikte zwischen dem Adel und dem von Russland unterstützten König, in deren Verlauf russische Kosaken bei der Verfolgung polnischer Oppositioneller bei Balta (heute ukrainisch) das Territorium des Osmanischen Reichs betreten hatten. Die Osmanen waren sprungbereit, weil sie sich durch das expansionistische Bestreben Russlands, einen Zugang zum Schwarzen Meer und seinen Handelsstädten zu finden, schon seit langem bedroht sahen. Die Schwäche des Osmanischen Reichs hatte sich seit der Publikation von Constantin François de Volneys «Reise

nach Syrien und Ägypten» 1787 in ganz Europa herumgesprochen.
Volney, ein langjähriger Freund Napoleon Bonapartes, hatte zu
einem Modernisierungskrieg gegen die Türken aufgerufen, die für
ihn in einer barbarischen, unaufgeklärten Gesellschaft lebten.[22]

Die Türken unterdrückten auf dem eigenen Gebiet die orthodoxen Christen, immerhin vierzig Prozent der Bevölkerung, massiv,
luden ihnen das Gros der Steuerlast auf und gestanden ihnen ele-
mentare Rechte nicht zu. 1769 hatte Katharina die Große vierzehn
Kriegsschiffe ins Mittelmeer entsandt, um die Griechen bei ihren
Aufständen gegen die osmanischen Herrscher und ihre Stellvertreter zu unterstützen, was aber nur halbherzig geschah, um sich
vor allem einem Seekrieg mit den Türken zuzuwenden. Das Ergebnis waren Gebietsabtretungen der «Hohen Pforte» – wie man
den Sultanspalast zu Konstantinopel auch nannte – an das sieg-
reiche Russland, dessen freier Zugang zum Schwarzen Meer und
freie Durchfahrt für russische Schiffe durch den Bosporus. Der
griechische Aufstand hingegen, der aufgrund der Erwartung russischer Hilfe noch stärker entbrannte, war blutig niedergeschlagen
worden, und auch in der Folge verstärkte Konstantinopel die Re-
pressalien gegen Griechenland.

So war, als Hegel seine Vorlesungen hielt, soeben ausgerechnet
die Insel Chios, die zuvor ein Ort des Wohlstands unter minimaler
türkischer Kontrolle gewesen war, eine Handelsidylle gewissermaßen, zum Schauplatz einer grausamen Vernichtungsaktion infolge
von Freiheitsparolen geworden. Mit sich und ihrer politisch stillen Lage im Reinen, waren ihre Bewohner nicht bereit gewesen,
sich am neuerlich entflammten griechischen Freiheitskampf zu
beteiligen. Griechische Kriegsführer, die sie dazu aufforderten,
schickten sie wieder nach Hause, was ihnen aber nicht half. Aus
dem Nichts, dem patriotischen Geschrei anderer Griechen und
dem aufflammenden Misstrauen Konstantinopels schaukelte sich
im April 1822 binnen kurzem ein Konflikt hoch, osmanische und
griechische Truppen wurden von auswärts herangeholt, Geiseln

genommen, Begehrlichkeiten ob des Reichtums der Insel kamen auf. Schließlich entsandte der Sultan eine Übermacht, und es kam zu einem regelrechten Abschlachten der in Chios lebenden Griechen durch die Türken: Fünfundzwanzigtausend Tote binnen weniger Tage, fünfundvierzigtausend Versklavte und mehr als zehntausend Geflüchtete werden geschätzt.[23]

Das ist Geschichte, aber kann darin irgendeine Vernunft erkannt werden? Dem furchtbaren Wort Heinrich von Kleists «Schlagt ihn tot! Das Weltgericht / Fragt euch nach den Gründen nicht!»[24], das in den Befreiungskriegen gegen Napoleon auf «den Franken» zielte, hätte Hegel schon deshalb nicht beigepflichtet, weil er den Gang der Geschichte jederzeit im Besitz von Gründen sah: retrospektiv. Aber nimmt nicht das Gute wie das Böse gleichermaßen zu, was historische Vergleiche, die Fortschritte zu bilanzieren suchen, verunmöglicht? Müssten mithin nicht auch Fortschritte im Bewusstsein der Unfreiheit in diese Bilanz eingestellt werden? Geschichte erneuert täglich die Frage Kants, ob das Auseinanderfallen von Weltgeschehen und Moral etwas anderes als Resignation oder bloß hypothetische, mithin verzweifelte und insofern paradoxe Zuversicht zulässt. Wie kommt Hegel nur auf den Gedanken, sie habe zu ihrem Endzweck Freiheit, wenn sogar Freiheit selbst als Motiv des Handelns mit so viel Unfreiheit und Leid einhergeht? «Die Perioden des Glücks» sind, so ein vielzitiertes Wort aus der Einleitung in seine Vorlesung, «leere Blätter» in der Weltgeschichte.[25] Er leugnet das Elend der Geschichte also nicht und notiert sogar, dass angesichts der Schlachtbank, die sie ist, in ratlose Trauer zu versinken, einen oft nur die Selbstsucht bewahrt, die aus der Entfernung den «fernen Anblick der verworrenen Trümmermasse genießt».[26] Wenn es denn ein Genuss ist.

Doch Geschichte aus der Distanz zu beurteilen, als «Schiffbruch mit Zuschauer», bei dem beispielsweise nur ein «böser Genius» des Interventionskrieges den Betrachter mit ins Meer der Französischen Revolution stürzen könnte,[27] ist für ihn das eine – an Geschichte teilzuhaben, «Eingreifen in das Leben der Menschen»,[28] das andere. Der Stoff der Geschichte ist dieser Einsatz von Leidenschaften, Interessen, «selbstsüchtigen Absichten». Hegel bringt die Passionen und die Interessen dabei nicht in jenen Gegensatz, aus dem seit Beginn der Frühneuzeit viel gemacht worden ist, um ausschweifende Willensbekundungen von kühl abgewogenen und damit voraussagbaren zu unterscheiden, Ruhmsucht von Staatsräson, das Streben nach Ehre vom Streben nach Steuereinnahmen et cetera.[29] Die Vernunft in der Geschichte erwartet er sich nicht davon, dass Individuen sich für ihr Handeln höhere, vernünftige Gesichtspunkte zu eigen machen. Umgekehrt ist er deshalb nicht ganz zufrieden mit dem Begriff «Leidenschaft», weil er nicht ein vorzugsweise emotionales oder unstetes Verhalten bezeichnen will, sondern ein Handeln aus partikularen Gesichtspunkten. Das Individuum handele nie als «Mensch überhaupt».[30]

Mit ihrem leidenschaftlichen Handeln befördern die Individuen vielmehr etwas, das sie nicht beabsichtigen. Zum einen gibt es für Hegel «welthistorische Individuen», die gegen das, was bisher galt, Möglichkeiten ergreifen, die danach zumindest für einen Zeitraum allgemeingültig werden. Sie stehen für ihn durch ihre besonderen Leidenschaften in Übereinstimmung mit dem, was wenigstens in der nachträglichen Betrachtung so erscheint, als sei es damals an der Zeit gewesen. Das Leben dieser «Geschäftsführer des Weltgeistes»[31], erklärt Hegel, sei aber ebenfalls kein glückliches, weil sie aufgrund ihrer Leidenschaft nie zur Ruhe kommen und aufgrund der Widerstände, in denen sie sich bewegen, oft ihr Leben riskieren: Alexander früh verstorben, Caesar ermordet, Napoleon auf St. Helena. Zum anderen aber sieht Hegel auch für weniger prominente Individuen einen Beitrag zur Weltgeschichte vor. Ihr Streben nach besonderen Zwecken werde von der Geschichte als Mittel behandelt. Hegel spricht von der «List der Vernunft», die partikulare Absichten und Leidenschaften für ihre Zwecke einsetze.[32]

Die Metapher von der listigen Vernunft wird zumeist als zentrale Figur seiner Geschichtsphilosophie bezeichnet. Hegel hat sie allerdings schon in seiner «Wissenschaft der Logik» und auch in der «Enzyklopädie» verwendet,[33] um eine Eigenschaft des teleologischen Denkens zu erläutern. «Teleologie» ist ein Wort, das damals nicht einmal hundert Jahre alt war; der Philosoph Christian Wolff hatte es 1728 geprägt. Der in diesem Begriff ausgedrückte Gedanke lautet, dass Endzustände auch dann auf den Verlauf einer Ereignisfolge wirken, wenn dafür gar kein Akteur angegeben werden kann, der zielstrebig handelt. Teleologisch denkt, wer die Zweckmäßigkeit von etwas mit seiner Existenz und Entwicklung verbindet.

Hegels Beispiel für die List der Vernunft ist der Pflug.[34] Er wurde als Mittel erfunden, um die Erde zu bearbeiten und die Produktion von Nahrung zu erleichtern. Der Zweck davon kann das Stillen des Hungers sein, aber auch die Vermehrung von Macht durch agrarische Überschüsse oder das Erzeugen von Viehfutter für Opfertiere und so weiter. Überall, wo die Natur großzügig ihre Früchte abgibt, wie auf Chios, liegt dem menschliches Kultivieren zugrunde, das vielfältige Zwecke haben kann. Der Wein aus Chios diente nicht nur dazu, den Durst zu stillen. Mitunter galt die agrarische Kultivierung überhaupt weniger Versorgungszwecken als dem Genuss oder gar der Demonstration, dass man zu ihr überhaupt in der Lage war.[35] Der Zweck erweist sich, so betrachtet, als wechselnd, das Mittel als bleibend und insofern als das Vernünftige, das über den unmittelbaren Grund seines Einsatzes auch dann noch hinauswirkt, wenn der Anlass längst vergangen ist. Die List der Vernunft bestand also darin, dass ein sinnliches Verlangen ein Werkzeug hervorgebracht hat.

An den Pflug lassen sich weitere Überlegungen zur List der Vernunft anschließen. Sie hat nämlich selbst eine Geschichte. Denn wenn es zu gesellschaftlicher Arbeitsteilung kommt, gibt es Leute, die den Pflug noch zu einem ganz anderen Zweck als dem des Ackerbaus einsetzen, indem sie Pflüge herstellen, um ihren Lebensunterhalt davon zu bestreiten. Sie perfektionieren Pflüge nicht, weil ihr Zweck in der Landwirtschaft liegt, sondern weil sie aufs Geldverdienen aus sind, etwa um sich Nahrungsmittel zu beschaffen. Auch dieser Zweck bringt dann alle möglichen Erkenntnisfortschritte hervor: über Materialien, Bearbeitungsweisen, Kostenverhältnisse, womöglich auch über andere Techniken, den Boden zu bearbeiten.

Damit sind wir bei dem, was der «denkende Geschichtsforscher» Heinz Dieter Kittsteiner die «britischen Grundlagen» von Hegels Geschichtsphilosophie genannt hat.[36] Die List der Vernunft, die alle möglichen Leidenschaften und Zwecksetzungen für ihre höheren Absichten einsetzt, ähnelt den im 18. Jahrhundert aufkommenden Behauptungen, die privaten Laster förderten den allgemeinen Wohlstand, weil sie Nachfrage schaffen, und zugleich mäßigten sie die Lasterhaftigkeit, weil sie zunehmend jeden, der sie zu befriedigen sucht, auf geldwirtschaftliche Berufsarbeit verpflichten. Die Leidenschaften sind so, ohne es zu wissen, Teil eines vernünftigen Weltplans, in dem Hunger Landwirtschaft, Landwirtschaft den Pflug, der Pflug Arbeitsteilung und Arbeitsteilung technischen wie sozialen Fortschritt hervorbringt, weil sich die Egoismen nur noch über Aufmerksamkeit für andere – die Kunden, das Publikum, die Klienten, die Wähler – befriedigen können. Das alles geschieht unter vielen Fehlschlägen, Ungerechtigkeiten, Opfern, aber es bringt zivilisatorische Formationen hervor, in denen es möglich wird, angesichts des Leids nicht mehr nur mit den Achseln zu zucken oder die Armen auf Entlohnungen im Himmelreich zu verweisen. So jedenfalls die liberale Zuversicht, eine «unsichtbare Hand» sorge dafür, solange nur alles einen Preis hat, den Eigensinn der Produzenten und Konsumenten in das Gemeinwohl zu übersetzen.

Hegel übernimmt diese Denkfigur, überträgt sie aber von der Wirtschaft auf die Politik, den Staat und das, was er «Volksgeist» nennt, um das gesamte gesellschaftliche Leben in einem Herrschaftsumkreis zu erfassen. Anders als im Ersten Systemprogramm wird der Staat jetzt nicht mehr von der Freiheit unterschieden, sondern von der bürgerlichen Gesellschaft, die als «Kampfplatz des individuellen Privatinteresses aller gegen alle» erscheint.[37] Der Staat ist ihr gegenüber als Institution der Gesetzgebung von vornherein auf verallgemeinerungsfähige Leidenschaften angewiesen, weil er Gehorsam beansprucht. Nicht dass politische Entscheidungen bewusster wären als wirtschaftliche, sondern dass sie «geistiger» sind, indem sie ganze Kollektive betreffen und insofern mehr Heterogenität verarbeiten, mehr Rücksichten nehmen müssen und mehr Individuen betreffen, ist Hegels Punkt.

Allerdings existiert der Staat seit jeher im Plural. Seine Allgemeinheit ist, im Vokabular Hegels, stets eine beschränktere als etwa die der weniger vielzähligen Religionen und Künste und besonders der Wissenschaft. Fast möchte man sagen, das spezifische Problem des Staatensystems liegt im Unterschied zu Religion, Kunst und Wissenschaft darin, *nur* aus Konflikten lernen zu können. Dem Osmanischen Reich, das auf Chios ein Massaker anrichten ließ, stand so, aus Hegels Perspektive gesehen, sein Untergang aufgrund welthistorischer Obsoletheit erst noch bevor. Das meint sein berüchtigter Satz, die Weltgeschichte sei das Weltgericht.[38] Über den Staaten in ihrer Partikularität steht nur noch ihre Evolution. Hier sieht Hegel die Verbindung von Weltgeschichte und Staatlichkeit. Die Auseinandersetzungen zwischen Staaten und die immensen Anstrengungen bei ihrem Aufbau und Erhalt sind es, die in das bloße Nebeneinander politischer Organisationen einen Zug bringen, der es erlaubt, sie als Gestalten kollektiven Selbstbewusstseins anzusprechen; dieses muss sich ständig mit anderen Entwürfen von Herrschaft auseinandersetzen.

Besonders gut zeigt sich das an Hegels Darstellung der antiken griechischen Stadtgemeinschaften. Sie bilden für ihn die erste historische Formation, die den Begriff des «Geistes» gerade durch eine solche Verarbeitung von Fremdheit rechtfertigt.[39] Zuvor hatte er das despotische chinesische Reich von 3000 v. Chr. beschrieben, das für ihn die Gleichheit aller nur als gleiche Unfreiheit aller bis auf einen, den Kaiser als patriarchalischen «Chef» des Staates, der Religion und des Wissens, verwirklicht hat.[40] Oder die orientalische Despotie im persischen Großraum, in dem Herrschaft über die Individuen ausgeübt worden sei, um sie zum Handeln – zum Handel, zur arbeitsteiligen Landwirtschaft, zur Entwicklung von Kulturtechniken wie Schrift, Himmelskunde und Rohstoffveredelung – anzustacheln.[41]

Die Grundlage der Polis ist für Hegel hingegen die Unmöglichkeit, in der Ägäis einen einheitlich beherrschten Flächen- oder Flussanrainerstaat zu gründen. Die klippen- und uferreiche Geographie des östlichen Mittelmeers, die keinen großen Strom und keine riesige Landmasse kennt, erschwerte nach dem Stand der damaligen Kriegstechnik eine despotische Herrschaft über dieses Gebiet. Die Griechen waren auch, wie Hegel notiert, nicht schon durch die Natur als Gesellschaft vereint, es bedurfte eines Willens, sich überhaupt als Griechen zu verstehen. Geist aber ist kollektive Überwindung von Widerständen im Versuch, mit sich ins Reine zu kommen. Ohne solche Widerstände gibt es ihn für Hegel gar nicht: «Es ist eine oberflächliche Torheit, sich vorzustellen, daß ein schönes und wahrhaft freies Leben so aus der einfachen Entwicklung eines in seiner Blutsverwandtschaft und Freundschaft bleibenden Geschlechts hervorgehen könne. Selbst die Pflanze, die das nächste Bild einer solchen ruhigen, in sich nicht entfremdeten Entfaltung abgibt, lebt und wird nur durch die gegensätzliche Tätigkeit von Licht, Luft und Wasser. Der wahrhafte Gegensatz, den der Geist haben kann, ist geistig; es ist seine Fremdartigkeit in sich selbst, durch welche allein er die Kraft, als Geist zu sein, gewinnt.»[42]

Fremdartig in sich selbst waren die antiken Griechen, weil sie aus ganz verschiedenen Gegenden stammten, weil «Räuberei und Wanderung» ihre anfängliche Normalität bestimmten und weil das Meer dafür sorgte, dass sie eine «Amphibienexistenz» führten. Viele ihrer Heroen sind Fremde, vor allen anderen Prometheus aus dem Kaukasus, Kadmos aus Phönizien, Pelops aus Phrygien. Hegel bemerkt, die Kolonisation der Ägäis habe sich nicht wie die Amerikas durch englische Auswanderer und mittels einer Verdrängung der Ureinwohner vollzogen, sondern durch Vermischung.[43] Das Politische beruht für Hegel insofern gerade nicht auf der Souveränität eines irgendwie als homogen definierten Volkes – zum Beispiel über Blutsverwandtschaft oder Gesinnungsähnlichkeit –, sondern vielmehr auf der Fähigkeit, zu kollektiv bindenden Entscheidungen durch die Überwindung von Unterschieden zu kommen. Der Geist der Polis ist diese Bearbeitung von natürlicher Divergenz. Ihr fehlt allerdings noch der Sinn für politischen Dissens, also für Opposition, ihr fehlt der Abscheu gegen Sklaverei und Orakel sowie Verständnis für die aus politischen Gründen sinnvolle Freigabe von unpolitischem Verhalten.[44]

Inwiefern entsprechen diese Beschreibungen dem Argument, die Weltgeschichte folge nun einer «List der Vernunft»? Kolonisierung und Eroberung folgen nicht der Absicht, Fortschritte im Bewusstsein der Freiheit herbeizuführen. Es sind unter anderem Not, Unterdrückung, Habgier, Angst, Herrschsucht, die Suche nach besseren Lebensumständen und die Freude am Konsum, die sie anleiten. Diese Motive treiben, weil sie miteinander kollidieren und weil sie auf unterschiedliche Motivmischungen in anderen Kollektiven stoßen, je nach dem technischen, ökonomischen und politischen Vermögen ihrer Träger die Entwicklung der «Staaten» voran – Hegel spricht an einer Stelle von «Evolutionen»[45] –, von den ersten theokratischen Reichen Asiens über die aus Stadtstaaten hervorgehenden Mächte des Nahen Ostens bis zur griechischen Polis und zum Römischen Reich und schließlich dem, was Hegel «die germanische Welt» nennt. Hegel gibt für die List der Vernunft auch Belege aus der eigenen Gegenwart, etwa wenn er die preußischen Reformen als Wirkung der napoleonischen Feldzüge beschreibt: «Ein Hauptmoment in Deutschland sind die Gesetze des Rechts, welche allerdings durch die französische Unterdrückung veranlaßt wurden, indem die Mängel früherer Einrichtungen dadurch besonders ans Licht kamen. Die Lüge eines Reichs ist vollends verschwunden.»[46] Wer daraus nun allerdings als Regel ableiten wollte, Niederlage und Unterdrückung beförderten absichtslos Reformen, müsste sich Gegenbeispiele vorhalten lassen, die zumindest kompliziertere Verläufe zeigen: die amerikanischen Südstaaten etwa oder Deutschland nach 1918.[47]

Die einzelnen Beschreibungen, die Hegel von den universalhistorischen Welten gibt, seine Vernunftauswahl des Berichtenswerten, wird man heute in weiten Teilen selbst nur noch historisch erklären können. Es war ihm bei der Vorbereitung der Vorlesung «ein sehr interessantes und vergnügliches Geschäfte, die Völker der Welt Revue passieren zu lassen».[48] Hegel nimmt orientalistisches Wissen aus Volneys «Ruinen» auf, er liest in der dreizehnbändigen «Histoire générale de la Chine» des Jesuiten Joseph de Moyriac de Mailla, allerdings ohne zu wissen, dass das chinesische Original ein Handbuch der Staatsethik war, was es wenig verwunderlich macht, dass Hegel darin keine Geschichte im eigentlichen Sinn finden konnte.[49] Aus Reiseberichten und Literaturstudien wie den indologischen Studien von August Wilhelm und Friedrich Schlegel, aus chinesischen Romanen und Kommentaren zu den indischen Veden setzt er sich und seinen Zuhörern ein Bild jener Kulturen zusammen. Nicht nur diese Bilder, sondern auch die Festlegungen Hegels auf gerade diese «Völker» hängen stark vom Wissen seiner Zeit ab. Wie auch anders?

Allerdings bringt er keinen Vorbehalt vorläufigen Wissens aus zweiter Hand an seinen Beschreibungen an. Der Katalog seiner Bibliothek verzeichnet zur außereuropäischen Geschichte eine sehr überschaubare Anzahl von Werken. Dass er seiner Zeit noch weitgehende Unkenntnis über Afrika attestiert, rechtfertigt kaum, sehr grundsätzliche und aus heutiger Sicht abenteuerliche Urteile auf die Lektüre von Herodot, die «Erdkunde» Carl Ritters und ein paar Bände Reiseliteratur zu stützen. So schiebt er den Afrikanern das Schicksal, zu Objekten von Sklaverei geworden zu sein, selbst in die Schuhe, denn schließlich behandelten sie Menschen ja ihrerseits, etwa durch Kannibalismus, als wertlos. Rassismus, wie stets, aus Unkenntnis, für eine Philosophie, die alles auf Wissen setzt, aber mehr als peinlich. Dass es in Afrika keine Staaten und also keine Geschichte gebe, wird aus seiner Geographie hergeleitet, die eine des Hochlandes sei, ein Irrtum, den Hegel durchaus schon 1820 mittels vorliegender Kartenwerke hätte aufklären können.

Dafür zögert er nicht, immer neue Schemata auf seine Völkerrevue anzuwenden: Asien als Kindheit, Griechenland als Jugend, Rom als Erwachsenenalter und die germanischen Völker (inklusive der Germanen Italiens, Spaniens, Englands und Frankreichs) als Greisenalter der Geschichte, was in letzterem Fall mit «vollkommene Reife» übersetzt wird. Oder: China bewegungslos, Indien schweifend, Persien lichtdurchflutet. Auch mit Analogien wie der, man könne die Geschichte Europas in Perioden unterscheiden, die dem Reich des Vaters (bis zu Karl dem Großen), des Sohnes (Karl der Große bis Karl V.) und des Heiligen Geistes (Reformation und Folgen) entsprechen, ist nicht mehr viel anzufangen. Das Gleiche gilt für die Behauptung, das germanische Europa wiederhole frühere Epochen (das Reich Karls des Großen das Perserreich, das Karl V. die griechische Welt, die Welt nach der Reformation das antike Rom).[50] Karl V. hätte sich vielleicht trotz seiner burgundisch-niederländischen Geburt gewundert, nicht als katholischer Monarch, sondern als Angehöriger der germanischen Welt und Fürst über ein der griechischen Welt ähnliches Reich adressiert zu werden.

Weltgeschichte meint für Hegel die Abfolge solcher Welten, in sich verständlicher historischer Abläufe, die jeweils ein umfassendes Gebilde profilieren, das zu seiner Zeit am meisten Aufschluss über den Zeigerstand der historischen Uhr gibt. Das heißt umgekehrt, dass Hegels Geschichtsphilosophie von vornherein wenig Sinn für Gleichzeitiges hat. Dass die Erde seit jeher rund war, findet kaum Eingang in seine Überlegungen zur Weltgeschichte. Dem jeweils in einer Epoche herrschenden Volk gegenüber, hieß es schon in der Rechtsphilosophie, «sind die Geister der anderen Völker rechtlos, und sie, wie die, deren Epoche vorbei ist, zählen nicht mehr in der Weltgeschichte».[51] Es fehlt ihm folglich jedes Interesse an der Nachgeschichte jener Welten, etwa der chinesischen oder indischen, die einst repräsentativ für den Zeigerstand der historischen Uhr waren, darin aber von anderen Welten abgelöst wurden. Auf Hegels Bühne – und auch er bezeichnet das historische Geschehen gern als Theater oder Gemälde – haben die wenigsten Figuren Wiederauftritte, vielmehr sagen sie, was sie zu sagen haben, und verschwinden dann, um nur noch erinnert zu werden. So hatte es Hegel schon in Nürnberg seiner Unterklasse unterrichtet: «Es zählen nicht alle Völker in der Weltgeschichte. Jedes hat nach seinem Prinzip seinen Punkt, Moment. Dann tritt es, wie es scheint, für immer ab. Nicht zufällig kommt seine Reihe.»[52]

Das hat den großen Nachteil, dass zwar die Griechen und die Römer und schließlich die spätantiken und mittelalterlichen Herrschaftsformationen in einer Verbindung zueinander stehen, es aber völlig unklar bleibt, was im Orient stattfand, als «mit dem Reiche Chinas» die Geschichte begann, oder was außerhalb des Reichs Karls des Großen sich an Geschichte zutrug. Hegels lakonischer Befund: Es trug sich wohl irgendetwas zu, aber nichts von welthistorischem Interesse. Wenn Hegel von «Stufen der Bildung» des Weltgeistes spricht, provoziert das überdies die Frage, auf welche Weise sich diesem Geist denn die völlig unabhängig voneinander stattgefundenen Entwicklungen in China und Indien mitgeteilt haben. Wenn die chinesische Kaiserherrschaft und die indischen

Aristokratien notwendige Stufen des Weltgeistes waren, dann befinden sich diese Stufen jedenfalls nicht auf derselben Treppe. Ein
Lernen der Gattung, das aus chinesischen Erfahrungen auf orientalische Möglichkeiten geschlossen hätte, gab es welthistorisch
nicht. Hegel spricht wohl auch deshalb nur von einem «inneren
Zusammenhang» der Nationen. Eine solche Übersicht über den
äußeren wie inneren Gang der Geschichte kann jedenfalls nur haben, wer die Geschichte für abgeschlossen hält, denn andernfalls
wäre ja der Einwand stichhaltig, man könne letztlich nie wissen,
ob einer Ereignisfolge, einer Kultur, einem Staat – sagen wir: dem
russischen Imperium oder dem japanischen – nicht doch im Rückblick ein welthistorisches Interesse zukommt.

Für das «letzte Stadium der Geschichte»,[53] das er erreicht sieht,
gibt Hegel dann sehr unterschiedliche Beschreibungen. Zunächst
teilt er das verwirklichte Reich der Freiheit aller und ihrer Gleichheit vor dem Gesetz zwischen Deutschland und Frankreich auf,
also zwischen seiner theoretischen Durchdringung und seiner
praktischen Verwirklichung. Die Philosophie, die ein Maximum
an Vielfalt zu erfassen vermag, ist die des Idealismus seit Kant. Die
Staatsform, die ein Maximum an Heterogenität verarbeiten kann,
ist die moderne, in Frankreich oder von Frankreich aus durchge-
setzte, die jedem Individuum die gleichen Rechte gewährt und sich
insofern nicht eine von außen kommende Vielfalt zur Aufgabe
macht, sondern eine selbstproduzierte: «Solange die Sonne am
Firmamente steht und die Planeten um sie herumkreisen, war das
nicht gesehen worden, daß der Mensch sich auf den Kopf, d. i. auf
den Gedanken stellt und die Wirklichkeit nach diesem erbaut.»[54]
Selbstgesetzgebung, ein vollständiges Zivilrecht, Gewerbefreiheit,
die Zugangsmöglichkeit aller zu den Staatsämtern, Aufhebung der
Sklaverei, Säkularisierung, Scheidungsrecht, Pressefreiheit – es
sind solche Errungenschaften, an denen er abliest, dass es einen
Fortschritt im Bewusstsein der Freiheit gegeben hat. Nur dieser

interessiert ihn, nicht das Auf und Ab sonstiger Lebensbedingungen im historischen Zeitablauf. Und er notiert «die üble Gewohnheit der Deutschen, niemals fertig werden zu können», auch bei der Aneignung solcher Errungenschaften.[55]

In der «Phänomenologie des Geistes» war dieses einstweilen letzte Stadium der Geschichte an die Befriedung der aus der Französischen Revolution hervorgegangenen Unordnung gebunden, wonach Napoleon als «der große Staatsrechtslehrer [...] in Paris» bezeichnet werden konnte.[56] Er rettete für Hegel, wie Franz Rosenzweig das ausgedrückt hat, die Ideen von 1789 vor den Ideen von 1793.[57] Genauer aber: Hegels spätere Ideen von 1789 vor den Ideen der *terreur* von 1793. Danach unterliegt Napoleon – «es ist ein ungeheures Schauspiel, ein enormes Genie sich selbst zerstören zu sehen» – im Kampf mit den Nationalstaaten und wird seinerseits gestürzt. Hegel beansprucht, das vorhergesagt zu haben, als er in der «Phänomenologie» schrieb, die absolute Freiheit gehe «aus ihrer sich selbst zerstörenden Wirklichkeit in ein *anderes Land* (ich hatte dabei ein *Land* im Sinne) des selbstbewußten Geistes über», wo sie, die absolute Freiheit, «in dieser ihrer Unwirklichkeit als das Wahre gilt».[58]

Soll heißen: Deutschland als Land des Idealismus besiegt Frankreich als Land der verwirklichten Freiheit. Doch Hegel kann darin schon deshalb keinen Anlass für Triumphe finden, weil Napoleon «durch die Masse des Mittelmäßigen» und Kosaken zu Fall gebracht wurde, nicht durch irgendeine innere Konsequenz des Weltgeistes. Er spricht sarkastisch von der «geschehen-sein-sollenden-Befreiung»,[59] die katholische Monarchie wird unter Führung des Hauses Bourbon in Frankreich wieder eingerichtet, und es begann der Konflikt von Liberalismus und Königtum, der Wechsel von Regierung und Opposition. «Dieser Kollision, dieser Knoten, dieses Problem ist es, an dem die Geschichte steht und den sie in künftigen Seiten zu lösen hat.»[60]

Das führt zum angeblichen Ende der Geschichte. Hegel beschreibt die Welt historisch wirksamer Entscheidungen so, dass alle partikularen Handlungen auch Handlungen sind, die nicht nur von Individuen als Individuen ausgehen. Wer als Türke auf Chios einen Griechen erschlug, tat dies eben nicht nur als Individuum, so wenig wie die Griechen nur als Individuen starben, sondern als Bewohner eines Staats im weitesten Sinn, als Angehöriger einer Religion, als Mitglied einer Berufsgruppe oder Schicht. Zu den partikularen Handlungszwecken kommen darum solche der jeweiligen Gebilde hinzu. Die gegen Hegel gerichtete Behauptung, nicht die Geschichte tue etwas, sondern nur der wirkliche und lebendige Mensch, liest sich seltsam von Autoren, die beispielsweise das «Kapital» durchaus mit Handlungsqualitäten ausgestattet haben.[61]

Noch das sinnloseste Leiden, notierte dazu Theodor W. Adorno, das ein Individuum an sich erfahre, lasse sich «aus dem Fortgang der Gesamtbedingungen» begreifen, das und nichts anderes sei unter dem Weltgeist bei Hegel zu verstehen; die Frage sei nur, ob er als so vernünftig bezeichnet werden könne, wie Hegel behauptet.[62] Für Hegel sind Staaten hier die entscheidenden überindividuellen Zwecksetzer, die selbst dort wirksam sind, wo es darum geht, was dem Zufall oder – aus Sicht der Gesellschaft fast dasselbe – den Individuen überlassen wird und was nicht. Der Einwand, sich den Gesetzen eines Staates zu unterwerfen, könne niemals ein Akt der Freiheit sein, weil «das Wort Unterwerfung das Gegenteil von Freiheit meint»,[63] erinnert an Hyperion, trifft aber auf den Einspruch, dass in einer recht- und staatenlosen Welt gewiss keine Freiheit zu finden wäre. Die Geschichte dieser auf Freiheitsgewinne zielenden Staatlichkeit hält Hegel für prinzipiell abgeschlossen, weil sie im Rechtsstaat die Tür zur Selbstgesetzgebung geöffnet hat – durch ein jetzt bestehendes Wissen davon, dass die Freiheit durch den Geschichtsverlauf unterstützt wird, auch wenn sie noch nicht überall bestimmend ist.

Umso interessanter sind Bemerkungen wie die soeben zitierte, die im Konflikt zwischen liberalen und exekutiven Kräften, zwischen der Kraft der Einzelwillen und dem «Prinzip der Atome» einerseits, des Beamtenstaats und der Verlässlichkeit der Organisationen andererseits, das Problem der künftigen Geschichte sieht. Auf einer ganz anderen und doch ähnlich beschriebenen Ebene ist die Zukunft in Hegels Geschichtsphilosophie durch seine Kommentare zur «Neuen Welt» gegenwärtig, insbesondere Nordamerika. Interessanterweise hat er sie seiner eigentlichen Abhandlung der weltgeschichtlichen Epochen nicht nach-, sondern vorangestellt. Amerika verhält sich für ihn zu Europa wie Offenbach zu Frankfurt oder Altona zu Hamburg: Wenn der Zwang in einem Gebiet zu groß wird, kommt es durch «industriöse» Menschen zu Neuansiedlungen, in denen die Last der Abgaben nicht so groß ist.[64] Die Orientierung an Arbeit, Bedürfnissen und Ruhe führte zu einem Gemeinwesen, «das von den Atomen der Individuen ausging» und des Staates zunächst nur zur Absicherung des Eigentums bedurfte. Hegel staunt merklich über eine Gesellschaft, in der Religion in Form von Sekten mit äußerst zumutungsreichen Praktiken (Gottesdienste in sinnlichster Ausgelassenheit, Geistliche als von Gemeinden angeheuerte Dienstleister, für die Klientel «zurechtgemachte» Glaubensweisen «ungebändigster Wildheit») existiert, in der kaum Steuern bezahlt werden und in der prinzipielle Konflikte durch Binnenmigration entschärft werden können. Mit Europa könne man darum Amerika erst vergleichen, wenn seine innere Landnahme abgeschlossen sei. Es sei das Land der Zukunft, gerade als solches aber gehe es die Philosophie der Geschichte nichts an.

Sowohl auf europäischem Boden wie auf dem der Neuen Welt zeichnet sich für Hegel also eine Spannung zwischen dem «System der Bedürfnisse», das nicht nur innerhalb von Staaten existiert, sondern einen Weltmarkt konstituiert, und dem Staat als Träger der Geschichte ab. Die für «sittlich» gehaltene Überwölbung einer ökonomisch, technologisch und industriell bestimmten Geschichte durch eine politische schlägt sich in seiner Vorlesung deutlich nieder. Kaum einmal wird an die wirtschaftlichen Grundlagen eines Herrschaftsgebildes gedacht. Herzogtümer, Kirchen, Städte, stehende Heere und Gesetze sind die Einheiten, die den historischen Ablauf zumeist aus sich und der ihnen zugeordneten Weltsicht heraus tragen. Von Landwirtschaft, Vermögen, Schulden und Profit ist so gut wie gar nicht die Rede, ab und an werden Silberbergwerke, Handelsschiffe und Kolonisationen sowie die Sklaverei erwähnt. Auch wenn mit der Reformation «Industrie und Gewerbe nunmehr [...] sittlich geworden [sind]»,[65] geht es nicht in die an Beamte adressierte Vorlesung ein, dass auch Kaufmannsschaften, Erfinder und Industrielle auf folgenreiche Weise ahnen können, «was an der Zeit ist».[66] Sie kommen als geschichtliche Menschen für Hegel so wenig in Betracht wie später für Jacob Burckhardt als Beispiele historischer Größe: weil «sie es eben nicht mit dem Weltganzen zu tun haben».[67] Aber inwiefern hatte James Watt nicht mit dem Weltganzen zu tun?

Dasselbe gilt für die verlorenen Schlachten, die verlorenen Prozesse, die für den Geschichtsverlauf unerheblich gebliebenen Momente, die aber gleichwohl festgehalten worden sind. Wenn es für den Begriff der historischen Erfahrung entscheidend ist, dass wir, «wenn wir die Vergangenheit, wie groß sie auch immer sei, durchlaufen, es nur mit *Gegenwärtigem* zu tun»[68] haben, betrifft das auch Vergangenheiten, die nur groß an Unglück, Leid und Scheitern gewesen sind. Es gibt beispielsweise, was außerhalb des historischen Horizonts Hegels lag, Staatengründungen, die nicht auf Siegen im Bewusstsein fortschreitender Freiheit gründen – sondern auf festgehaltenen Katastrophen und dem Bewusstsein der weltgeschichtlichen Unwahrscheinlichkeit solcher Freiheit.

ACHTZEHNTES KAPITEL

Der Hund als Christ und
der Geschmack für das Unendliche

«Jesus und die Speisung der Fünftausend durch fünf
Brote und zwei Fische: Ich zweifle nicht, dass er sie
gespeist hat, ich zweifle, dass sie satt geworden sind.»

Unbekannter Rabbiner

Der Streit hatte sich mehr als zwanzig Jahre lang angekündigt. Im Juni 1799 war in Berlin anonym die Schrift «Über die Religion. Reden an die Gebildeten unter ihren Verächtern» erschienen. Ihr Verfasser, der einunddreißigjährige Friedrich Ernst Daniel Schleiermacher, wirkte seit drei Jahren als Prediger an der Berliner Charité, die damals noch kein großes Universitätskrankenhaus war, sondern eine wenig ansehnliche Stätte der Armenpflege. Schleiermacher, der sich aus engstirnigen pietistischen Verhältnissen herausstudiert hatte, gehörte seit 1797 zum Umkreis Friedrich Schlegels. Für dessen Zeitschrift «Athenaeum» hatte er ein Jahr vor seinen «Reden», ebenfalls anonym, einen Beitrag mit dem Titel «Idee zu einem Katechismus der Vernunft für edle Frauen» geschrieben. Sein erstes Gebot lautete: «Du sollst keinen Geliebten neben ihm haben; aber du sollst Freundin sein können, ohne in das Kolorit der Liebe zu spielen und zu kokettieren oder anzubeten.» Und das zehnte Gebot: «Laß dich gelüsten nach der Männer Bildung, Kunst, Weisheit und Ehre.»[1] Ein ebenso emanzipationsfreundlicher wie spöttischer Armenpfarrer also. In den Berliner Salons von Henriette Herz und Rahel Varnhagen fand Schleiermacher die Adressatinnen solch einer Parodie auf religiöse Unterweisung, die zugleich die Identifikation von Bildung und Religion mild ironisierte, wie sie Friedrich Schlegel in seinem «Athenaeums»-Fragment Nummer 233 formuliert hatte: «Die Religion ist meistens nur ein Supplement oder gar ein Surrogat der Bildung, und nichts ist religiös im strengen Sinne, was nicht ein Produkt der Freiheit ist. Man kann sagen: je freier, je religiöser; und je mehr Bildung, je weniger Religion.»[2]

In den von Schlegel angeregten «Reden an die Gebildeten» – im Messekatalog waren sie noch als «Reden an die aufgeklärten unter ihren Verächtern» angekündigt worden – diagnostiziert Schleiermacher, viele von ihnen meinten, der Ewigkeit nicht mehr zu bedürfen, weil das irdische Leben so interessant geworden sei und sie an «Menschheit und Vaterland, Kunst und Wissenschaft» genug hätten, um sich hohe Gefühle zu verschaffen. Folgerichtig geht es ihm darum, Religion von dem zu unterscheiden, «was ihr hie und da ähnlich sieht und womit Ihr sie überall vermischt finden werdet», vor allem Metaphysik und Moral. Weder sei Religion so trittsicher wie das Denken, noch sei ihre Geschichte eine des tugendhaften Verhaltens. Besonnen und ruhig solle der Mensch handeln, aber mit dem Vermögen dazu statte ihn doch gerade Religion nicht aus. Wo aus religiösen Motiven heraus gehandelt wurde, sieht Schleiermacher vor allem die blutigen Folgen von Aberglauben.

Für ihn ist Religion also keine Form des Wissens über das Universum und kein Katalog von Geboten: «Ihr Wesen ist weder Denken noch Handeln, sondern Anschauung und Gefühl.» Es folgt eine ganze Batterie von Begriffen, die beschreiben sollen, was Religion ausmacht: Andacht, kindliche Passivität, Sehnsucht, Ehrfurcht, Ahnung, «Sinn und Geschmack für das Unendliche». Hätte Schleiermacher nur «Sinn» gesagt, das Zitat enthielte seinen Charakter nicht ganz, aber «Geschmack für das Unendliche» trifft den stets gewandten, sich stets vor Übertreibungen hütenden Theologen. Doch was soll das sein: eine Theologie ohne Übertreibungen? Wer religiös ist, bleibt für ihn beim einzelnen Unbegreiflichen stehen, geht nicht dazu über, es mit anderem zu verbinden oder es denkend auf das Ganze zu beziehen. Anschauungen, so Schleiermacher, lassen sich nicht in ein System bringen. «Den Weltgeist zu lieben und freudig seinem Wirken zuzuschauen, das ist das Ziel unserer Religion, und Furcht ist nicht in der Liebe.»[3]

Schleiermacher hatte seine Schrift anonym erscheinen lassen, denn in Jena war soeben erst der Konflikt um den angeblichen Atheismus Johann Gottlieb Fichtes ausgebrochen, und es schien ihm Vorsicht geboten bei seinem Versuch, die Religion von Moral und Weltwissen abzukoppeln. Zumal er sich durchaus auch Überlegungen wie der hingab, «daß eine Religion ohne Gott besser sein kann, als eine andere mit Gott». Er löste die Religion mithin auch von bestimmten Fassungen des Gottesbegriffs. Angesichts des Gefühls als entscheidendem Impuls zur Religion schien es ihm sogar fast gleichgültig, ob die Einbildungskraft einer «einzelnen Anschauung», die Gott genannt werde, nun auf einen Monotheismus oder einen Polytheismus hinauslaufe: «Einen oder mehrere, ich verachte in der Religion nichts so sehr als die Zahl.»[4]

War Schleiermacher mit diesen Gedanken, denen Religion eine Art Musik ist, die alles Dasein begleitet, weit entfernt von dem, was Hegel um 1800 über Religion dachte? Auf den ersten Blick nicht, wenn man an Sätze wie den aus dem sogenannten «Systemfragment von 1800» denkt, dass es das Wesen des Gottesdienstes sei, die wahrnehmende oder denkende Betrachtung eines «objektiven Gottes» zugunsten einer freudigen Verschmelzung der Gläubigen mit ihm hinter sich zu lassen, die «zum Tanz werden kann».[5] Ins selbe Jahr fallen Hegels Überlegungen, dass Religion anfänglich weder eine Kirche noch eine Menge von Texten und Argumenten ist. Deshalb greife der Versuch, sie dem Verstand und der Vernunft zu unterwerfen, oft ins Leere: «Die verständigen Menschen glauben Wahrheit zu sprechen, wenn sie verständig zum Gefühl, zur Einbildungskraft, zu religiösen Bedürfnissen sprechen, und können nicht begreifen, wie ihrer Wahrheit widerstanden wird, warum sie tauben Ohren predigen; der Fehler ist, sie bieten Steine dem Kinde dar, das Brot fordert; wenn ein Haus gebaut werden soll, dann hat ihre Ware Brauchbarkeit. Aber ebenso, wenn das Brot auf Tauglichkeit zum Häuserbauen Anspruch machte, so würden sie mit Recht widersprechen.»[6]

In diesem Bild deutete sich schon Hegels späterer Befund an, dass es nichts in der Welt des Geistes gibt, was nicht einen Gegensatz in sich trägt, und Religion beispielsweise nahrhaft *und* bewohnbar, eine Freude *und* eine feste Burg sein soll. Sogleich notiert er aber, dass die Entgegensetzung von «objektiver», dogmatisch verfasster, moralpredigender Religion und «subjektiver» Religion, die sich im Sinne Schleiermachers auf andächtige Gefühle gründet, unvollständig ist. Es liest sich wie eine Randbemerkung zu dessen «Reden», wenn Hegel festhält, «ein Verhältnis» der Reflexion «zum Gefühl ist aber nur ein Erkennen desselben als eines Subjektiven, nur ein Bewußtsein des Gefühls, getrennte Reflexion über dem getrennten Gefühl».[7] Soll heißen: Nicht das sich zum Himmel aufschwingende Herz eines romantischen Krankenhauspfarrers, der sich in seine Gefühle hineingedacht hat, manifestiert Religion. Sie ist nicht die Erhebung eines Menschen vom Endlichen, wie es ihm vorkommt, zum Unendlichen, wie es ihm vorkommt, sondern die Erhebung «vom endlichen Leben zum unendlichen Leben». Es ist eine Form des gesellschaftlichen Lebens, hier: der kultische Tanz, wodurch die Entgegensetzung objektiven und subjektiven Glaubens überwunden wird, nicht reflektierte Andacht.[8] Oder anders formuliert: Zur Beschreibung, dass Religion «keinen Anspruch darauf macht, verständig oder vernünftig zu sein»,[9] gehört der Gedanke, dass sie auch nichts Individuelles ist, weshalb die Behauptung, sie entspringe einem Gefühl, leicht in die Irre führen kann.

Schleiermacher wird für Hegel der theologische Romantiker bleiben, eine protestantische und urbane Version der «Herzensergießungen eines kunstliebenden Klosterbruders», in denen schon 1796 Wilhelm Wackenroder und Ludwig Tieck versucht hatten, im

Gefühl den Indifferenzpunkt von Religion und Kunst zu finden. In Hegels Schrift über die «Differenz des Fichteschen und Schellingschen Systems der Philosophie» von 1801 werden die «Reden» über die Religion entsprechend als Zeiterscheinung gestreift. In ihr melde sich, heißt es ebenso anerkennend wie von oben herab, dasselbe Bedürfnis, das sich auch in der zunehmenden Bedeutung von Poesie und Kunst ausspreche: das Bedürfnis nämlich nach einer Philosophie, in der die Natur nicht so misshandelt wird wie bei Kant und Fichte.[10] Ein Jahr später, in «Glauben und Wissen», wird Schleiermachers Werk – der Autor der «Reden» war inzwischen namhaft geworden, auch wenn er selbst sich erst 1803 zu seinem Werk bekannte – erneut als Beispiel für das protestantische Bedürfnis beschrieben, das Leiden an der entzauberten Welt individuell zu überwinden. Denn das «Anschauen des Universums», das Schleiermacher als «höchste Formel der Religion» bezeichnet hatte,[11] sei doch wieder nur etwas Subjektives, das die Religion der «Virtuosität des religiösen Künstlers» überlässt, der als Priester eine «Kunst ohne Kunstwerk» praktiziere.[12]

Tatsächlich hatte Schleiermacher in seinen «Reden» behauptet, es sei unmöglich, Religion anders auszusprechen als rednerisch «und willig dazunehmend den Dienst aller Künste», wenn einer aus der Gemeinde hervortrete, «um seine eigene Anschauung hinzustellen, als Objekt für die Übrigen, sie hinzuführen in die Gegend der Religion wo er einheimisch ist, und seine heiligen Gefühle ihnen einzuimpfen: er spricht das Universum aus, und im heiligen Schweigen folgt die Gemein[d]e seiner begeisterten Rede.»[13]

Der zu begeisternder Rede zeit seines Lebens so unfähige wie unwillige Hegel, der in Berlin zu seinem Nachteil mit Schleiermachers Vortragsstil verglichen wurde,[14] schreibt über diesen Kitsch einen Satz, der fast über eine ganze Buchseite geht. Die Gemeinde, sagt Hegel, solle hier «den Zweck und die Absicht haben, das Innere der Anschauung von ihm als einem Virtuosen des Erbauens und der Begeisterung in sich bewirken zu lassen; es soll einer subjektiven Eigenheit der Anschauung (Idiot heißt einer, sofern Eigenheit in ihm ist) [...] so viel nachgegeben werden, daß sie das Prinzip einer eigenen Gemeinde bildet und daß auf diese Weise die Gemeindchen und Besonderheiten sich ins Unendliche geltend machen und vervielfältigen.» Schleiermachers Bedürfnis nach Gott wird nicht nur von der Wucht der Kritik Hegels an der Romantik getroffen, wenn es von ihm heißt, es sei «nicht einmal ein Sehnen, sondern nur das Suchen eines Sehnens».[15] Es wird ihm auch vorbuchstabiert, worauf die Verknüpfung von Religion und Gefühl sozial hinausläuft: auf ein laues Sektierertum, «Gemeindchen». Schleiermacher nimmt Notiz von dieser Attacke und wundert sich zwar nicht, von Hegel als «Fortsetzer und Potenzierer» Jacobis bezeichnet zu werden, aber er klagt in einem Brief darüber, dass Jacobi seinerseits ihn leider für einen Atheisten halte. Es sei, Schleiermacher dachte stets groß von seiner Liebenswürdigkeit, «fast das einzige Beispiel in meinem Leben [...], daß es meiner Liebe an aller Erwiderung fehlt».[16]

Knapp fünfzehn Jahre später begegneten sich Schleiermacher und Hegel in Berlin. In der Auffassung, was eine Universität leisten solle, waren sie nicht weit auseinander. Schleiermacher hatte sich auch dem Ruf an Hegel nicht entgegengestellt, vermutlich aber mehr, weil ihm der Gegenkandidat, Jakob Friedrich Fries, noch unangenehmer war und weil er sich um das Ansehen der Universität sorgte, wenn sie keinen Philosophen von Rang habe. Die Differenzen waren jedoch nicht verschwunden. Schleiermacher hing einer Auffassung des protestantischen Glaubens an, die ihn in starken Gegensatz zum Staat brachte. Legt man die Unterscheidung Hegels von Staat und Gesellschaft zugrunde, war Schleiermacher der Theologe der Gesellschaft. Heute sind wir, trotz Kirchensteuer, Religionsunterricht und des hohen Rangs der Religionsfreiheit im Grundgesetz, geneigt, das ganz normal zu finden. Hegel jedoch fand Religion eine zu ernste Angelegenheit, um

sie von der Sphäre kollektiv verbindlicher Entscheidungen auszu-
nehmen. Schleiermacher hingegen fühlte sich am wohlsten dort, wo auch
religiös alles im Fluss war. Einer seiner glänzendsten Texte ist der
«Versuch einer Theorie des geselligen Betragens» von 1799, in der
er erneut anonym seine Beobachtungen in den Berliner Salons zu
einer Philosophie des angemessenen Verhaltens in Gesprächen
verarbeitete.[17] Was immer sich als Ausdruck von Spontaneität deuten ließ, zog ihn an, selbst die Tumulte der Burschenschaftler, über
die er sich mit Hegel stritt.[18]

Hegel ließ es nicht an Bissigkeit gegen den Kollegen mangeln,
der seine Aufnahme in die Berliner Akademie der Wissenschaften hintertrieb. 1801 hatte Schleiermacher Friedrich Schlegels
für damalige deutsche Begriffe, aber nur für sie, frivolen Roman
«Lucinde» über Liebeskomplexitäten in einer eigenen, selbstverständlich anonym erschienenen Schrift kommentiert und darin
die Adressatin seiner Briefe ermuntert, in der Liebe durchaus
vorläufige Versuche zu machen, um sie zu lernen. Damit hatte er,
soziologisch betrachtet, ein tatsächliches Problem berührt, denn
wie lernt man Liebe? Hingabe, so Schleiermacher, sei der Beweis
wahrer Liebe: «Das gefährlichste ist nur, daß auch jeder Versuch
seiner Natur nach auf diesen Punkt hinstrebt. Daß das so sein
muß, kannst Du aus Deinem bißchen Chemie begreifen. Der Sät-
tigungspunkt ist nur durch Übersättigung zu finden; nur durch das
Bestreben, einen noch höheren Grad der Vereinigung zu Stande
zu bringen, läßt sich finden, welcher Grad in einem gegebenen
Fall der höchst mögliche ist.»[19] Hegel macht dazu 1820 in seiner
Rechtsphilosophie die Anmerkung, diese Argumentation sei Verführern nicht fremd.[20]

Schleiermacher wiederum ging das enzyklopädische Bestreben
der spekulativen Philosophie, alle denkbaren Stoffe in Beschlag
zu nehmen, gegen den Strich. Vor allem die Dienststellung, in die
historische und philologische Forschung dadurch gebracht zu wer-

den schien, konnte dem Übersetzer Platons und Theoretiker der Hermeneutik nicht gefallen. Vor allem aber erfüllte sich die vor Hegels Berufung geäußerte Hoffnung seines theologischen Kollegen de Wette nicht, Schleiermacher verdunkele Hegel zu sehr, als dass dieser zu fürchten sei. Hegel zog trotz seines «holprigen» Vortragsstils und trotz der «Ungeheuerlichkeit» seines Satzes von der vernünftigen Wirklichkeit, der angeblich allem jugendlichen Befreiungsstreben die Spitze abgebrochen und die «Kamptzsche Polizeiwillkür» gegen die Studenten für vernünftig erklärt hatte, immer mehr Hörer und Schüler an und auch von dem beredten Schleiermacher ab.[21] Dazu passt die auch auf Schleiermachers geringe Körpergröße anspielende Bemerkung des Heidelberger Theologen Carl Daub, der mit Hegel befreundet war, dieser werde «als ein bis an die Zähne gerüsteter, mit seinem Pallasch gerade durchhauender Kürassier» es in Schleiermacher «mit einem gewandten, sein leichtes Pferdchen zierlich tummelnden Ulanen zu tun bekommen».[22]

Zur entsprechenden Klingenprobe kam es 1821. Nachdem Hegel noch ein Jahr zuvor die Religionsphilosophie der Ästhetik zugeordnet hatte – kurz darauf wird er umgekehrt die Epochen der Kunst nach religiösen Unterscheidungen ordnen –, kündigt er für das Sommersemester erstmals eine Vorlesung über Religion an. Er wird sie danach noch dreimal halten: 1824, 1827 und 1831; immer im Sommer. Sie ist in seinem eigenen Vorlesungsmanuskript überliefert, aber bei ihren Wiederholungen löst er sich immer weiter davon, was die Mitschriften seiner Studenten belegen. Das Originalmanuskript hatte er offenbar erst kurz vor dem Beginn seiner Vorlesung begonnen und parallel zu ihr an ihm weitergearbeitet.[23] Der erste Band von Schleiermachers «Glaubenslehre» erschien just im Juni 1821, Hegel hörte davon und zeigte sich in einem Brief an Daub im Mai neugierig, ob der Kontrahent nun endlich in großer Münze zahlen werde.[24] Hegel selbst hatte ein Leben lang über Religion nachgedacht, sie in der «Phänomenologie des Geistes» behandelt und ihr in seiner «Enzyklopädie» acht Paragraphen gewidmet. Er brauchte also nicht Schleiermacher als Anlass, sich ihr in einer eigenen Vorlesung zuzuwenden. Aber es ist nicht zu übersehen, dass diese Vorlesung auch der Demonstration dienen sollte, was der Kürassier vom Ulanen hielt.[25]

Religion ist für Hegel die Sphäre, «in welcher alle Rätsel der Welt gelöst sind».[26] Doch wie kann sie dann nur eine Region des Bewusstseins sein, wieso gibt es auch Alltag und nicht nur Sonntag, weshalb Weltliches und nicht nur Religion? Einerseits begleitet der Glaube das Leben frommer Menschen auch werktags, andererseits heißt der Werktag für Hegel Werktag, weil der Mensch dort seine Werke verrichtet, etwas aus dem macht, was er vorfindet: «Die Produktionen machen seine Ehre.»[27] Zwar ist auch alle Produktion – beispielsweise von Gütern, Recht, Erkenntnissen – bedingt und von etwas abhängig, das selbst nicht produziert worden ist. Insofern lebt nicht nur der Staat, wie es in einem bekannten Spruch heißt, von Voraussetzungen, die er selbst nicht garantieren kann, sondern das gilt für schlechterdings alles. Der Staat, trug Hegel vor, müsse auf Religion beruhen, «weil in ihr die Sicherheit der Gesinnung, der Pflichten gegen denselben erst absolut ist».[28] Soll heißen: Nur ein empfundenes Gebot Gottes führt zu verlässlichem Gehorsam. Doch gerade deshalb, weil es für alles gilt, so Hegel, drohe einer Religion, die darauf hinweise, auch dies und jenes und überhaupt alles verdanke sich zuletzt Gott, die Gefahr, langweilig zu werden. Überdies hat es mit dem «verdanken» auch die Bewandtnis, dass die Schafe in der Welt vor Darwin nicht nur das Fell, das sie wärmt, Gott verdankten, sondern auch den Wolf, der sie frisst.

Hegel rät davon ab, Gott in einzelnen, endlichen Erscheinungen zu suchen. Für besondere Wirkungen müssen besondere Ursachen ermittelt werden. Deswegen bildet die Wissenschaft eine eigene Sphäre solcher spezifischen und hoffentlich weniger langweiligen Erklärungen – immer den Kapitalismus heranzuziehen, wäre beispielsweise ähnlich langweilig –, die ohne einen Bezug auf

Unendliches und Ewiges auskommen. Der Religion überlässt sie, was nicht erkannt zu werden vermag, womit wir wieder bei jener Situation angelangt wären, die wir die Jacobi-Schleiermacher-Situation nennen könnten, denn in ihr «ist die Religion erkenntnislos geworden und in das einfache Gefühl, in das inhaltslose Erheben des Geistigen zu dem Ewigen zusammengeschrumpft, kann aber von dem Ewigen nichts aussagen; denn alles, was Erkennen wäre, wäre ein Herabziehen desselben in die Sphäre und in den Zusammenhang des Endlichen.»[29]

Wie berechtigt es ist, die religiöse Lage seiner Gegenwart, so wie Hegel sie sah, in seiner Kritik Schleiermachers kondensiert zu sehen, macht ein kleiner zeitlicher Vorgriff deutlich. 1822, ein Jahr nach seiner ersten Religionsvorlesung, schrieb Hegel ein achtundzwanzigseitiges Vorwort zu einer religionsphilosophischen Schrift seines Schülers Hinrichs. Dieser attackierte darin die «Religion des Gefühls» ganz nach Hegels Motiven: Der Glaube verliere nicht dadurch, dass er gedacht werde, die Religion des Gefühls hingegen verwandele etwas Allgemeines in etwas Zufälliges, sie sei «keine Religion des Volks, sondern nur eine Religion des Ich».[30] Hegel formulierte es in seinen Vorlesungen so: «Man beruft sich häufig auf sein Gefühl, wenn die Gründe ausgehen. So einen Menschen muß man stehenlassen; denn mit dem Appellieren an das eigene Gefühl ist die Gemeinschaft unter uns abgerissen.»[31] Es sei denn, möchte man hinzufügen, es handele sich um eine Gefühlsgemeinschaft.

In seinem Vorwort unterstreicht Hegel noch einmal, dass für ihn die Versöhnung des Glaubens mit der Vernunft nicht in einer Gebietsaufteilung zwischen Religion und Philosophie bestehen kann. Genau darauf lief Schleiermachers Gefühlstheorie nämlich hinaus, der zufolge das Denken und der Glaube sich gar nicht in die Quere kommen können. Ja, sagt Hegel, aber nur wenn der Glaube inhaltslos geworden ist und die Vernunft anspruchslos. Es gebe einen Frieden der Gleichgültigkeit, des Leichtsinns und, wie

Hegel merkwürdigerweise schreibt, «der Kahlheit», einen Frieden, zu dem es komme, wenn Gott als unerkennbar und Gegenstand bloßer Sehnsucht behandelt werde, die religiösen Inhalte aber als Sammelsurium «von bloß gemein historischen Begebenheiten, [...] lokalen Meinungen und besonderen Zeitansichten». Da es aber keine Theologie ohne Inhalte gebe, blieben unter solchen Prämissen diesem Fach nur historische Gelehrsamkeit sowie «die dürftige Exposition einiger Gefühle».[32]

Es ist überdeutlich, wer hier gemeint ist. Aber Hegel war es noch nicht deutlich genug. Die Religion aus einem Gefühl hervorgehen zu lassen, setze den religiösen Menschen dem Tier gleich, denn es seien Tiere, die ihrem Gefühl gemäß lebten. Schleiermacher hatte in seiner Glaubenslehre gerade das religiöse Gefühl näher als dasjenige qualifiziert, «daß wir uns selbst als schlechthin abhängig, oder, was dasselbe sagen will, in Beziehung mit Gott bewußt sind».[33] Hegel streicht das Bewusstsein aus dieser Formulierung und kommentiert das Gefühl der schlechthinnigen Abhängigkeit so: «Gründet sich die Religion im Menschen nur auf ein Gefühl, so hat solches richtig keine weitere Bestimmung, als das Gefühl seiner Abhängigkeit zu sein», denn Abhängigkeit ist das, was sich für Hegel in allen Gefühlen mitteilt. Dann aber «wäre der Hund der beste Christ, denn er trägt dieses [Abhängigkeitsgefühl] am stärksten in sich, und lebt vornehmlich in diesem Gefühle. Auch Erlösungsgefühle hat der Hund, wenn seinem Hunger durch einen Knochen Befriedigung wird.»[34] Religion habe nur der freie Geist. Es muss in Hegel ein großer Zorn über den Kollegen gewesen sein, um dessen Theologie als eine für Hunde lächerlich zu machen. Als geselliges Betragen war das unschön, aber die Dummheit, die er in Schleiermachers Definition zu erkennen meinte, war offenbar beträchtlich.

Zurück zu Hegels Vorlesung, in der demonstriert werden sollte, welche Religion der freie Geist hat und wie sich das religiöse Gefühl mit Erkenntnis und Intelligenz versöhnen lässt. Von Anfang bis Ende seines Lebens ist Hegel davon fasziniert, dass es Religion überhaupt noch gibt. Denn Religion ist für ihn etwas Altes. Dass es im 19. Jahrhundert noch während seiner Lebenszeit und kurz danach durch Sekten zur Gründung neuer Kirchen kommen wird, fiel nicht in den Horizont seiner Erfahrung: Die erste mormonische Religionsgemeinschaft wird 1830 gegründet, die Bahai trennen sich 1848 vom Islam, die Neuapostolische Kirche wird 1863 selbständig. Als etwas sehr Altes verbindet uns Religion mit den Anfängen der Zivilisation, weil sie ein Merkmal aller Gesellschaften und Kulturen ist, die seitdem existierten. Hegel ist allerdings anspruchsvoll und findet, Völker, die nur den Mond oder die Sonne anbeteten, hätten keine Religion gehabt.[35]

Zugleich scheint die Religion Hegel zufolge in eine Krise geraten zu sein, denn er hält einen durch Aufklärung und Wissenschaft herbeigeführten epochalen Bruch fest: die mangelnde Bereitschaft zu glauben, was die Theologie lehrt. Das Wissen über Tatsachen hat sich fast grenzenlos erweitert, allmählich glauben immer weniger Menschen, dass Gott zur Strafe Blitze schickt, die der Blitzableiter des Herrn, Benjamin Franklin, seit 1752 wirkungslos machen kann; seine Erfindung kam in Deutschland zum ersten Mal in Hegels Geburtsjahr zur Anwendung.[36] Aus Gott sei deshalb «ein unendliches Gespenst» geworden, weil er für unbegreiflich erklärt worden sei. Auch glaube niemand mehr so recht an zentrale Dogmen wie die Dreieinigkeit. «Selbst ewige Seligkeit und ewige Verdammnis sind Worte, die man in guter Gesellschaft», also jener, für die Schleiermacher seine Lehre des angemessenen Betragens schrieb, «nicht gebrauchen darf.» Die Christen genieren sich für das Christentum. Es wird historisiert, was anstößig oder unaufgeklärt an ihm erscheint, beispielsweise die Wunder, die man dem beschränkten Verstand der Epochen zuschreibt, in denen diese Märchen erzählt wurden. Die Theologen seien dann aber «wie Kontorbedienstete eines Handelshauses [...], die nur über fremden Reichtum Buch und Rechnung führen», ohne selbst am Vermögen beteiligt zu sein. Man rede über Religion wie Leute über die Geschichte eines Bildes, seine Besitzer und den Preis, den es erzielte, «aber vom Gemälde selbst lassen sie uns nichts sehen».[37] Was zeigt Hegel von diesem Gemälde? Das Allgemeine, also den Begriff der Religion, das Besondere, ihre historischen Erscheinungen, und das Einzelne, worunter er die Schlussfolgerungen versteht, die eine Religion aus der Tatsache zieht, dass es viele Formen von ihr gibt, die allgemeinen Begriffen folgen. Zunächst führt er den Begriff der Religion und das aus, was für ihn Elemente einer jeden Religion sind: Gott, religiöses Bewusstsein, Glaube, Nachdenken über Endlichkeit, kultische Praktiken sowie das Verhältnis der Religion zum Staat. Vor allem aber geht es ihm anfangs um den Begriff der Religion, weil Religion für ihn selbst eine Form des Begreifens ist. Zu durchdenken, was sie ist, geht nicht an ihr vorbei, denn «Gott ist nicht die höchste Empfindung, sondern der höchste Gedanke». Gott ist der Inbegriff eines Übersinnlichen, das doch alles betrifft, was sich in der Welt vorfindet. Wer «Gott» sagt, adressiert etwas, von dem alles andere seine Wirklichkeit erhält, in dem das zunächst Verschiedene auch einen Zusammenhang hat. Übersinnlich zu sein und doch alles zu erschließen: Diese Eigenschaft haben nicht Empfindungen, sondern Gedanken.[38]

Der Mensch nun hat beides in sich. Indem er endliches Selbstbewusstsein ist und die Fähigkeit zum Gedanken besitzt – «Ich, das Denkende, dieses mich Erhebende, das *tätige Allgemeine*, und Ich, das *unmittelbare Subjekt* [...] und ferner die *Beziehung* dieser so hart gegenüberstehenden Seiten» –, ist der Mensch Schauplatz eines Kampfes zwischen zwei seiner Seiten, der endlichen und der unendlichen, die beide «Ich» sind. Hegel formuliert es so: «Ich bin beide Kämpfende und der Kampf selbst. Ich bin das Feuer und Wasser, die sich berühren, und die Berührung und Einheit dessen, was sich schlechthin flieht.»[39] Die anschauliche, das Gefühl bewegende und zu Vorstellungen wie «Sohn Gottes», «Wiedergeburt», «Acheron» oder «Baum der Erkenntnis» führende Seite der Religion, das Unbegriffliche an ihr, ergibt sich für Hegel aus diesem Kampf: als Versinnlichung des Übersinnlichen, als Subjektivierung der Gründe, etwas für wahr zu halten, im Glauben und als dessen Vergesellschaftung im Kult.

Es ist also nicht so, dass Hegel Gefühle, Bilder, schöne oder schmerzhafte Handlungen und Symbole aus der Religion heraushalten möchte, um zu einer «reinen» Religion des Denkens zu kommen. Es geht ihm gegenüber den romantisch Gebildeten unter ihren Anhängern nur darum, über diese Sphäre hinauszugelangen. In seiner Jugend stand das Wort «Herz» für den Anspruch, die Religion müsse die Sinnlichkeit des Menschen ansprechen. Jetzt notiert er, das Herz, das schon stabiler sei als das Gefühl, werde in der Bibel auch als Sitz des Bösen angesprochen. Es müsse, um nur der Sitz des Guten zu sein, «gebildet» werden, was nur durch Gedanken möglich sei und durch die Frage danach, was wahr ist.[40]

Denkt das religiöse Bewusstsein über sich nach, stößt es auf die Endlichkeit der irdischen Existenz. Hegel findet sie schon in der Verarbeitungskapazität sinnlich empfindender Wesen, die es nie mit allem, nicht einmal mit sehr Vielem, sondern immer nur mit Einzelnem zu tun haben. Nicht einmal die Triebe können alle zugleich befriedigt werden. So verhalten sich Wahrnehmungen und Begierden, wie Hegel formuliert, «negativ» zueinander, die einen verdrängen die anderen. Diese Negativität kann man nur auf zweierlei Weise loswerden: durch den Tod, der die Endlichkeit beendet, oder durch das Denken, durch das sich das Bewusstsein in einem Moment auf mehr als Einzelnes beziehen kann.[41] Es kann Dinge adressieren, die entweder gerade nicht sichtbar sind oder prinzipiell nicht sichtbar und insofern gar keine «Dinge», es kann über Sachverhalte reden, die gar nicht empfunden werden können, oder alle denkbaren Befriedigungen seiner Wünsche in einem Begriff wie «Glückseligkeit» zusammenfassen. Und also kann es auch den Gegenbegriff zu «endlich» bilden beziehungsweise merken, dass es ihn längst schon gebildet hatte, als es sich in seiner Endlichkeit beschrieb.

Dem kommt die Religion entgegen, die sagt: «Gott ist es selbst, der sich verendlicht»[42] – indem er eine Welt schafft, also das Endliche will, das ihm nun gegenübersteht wie das endliche Bewusstsein, das sich in ihr befindet. Es ist faszinierend, wie Hegel an dieser Stelle Gott in seine Widersprüche hineinzieht. Man versteht erst hier, weshalb er fünfzehn Seiten zuvor die Endlichkeit des Menschen mit der Bemerkung eingeführt hat, endlich sein heiße, sich zu etwas verhalten zu müssen, das man nicht selbst sei, sondern das einem selbständig gegenübertrete.[43] Dieses Verständnis von Endlichkeit wird nun in der Schöpfungsgeschichte wirksam. Gott schaffe die Welt aus dem Nichts, weswegen es davor nichts Zweites (Naturstoff, andere Götter, Engel und dergleichen) gegeben hat und danach nichts Drittes gibt. Wenn aber Endlichsein heißt, etwas Anderes sich gegenüber zu haben, ist Gott aus eigenem Entschluss – «Lasset uns ...» – endlich geworden, und man kann ergänzen, dass jenes Andere ihm auch sogleich auf ruinöse Weise seine Selbständigkeit demonstriert.

Das Zentrum der Religion ist, so gesehen, die doppelte Bewegung des endlichen Vorstellens und Denkens hin zu einem Gottesbegriff, der seinerseits die Vorstellung einer Selbstübergabe Gottes an die Welt und an ein erkennendes Wesen enthält. Später hat sich Hegel gegen den an dieser Stelle erhobenen Vorwurf verteidigt, ob seine Darstellung nicht auf eine «Selbstvergötterung des Wissens» hinauslaufe und auf den Satz «Gottwissen ist Gottsein». Es sei vielmehr so, entgegnete Hegel, dass die Fähigkeit, Gott zu erkennen, nur belege, «daß der Mensch in Gott ist, nicht daß der Mensch Gott ist.»[44] Vielleicht hätte es sogar der Hinweis darauf getan, dass die menschliche Fähigkeit, sich durch Denken einen Begriff von Gott zu machen, bislang nicht dazu geführt hat, den Tod loszuwerden.

Wird jene doppelte gedanklich-vorstellende Bewegung praktisch, heißt sie Kultus. Damit wendet sich Hegel einem Element der Religion zu, das für ihn heikel ist. Denn wenn der Inhalt der

Religion Gedanken sind, bekommt vielleicht nicht jede kultische Festlegung, wie zu beten, zu opfern, die Messe zu halten sei, etwas Zufälliges, aber doch viele. Schon der Glaube ist für Hegel eine Form kultischer Verehrung. Zufällig ist der Glaube an Dinge, die ein gebildeter Mensch nicht mehr glauben könne: «Ob bei der Hochzeit zu Kana die Gäste mehr oder weniger Wein bekamen, ist ganz gleichgültig.»[45] Für die Wahrheit solcher Geschichten, heißt das, würde Hegel keinen Konflikt um Glaubensfreiheit eingehen. Ist aber das «Ungeistige», wie Hegel es nennt, kein Inhalt des Glaubens, sondern nur das Bekenntnis, wie steht es dann um die Auswahl der Gaben, das Abendmahl, die Frage, ob in der Kirche getanzt werden darf, die Trennung von Männern und Frauen, den Tempel- und den Kirchenbau und so weiter? Alles ganz gleichgültig? Hegels Abschnitt über den Kultus entfaltet eine Theorie des Opferns als freudiges Aufgeben von unmittelbarem Besitz, das jedoch in einer «geistigen Religion» überflüssig sei. Der Kult ist in ihr ganz ins Innere verlegt, etwa in der Form der Entsagung, der Buße, der Reue; im Grunde aber verschwindet er damit als Kult.

Ein zweiter, sehr ausführlicher Teil der Vorlesung kommentiert die besonderen Ausprägungen all dieser angesprochenen Elemente in der regionalen Vielfalt der Religionen. Hegel beginnt mit magischen Formen, der «Religion der Zauberei», wie er sie nennt, die als erste dokumentiere, dass Geistiges Macht über Natur habe. Dabei schreibe das magische Bewusstsein allerdings, anders als das instrumentelle Bewusstsein, das mittels Werkzeugen wirkt, den Dingen keine selbständigen, analytisch zu ermittelnden Qualitäten zu. «Für den, der nicht frei ist», heißt es über das magische Denken, aber auch weit darüber hinaus, «sind auch die anderen», andere Menschen und natürliche Dinge, «nicht frei».[46] Freiheit setzt Distanz voraus. Erst wenn das Bewusstsein von der Welt als einer übermächtigen Manifestation Gottes aufkommt – ein Bewusstsein, das Hegel mit dem Begriff «Pantheismus» belegt –,

treten Religionen wie die «Religion des Maßes» hervor; Hegel findet sie in der chinesischen Vorstellung, Religion sei dazu da, sich
in ein harmonisches Verhältnis zur Welt zu bringen und ihre wesentlichen Eigenschaften (Elemente, wichtige Tiere, Verwandt-
schaftsverhältnisse, in ihr mögliche Tätigkeiten) zu sortieren,
durchzunummerieren, ihnen Grundfarben zuzuordnen und ihre
Symmetrie aufzuspüren. Mit anderen Worten: Diese Religionen
zeigen erste Impulse zu einer Theologie.
    Es schließen die hinduistische «Religion der Phantasie» und
die buddhistische «Religion des Insichseins» an. In all diesen Religionen sieht Hegel eine Deutung der Welt wirksam, die Geist
und Natur miteinander identifiziert, in Balance oder zur Ruhe zu
bringen sucht, ineinander auflöst. Den Übergang zu Religionen,
die demgegenüber auf die Begriffe der geistigen Freiheit und der
Individualität zustreben, bilden die Glaubensformen der mittel-
meerischen Hochkulturen: vor allem die jüdische «Religion der
Erhabenheit» und die «Religion der Schönheit» bei den Griechen,
denen noch kurz die römische «Religion der Zweckmäßigkeit»
folgt, von der Hegel so wenig hält, dass er sie auch «Religion des
Verstandes» nennt.
    In diesen Religionen werde die Natur dem Geist unterworfen,
und der Geist trete «sittlich» auf. Besonders in der Religion der Erhabenheit wird Gott, der von nun an nur noch Einer – also nicht
«Eines»![47] – ist, als absolute Macht begriffen, die zugleich Weisheit
sei, und er verfolge Zwecke. Wieso ist Gott hier erhaben? Erhabenheit bedeutet: Macht, die sich nicht ausstellt. «Gott sprach: es
werde Licht, und es ward Licht» – nur ein Wort, und es geschieht
das Allerfolgenreichste, als wäre es nichts, nein, nur ein Hauch.[48]
    Hegel sieht hier «die Wurzel der Subjektivität, der intellektuel-
len Welt»,[49] denn nun kommt Gott in eine vergleichbare Position
zur Welt, wie sie auch dem Bewusstsein eignet: Er ist gestalt- und
bildlos, was es zu einer besonderen Paradoxie macht, wenn Gott
erklärt, den Menschen nach seinem eigenen Bildnis geschaffen zu

haben, und zugleich untersagt, sich ein Bild von ihm zu machen. Zwar entstammen diese Aussagen verschiedenen historischen Schichten der Heiligen Schrift, aber diese Erklärung bringt das Paradox nicht aus der Welt, dass beides dasteht und stehengeblieben ist. Die Welt, auch hierin ähnelt für Hegel der jüdische Gott der Subjektivität, ist ihm «unangemessen» und «prosaisch», weitgehend «eine Sammlung von Dingen».[50] Hie und da etwas Magie, aber die dabei wirksamen Kräfte werden nicht mehr zu einem in sich verbundenen Komplex zusammengefasst, sie leben alle nur von Gnaden Gottes. Dass es nun Wunder gibt, die Erstaunen hervorrufen und die Besonderheit ihrer Produzenten beweisen sollen, belegt Hegel zufolge geradezu, dass die Natur schon als gesetzmäßig aufgefasst wird, denn sonst hätten die Wunder ja gar nichts, dass sie durchbrächen. Als die frühen Christen viel Aufsehens von den Wundertaten Jesu machten, winkten die Heiden völlig zu Recht ab, solche Zauberer hätten sie auch. Etwas anderes war es dann allerdings mit der Auferstehung.[51] Gott als absolute Macht sorgt jedenfalls für einen ungeheuren Schub an Verweltlichung der Welt, indem sich fast alles Übersinnliche in ihm konzentriert. «Die Natur ist hier entgöttert», hält Hegel fest.[52] Erstmals haben wir es mit einer Religion zu tun, die Säkularisierung bejaht.

Überraschend ist Hegel nicht in seinen Argumenten, sondern in den Details seiner Argumentationen, viel überraschender als in ihren großen dreigliedrigen Rhythmen – «Allgemeines, Besonderes, Einzelnes» oder «unmittelbarer Eindruck, Bewusstsein der verwendeten Unterscheidung, Erkenntnis der Prämissen von Unmittelbarkeit» –, sieht man sich beispielsweise im Kapitel über das Judentum an, wie er vom «Zweck Gottes mit der Welt» spricht. Hier hat Gott etwas mit der Welt und denen vor, die an ihn glauben. Er ist nicht einfach eine Struktur, die angestaunt werden will, oder eine Kraft, der man sich besser beugt. Sein Zweck ist ein moralischer und ein natürlicher, denn noch ist Gott, Hegel zufolge, auf dieser Stufe seiner Entwicklung nicht völlig vergeistigt.

Was also ist sein Zweck? Die Familie. Hegel staunt selbst: Gott ist die absolute Macht, die vollkommene Weisheit und Voraussicht – außer vielleicht, was Eva anlangt –, und jetzt ist sein wichtigstes Anliegen ein Verwandtschaftsverband im Nahen Osten? Nicht die ganze Welt interessiert ihn, sondern nur eine?[53] Hegel notiert dazu, die Absicht, das allgemeine Gute zu wollen, stoße, «wenn gehandelt werden muß»,[54] auf die Erfordernis, etwas Bestimmtes, Konkretes zu wollen. So kommt die Weisheit zur Familie.

Dass dieser Teil von Hegels Vorlesung nicht als ein historischer zu verstehen ist, ergibt sich schon aus Formulierungen wie «Übergang zur folgenden Stufe». Es gibt aber gar keinen Übergang vom Judentum zum griechischen Polytheismus, der bei Hegel auf die Erörterung des jüdischen Gottes folgt. Weder folgen die Religionen, die Hegel behandelt, überhaupt in der Zeit aufeinander, die griechische Mythologie ist längst untergegangen, während Buddhismus, Hinduismus und Judentum vital geblieben sind; sie bauen auch nur ausnahmsweise – wie das Christentum auf das Judentum – aufeinander auf, so dass sich die Entwicklung weitgehend in Hegels Kopf abspielt. Noch interessiert sich Hegel im Geringsten für die Binnendynamik einer anderen Religion als der des Christentums.[55] Ist ihm das vorzuwerfen? Es wäre zumindest undankbar, stellt man in Rechnung, wie viele Einsichten, große und kleine, seinen Vorlesungen entnommen werden können. Trotzdem ist festzuhalten, dass für ihn das Christentum nicht eine Religion unter anderen ist, ja, nicht einmal die maßgebliche am Ende aller religionsgeschichtlichen Entwicklung. Hegel bezeichnet den Christusglauben vielmehr als die Quintessenz aller Religionen, als die «absolute Religion».

Warum aber sieht er sich überhaupt gehalten, die Religionen in eine Rangliste ihrer Angemessenheit gegenüber dem Geist zu bringen, so als sei das Christentum gedanklich dem Judentum oder dem Buddhismus überlegen? Für Hegel ist die Geschichte der Religion ein einziges Selbstgespräch des Geistes über die Möglichkeiten, die in ihrem Begriff stecken, eine an sich selbst ler-

nende Variation der Motive Gott, Welt, Endlichkeit, Schmerz und
Seligkeit. Genauer, denn sein Gott hing am Kreuz, ist es nicht nur
ein Selbstgespräch, sondern eine Sequenz von Taten, die aus religiösen Gedanken hervorgegangen sind. Hegels Kriterium dafür,
eine Religion als absolute oder «vollendete» Religion zu bezeichnen – gegenüber allen anderen, die dann nur relativ und unvollen-
det sind –, ist das Maß, in dem sie fähig ist, solche Widersprüche
in sich aufzunehmen und zu verarbeiten.[56] Die Überlegenheit,
die Hegel dem Christentum gegenüber allen anderen Religionen
dadurch zuschreibt, dass er sich ausschließlich auf ihren begrifflichen Gehalt konzentriert, bezahlt diese Religion damit, dass sie
in Philosophie überführt wird.

In der «Phänomenologie des Geistes» hat Hegel das Christentum
als «die offenbare Religion» bezeichnet, im § 564 der «Enzyklopädie» als die von Gott «geoffenbarte Religion», hier nun zusätzlich
als «vollendete Religion». Gemeint ist, dass die offenbare Religion
kein Geheimnis mehr darüber enthält, ob sie überhaupt Religion ist
und nicht vielmehr Medizin (wie in der Magie), politisches Macht-
instrument (wie Hegel es der chinesischen Religion des Maßes
zuschreibt), Kunst oder Mythologie (wie bei den Griechen), Fami-
lienglaube (wie im Judentum). Das Christentum bringt vor allem
in seiner paulinischen Version all diese Aspekte auf Distanz – «das
Geistige kann nicht äußerlich beglaubigt werden»[57] –, wodurch es
für Hegel den Begriff der Religion selbst hervorbringt. Dass auch
die Geschichte des Christentums eine ist, in der die Religion vielfältige Leistungen für politische Herrschaftsgebilde erbracht hat,
darüber wird man Hegel nicht belehren wollen. Er hat es in seinen
Jugendschriften auf fast jeder Seite beklagt. Aber sie tat das, seiner
Analyse zufolge, gegen ihren Begriff und im Widerspruch zu ihren
Grundtexten. Man könnte auch sagen: Sie tat es mit dem Effekt unendlicher Diskussionen, Reflexionen und Häresien.

Geoffenbart wiederum ist das Christentum, weil sich in ihm
Gott von sich aus, spontan offenbart, weil er «Gott für das Andere

seiner selbst» ist.[58] Die Idee der Menschwerdung Gottes, «dieser
spekulative Mittelpunkt», ist für Hegel «das schwerste Moment in
der Religion» und zugleich «der schönste Punkt der christlichen
Religion».[59] Fast möchte man sagen: Sie ist ihre Pointe. Denn der
göttliche Geist wird von der Sphäre der Natur, dem Sinnlichen,
den zufälligen Einzelheiten, unterschieden. In vielen Religionen ist
es darum «eine Erniedrigung des Geistes», mit Irdischem behaftet zu sein; die Welt erscheint in diesen Fällen als etwas Unreines
und Verunreinigendes, sie ist, wie der Körper, ein schmutziges Gefängnis der Seele, weshalb in vielen Religionen die Speiseverbote,
Enthaltsamkeitsregeln und Reinigungsrituale nicht nur aus Über-
lebensgründen eine so große Rolle spielen.[60]

Doch Gott wäre nicht alles, würde er das scheuen, was Hegel
«die unmittelbare Existenz» nennt. Wenn Denken, der «Phänom-
nologie» zufolge, es erforderlich macht, dem Negativen ins Antlitz
zu schauen, dann ist dem Inbegriff des Denkens, der alle geistigen
Bestimmungen in sich befassen soll, auch die endliche Existenz
abzuverlangen, wenn er denn den Menschen seine Natur, alles zu
sein, offenbaren möchte. In einem Schritt, der über den jüdischen
Familiengott, der sich ein Volk erwählt hatte, hinausgeht, kommt
es nun zu einem Gott, der sich an ein Individuum bindet: «Gott
erscheint als einzelne Person, an welche Unmittelbarkeit sich alle
physische Bedürftigkeit anknüpft. [...] Seine Erscheinung kann
daher auch nur eine einzige sein, nur einmal vorkommen.»[61] Die
Geschichte der Religion im strikten Sinne ist für Hegel insofern
mit dem Kreuzestod und der Auferstehung Christi, jener einzelnen Person, abgeschlossen, auch darum ist für ihn das Christentum die vollendete Religion.

Den Griechen sei das Wort vom Kreuz «eine Torheit», heißt
es im ersten Korintherbrief (1, 23). Tatsächlich ist der Gedanke,
Gott hänge, auf die entwürdigendste Weise gemartert, zwischen
zwei Verbrechern als ebensolcher «Missetäter» und erleide seinen
Tod, wie Hegel sagt, «eine ungeheure Zusammensetzung [...], die

dem Verstande schlechthin widerspricht».[62] Einerseits ist es eine Geschichte, andererseits ist es für Hegel ein zeitloses Geschehen. Hegel wiederholt, was er seit 1802 gesagt hatte: «Gott ist gestorben, Gott ist tot – dieses ist der fürchterlichste Gedanke, daß alles Ewige, alles Wahre nicht ist, die Negation selbst in Gott ist: der höchste Schmerz, das Gefühl der vollkommenen Rettungslosigkeit, das Aufgeben alles Höheren ist damit verbunden.»[63] Es sei jedoch auch der «Tod des Todes» in diesem Vorgang bezeichnet, weil es zu Auferstehung und Himmelfahrt komme. «Der Geist», fügt Hegel 1821 hinzu, «ist nur Geist als dies Negative des Negativen», als die Negation des Todes also, die durch ihn hindurchgeht, und als Geist der sich konstituierenden Gemeinde, als Erinnerung und Liebe – «dieser Tod ist daher sein Erstehen als Geist», hatte es in der «Phänomenologie» geheißen.[64] Hegel legt Karfreitag, Ostern und Pfingsten auf ein Datum.[65]

In seiner späten Jugend, in Bern 1795, hatte Hegel sich an einer Darstellung über das «Leben Jesu» versucht.[66] Der Titel stammt nicht von ihm; Karl Rosenkranz, der den Text im Nachlass fand, hat ihn vermutlich auch unter dem Eindruck gewählt, den die heftigen Kontroversen über das Buch «Das Leben Jesu» des Hegel-Schülers David Friedrich Strauß 1835 ausgelöst hatten. Gleichwohl passt die Überschrift. Das «untadelige Leben Jesu» und nicht allein seine Lehren erschien Hegel damals von moralischer Bedeutung, weil Jesus nicht nur ein tugendhafter Mensch, wie etwa Sokrates, gewesen sei, sondern die makellose Tugend selbst. Der Glaube an Christus sei «der Glaube an ein personifiziertes Ideal», das man benötige, wenn zu gering von der menschlichen Sinnlichkeit gedacht werde, um Nahestehenden Heiligkeit zuzuschreiben. Nur an einem Gottmenschen ist kein Haken zu finden.[67]

Hegel hat dann seinerseits aus dem Leben Jesu alles entfernt, was den Blick auf die reine Tugendgestalt ablenken könnte, die etwas dubiosen Umstände seiner Geburt, die Wunder. Jesus wird ein an Kant erinnerndes Vokabular in den Mund gelegt, er predigt «moralische Vollkommenheit», deren Zeichen die Zunahme an Bruderliebe und Verzeihung sei, polemisiert gegen Wunder, redet vom «Sittengesetz» und mahnt: «Bedürfnisse der Natur, Wünsche der Neigungen können also nicht Gegenstand eures Gebets sein, denn wie könnt ihr wissen, daß die Befriedigung derselben Zweck des moralischen Planes des Heiligen sei?»[68] Auf den Tod am Kreuz verwendet Hegel nicht viel Raum. Das hat sich nach 1800 und abschließend in den Vorlesungen zur Philosophie der Religion völlig umgekehrt. Der Tod Gottes wird hier zum Zentrum des Neuen Testaments, weil er ausdrücke, «daß das Menschliche, Endliche, Gebrechliche, die Schwäche, das Negative nicht außer Gott ist».[69] Gott hat sich verweltlicht.

Sechs Jahre nach Hegels Tod verwendet sein Schüler Richard Rothe den bis dahin kirchenrechtlichen Begriff der «Säkularisierung» als Erster, um zu diagnostizieren, dass die Kirche als Hüterin der Religion allmählich entbehrlich wird: «In demselben Verhältnis, in welchem der Staat sich entsäkularisiert, säkularisiert sich die Kirche, tritt sie zurück, die nur ein provisorischer, immer ungenügender werdender Notbau für den christlichen Geist ist für die Zeit bis jene seine eigentliche Behausung ausgebaut ist.»[70] Dass der Staat sich entsäkularisiere, war Hegels These, als er schrieb, ein Volk, das einen schlechten Begriff von Gott habe, habe auch einen schlechten Staat, «schlechte Regierung, schlechte Gesetze», denn: «Der Staat ist nur die Freiheit in der Welt.» Dem Bösen zu entsagen, die Entfremdung zu negieren, die «Bearbeitung der Subjektivität» wird dann zur Aufgabe dessen, was Hegel als die Institutionen der Sittlichkeit bezeichnet: Ehe und Familie, Arbeit, Rechtspflege, Wohlfahrt und Gesetzgebung, «und auf diesem Wege geht die Religion hinüber in den Staat.»[71] Man kann zu dieser Prognose nur noch einmal Rothe zitieren: «Der Zeitpunkt, da sie [die Kirche] wird dahinfallen können und zweifelsohne dahinfallen wird, liegt für uns noch in einer fernen Zukunft, welche sich jeder Zeitberechnung entzieht.»[72]

NEUNZEHNTES KAPITEL

Beweisaufnahme.
Rede des lebendigen Philosophen vom Katheder herab, dass Gott sei

Als er ein Kind war, überbot er alle darin, den Talmud zu studieren. Eines Tages erklärte der Rabbi der Mutter, warum. «Mark ist ein überragender Thora- und Talmud-Schüler.» – «Wo ist dann das Problem, Rabbi?» – «Beim Grund, warum er so fleißig studiert: Er versucht, Gott Widersprüche nachzuweisen!» – «So? Und hat er welche gefunden?»

Adam McKay

Niemand ist im All so einsam wie ein Gottesleugner. Denn die Natur wird ihm zu einem Leichnam, «den kein Weltgeist regt und zusammenhält». Das setzte Jean Paul 1796 im zweiten Band seines Romans «Siebenkäs» in den Vorbericht zu seiner berühmten «Rede des toten Christus vom Weltgebäude herab, daß kein Gott sei».[1] Er habe, schreibt er, mit dieser Rede auch die Absicht, einige Magister der «kritischen Philosophie» zu erschrecken, die «das Dasein Gottes so kaltblütig und kaltherzig erwägen, als ob vom Dasein des Kraken und Einhorns die Rede wäre». Der Erzähler träumt, er wache auf einem Kirchhof voll offener Gräber und Särge auf, die Toten hätten sich um den Altar versammelt, auf den Christus herabgefahren sei, und riefen nun im Chor: «Christus! Ist kein Gott?» – «Es ist keiner», antwortet Christus und berichtet von seiner erfolglosen Suche, die reichte, «soweit das Sein seine Schatten warf». Was aber bleibt dann, wenn kein Gott ist? «Starres, stummes Nichts! Kalte, ewige Notwendigkeit! Wahnsinniger Zufall!»

Hegel hätte diesen Text vermutlich als ein paradoxes Dokument aus der Schule Jacobis gelesen. Jacobi nämlich meinte, jeder Versuch, Gott erkennen zu wollen, mache aus etwas Unbedingtem ein Bedingtes. Denn Erkennen heiße eben dies: die Bedingungen von etwas einzusehen. Umgekehrt werde dadurch aus allem Bedingten etwas durch und durch Zufälliges, letztlich Unbelebtes, dem kein «göttlicher Funke» innewohne. Wer den Glauben auf Wissen anstatt auf unmittelbare Gewissheit gründe, finde nie (zu) Gott, entgeistige dafür aber alles.

Mehr als dreißig Jahre danach, im Berliner Sommersemester 1829, macht Hegel etwas für ihn Ungewöhnliches. Er beweist Gott. Nicht dieser Beweis als solcher war ungewöhnlich, denn die letzten Paragraphen seiner Enzyklopädie, seine Logik und seine Philosophie der Religion wären gar nicht verständlich, würde man sie nicht als Demonstration der Bewiesenheit Gottes durch Vernunftgebrauch lesen. Ungewöhnlich war vielmehr, dass Hegel ein einzelnes philosophisches Problem zum Gegenstand eines ganzen Kurses machte. Gesundheitlich angegriffen und mit der zweiten Auflage der «Wissenschaft der Logik» beschäftigt, trägt er, anstatt wie gewohnt zwei vier- oder fünfstündige Vorlesungen über die Gestalten des absoluten Geistes zu halten, sechzehnmal einstündig über Gottesbeweise vor.

Gottesbeweise, so setzt die Vorlesung ein, seien nicht wegen Gott in Verruf geraten, sondern wegen des Beweisens. Es wird einfach nicht mehr als angemessene Form betrachtet, die Überzeugung zu untermauern, «daß ein Gott ist».[2] Der Glaube daran stützt sich mehr und mehr auf die Wünschbarkeit Gottes, das Gefühl, da müsse doch irgendetwas sein, das alles überwölbe. Hegel weiß, dass er sein Verständnis von der Unabweisbarkeit Gottes in einer Situation vorträgt, in der dies alles andere als selbstverständlich ist. Die Philosophie sieht sich längst nicht mehr an die Aufgabe gebunden, religiöse Vorstellungen entweder als Magd der Theologie zu verteidigen oder das Wesentliche an ihnen vom Aberglauben zu trennen. Dennoch ist die Vorstellung, Gott existiere, nach wie vor präsent. Hegel interessiert sich dafür aber nicht wie ein Soziologe, der nur fragt, weshalb die Leute an Gott glauben. Ihm geht es darum, die Berechtigung zu ermitteln, dass sie glauben.

Einen Gegensatz zwischen Glauben und Denken gibt es für ihn schon deshalb nicht, weil «Gott sich in seinen Werken nicht so widerspreche, nicht so widersprechen könne», dass der menschliche Geist ihm entgegengesetzt sein müsse. Der Gedanke, dass Gott ist, passt für ihn zu allen anderen Einsichten, die über die Welt gewonnen werden können. Die Religion sei allenfalls über der Vernunft, aber nicht wider sie. Erneut aber wendet sich Hegel dagegen, Glaube und Vernunft einfach nebeneinander stehenzulassen. Das Denken dränge zu Einheit, zum Vergleich, zur Frage, was die Unterscheidung regiert. So habe sich die Philosophie mehr als anderthalbtausend Jahre damit befasst, «das [...] auch zu erkennen, was wir glauben».[3]

Nachdem sie sich davon befreit hatte, begann das Wissen sofort, den Glauben vor seinen Richtstuhl zu ziehen, um gute Gründe von ihm zu verlangen. Darauf wiederum antwortet der Glaube, ihm liege das wahre Wissen zugrunde, ein unmittelbares nämlich, das keiner Beweise bedürftig sei.[4] Hier adressiert Hegel, wie in der ganzen Vorlesung, Jacobis Polemik gegen die Erkennbarkeit Gottes, die für ihn mehr war als eine einzelne Irrmeinung, nämlich das konsequent entwickelte und insofern ernstgenommene Gegenbild seiner tiefsten Überzeugungen. Ein Argument dagegen, Gott könne nicht bewiesen, sondern nur erlebt werden, schießt Hegel sofort ab: Dies sei nicht Glauben, sondern «Glauben überhaupt», weil ohne Denken gar nicht mehr erkennbar sei, woran denn geglaubt werde und welcher Art jener Gott denn sei. Die Antwort, es werde an etwas Höheres, Unbedingtes, Unendliches geglaubt, führt zur Rückfrage, woran sich beispielsweise erkennen lasse, ob das Höhere nicht vielmehr etwas Tieferes sei. Auch falsche Religionen – oder sagen wir: solche, die Jacobi ablehnen würde – werden gefühlt.[5] Sobald so gefragt wird, geht es um Argumente, kommt man um Denken und den Nachweis nicht herum, etwas sei notwendig so und nicht nur nicht zufällig oder möglicherweise. Beweisen aber heiße, so Hegel, die Notwendigkeit von etwas darstellen.

In einer interessanten, seiner Logik entstammenden Überlegung unterscheidet er darum zwei Arten von Beweisen. Mathematische Beweise hätten die Eigenschaft, dass die Beweisführung ganz «in uns» falle. Das Bewiesene ist hier untätig. Wie auch anders, denn es handelt sich ja beispielsweise um die Summe der Flächeninhalte von Quadraten über Seitenlängen bestimmter Dreiecke. Solche Dinge sind einfach untätig. Aber das gilt nicht für alle Beweisverfahren, denn wir können etwas beweisen, aber etwas kann auch sich beweisen: jemand seine Unschuld, ihre Liebe, ihre oder seine Meisterschaft, Treue und so weiter. Hegel hält Gottesbeweise für Operationen, die dem zweiten Beweistyp angehören, in dem das Bewiesene und das Beweisen nicht so getrennt sind wie in der Geometrie.

Auch weitere Stationen der Vorlesung wiederholen Abschnitte aus Hegels Manuskriptvorrat. Zum ersten konkreten Gottesbeweis kommt er erst in seiner sechsten Vorlesung, zum Beweis «ex consensus gentium» (Cicero), der später auch «historischer Gottesbeweis» genannt wurde.[6] Da alle Menschen an Gott glaubten, existiere er auch. Hegel, für den der Atheismus schon eine Wirklichkeit ist, wendet ein, es sei weder klar, was «alle» Menschen heißen solle, noch, ob der Glaube mancher Völker überhaupt dem gelte, was irgendwo anders als Gott anerkannt würde. Für die katholische Mission in China etwa sei das zum Problem geworden, weil die Orden sich uneins darüber waren, ob sich die dortigen Bezeichnungen für «Himmel» und «Herr» ins christliche übersetzen ließen. Hegel merkt an, dass es natürlich möglich sei, irgendeine Religion und einen Gott besser zu finden als gar keine und gar keinen. Was er von diesem Argument hält, geht aus dem Witz hervor, den er zitiert: Besser schlechtes Wetter als gar kein Wetter.

Erst von der zehnten Vorlesung an nimmt sich Hegel die Gottesbeweise vor, wie sie die philosophische Tradition ausgeprägt hat. Aber er kommt in den verbleibenden Stunden nur noch zu einem, dem ersten Beweis «aus der Kontingenz der Welt»,[7] der seit Kant auch als kosmologischer Gottesbeweis bezeichnet wird. Dieser Beweis argumentiert so: Die Welt besteht aus zusammengewürfelten Dingen, die so, wie sie sind, auch anders sein könnten, was unter anderem daran zu erkennen ist, dass sie sich verändern. Wäre aber alles anders möglich, wie erklärt es sich dann, dass die Welt gerade so ist, wie sie ist? Wie kommt Wirklichkeit hinein in eine Welt bloßer Möglichkeiten? Antwort: durch Gott. Leibniz hatte formuliert, man gelange durch Verweis auf frühere Zustände nie zu einem vollständigen Grund, «warum es überhaupt eine Welt gibt und weshalb diese».[8] Entsprechend argumentierte Moses Mendelssohn: Aus dem Satz vom zureichenden Grund, den alles haben müsse, folge für Existenzen, die auch anders sein könnten, dass sie ihre Wirklichkeit von einer Ursache her haben, diese Ursache wiederum von einer anderen und so weiter: «Da also zufällige Wesen wirklich vorhanden sind, so muß es auch ein notwendiges Wesen geben, das den Grund aller zufälligen Dinge in sich enthält.»[9] Wirklichkeit ist die Verbindung von etwas Zufälligem mit etwas Notwendigem.

Hegel ist nur halb zufrieden mit dieser Argumentation. Alles, was sich der Erfahrung darbietet, als zufällig zu bezeichnen, entspricht der Erfahrung selbst nicht. Man muss Philosoph sein, um überall andere Möglichkeiten zu sehen, man muss sie denken. Dafür braucht man, Hegel zufolge, konkrete Anlässe, schmerzhafte Erfahrungen etwa oder glückliche, die dann zu Überlegungen des Typs «Wenn ich damals nicht in dieses Café gegangen wäre» oder «Wenn wir damals bloß nicht auf ihn gehört hätten» führen. Gott sei auch eine logische Notwendigkeit nur für Logiker, für alle anderen finde er sich «in bestimmten Gebilden der Phantasie».[10] Es bedürfe der Bildung, eines vermittelten Wissens, um zu Beweisen zu kommen. Für sich genommen seien die weltlichen Dinge allerdings zufällig. Hegel macht das Wortspiel: «Sie sind als zufällige bestimmt zu fallen.»[11] Aber die Dinge sind nicht vereinzelt, die Welt ist kein Aggregat, und in dem Maße, in dem sie zusammenhängen, sich wechselseitig einschränken und bestimmen, sind sie nicht zufällig. Dafür sind sie aber bedingt und nicht selbständig. Selbständig wären, so betrachtet, dann die Gesetze ihres Zusammenhanges. Doch auch diese Ketten von Kausalität, in denen alles liegt, wenn es so beschrieben wird, verhalten sich zufällig zueinander. Mit Jean Paul gesprochen, werden sie nur durch «kalte Notwendigkeit» zusammengehalten, nicht durch Bedeutung. Es bedürfte eines vollständigen Zusammenhanges mit anderen Dingen, um jedes von seiner Zufälligkeit zu befreien.[12]

Es steckt also eine Spannung im Begriff der Notwendigkeit, der für die Welt verlangt wird, damit sie nicht bloß «wahnsinniger Zufall» ist. Notwendig ist, was sein muss, «das Notwendige ist, *weil es ist.*» Insofern ist das Notwendige selbständig, etwa wenn jemand sagt: «Wir *mussten* uns begegnen, denn in jenem Café war nur noch ein Tisch frei.» Bettet man es jedoch in die Gesamtheit aller Beziehungen dessen ein, «womit es umgeben ist, durch welchen Zusammenhang es getragen ist: so ist es unselbständig», wie Hegel formuliert. Im Beispiel: «Dazu musstet ihr aber zur selben Minute nach einem Tisch suchen, und wenn gerade doch zwei Tische frei gewesen wären, hättet ihr euch nie kennengelernt und so fort.» Das Notwendige erhält auf diese Weise etwas Unselbständiges und Zufälliges.[13]

Wäre außerdem Gott als die notwendige Ursache, die allen anderen Sachen ihre Wirklichkeit verschafft, schon richtig angesprochen? Kant hatte notiert, der kosmologische Beweis führe zum Begriff eines notwendigen Wesens, einer letzten Ursache, aber nicht zu Gott und nicht zu weiteren seiner Eigenschaften. Hegels Replik: Der kosmologische Beweis führt nur zu einem noch nicht vollständigen Begriff von Gott. Der Gegensatz zu Zufälligkeit sei auch nicht Verursachtsein, sondern Substanzialität.[14] Womit Hegel vermutlich meint, dass alles, was anders möglich ist, eine Verwirklichung im Rahmen einer ihrerseits weniger und zuletzt gar nicht zufälligen Welt ist. Man kann beispielsweise auf einem Stuhl sitzen oder auf einer Bank. Man kann, anstatt zu sitzen, auch liegen oder stehen oder knien oder gehen. Das Problem, wo der eigene Körper während der Interaktion untergebracht wird, lässt sich auch dadurch lösen, dass man abwechselt, wie im Gottesdienst. Karlsson vom Dach kann sogar fliegend an Gesprächen teilnehmen. Doch ganz gleich, wie man solche Kontingenzen ausschöpft, das Problem selbst bringt man dadurch nicht zum Verschwinden. Wenn alle Problemlösungen kontingent sind, sind darum noch nicht alle Probleme kontingent.

Gibt es also eine «absolute Notwendigkeit»? Hegel zieht einen interessanten Vergleich zur Bereitschaft der Griechen, einem unabwendbaren Schicksal nicht zu widerstehen. Indem das Herz «in sich selbst» entsage, «läßt es der Gewalt nichts übrig, an dem sie dasselbe fassen könnte».[15] Wer zwischen den eigenen Wünschen und der eigenen Lage einen Widerspruch findet, kann ihn nach zwei Seiten auflösen: durch Umgestaltung der Lage oder durch Nachgeben, Reduktion der Erwartungen und Inkaufnahme der Trauer, die sich einstellt, wenn die Notwendigkeit zur Freiheit verklärt werde. Für Hegel handelt es sich hier um eine im Bereich des Willens analoge Situation zu jener im Bereich des Glaubens angestrebten Einsicht von etwas absolut Notwendigem.

An dieser Stelle, die indirekt dazu auffordert, Gott in der Bejahbarkeit der Welt zu finden, wendet sich Hegel ausdrücklich dem Gedanken Jacobis zu, der in dem kosmologischen Beweis «Weil es Zufälliges gibt, muss es auch das Absolut-Notwendige geben» den Versuch erkannte, Gott von der endlichen Welt geradezu abhängig zu machen, indem er aus ihrer Bedingtheit als «logisch notwendig» abgeleitet wird. Das würde auf einmal aus dem Zufälligen sogar eine Voraussetzung der Erkenntnis Gottes machen. Hegel wendet ein, das Zufällige «sei» für diesen Beweis gar nicht wirklich zufällig, sondern werde in ihm als eine Verbindung aus Sein und Nichtsein behandelt, als eine bloße Erscheinung, von der aus man aber durch Denken zum Begreifen des Wesentlichen gelangen könne.

Im Raum, formuliert Hegel, ist der Mensch nur ein Punkt, in der Zeit nur ein Augenblick, aber zugleich ist er «anschauend, vorstellend, wissend, erkennend – Intelligenz», weswegen er zu dem Gedanken fähig ist, dass das Endliche vergeht, aber jetzt ist. Das wiederum heißt, weil auch dieses Jetzt nicht dauert, sondern vergeht, dass der *Begriff* des Punkts und des Augenblicks nicht punktuell und nicht augenblickshaft ist, der Begriff des «Jetzt» dauert «eben als Negation *dieses* Jetzt». Nicht ein «Sprung»[16] führe so vom Endlichen zum Unendlichen, vom toten Nichts zum lebendigen Sein, sondern die Einsicht, dass auch endliche, zufällige Existenzen in der Lage sind, über ihre Zufälligkeit hinauszudenken.

Zu den beiden anderen Gottesbeweisen, dem teleologischen und dem ontologischen, ist Hegel in dieser Vorlesung, die Mitte August 1829 endete, nicht mehr gekommen. Aber er hat sie in seinem letzten Lebensjahr in der Vorlesung über Religionsphilosophie behandelt. Der teleologische ist, obzwar Hegel das Gegenteil behauptet – weil Gottes erste Bestimmung die Macht und nicht die Weisheit sei –, der älteste: Das Universum ist zweckhaft geordnet, also muss es auch einen Setzer solcher Zwecke geben. «Wann die Welt so schön, so prächtig, / Auch durch Schatten lustig ist; / Zeigt sie, daß Du GOtt allmächtig / Und allgegenwärtig bist»,[17] aber eben mehr noch als das: allgütig und sogar um die Unterhaltung seiner Geschöpfe bemüht. Der vordarwinsche Geist dieses Beweises liegt auf der Hand: Der Mensch braucht «Luft, Nahrung, Licht», und siehe da, es ist vorhanden, obwohl «die Tiere, das Fleisch, das Licht» einem an sich nicht so vorkommen, Zwecke zu sein.[18] Die Bestimmung des Huhns ist, gegessen zu werden? Das mag man allenfalls in der Perspektive von Seßhaftwerdung des

Menschen und Domestikation so sagen, aber nicht im Blick auf einen Schöpfergott. Hegel spricht vom Staunen des Menschen darüber, dass viele Tiere auf Nahrungsmittel beschränkt sind, die sich dann auch tatsächlich in ihrer Umgebung finden. Nur wie die unorganische Natur zur organischen passe, scheint ihm schwer zu sagen. Seine Formulierung, dass im Erdzeitablauf die unorganische Natur fertig sei, als die Pflanzen, Tiere und Menschen «von außen»[19] hinzugekommen seien, bezeichnet die Lücke im Argument, denn wo wäre dieses Außen gewesen? Dem anderen Einwand gegen die «Physikotheologie», dass in der Welt auch viel Böses vorkommt – Hegel zufolge sogar «unendlich viel Böses» –, dessen Zweck nicht leicht einzusehen ist, begegnet er mit einem kurzen Argument: Das moralisch Gute sei lebendig nur im Kampf mit dem Bösen, «es wird also das Perennieren des Feindes [...] gefordert.»[20]

Zuletzt der ontologische Gottesbeweis, den Hegel separat erst in der Vorlesung über die Philosophie der Religion in seinem Todesjahr behandelt hat. Auch dieser Beweis hat seinen Namen von Immanuel Kant, entwickelt jedoch hat ihn als erster Anselm von Canterbury, der in Piemont geboren wurde und von 1034 bis 1109 lebte. Hegel zählt ihn in seinen Vorlesungen über die Geschichte der Philosophie zu denjenigen, «welche kirchliche Lehren auch durch den Gedanken erweisen wollten».[21] Dabei plädiert Anselm allerdings dafür – so entnimmt es Hegel der zwölfbändigen Philosophiegeschichte Wilhelm Gottlieb Tennemanns, dem Hegel während seiner Jenaer Jahre begegnet sein dürfte –, vom Glauben aus zur Vernunft zu kommen und nicht umgekehrt. Die Vernunft sei überdies in erster Linie gegen die Gottlosen aufzubieten. Hegel, der unter dem Eindruck stand, deren Zahl habe zugenommen, zitiert mit Beifall, es sei Anselm als Nachlässigkeit erschienen, nicht zu versuchen, «das, was wir glauben, auch zu begreifen».[22]

Der ontologische Beweis, der die Philosophie bis heute beschäftigt,[23] geht so: Niemand bestreite, dass etwas Größeres, Vollkom-

meneres als Gott nicht gedacht werden kann. Gott ist: Aliquid
quo nihil maius cogitari possit, Unüberbietbarkeit gehört zu seinem Begriff, denn andernfalls wäre er/sie/es nicht Gott. Kann
dann aber das Merkmal «Existenz» unter seinen Eigenschaften
fehlen? Wäre nicht ein denkbar Vollkommenes um eine für seine
Vollkommenheit entscheidende Qualität gebracht, wenn es nicht
auch wirklich wäre? Kants Monitum war, dass Existenz gar keine
Eigenschaft ist. Sollen wir also von Denkbarkeit auf Wirklichkeit
schließen? Wenn wir etwas Vollkommenes denken können, muss
es darum auch sein? Klingt das nicht nach einem Spiel mit Worten? «Man definiere», spottete einst ein Logiker, «das ontologische
Argument als bestmöglichen Beweis der Existenz Gottes. Nun ist
ein gültiger Beweis der Existenz besser als ein ungültiger. Daher
ist der bestmögliche Beweis gültig und somit Gott bewiesen.»²⁴

Für Hegel, der hier keinen Spaß verstanden hätte, ist dieser Beweis *«allein der wahrhafte»*. Die Kritik Kants, «welcher die ganze
Welt nachgelaufen ist»,²⁵ lautete, die Zuschreibung «ist existent»
füge einem Begriff nichts hinzu. Existenz könne also nicht aus
Begriffen bewiesen werden. Hegel akzeptiert an dieser Stelle den
Einwand, findet ihn aber deplatziert. Es gehe beim ontologischen
Argument weniger um eine logische Schlussfolgerung als darum,
dass der Begriff Gottes nicht nur etwas Subjektives sei.²⁶ Immer
wieder betont Hegel in den Vorlesungen seine Absicht, der tatsächlichen «Erhebung» des Bewusstseins zu Gott gerecht zu werden. Mitunter scheint es fast, als wolle er den Sinn der Annahme
Gottes beweisen und nicht die Existenz Gottes, oder als wolle er
zeigen, das Bewusstsein könne gar nicht anders, als Gott zu denken, und daraus seien Folgerungen für seine Existenz zu ziehen.
Denn wenn sich etwas dem Bewusstsein zwingend aufdrängt,
kann es nicht einfach damit abgewiesen werden, es sei bloß eine
Vorstellung.

Hegel scheint sagen zu wollen, die Entgegensetzung von Begriff
und Sein sei abstrakt. Natürlich lassen sich Begriffe von etwas bil-

den, das es gar nicht gibt: das Einhorn. Nur würde Hegel das nicht einen Begriff nennen und zumindest die Qualifikation erwarten, inwiefern es Einhörner denn gibt oder nicht gibt. Oder man stellt etwas fest, ohne schon einen guten Begriff davon zu haben: Die Ernährungsweise der Tiere ist ohne eine Theorie ihrer Evolution nicht begriffen. Aber es gehört für Hegel zum Denken, dass es sich selbst negiert, weswegen es sich dort, wo es sich und seine Begriffe prüft, nicht auf Illusionen bezieht. «Gott» ist ein solcher Begriff. Hegel hätte sagen können: Man kann das, was er bezeichnet, nicht finden, indem man wie Christus in Jean Pauls Traum das Weltall absucht, «soweit das Sein seine Schatten wirft», so als könne man Gott irgendwo sinnlich antreffen, und sei es in der Bewunderung der Welt. Man muss auch in jenem «Reich der Schatten, der einfachen Wesenheiten, von aller sinnlichen Konkretion befreit» suchen, als das Hegel das Reich der Begriffe bezeichnet hat.[27] Gott also nur ein Begriff? Hegel hätte nicht verstanden, was hier mit «nur» gemeint sein soll.

ZWANZIGSTES KAPITEL

Wenn mehr endet als beginnt:
Hegel über die Zukunft
und im Streit

«Pourvou qué ça doure.»
«Hoffentlich dauert's.»

Maria Letizia Bonaparte

B ei Durchsicht der großen Vorlesungen Hegels an der Berliner
Universität kommt man leicht zu einem melancholischen Be-
fund. Seinen beiden größten Werken, der «Phänomenologie des
Geistes» von 1807 und der «Wissenschaft der Logik», die von 1812
bis 1816 erschien, hatte er Einleitungen mitgegeben, die jeweils
der Frage galten, wie man in der Wissenschaft anfangen solle.
Zu Beginn der «Phänomenologie» ist davon die Rede, dass neue
Gestalten des Bewusstseins wie mit einem Blitz eine ganze neue
Welt hinstellen. Zu Beginn der «Logik» heißt es gar, man könne
dieses Buch auch als Darstellung der Gedanken Gottes vor der
Schöpfung lesen. Sein drittes und letztes zu Lebzeiten publizier-
tes Opus, die «Grundlinien der Philosophie des Rechts» von 1821,
setzt anders ein, und zwar mit einem Sprung in die Gegenwart,
an der sich die Philosophie zu beweisen habe. Sie sei «ihre Zeit in
Gedanken erfasst».[1] Hegel teilt in dieser Vorrede Kopfnüsse an
Zeitgenossen aus, er greift an und zeigt sich der Wirkungsmacht
seiner Argumente bewusst.

Vergleicht man diese Anfänge mit den Zeitdiagnosen seiner
Vorlesungen über die Felder des absoluten Geistes – Geschichte,
Kunst, Religion und Philosophiegeschichte –, lässt sich der Ein-
druck einer schnell eingetretenen fahlen Endzeitstimmung nicht

leicht abweisen. Sie hat nichts Apokalyptisches, Hegel glaubt nicht, dass die Welt untergeht, nicht einmal seine. Aber er findet sich, kaum dass er den Epochenübergang durchdrungen hat, den die Französische Revolution für ihn bedeutete, mit einem weiteren Wandel konfrontiert, der ihm nicht behagte – und den zu begreifen ihn vor die Aufgabe gestellt hätte, mit fünfzig Jahren alles noch einmal von vorn zu durchdenken. Hegel stößt, mit anderen Worten, auf das Problem großer Theorien, erfahrungsabhängig und zeitaufwendig zu sein. Deswegen fallen, um eine Unterscheidung Hans Blumenbergs zu variieren, Weltzeit und Theoriezeit auseinander.

Zu Beginn seiner intellektuellen Selbstbildung konnte sich Hegel im Einklang mit dem historischen Welttakt fühlen und niemals mehr als in jener imaginierten Szene, in der Napoleon durch Jena ritt und der Philosoph seinen Exzess an Geschichtserkenntnis fertigstellte. Noch die Rechtsphilosophie wusste sich in Übereinstimmung mit der Gegenwart. Aber sofort danach kommt es zu einem Strömungsabriss, der durch den schier unendlichen Einsichtsreichtum der Analysen Hegels verdeckt wurde, die in einem bis dahin völlig unbekannten Stil des Argumentierens eine Erkenntnis nach der anderen auftaten, aber zugleich einer Welt zugewandt waren, die im Rücken Hegels dabei war zu verschwinden.

Der Kunst hatte er ihr Ende diagnostiziert. Nicht zwar so, als höre nun ihre Produktion auf. Aber doch als Dämpfung ihres Anspruchs auf höchstes öffentliches Interesse. Verglichen mit dem, was er sich als Bedeutung der schönen Mythologie für Griechenland vorstellte, war das beinahe eine Schichtungsanalyse: Die Kunst seiner Gegenwart wirkte nur auf wenige, die überdies auch konkurrierenden Freizeitverwendungen nachgingen. Betrachtet man hingegen die Wirkungen des Romans im 19. und des Films im 20. Jahrhundert auf die Weltwahrnehmung, war es eine sehr zeitgebundene Diagnose. Für das jedenfalls, was Hegel von Kunst verlangte, war schon genug Kunst da. In der eigenen Gegenwart erkannte er nur die für ihn unerträglichen Übertreibungen der Romantik, die nicht nur an seinen Nerven zerrten, sondern deren ironischen Grundhabitus er moralisch verachtete, sowie die maßvoll spielerischen Produktionen des späten Goethe im «West-östlichen Divan» oder Friedrich Rückerts.

Auch der Religion hat Hegel in gewisser Hinsicht ein Ende beschrieben. In den Schlusspassagen seiner Vorlesungen über die Philosophie der Religion löst sich die Gemeinde, in der anfänglich seit Pfingsten 38 n. Chr. der Geist wirkte, zuletzt auf. Warum? Weil ihr die Existenz als Organisation, als sichtbare Kirche, nach Maßstäben Hegels ohnehin unangemessen ist. Die unsichtbare Kirche kann einerseits unsichtbar bleiben, andererseits kann sie das, was an ihr für das Wachhalten des Freiheitsgedankens wichtig ist, Hegel zufolge, an den Staat und ein staatsbürgerliches Bewusstsein abgeben, dessen Religion die affektive Besetzung von Familie, Recht und Arbeit, also ein frommes, «sittliches» Leben ist. Er findet hier aber ebenfalls jene Irritation durch die Egoismen, spricht davon, die Vernunft habe sich ins Privatrecht geflüchtet und Meinungen ohne objektive Wahrheit machten sich breit, denen es nur um Besitz und Genuss gehe. Dagegen könne auch «ein äußerliches Draufhalten» des Staates nichts ausrichten. «Sollte hier aber von einem Untergang gesprochen werden können», fragt Hegel 1821, «da das Reich Gottes für ewig gegründet ist, der Heilige Geist als solcher ewig in seiner Gemeinde lebt und die Pforten der Hölle die Kirche nicht überwältigen werden?» Es kann den Hörern seiner Antwort nicht entgehen, was sie mitteilt: «Vom Vergehen sprechen hieße also mit einem Mißton endigen.» Und für alle, die es nicht auf Anhieb hören, setzt er hinzu: «Allein, was hilft es? Dieser Mißton ist in der Wirklichkeit vorhanden.» Die Philosophie habe ihn zwar aufgelöst, insofern sei die Vernunft mit der Religion versöhnt, aber, hält sich Hegel kaum zurück zu sagen, nur in seinen Vorlesungen, «ohne äußere Allgemeinheit».[2] Und er erklärt unwirsch, es gehe die Philosophie nichts an, wie die Gegenwart «aus ihrem Zwiespalt» herausfinde. Der Autor des Diktums, Philosophie sei ihre Zeit in Gedanken erfasst, lässt wissen, es gehe ihn der Zwiespalt seiner Zeit nichts an? Welcher Zwiespalt? Hegel hatte ihn zunächst als den Gegensatz von Egoismus und Sittlichkeit festgehalten, und man durfte sich vorstellen, dass er dabei Vertreter von Handelsinteressen, «bourgeois» im Gegensatz zu «citoyen» ansprach. Aber bevor er behauptet, die Philosophie habe diesen Misston aufgelöst, stellt er ihn noch einmal ganz anders dar. Denn die Unterscheidung von bourgeoisem und zivilem Bürger, von Bürgern des Systems der Bedürfnisse und Staatsbürgern, ist nicht vollständig. Es gibt diejenigen, die weder Bürger zweierlei Art noch Aristokraten, noch auch Priester sind. Hegel adressiert sie, wenn er darüber spricht, dass den Armen nicht mehr das Evangelium gepredigt werde, nur noch, er kann die Polemik ausgerechnet gegen den Charitéprediger Schleiermacher nicht unterdrücken, den Gebildeten.[3] Das Volk aber, jene Armen, stehe «dem unendlichen Schmerze», den das Christentum verkörpert, «noch am nächsten».[4] Die am meisten entsagen müssen, verstehen am besten die Botschaft Christi, heißt das. Wenn ihnen aber das Versprechen gemacht wird, ein Genuss ohne Schmerz sei möglich, dürfen sie sich von aller Religion verlassen fühlen.

Die Geschichtsvorlesung diagnostiziert an einer der ganz wenigen Stellen, an denen Hegel über die Zukunft spricht, wie der Philosoph Joachim Ritter bemerkt hat,[5] beunruhigt den unausgeglichenen Widerspruch zwischen liberalen, aus dem «System der Bedürfnisse» kommenden Erwartungen und dem sich herausbildenden Verwaltungsstaat, den für ihn vernünftige Beamte mehr repräsentierten als gewählte Abgeordnete. In Frankreich sieht er den Liberalismus, «das Prinzip der Atome», und katholische Mächte einander gegenüberstehen. Der bürgerlichen Gesellschaft insgesamt hatte er ein «Wimmeln der Willkür» attestiert, das laut der ökonomischen Wissenschaft als unbeabsichtigte Nebenfolge –

durch die wechselseitige Verwiesenheit der Bedürfnisse aufeinander – eine Ordnung hervorbringt. Hegel erstaunt merklich darüber und vergleicht sie mit dem Planetensystem, dem auch nicht
auf den ersten Blick anzusehen ist, wie es Gesetzen folgt.[6] Prinzip der Atome, Wimmeln der Willkür, Planetensystem: Hegel ist
unentschieden, ob er an der bürgerlichen Gesellschaft die Unruhe
und «das Schauspiel ebenso der Ausschweifung, des Elends und
des beiden gemeinschaftlichen sittlichen Verderbens»[7] betonen soll
oder die Ordnung, der dieses Schauspiel folgt. Dass Freiheit und
Gleichheit etwas anderes im System der Bedürfnisse bedeuten als
im Staat, unterstreicht er nicht. In England, das durch freie Presse
und das Parlament alle Chancen gehabt hätte, sich die Ideen der
Freiheit und Gleichheit anzueignen, sagen den Leuten abstrakte
Prinzipien nichts; teils, überlegt Hegel, der denkbar gering von
englischer Philosophie denkt, weil die dortige Bildung womöglich
nicht dafür ausreiche; teils weil der dortige Staat, wenn man ihn
denn so nennen solle, aus lauter partikularen Entscheidungsein-
heiten zusammengesetzt sei. Außerdem ist für Hegel Englands
Geist der Handelsgeist und die Umerziehung von Kolonisierten
zu Mitgliedern des Schutzverbandes Privateigentum seine «große
Bestimmung».[8] Freiheit heiße dort, dass man seine Stimme verkaufen und einen Sitz im Parlament kaufen könne. Was Hegel
auf Frankreichs ständigen Regimewechsel münzt, trifft auf seine
Sicht der politischen Welt insgesamt zu: «So geht die Bewegung
und Unruhe fort.»[9] Er hatte, von der Philosophie aus, mehr Ruhe
erwartet.

An einer anderen Stelle, an der Hegel über die Zukunft spricht,
liegt diese bei Nordamerika, womit Hegel als Theoretiker der Alten Welt aber nicht viel zu tun haben will: «Als ein Land der Zukunft geht es uns überhaupt hier nichts an»,[10] die Philosophie habe
mit der Vergangenheit und der Gegenwart genug zu tun. So ent-
ledigt er sich der Irritationen, die von dieser neuen Demokratie
ausgehen, mit einem durchsichtigen Manöver: Bezeichne dich als

zuständig nur für alles, was bisher geschah und deine eigene Zeit, und definiere dann, was dir in deiner eigenen Zeit Unwohlsein bereitet, als der Zukunft zugehörig. Immerhin gab es damals schon eine reiche Literatur über Amerika, war der Zusammenhang dieser abtrünnigen Kolonie mit den religiös motivierten Auswanderungen offensichtlich, hatte man dort Menschenrechte deklariert, noch bevor das in Paris geschah. Die Vereinigten Staaten gehörten fraglos zu Hegels Gegenwart.

Es gibt also mehrere Irritationen: eine neue Welt, die Spannung zwischen dem Prinzip der Atome und dem Vernunftstaat, die Verelendung bei gleichzeitiger Reichtumsbildung und das Zurücktreten des Christentums als normal erwartbare Frömmigkeit der meisten. Es ist Hegel nicht verborgen geblieben, in welchem Kontrast all das zu seiner Philosophie stand, die mit guten Gründen glaubte, die Unruhe der Widersprüche, die durch die moderne Gesellschaft entbunden wurden, durch Vernunft beruhigt zu haben.

Schauen wir uns ein Moment dieser Unruhe näher an, das des Elends, das von der bürgerlichen Gesellschaft hervorgebracht wird. Genauer formuliert: Armut gab es schon zuvor, und es ist eine lange Diskussion, ob die Geschichte des Kapitalismus als eine der Massenverelendung geschrieben werden kann. Für Hegel ist entscheidend, dass die bürgerliche Gesellschaft auftretendes Elend, anders als ältere Gesellschaften, als Widerspruch begreifen muss. Zwanzig bis dreißig Prozent der städtischen Bevölkerung Europas, wird geschätzt, lebten im Übergang zum 19. Jahrhundert an der Grenze des Existenzminimums, zehn bis zwanzig Prozent waren auf Unterstützung angewiesen. In Berlin beispielsweise lebten 1801 unter der Obhut von zwanzig «Armenwächtern» etwa dreizehntausend Arme, das waren 8,5 Prozent der Zivilbevölkerung. Lag der Anteil der wegen Armut nicht besteuerten Berliner Quartiere 1815 noch bei gut fünf Prozent, so war er 1828 schon auf gut siebzehn Prozent gestiegen, 1830 auf zwanzig Prozent. Die

Aufspaltung des städtischen Handwerkertums in eine Gruppe des Wohlstands und einen in prekäre Verhältnisse absinkenden Anteil ist dabei nur indirekt angesprochen, ebenso die Sphäre der Dienstboten und Gehilfen.[11]

Hegel notiert in seinen rechtsphilosophischen «Grundlinien» den Zusammenhang von Industrialisierung, Bevölkerungswachstum, spezialisierter Berufstätigkeit in abhängiger Stellung und der «Not der an diese Arbeit gebundenen Klasse».[12] Er sieht, dass Freiheit und Bildung für sie bloß Worte sind. Die Kinder der Armen haben nicht die Mittel, sich geistig und beruflich auszubilden. Die Armen werden leichter krank und haben weder Geld für gute Ärzte noch die Mittel, sich vor Gericht Recht zu verschaffen. «Die Armut ist also ein harter Zustand.»[13]

Da die bürgerliche Gesellschaft vom Menschen fordere, dass er für sie arbeite, habe er auch Ansprüche an sie, wenn ihm das unverschuldeterweise, aus Mangel an Vermögen oder Geschicklichkeit, nicht gelinge. Hegel beobachtet, dass sowohl die Konkurrenz der Firmen zu Arbeitslosigkeit führen kann wie die Maschinisierung der Produktion. Das Argument, es entstehe dann ja an anderer Stelle eine Nachfrage nach Arbeit, reicht nicht aus, um den an dieser Stelle brotlos Gewordenen zu nähren. Umgekehrt übernehme «die allgemeine Macht», die wohlfahrtspolizeiliche Verwaltung, die Position der Familie bei solchen Individuen auch dort, wo Arbeitsscheu, Bösartigkeit und weitere Laster «solcher Lage und dem Gefühl des Unrechts» entsprängen. Hegel hält also eine Selbstverstärkung des Elends fest, wenn Armut zum Gefühl der Chancenlosigkeit führt, wie wir es heute nennen würden, was er als «Verlust des Gefühls des Rechts, der Rechtlichkeit und der Ehre, durch eigene Tätigkeit und Arbeit zu bestehen», bezeichnet.[14]

So entsteht für ihn, was er als den «Pöbel» bezeichnet, der wiederum als Pool billigster Arbeitskraft der Reichtumsbildung dient. Die Armut als solche mache dabei niemand zum Pöbel, sondern erst, wir kommen zu jener von Hegel verspürten Unruhe, die Empörung «gegen die Reichen, die Gesellschaft, die Regierung» sowie ein Mangel an Disziplin, der gleichwohl ein Recht auf Versorgung behauptet. «Die wichtige Frage, wie der Armut abzuhelfen sei, ist eine vorzüglich die modernen Gesellschaften bewegende und quälende.» Es ist dies, ausweislich des Registers von Hegels Werken, die einzige Stelle in ihnen, an der er von modernen Gesellschaften spricht.[15]

In seiner rechtsphilosophischen Vorlesung von 1821/22 erwägt Hegel den Wohlfahrtsstaat als Zusammenschluss von Reichen, um die Armen mittels einer zweckgebundenen Steuer zu ernähren.[16] Das aber verstößt für ihn gegen das bürgerliche Prinzip, die Subsistenz mittels Arbeit zu sichern, und Almosenempfänger zu sein, gehe auch gegen die Ehre der Einzelnen. Arbeitslos und paternalistisch gedemütigt werde der Arme zu dem, was gerade verhindert werden sollte, zum Pöbel nämlich. Eine Armensteuer ist für Hegel mithin gar nichts anderes als institutionalisierte Bettelei. Auch die Kolonisation ferner Länder, um weitere Absatzgebiete zu schaffen und dort «überschüssige» Bevölkerung anzusiedeln – die Aneignung der Rohstoffe in den Kolonien bleibt bei Hegel unkommentiert –, kann, wie das Beispiel Amerikas zeigt, letztlich keine Lösung, sondern nur eine räumliche und zeitliche Verschiebung der sozialen Frage bieten. Schließlich spricht Hegel noch «Korporationen» an, beruflich bestimmte Versicherungsgemeinschaften, in denen etwa Handwerker eines bestimmten Gewerkes im Verarmungsfall eines Mitglieds füreinander eintreten. Die Armen selbst aber können keine Korporation bilden, so wie es auch keine Gewerkschaft der Arbeitslosen gibt. Sie bilden in seiner Skizze der bürgerlichen Gesellschaft auch keinen Stand, der politisch repräsentiert wäre. Womit am Horizont zwar nicht der Überlegungen Hegels, aber der von ihm dargestellten «quälenden Frage» die Verbindung von allgemeinem Wahlrecht, Parteienbildung und sozialem Protest steht, die der Entstehung des Sozialstaats auf die Sprünge geholfen hat. Erst als ein halbes Jahrhundert nach Hegel die Armen und von Armut Bedrohten sich als Wähler formierten – viel mehr denn als «Klasse»[17] – und zugleich als Oppositionspartei, und erst als noch viel später der Massenkonsum als Stabilisator der politökonomischen Ordnung entdeckt wurde, trat das Quälende jener Frage etwas in den Hintergrund der «bürgerlichen Gesellschaft».

Von 1821 an aber dominierte für Hegel die Unruhe. Er ist Anfang fünfzig und beginnt, vorsichtig auf Distanz zur Gegenwart zu gehen. Nicht aus nostalgischer Anhänglichkeit an die Welt seiner Jugend. Es gibt kein Anzeichen dafür, dass er sich durch das Erwachsenwerden aus einem Paradies vertrieben sah. Auch nicht weil er geglaubt hätte, der zeitgenössischen Jugend nichts mehr sagen zu können. Seine Vorlesungen werden nachgerade populär, die Zahl seiner Schüler wächst um 1821 kontinuierlich und nimmt erst ganz gegen Ende seines Lebens ab. Savigny beschwert sich, wer nicht zu Hegels philosophischer Schule gehöre, könne in Berlin keine Anstellung erhalten.[18] Hegel wird in Berlin allmählich eine Figur des öffentlichen Lebens, über die man spricht, die man einlädt, an die man sich wendet. Er selbst arbeitet konzentriert, ja überarbeitet sich, Zeitgenossen sprechen von vorzeitiger Alterung und wie erstorbenen Gesichtszügen, und bewältigt ungeheure Stoffmengen, etwa in seinen Vorlesungen zur Geschichte der Philosophie, die noch umfangreicher ausfallen als die zur Ästhetik.

Nein, der eigentliche Grund seiner zunehmenden Distanz zur Gegenwart, seines Unwillens, sich über die Rechtsphilosophie hinaus mit ihr auf der Höhe seines Systems zu beschäftigen, ist kein biographischer, sondern die hohe Frequenz der historischen Brüche, die er erlebte. Rekapitulieren wir: die Jugend in der Spätaufklärung, die Französische Revolution und Kant, der Enthusiasmus Hölderlins und die von völliger Ungewissheit über die eigene Berufslaufbahn begleitete verwegene Vorstellung, es realisiere sich demnächst das Reich Gottes. Anschließend der Versuch,

wenn nicht dieses Reich, so doch die Vernunft von Jena aus herbei-
zudenken, schließlich die gedanklichen Exzesse der «Phänomenologie» und der «Logik», in deren erstem Vorwort es heißt, die «Zeit
der Gärung, mit der eine neue Schöpfung beginnt»,[19] scheine nun,
1812, vorbei zu sein, der endlich erfolgende Ruf nach Heidelberg
und Berlin, dann dort die Konflikte um die Freiheit des Geistes
und den preußischen Staat.

In seinem Todesjahr schreibt Hegel ein Vorwort zur zweiten
Auflage der «Wissenschaft der Logik». Darin bemerkt er, Platon
habe seine «Politeia» siebenmal umgearbeitet, was unter modernen Umständen bei einem schwierigeren Gegenstand und mehr
Material den Wunsch wecke, die Muße für siebenundsiebzig Um-
arbeitungen zu haben. Er aber lebe «unter den Umständen einer
äußerlichen Notwendigkeit, der unabwendbaren Zerstreuung
durch die Größe und Vielseitigkeit der Zeitinteressen, sogar unter dem Zweifel, ob der laute Lärm des Tages und die betäubende
Geschwätzigkeit der Einbildung, die auf denselben», den Lärm des
Tages, «sich zu beschränken eitel ist, noch Raum für die Teilnahme
an der leidenschaftlichen Stille der nur denkenden Erkenntnis offen lasse».[20] Dass die Philosophie von Einsamen betrieben werde,
hatte er schon 1807 in einem Brief festgehalten: «Noch ist beides
ohnehin vereint; die Philosophie ist etwas Einsames; sie gehört
zwar nicht auf Gassen und Märkte, aber noch ist sie von dem Tun
der Menschen ferngehalten, worein sie ihre Interessen, so wie von
dem Wissen, worein sie ihre Eitelkeit legen.»[21] Zugleich sei sie «auf
die Geschichte des Tages aufmerksam». Einerseits war er von früher Jugend an auf Wirkung aus, schwebte ihm Volkserziehung als
seine Aufgabe vor. Andererseits sieht er die Philosophen in der
Nachfolge des Priesterstandes, den er floh, «aus der Welt ausgeschieden», heute würde man vielleicht sagen: «in der Welt ausdiffe-
renziert» zur Erkenntnis derselben und «nicht um eines Nutzens,
sondern um des Segens willen».[22]

So ist es schon 1821, dem Jahr seiner Publikation seiner Rechtsphilosophie, dass Hegel spürt, was für ein verzehrendes Leben er in den zurückliegenden zwanzig Jahren geführt hat. Die «demagogische Not» hat er «ohne Gefährde bestanden», dass ihm seine Religionsphilosophie Atheismusvorwürfe eintragen wird, glaubt er nicht.[23] Er fährt zur Erfrischung nach Dresden, wo er auch schon im Vorjahr war – «und da ich es gesehen, hat es mir leid getan, daß ich nicht schon seit 30 Jahren dagewesen»[24] –, besucht die Kunstsammlungen und sieht namentlich Hans Holbeins «Madonna mit der Familie des Bürgermeisters Meyer», das er, «gar kein Zweifel», für das Original des Berliner Exemplars hielt, wofür er ästhetische Gründe anführt, mit denen er sich aber im Irrtum befand. Die antiken Skulpturen werden ihm, nach zeitgenössischer Gewohnheit, im Fackellicht gezeigt. Anschließend fährt er in Richtung der böhmischen Bäder weiter. Zurück in Berlin aber erleidet seine Frau eine Fehlgeburt samt nachfolgender Krankheit, und er selbst kommt aus dem Unwohlsein nicht heraus. An Altenstein richtet er die Bitte, die ihm einst in Aussicht gestellte Gehaltserhöhung zu bewilligen, er habe sich in die allgemeine Witwenkasse einkaufen müssen, um im Falle seines Todes für seine Frau vorzusorgen, Ersparnisse habe er keine, weil er «die eigenen Mittel, die ich besessen, ganz meiner Ausbildung aufgeopfert habe, die ich nun dem Kön[iglichen] Dienste widme». Die Krankheiten in der Familie seien ebenfalls kostspielig und die Schulen Berlins teuer. Außerdem lasse sein Fach weniger Nebenverdienste zu, es erfordere «mehr Zeit und eine ganz andere Anstrengung als die Fächer vieler andern Professoren».[25] Altenstein kann ihm kurz darauf mitteilen, Hardenberg habe ihm, rückwirkend auch für das vergangene Jahr, jährlich dreihundert zusätzliche Taler gewährt.

Zu Krankheiten, finanziellen Engpässen, die ihn an der Gymnasialausbildung seines unehelichen Sohnes sparen ließen – die ehelichen Söhne gingen weiter auf das Französische Gymnasium in Berlin –, und zu den Querelen um die Demagogenverfolgung im Lichte der Rechtsphilosophie kamen vielfältige Streitereien.

Das Zerwürfnis mit Schleiermacher war nach der Episode mit der schlechthinnigen Hundsabhängigkeit nicht mehr reparabel, und Hegel versucht es auch gar nicht, sondern tritt in seinen Vorlesungen über Geschichtsphilosophie 1823 weiter nach, indem er bei Erwähnung des Schandmauls Thersites aus Homers «Ilias» auf dessen bucklige Gestalt anspielt und sagt, solche Figuren fänden sich auch heute noch unter den Demagogen.[26] Der ewige Streit mit Schlegel dauert an, den er in seiner Vorrede zu Hinrichs' «Religionsphilosophie» einen Sophisten genannt hatte, dessen Weisheit darin bestehe, die Eitelkeit, das Zufällige und das bloße Meinen der Welt als Philosophie auszugeben. Hinrichs wiederum schreibt an seinen Lehrer im Mai 1821, aus Erlangen erfahre er, dass Schelling, von dem fast fünfzehn Jahre lang nicht zu hören war, sich dort sehr polemisch über Hegel äußere. Seinem Schüler Michelet rät Hegel ab, seine Dissertation über ein geologisches Thema zu schreiben, denn das heiße in ein Wespennest stechen, nachdem Hegels Verteidigung der Farbenlehre Goethes die Gereiztheit, Michelet spricht von «Haß», der Naturforscher gegen die Philosophie erhöht hatte.

Ewige Gegnerschaft zieht Hegel sich, ohne es zu merken, in Gestalt eines jungen Dozenten zu, der 1813 in Jena über den Satz «Nichts geschieht ohne Grund» promoviert worden war. Dem Verleger und Buchhändler Frommann schickt Arthur Schopenhauer diese Abhandlung zusammen mit der von ihm ausgeliehenen Logik Hegels und der Bemerkung zurück: «Ich würde diese nicht so lange behalten haben, hätte ich nicht gewußt, daß Sie solche so wenig lesen wie ich.»[27] Nach Publikation seines philosophischen Hauptwerks 1819, das Jean Paul in einer kurzen Rezension ein «genialphilosophisches» Werk «voll Tiefsinn und Scharfsinn, aber mit einer oft trost- und bodenlosen Tiefe» genannt hatte, das er nur loben, aber nicht unterschreiben könne,[28] war der an sich als Rentier lebende junge Mann in finanzielle Engpässe geraten und suchte in Berlin um die Möglichkeit nach, sich zu habilitieren. Der Berliner

Zoologe Martin Lichtenstein, mit dem er im Briefwechsel stand, hatte ihm von den großen Studentenzahlen berichtet und davon, dass Hegel für mehr Zulauf bei den philosophischen Studien gesorgt habe. Hegel stimmt dem Ersuchen des philosophischen Originals, in Berlin vorlesen zu dürfen, sogar zu, als das Genie zusätzlich darauf bestand, seine Vorträge zu genau derselben Stunde wie Hegel zu halten, von sechzehn bis siebzehn Uhr. Die Fakultät fand diese Forderung arrogant und eitel, aber Hegel hing damals nicht an solchen Kleinigkeiten. Der Antragsteller vermeldet an den Dekan, Herr Professor Hegel habe ihm seine Probevorlesung genehmigt, die neuerlich die verschiedenen Arten von Ursächlichkeit behandeln wollte.

Als es anschließend zur Aussprache über die Unterscheidung von Ursachen, Reizen und Motiven kommt, fragt Hegel den Kandidaten, ob ein Pferd, das sich auf der Straße hinlege, auch ein Motiv habe. Schopenhauer antwortet: der sichere Boden, Müdigkeit, seine «Gemütsbeschaffenheit».[29] Hegel bohrt kurz nach, ob Ursachen, «animalische Funktionen», wirklich Motive seien. Noch heute könnte man ein mehrsemestriges Seminar über diese Frage abhalten.[30] Schopenhauer soll darauf mit der Bemerkung reagiert haben, hier zeige sich «Monsieur Nichtwisser». Der Zoologe Lichtenstein meldet sich, tatsächlich nenne seine Disziplin «bewußte Bewegungen» von Tieren animalische Funktionen. Die Sachfrage war damit zwar gar nicht geklärt, aber Hegel wollte nicht weiter stören. Schopenhauer wird zugelassen. Zuhörer hat seine Konkurrenzvorlesung zu Hegel dann nicht viele. Der sich so eifrig um Zulassung bemühte, wird später viel über «Universitätsphilosophen» spotten.

Furchtbar aufgeregt hat sich Hegel über eine anonyme Rezension der «Grundlinien der Philosophie des Rechts», die im Februar 1822 in der «Halleschen Allgemeinen Literatur-Zeitung» erschienen war. Dort wurde ihm vorgeworfen, seine höhnische Bemerkung über Jakob Friesens Behauptung, in einem «Volk von echtem Gemeingeist» lebe auch der Staat aus der Freundschaft aller Bürger, hier laufe alles in einen «Brei des Herzens» zusammen, stelle die absichtliche Kränkung «eines ohnehin gebeugten Mannes» dar. Hegel, berichtet Karl Rosenkranz, sei ganz außer sich geraten über diese Unterstellung, er stoße den über sein politisches Engagement fallenden Philosophen auch noch. Er wurde beim Ministerium vorstellig. Halle gehörte lange schon wieder zu Preußen, und Hegel meinte, nun sehe man, was falsch verstandene Pressefreiheit sei. Hier war es an Altenstein, der gegen die «Literatur-Zeitung» immerhin eine Ermahnung aussprach, Hegel an seine eigene Rechtsphilosophie zu erinnern; in Sachen Persönlichkeitsrecht verwies er auf den Gerichtsweg und «in Rücksicht auf das Publikum» auf die Möglichkeit einer öffentlichen Erwiderung.[31] Beides unterblieb.

Die Jahre zwischen 1821 und 1830 durchzieht so eine Kette von Ereignissen, die Hegels Arbeit stören und seinen Ruhm begleiten. Kein Jahr vergeht, ohne dass er nicht zusätzlich zu den Konflikten, die er selbst auslöst, in Streit und Feindschaften hineingezogen wird.

1820 beispielsweise verwehrt man dem Juristen Eduard Gans, der in Heidelberg von Anton Thibaut über römisches Schuldrecht promoviert worden war, in Berlin eine akademische Anstellung. Gans hatte noch als Student in Göttingen seinen verstorbenen Vater, den Berliner Bankier Abraham Gans, der ganz wesentlich am preußischen Schuldenmanagement nach der Niederlage gegen Frankreich beteiligt und ein Vertrauter Hardenbergs gewesen war, öffentlich gegen den Vorwurf verteidigt, er habe zum Bankrott eines mecklenburgischen Oberjägermeisters beigetragen. Das Bankhaus hatte dessen Schuldverschreibungen am Markt platziert. Der an der Berliner Universität lehrende Historiker und Skandinavist Friedrich Rühs, der schon vorher mit einer antisemitischen Schrift hervorgetreten war, sprach im «Weimarer Oppositionsblatt» von «Juden» und von «Wucher». Gans, zeitlebens nicht um offene Worte verlegen, wies den «ungewaschenen Einsender» samt seiner «Sudelworte» zurück und machte sich damit in seiner Heimatstadt bekannt.[32] Als er sich an Rühs' Universität, wo er als Jude 1819 in der juristischen Fakultät nicht hätte promoviert werden können, habilitieren will, trifft er dort auf Friedrich Carl von Savigny als Präzeptor des deutschen Rechts. Der hatte 1816 in einem Aufsatz mitgeteilt, die Juden «sind und bleiben uns ihrem inneren Wesen nach Fremdlinge» und ihre Gleichstellung habe nur die Folge, ihre «unglückliche Nationalexistenz» festzuschreiben und womöglich noch auszubreiten.[33] Mithin dachte er nicht im Traum daran, einen Juden als Kollegen zu akzeptieren. Dass Gans während des Verfahrens in der Vorrede zu seinen «Scholien zum Gajus» nicht nur einen Schüler Savignys angriff, sondern Savigny, ohne ihn zu nennen, als «Papst» seiner ihn nachbetenden Schule bezeichnete und für die Wissenschaft festhielt, sie solle «keine Kirche kennen als die Wahrheit und keinen Papst als das Streben nach ihr»,[34] entspannte die Situation nicht. Die Fakultät lehnte mit der hämischen Begründung ab, man wisse nicht, ob der Sohn einer bekannten jüdischen Familie schon zum Christentum konvertiert sei.

Da Gans insistierte und sowohl Hardenberg wie Altenstein nicht fanden, seine Konfession schließe eine Lehrtätigkeit aus, schrieb Savigny 1821 ein eigenes Gutachten, das sich zum Vergleich verstieg, es sei ja auch undenkbar, einen Juden in die theologische Fakultät aufzunehmen. Das Recht unterhielt für Savigny unmittelbarste Beziehungen zu Geschichte und Eigenmerkmalen der Nation, in der es gilt, ergo könne es ein Fremdling nicht verstehen, geschweige denn – und Gott bewahre – unterrichten. Außerdem sei zu befürchten, ein jüdischer Rechtsprofessor werde die Studenten zwar nicht zu Konvertiten machen, aber doch dem Christentum, dem Germanisch- und dem Preußischsein entfremden.[35] Zwischen Staatskanzlei, Ministerium und Universität ging es hin und her, bis der König 1822 die Frage durch Aufhebung des Emanzipationsediktes von 1812, das die akademische Anstellung

Berlin als schönes Panorama: der Blick des Malers Eduard Gaertner von der
Friedrichswerderschen Kirche, 1834.

Und Berlin als Fabrik: Der Maler Karl Eduard Biermann hält 1847
«Borsig's Maschinenbau-Anstalt» fest.

Hegels Berliner Wohnhaus
am Kupfergraben, direkt
gegenüber dem Alten Museum.
Die Aufnahme stammt aus dem
Jahr 1920; das Haus steht
nicht mehr.

Friedrich Daniel Ernst
Schleiermacher (1768–1834),
der Berliner Rivale.
Er wirkte als Theologe und
Philosoph, Pädagoge und
Publizist. Von 1810 an lehrte
er an der Friedrich-Wilhelms-
Universität Berlin, von der
auch Hegel im Jahr 1817
einen Ruf erhielt.

Der Denker-Club: Karikatur zu den Folgen der Karlsbader Beschlüsse, September 1819.

Der Berliner Polizeichef und Studentenjäger Karl Albert von Kamptz (1769–1849), von E. T. A. Hoffmann in seinem Märchen «Meister Floh» als «Geheimrat Knarrpanti» gezeichnet.

Ernst Theodor Amadeus Hoffmann (1776–1822), Jurist, Schriftsteller und Komponist, im Selbstbildnis.

«Die Weltgeschichte», sagt Hegel, «ist nicht der Boden des Glücks. Die Perioden des Glücks sind leere Blätter in ihr.» Das Massaker von Chios: Eugène Delacroix malte den blutigen Überfall des Osmanischen Reichs auf die griechische Insel, zu dem es im April 1822 gekommen war.

Hegel auf dem Katheder samt mitschreibenden Studenten. Lithographie von Franz Kugler, Berlin 1828.

GWFHegel

Die Post- und Reisekutsche Modell «Diligence» (Sorgfalt), die Hegel aber zu langsam war, weshalb er sie «Paresse» (Faulheit) nannte.

Mademoiselle Mars, die Schauspielerin Anne-Françoise Boutet (1779–1847), die Hegel in Paris bewunderte, ohne zu ihr vorgelassen zu werden. Porträt von Charles Thévenin, Paris 1821.

Rousseaus Klause in
Montmorency, für Hegel
ein Ausflugsort während
seiner Paris-Reise 1827.

«Die früh gealterte Figur»,
erinnerte sich der Philosoph
und Kunsthistoriker
Heinrich Gustav Hotho
an Hegel, «war gebeugt,
doch von ursprünglicher
Ausdauer und Kraft;
nachlässig bequem fiel ein
gelbgrauer Schlafrock von
den Schultern über den
eingezogenen Leib bis zur
Erde herab; weder von
imponierender Hoheit noch
von fesselnder Anmut
zeigte sich eine äußerliche
Spur, ein Zug altbürgerlich
ehrbarer Gradheit war das
Nächste, was sich im ganzen
Behaben bemerkbar machte.»
Hegel in seinem Arbeits-
zimmer, Lithographie
von 1828.

Nach der Julirevolution: Im September 1830 stand Belgien gegen die Niederlande auf.
Gemälde des belgischen Malers Gustave Wappers, 1835.

In Berlin alles ruhig: Wollmarkt auf dem Alexanderplatz, 1830.

Zeitgenössische Illustration der empfohlenen Mittel
gegen die Cholera: von Pfefferminzöl über Zimt bis Tabak.

Diese Hegel-Büste
schuf der Bildhauer
Ludwig Wichmann
im Jahr 1826.

von Juden ermöglicht hatte, explizit in Form einer «Lex Gans» gegen den Bewerber entschied.

Der hatte sich in der Zwischenzeit Hegel zugewandt, dem er im Sommer 1820 im Dresdner Gasthof «Zum blauen Stern» begegnet war. An jenem legendären Abend, an dem Hegel nach dem Bericht Friedrich Försters es dort im Kreis von Freunden ablehnte, Meißner Wein zu trinken. Stattdessen bestellte er «Champagner-Sillery» für alle, um mit den erstaunten Kollegen auf den Tag ein Glas zu leeren: «Wir taten es, ohne uns sofort der Bedeutung dieses Tages zu erinnern. Befremdet [Förster schreibt «Befremdend»] sah Hegel uns an, und sagte dann mit erhobener Stimme: Das Glas gilt dem 14. Juli 1789.»[36]

Wer darauf trank, zog das Interesse von Gans auf sich. Viel entscheidender aber für die entstehende Schüler- und Freundschaft war Hegels Haltung zu den Rechten jüdischer Bürger, die aus dem Toast auf die Französische Revolution folgte. Eine Fußnote im längsten Paragraphen der Hegelschen Rechtsphilosophie, dem § 270 über Religion und Staat, erklärt, das aus rechtlichen «und anderen Gesichtspunkten» erhobene Geschrei gegen die Juden, das an ihnen bemängele, sie gehörten nicht nur einer anderen Religion an, sondern sähen sich auch einem anderen Volk angehörig, übersehe, dass sie zuallererst Menschen seien. Das sei keine abstrakte Qualität.[37] Gans konvertierte erst zu Hegel und legte 1823 den ersten Band eines von dessen Geschichtsphilosophie beeinflussten «Erbrechts in weltgeschichtlicher Entwicklung» vor. Dann – die Universität war eine Messe wert – konvertierte er 1825 in Paris zum Christentum. 1826 erfolgte die Berufung zum Extraordinarius und 1828, der Savigny gewogene Kronprinz war gerade auf Reisen und Altenstein nutzte das, die zum ordentlichen Professor.[38] Für Savigny eine schreckliche Niederlage: ein Jude und noch dazu ein Hegelianer in seiner Fakultät.

Zusammen mit Hegel und dessen Schüler Hotho gründete Gans dann 1827 die «Jahrbücher für wissenschaftliche Kritik», die zwei Aufgaben hatten: weder Schleiermacher noch Savigny zu drucken, was gelang. Und: die Einstellung der Schule Hegels, ihr wissenschaftliches Ethos durch Rezensionen einer gebildeten Leserschaft zu vermitteln. Hegel selbst publiziert in den «Jahrbüchern» unter anderem seine Besprechungen der Werke Solgers, von Johann Georg Hamanns Schriften und einem Werk von Joseph Görres. Vor allem die in der heutigen Druckfassung fast achtzigseitige Rezension Hamanns, die dessen Biographie ebenso enthält wie einen Kommentar zu seinen Positionen, dokumentiert, worum es Hegel dabei ging: um das Wachhalten der komplizierten Wege, auf denen sich die Intelligenz im Ausgang von aufklärerischen Einsichten bewegte, wenn sie deren einfachen Rechnungen nicht einfach nachgab, sondern auf den Irritationen bestand, die von der Theologie ausgingen. Hegel wirft Fragen auf wie die, was es bedeute, wenn ein Philosoph sich nur in Briefen und Interventionen, aber nie in einem Buch äußere. Er spürt den religiösen Qualen eines Herzens nach, das darauf besteht, die größte Sünde zu beinhalten. Er notiert, dass der Pantheismus der Fassung, alles sei Gottes Wille, mit Arbeitsscheu einhergehe. Er versucht, mit anderen Worten, eine geistige Physiognomie für ein Publikum zu zeichnen, von dem ihm klar sein musste, dass es niemals eine Schrift Hamanns auch nur in die Hand nehmen würde. Bücher waren damals teuer, um nur den trivialsten Grund dafür anzugeben.

Im Oktober 1824 war es dann nicht, wie im Fall Gans, Antisemitismus, sondern Konspirationsverdacht, der Hegel in einen Zeitkonflikt geraten ließ; es ging um einen Franzosen und Liberalen, um Victor Cousin, den Pariser Philosophen, der ihn 1817 und 1818 in Heidelberg besucht hatte. Der französische Polizeiminister hatte Wind davon bekommen, dass Cousin, der in Paris seiner politischen Gesinnung halber seine Stellung an der École Normale Supérieure verloren hatte, als Privatlehrer eines Herzogs diesen zu seiner Hochzeit begleitete. Er warnte seine preußischen Kollegen

vor dem gefährlichen Zeitgenossen, den man im Paris des «Weißen Terrors» der Royalisten gern dauerhaft losgeworden wäre.[39]
In Berlin wiederum hatte man in der Hochphase des Knarrpan-
tismus Cousin im Verdacht, mit deutschen Burschenschaftlern ein
Umsturz-Netzwerk zu bilden, und schlug zu. Von der preußischen
Justiz revolutionärer Machenschaften verdächtigt, wurde er gefan-
gengesetzt.

Tatsächlich hatte Cousin drei Jahre zuvor Kontakte zu dem
aus Idstein stammenden Schweizer radikalliberalen Juristen Wilhelm Snell unterhalten und zu dem inzwischen ebenfalls in Basel
angelangten Karl Follen, der kurz darauf vor der Auslieferung an
Preußen in die Vereinigten Staaten floh. Außerdem hatte er in
Paris einen italienischen Offizier beherbergt, der 1820/21 versucht
hatte, das Königreich Sardinien-Piemont aus der österreichischen
Herrschaft zu befreien: Annibale Santorre dei Rossi di Pomarolo,
Graf von Santarosa. Die «Zentralkommission zur Untersuchung
hochverräterischer Umtriebe», die 1819 in Mainz eingerichtet worden war, überzeugte die sächsische Regierung von der Gefährlich-
keit Cousins, diese ließ ihn verhaften; der französische Gesandte
protestierte scheinheiliger- oder ahnungsloserweise. Das Echo
war groß. «Der Übersetzer des Platon und vielleicht der einzige
Franzose, der etwas von deutscher Philosophie versteht», schreibt
Schleiermacher in einem Brief, sitze in Köpenick! Es drohten
fünfzehn Jahre Haft.[40] Hegel wendet sich Anfang November 1824
an den preußischen Innenminister von Schuckmann: «Ein solcher
insbesondere an einem Franzosen mir schätzenswerte Trieb», die
deutsche Philosophie ernst zu nehmen, «ferner die Gründlichkeit,
mit der er in unsere abstruse Weise, die Philosophie zu betreiben,
einging» und Cousins milder Charakter hätten ihn, Hegel, sehr
in Erstaunen über seine Verhaftung gesetzt, es müsse ein Irrtum
vorliegen, er wolle Cousin sehen. Das wird abgelehnt. Varnhagen
notiert in sein Tagebuch, nur Hegels gute Beziehungen zur Regierung, Altenstein also, verhinderten, dass er selbst in Verdacht ge-

rate. Die Untersuchungen der Bekanntschaften Cousins verlaufen aber im Sand, im Februar 1825 kommt er frei. Zwei Jahre später publiziert der Pariser «Constitutionel» einen Artikel über die Sache, und Varnhagen schreibt: «Herr von Kamptz ist sehr wütend», Hegel sei gewiss nur darum nach Paris gereist.[41]

Durch akademische Ambitionen ohne Grundlage motiviert war der Konflikt des Jahres 1826. Ein sonst wenig bemerkenswerter Privatdozent, Hermann von Keyserlingk, dem Hegel zu diesem Titel verholfen hatte, legt zur Erlangung einer außerordentlichen Professur eine Schrift gegen Hegel vor. Seinen eigenen Erinnerungen zufolge hatte er sich schon um 1816 Hoffnungen gemacht, den seit Fichtes Tod verwaisten Lehrstuhl für Philosophie zu erlangen.[42] In Berlin promoviert man ihn aber nicht einmal, den Doktortitel holt er sich mit der dort abgelehnten Schrift in Jena. Nach einem Umweg über Heidelberg und seine kurländische Heimat kehrt er nach Berlin zurück. Dass seine Vorlesungen schwach besucht sind, erklärt sich der auch publizistisch Erfolglose – «hat keinen bedeutenden Absatz gehabt» und «würde in einer anderen Zeit vielleicht die allgemeine Aufmerksamkeit erregt haben» kommentiert er selbst jede seiner Schriften – mit der dortigen «Hegelomanie».[43] Er beginnt, Hegel zu lesen und findet, o Gott, die «Vollendung der Spinozistisch-Schelling'schen Philosophie, also Pantheismus», also Atheismus. Das Gesuch, für diese These eine Professur zu erhalten, wird abgelehnt. Keyserlingk flutet daraufhin das Ministerium mit Anträgen. Als die Fakultät ihn mehrheitlich ablehnt, kann dahinter nur Hegel stecken, meint Keyserlingk und lädt alle Studenten ein, öffentlich über Hegels Gottlosigkeit zu diskutieren. Der Archäologe Ernst Heinrich Toelken ist als Dekan der philosophischen Fakultät außer sich, Hegel klagt gegen Keyserlingk, der Senat der Universität missbilligt die Aktion, und natürlich, denkt Keyserlingk, hat er nur darum die erstrebte Professur nicht bekommen.[44]

Gegen den Vorwurf des Pantheismus muss Hegel sich auch außerhalb solcher Kabalen vermehrt zur Wehr setzen. Zuerst hatte ihn der protestantische Theologe Friedrich August Gotttreu Tholuck 1825 anonym gemacht, wofür er sich eine lange Fußnote in der Einleitung zur «Enzyklopädie der philosophischen Wissenschaften» einhandelte; in § 573 wird bemerkt, die Beschuldigung des Atheismus laute, die Philosophie habe zu wenig von Gott, die des Pantheismus, sie habe zu viel davon. Atheismus sei es für Theologen, wenn sie ihre Vorstellungen von Gott in den philosophischen Begriffen nicht wiederfänden. Pantheismus werde es hingegen genannt, wenn jemand Gott mit weltlichen Dingen auch nur in Verbindung bringe, und zwar so, «daß die weltlichen Dinge doch ihr Sein behalten und daß sie es sind, welche das Bestimmte an der göttlichen Allgemeinheit ausmachen».[45] Pantheist ist, mit anderen Worten, der Ketzername für denjenigen, der nicht meint, allein von der christlichen Religion aus sollten alle Weltsachverhalte in wichtig oder unwichtig, gut und böse, recht und schlecht unterschieden werden, sondern dessen Gottesbegriff eine dem Denken zugängliche Welt beinhaltet, der es freigegeben ist, solche «endlichen» Unterscheidungen selbst zu treffen. Hegel hält daran fest, gerade das sei keine Anbetung des Weltlichen. Im Zeichen der politischen Restauration, die einen «christlichen Staat» reklamierte, im Zeichen auch des Katholischwerdens der Romantik, die es nicht mehr so mit dem Begreifen der Religion hatte, gerät dieser Gedanke aber in seinem letzten Lebensjahrzehnt unter Druck. Hegel setzt sich mehrfach, mitunter aber auch wie von Dummheit überfordert, in Repliken mit den Vorwürfen auseinander.

Im selben Jahr, 1826, in dem sich die Affäre Keyserlingk abspielte, sah sich Hegel auch genötigt, einer «Anklage wegen öffentlicher Verunglimpfung der katholischen Religion» entgegenzutreten. Hotho berichtet darüber in einem Brief an Cousin.[46] Hegel habe in seiner Vorlesung über die Geschichte der Philosophie darüber gesprochen, dass Gott im katholischen Kultus als «in einem

Ding gegenwärtig» vorgestellt, «das Äußerliche zu einem Heiligen gemacht» werde, wie es in seiner Geschichtsphilosophie heißt;[47] wenn eine Maus dieses Ding, die Hostie, esse, sei Gott auch in der Maus und sogar in ihren Ausscheidungen.

Zuhörer brachten das als Blasphemie zur Anzeige beim Ministerium, und Hegel verteidigt sich kurz zusammengefasst so: Er werde sich erstens als Philosoph und lutherischer Christ noch über die Lehren und den Geist des Katholizismus aussprechen dürfen; die scholastische Philosophie sei zweitens in seinem Kurs nun einmal dran gewesen, und die Hostie stehe im Mittelpunkt der katholischen Lehre; er habe drittens auch nur hypothetisch gesprochen, soll heißen: nicht von einem tatsächlichen Mäusedogma; wenn viertens die katholische Kirche aber nicht die Konsequenzen aus ihren Lehren ziehe, soll heißen: auf den Mäuseschluss verzichte, sei das nicht sein Problem; es seien fünftens viele absichtsvolle Missverständnisse über seine Vorträge im Umlauf; und sechstens seien entweder die katholischen Hörer seiner Vorlesung, die sich ärgerten, selbst schuld, wenn sie zu einem Lutheraner kämen, oder ihre Oberen, weil nicht vor ihm gewarnt worden sei.[48] Für Hegel war sein Hörsaal kein «safe space».

EINUNDZWANZIGSTES KAPITEL

Von keiner Revolution: Freizeit und Unruhe in Hegels letzten Jahren

―――――――

«Eine andere Art von Ungerechtigkeit gegen Schriftsteller
und Künstler begeht man, wenn man von ihnen erwartet,
sie sollen auch im gemeinen Leben nichts als Sentenzen
reden, nichts als Weisheit und Gelehrsamkeit predigen.»
Adolph Freiherr von Knigge

B erlin», schreibt ein anonym gebliebener schwäbischer Jura-
student 1825, «macht mir jetzt den Eindruck, als sei es geistig durch drei Gewalten beherrscht gewesen; der grämliche Hegel
auf seinem Katheder neben der Hauptwache, der wilde Devrient
im Schauspielhaus, und neben ihm in der französischen Kirche
der sophistizierend trommelnde Schleiermacher; er sollte für
die Weiber sein, was Hegel für die Männer. Ist aber der Philosoph zwischen solchen Mitspielern an seinem Platz? Jede Art von
Virtuosität, die den Geist nach außen zieht, stört die Bewegung
des wissenschaftlichen Forschens, und der Gelehrte, der zugleich
Hofmann sein soll, ist und bleibt ein Zwittergeschöpf.»[1]
Damit ist gut umrissen, wie sich Hegels Leben aufteilte. Denn
Hegel reagierte auf die tägliche Mischung aus angestrengtem
Arbeiten an seinen Vorlesungen und der ständigen Bereitschaft,
politische, wissenschaftliche und religiöse Anfeindungen zu be-
antworten oder auszulösen, vor allem durch seine Freizeitver-
wendung: das Kartenspiel bei jeder Gelegenheit, die Teilnahme an
Abendgesellschaften, so gut wie immer bei anderen, der hochfre-
quente Besuch der Berliner Bühnen und die Pflege von Bekannt-

schaften mit darstellenden und bildenden Künstlern, Musikern und Schriftstellern. Ungeselligkeit war seine Sache nicht, das Grämliche streifte er leicht ab. Aber er war gerade kein Hofmann; die enge Freundschaft mit dem preußischen Regierungsrat Johannes Schulze und dem preußischen Staatsrat Christoph Ludwig Schultz, also mit einigen Spitzenbeamten, für die er im Grunde seine Vorlesungen hielt, belegt nicht das Gegenteil. Wie wenig «professoral» seine Bekanntschaften sein konnten, zeigt eine Anekdote. Als der Dichter Franz Grillparzer 1826 nach Berlin kommt und seine Scheu überwindet, Hegel zu treffen, der offenbar sein Drama «Das goldene Vließ» gelesen und um einen Besuch gebeten hatte, findet er eine sehr aufgeräumte und «rekonziliante» Person. Hegel fragt den Gast, dem er sagt, es sei umso besser, wenn er die neuere Philosophie und auch seine nicht kenne, ob er beim nächsten Treffen einen Landsmann Grillparzers hinzubitten dürfe. Der junge Dichter staunt, um wen es sich handelt: den berüchtigten Saphir, der hier sein Unwesen treibe.[2]

Moritz Gottlieb Saphir war ein österreichischer Theaterkritiker und Satiriker, der in Berlin für die von ihm gegründeten Zeitungen «Berliner Courier» und «Berliner Schnellpost» schrieb. In der «Schnellpost», genauer: im «Beiwagen zur Schnellpost», fand sich einmal auch ein Text von Hegel. Darin legt er sich für das Lustspiel «Die Bekehrten» des vergessenen Ernst Raupach ins Zeug, das eine nicht allzu begeisterte Kritik bekommen hatte, und bietet zum Lob des Stückes alle möglichen Argumente sowie eine erhebliche Kenntnis der zeitgenössischen Theaterproduktion auf: «Der Prinz von Pisa», «Erdennacht», «Isidor», «Olga», «Alanghu».[3] Heute würde man sagen: Hegel ging gern ins Kino. Der ihm auch deshalb und seines satirischen Geists wegen nahestehende Saphir hatte 1827 die literarische Gesellschaft «Tunnel über der Spree» gegründet. Deren Mitglieder stellten sich wechselseitig ihre neuesten Entwürfe vor und führten dabei zum Ausgleich aller sonstigen Unterschiede jeweils einen «Tunnel-Namen»: Saphir selbst hieß

«Aristophanes», spätere Mitglieder waren Theodor Fontane (Lafontaine), Adolph Menzel (Rubens) und Theodor Storm (Tannhäuser). Hegel war leider nicht Mitglied dieses Vereins, dessen Name zu ihm gepasst hätte: ein überirdischer Tunnel. Zu dem Unwesen, das Saphir trieb, gehörte auch der Spott über die Sängerin Henriette Sontag, die damals der Liebling des Berliner Opernpublikums war und Saphir zum Hohn über den «Sontagsgottesdienst» reizte.[4] So kam es in einer Caféhausrunde am Vorabend ihrer Abreise nach Paris zum Streit Saphirs mit ihrem und überhaupt Sängerinnen-Verehrer Carl Schall, einem erfolglosen, aber aufgrund eines Lotteriegewinns betuchten Komödienschreiber. Am Ende der Schreierei, in der Saphir nicht mit zweideutigen Anspielungen zurückhielt, stand eine Duellforderung. «Wir erwarteten stündlich Saphirs Sekundanten», schreibt kurz darauf Karl von Holtei, der Regisseur der Berliner Premiere des «Käthchen von Heilbronn», «da rollte […] eine Droschke vor – und Hegel stieg aus.»[5] Stieg aus und überzeugte den Anhänger der Sontag, sich bei Saphir zu entschuldigen und auf das Schießen zu verzichten.

So hält sich das gesellige Leben Hegels wie seine private Zuwendung zur Kunst seiner Zeit ganz im Undramatischen und zumeist Heiteren auf. Den Philosophen der schwierigsten und schwersten Gedanken erkennt man in ihm so wenig wie den sarkastischen Polemiker, dem dort, wo er ablehnte, es nie an einem verletzenden Wort gebrach. Hegel war kein Intellektueller, der seinen aktuellen Kunstgeschmack und sein soziales Auftreten mit seiner Metaphysik abstimmte. Immer wieder findet man in den Berichten seiner Zeitgenossen die Wendung, er sei ein so verträglicher Mensch, wenn nur seine Philosophie nicht wäre.

Auch eine weitere Freizeitverwendung dokumentiert diese Trennung der biographischen Sphären: Hegels Reisen. Im September 1822 kommt er überhaupt zum ersten Mal seit seinen Berner Tagen, also seit fünfundzwanzig Jahren, aus Deutschland heraus. Sein Ziel sind die Niederlande, er reist, wie auch später nach Österreich und Frankreich, ohne die Familie. Wie reist er? Zumeist per preiswerter, also nicht allzu schneller Kutsche. Schon an der ersten Station der mühsamen Reise, in Magdeburg, sitzt er postkutschenverspätungshalber drei Tage lang fest, schaut sich den Dom an und die Segelschiffe auf der Elbe und besucht den dort unter Hausarrest stehenden französischen Revolutionsgeneral, Befestigungsspezialisten, Mathematiker und Luftschifftheoretiker Lazare Carnot, der zwischen 1789 und 1815 so ziemlich alles mitgemacht hatte, was in Frankreich mitzumachen war: die Abstimmung über die Hinrichtung des Königs, für die er plädierte, den Wohlfahrtsausschuss, in dem er saß, die «Levée en masse», also die Aushebung einer Bürgerarmee, die er sich ausgedacht hatte, den Sturz Robespierres, an dem er sich beteiligte, Napoleon, dessen Kriegsminister er war und später sein Innenminister während der hunderttägigen Rückkehr des Kaisers.[6]

Von hier aus fährt er nach Kassel: zweihundertvierzig Kilometer in drei Tagen und Nächten. Aus Hegels Briefen lässt sich berechnen, dass die Postkutschen vom Typ «Diligence», die bis zu fünfzehn Personen befördern konnten – während seiner Reise waren es sechs – zwischen sechs und sieben Kilometer pro Stunde machten. Mittags in Magdeburg abgefahren, war sie, Pausen eingerechnet, morgens um fünf im hundert Kilometer entfernten Braunschweig.[7] Hegel war es zu langsam, er nennt die Kutsche mit dem Namen «Sorgfalt» lieber «Paresse», Faulheit. Er beschwert sich, seit Tagen keinen Kaffee mehr bekommen zu haben, sondern «Zichorienbrühe», die ganze Braunschweiger Umgebung sei von «dieser lügenhaften Wurzel bedeckt». Aber die Landschaft beginnt von Göttingen an, Hegel zu entschädigen, endlich Hügel, Flusstäler, «heimatliche Natur». Das Herz des Philosophen des Nordens schlägt für die südlicheren Mittelgebirge, als Heimat hätte er Berlin wohl nicht bezeichnet.

Schon hier zeigt sich, was später auch seine Reisen nach Wien und Paris charakterisiert: Hegel berichtet so gut wie nie aus einem Gespräch, das er während der stundenlangen Kutschfahrten oder in den Wirtshäusern der Stationen oder beispielsweise eben mit Carnot führte. Auch von etwaigen Lektüren erfährt man nichts. Hier und da notiert er, wem er begegnet ist, aber seine «Postkarten» enthalten vor allem Beschreibungen von der mit grünem Saffian ausgeschlagenen Kutsche, vom Wetter, dem Gespräch nächtlicher Eulen am glänzenden Rhein. Einmal deutet er an, man schreibe von Reisen, auch wenn man gar nichts zu schreiben habe.

Hegel reist auch nicht mit großer Neugier oder der Erwartung, etwas zu erleben, sondern mehr «aus Pflicht und Schuldigkeit»,[8] weil der gebildete Mensch eben reist, sich Kirchen anschaut und Gemäldesammlungen, «in einem Kabriolet» das Schlachtfeld von Waterloo, und sich in Aachen auf den Thron Karls des Großen setzt. Ausrufezeichen erhalten Bilder «von einem Roger», eine Kreuzabnahme van der Weydens, «das Höchste, was man sehen kann», und von Correggio. Eindruck macht der Kölner Dom auf ihn, in dem er auch an einer Messe teilnimmt, weil dieser «Hochwald» nicht für Menschen, sondern für sich selbst gemacht sei. «Was sich in ihm ergeht oder erbetet oder mit dem grünen Wachstuchranzen, die – doch nicht angezündete Pfeife im Munde, ihn berheinreist, verliert sich samt dem Küster in ihm; dies alles ist, wie es in ihm steht und geht, in ihm nur verschwunden.»[9]

In Holland selbst staunt Hegel über den dortigen Wohlstand, jede Stadt sei «reich, niedlich und reinlich», über die durchweg gepflasterten Straßen, die Schönheit der Landschaft, «das ist ein Land zum Spazierengehen», die unendlichen Vorräte in den Läden und über die Abwesenheit von Bettlern: «kein Kind in Lumpen, keins ohne Schuhe», keine verfallenen Häuser. Hegel fragt sich, wo die Holländer ihre Armen «hingestellt» haben.[10] Interessanterweise findet die durchgängige Vorbildlichkeit, die er dem Land attestiert, kein Echo in irgendwelchen Schriften Hegels, sieht man von der intensiven Beschäftigung mit niederländischer Malerei in seiner Ästhetik und von einem Halbsatz in seinen Vorlesungen über die Geschichte der Philosophie ab, der anlässlich Spinozas festhält, Holland sei für die allgemeine Bildung ein höchst interessantes Land, weil es zuerst Denkfreiheit gewährte.[11]

Seine Reisen, die nächste führt ihn 1824 nach Wien, scheinen nicht zuletzt den Sinn gehabt zu haben, wenigstens für einige Wochen Distanz zu Arbeit und Familie zu gewinnen. Ihren zweiten Wohnsitz hatte sie am Kupfergraben 4a in unmittelbarer Nähe zum Zentrum, in dem ein Kultur- und Staatsgebäude neben dem anderen schon liegt oder binnen kurzem entstehen wird. Berlin, das sich erst nach einem längeren Vorlauf als die Residenzstadt der Hohenzollern erwiesen hat – in Potsdam, Charlottenburg und Königsberg gab es auch Schlösser –, war darum in viel stärkerem Sinne als jede andere europäische Hauptstadt ein Projekt. Die Berliner Universität erschien Hegel insofern auch deshalb als «Universität des Mittelpunktes»,[12] weil sie sich in die besondere Gestalt der preußischen Hauptstadt einfügte.

Hegels erster Biograph, Karl Rosenkranz, hat die Zentralität des Regierungssitzes in einem Vortrag um 1850 so gedeutet: Auch wenn die Zeit den «despotischen Charakter der hauptstädtischen Suprematie» durch Presse, Eisenbahnen und Telegraphie bekämpfe, sei die Zentralisierung ein «Werk der Notwendigkeit aller Bildung».[13] Aber es gebe verschiedene Arten, eine Kapitale zu sein. Rosenkranz vergleicht Paris und Berlin. Paris erscheint ihm als die für das ganze Land repräsentative Hauptstadt: «Frankreich ist in Paris.»[14] Weil aber Frankreich sowohl ein maritimes Land ist wie ein Flächenstaat, ein südliches wie ein nördliches, und eines, das sich stets gegenüber England und Deutschland bestimmt hat, kann seine Hauptstadt für Rosenkranz weder an den Grenzen liegen – zu schutzlos – noch in der Mitte des Landes – zu weit entfernt von England und Deutschland –, noch kann sie auf einen bedeutenden Fluss verzichten – wie Madrid, Moskau und München –, aber auch keine «rein maritime Lage» einnehmen, weil das Land an zwei Meere grenze. Paris vereine vielmehr alle Eigenschaften des Landes und sei demzufolge ein Kreis aus konzentrischen Kreisen, dessen Peripherie eine sanfte Hügelkette und dessen Durchmesser ein Fluss sei.

«Ein Kreis mit einem beweglichen Durchmesser» – dem entspricht in Paris die Verteilung aller möglichen urbanen Funktionen auf das ganze Stadtgebiet. Die Friedhöfe (nördlich Montmartre, südlich Montparnasse, östlich Père Lachaise) und die Schlachthäuser (Montmartre, Ménilmontant), die äußeren Alleen und die inneren Boulevards, dann im Zentrum ein geschäfts- und konsumzugewandtes Konglomerat rund um das Palais Royal, eine Art Miniaturparis in Paris, das an den großen Brücken alle Stände und Lebensarten mische. Zugleich folge die Stadt durch den Fluss einer Nord-Süd-Aufteilung ihrer Bereiche. Im Süden die Lehranstalten, die Sorbonne und das Collège de France, die École Normale und Polytechnique, das Observatorium und der Botanische Garten, die Jesuitenschule und die Militärakademien, die Académie française und die Münze, schließlich das Panthéon. Nördlich der Seine dann die Geschäftstätigkeit und die Politik: Gasthäuser, Bordelle, die Börse, die Markthallen, die Modesalons, der «Modefriedhof» Père Lachaise, der Louvre, die Gerichts- und die Staatsgebäude. Rosenkranz hält in alldem die enorme Lebendigkeit der Stadt fest: «In Paris kann man die ganze Welt vergessen, weil man sie wirklich um sich hat.»[15]

Diese Beschreibungen der französischen Kapitale werden hier nicht nur so ausführlich zitiert, weil sie einen interessanten Sinn für die Form einer Stadt dokumentieren und der Schüler Hegels versucht, eine Art Vernunft der topographischen Wirklichkeit zu beweisen. Es ist vor dem Hintergrund dieser Beschreibung auch aufschlussreich, was Hegel von seiner Parisreise berichtet, die er 1827 unternommen hat. Nämlich erneut alles in allem nicht viel. Über Halle, Kassel, Marburg – das «holprichte Nest»[16] –, Koblenz

und Ems, wo er kurz einer Badekur frönt und das nahe Landgut
der Mendelssohns besucht, ging es damals über die Stationen
Trier, Luxemburg und Metz, bis Hegel nach mehr als zweiwöchi-
ger Reise, zuletzt über Verdun entlang der Loire, am 2. September
in Paris anlangt, der «Hauptstadt der zivilisierten Welt».[17]

Dort findet er alles wie in Berlin, nur größer, «derselbe Anblick,
aber in einer volkreichen Masse», alles «zehnfach ausgedehnter,
weitläufiger, bequemer», doch «die Einförmigkeit ist dieselbe wie
in Berlin, nur anderer Art.»[18] Hegel registriert die Warenfülle,
«man kann überall alles haben», in jedem Café gebe es alle Zeitungen! Bei der Kleidung der Damen kann er erneut keinen Unterschied erkennen. Auch sprechen ihn weder die Bewegtheit des
sozialen Lebens noch seine Durchmischung und auch nicht die
von Berlin stark abweichende Topographie der Stadt an. Hingegen
fällt ihm auf, dass die Pariser um siebzehn Uhr zu Mittag essen,
worauf er seine aufkommenden Magenbeschwerden zurückführt.
Von Gesprächen berichtet er, wie einst in seinem Berner Alpenta-
gebuch, gar nicht, einmal schreibt er sogar von der Einförmigkeit
seines Pariser «Lebwesens».

Durch die Stadt geführt wird Hegel von Victor Cousin, der für
seinen Freund in den Pariser Lokalen die Bestellungen übernimmt,
was Hegel aufbringt, denn wenn er allein ausgeht, um schon um
dreizehn Uhr Mittag essen zu können, findet er sich ohne Kenntnis der Vokabeln auf der «enormen Liste» der Speisekarte nicht
zurecht.[19] Er wohnt zunächst im Hotel des Princes, durchstreift
in den ersten Tagen die halbe Innenstadt und zieht dann in eine
günstigere Herberge um, Rue de Tournon, Ecke Rue Vaugirard,
direkt am Jardin du Luxembourg. Er grast alle wichtigen Monu-
mente ab, notiert den Reichtum der Stadt, der sich als Konstante
durch ihre monarchischen, aristokratischen und bürgerlichen Aspekte hindurchziehe, geht regelmäßig ins Museum, die Oper und
ins Theater. Die französischen Schauspieler, findet Hegel, spielen
«mit viel weniger pathetischem Toben» als in Berlin, englische hin-

gegen, die er in Gestalt der Schauspieltruppe um Charles Kemble ebenfalls sieht, viel leidenschaftlicher, mehr grimassierend, auch ändern sie das Tempo des Sprechens viel stärker: «Das englische Wüten habe ich nun in seinem ganzen Glanze gesehen; es ist wunderbar, wie sie den Shakespeare verhunzen.»[20] Ein Ballett, dessen Hauptfigur eine Schlafwandlerin ist, erstaunt ihn sehr. Die Schauspielerin Mademoiselle Mars – der Künstlername Anne-Françoise Boutets – öffnet ihm die Augen dafür, dass «Tartuffe» eine Komödie ist. Mars, deren Schönheit er «ihres Alters unerachtet» – sie ist neun Jahre jünger als der siebenundfünfzigjährige Hegel – genauso preist wie sein ebenfalls in Paris weilender Kollege Friedrich von Raumer – «als sei sie in den Zwanzigern» –, ist für beide ein Höhepunkt der zeitgenössischen Bühnenkunst. Raumer gelingt es sogar, bei «der Mars» zum Diner eingeladen zu werden, was Hegel, der danach verlangt hatte, etwas missgünstig kommentiert: «Der muss bei allen Aktricen sein; Cousin findet es lächerlich, zu ihr zu gehen.» Tatsächlich aber befürchtete Cousin, das Auftreten Hegels und seine Art zu sprechen hätte die anwesenden Schauspieler unweigerlich dazu geführt, ihn und Cousin nachzuahmen, weshalb er abwiegelte, es lohne sich nicht.[21]

Hegel macht zusammen mit Raumer Ausflüge, von denen einer nach Montmorency im Norden von Paris geht, das von 1793 bis 1813 in «Émile» umbenannt worden war, weil dort einst Rousseau in der Einsiedelei der Madame d'Épinay gewohnt hatte, wohin man jetzt auf Eseln reitet. Raumer wird später über seine zweite Reise in die «Allerweltshauptstadt» in großer Ausführlichkeit berichten und in seinen Lebenserinnerungen auch über die von 1827, ohne dass darin Hegel erwähnt würde, außer in jener Fußnote über Cousins Sorge, mit Hegel lächerlich zu wirken.[22] Raumers Tagebucheinträge und Briefe – etwa an Tieck über einen «Hamlet» der englischen Schauspieltruppe, deren «Othello» er und Hegel ebenfalls sahen, oder an die Berliner Schauspielerin Auguste Crelinger über das Spiel der Mars – gehen seinen Eindrücken nach.

Hegel hingegen denkt weder an ein Publikum seines Erlebens, noch scheint er überhaupt gewillt, seiner Reise mehr als einen touristischen Sinn zu geben. Auf einen Besuch in Versailles folgt die Besichtigung eines Schlachthauses, und Hegel schreibt: «In welcher Stadt der Welt würde ich nach einem Schlachthaus fahren?» Man müsse mindestens ein halbes Jahr in Paris leben, um «durch Gewohnheit alles Interesse an dem zu verlieren, was für die erste Zeit auffallend und sehenswürdig ist».[23]

Zurück nach Berlin. Rosenkranz beschreibt seine damalige Topographie so: In einer traurigen Gegend am Rande Deutschlands gelegen, mit weitgehend unergiebigen Böden – Rosenkranz preist den überseeischen Export von Sellerie –, eine bürgerliche Stadt mehr als eine monarchische, ohne starken Einfluss der Kirche, lange Zeit ohne jede akademische Tradition, noch weit ins 19. Jahrhundert hinein ein von Dörfern umgebenes Zentrum. In diesem Zentrum der Stadt gruppiert sich alles um das Schloss herum: Oper, Akademie, Zeughaus, Hauptwache, die St.-Hedwigs-Kathedrale, die Bibliothek und die Universität liegen alle nur ein paar Schritte voneinander entfernt. Genauer gesagt erlaubt diese Nähe von allem eine fast beliebige Bestimmung des Mittelpunkts. Je nachdem, wie man es sieht, befindet sich das Schloss in ihm, der Gendarmenmarkt mit den beiden Domen und dem Schauspielhaus oder die Universität. Hegel mochte dadurch den Eindruck eines sich in der Stadtanlage ausdrückenden geistigen Planetensystems erhalten haben, dessen Sonne die Wissenschaft sei.

Arbeit und Freizeit liegen für Hegel also nur in Spaziergangsweite entfernt voneinander. Die Grundsteinlegung des Schauspielhauses mit seiner antikisierenden Fassade erfolgte wenige Monate vor Hegels Ankunft. Im Mai 1821 wurde es mit einer Aufführung von Goethes «Iphigenie auf Tauris» eingeweiht, die Hegel als eines der schönsten Dramen überhaupt und beispielhaft für die Beseelung eines antiken Stoffes durch einen romantischen Künstler mit «dem wesentlichen tieferen Bewußtsein seiner Gegenwart» erschien. Die Umwandlung der «Göttermaschinerie», Euripides lässt den Handlungsknoten – Iphigenie ist als Priesterin der Diana auf der Insel Tauris im Exil, ihr Bruder Orest soll sie von dort samt dem Kultbild der Göttin und gegen den Willen des Inselherrschers Thoas zurück nach Mykene holen – von einer göttlichen Anordnung durchschlagen, werde bei Goethe durch die Freiheit und schöne Tugend der Protagonistin bewirkt.[24] Kurz darauf wurde am selben Ort Carl Maria von Webers romantische Oper «Der Freischütz» uraufgeführt, die Hegel in ihrer «abstrakten Trostlosigkeit»[25] aber missfiel. Er schätzt am meisten heitere Werke wie die Rossinis, von denen er sich nach dem Zeugnis seines Schülers Heinrich Gustav Hotho «völlig berauscht»[26] zeigt und sie Gluck und sogar Mozart vorzieht. Studenten beobachten ihn dabei, wie er von seinem Sperrsitz aus – also einen Sitz, den er absperren konnte – Ludwig Devrient als Molières «Tartuffe» beklatscht. Die weiblichen Bühnenstars der Zeit haben es ihm angetan: die Schauspielerin Auguste Crelinger, die er als Iphigenie sah, die Sängerin Amalie Krause, die als eine der Kandidatinnen für Beethovens «unsterbliche Geliebte» in die Chronik der ungewollten Entsagung nach heftigem Flirt eingegangen ist, schließlich die Sängerin Pauline Anna Milder-Hauptmann, die vor allem in Opern des von Hegel ebenfalls sehr geschätzten Gaspare Spontini strahlte.

Dagegen regt er sich leicht über Stücke auf, die ihm mit Leidenschaften ohne versöhnenden Ausgleich kommen, Shakespeares «Othello» etwa, über den er sich mit Tieck zeitweise zerwirft, oder Kleists «Prinz Friedrich von Homburg», das er für ein Stück über einen erbärmlichen General hält, der in der Nacht vor der Schlacht krankhaftes Zeug treibe und tagsüber ungeschickt sei. Das Stück, das 1821 am Wiener Burgtheater uraufgeführt wurde, kam im Juli 1828 am Königlichen Schauspielhaus erstmals auf eine Berliner Bühne, in Abwesenheit des Königs und des Kronprinzen sowie militärschonend um das Betteln des Generals um Begnadigung gekürzt.[27] Für Hegel war aber das Stück selbst ein Skandal, denn er sah in ihm weniger eine Darstellung des Konflikts von Gesetzesdenken, Autonomie und übergesetzlichem Handeln als die Darstellung von etwas Pathologischem. Dass der Vorwurf, den Hegel der romantischen Poesie machte, aufgrund ihrer lyrischen Grundhaltung gar nicht zu Dramen fähig zu sein, da diese Wirklichkeit, Charakter und Handlung brauchten, gerade an Kleist vorbeizielte, fiel ihm nicht auf. Die Empörung über den vermeintlich identifizierten Inhalt war zu groß. Es werde hier, wie bei E. T. A Hoffmann, dem Schlafwandeln, der «Gespenstigkeit des Hellsehens» und einem höher sein sollenden inneren Geistesleben das Wort geredet, das tatsächlich Geisteskrankheit sei.[28]

In seiner siebzigseitigen Rezension der nachgelassenen Schriften des Philologen und Philosophen Karl W. F. Solger hat Hegel am ausführlichsten die zeitgenössische Literatur kommentiert.[29] Solger, der zunächst durch Übersetzungen von Pindar und Sophokles hervorgetreten war, hatte in mehreren Publikationen versucht, Grundbegriffe der Ästhetik zu entfalten, darunter den der Ironie. Dabei unterschied er eine wahre und eine falsche Ironie. Die wahre bestehe darin, dass Künstler die Wirklichkeit der Idee opfern, sie bauen Figuren auf, um sie sterben zu lassen, belehren uns durch Leid, spielen mit dem Schrecklichsten, lassen das Herrlichste untergehen.[30] In der Kunst seien Begeisterung und Ironie untrennbar, «jene als Wahrnehmung der göttlichen Idee in uns, diese als Wahrnehmung unserer Nichtigkeit» und auch der Existenz des Kunstwerks als «Erscheinung eines Wesens», Hülle eines Geheimnisses. Die falsche Ironie hingegen lebe davon, dass Ideale an der Wirklichkeit scheitern, Begriffe im Leben leicht zu Phrasen werden, Pathos sich entzaubert. Das mag, so Solger, dem Humor dienen, steht aber in der Gefahr, entweder nur die Wirklichkeit lächerlich zu machen oder, schlimmer noch, die Begriffe.

Es ist nicht schwer zu sehen, dass Hegel sich für solche Überlegungen interessieren musste. Konzentriert sich doch die ganze

Ablehnung der romantischen Kunst seiner Gegenwart im Begriff der Ironie. Hier nennt er sie «die selbstbewußte Vereitelung des Objektiven»,[31] verkörpert in Friedrich Schlegel, der sich immer nur urteilend zu Gedanken verhalten habe, ohne je eine Folge philosophischer Sätze zu entwickeln oder sich auf eine Sache einzulassen. Die Romantik war für Hegel eine «Welt aus Duft und Klang ohne Kern»,[32] in der das Desinteresse an Wahrheit als Form ausgegeben werde. Näher betrachtet war es aber wohl mehr die Verbindung dieser ironischen und für Hegel also unernsten Einstellung mit dem Anspruch auf Tiefe und der Aufwühlung von Gefühlen, die ihn gegen die Romantiker aufbrachte, denn mit dem Kern war es bei Spontini und Raupach schließlich auch nicht weit her.

Hegel hatte zu Beginn seiner Berliner Zeit Schwierigkeiten, Anschluss an gesellige Kreise zu finden. Ein Tischfeuerwerk war er, nach allem, was wir wissen, nicht. Schleiermacher nahm ihn mit zur «Gesetzlosen Gesellschaft», einem sich alle vierzehn Tage zum Abendessen und zu Gesprächsrunden treffenden Männerclub. Hegel wird sogleich Mitglied, ohne aber je als Gastgeber in Erscheinung zu treten, und nach seinem 1819 dort erfolgten Zusammenstoß mit Schleiermacher scheint er sich aus dem Club zurückgezogen zu haben.[33] Zu Gelehrtenfreundschaften auf Augenhöhe, wie er sie in Heidelberg pflegte, kommt es in Berlin nur langsam. Solger, der sich für die Berufung Hegels eingesetzt hatte und dafür prädestiniert war, stirbt ein Jahr nach Hegels Zuzug mit Neununddreißig. Der Philologe Bopp, Experte für Sanskrit und Begründer der vergleichenden Grammatik indoeuropäischer Sprachen, und der Klassische Archäologe Hirt sind Ausnahmen. Viele andere gute Bekannte sind zugleich Schüler, was selbst für den nur zehn Jahre jüngeren Theologen Philipp Konrad Marheineke gilt.

Die Eifersucht unter den meisten Kollegen aber ist erheblich. Man neidet ihm, wie sehr die Schüler ihm zulaufen und nicht nur er sie begünstigt – «Parteimacherei» –, sondern auch die Protektion seiner Schüler «von oben herab» erfolgt, wie der Philologe Boeckh, der Hegel – «ein verwünschter Mensch» – von vornherein auch persönlich nicht mag, in Richtung des Ministeriums schreibt.[34] Immerhin hält er 1827 fest, Hegel werde in Berlin jetzt von allen Seiten attackiert, «und zwar auf eine plumpe und ungerechte Weise, während er gerade anfängt, sich zu mäßigen».[35] Hegel wiederum, so notiert Varnhagen über die Redaktionssitzungen der «Jahrbücher», sei eine Zeitlang immer schwieriger und tyrannischer geworden, bis es zu einer Aussprache gekommen sei. Danach seien im Kreis der Freunde oder – was Varnhagen angeht – jedenfalls guten Bekannten nur politische Differenzen bestehen geblieben, weil Hegel «die öffentlichen Bewegungen» abgelehnt habe und «ganz absolutistisch» geworden sei.[36]

Eine Form der Geselligkeit war freilich ganz entfallen, die philosophische. Hegel hat niemanden in seiner Umgebung, der nicht entweder zu ihm herauf- oder auf ihn herabschauen würde oder dem die Philosophie ohnehin egal ist. Seine gelehrten Freundschaften führen ihm Kenntnisse zu, nicht Gedanken. Aus der Philosophie seiner Zeit zieht Hegel kaum noch Anregungen, die meisten Weggefährten und Begleitgestirne sind gestorben und erloschen oder verstummt oder verfeindet. Seine Vorlesungen zur Geschichte der Philosophie – gehalten erstmals im Sommer 1819 und Winter 1820/21, dann alle zwei Jahre wieder jeweils im Wintersemester – enden, bevor Hegel zu seinem Fazit kommt, mit einem Vortrag über Schelling, «die letzte interessante, wahrhafte Gestalt der Philosophie». Die jüngste Schrift Schellings, die darin zitiert wird, ist zwanzig Jahre alt: zwanzig Jahre lang nichts Interessantes auf dem eigenen Gebiet. In der Druckfassung umfasst dieser Abschnitt über den einstigen Freund vierunddreißig Seiten, etwa drei Vorlesungsstunden, denen Hegel eine Charakteristik Schellings vorausschickt, die wie ein Gegenbild seiner selbst erscheint. Schelling habe «seine philosophische Ausbildung vor dem Publikum gemacht», also ständig publiziert, aber man könne deshalb auch nicht sagen, in welcher Schrift seine Philosophie am besten durchgeführt sei. Schelling fange immer wieder von vorne an, sei nie mit dem bis dahin Geleisteten zufrieden, verwende immer neue Terminologien: «Diese Philosophie ist noch in der Arbeit ihrer Evolution begriffen.»[37] In Absetzung von Schelling also, dem letzten interessanten Philosophen, versucht Hegel noch einmal zu verdeutlichen, worum es ihm geht. Der Schlüsselbegriff Schellings ist für ihn die «intellektuelle Anschauung». Sie bezeichnet ein Vermögen, im Denken nicht vom Gedachten getrennt zu sein. Während die sinnliche Anschauung es mit etwas zu tun hat, das außer ihr liegt, sei das Ich in der Lage, durch Denken den Gegensatz zu seinen Objekten nicht nur zum Verschwinden zu bringen und sie als geistig geformt zu begreifen, sondern es habe sie im Grunde immer schon zum Verschwinden gebracht. Wir haben nur vergessen, wie viel «Konstruktion» in allem steckt, das uns wie ein Objekt, mithin so entgegentritt, als sei es unabhängig von uns. «Ich» oder «Wir» meint dabei allerdings nicht dich und mich, denn selbstverständlich haben weder Herr Hegel noch Herr Schelling oder Herr Fichte die Natur, den Staat oder sonst irgendeine Objektivität «gesetzt», intellektuell hervorgebracht oder durch Negation der Negation ihres Gegenteils «synthetisiert». Vielmehr versuchen die Idealisten jedweden Sachverhalt allgemeiner Bejahung – «es gibt» die Natur, den Staat, die Kunst, den Magnetismus, die Hostie, die Oper und Henriette Sontag in ihr –, in Analogie zu Denkvorgängen und Bewusstseinserfahrungen zu beschreiben.

Hegels Fassung davon lautete in der Jenaer «Differenzschrift»: Das Bewusstsein kann einsehen, wie sehr endliche Unterscheidungen zu Widersprüchen führen. Schaut man beispielsweise die Unterscheidung von Subjekt (Ich) und Objekt (Gegenstand) genau an, dann wird, was nur unterschieden scheint, als Widerspruch sichtbar. Und mehr als das: als Antinomie, die auf eine Auflösung zustrebt. So kann das Bewusstsein sich bis zu einer Sicht auf die Welt hindurcharbeiten, in der der Gegensatz von Ideellem und Wirklichem verschwindet. Dazu, schreibt Hegel 1801, müsse eine «absolute Anschauung» vorhanden sein, die dafür sorgt, dass der Blick auf das Absolute nicht verloren geht. Ohne sie könne gar nicht philosophiert werden. Man kann auch sagen: Es gibt keine Philosophie ohne eine Intuition, dass Skeptizismus nicht das letzte Wort ist, dass es nicht nur Einzelheiten, sondern Ganzheiten gibt und dass die richtig explizierte Erfahrung der Welt auf der Einsicht in solchen Ganzheiten beruht.[38]

Der Unterschied zu Schelling, den Hegel in seiner philosophiegeschichtlichen Vorlesung deutlich markiert, ist für ihn dieser: Die intellektuelle Anschauung als Vermögen, Denken nicht nur als rekonstruierend, sondern konstruierend zu begreifen und insofern eine Einheit von Denken und Wirklichkeit zu behaupten, sei bei Schelling nicht das Ergebnis von gedanklicher Arbeit, sondern werde bei ihm vorausgesetzt. Für Schelling gebe es, wie für Jacobi, ein unmittelbares Wissen. Der kleine Schritt von Schelling/Jacobi zu Hegel ist, so gesehen, der zur Erkenntnis, wie voraussetzungsvoll das Vermögen ist, Ideen als wirkmächtig zu erkennen, und einer wie großen Abfolge von Schritten der Menschheit es bedarf, sich über das Verhältnis von Subjekt und Objekt klarzuwerden. Hegel notiert in diesem Sinne, das unmittelbare Wissen von Gott als einer geistigen Macht sei nur für Christen einleuchtend, nicht für alle Völker.[39] Schelling hingegen begreift die Fähigkeit, Einsicht in die Welt zu gewinnen, «als ein Kunsttalent, Genie, als ob nur Sonntagskinder sie hätten».[40] Wer nicht die Einbildungskraft habe, sich die Einheit von Subjekt und Objekt vorzustellen, zitiert Hegel Schelling, entbehre des Organs der Philosophie.[41] Die Philosophie ist aber, auch dazu las Hegel über ihre Geschichte, für ihn keine organabhängige Angelegenheit, sondern eine Hervorbringung des überindividuellen Geistes in der historischen Zeit. Und das Denken ist für ihn, weil es bestimmt, negiert und begründet und nicht Anschauungen hat, eine für alle erreichbare, nachvollziehbare Angelegenheit.

In seinen 1827 gehaltenen Münchener Vorlesungen «Zur Geschichte der neueren Philosophie» wird Schelling folgerichtigerweise alles daransetzen, dem Anfang der «Wissenschaft der Logik» die Unterschlagung einer Anschauung nachzuweisen. Auch hier werde nämlich eine Vertrautheit mit Unbegrifflichem vorausgesetzt, obwohl die Behauptung laute, alles, was es gibt, könne aus Begriffen entwickelt werden. Nicht die Dialektik der Begriffe «Sein» und «Nichts» sei es darum, die dazu nötige, vom Anfang beim reinen Sein fortzugehen. Vielmehr liege das an der Tatsache, dass das Denken «an ein konkreteres, inhaltsvolleres Sein schon gewöhnt ist, also mit jener mageren Kost des reinen Seins […] sich nicht zufrieden geben kann».⁴² Schelling, der seit Jahren verbreitet hatte, Hegel habe alle seine richtigen Ideen von ihm und sie dann falsch angewendet, publizierte diese und die anschließenden Argumente allerdings nicht; sie sind aus seinem Nachlass herausgegeben. Die Produktivität der Falschanwendungen Hegels konnte wiederum er nicht überblicken, da Hegels Vorlesungen ungedruckt waren.

1829 feiert Hegel seinen neunundfünfzigsten Geburtstag im Kurbad Teplitz, von wo aus es zusammen mit seiner Schwiegermutter und deren Schwester nach Prag weiterging, eine Reise, die er fünf Jahre zuvor schon einmal unternommen hatte. In Karlsbad kommt er Anfang September an und trifft dort zufällig und ausgerechnet – Schelling, einen «alten Bekannten», wie er seiner Frau schreibt.⁴³ Das Wiedersehen verläuft herzlich, man spaziert nachmittags gemeinsam, liest im Caféhaus Zeitung, verbringt den Abend zusammen und speist am folgenden Tag zu Mittag.

Man kann den kurzen und wie immer inhaltsarmen Bericht, den Hegel brieflich von der Begegnung mit seinem Jugendfreund gibt, nicht unbewegt lesen. In Tübingen war Schelling die frühe Hochbegabung, während Hegel sich angestrengt bildete. In Jena wurden sie eine Konfliktgemeinschaft im Kampf um die richtigen Folgerungen aus Kant und Fichte. Schon da gab es die eine oder andere Distanzierung, litt Schelling unter dem trockenen Auftreten Hegels und dieser darunter, nur als Adept von Schellings Philosophie betrachtet zu werden, was ihm bis in seine Berliner Tage nachhing. Es war bei Lektüre ihrer Schriften aus der Jenaer Zeit auch eine anspruchsvolle Aufgabe, sie nicht nur zu verstehen, sondern auch auseinanderhalten zu können. Manchen gelang das nur, weil Hegel noch mehr mit dem Rücken zu seinen Lesern schrieb. Dann der Affront in der Vorrede zur «Phänomenologie», um zu markieren: «Dies sind meine Gedanken», woran aber auch ohne diesen Tritt gar kein Zweifel bestanden hätte. Schließlich kurz darauf der Abbruch der Kommunikation durch Hegel, der zwar nicht mühelos, aber doch seine Bahn in die Öffentlichkeit der modernen Welt zog, während Schelling sich der Ausarbeitung einer schwermütigen Theorie unvordenklicher mythologischer Anfänge widmete.

Der amerikanische Philosoph Terry Pinkard hat in diesem Zusammenhang mit großem Gespür für das, was zwischen den Zeilen steht, aus dem Abschnitt «Die Treue» in Hegels Ästhetik zitiert, wo es heißt: «Jeder Mensch hat seinen Lebensweg für sich zu machen, eine Wirklichkeit sich zu erarbeiten und zu erhalten.»[44] In der Jugend, so Hegel, sind die Individuen noch nicht festgelegt, weshalb sie sich zusammenschließen, aber eben nicht auf Dauer. Die Zeit, «bei welcher keiner etwas beschließt und ins Werk setzt, was nicht unmittelbar zu einer Angelegenheit des anderen würde», ist begrenzt.

Allerdings war es für Hegel, der kein ewiges Versprechen war, sondern eine fortgesetzte öffentliche Wirkung, auch etwas leichter, so abgeklärt auf sein Verhältnis zu Schelling zu blicken. Der berichtet an seine Frau, im Kurbad habe er auf einmal eine irgendwie unangenehme, halb bekannte Stimme gehört. Auch in seinen Erlanger Vorlesungen hatte Schelling sich gehässig über Hegels vielfach dokumentierte Intonation ausgelassen und es bezeichnend gefunden, «daß sie nicht frei von der Brust weg reden und aussprechen kann, und ihr gleichsam Atem und Stimme genommen ist, daß sie nur noch unverständliche Worte murmeln kann».[45] In Karlsbad nun habe Hegel sich, als ob nichts zwischen ihnen stünde, sehr «empressiert und ungemein freundschaftlich» an ihn gewandt, sie hätten ein paar Abendstunden gut miteinander verbracht. Zu einem wissenschaftlichen Gespräch zwischen ihnen sei es nicht gekommen, er werde sich darauf auch nicht einlassen.[46] Warum denn nicht? Ein das Versäumnis nachholendes Geistergespräch zwischen Schelling und Hegel nach Art der alten literarischen Gattung «Dialoge zwischen Verstorbenen» wäre mehr als lohnend.

Hegels Gemütlichkeit im Umgang mit allem, was nicht direkt sein Denken betraf, mag wie Selbstgerechtigkeit oder heiteres Desinteresse wirken. Freundlicher beschrieben, hat er, um die Konzentration auf seine Gedanken zu wahren, eine Zone der Indifferenz gegenüber alltäglichen Angelegenheiten geschaffen. Er nahm Freiheit auch als Gleichgültigkeit in Anspruch, nicht nur als Einsicht in das Vernünftige. Zumindest kann man sagen, dass er seine sozialen Rollen zu trennen wusste, obwohl der Begriff der Philosophie, den er hatte, eine solche Rollentrennung von Wissenschaftler, Bürger, Freizeitmensch, Protestant und moralischer Person eben nicht deckte. Hegel war der erste, der eine Theorie des Ganzen entwarf, die auf seiner bejahten Differenzierung beruhte. Gleichwohl operierte sie mit Hierarchien des Unterschiedenen: Der Staat beherrscht die Gesellschaft, der Mann ist mehr als die Frau, die wahre Kunst wird von Ideen regiert, die Religion lässt sich in Philosophie überführen. Doch wie bringt man diese Anordnungen im eigenen Leben unter? Denn man kann ja am Gottesdienst nur teilnehmen oder nicht teilnehmen, aber nicht «im höheren Sinne» teilnehmen. Lässt sich einerseits Sophokles loben, andererseits Raupach? Einerseits mit Champagner auf die Französische Revolution anstoßen, andererseits die Beteiligung der «Atome» am politischen Prozess befürchten? Einerseits das Luthertum hochhalten, andererseits das Aufgehen von Religion in Philosophie? Ein solcher Habitus des «einerseits, andererseits», der den Geist als evolutionäres Ergebnis zulässt, das widersprüchliche Normen gleichen Ranges hervorbringt, mag der modernen Gesellschaft angemessen sein. Für Hegel aber existierte ein Vernunftzwang zur Entscheidung, was richtig und wahrhaft sei. Privat mag man sich für Raupach gegen Kleist entscheiden, doch da es um eine Bühne geht, ist die Entscheidung nicht privat.

Im Juli 1830 meldeten sich die Atome in Paris. Hatten die französischen Parlamentswahlen 1824 noch zu einer proroyalistischen Mehrheit geführt, entschieden sich die allein wahlberechtigten Besitzbürger und Aristokraten 1827 mehrheitlich für ein liberales, regierungskritisches Parlament. Enorm gestiegene Lebensmittelpreise aufgrund von Missernten hatten zu einem Rückgang der Binnennachfrage geführt und so auch die Industrie, den Handel und den Mittelstand getroffen. 1830, als die Krise, für die man die Regierung und, wir sind in Frankreich, die Jesuiten verantwortlich machte, war der Anteil antimonarchistischer Abgeordneter noch größer geworden. Im Juli 1830 beantragte ein Drittel der Pariser Bevölkerung Karten für einen preisreduzierten Bezug von Brot. Historiker haben die Zahl der Armen auf 420 000 von 770 000 Einwohnern der Hauptstadt geschätzt.[47] In Hegels Terminologie entstand damals ein unterernährter, prekär lebender und gegen die Autoritäten feindseliger «Pöbel». Das Siechtum, die Bettelei und das Verbrechen nahmen zu. Der Schriftsteller Eugène Sue hat diese Verelendung zehn Jahre später im Vorwort der «Geheimnisse von Paris» mit seinem berühmten Vergleich umschrieben, die außerhalb der Zivilisation lebenden Wilden aus den Romanen James Fenimore Coopers «sind mitten unter uns».[48]

In dieser Situation erließ Frankreichs Premierminister, der ultraroyalistische Jules de Polignac, der erst seit November 1829

regierte, mehrere Verordnungen, die Rechte des Parlaments einschränken und die Pressefreiheit aufheben sollten: ein Staats-
streich von oben, der Karl X. die Möglichkeit gegeben hätte, sich
ein neues Parlament zusammenzustellen. Das Parlament protestierte, aber das wütende Pariser Volk baute Barrikaden. Für den
unbeliebten König wollten sich seine Truppen nicht verkämpfen,
nach drei Tagen war die Revolution schon zu Ende, als die Anhänger des Herzogs von Orléans, des Cousins des Königs, ihn als
Nachfolger und «Bürgerkönig Louis-Philippe» ins Spiel brachten
und dafür eine parlamentarische Mehrheit fanden. «Die Ruhe ist
in Paris hergestellt», schrieb Eduard Gans, der gerade dort war,
an Hegel, «wo der König und Polignac ist, weiß man nicht.»[49] Der
König war in Cherbourg, um sich von dort nach England einzu-
schiffen, weshalb der Historiker Johann Gustav Droysen später
in einem Brief an den Theologen Wilhelm Arendt spotten kann,
es würde ihn vergnügen, Hegel einmal als «den Philosophen der
Restauration darzustellen und womöglich nach Cherbourg zu begleiten»[50].

Was war geschehen? Eine Revolution? Der erste Premierminister unter Louis-Philippe, Jean Casimir-Perier, bemerkte trocken
zu einem Führer der Liberalen, es sei das Malheur seines Landes,
dass viele das glaubten: «Non, monsieur, il n'y a pas eu de révolution, il y a eu un simple changement dans la personne du chef
de l'État.» Keine Revolution, nur der Staatschef ist ausgewechselt
worden.[51] Franz Rosenzweig trägt in seinem Buch über Hegel dagegen zusammen, was an Aufregung durch Europa ging: Das auf
der Legitimität der Krone errichtete europäische Friedensgebäude
sei zusammengestürzt. Der Historiker Barthold Georg Niebuhr,
Hegels Kollege, schrieb im Vorwort zum zweiten Band seiner «Römischen Geschichte» über diese «entsetzliche Zeit», in der «der
Wahnwitz des französischen Hofs den Talisman zerschlug, welcher den Dämon der Revolution gebunden hielt»; «vor uns eine,
wenn Gott nicht wunderbar hilft, bevorstehende Zerstörung,

wie die römische Welt sie um die Mitte des dritten Jahrhunderts unserer Zeitrechnung erfuhr: auf Vernichtung des Wohlstands, der Freiheit, der Bildung, der Wissenschaft.»[52] Nichts von alldem geschah, aber die drei Tage von Paris hatten tatsächlich eine ansteckende Wirkung auf viele nationale Bewegungen. Die Belgier erhoben sich als Erste nach einer Brüsseler Aufführung der «Stummen von Portici» gegen die Niederlande und erklärten wenig später ihre Unabhängigkeit. In Polen kam es zum letztlich erfolglosen Novemberaufstand gegen die russische Herrschaft. Im Deutschen Bund waren vor allem das Herzogtum Braunschweig, dessen Despot davongejagt wurde, und Universitätsstädte wie Göttingen und Leipzig betroffen.

Hegel nimmt vor allem Anteil an den belgischen Aufständen – Varnhagen notiert, er habe sie voller Grimm gehasst, Eduard Gans habe auf der Gegenseite gestanden[53] –, weil sie seinen Freund Pieter Gabriël van Ghert angingen.[54] Der niederländische Philosoph hatte bei Hegel in Jena studiert und dort «Logik» gehört, ohne des Deutschen mächtig zu sein! Das machte Hegel auf ihn aufmerksam, er gab ihm Privatunterricht, und von 1806 an, als van Ghert wieder in Holland war, schrieben sie sich Briefe. Hegel hielt van Ghert, der im höheren Staatsdienst arbeitete und dort mit Bildungs- und Religionsfragen befasst war, lange Zeit wie selbstverständlich für einen Protestanten, was er aber nicht war. Als Schüler Hegels versuchte er nur, mit den «Grundlinien der Philosophie des Rechts» und ihrem § 270 unterm Arm, der römisch-katholischen Kirche in den Niederlanden den Schulunterricht zu entwinden. Dieses Projekt erledigte sich mit der Abspaltung Belgiens.

Hegel, der über die französischen Verhältnisse durch seine Korrespondenz mit Victor Cousin, durch seine Schüler und Zeitungslektüre gut unterrichtet war, konnte politischen Unruhen gewiss nichts abgewinnen. Dennoch übertreibt Rosenzweig, wenn er über Hegel behauptet: «Revolutionsfurcht schlechtweg bildet denn auch den Inhalt der wenigen in Briefen oder aus Gesprächen

überlieferten Äußerungen aus der Zeit nach Juli 1830.»[55] Erstens
stimmt das nicht, die Briefe handeln von allem Möglichen, und
das Wort «Revolution» fällt kein einziges Mal, auch das der «Ordnung» nicht. An einer Stelle beklagt Hegel sich, dass der Servilität
bezichtigt werde, wer für die Rechte der Regenten und des Staates
eintrete. Zwar sieht er Europa im selben Brief in einer «Krise, in
der alles, was sonst gegolten, problematisch gemacht zu werden
scheint»,[56] aber ob er damit eine Revolutionsgefahr meinte oder
die Lage der Religion – sein Gegenüber war der ihn verteidigende
Theologe Götschel – oder etwas Drittes, die Absorption des Zeit-
geistes durch Politik, lässt sich dem Wortlaut nicht entnehmen.

Als der Philosoph Karl Ludwig Michelet von einem Fortschritt
spricht, der mit der Julirevolution gemacht worden sei, weist ihn
Hegel zurecht, das sei «gerade wie Gans gesprochen», die neue
Regierung sei «schwankend und somit unzuverlässig».[57] Michelet
erwidert, «die Substanz des französischen Volksgeistes» ruhe doch
«auf sicherem Grunde». Hegel: Mit der Substanz verhandele man
aber nicht, sondern mit den Personen. Aber man werde mit dem
Bürgerkönig wohl auskommen können, wenn er vernünftig handele. Das klingt nicht nach hellem Entsetzen und Furcht vor dem
Einsturz der staatlichen Welt. Dass er den französischen Staat unter Karl X. für eine rationale Konstruktion gehalten hat, darf man
ausschließen. In seiner letzten Vorlesung zur Geschichtsphilosophie spricht er davon, die Franzosen hätten eine fünfzehnjährige
Farce der Anhänglichkeit an die Monarchie gespielt und «in Lüge
gegeneinander» existiert.[58]

Kurz zuvor hatte Hegel seine letzte politische Schrift, ja seine
letzte veröffentlichte Schrift überhaupt abgeschlossen: über die
englische Reformbill, wobei «Bill» der englische Begriff für einen
Gesetzentwurf ist. Sie erschien von April 1831 an in drei Folgen
anonym in der «Allgemeinen Preußischen Staats-Zeitung» und be-
handelte eine Auswirkung des kleinen französischen Umsturzes
auf die englische Politik. Denn unter dem Eindruck der Ereignisse

und nach dem Tod Georgs IV. erfolgte in England eine Wahlrechtsreform, die mit nur einer Stimme Mehrheit im Unterhaus
durchkam. Hegel nimmt sich also wie in seiner ersten Publikation,
der Übersetzung der «Vertraulichen Briefe» zum Verhältnis von
Bern und Waadtland, seiner Kritik der Verfassung Deutschlands
und wie in seinem Kommentar zu den Diskussionen der württembergischen Landstände die Frage der politischen Repräsentation
vor. Das «System der Repräsentation» hatte er schon in seiner
Verfassungsschrift als «universale Gestalt des Weltgeistes» neben
Despotie und Republikanismus, also bürgerlicher Selbstregierung
bei überschaubaren Teilnehmerzahlen, angesprochen: «Es macht
Epoche in der Weltgeschichte.»[59]

In England war über lange Zeit der Eindruck entstanden, dass
die Wahlkreise höchst ungleich und zugunsten ländlicher Groß-
grundbesitzer zugeschnitten waren. Das Wahlrecht hatten Bürger, deren Grundbesitz jährlich mindestens vierzig Shilling ab-
warf. Das entsprechende Statut war allerding von 1430, was über
Geldentwertung zu einer erheblichen Vermehrung der ländlichen
Wählerschaft führte.[60] Zugleich änderte sich die Verteilung der
Wähler auf Wahlkreise durch Binnenmigration und jenen Zu-
schnitt, der dafür sorgte, dass mitunter ganz wenige Wähler ganz
viele Abgeordnete bestimmen konnten. Hegel sah klar, dass Stim-
menkauf eine Folge davon war. Die Engländer aber waren für ihn
ein Volk, das einerseits an historisch gegebenen Einzelheiten hing,
andererseits ganz rücksichtslose Ausplünderung und Korruption
tolerierte.

Wie also sollte die Sphäre der Einzelheiten mit der Sphäre des
allgemeinen, kollektiv verbindlichen Entscheidens vermittelt werden? Hegel hielt nichts davon, diese Frage durch die Delegation
des Willens der Atome an Abgeordnete zu beantworten. Vielmehr
solle das Individuum nicht als solches, zufälliges und den Schwan-
kungen seiner eigenen Subjektivität unterworfenes Wesen, sondern in seiner Form als Mitglied von Interessengemeinschaften

(«Korporationen») repräsentiert werden.[61] Wie viele Theoretiker der Demokratie nach ihm fand er am Wahlakt keinen Gefallen und konnte der bloßen Meinungsäußerung, die er darin fand, keinen politischen Sinn zuweisen. Außerdem krankt Repräsentation für ihn auch an den Repräsentanten: «Die Wenigen sollen die Vielen vertreten, aber oft zertreten sie sie nur.»[62] Hegel sorgt sich um die Stabilität eines Gebildes, das von so viel gegensätzlichen Impulsen bestimmt ist, von denen er den Staat im Unterschied zum «System der Bedürfnisse» gerade frei halten wollte. Man merkt an dieser Stelle, wie die Unterscheidung von Staat und Gesellschaft brüchig wird, weil sich in der politischen Sphäre dasselbe unvernünftige Getümmel der Atome zuträgt wie auf dem Markt.

Hegel kritisiert die Wahlrechtsreform insofern, als sie am eigentlichen Problem ganz vorbeigehe. Das eigentliche Problem nämlich ist für Hegel, wie Umstürze französischer Art verhindert werden können. Es geht ihm, mit einem treffenden Ausdruck, um «Reform als Revolutionsprophylaxe».[63] Sie scheint ihm kraftlos, wenn nicht die gesellschaftlichen Umstände beseitigt werden, die eine Furcht vor Revolution begründen – das Elend der Vielen –, sondern nur den Interessengruppen ein größerer und ausgeglichener Spielraum im Parlament eröffnet wird. Doch wie diese Umstände beseitigen? Hegel appelliert im Grunde an die Vernunft der wohlwollenden Machthaber, auf Distanz zu ihren eigenen Interessen zu gehen. Schön wäre es.

Zu Ende gedruckt wurde Hegels Schrift in der «Staats-Zeitung» nicht. Auf Befehl des Königs. Majestät tadele den Aufsatz nicht, mache sich aber Sorgen, dass in einer offiziellen Zeitung Preußens Englands Verfassung getadelt werde. Der gesamte Text soll als Separatdruck unter der Hand verteilt worden sein.

Das Ende

_____

«The cost of publishing _On Cholera_, £200, was
borne by Snow himself. Only 56 copies were sold,
for which Snow received the proceeds of £3 12 s.»[1]

Der Kirchhof, schreibt Karl Rosenkranz in einer seiner «Königsberger Skizzen», in der ihm allein schon das Wort «Dorfkirche» die Tränen in die Augen treibt, verdankt seinen Namen der Tradition, die Toten innerhalb der Gemeindegrenzen zu bestatten. Er belegt einen Zusammenhang der lebenden Gemeinde mit der toten. Diese Verbindung aber werde sich, so die Prognose von 1842, nur auf den Dörfern erhalten, «weil hier die Sanitätspolizei um frische Luft nicht verlegen zu sein braucht, die bösen Schwaden zu vertreiben, die von den Todten ausgehaucht werden».[2] Demgegenüber setzt sich der Begriff «Friedhof» durch, als aus Rücksicht auf die Gesundheit und die große Zahl an Menschen begonnen wird, die Toten außerhalb der Orte zu begraben. Nun werden sie nicht mehr feierlich zu Grabe getragen, sondern «profan wie eine Ware» zu einer Fläche hingefahren, die nicht in der Nähe einer Kirche liegt.

Rosenkranz hält die Erfahrung einer Epochenschwelle fest: «Wir scheiden Leben und Tod viel bestimmter, als die frühere Zeit, welche sie mehr miteinander vermischte.» Früher habe darum ein gespenstischer Zug im Verhältnis zu den Toten geherrscht. Heute habe sich die Gesellschaft vom Druck der «Totenatmosphäre» entlastet. Man erweise den Toten auch deshalb die «letzte Ehre», weil danach oft jede Verbindung zu ihnen aufhöre.

In dem Hinweis auf die «bösen Schwaden» zittert das zeitgenössische Erleben von Seuchen nach. Berlin hatte während der Besatzungszeit unter Grippe- und Scharlachwellen gelitten.[3] Den Opfern solcher Epidemien wird zugeschrieben, auch nach ihrem Tod noch ansteckend zu sein. «Krankheiten, die Epidemien oder Seuchen sind, sind nicht als ein Besonderes zu fassen», schreibt hingegen Hegel in seiner «Enzyklopädie der philosophischen Wissenschaften» von 1830. Was er meint, ist die Verbundenheit aller Organismen untereinander, die sich beispielsweise dadurch zeigt, dass sie einander Nahrung oder symbiotische Nutznießer oder Konkurrenten sind. Epidemien sind insofern für ihn nichts Besonderes, als auch sie eine solche Form der Verbundenheit des Organischen darstellen.

Freilich eine zu Zeiten Hegels völlig unaufgeklärte. Der genaue Zusammenhang von Epidemie und Ansteckung war noch nicht fest etabliert. Hegel vermutet, dass Seuchen entstehen können, wenn ein Organismus sich nicht in seinem vertrauten Milieu befindet. So sei «Vieh von der Ukraine nach Süddeutschland gekommen, und obgleich alles gesund war», hier liegt der Irrtum, «entstand nur durch die Veränderung des Aufenthalts die Pestseuche». Er stellt sich vor, dass «deutsche Organismen mit russischen Ausdünstungen zusammenkamen» und so der Typhus nach Deutschland gelangte.[4] Andere zeitgenössische Hypothesen führten die Cholera auf den Verzehr fauler Fische oder ungekochten Gemüses zurück, auf Wetterschwankungen oder schnelle Abkühlung nach starker Erhitzung des Körpers. Das Konzept «Bazillus» und die Vermutung, die Krankheit verbreite sich durch verseuchtes Trinkwasser und durch die Ausscheidungen bereits Infizierter, gab es um 1830 noch nicht. Vorherrschend waren Erklärungen, dass solche Krankheiten «miasmatisch» seien, durch Ausdünstungen des Bodens und von Abfällen verursacht würden oder sich über die Luft verbreiteten.

Erst der englische Arzt John Snow schaltete von medizinischer Behandlung auf präventive Hygiene und auf die Identifikation der

Verbreitungswege um. Der Schulenstreit zwischen den Miasmati-
kern und den Kontagionisten wurde dadurch gegenstandslos, denn
offenkundig gab es sowohl Ansteckung durch die Umwelt wie
Übertragung durch Personen. Es müsse aber nicht sein, schrieb
Snow, dass die Übertragung von einer Person auf die andere durch
Inhalation erfolge, viel wahrscheinlicher sei die Ansteckung über
Trinkwasser und die Verbreitung über das Verdauungssystem.[5]
Der Beweis dafür erfolgte denn auch zunächst nicht mikrobiolo-
gisch, sondern statistisch, als während der Londoner Epidemie
von 1854 ein enger Zusammenhang zwischen Ansteckungsfällen
und einer bestimmten Wasserpumpe gefunden wurde.[6] Im selben
Jahr entdeckte der italienische Mediziner Filippo Pacini den Cho-
leraerreger, ohne dass dies weite Kreise zog, so dass die Debatte
über die Ursachen der Krankheit erst 1884 durch die Analysen Robert Kochs beendet wurde.[7]

Um 1830 war also einerseits bekannt, dass sich rasch ausbrei-
tende Krankheiten auf Ansteckung beruhen können. Andererseits
war unklar, wie man sich die Infektion vorstellen sollte: durch
Tiere, Giftstoffe, atmosphärische Verunreinigungen? Die Formulierung, mit der Karl vom Stein zum Altenstein sich im Winter 1830 an den König wendet, macht das deutlich. Die Krankheit,
schreibt er, sei «wenn auch zum Teil epidemischer, doch zugleich
auch kontagiöser Natur».[8] Manche Ärzte meinten, die Cholera sei
zunächst ortsgebunden, atmosphärisch entstanden und habe sich
dann irgendwie durch Kontakte verbreitet. Irgendwie, denn es gab,
wie der Mediziner Hufeland schrieb, Tausende von Beispielen, wo
Menschen der Ansteckung ausgesetzt waren, aber nicht erkrankten, und umgekehrt Leute auf hoher See erkrankten, ohne in Kontakt mit schon Angesteckten gewesen zu sein. Hufeland fragte,
wie sich die Häufung der Krankheit in Flussgebieten mit der An-
steckungstheorie vereinbaren lasse, wo doch persönliche Übertragung «in alle Richtungen dieselbe sein muss». Es müsse einen
zweiten «Weg der Mittheilung und Verbreitung geben».[9]

Hegels Naturphilosophie in seiner «Enzyklopädie» endet mit sechs Paragraphen, vieren über die Krankheit des Individuums und zweien über seinen Tod. Ein kranker Organismus ist für ihn dabei einer, in dem ein Teilsystem oder ein Organ durch Widerstand gegen das Ganze dessen Flüssigkeit hemmt. Etwas, das sich unterordnen soll, macht sich selbständig. Das Blut sei erhitzt, entzündet, für sich tätig. Der überfüllte Magen macht die Verdauung «zum Mittelpunkt», anstatt dass sie unauffällig vor sich geht. Krankheit heißt für Hegel «Disproportion». Steine, notiert er, können nicht krank werden, weil sich bei Angriffen auf sie ihre Form auflöst, während Übelkeit oder Angestecktsein nicht Beispiele für Zerstörung, sondern für einen inneren Mangel sind, so wie die Begierde einen äußeren zeigt. Krankheit erscheint Hegel insofern als ein paradoxer Mangel, als es sich bei ihr um eine Überproduktion handelt und beispielsweise «in den Gedärmen Tiere entstehen».[10] Krankheit ist eine Beziehung des Organischen auf sich.

Der Tod kommt daher nicht von außen, er ist ein «Tod des Individuums aus sich selbst».[11] Ermordet zu werden oder zu verunfallen, heißt das, ist etwas Zufälliges. An einer Krankheit oder am Alter zu sterben, gehört hingegen zum Begriff des Individuums, wobei Älterwerden und Kränkerwerden nicht gut getrennt werden können. Hegel findet die bemerkenswerte Formulierung, der Organismus sei von Haus aus krank. Er kann also von einzelnen Krankheiten genesen, aber nicht prinzipiell. «Die Notwendigkeit des Todes», hatte es in der Jenaer Realphilosophie geheißen, aus der Hegel nicht wenige Passagen wörtlich in die «Enzyklopädie» übernimmt, «besteht nicht in den einzelnen Ursachen […]; gegen Einzelnes gibt es immer Hilfe; es ist schwach, es ist nicht der Grund.»[12] Die Notwendigkeit des Todes erkennt er vielmehr darin, dass Individuelles in Allgemeines übergehen müsse. Leben ist Selbstbewegung und Selbsterhaltung, aber verteilt auf eine Vielfalt von Individuen, die dadurch endlich und, wie Hegel

formuliert, der Idee unangemessen sind. «Die Idee, der Geist ist
über der Zeit, weil solches der Begriff der Zeit selbst ist [...]. Im
Individuum als solchem ist es anders, es ist einerseits die Gattung;
das schönste Leben ist das, welches das Allgemeine und seine Individualität vollkommen zu *einer* Gestalt vereinigt.»[13] Es ist andererseits aber auch der Zeit nicht bloß durch seine Kreatürlichkeit,
sondern schon dadurch unterworfen, dass, um es vorsichtig zu
sagen, nicht alles, was es tut, Bestand hat. Was Geist ist, wird so
an der natürlichen Vergängnis gerade jener Existenzen sinnfällig,
die seine unvollkommenen Träger sind.[14] Wir verschwinden, denn
wir sind von vornherein erschöpfbare Wesen, die am Ende immer
weniger durch ihre Individualität zum Fortgang der Dinge beizu-
tragen haben. Alte Menschen, schreibt Hegel, ziehen sich immer
stärker auf allgemeine Vorstellungen zurück, wollen nicht mehr
besonders sein und verlieren das Interesse an der Welt. So sei es
auch mit dem Körper, der immer mehr der Ruhe zustrebe.

Stellt man solche Reflexionen neben die gleichzeitigen Bemühungen der Mediziner, Krankheiten zu verstehen und Erkennt-
nisgewinne über sie zu erzielen, sieht man, wie fremd in manchen
Teilen Hegels Idee der «philosophischen Wissenschaften» in eine
Zeit hineinragt, für die Begriffe eine andere Funktion haben.
Nämlich die Funktion, vorhandene Informationen zu sortieren,
die Feststellung von Tatsachen und den Aufbau von Experimen-
ten zu ermöglichen. Die zeitgenössische Medizin warnt durchaus
vor «blindem Empirismus», aber genauso vor spekulativen Systemen als Grundlage der Forschung. So zerstört beispielsweise die
medizinische Statistik in jenen Jahren gerade anlässlich der Cho-
leraepidemie durch Studien zu ausbleibenden Therapieerfolgen
die Vorstellung, alle Krankheiten zeigten vergleichbare, etwa aus
dem Begriff der «Irritation» abzuleitende Prozesse.[15]

Als im August 1831 in Berlin Nachrichten eintreffen, die Cholera sei auf dem Weg in die Stadt, zieht Hegel in das Gartenhaus

nahe dem Halleschen Tor, das er ein Jahr zuvor angemietet hatte. Heute würde man nicht viel auf den Abstand zwischen dem Norden Kreuzbergs und der Gegend Unter den Linden geben, damals war es der Unterschied zwischen «in der Stadt» und «vor ihren Toren». Vor den Toren der Stadt also feiert Hegel im Kreuzberger Tivoli mit Freunden wie Zelter, der Goethe davon berichtet, dem Theologen Marheineke, dem schwäbischen Maler Xeller und Karl Rosenkranz seinen einundsechzigsten Geburtstag, und es fließt Champagner. Die Cholera ist Gesprächsthema. «Sie will nach Nürnberg», schreibt Zelter an Goethe über Hegels Gattin, «er will bleiben; das wollen Eheleute sein!»[16] Zwei Tage später hat Berlin seinen ersten Choleratoten.[17]

Die Cholera kam ursprünglich aus Bengalen, wo sie aber lange nicht weiter auffiel. Sie betraf zumeist niedere Bevölkerungsschichten, Parias, die nicht stark beachtet wurden, und schien eine lokale Plage zu sein. Als sich das 1817 änderte, staunten die Leute darüber, dass die Krankheit zu wandern begann. Hatte man doch zuvor angenommen, sie komme aus dem Erdboden. Englische Schiffe schleppten sie in den arabischen Raum, Karawanen bis ans Kaspische Meer. Ein besonders strenger Winter stoppte sie auf ihrem Weg nach Westen 1824 in Russland. Die nächste Welle jedoch erreichte 1829 Europa, im Mai 1831 langte sie in Preußen an, im Spätsommer in Berlin. Erst im Winter 1838 endete diese Pandemie, nachdem sie zuvor den gesamten europäischen Raum einschließlich Großbritannien erfasst hatte.[18]

Die hygienischen Umstände europäischer Siedlungen waren der Seuche günstig. Berlin beispielsweise war eine Industriestadt geworden, aber erst von 1823 an pflasterte man die Straßen.[19] Den Haushaltsmüll und die Nachttöpfe leerten die Leute in die ein Meter breiten und ein Meter tiefen Rinnen zwischen Straße und Bürgersteig, die den Dreck in die Spree ableiteten. Regnete es ein wenig, beschleunigte das den Abtransport, regnete es stark, liefen die Rinnen über. Außerdem versickerte das Wasser in den

Rinnen leicht, was das Grundwasser verunreinigte. Die Fäkalien wurden nachts ebenfalls in die Wasserarme der Stadt gekippt. Noch gab es in Berlin keine zentrale Wasserversorgung, anders als in Paris und London, wo sie schon 1802 und 1808 eingerichtet worden war. Noch waren Medizin und Chemie nicht so weit, den Zusammenhang zwischen Abfällen und Krankheiten erklären zu können.[20] Alles ging sehr schnell. Am 18. Mai war der erste ostpreußische Patient mit Cholera in Stallupönen aktenkundig, dem heutigen Nesterow, östlich von Königsberg. Am 14. Juni wurde der erste Fall der «asiatischen Cholera» in Petersburg festgestellt, sechs Wochen später brechen in Königsberg Angsttumulte aus, im August 1831 wird dann schon gemeldet, ein Schiffer, der in Charlottenburg angelegt habe, sei an der Cholera verstorben. Am 1. September erklärt die Berliner Gesundheits-Commission in der «Preußischen Staats-Zeitung» die Stadt für infiziert.[21] Fünf Tage später gab es 64 Fälle. Am Ende, im Februar 1832, werden bei 2200 Erkrankten in einer Bevölkerung von etwa 240000 Menschen etwas mehr als 1400 an der Seuche Gestorbene gezählt. Das waren im Grunde wenig spektakuläre Zahlen in einer Gesellschaft, in der die Leute an allen möglichen Krankheiten starben, aber sie hatten die Erwartung gebrochen, dass «die Zeit allgemein verbreiteter verheerender Krankheiten, zumal für Europa vorüber sei».[22]

Hegel fürchtet sich vor der Epidemie auch seines labilen Magens wegen. Seine Konstitution ist geschwächt, seit seinem Ausflug nach Karlsbad 1829 berichtete er zunehmend von Beschwerden. Er ist erschöpft, wetterempfindlich, überarbeitet. Als die Verbreitung der Cholera abzuflachen scheint, zieht es ihn ins Berliner Zentrum zurück, um seine Vorlesungen über die Geschichte der Philosophie und die Philosophie des Rechts zu halten.

Vor allem Letztere muss ihm eine dringliche Angelegenheit gewesen sein. Hatte sich doch der Kronprinz persönlich bei Hegel darüber beschwert, dass dessen Schüler Eduard Gans in seiner

Rechtsvorlesung antimonarchische Ansichten zum Besten gebe und «alle Studenten zu Republikanern» mache. Hegel, so forderte der Prinz, möge die Vorlesung doch bitte selbst halten.[23] Arnold Ruge, von dem wir diesen Bericht haben, fügt an, Hegels Ankündigung des Kollegs habe ihm aber nur vier bis fünf Studenten eingetragen, bei Gans hätten sich «mehrere Hundert» gemeldet. Erstmals erfährt Hegel unmittelbar, dass er, gerade noch das Zentralgestirn der Philosophie seiner Zeit, als Relikt wahrgenommen wird. Hegel ist aufgebracht und schreibt an Gans. Gans lässt ihm den Vortritt. Aber nicht nur reagieren Studenten nicht und warten auf Gans, der, in den Worten Ruges, «nicht nur liberaler, sondern auch viel verständlicher» vorträgt. Hegel findet den öffentlich gemachten Vortritt, den ihm Gans gewährt, auch gönnerhaft.[24]

Seine Vorlesung nimmt Hegel am 10. November 1831 auf, einem Donnerstag. Manche seiner Studenten meinen zu merken, dass er geschwächt ist. David Friedrich Strauß wiederum, der soeben aus Tübingen eingetroffen ist und ihn an ebendiesem Tag besucht, findet Hegel – der sich, «ah, ein Württemberger»,[25] mit ihm über die Heimat unterhält – sehr lebendig. Am Freitag, den 11. November, erinnert sich ein Student, liest Hegel bleich, verfallen und hustend über die Geschichte der Philosophie. Auf Strauß macht Hegels Vortrag hingegen «den Eindruck des reinen Fürsichseins», halblaut, mehr ein Sinnen, unbeendete Sätze.[26] Das alles mögen nachträgliche Einfärbungen des Erlebens sein. Hegel jedenfalls trifft nach seiner Vorlesung den Buchhändler Duncker, um über die neue Ausgabe der «Phänomenologie» zu verhandeln. Am Samstag noch nimmt er Prüfungen ab.[27] Erst am Sonntag fühlt er sich nach dem Frühstück plötzlich unwohl. Es werden Senfpflaster und Kamillenumschläge verschrieben, er erbricht Flüssigkeit, «Galle», wie vermutet wird, kann nicht mehr urinieren, hat Krämpfe, schläft kaum und unruhig. Am Montag, den 14. November 1831, gegen 17 Uhr 15, stirbt Hegel.

Johannes Schulze, der auf ein Billett von Hegels Frau ans Ster-

bebett eilt, unterrichtet zwei Stunden später den Minister Altenstein: «Er war nur dreißig Stunden krank und bei vollem Bewußtsein bis zum letzten Atemzuge, ohne auch nur im entferntesten
seinen nahen Tod zu ahnden.»[28] Das dürfte ein Irrtum gewesen
sein, Hegel wird gewusst haben, was das Hinzuziehen eines zweiten Arztes, das damals per Gesetz bei Choleraverdacht geboten
war, bedeutete.[29] Aber alle Zeugen berichten von einem Ableben
ohne Todeskämpfe, ohne Schmerz, von einem Hinüberschlum-
mern.

«Die ganze Stadt ist wie von einem Schlage betäubt», schreibt
Varnhagen von Ense. Professoren lassen ihre Vorlesungen ausfallen. Michelet spricht vor Studenten davon, der Tod sei in das Innerste der Philosophie eingedrungen. Ein erschütterter Altenstein
bittet Schulze, die Familie zu trösten: «Sie dürfen nicht befürchten, in meinem Namen zu viel zu äußern. Es wird immer gegen
das, was ich solcher zu sagen wünschte, zurückbleiben.»[30] Schulze
bezweifelt zunächst, dass Hegels Wunsch, neben Fichte und Solger bestattet zu werden, angesichts der Cholera sich würde erfüllen lassen. Aber er wirkt auf das Berliner Polizeipräsidium ein,
dass Hegel nicht auf dem Leichenwagen für Choleratote, nicht
nachts und nicht auf einem separaten Kirchhof bestattet wird.
Später muss sich Polizeipräsident von Arnim dafür Vorhaltungen
des Innenministers gefallen lassen, die Leichenträger müssen die
«Sündenböcke» abgeben und werden zusammen mit ihren Pferden
fünf Tage lang in Quarantäne genommen.[31] Da Hegel nicht die typischen Symptome der Cholera gezeigt hatte, wurde gleich nach
seinem Tod darüber debattiert, ob es überhaupt die Seuche war,
der er erlag.

Sein Leichnam wurde am 16. November nachmittags in einem
Trauerzug, «den die Studierenden unter Anführung von Mar-
schällen eröffneten, denen eine lange Reihe von Equipagen folgte»,
durch die Friedrichstraße und durch das Oranienburger Tor auf
den schneebedeckten Dorotheenstädtischen Friedhof zu Berlin

gebracht. In der Universität hatte sein Freund Marheineke, der gerade Rektor war, die Trauerrede gehalten, ohne dabei vor Vergleichen zwischen Hegel und Christus zurückzuschrecken. Der Tod, heißt es in ihr, «hat uns von ihm nur entrissen, was nicht Er selber war».[32]

Epilog

Was haben wir gesehen? Wir haben einen jungen Mann gesehen, den seine Freunde, als er zwanzig war, schon «den alten Mann» nannten. Sie nannten ihn so, weil sein Temperament kaum überschoss, weil er oft ernst, selten ausgelassen und gewiss auch kein Genie war, dem Gedanken und Pläne nur so zuflogen. Er las viel und versuchte, sich einen Reim auf seine Lektüren zu machen, der immer komplexer wurde. Abends spielte er gern Karten, war gesellig, übertrieb die Rolle als Wissenschaftler nicht. Tagsüber und nachts sehen wir fast von seinen Kindheitstagen an einen immens arbeitsamen Gelehrten, der dem Denken alles zutraute und dieses Zutrauen zu beweisen suchte, indem er sich so gut wie jeglichem Weltgegenstand zuwandte, um ihn durch Gedanken zu erschließen. Die Philosophie verließ mit Hegel erstmals ihre Beschränkung auf Grundsatzfragen, weite Begriffe und «große» Gegenstände. In Hegels Ästhetik kommen nicht nur das Schöne und das Erhabene vor, sondern auch die griechische Tempelarchitektur, der Ritterroman und die holländische Maltradition. In seiner Rechtsphilosophie ist nicht nur von Wille, Gesetz, Staat und Moral die Rede, sondern auch von Liebesheirat, Marktwirtschaft, Industrie und Armut. Seine Naturphilosophie versucht sich an der philosophischen Durchdringung der Farbigkeit der Welt, der Geschlechterdifferenz, des Phänomens der Krankheit. Dass er seine Ideen in einer Schrift zusammenfasste, die er «Enzyklopädie der philosophischen Wissenschaften» nannte, war kein Zufall. Es hat

ihn alles interessiert, die Geometrie der Planetenbahnen so sehr
wie indische Mythen oder der Terror Robespierres, der Begriff
«Gott» so sehr wie die Begriffe «Menge» und «Eigentum». – Ein
Maximum an Welthaltigkeit eines Werkes, für das es heute mehr
als eines Forscherlebens bedürfte.

Wir haben außerdem einen Denker gesehen, dem nichts leicht-
fiel und der es sich wie seinen Lesern schwer machte. Sein Denk-
stil entwickelte sich entlang steiler Kurven: zunächst sehr verständlich, weil er ja auch auf den Beruf des Volkserziehers zielte,
dann fast ohne Rücksicht auf das Publikum sich im Medium der
Abstraktion bewegend. Mitunter staut sich die Sprache in seinen
Sätzen so, dass es dem Leser bang werden kann, ob sie jemals zu
einem Schluss kommen. Auch war in seinen Texten oft Hohn über
Dummheit und Verlogenheit zu spüren. Schließlich fand er in
seinen Vorlesungen, die ihn fast fünfzehn Jahre lang zum Mittelpunkt des Berliner Geisteslebens machten, zu einem ausgeglichenen Verhältnis von Schwerverständlichkeit und Nachvollziehbar-
keit. Wer Hegels Schriften liest, wird nie ganz sicher sein, ihre Bedeutung sich völlig und in jedem ihrer Sätze erschlossen zu haben.
Zugleich aber kommt an keiner Stelle der begründete Verdacht
auf, der Autor vertusche sprachlich nur, dass er keinen Gedanken
anzubieten hat oder mit den Lesern spielt.

Bei den meisten Dingen fielen Hegel vor allem die Schwierigkeiten auf, sie angemessen zu erfassen. Wir haben gesehen, dass er
zehn Seiten darauf verwenden konnte, wie es sich mit der Wahrnehmung von Salzkristallen verhält. Wie ein guter Schachspieler,
der bei jedem Zug prüft, ob die Zugabfolgen, die er zuvor berechnet hat, im Licht des letzten gegnerischen Zugs immer noch gültig
sind, so leuchtete Hegel, aufs Denken geradezu versessen, in jeden
Winkel des bis dahin von ihm oder von jemand anderem Gedachten hinein, ob sich nicht noch ein Widerspruch oder etwas Über-
sehenes finde. Hegel ist der Philosoph der über- und unterordnen-
den, der einschränkenden und der Doppelkonjunktionen: denn,

sondern, als, bevor, sowohl als auch, zwar aber, obschon, obzwar, obwohl, trotzdem, hingegen. Erst als ihm klarwurde, dass gerade darin, im Bestehen auf den Schwierigkeiten, die das Denken macht, sein Beitrag zur Philosophie als einer sehr vertrackten Angelegenheit liegen könnte, fand er zu seiner eigenen Stimme. Hegel war auch darum ein arbeitsamer Denker. Er hat sich zu dem, was er wurde, durchgekämpft. Seinem Werk liegt keine plötzliche Einsicht zugrunde, kein «Heureka!» und keine Konversion. Es war nicht eine Nacht, es waren viele Nächte, aus der die «Phänomenologie» und viele Tage, aus denen die «Wissenschaft der Logik» hervorging.

Ein anderer Name für diese Energie des Begreifenwollens war für ihn «Freiheit». Dem lag die doppelte Überzeugung zugrunde, allem Nichtbegriffenen gegenüber seien wir unfrei, und alle Spontaneität, die nicht aus Sachlichkeit komme, sei nicht frei, sondern nur willkürlich. Die Französische Revolution, die von Ideen bewegt wurde, war darum das große Paradigma seiner Jugend: in ihrem Versuch der Selbstgesetzgebung eines Staates von – so sah er es – politisch gleichen Bürgern wie in der Schreckensherrschaft der moralischen Fanatismen und des «Eigendünkels», zu der sie führte. Für seine eigene politische Umwelt, das zerfallende Deutschland der Fürstentümer, das besetzte Deutschland unter napoleonischer Verwaltung und schließlich das sich konsolidierende Preußen, sah er als Lehre aus der Revolution die Reform und die Institutionalisierung von Rechten als den Weg zu möglicher bürgerlichen Freiheit. Was darüber hinausging und nicht dazu passte – die Welt der Kolonien und der Versklavung, die unterschiedlichen Rechte von Männer und Frauen, die Demokratie in Amerika und der «Staat der Atome» sowie der Weltmarkt als Geist der Moderne –, blieb auch bei ihm am Rand, unwillig notiert, mitunter kommentiert, aber nicht als zentrales Element seiner Zeitdiagnosen. Hegel war, wie es vielleicht unvermeidlich ist, ein Philosoph, den der Zusammenhang der Gegenwart mit der Vergangenheit mehr beschäftigte als die Tendenzen seiner Gegenwart zur Zukunft. Er gehörte zur

Avantgarde um 1800, die Avantgarden um 1830 fielen nicht mehr
in sein Pensum.

Dennoch führt von seinen Überlegungen zur Ästhetik, zum
Recht, zur Religion und zur Wissenschaft ein Weg zur nachfol-
genden Epoche; einer Epoche der immer stärker freigesetzten
Kunst, des durch Verfassungen sich selbst bindenden Staats, einer
säkularisierten Gesellschaft, in der religiöse Indifferenz und die
Privatisierung der religiösen Bindung denkbar werden und einer
hochgradig arbeitsteiligen Wissenschaft. Denn Hegel ist der erste
Philosoph, der die moderne Gesellschaft, in der diese Phänomene
auftreten, als eine beschreibt, deren «Geist» eine unruhige Einheit
von Gegensätzen, Normkonflikten und Zerrissenheiten ist. Die
Unruhe ergibt sich zum einen aus der Spannung, in der diese Gesellschaft zu ihren Selbstbeschreibungen steht. Denn das Vokabular, das die Entstehung der modernen Welt begleitet hat, enthielt
viele Begriffe wie «Aufklärung», «Moralität», «Autonomie», «Demokratie» oder «Vernunft», die nicht in erster Linie der Erkenntnis
der sozialen Welt galten, sondern der Durchsetzung bestimmter
Absichten in ihr. Als erster und als einer von wenigen hat Hegel erkannt, dass wir darum den Sinn der Begriffe, in denen wir uns und
unsere Welt beschreiben, nicht unmittelbar ihren hergebrachten
Bedeutungen entnehmen können; es bedarf der Rücksicht auf die
unvollendete historische Arbeit, die sich in diesen hergebrachten
Verwendungen niedergeschlagen hat. Zum anderen ist die Welt
für Hegel eine unruhige Einheit, weil in ihr ständig etwas Neues
erscheint – während seiner Lebenszeit beispielsweise: Napoleon,
das staatliche Gymnasium, Goethes Farbenlehre, Amerika, die romantische Ironie, der Pöbel –, das verlangt, im Licht des bis dahin
erreichten Verständnisses der Welt als eines begreifbaren Zusammenhanges als dessen Korrektur, Modifikation oder Widerlegung
betrachtet zu werden.

Gibt es Schlussfolgerungen, die aus Hegels Werk zu ziehen
sind? Die Frage ist angesichts der vielen und ganz gegensätzlichen

Schlussfolgerungen, die daraus gezogen wurden, fast überflüssig. Das Werk wirkte schulbildend, und seine Schulen polarisierten sich. Die Nachwirkung von Ludwig Feuerbach, David Friedrich Strauß und Bruno Bauer über Karl Marx, Michail Bakunin, Johan Ludvig Heiberg, Sören Kierkegaard, Benedetto Croce und Georg Lukács bis zu Alexandre Kojève und Theodor W. Adorno auch nur zu skizzieren, würde ein eigenes Buch ähnlichen Umfangs bedeuten. Häufig war es eine Nachwirkung, die sich in Versuchen zeigte, von Gedanken Hegels aus in politischer Absicht eigene Zeitdiagnosen zu entwickeln oder, was nicht genau dasselbe ist, Hegels Gedanken in sozialen Kämpfen zum Einsatz zu bringen. Oft reizte seine umfassende und nach der Edition der Vorlesungen auch monumentale Darstellung dessen, was er für Vernunft, Geist und Freiheit hielt, zur intellektuellen Umkehrtechnik, unter Beibehaltung des Denkens in Widersprüchen das Gegenteil davon zu behaupten und zu schauen, wie weit man damit kommt. Hegel erklärte das Ende der Geschichte, der Kunst, der Religion – lasst es uns mit der These versuchen, das alles fange erst an oder ende erst später, oder das Denken Hegels habe selbst keine Zukunft. Von der schier unendlichen Menge an Beiträgen zu jedem Detail seiner Werke ist dabei noch gar nicht die Rede: «Hegel über …» – man kann an die Stelle der drei Auslassungspunkte fast jeden Namen und jedes Substantiv setzen, das er selbst verwendet hat – von Afrika, ägyptische Götter, Begehren und Chemie bis Slawen, Vertragstheorie, Volksgeist und Zufall –, und wird meist mehr als einen Aufsatz solchen Titels finden.

Dass man alles, was nicht durch anderes erklärt werden kann, nur durch es selbst zu erklären vermag, ist ein Satz Spinozas, den auch Hegel sich zu eigen gemacht hat. Das Denken in Unterscheidungen, die sich, während sie geprüft werden, durch Ausschöpfen ihrer Implikationen auflösen, war die Technik, deren er sich dabei bediente. Was daran fasziniert, ist nicht nur die fast körperliche Anstrengung, die das Nachvollziehen solcher gedanklichen Bewegungen bedeutet, sondern auch die Geduld, die dieses Vorgehen erfordert, sowie die Gewissheit, von der es getragen wird: dass uns am Ende nichts fremd bleiben wird als der Tod, dem alles, was Hegel «Geist» nennt, abgerungen ist. Der Begriff «Geist» steht dabei für die kollektiven, nachgerade grammatischen Voraussetzungen jedes Gedankens, den wir überhaupt haben: dass schon vor uns gedacht wurde und wir uns die Welt nicht ausdenken, sondern uns bestenfalls in sie hineindenken können. Wir haben insofern einen Philosophen gesehen, zu dessen Theorie die mitunter geradezu unpersönliche oder sogar nachlässige Art gut passt, in der er sein Leben führte. Er posierte außerhalb seiner Texte nicht und in ihnen selten, eigentlich nur dann, wenn ihn etwas aufbrachte.

Und noch eine Beobachtung: Wir haben einen Denker gesehen, der selbst die, die schon manches über ihn gehört oder sogar vieles von ihm gelesen haben, ständig überrascht. Kunst ist nicht autonom – hätte man ihm diese These zugerechnet? Der Mensch ist von Geburt an krank. Aufklärung ist ein Fall von Nützlichkeitsdenken. Es gibt notwendigen Zufall. Die letzte Epoche des Schönen begann mit dem Christentum. Herrschaft meint Abhängigkeit. Nicht dass Hegels Argumente sich in solchen Verdichtungen vollständig erschließen lassen. Aber das Vorurteil, es handele sich um einen ausrechenbaren Denker, der sich die Welt immer wieder auf dieselbe Weise – These, Antithese, Synthese – erwartbar zurechtlege, findet hier keinen Anhaltspunkt. Niemand, der Hegel aufmerksam liest, denkt danach schematisch oder schlicht oder sieht sich in dem bestätigt, was auch zuvor schon darüber gedacht und gewusst wurde. Er passte in seine Epoche des alles prüfenden, alles auf seine Negierbarkeit hin durchdenkenden und alles verbessern wollenden Geistes, der sich jeder Erfahrung, jeder Denkmöglichkeit stellt und die Welt mit fremden Augen anschaut.

Anmerkungen

EINLEITUNG

1 Georg Wilhelm Friedrich Hegel, Werke in 20 Bänden, auf der Grundlage der Werke von 1832–1845 neu edierte Ausgabe, Redaktion Eva Moldenhauer und Karl Markus Michel, Frankfurt am Main 1986, Bd. 3: Phänomenologie des Geistes, S. 415.

2 Ebd., S. 35.

3 David Philip Miller, The Life and Legend of James Watt. Collaboration, Natural Philosophy, and the Improvement of the Steam Engine, Pittsburgh, PA 2019, Kap. 2; Ben Russell, James Watt. Making the World Anew, London 2014; Rainer Lietdtke, Die industrielle Revolution, Wien 2012, S. 29 ff.

4 Hegel, Werke, Bd. 7: Grundlinien der Philosophie des Rechts, S. 26.

5 So Eckart Förster, Die 25 Jahre der Philosophie. Eine systematische Rekonstruktion, Frankfurt am Main 2018, S. 13 ff., 29–42.

6 «Glauben und Wissen» (1802), in: Hegel, Werke, Bd. 2: Jenaer Schriften 1801–1807, S. 302.

7 Johann Gottlieb Fichte, Die Bestimmung des Menschen, in: ders., Sämmtliche Werke, hrsg. von Immanuel Hermann Fichte, Berlin 1845 f., Bd. II, S. 317.

8 Karl-Ernst Jeismann, «Zur Bedeutung der ‹Bildung› im 19. Jahrhundert», in: ders./Peter Lundgreen (Hrsg.), Handbuch der deutschen Bildungsgeschichte, Bd. III: 1800–1870, München 1987, S. 1–21, hier S. 4.

9 Heinrich Bosse, Bildungsrevolution 1770–1830, Heidelberg 2012, S. 47–50.

10 Pierre-Louis Clément, Les Montgolfières. Leur invention. Leur évolution du XVIIIe à nos jours, Paris 1982.

ERSTES KAPITEL

1 Hegel an Christiane Hegel, Berlin, 20. September 1825, in: Georg Wilhelm Friedrich Hegel, Briefe von und an Hegel, 4 Bde., hrsg. von Johannes Hoffmeister und Friedhelm Nicolin, Hamburg 1952 ff., Bd. III, S. 96.

2 Günther Nicolin (Hrsg.), Hegel in Berichten seiner Zeitgenossen, Hamburg 1970, S. 3.

3 Friedhelm Nicolin (Hrsg.), Der junge Hegel in Stuttgart. Aufsätze und Tagebuchaufzeichnungen 1785–1788, Stuttgart 1970, S. 20.

4 Friedhelm Nicolin, «‹meine liebe Vaterstadt Stuttgart …› Hegel und die schwäbische Metropole», in: Christoph Jamme/Otto Pöggeler (Hrsg.), «O Fürstin der Heimath! Glükliches Stutgard.» Politik, Kultur und Gesellschaft im deutschen Südwesten um 1800, Stuttgart 1988, S. 261–281, hier S. 267.

5 Tagebuch, 27. Juni 1785, zit. nach Nicolin (Hrsg.), Der junge Hegel in Stuttgart, S. 31.

6 Johann Timotheus Hermes, Sophiens Reise von Memel nach Sachsen, Worms 1776, S. 79.

7 Novalis, Schriften. Die Werke Friedrich von Hardenbergs, begründet von Paul Kluckhohn und Richard Samuel, hrsg. von Richard Samuel in Zusammenarbeit mit Hans-Joachim Mähl und Gerhard Schulz, Stuttgart u. a. 1960 ff., Bd. III, S. 586.

8 Tagebuch, 27. Juni 1785, zit. nach Nicolin (Hrsg.), Der junge Hegel in Stuttgart, S. 33.

9 Christian Garve, «Betrachtung einiger Verschiedenheiten in den Werken der ältesten und neuern Schriftsteller, besonders der Dichter», in: ders., Sammlung einiger Abhandlungen, Leipzig 1779, S. 122.

10 Georg Wilhelm Friedrich Hegel, «Ueber einige charakteristische Unterschiede der alten Dichter [von den neueren]», in: Nicolin (Hrsg.), Der junge Hegel in Stuttgart, S. 77.

11 Lawrence Dickey, Hegel. Religion, Economics, and the Politics of Spirit 1770–1807, Cambridge 1987, S. 6; Panajotis Kondylis, Die Entstehung der Dialektik. Eine Analyse der geistigen Entwicklung von Hölderlin, Schelling und Hegel bis 1802, Stuttgart 1979, S. 77 ff.

12 Karl Rosenkranz, Georg Wilhelm Friedrich Hegel's Leben, Berlin 1844, S. 4.

13 Hermann Abert, Niccolò Jommelli als Opernkomponist, Halle 1908, S. 75 ff.

14 Nicolin, «meine liebe Vaterstadt Stuttgart …», S. 263.

15 Tagebuch, 13. Juli 1785, zit. nach Nicolin (Hrsg.), Der junge Hegel in Stuttgart, S. 38.

16 Wenig freundlich dazu Rudolf Haym, Hegel und seine Zeit. Vorlesungen

über Entstehung und Entwicklung, Wesen und Werth der Hegel'schen Philosophie, Berlin 1857, S. 28 f.

17 Henry Silton Harris, Hegel's Development. Toward the Sunlight: 1770–1801, Oxford 1972, S. 15.

18 Hermes Spiegel, Zur Entstehung der Hegelschen Philosophie – Frühe Denkmotive. Die Stuttgarter Jahre 1770–1788, Frankfurt am Main 2001, S. 32.

19 Tagebuch, 7. Juli 1785, zit. nach Nicolin (Hrsg.), Der junge Hegel in Stuttgart, S. 36.

20 Zum Folgenden Bosse, Bildungsrevolution, S. 193.

21 Jean-Jacques Rousseau, Emil oder Über die Erziehung, übersetzt von Ludwig Schmidts, Paderborn 1978, S. 179.

22 Tagebuch, 22. März 1786, zit. nach Nicolin (Hrsg.), Der junge Hegel in Stuttgart, S. 60.

23 Zit. nach Kondylis, Die Entstehung der Dialektik, S. 81.

24 Spiegel, Zur Entstehung der Hegelschen Philosophie, S. 224, 229.

25 Hegel, Werke, Bd. 1: Frühe Schriften, S. 11.

ZWEITES KAPITEL

1 Wilhelm Ludwig Wekhrlin, «Über das Reich der Magister und Schreiber. Ein Reisestück», in: Das graue Ungeheur 3 (1784), S. 294–309, hier S. 294 ff.

2 Friedrich Nicolai, Beschreibung einer Reise durch Deutschland und die Schweiz im Jahre 1781, Bd. 11, Berlin/Stettin 1796, S. 6.

3 Georg Wilhelm Friedrich Hegel, Gesammelte Werke, in Verbindung mit der Deutschen Forschungsgemeinschaft hrsg. von der Nordrhein-Westfälischen Akademie der Wissenschaften und der Künste, Hamburg 1968 ff., Bd. 1: Frühe Schriften I, S. 81.

4 Terry Pinkard, Hegel. A Biography, Cambridge 2000, S. 21.

5 Harris, Hegel's Development, S. 64.

6 Walter Betzendörfer, Hölderlins Studienjahre im Tübinger Stift, Heilbronn 1922, S. 31.

7 Albert Schwegler, «Erinnerungen an Hegel», in: Zeitschrift für die elegante Welt 1839, S. 142b–143b, 146b–147b, zit. nach Dieter Henrich, «Leutwein über Hegel. Ein Dokument zu Hegels Biographie», in: Hegel-Studien 3 (1965), S. 39–77, hier S. 60.

8 Dieter Henrich, Grundlegung aus dem Ich. Untersuchungen zur Vorgeschichte des Idealismus, Tübingen – Jena 1790–1794, 2 Bde., Frankfurt am Main 2004, Bd. 1, S. 29–57.

9 Friedrich Hölderlin, Sämtliche Werke und Briefe, 3 Bde., hrsg. von Michael Knaupp, Darmstadt 1998, Bd. II, S. 451.

10 Hermann Nohl (Hrsg.), Hegels theologische Jugendschriften, Tübingen 1907, S. VIIIf.

11 Betzendörfer, Hölderlins Studienjahre, S. 9 ff.

12 Ebd., S. 12.

13 Hölderlin an Neuffer, Mai 1793, in: Hölderlin, Sämtliche Werke und Briefe, Bd. II, S. 496.

14 Wekhrlin, «Über das Reich der Magister und Schreiber», S. 304.

15 Betzendörfer, Hölderlins Studienjahre, S. 30 f.

16 Hölderlin: Sämtliche Werke und Briefe, Bd. II, S. 456.

17 Uwe Jens Wandel, Verdacht von Democratismus? Studien zur Geschichte von Stadt und Universität Tübingen im Zeitalter der Französischen Revolution, Tübingen 1981, S. 31 ff.

18 Zit. nach ebd., S. 37.

19 Betzendörfer, Hölderlins Studienjahre, S. 26.

20 Henrich, «Leutwein über Hegel», S. 45.

21 Betzendörfer, Hölderlins Studienjahre, S. 18.

22 Etwa «Burg Tübingen» oder «Hymne an die Freiheit».

23 Wandel, Verdacht von Democratismus?, S. 49.

24 Harris, Hegel's Development, S. 63 f.

25 Thomas E. Kaiser/Dale K. Van Kley (Hrsg.), From Deficit to Deluge. The Origins of the French Revolution, Stanford, CA 2011.

26 Jonathan Israel, Revolutionary Ideas. An Intellectual History of the French Revolution from the Rights of Men to Robespierre, Princeton, NJ 2014, S. 14–21.

27 Wandel, Verdacht von Democratismus?, S. 41.

28 Zit. nach Wolfgang Schöllkopf, «‹Stimmung äußerst democratisch›. Die Nachbarn Evangelisches Stift und Burse in Tübingen zur Zeit der Französischen Revolution», in: Zeitschrift für Theologie und Kirche 100 (2003), S. 199–224, hier S. 199.

29 Wandel, Verdacht von Democratismus?, S. 61 f.

30 Hölderlin, Sämtliche Werke und Briefe, Bd. I, S. 120.

31 Hegel, Briefe, Bd. IV/1, S. 135 ff.

32 Hegel an Schelling, 16. April 1795, in: ebd., Bd. I, S. 24.

33 Hegel, Werke, Bd. 12: Vorlesungen über die Philosophie der Geschichte, S. 529.

34 Wandel, Verdacht von Democratismus?, S. 47.

35 Kondylis, Die Entstehung der Dialektik, S. 46.

36 Hölderlin an Hegel, 10. Juli 1794, in: Hegel, Briefe, Bd. I, S. 9.

37 Hegel an Schelling, Ende Januar 1795, in: ebd., S. 18.

38 Neuffer an Hölderlin, 21./23. Juli 1793; Hölderlin an Neuffer; Magenau an Hölderlin, Dezember 1789; Hölderlin an Hegel.

39 Mein Großvater liegt dort begraben.

40 Betzendörfer, Hölderlins Studienjahre, S. 15.

41 Die anderen mit Mt 18, 21–35, Joh 14, 1–14 und Mt 5, 1–16.

42 Hegel, Gesammelte Werke, Bd. 1: Frühe Schriften I, S. 58 f.

43 Henrich, «Leutwein über Hegel», S. 54.

44 Nicolin (Hrsg.), Hegel in Berichten seiner Zeitgenossen, S. 13.

45 Hegel, Gesammelte Werke, Bd. 2: Frühe Schriften II, S. 585.

DRITTES KAPITEL

1 Johann Georg Meusel, Das gelehrte Teutschland oder Lexikon der jetztlebenden teutschen Schriftsteller, Lemgo ³1773, wobei «Schriftsteller» hier bedeutete: jeder, der einmal ein Buch publiziert hat, weswegen Meusel das seine auch als «Buchmacherregister» bezeichnet (S. IX). Der Zahlenvergleich findet sich in dem an Hinweisen reichen Aufsatz von José Maria Ripalda, «Aufklärung beim frühen Hegel», in: Christoph Jamme/Helmut Schneider (Hrsg.), Der Weg zum System. Materialien zum jungen Hegel, Frankfurt am Main 1990, S. 112–129, hier S. 113 f.

2 Vgl. die auf Betzendörfer, Hölderlins Studienjahre, und Carmelo Lacorte, Il primo Hegel, Florenz 1959, beruhende Zusammenfassung bei Harris, Hegel's Development, S. 72–96.

3 Jean-Jacques Rousseau, Emile oder Von der Erziehung, München 1979, S. 335 f.

4 Henrich, Grundlegung aus dem Ich, Bd. 1, S. 51–57, hier S. 55.

5 Martin Brecht/Jörg Sandberger, «Hegels Begegnung mit der Theologie im Tübinger Stift. Eine neue Quelle für die Studienzeit Hegels», in: Hegel-Studien 5 (1969), S. 57–81, hier S. 57–71.

6 Hegel, Werke, Bd. 1: Frühe Schriften, S. 13 f.

7 Ebd., S. 14.

8 Hermann Samuel Reimarus, Apologie oder Schutzschrift für die vernünftigen Verehrer Gottes, 2 Bde., hrsg. von Gerhard Alexander, Frankfurt am Main 1972, Bd. I, S. 56.

9 Ebd., S. 42 ff., 53.

10 Ebd., S. 64.

11 Ebd., S. 57.

12 Ebd., S. 299–326.

13 Ebd., S. 226 ff.

14 Ebd., S. 756 ff.

15 Ebd., Bd. II, S. 132, unter Verweis auf Mt XII, 38 f., Mk VIII, 11 und Lk XI, 29.

16 Ebd., S. 210, 216.

17 Ebd., S. 188 ff.

18 Henrich, Grundlegung aus dem Ich, Bd. 1, S. 37 ff.

19 Gottlob Christian Storr, Bemerkungen über Kant's philosophische Religionslehre, Tübingen 1794, S. 65 ff.

20 Henrich, Grundlegung aus dem Ich, Bd. 1, S. 45.

21 Gottlob Christian Storr, Erläuterungen des Briefs Pauli an die Hebräer, Zweiter Theil: Ueber den eigentlichen Zwek des Todes Jesu, Tübingen ²1809, S. 365−375.

22 Ebd., S. 377.

23 Storr, Bemerkungen über Kant's philosophische Religionslehre, S. 43.

24 Vgl. Immanuel Kant, Grundlegung zur Metaphysik der Sitten, in: ders., Gesammelte Schriften, hrsg. von der Preußischen Akademie der Wissenschaften, Berlin 1900 ff., Bd. IV, S. 385−463, hier S. 417: «Wer den Zweck will, will (sofern die Vernunft auf seine Handlungen entscheidenden Einfluss hat) auch das dazu unentbehrlich notwendige Mittel, das in seiner Gewalt ist.»

25 Storr, Bemerkungen über Kant's philosophische Religionslehre, S. 232 f.

26 Hegel, Werke, Bd. 1: Frühe Schriften, S. 21.

27 Johann Gottfried Pahl, Ulrich Höllriegel. Kurzweilige und lehrreiche Geschichte eines Württembergischen Magisters aus dem Jahre 1802, hrsg. von Johannes Weber, Frankfurt am Main 1989, S. 71 f.

28 Henrich, «Leutwein über Hegel», S. 56.

29 Jean-François de La Harpe, Philosophie du dix-huitième siècle (1797), Bd. 2, Paris 1822, S. 228.

30 Hegel, Werke, Bd. 1: Frühe Schriften, S. 76.

31 «A common I», formuliert in seiner klaren Darstellung der politischen Prinzipien Rousseaus Heinrich Meier, Political Philosophy and the Challenge of Revealed Religion, Chicago 2017, S. 115−185, hier S. 126.

32 Ebd., S. 127.

33 Für weitere Beobachtungen des stark vereinfachenden Umgangs Hegels mit Rousseau vgl. Kondylis, Die Entstehung der Dialektik, S. 117−129.

34 Jean-Jacques Rousseau, Vom Gesellschaftsvertrag, in: ders., Sozialphilosophische und Politische Schriften, München 1981, S. 266−391, hier S. 380−390.

35 Ebd., S. 384 ff., hier S. 385; Meier, Political Philosophy, S. 171 ff.; Hegel, Werke, Bd. 16: Vorlesungen über die Philosophie der Religion I, S. 259 ff.

36 «Der Tod fürs Vaterland», in: Hölderlin, Sämtliche Werke und Briefe, Bd. I, S. 225 f.

37 John Toland, Socianism Truly Stated. Being an Example of Fair Dealing in all Theological Controversies, London 1705 («Recommended by an

PANTHEIST to an Orthodox Friend»); ders., Adeisidaemon, sive Titus
Livius […], Hagae-Comitis [Den Haag] 1709, S. 117.

38 Friedrich Heinrich Jacobi, Ueber die Lehre des Spinoza, in Briefen an Herrn
Moses Mendelssohn, in: ders., Werke, hrsg. von Friedrich Roth und Friedrich Köppen, Leipzig 1812 ff., Bd. IV, 1. Abt., S. 54 ff.

39 Einen guten Überblick gibt Michael Murrmann-Kahl, «Der Pantheismusstreit», in: Georg Essen/Christian Danz (Hrsg.), Philosophisch-theologische Streitsachen, Darmstadt 2012, S. 93–134; zur Tübinger Lektüre Jacobis und zu dessen Gefühlslehre hervorragend Kondylis, Die Entstehung der
Dialektik, S. 129–139.

40 Hölderlin an die Mutter, 14. Februar 1791, in: Hölderlin, Sämtliche Werke
und Briefe, Bd. II, S. 468 f.

41 Friedrich Hölderlin, «Zu Jakobis Briefen über die Lehre des Spinoza», in:
ebd., S. 39–43.

42 Friedrich Wilhelm Joseph Schelling, Vom Ich als Princip der Philosophie
oder Über das Unbedingte im menschlichen Wissen, in: ders., Ausgewählte
Werke, Darmstadt 1966 ff., Schriften von 1794–1798, S. 29–124, hier S. 31 f.,
51, 96, 122.

43 Ripalda, «Aufklärung beim frühen Hegel», S. 126.

44 Friedrich Heinrich Jacobi, «Aus Allwills Papieren», in: Teutscher Merkur 4
(1776), S. 229–262, hier S. 236 f.

45 Und immer wieder Herder, vgl. Helmut Peitsch, «Herders ‹Plastik› und Georg Forsters Griechenland», in: Zeitschrift für Religions- und Geistesgeschichte 57 (2005), S. 60–81.

46 Hegel, Werke, Bd. 1: Frühe Schriften, S. 36, 39–41, 197 ff.

47 Nohl (Hrsg.), Hegels theologische Jugendschriften, S. 358.

48 Vgl. José Maria Ripalda, «Poesie und Politik beim frühen Hegel», in Hegel-
Studien 8 (1973), S. 91–118, hier S. 110.

49 Hegel, Werke, Bd. 1: Frühe Schriften, S. 42 f.

50 Ebd., S. 36, 614, 434.

51 Ebd., S. 39.

52 Friedrich Nietzsche, Unzeitgemäße Betrachtungen. Drittes Stück: Schopenhauer als Erzieher, in: ders., Werke in drei Bänden, hrsg. von Karl Schlechta,
München 1954 ff., Bd. 1, S. 287–365, hier S. 289 f.

VIERTES KAPITEL

1 Hölderlin an Neuffer, 10. Oktober 1794, in: Hölderlin, Sämtliche Werke und
Briefe, Bd. II, S. 551.

2 Ebd., Bd. I, S. 127 ff., 155 f.

3 Ludwig Fertig, Die Hofmeister. Ein Beitrag zur Geschichte des Lehrerstandes und der bürgerlichen Intelligenz, Darmstadt 1979, S. 14–30.

4 Schelling an Hegel, Januar 1796, in: Hegel, Briefe, Bd. I, S. 36.

5 Kondylis, Die Entstehung der Dialektik, S. 214 unter Verweis auf Martin Hasselhorn, Der altwürttembergische Pfarrstand im 18. Jahrhundert, Stuttgart 1958.

6 Pahl, Ulrich Höllriegel, S. 39.

7 Hegel an von Rütte, 24. August 1793, in: Hegel, Briefe, Bd. I, S. 4.

8 Ebd., S. 5.

9 Isaak Iselin, «Über die Erziehung», in: ders., Vermischte Schriften, 2 Bde., Zürich 1770, Bd. 2, S. 75–102, hier S. 97.

10 Jakob Sarasin, «Auch ein Scherflein auf den Altar des Vaterlandes bei Anlaß der Bonstett'schen Preisschrift über die Erziehung» (1794), zit. nach Karl Rudolf Hagenbach, Jakob Sarasin und seine Freunde. Ein Beitrag zur Literaturgeschichte, o. O. 1846, S. 27.

11 Gottlieb Wilhelm Rabener, Sämmtliche Schriften, Leipzig 1777, Bd. 2, S. 25 ff.

12 Laurence Sterne, Leben und Ansichten von Tristram Shandy, Gentleman (engl. 1759–1766), übersetzt von Michael Walter, Berlin 2018, S. 477.

13 Zit. nach Andreas Huyssen, «Gesellschaftsgeschichte und literarische Form: J. M. R. Lenz' Komödie ‹Der Hofmeister›», in: Monatshefte 71 (1979), S. 131–144, hier S. 132 f.

14 Hölderlin an die Schwester, 16. Januar 1794, in: Hölderlin, Sämtliche Werke und Briefe, Bd. II, S. 518.

15 Hölderlin an Hegel, 10. Juli 1794, in: Hegel, Briefe, Bd. I, S. 9.

16 Hölderlin an Schiller, April 1794, in: Hölderlin, Sämtliche Werke und Briefe, Bd. II, S. 524.

17 Hölderlin an Hegel, 26. Januar 1795, in: Hegel, Briefe, Bd. I, S. 18 f.

18 Hegel an Hölderlin, November 1796, in: ebd., S. 43.

19 Hegel an Schelling, Heiligabend 1794, in: ebd., S. 9.

20 Hegel, Werke, Bd. 3: Phänomenologie des Geistes, S. 280.

21 Hegel an Schelling, 16. April 1795, in: Hegel, Briefe, Bd. I, S. 23.

22 Hegel, Werke, Bd. 1: Frühe Schriften, S. 258.

23 «Tagebuch der Reise in die Berner Oberalpen», in: Rosenkranz, Georg Wilhelm Friedrich Hegel's Leben, S. 470–490, hier S. 483 ff.

24 Ebd., S. 472, 483, 474.

25 Ebd., S. 475.

26 Ebd., S. 478 f.

27 Ebd., S. 481 f.

28 Hegel, Werke, Bd. 1: Frühe Schriften, S. 33.

29 Ebd., S. 80 f.

30 Storr, Bemerkungen über Kant's philosophische Religionslehre, S. 31–36.

31 Ebd., S. 6.

32 Hegel, Werke, Bd. 1: Frühe Schriften, S. 77.

33 Immanuel Kant, Kritik der reinen Vernunft, 1. Auflage (A), Riga 1781, S. 805–811.

34 So Walter Jaeschke, «‹Um 1800› – Religionsphilosophische Sattelzeit der Moderne», in: Georg Essen/Christian Danz (Hrsg.), Philosophisch-theologische Streitsachen. Pantheismusstreit, Atheismusstreit, Theismusstreit, Darmstadt 2012, S. 7–92, hier S. 15 ff., dessen Darstellung wir folgen.

35 Immanuel Kant, Kritik der Urteilskraft, in: ders., Gesammelte Schriften, Bd. V, S. 165–485, hier S. 469.

36 Hegel, Werke, Bd. 1: Frühe Schriften, S. 76–79.

37 Schelling an Hegel, 6. Januar 1795, in: Hegel, Briefe, Bd. I, S. 14.

38 Hegel, Werke, Bd. 1: Frühe Schriften, S. 90 f.

39 Storr, Bemerkungen über Kant's philosophische Religionslehre, S. 39.

40 Hegel, Werke, Bd. 1: Frühe Schriften, S. 74.

41 Ebd., S. 103.

42 Ebd., S. 85.

43 Ebd., S. 94 f.

44 Ebd., S. 79.

45 Ebd., S. 46 f.

46 Ebd., S. 73.

47 Ebd., S. 57.

48 Ebd., S. 78.

49 Auf die Bedeutung des Herzens als letzter Instanz bei Storr verweist Kondylis, Die Entstehung der Dialektik, S. 173.

50 Hegel, Werke, Bd. 1: Frühe Schriften, S. 70.

51 Ebd., S. 99.

52 Ebd., S. 82.

53 Kondylis, Die Entstehung der Dialektik, S. 253.

54 Hegel, Werke, Bd. 1: Frühe Schriften, S. 61.

55 Ebd., S. 73.

56 Hegel an Schelling, 16. April 1795, in: Hegel, Briefe, Bd. I, S. 24.

57 Nohl (Hrsg.), Hegels theologische Jugendschriften, S. 75.

58 Kondylis, Die Entstehung der Dialektik, S. 443.

59 Christian Gottlob Heyne, «[Rezension zu] Der Hofmeister oder Vortheile der Privaterziehung. Eine Komödie», in: Göttingische Gelehrte Anzeigen, 81. Stück, 7. Juli 1774, S. 694–696, hier S. 695.

60 Hegel, Werke, Bd. 1: Frühe Schriften, S. 230–233.

FÜNFTES KAPITEL

1 Nohl (Hrsg.), Hegels theologische Jugendschriften, S. 39 (Hegel, Werke, Bd. 1: Frühe Schriften, S. 58), 73–136.

2 Schelling an Hegel, 20. Juni 1796, in: Hegel, Briefe, Bd. I, S. 36 f.

3 Ebd., S. 37.

4 Hölderlin an Hegel, 24. Oktober 1796, in: ebd., S. 41.

5 Ralf Roth, Die Herausbildung einer modernen bürgerlichen Gesellschaft. Geschichte der Stadt Frankfurt am Main, Bd. 3: 1789–1866, Ostfildern 2013, S. 312.

6 Hölderlin an Hegel, 24. Oktober 1796, in: Hegel, Briefe, Bd. I, S. 41.

7 Micha Brumlik, «Juden in Frankfurt um 1800 – Hegel und die Juden», in: Thomas Hanke/Thomas M. Schmidt (Hrsg.), Der Frankfurter Hegel in seinem Kontext, Frankfurt am Main 2013, S. 235–248, hier S. 235 ff.

8 Roth, Die Herausbildung einer modernen bürgerlichen Gesellschaft, S. 161–199.

9 Christoph Jamme, «Ein ungelehrtes Buch». Die philosophische Gemeinschaft zwischen Hölderlin und Hegel in Frankfurt 1797–1800, Hamburg 2016, S. 144 f.

10 Hegel, Werke, Bd. 1: Frühe Schriften, S. 461.

11 Ebd., S. 475.

12 Ebd., S. 598.

13 Vgl. Walter Jaeschke, «Hegels Frankfurter Schriften», in: Thomas Hanke/Thomas M. Schmidt (Hrsg.), Der Frankfurter Hegel in seinem Kontext, Frankfurt am Main 2013, S. 31–50.

14 Hölderlin an die Mutter, 17. November 1794, in: Hölderlin, Sämtliche Werke und Briefe, Bd. II, S. 555.

15 Dieter Henrich, Der Grund im Bewußtsein. Untersuchungen zu Hölderlins Denken (1794–1795), Stuttgart 1992, S. 35.

16 Hölderlin an Hegel, 26. Januar 1795, in: Hölderlin, Sämtliche Werke und Briefe, Bd. II, S. 569.

17 Hölderlin an Sinclair, 24. Dezember 1798, in: ebd., S. 723.

18 Dieter Henrich, «Hegel und Hölderlin», in: ders., Hegel im Kontext, Berlin 2010, S. 20 f.; ders., Der Grund im Bewußtsein, S. 40–48; ders., Dies Ich, das viel besagt. Fichtes Einsicht nachdenken, Frankfurt am Main 2019, S. 73–84.

19 So Hans Blumenberg, Phänomenologische Schriften 1981–1988, Berlin 2018, S. 146.

20 Friedrich Hölderlin, [«Seyn, Urtheil, Modalität»], in: ders., Sämtliche Werke und Briefe, Bd. II, S. 49 f.; vgl. hierzu die glänzende Darstellung der Argumentationslinien, die zu dieser nur zweiseitigen Überlegung führten, bei Jamme, «Ein ungelehrtes Buch», S. 77–85.

21 Hegel, Werke, Bd. 1: Frühe Schriften, S. 243–254.

22 Ebd., S. 251.

23 Ebd., S. 244 ff., 243.

24 Ebd., S. 242.

25 Nicolin (Hrsg.), Hegel in Berichten seiner Zeitgenossen, S. 27.

26 Alexandra Birkert, Hegels Schwester. Auf den Spuren einer ungewöhnlichen Frau um 1800, Ostfildern 2008, S. 88–92.

27 Hegel an Nanette Endel, 9. Februar 1797, in: Hegel, Briefe, Bd. I, S. 49 f.

28 So jedenfalls Pinkard, Hegel, S. 71; zur Editionspolitik der Nachlassverwalter vgl. Dieter Henrich/Willi Ferdinand Becker, «Fragen und Quellen zur Geschichte von Hegels Nachlaß», in: Zeitschrift für philosophische Forschung 35 (1981), S. 585–614, hier v. a. S. 592–614.

29 Hegel, Werke, Bd. 14: Vorlesungen über die Ästhetik II, S. 165.

30 Hegel an Nanette Endel, 22. März 1797, in: Hegel, Briefe, Bd. I, S. 52.

31 Einen guten Überblick der vermutbaren Gesprächsmotive gibt Violetta L. Waibel, «‹die erste Bedingung allen Lebens und aller Organisation, daß keine Kraft monarchisch ist›. Hölderlin und das Homburger Symphilosophieren», in: Thomas Hanke/Thomas M. Schmidt (Hrsg.), Der Frankfurter Hegel in seinem Kontext, Frankfurt am Main 2013, S. 51–96.

32 Henrich, Der Grund im Bewußtsein, S. 28.

33 Johann Gottfried Herder, Briefe, das Studium der Theologie betreffend, 2., verbesserte Auflage, Weimar 1785, Erster Theil, S. 1, 12 f.

34 Hegel, Werke, Bd. 1: Frühe Schriften, S. 292 ff.

35 Ebd., S. 234–236.

36 Johann Gottlieb Fichte, «Beitrag zur Berichtigung der Urtheile des Publikums über die französische Revolution» (1793), in: ders., Gesamtausgabe der Bayerischen Akademie der Wissenschaften, hrsg. von Reinhard Lauth u. a., Stuttgart-Bad Cannstatt 1962 ff., Bd. I/1: Werke 1791–1794, S. 286 f.

37 Ders., Einige Vorlesungen über die Bestimmung des Gelehrten, Leipzig 1794, S. 40.

38 Hegel, Werke, Bd. 1: Frühe Schriften, S. 299.

SECHSTES KAPITEL

1 Hegel an Schelling, 2. November 1800, in: Hegel, Briefe, Bd. I, S. 59.

2 Friedrich Schlegel, «Schiller, ‹Musenalmanach für das Jahr 1796›», in: Deutschland 2 (1796), 6. Stück, Nr. 3, S. 348–360, hier S. 354; Johann Wolfgang von Goethe, «Schillers Würde der Frauen», in: ders., Werke. Hamburger Ausgabe, hrsg. von Erich Trunz, München 1998, Bd. 1, S. 218.

3 Goethe, Werke, Bd. 1, S. 330.

4 Athenaeum, Erster Band, Zweites Stück, Berlin 1798, S. 56.

5 Athenaeum, Dritter Band, Zweites Stück, Berlin 1800, S. 335–352, hier S. 342 f.

6 Hardenberg an F. Schlegel, 8. Juli 1796, in: Novalis, Schriften, Bd. IV, S. 188.

7 Ebd., Bd. II, S. 273.

8 Fichte an Samuel Gotthelf Fichte, Leipzig, 5. März 1790, in: Fichte, Gesamtausgabe, Bd. III/1: Briefe 1775–1793, S. 222.

9 Friedrich Wilhelm Joseph Schelling, Sämmtliche Werke, hrsg. von Karl Friedrich August Schelling, Stuttgart/Augsburg 1856 ff., Bd. I/4, S. 85.

10 Dieter Henrich, Between Kant and Hegel. Lectures on German Idealism, Cambridge 2003, S. 17.

11 Fichte, Sämmtliche Werke, Bd. I, S. 286.

12 Johann Gottlieb Fichte: Zweite Einleitung in die Wissenschaftslehre, in: ebd., S. 467.

13 Jean Paul, Clavis Fichtiana seu Leibgeberiana. Anhang zum I. komischen Anhang des Titans, in: ders., Sämtliche Werke, hrsg. von Norbert Miller, München/Wien 1959 ff., Bd. I/3, S. 1011–1056, hier S. 1038 f.

14 Heinrich Heine, Zur Geschichte von Religion und Philosophie in Deutschland, in: ders., Sämtliche Schriften in zwölf Bänden, hrsg. von Klaus Briegleb, München/Wien 1976, Bd. 5: 1831–1837, S. 505–641, hier S. 610.

15 Henrich, Between Kant an Hegel, S. 166 f.

16 Johann Gottlieb Fichte, Grundlage der gesammten Wissenschaftslehre, in: ders., Gesamtausgabe, Bd. I/2: Werke 1793–1795, S. 326.

17 Zit. nach Reinhold Steig (Hrsg.), Achim von Arnim und Jacob und Wilhelm Grimm, Stuttgart 1904, S. 55.

18 Friedrich Wilhelm Joseph Schelling, Abhandlungen zur Erläuterung des Idealismus der Wissenschaftslehre» (1796/97), in: ders., Ausgewählte Werke, Schriften von 1794–1798, S. 223–332, hier S. 280.

19 Ebd., S. 281.

20 So Richard Kroner, Von Kant bis Hegel, 2 Bde., Tübingen 1921, Bd. I, S. 588 ff., 595.

21 August von Kotzebue, Der hyperboreische Esel oder Die heutige Bildung. Ein drastisches Drama und philosophisches Lustspiel für Jünglinge, in Einem Akte, Leipzig 1799, S. 21.

22 August Wilhelm Schlegel, Ehrenpforte und Triumphbogen für den Theater-Präsidenten von Kotzebue bey seiner gehofften Rückkehr ins Vaterland. Mit Musik. Gedruckt zu Anfange des neuen Jahrhunderts (1801), o. O. 1801, S. 92.

23 Philosophisches Journal einer Gesellschaft Teutscher Gelehrter, Bd. VIII, Nr. 1 (1798), S. 21–46.

24 Johann Gottlieb Fichte, «Über den Grund unseres Glaubens an eine göttliche Weltordnung», in: ebd., S. 1–20.

25 Heinz Kimmerle, «Dokumente zu Hegels Jenaer Dozententätigkeit (1801–1807)», in: Hegel-Studien 4 (1967), S. 21–99.

26 Ebd., S. 26.

27 Hegel an Schelling, 2. November 1800, in: Hegel, Briefe, Bd. 1, S. 59.

28 Hegel, Werke, Bd. 1, S. 419–427.

29 Harris, Hegel's Development, S. XXVI, spricht davon, Hegel habe sich hier selbst nostrifiziert.

30 Georg Wilhelm Friedrich Hegel, Dissertatio Philosophica de Orbitis Planetarum, Philosophische Erörterung über die Planetenbahnen, übersetzt, eingeleitet und kommentiert von Wolfgang Neuser, Weinheim 1986.

31 Ebd., S. 75–77.

32 Ebd., S. 83.

33 Ebd., S. 137.

34 Ebd., S. 51 f.

35 David Friedrich Strauß, «Die Asteroiden und die Philosophen» (1854), in: ders., Gesammelte Schriften, hrsg. von Eduard Zeller, Bonn 1876 ff., Bd. 2, S. 333–336.

36 Vgl. die sehr transparente Darstellung bei Dieter Jähnig, Schelling. Die Kunst in der Philosophie, 2 Bde., Pfullingen 1966, Bd. 1: Schellings Begründung von Natur und Geschichte, S. 55–72, 133–154.

37 Hegel, Werke, Bd. 2: Jenaer Schriften 1801–1807, S. 113.

38 Johann Gottfried von Herder, «Kalligone» (1800), in: ders., Sämmtliche Werke, Tübingen/Stuttgart 1805 ff., Abt. 3: Zur Philosophie und Geschichte, Teil 15, S. 139.

39 Hegel, Werke, Bd. 2: Jenaer Schriften 1801–1807, S. 26.

40 Vgl. das informative Nachwort von Steffen Dietzsch in: Kritisches Journal der Philosophie. 1802/1803, Leipzig 1981, S. 433–454.

41 Hegel, Werke, Bd. 2: Jenaer Schriften 1801–1807, S. 173.

42 Ebd., S. 182.

43 Ebd., S. 256.

44 Ebd., S. 194–196.

45 Ebd., Bd. 9: Enzyklopädie der philosophischen Wissenschaften II, S. 35; vgl. Dieter Henrich, «Hegels Theorie über den Zufall», in: ders., Hegel im Kontext, S. 158–187, hier S. 161 f.

46 Nicolin (Hrsg.), Hegel in Berichten seiner Zeitgenossen, S. 41.

47 Athenaeum, Erster Band, Zweites Stück, S. 63, 73.

48 Kant, Kritik der reinen Vernunft, 1. Auflage (A), S. 307 f.

49 Ebd., S. 821.

50 Ebd., S. 827.

51 Hegel, Werke, Bd. 2: Jenaer Schriften 1801–1807, S. 287.

52 Ebd., S. 292.

53 Ebd., S. 289.

54 Ebd., S. 291.

55 Ebd., S. 292.

56 Ebd., S. 289 f.

57 Ebd., S. 298.

58 Walter Jaeschke, «Der Zauber der Entzauberung», in: Hegel-Jahrbuch 2004, Berlin 2004, S. 11–19.

59 Hegel, Werke, Bd. 2: Jenaer Schriften 1801–1807, S. 332.

60 Ebd., S. 393.

61 Ebd., S. 390.

62 Ebd., S. 393 f.

63 Ebd., S. 432.

64 Nicolin (Hrsg.), Hegel in Berichten seiner Zeitgenossen, S. 48.

SIEBTES KAPITEL

1 Hegel an Schelling, 16. November 1803, in: Hegel, Briefe, Bd. I, S. 76.

2 Heinrich Heine, Die Romantische Schule (1835), in: ders., Sämtliche Schriften, Bd. 5: 1831–1837, S. 416.

3 Max Steinmetz (Hrsg.), Geschichte der Universität Jena 1548/58–1958, Jena 1958, S. 236–240.

4 Goethe an Schiller, 27. November 1803; Schiller an Goethe, 30. November 1803; Goethe an Schiller, 2. Dezember 1803, in: Nicolin (Hrsg.), Hegel in Berichten seiner Zeitgenossen, S. 54.

5 Ebd., S. 54, 61 f.

6 Kimmerle, «Dokumente zu Hegels Jenaer Dozententätigkeit», S. 53 ff.

7 Hegel an Schelling, 2. November 1800, in: Hegel, Briefe, Bd. I, S. 59 f.

8 Christian Strub, «System», in: Joachim Ritter / Karlfried Gründer (Hrsg.), Historisches Wörterbuch der Philosophie, Basel / Stuttgart 1971 ff., Bd. 10, S. 824–855.

9 Friedrich Wilhelm Joseph Schelling, «Einleitung zum Entwurf eines Systems der Naturphilosophie oder über den Begriff der spekulativen Physik und die innere Organisation eines Systems dieser Wissenschaft», in: ders., Werke, hrsg. von Manfred Schröter, München 1927 ff., 2. Hauptbd.: Schriften zur Naturphilosophie 1799–1801, S. 269–326, hier S. 278 ff.; ders., «System des transcendentalen Idealismus», in: ebd., S. 327–634, hier S. 353 f.

10 Hegel, Werke, Bd. 1: Frühe Schriften, S. 246.

11 Immanuel Kant, Kritik der reinen Vernunft, 2. Auflage (B), Riga 1787, S. 130.

12 Ebd., S. 134.

13 Hegel, Werke, Bd. 2: Jenaer Schriften 1801–1807, S. 21.

14 Thomas Sören Hoffmann, Georg Wilhelm Friedrich Hegel. Eine Propädeutik, Wiesbaden 2015, S. 184.

15 Georg Wilhelm Friedrich Hegel, System der Sittlichkeit. Reinschriftentwurf, in: ders., Gesammelte Werke, Bd. 5: Schriften und Entwürfe (1799–1808), S. 277–361, hier S. 281–292.

16 So Robert B. Pippin, Hegel on Self-Consciousness. Desire and Death in the Phenomenology of Spirit, Princeton, NJ 2011, S. 15.

17 Hegel, Werke, Bd. 7: Grundlinien der Philosophie des Rechts, S. 46.

18 Ebd., Bd. 3: Phänomenologie des Geistes, S. 24.

19 Robert B. Pippin, «Die Logik der Negation bei Hegel», in: ders., Die Aktualität des Deutschen Idealismus, Berlin 2016, S. 191–219, hier S. 194.

20 Ders., Hegel on Self-Consciousness, S. 6–53.

21 Georg Wilhelm Friedrich Hegel, Jenaer Systementwürfe III. Naturphilosophie und Philosophie des Geistes, hrsg. von Rolf-Peter Horstmann, Hamburg 1987, S. 172.

22 Ders., Werke, Bd. 3: Phänomenologie des Geistes, S. 36.

23 Vgl. Pirmin Stekeler, Hegels Phänomenologie des Geistes. Ein dialogischer Kommentar, 2 Bde., Hamburg 2014, Bd. 1: Gewissheit und Vernunft, S. 390.

24 Siehe Friedhelm Nicolin, «Zum Titelproblem der Phänomenologie des Geistes. Zusammenfassende Darstellung des buchtechnischen Sachverhalts aufgrund eines neuaufgefundenen Originalexemplars», in: ders., Auf Hegels Spuren. Beiträge zur Hegel-Forschung, Hamburg 1996, S. 118–129.

25 Johann Heinrich Lambert, Neues Organon oder Gedanken über die Erforschung und Bezeichnung des Wahren und dessen Unterscheidung vom Irrthum und Schein, Bd. 2, Leipzig 1764, S. 217.

26 Hegel, Werke, Bd. 3: Phänomenologie des Geistes, S. 69.

27 Ebd., S. 82–145.

28 Ebd., S. 93–107; gute Erläuterungen zu diesem Kapitel bei Jean Hyppolite, Genèse et structure de la Phènoménologie de l'esprit de Hegel, Paris 1946, S. 100 ff.; Ludwig Siep, Der Weg der «Phänomenologie des Geistes». Ein einführender Kommentar zu Hegels «Differenzschrift» und zur «Phänomenologie des Geistes», Frankfurt am Main 2000, S. 87–90; Anton Friedrich Koch, «Sinnliche Gewißheit und Wahrnehmung. Die beiden ersten Kapitel der Phänomenologie des Geistes», in: Klaus Vieweg / Wolfgang Welsch (Hrsg.), Hegels Phänomenologie des Geistes. Ein kooperativer Kommentar zu einem Schlüsselwerk der Moderne, Frankfurt am Main 2008, S. 135–152; Stekeler, Hegels Phänomenologie des Geistes, Bd. 1, S. 478–536.

29 Ebd., S. 230.

30 Ebd., S. 73 f.

31 Ebd., S. 106.

32 Ebd., S. 138; vgl. Stekeler, Hegels Phänomenologie des Geistes, Bd. 1, S. 638 f.

33 Ebd., S. 139.

34 Ebd., S. 145.

35 Stekeler, Hegels Phänomenologie des Geistes, Bd. 1, S. 663–683, hier S. 668.

36 Georges Bataille, Lascaux oder Die Geburt der Kunst, übersetzt von Karl Georg Hemmerich, Stuttgart 1983.

37 Hegel, Werke, Bd. 3: Phänomenologie des Geistes, S. 145.

38 Siep, Der Weg der «Phänomenologie des Geistes», S. 103.

39 Hegel, Werke, Bd. 3: Phänomenologie des Geistes, S. 145.

40 Ebd., S. 143.

41 Blumenberg, Phänomenologische Schriften 1981–1988, S. 22.

42 Hegel, Werke, Bd. 3: Phänomenologie des Geistes, S. 153.

43 Stekeler, Hegels Phänomenologie des Geistes, Bd. 1, S. 711.

44 Hyppolite, Genèse et structure de la Phènoménologie de l'esprit, S. 553.

45 Hegel, Werke, Bd. 3: Phänomenologie des Geistes, S. 577.

46 Ebd., S. 582.

47 Ebd., S. 29.

48 Pinkard, Hegel, S. 227.

49 Hegel an Niethammer, 8. Oktober 1806, in: Hegel, Briefe, Bd. I, S. 118.

50 Hegel an Niethammer, 13. Oktober 1806, in: ebd., S. 119 f.

51 Nicolin (Hrsg.), Hegel in Berichten seiner Zeitgenossen, S. 67.

ACHTES KAPITEL

1 Pinkard, Hegel, S. 232.

2 Hegel an Niethammer, 18. Oktober 1806, in: Hegel, Briefe, Bd. I, S. 122 f.

3 Hegel an Niethammer, 3. November 1806, in: ebd., S. 126.

4 Pinkard, Hegel, S. 231.

5 Hegel an Niethammer, 18. Oktober 1806, in: Hegel, Briefe, Bd. I, S. 124.

6 So aber Pinkard, Hegel, S. 237.

7 Hegel an Schelling, 3. Januar 1807, in: Hegel, Briefe, Bd. I, S. 131; Schelling an Hegel, 11. Januar 1807, in: ebd., S. 133 f.

8 «Maximen des Journals der deutschen Literatur», in: Hegel, Werke, Bd. 2: Jenaer Schriften 1801–1807, S. 568–574, hier S. 569, 571; Kastner an Hegel, 15. November 1806, in: Hegel, Briefe, Bd. I, S. 127 f.

9 Joseph Görres, Aphorismen über die Organonomie, Koblenz 1803, S. IV–VI.

10 Henrich Steffens, Grundzüge der philosophischen Naturwissenschaft, Berlin 1806, S. 46.

11 Schelling an Hegel, 11. Januar 1807, in: Hegel, Briefe, Bd. I, S. 135; Hegel an Goethe, Ende Januar 1807, in: ebd., S. 141.

12 Hegel, Werke, Bd. 2: Jenaer Schriften 1801–1807, S. 572.

13 Hegel an Schelling, 23. Februar 1807, in: Hegel, Briefe, Bd. I, S. 147 ff.

14 Hegel an Niethammer, 30. Mai 1807, in: ebd., S. 165 ff.

15 Hegel an Schelling, 1. Mai 1807, in: ebd., S. 159 ff.

16 Hegel an Knebel, 21. November 1807, in: ebd., S. 199.

17 Hegel, Werke, Bd. 3: Phänomenologie des Geistes, S. 13–15.

18 Friedrich Wilhelm Joseph Schelling, Philosophie und Religion, Tübingen 1804, S. 16.

19 Hegel, Werke, Bd. 3: Phänomenologie des Geistes, S. 19.

20 Ebd., S. 22.

21 Schelling, Philosophie und Religion, S. 35.

22 Siep, Der Weg der «Phänomenologie des Geistes», S. 67.

23 Hegel, Werke, Bd. 2: Jenaer Schriften 1801–1807, S. 24 f.

24 Schelling, Sämmtliche Werke, Bd. I/4, S. 403.

25 Hegel, Werke, Bd. 3: Phänomenologie des Geistes, S. 23.

26 Richard Rorty, Der Spiegel der Natur. Eine Kritik der Philosophie, übersetzt von Michael Gebauer, Frankfurt am Main 1997; Robert B. Pippin, Hegel's Realm of Shadows. Logic as Metaphysics in «The Science of Logic», Chicago/London 2019.

27 Hegel, Werke, Bd. 3: Phänomenologie des Geistes, S. 31. Dazu Stekeler, Hegels Phänomenologie des Geistes, Bd. 1, S. 56 ff.

28 Ebd., S. 24.

29 Ebd., Bd. 13: Vorlesungen über die Ästhetik I, S. 147.

30 Hegel an Zellmann, 23. Januar 1807, in: Hegel, Briefe, Bd. I, S. 137.

31 Hegel, Werke, Bd. 3: Phänomenologie des Geistes, S. 36.

32 Nicolin (Hrsg.), Hegel in Berichten seiner Zeitgenossen, S. 86.

33 Wilhelm Raimund Beyer, Zwischen Phänomenologie und Logik. Hegel als Redakteur der Bamberger Zeitung, Frankfurt am Main 1955, S. 20.

34 Niethammer an Hegel, 16. Februar 1807, in: Hegel, Briefe, Bd. I, S. 143.

35 Rosenkranz, Georg Wilhelm Friedrich Hegel's Leben, S. 230.

36 Hegel an Frommann, 17. November 1806, in: Hegel, Briefe, Bd. I, S. 129.

37 Hegel an Niethammer, 22. Januar 1808, in: ebd., S. 208.

38 Nicolin (Hrsg.), Hegel in Berichten seiner Zeitgenossen, S. 86 f.

39 Hegel an Zellmann, 23. Januar 1807, in: Hegel, Briefe, Bd. I, S. 137.

40 Hegel an Niethammer, 30. Mai 1807, in: ebd., S. 167.

41 Hegel an Niethammer, 29. August 1807, in: ebd., S. 185.

42 Zit. nach ebd., S. 473.

43 Hegel an Zellmann, 23. Januar 1807, in: ebd., S. 138.

44 Hegel an Niethammer, 11. Februar 1808, in: ebd., S. 219.

45 Hegel an Knebel, 30. August 1807, in: ebd., S. 187.

46 Hegel an Niethammer, 22. Januar 1808, in: ebd., S. 209.

47 Hegel an Niethammer, November 1807, in: ebd., S. 197.

48 Heinrich Beck, «Weltvernunft und Sinnlichkeit. Hegel und Feuerbach in Bamberg», in: Zeitschrift für philosophische Forschung 29 (1975), S. 409–424, hier S. 417.

49 Zit. nach Manfred Baum/Kurt Meist, «Politik und Philosophie in der ‹Bamberger Zeitung›. Dokumente zu Hegels Redaktionstätigkeit 1807–1808», in: Hegel-Studien 10 (1975), S. 87–127, hier S. 102 f.

50 Zit. nach ebd., S. 95, 91.

51 Zit. nach ebd., S. 96.

52 Hegel an Niethammer, 13. Oktober 1807, in: Hegel, Briefe, Bd. I, S. 193.

53 Hegel an Niethammer, 28. März 1808, in: ebd., S. 223.

54 Hegel an Niethammer, 22. Januar 1808, in: ebd., S. 207; George I. Brown, Graf Rumford. Das abenteuerliche Leben des Benjamin Thompson, übersetzt von Anita Ehlers, München 2000.

55 Hegel an Knebel, 30. August 1807, in: ebd., S. 186.

56 Hegel an Niethammer, 8. Juli 1807, in: ebd., S. 176 f.

57 Hegel an Niethammer, November 1807, in: ebd., S. 196.

58 Hegel, Werke, Bd. 20: Vorlesungen über die Geschichte der Philosophie III, S. 421.

59 Schelling an Hegel, 2. November 1807, in: Hegel, Briefe, Bd. I, S. 194.

60 Schelling, Sämmtliche Werke, Bd. I/4, S. 344.

61 Hermann Krings, Die Entfremdung zwischen Schelling und Hegel (1801–1807), Sitzungsberichte der Bayerischen Akademie der Wissenschaften. Philosophisch-historische Klasse, Jg. 1976, Heft 6, München 1977, S. 16.

62 Schelling, Sämmtliche Werke, Bd. I/10, S. 93 ff.

63 Sinclair an Hegel, 23. Mai 1807, in: Hegel, Briefe, Bd. I, S. 165.

64 Hegel an Niethammer, 23. Dezember 1807, in: ebd., S. 206.

65 Karl Rottmanner, Kritik der Rede Jacobi's, Landshut ²1808, S. VIIf.

66 Hegel an Niethammer, 23. Dezember 1807, in: Hegel, Briefe, Bd. I, S. 205 f.

67 Hegel: Werke, Bd. 2: Jenaer Schriften 1801–1807, S. 575–581.

68 Ebd., Bd. 18: Vorlesungen über die Geschichte der Philosophie I, S. 43.

69 Ebd., Bd. 15: Vorlesungen über die Ästhetik III, S. 552. Vgl. die glänzende Analyse des Textes von Anke Bennholdt-Thomsen, «Hegels Aufsatz: Wer denkt abstract?», in: Hegel-Studien 5 (1969), S. 165–199, hier S. 169 f., 195 ff.

NEUNTES KAPITEL

1 Hegel, Werke, Bd. 4: Nürnberger und Heidelberger Schriften 1808–1817, S. 330 f.

2 Ebd., S. 330.

3 Hegel an Niethammer, 1. Oktober 1808, in: Hegel, Briefe, Bd. I, S. 245.

4 Hegel an Niethammer, 15. September 1808, in: ebd., S. 240.

5 Knebel an Hegel, 28. September 1808 und 7. Oktober 1808, in: ebd., S. 243 f., 245 f.

6 Hegel an das General-Kommissariat, 9. November 1808, in: ebd., S. 256 ff., 486 ff.

7 Walter Jaeschke, Hegel-Handbuch. Leben – Werk – Schule, Stuttgart/Weimar, ²2010, S. 28.

8 Hegel an Niethammer, 15. September 1808, in: Hegel, Briefe, Bd. I, S. 241.

9 Hufnagel an Hegel, 4. Mai 1803, in: ebd., S. 68.

10 Hegel an Niethammer, 30. Mai 1807, in: ebd., S. 165 f., 472.

11 Friedrich Immanuel Niethammer, Der Streit des Philanthropinismus und Humanismus in der Theorie des Erziehungs-Unterrichts unserer Zeit, Jena 1808, S. 14, 22, 88, 23, 70, 39, 62.

12 Hegel an Niethammer, 28. September 1808, in: Hegel, Briefe, Bd. I, S. 253.

13 Hegel an Niethammer, 8. Juli 1808, in: ebd., S. 176.

14 Hegel an Niethammer, 20. Mai 1808, in: ebd., S. 226.

15 Niethammer an Hegel, 25. Oktober 1808, in: ebd., S. 249.

16 Hegel an Niethammer, 14. Dezember 1808, in: ebd., S. 271.

17 Kajetan Weiller, Der Geist der allerneuesten Philosophie der HH. Schelling, Hegel, und Kompagnie. Eine Übersetzung aus der Schulsprache in die Sprache der Welt. Mit einigen leitenden Winken zur Prüfung begleitet. Zum Gebrauche für das gebildetere Publikum überhaupt, Erste Hälfte, München 1803, S. 1.

18 Ebd., S. 235 f.

19 Kajetan Weiller, Über die Herstellung des gehörigen Verhältnisses der Bildung des Herzens zur Bildung des Kopfes, als die dermalige Hauptaufgabe der Erziehung. Wieder ein Wort zur Beurtheilung unserer Schulen, München 1803, S. 34, 42.

20 Klaus Vieweg, Hegel. Der Philosoph der Freiheit. Biographie, München 2019, S. 331; Hegel, Werke, Bd. 4: Nürnberger und Heidelberger Schriften 1808–1817, S. 324.

21 Hegel, Werke, Bd. 4: Nürnberger und Heidelberger Schriften 1808–1817, S. 317.

22 Ebd.

23 Ebd.

24 Ebd., S. 335.

25 Ebd., S. 321, 323.

26 Ebd., S. 352.

27 Rosenkranz, Georg Wilhelm Friedrich Hegel's Leben, S. 249.

28 Hegel an Sinclair, Mitte Oktober 1810, in: Hegel, Briefe, Bd. I, S. 332.

29 Hegel, Werke, Bd. 7: Grundlinien der Philosophie des Rechts, S. 327.

30 Ebd., Bd. 4: Nürnberger und Heidelberger Schriften 1808–1817, S. 411 f.

31 Ebd., S. 332.

32 «Logik für die Mittelklasse» (1810/11), § 33, in: ebd., S. 162–203, hier S. 171.

33 Ebd., S. 207, 221.

34 Ebd., S. 413.

35 Nicolin (Hrsg.), Hegel in Berichten seiner Zeitgenossen, S. 95.

36 Ebd., S. 103.

37 Rosenkranz, Georg Wilhelm Friedrich Hegel's Leben, S. 259

38 Hegel an Niethammer, 4. Oktober 1809, in: Hegel, Briefe, Bd. I, S. 297.

39 Rosenkranz, Georg Wilhelm Friedrich Hegel's Leben, S. 259.

40 Hegel an seine Braut, 13. April 1811, in: Hegel, Briefe, Bd. I, S. 353.

41 Hegel an Niethammer, 11. Mai 1810, in: ebd., S. 352.

42 Hegel an Niethammer, 10. Oktober 1811, in: ebd., S. 386.

43 Hegel an seine Braut, Sommer 1811, in: ebd., S. 367 f.

44 Hegel an seine Braut, Sommer 1811, in: ebd., S. 369.

45 Hegel an Caroline Paulus, 13. Juli 1811, in: ebd., S. 374.

ZEHNTES KAPITEL

1 Hegel, Werke, Bd. 8: Enzyklopädie der philosophischen Wissenschaften I, § 167, S. 318.

2 Ebd., § 3, S. 44.

3 Ebd., S. 43 ff.; ebd., Bd. 5: Wissenschaft der Logik I, S. 20.

4 Mindestens, denn natürlich hat Denken auch Voraussetzungen wie: am Leben sein, nicht völlig von Schmerzen benommen sein, Zeit dafür haben, nicht in körperlichen Aktivitäten versunken sein und so weiter.

5 Hegel, Werke, Bd. 8: Enzyklopädie der philosophischen Wissenschaften I, § 1, S. 41.

6 Ebd., Bd. 5: Wissenschaft der Logik I, S. 27.

7 Ebd., Bd. 6: Wissenschaft der Logik II, S. 563.

8 Ebd., Bd. 5: Wissenschaft der Logik I, S. 16.

9 Sigmund Freud, Neue Folge der Vorlesungen zur Einführung in die Psychoanalyse (1932/33), Kap. 32, in: ders., Studienausgabe, Bd. I, Frankfurt am Main 1980, S. 524.

10 Hegel, Werke, Bd. 10: Enzyklopädie der philosophischen Wissenschaften III, § 382, S. 25 f.

11 Klaus Düsing, «Hegels Vorlesungen an der Universität Jena: Manuskripte, Nachschriften, Zeugnisse», in: Hegel-Studien 26 (1991), S. 15–24.

12 Hegel, Werke, Bd. 8: Enzyklopädie der philosophischen Wissenschaften I, § 2, S. 42.

13 Ebd., Bd. 5: Wissenschaft der Logik I, S. 44.

14 Pirmin Stekeler, Hegels Wissenschaft der Logik, Bd. 1: Die objektive Logik, Die Lehre vom Sein, Qualitative Kontraste, Menge und Maße, Hamburg 2019, S. 25.

15 Hegel, Werke, Bd. 8: Enzyklopädie der philosophischen Wissenschaften I, § 17, S. 63; ebd., Bd. 5: Wissenschaft der Logik I, S. 30.

16 Ebd., Bd. 5: Wissenschaft der Logik I, S. 25 f.

17 Ebd., S. 43.

18 Pippin, Hegel's Realm of Shadows, S. 14.

19 Hegel, Werke, Bd. 5: Wissenschaft der Logik I, S. 57; vgl. Pippin, Hegel's Realm of Shadows, S. 46.

20 Zuletzt von Dieter Henrich, Sein oder Nichts. Erkundungen um Samuel Beckett und Hölderlin, München 2016, S. 178 f., Anm. 168.

21 Hegel, Werke, Bd. 5: Wissenschaft der Logik I, S. 82.

22 Ebd., Bd. 8: Enzyklopädie der philosophischen Wissenschaften, § 1, S. 41.

23 Ebd., Bd. 5: Wissenschaft der Logik I, S. 66.

24 Vgl. für weitere Literatur Andreas Arndt, Art. «Unmittelbarkeit», in: Joachim Ritter/Karlfried Gründer (Hrsg.), Historisches Wörterbuch der Philosophie, Basel/Stuttgart 1971 ff., Bd. 11, S. 235–241.

25 Stekeler, Hegels Wissenschaft der Logik, Bd. 1, S. 294.

26 Hegel, Werke, Bd. 8: Enzyklopädie der philosophischen Wissenschaften I, § 84.

27 Wir variieren das Beispiel von Stekeler, Hegels Wissenschaft der Logik, Bd. 1, S. 107, wo es heißt «Cäsar ist keine Primzahl».

28 «Le Nombre est une invention qui eût pu n'être pas fait» (Paul Valéry).

29 Hegel, Werke, Bd. 5: Wissenschaft der Logik I, S. 82.

30 Michael Theunissen, Sein und Schein. Die kritische Funktion der Hegelschen Logik, Frankfurt am Main 1978, S. 95 ff. Dort auch der Hinweis auf den Text der folgenden Fußnote.

31 Ernst Tugendhat, «Das Sein und das Nichts», in: Durchblicke. Martin Heidegger zum 80. Geburtstag, Frankfurt am Main, 1970, S. 132–161, hier S. 146–152.

32 Hegel, Werke, Bd. 5: Wissenschaft der Logik I, S. 83.

33 Ebd., S. 86.

34 Ebd., S. 85.

35 Ebd., S. 86.

36 Ebd., S. 101; Friedrich Heinrich Jacobi, Ueber das Unternehmen des Kriticismus, die Vernunft zu Verstande zu bringen, in: ders., Werke, Leipzig 1812 ff., Bd. III, S. 59–195, hier S. 147.

37 Ebd.

38 Ebd., S. 107.

39 Ebd., S. 83.

40 Hierzu sehr klar Stekeler, Hegels Wissenschaft der Logik, Bd. 1, S. 561–567.

41 Hegel, Werke, Bd. 5: Wissenschaft der Logik I, S. 231.

42 Ebd., S. 232.

43 Stekeler, Hegels Wissenschaft der Logik, S. 758.

44 Hegel, Werke, Bd. 5: Wissenschaft der Logik I, S. 249.

45 Ebd., Bd. 6: Wissenschaft der Logik II, S. 13.

46 Ebd., S. 15.

47 Jorge Luis Borges, «Die Bibliothek von Babel», in: ders., Gesammelte Werke, München 1980 ff., Bd. 3/I: Erzählungen 1935–1944, S. 145–154. Borges' Reflexion endet mit der Frage, ob eine solche Bibliothek der Gesamtheit des formulierbaren Sinnes unbegrenzt wäre, bejaht sie, «unbegrenzt und zyklisch», und notiert den Hinweis von Letizia Alvarez de Toledo, dass es keine Bibliothek sein müsse, sondern ein einziger Band ausreiche, sofern es nur unendlich dünnes Papier gebe (S. 154).

48 Hegel, Werke, Bd. 6: Wissenschaft der Logik II, S. 19.

49 Pippin, Hegel's Realm of Shadows, S. 221.

50 Vgl. Dieter Henrich über die «autonome Negation» in: «Hegels Grundoperation. Eine Einführung in die ‹Wissenschaft der Logik›», in: Ute Guzzoni u. a. (Hrsg.), Der Idealismus und seine Gegenwart, Festschrift für Werner Marx zum 65. Geburtstag, Hamburg 1976, S. 208–230.

51 Pippin, Hegel's Realm of Shadows, S. 225.

52 Hegel, Werke, Bd. 6: Wissenschaft der Logik II, S. 35.

53 Ebd., S. 305, 324, 349.

54 Ebd., S. 545.

ELFTES KAPITEL

1 Hegel an Niethammer, 3. November 1810, in: Hegel, Briefe, Bd. 1, S. 338.

2 Andreas Arndt, «Schleiermacher und Hegel. Versuch einer Zwischenbilanz», in: Hegel-Studien 37 (2002), S. 55–68, hier S. 61.

3 Hegel, Werke, Bd. 2: Jenaer Schriften 1801–1807, S. 201.

4 Ebd., Bd. 3: Phänomenologie des Geistes, S. 22; ebd., Bd. 2: Jenaer Schriften 1801–1807, S. 359, 278 f.

5 Ebd., Bd. 5: Wissenschaft der Logik I, S. 47.

6 Hegel an Niethammer, 10. Oktober 1811, in: Hegel, Briefe, Bd. I, S. 388.

7 Hegel an Paulus, 2. Mai 1816, in: ebd., Bd. II, S. 74 f.

8 Zit. nach ebd., S. 396 f.

9 Hegel an Gries, 7. September 1804, in: ebd., Bd. I, S. 83.

10 Hegel an Voß, Mai 1805, in: ebd., S. 95–101, hier S. 99 f.

11 Nicolin (Hrsg.), Hegel in Berichten seiner Zeitgenossen, S. 121.

12 Ebd., S. 122.

13 Hegel an Paulus, 13. Juni 1816, in: Hegel, Briefe, Bd. II, S. 82.

14 Daub an Hegel, 30. Juli 1816, in: ebd., S. 94 f.

15 «Heidelberg», in: Hölderlin, Sämtliche Werke und Briefe, Bd. I, S. 252 f., hier S. 252.

16 Hegel, Werke, Bd. 18: Vorlesungen über die Geschichte der Philosophie I, S. 11.

17 Theodore Ziolkowski, Heidelberger Romantik. Mythos und Symbol, Heidelberg 2009, S. 7–13.

18 Otto Pöggeler, «Hegel und Heidelberg», in: Hegel-Studien 6 (1971), S. 65–133, hier S. 82.

19 Anton Friedrich Justus Thibaut, Über die Nothwendigkeit eines allgemeinen bürgerlichen Rechts für Deutschland, Heidelberg 1814; Friedrich Carl von Savigny, Vom Beruf unserer Zeit für Gesetzgebung und Rechtswissenschaft, Heidelberg 1814, S. 152.

20 Hegel, Werke, Bd. 12: Vorlesungen über die Philosophie der Geschichte, S. 284 f.

21 Ebd., Bd. 15: Vorlesungen über die Ästhetik III, S. 347; Nicolin (Hrsg.), Hegel in Berichten seiner Zeitgenossen, S. 103.

22 Nicolin (Hrsg.), Hegel in Berichten seiner Zeitgenossen, S. 145.

23 Ebd., S. 150 ff.

24 Ebd., S. 148.

25 Ebd., S. 157.

26 Ebd., S. 148.

27 Johann Gottlieb Fichte, Reden an die deutsche Nation, Berlin 1808, S. 143.

28 Pinkard, Hegel, S. 364 f.

29 Friedrich Creuzer, «Philologie und Mythologie, in ihrem Stufengang und gegenseitigen Verhalten», in: Heidelbergische Jahrbücher der Literatur für Philologie, Historie, Literatur und Kunst 1 (1803), S. 3–24, hier S. 24.

30 Der Begriff wird erst 1883 von Wilhelm Dilthey systematisch verwendet und steht trotz der Hegelstudien dieses Philosophen dann nur noch in sehr lockerem Zusammenhang mit dem, was bei Hegel unter «Geist» verstanden wird.

31 Hegel an Cousin, 5. August 1818, in: Hegel, Briefe, Bd. II, S. 193.

32 Friedhelm Nicolin, Auf Hegels Spuren. Beiträge zur Hegel-Forschung, Hamburg 1996, S. 159 ff.

33 Das Folgende nach Rolf Grawert, «Der württembergische Verfassungsstreit 1815–1819», in: Christoph Jamme/Otto Pöggeler (Hrsg.), «O Fürstin der Heimath! Glückliches Stutgard». Politik, Kultur und Gesellschaft im deutschen Südwesten um 1800, Stuttgart 1988, S. 126–158.

34 Hegel, Werke, Bd. 4: Nürnberger und Heidelberger Schriften 1808–1817, S. 468.

35 Ebd., S. 476.

36 Ebd., S. 485.

37 Ebd., S. 498.

38 Ebd., S. 507.

39 Ebd., S. 463.

40 Ebd., S. 507.

41 Hegel an Daub, 20. August 1816, in: Hegel, Briefe, Bd. II, S. 116.

42 Nicolin (Hrsg.), Hegel in Berichten seiner Zeitgenossen, S. 145.

43 Ebd., S. 181.

ZWÖLFTES KAPITEL

1 Das Folgende nach Ilja Mieck, «Von der Reformzeit zur Revolution (1806–1847)», in: Wolfgang Ribbe (Hrsg.), Geschichte Berlins, Bd. 1: Von der Frühgeschichte bis zur Industrialisierung, München 1987, S. 405–456.

2 Willibald Alexis, Isegrimm. Historischer Roman (1854), Berlin 2017, S. 8.

3 Johann Jakob Engel, «Denkschrift über Begründung einer großen Lehranstalt in Berlin» (1802), in: Ernst Müller (Hrsg.), Gelegentliche Gedanken über Universitäten, Leipzig 1990, S. 6–17.

4 Johann Gottlieb Fichte, «Deduzierter Plan einer zu Berlin zu errichtenden höhern Lehranstalt, die in gehöriger Verbindung mit einer Akademie der Wissenschaften stehe» (1807), eine Schrift, die erst 1817 aus dem Nachlass Fichtes publiziert wird. In: Ernst Müller (Hrsg.), Gelegentliche Gedanken über Universitäten, Leipzig 1990, S. 59–158.

5 Reinhard Lauth, «Über Fichtes Lehrtätigkeit in Berlin von Mitte 1799 bis Anfang 1805 und seine Zuhörerschaft», in: Hegel-Studien 15 (1980), S. 9–50, hier S. 15.

6 Wilhelm von Humboldt, «Über die innere und äußere Organisation der höheren wissenschaftlichen Anstalten in Berlin», in: ders., Schriften zur Bildung, Stuttgart 2017, S. 152 ff.

7 Fichte, «Deduzierter Plan», S. 65.

8 Ebd., S. 63.

9 Ebd., S. 71.

10 Ebd., S. 131.

11 Friedrich Daniel Ernst Schleiermacher, Gelegentliche Gedanken über Universitäten in deutschem Sinn. Nebst einem Anhang über eine neu zu errichtende, Berlin 1808, S. 161 f.

12 Manfred Kühn, Johann Gottlieb Fichte. Ein deutscher Philosoph, München 2012, S. 497.

13 Wolfgang Neugebauer, «Das Bildungswesen in Preußen seit der Mitte des 17. Jahrhunderts», in: Otto Büsch (Hrsg.), Handbuch der Preußischen Geschichte, Bd. II, Berlin 1992, S. 605–798, hier S. 677.

14 Humboldt, «Über die innere und äußere Organisation», S. 153, 158.

15 Wilhelm von Humboldt an Caroline von Dacheröden, 12. November 1790 (Fortsetzung des Briefes vom 11. November), in: Anna von Sydow (Hrsg.), Wilhelm und Caroline von Humboldt in ihren Briefen, Bd. 1: Briefe aus der Brautzeit 1787–1791, Berlin 1910, S. 280.

16 Max Lenz, Geschichte der königlichen Friedrich-Wilhelms-Universität zu Berlin, 4 Bde., Halle 1910 ff., Bd. 1: Gründung und Ausbau, S. 78; Rudolf Köpke, Die Gründung der königlichen Friedrich-Wilhelms-Universität zu Berlin, Berlin 1860.

17 Hegel, Briefe, Bd. II, S. 398.

18 Hegel, Werke, Bd. 4: Nürnberger und Heidelberger Schriften 1808–1817, S. 423.

19 Ebd., S. 365.

20 «Berliner Antrittsrede» vom 22. Oktober 1818, in: Georg Wilhelm Friedrich Hegel, Berliner Schriften (1818–1831), hrsg. von Walter Jaeschke, Hamburg 1997, S. 43–61, hier S. 44; ders., Werke, Bd. 10: Enzyklopädie der philosophischen Wissenschaften III, S. 399–420, S. 400.

21 Schleiermacher, Gelegentliche Gedanken, S. 61.

22 Ebd., S. 62 f.

23 Ebd., S. 34.

24 Hegel an Christiane Hegel, 12. September 1818, in: Hegel, Briefe, Bd. II, S. 197.

25 Hegel, Werke, Bd. 1: Frühe Schriften, S. 482 ff.

26 Zit. nach Lenz, Geschichte, Bd. 2/1: Ministerium Altenstein, S. 15.

27 Ebd., S. 33; Hegel an das Badische Innenministerium, 21. April 1818, in: Hegel, Briefe, Bd. II, S. 182.

28 Goethe an Boisserée, 1. Mai 1818, in: Johann Wolfgang von Goethe, Briefe. Hamburger Ausgabe, hrsg. von Karl Robert Mandelkow, München 1988, Bd. 3, S. 428.

29 Hegel, Werke, Bd. 10: Enzyklopädie der philosophischen Wissenschaften III, S. 399–404.

30 Ebd., Bd. 18: Vorlesungen über die Geschichte der Philosophie I, S. 11–28.

31 Ebd., S. 12.

32 «Berliner Antrittsrede», in: Hegel, Berliner Schriften (1818–1831), S. 48.

33 Ebd., S. 51 ff.

34 Ebd., S. 49.

35 Ebd., S. 56.

36 Vgl. Hans Koller, «Theoros und Theoria», in: Glotta 36, Band 3/4 (1958), S. 273–286, hier S. 281 f.

37 Lenz, Geschichte, Bd. 2/1: Ministerium Altenstein, S. 204.

38 «Berliner Antrittsrede», in: Hegel, Berliner Schriften (1818–1831), S. 56.

39 Solger an Tieck, 1. Januar 1819, in: Nicolin (Hrsg.), Hegel in Berichten seiner Zeitgenossen, S. 191.

40 Zit. nach Lauth, «Über Fichtes Lehrtätigkeit», S. 25.

41 Hegel, Werke, Bd. 9: Enzyklopädie der philosophischen Wissenschaften II, § 246.

42 Ebd., § 16.

43 Ebd., Bd. 7: Grundlinien der Philosophie des Rechts, § 3, S. 36 ff.

44 Ebd., § 3, S. 44 f.

45 Ebd.

46 Der Gegensatz einer «philosophy of nature», um die es Hegel gehe, im Unterschied zu einer «philosophy of science», wie Terry Pinkard (Hegel, S. 566) festhält, scheint uns nicht sehr informativ, wenn zugleich behauptet wird, die Begriffe der Naturphilosophie bildeten den Untergrund aller wissenschaftlichen Forschung (ebd.), und man Hegels Feststellung folgt, der Zeit nach gehe das Studium der Naturwissenschaft dem der Naturphilosophie voraus.

47 Gaston Bachelard, Die Bildung des wissenschaftlichen Geistes. Beitrag zu einer Psychoanalyse des wissenschaftlichen Geistes (1938), übersetzt von Michael Bischoff, Frankfurt am Main 1978, S. 242.

48 Hegel, Werke, Bd. 9: Enzyklopädie der philosophischen Wissenschaften II, §§ 279, 286, 320, 379.

49 Nicolin (Hrsg.), Hegel in Berichten seiner Zeitgenossen, S. 203.

50 Ebd., S. 265.

51 Heinrich Gustav Hotho, Vorstudien zu Leben und Kunst, Stuttgart 1835, S. 384–390.

52 Heinrich von Kleist: «Über die allmählige Verfertigung der Gedanken beim Reden», in: ders., Sämtliche Werke und Briefe, 3 Bde., hrsg. von Roland Reuß und Peter Staengle, München 2010, Bd. II, S. 284–289.

53 Nicolin (Hrsg.), Hegel in Berichten seiner Zeitgenossen, S. 558.

54 Hegel, Werke, Bd. 20: Vorlesungen über die Geschichte der Philosophie III, S. 328.

55 Theodor W. Adorno, Drei Studien zu Hegel, Frankfurt am Main 1974, S. 109 ff.

DREIZEHNTES KAPITEL

1 Hegel an Niethammer, 26. März 1819, in: Hegel, Briefe, Bd. II, S. 213.

2 Hegel an Creuzer, 30. Oktober 1819, in: ebd., S. 218.

3 Pinkard, Hegel, S. 432.

4 Zit. nach Hans-Christian Lucas/Udo Rameil, «Furcht vor der Zensur? Zur Entstehungs- und Druckgeschichte von Hegels Grundlinien der Philosophie des Rechts», in: Hegel-Studien 15 (1980), S. 63–93, hier S. 71 f.

5 Vgl. zu seiner eigenen Sicht und zum Beleg seiner unglaublichen Verlogenheit im Verhältnis zu sich selbst August von Kotzebue, «Woher kommt es, daß ich so viele Feinde habe?», in: Aus August von Kotzebues hinterlassenen Papieren, Leipzig 1821, S. 67–104. Die Antwort lautet: vom Neid, der Eifersucht, der Anbetung des Mittelalters und (!) Goethes sowie der Anhängerschaft Napoleons.

6 August von Kotzebue, Das merkwürdigste Jahr meines Lebens, Berlin 1801. Vgl. auch Mechthild Keller, «‹Agent des Zaren› – August von Kotzebue», in: dies. (Hrsg.), West-östliche Spiegelungen. Russen und Rußland aus deutscher Sicht und Deutsche und Deutschland aus russischer Sicht von den Anfängen bis zum 20. Jahrhundert, München 1985 ff., Bd. 3: 19. Jahrhundert. Von der Jahrhundertwende bis zu den Reformen Alexanders II., S. 119–130.

7 Zum Voranstehenden die hervorragende Darstellung von George S. Williamson, «What Killed August von Kotzebue? The Temptations of Virtue and the Political-Theology of German Nationalism 1789–1819», in: Journal of Modern History 72 (2000), S. 890–943, sowie Pierre Matthern, «Kotzebue's Allgewalt». Literarische Fehde und politisches Attentat, Würzburg 2011.

8 Denkschrift über den gegenwärtigen Zustand Deutschlands. Nach dem zu Aachen im Monate November 1818 erschienenen: «Mémoire sur l'état actuel de l'Allemagne», Frankfurt 1818, S. 16, 33 und 42 ff. Karl Ludwig Sand kannte ausweislich seines Tagebuchs die zustimmende Kommentierung dieser Schrift durch Kotzebue; vgl. Williamson, «What Killed August von Kotzebue?», S. 931.

9 Friedrich Carl Wittichen/Ernst Salzer (Hrsg.), Briefe von und an Friedrich von Gentz, München u. a. 1909 ff., Bd. 3/1: Schriftwechsel mit Metternich. 1803–1819, S. 408 ff.

10 Vgl. etwa den Kommentar von Christoph Martin Wieland zur Unter-

scheidung von «Preßfreyheit» und «Preßfrechheit» sowie zu «Essfreyheit» und «Fresserey» in der Nachschrift zu seinen «Gedanken über den freien Gebrauch der Vernunft in Gegenständen des Glaubens» (1788), in: ders., Sämmtliche Werke, hrsg. von Johann Gottfried Gruber, Leipzig 1818 ff., 32. Bd., S. 13–118, hier S. 112–118. Bei Jean Paul heißt es 1802 über eine Figur: «Da er Freiheit, Einheit, sogar Frechheit des Geistes weit über sieches Frömmeln, Nachheucheln fremder Kräfte und bußfertigen Zwiespalt mit sich selber setzte: so war die Fürstin sogar mit ihrem Zynismus der Zunge ihm ‹in ihrer Art lieb und wert›», in: Titan, Vierundzwanzigste Jobelperiode, 97. Zykel, in: ders., Sämtliche Werke, Bd. I/3, S. 541. Ein Beispiel für das Eindringen des Wortspiels in den zeitgenössischen Alltag ist die Rede des Abgeordneten von Aretin in der bayerischen Ständeversammlung: «Ich frage: ist es Freiheit oder Frechheit, wenn man nur spricht, um sich zu hören, und nachdem man gesprochen hat, sich in Zeitungen zu lesen, welche über jede freimüthig scheinende Äusserung ihrer Mitarbeiter in die allzeit fertige Posaune stossen?», berichtet in der «Real-Zeitung Erlangen» am 19. März 1819, S. 1.

11 Hegel, Werke, Bd. 7: Grundlinien der Philosophie des Rechts, S. 16.

12 Lenz, Geschichte, Bd. 4, S. 353–355, und Kirsten Maria Christine Kunz, «Einleitung», in: Friedrich Daniel Ernst Schleiermacher, Kritische Gesamtausgabe, hrsg. von Günter Meckenstock, Berlin/New York 1980 ff., Bd. III/7: Predigten 1822–1823, S. XVIff.

13 John W. Rogerson, W. M. L. de Wette. Founder of Modern Biblical Criticism. An Intellectual Biography, Sheffield, 1992, S. 153 ff.; zu de Wettes Verklärung Sands siehe Hegel, Briefe, Bd. II, S. 438.

14 Jean Paul, Sämmtliche Werke, Berlin 1840 ff., Bd. 22, S. 319 f.

15 Vgl. Hermann Lübbe, «Tugendterror: Höhere Moral als Quelle politischer Gewalt», in: Totalitarismus und Demokratie 1 (2004), S. 203–217.

16 Vgl. die kurze Chronik der Wahrnehmung Kotzebues durch Sand bei Williamson, «What Killed August von Kotzebue?», S. 928 ff., und Matthern, «Kotzebue's Allgewalt», S. 10.

17 Hegel, Werke, Bd. 11: Berliner Schriften 1818–1831, S. 222 ff.

18 Jürgen Habermas, «Nachwort», in: Georg Wilhelm Friedrich Hegel, Politische Schriften, hrsg. von dems., Frankfurt am Main 1966, S. 343–370, hier S. 357 ff.

19 E. T. A. Hoffmann, Briefwechsel, hrsg. von Friedrich Schnapp, München 1967 ff., Bd. 2, S. 263.

20 So Helmut Zschokke, Im alten Berliner Studentenviertel, Frankfurt am Main 2012, S. 61.

21 Nicolin (Hrsg.), Hegel in Berichten seiner Zeitgenossen, S. 193.

22 Rosenkranz, Georg Wilhelm Friedrich Hegel's Leben, S. 338 f.; Nicolin (Hrsg.), Hegel in Berichten seiner Zeitgenossen, S. 198.

23 Hegel, Briefe, Bd. II, S. 432 ff.

24 Hegel an Creuzer, 30. Oktober 1819, in: ebd., S. 217.

25 Friedrich Förster, «Bemerkungen gegen die angebliche rechtliche Erörterung des Herrn von Kamptz, über die öffentliche Verbrennung von Druckschriften», in: Nemesis. Zeitschrift für Politik und Geschichte, II. Bd., III. Stück (1818), S. 315–350, hier S. 318–322.

26 E. T. A. Hoffmann, Sämtliche Werke in sechs Bänden, hrsg. von Hartmut Steinecke und Wulf Segebrecht, Frankfurt am Main 1985 ff., Bd. 6, S. 308.

27 Zu den strafprozessrechtlichen Aspekten des fiktiven Falles vgl. den Kommentar von Thomas Vormbaum in: E. T. A. Hoffmann, Meister Floh. Ein Mährchen in sieben Abenteuern zweier Freunde (1822), Berlin 2018, S. 183 ff.

28 Hoffmann, Sämtliche Werke, Bd. 6, S. 375.

29 Hegel, Werke, Bd. 11: Berliner Schriften 1818–1831, S. 215.

30 Friedrich Wilhelm Carové, Über die Ermordung Kotzebue's, Eisenach 1819, S. 14 f., 26, 33.

31 Hegel, Briefe, Bd. II, S. 460.

32 Heinrich von Treitschke, Deutsche Geschichte im neunzehnten Jahrhundert, Bd. 2: Bis zu den Karlsbader Beschlüssen, Leipzig 1882, S. 526.

33 Klaus Vieweg zählt in seiner Hegel-Biographie weitere Namen auf: den späteren Verleger Friedrich Johanns Frommann; Julius Niethammer, Sohn seines Freundes Immanuel und späterer Spitzenbeamter in Bayern; Karl Gustav Jung, der danach Anatomieprofessor in Basel wurde; Karl Ulrich, einer der aggressivsten Burschenschaftler, antipolnisch, antisemitisch, duellfreudig, dessen Spuren sich später verlieren. Vieweg, Hegel, S. 460 f.

VIERZEHNTES KAPITEL

1 In der Reihenfolge des Auftritts: Heraklit nach Simplicius, In Aristotelis physicorum libros quattuor posteriores commentaria, Berlin 1895, S. 1313, und Platon, Kratylos 402a; Niklas Luhmann, Die Wissenschaft der Gesellschaft, Frankfurt am Main 1990, S. 217; Thales nach Aristoteles, De anima 411 f.; Franz Rosenzweig, Der Stern der Erlösung (1921), Frankfurt am Main 1988, S. 12; Ludwig Wittgenstein, Tractatus logico-philosophicus, in: ders., Werkausgabe, Frankfurt am Main 1984 ff., Bd. 1, S. 11; Jacob Taubes, «Das stählerne Gehäuse und der Exodus daraus oder Ein Streit um Marcion, einst und jetzt», in: ders., Vom Kult zur Kultur, München 1996, S. 173–181.

2 Martin Heidegger, «Der Spruch des Anaximander», in: ders., Holzwege (1947), Frankfurt am Main 1994, S. 321–373, hier S. 325–328.

3 Hegel, Werke, Bd. 7: Grundlinien der Philosophie des Rechts, S. 24.

4 Stekeler, Hegels Phänomenologie des Geistes, Bd. 1, S. 833.

5 Hegel, Werke, Bd. 2: Jenaer Schriften 1801–1807, S. 575.

6 Hegel an Creuzer, 30. Oktober 1819, in: Hegel, Briefe, Bd. II, S. 220.

7 Ich folge hier ganz der Argumentation von Rameil/Lucas, «Furcht vor der Zensur?».

8 Hegel an Hardenberg, Mitte Oktober 1820, in: Hegel, Briefe, Bd. II, S. 242.

9 Anonym, Heidelberger Jahrbücher der Literatur, April 1821, S. 392–405. Zit. nach Manfred Riedel (Hrsg.), Materialien zu Hegels Rechtsphilosophie, 2 Bde., Frankfurt am Main 1975, Bd. 1, S. 53–66.

10 Hegel an Niethammer, 19. April 1817, in: Hegel, Briefe, Bd. II, S. 153.

11 Friedrich Wilhelm Joseph Schelling, Darlegung des wahren Verhältnisses der Naturphilosophie zu der verbesserten Fichteschen Lehre, in: ders., Ausgewählte Werke, Schriften von 1806–1813, S. 1–126, hier S. 30.

12 Hegel, Werke, Bd. 7: Grundlinien der Philosophie des Rechts, S. 26.

13 Anonym: Leipziger Literaturzeitung, 20.–22. Februar 1822, S. 353–371. Zit. nach Riedel (Hrsg.), Materialien, Bd. 1, S. 81–99.

14 Hegel, Werke, Bd. 7: Grundlinien der Philosophie des Rechts, § 274.

15 Die Diagnose «akkommodierend», die ein Evergreen der Kritik an Hegel werden sollte und durch Rudolf Haym prominent wurde, hat als Erster wohl der Heidelberger Zivil- und (!) Staatsrechtler Karl Salomo Zachariae gegen die «Grundlinien» in Anschlag gebracht, in seiner Rezension im Leipziger Kritischen Jahrbuch der Literatur, Januar 1822, S. 309–351, zit. nach Riedel (Hrsg.), Materialien, Bd. 1, S. 102.

16 Von Thaden an Hegel, 8. August 1821, in: Briefe, Bd. II, S. 279.

17 Ebd., S. 450.

18 Hegel an Creuzer, 30. Oktober 1819, in: Briefe, Bd. II, S. 219.

19 Hegel an Niethammer, 9. Juni 1821, in: Hegel, Briefe, Bd. II, S. 272.

20 Zit. nach Otto Hintze, Die Hohenzollern und ihr Werk. Fünfhundert Jahre vaterländischer Geschichte, Berlin 1912, S. 427.

21 Hegel, Werke, Bd. 18: Vorlesungen über die Geschichte der Philosophie I, S. 12.

22 Zuletzt schrieb selbst Pirmin Stekeler in seinem bewundernswerten Kommentar: «Es ist dies die Vorform des Satzes, die Wirklichkeit sei vernünftig und das Vernünftige wirklich» (Hegels Phänomenologie des Geistes, Bd. 1, S. 833).

23 Franz Rosenzweig, Hegel und der Staat (1920), hrsg. von Frank Lachmann, Berlin 2010, S. 355, und FN 64, S. 473.

24 Karl Friedrich von Hardenberg, «Rigaer Denkschrift an den preußischen König Friedrich Wilhelm III.», in: Georg Winter, Die Reorganisation des Preußischen Staates unter Stein und Hardenberg, Bd. 1, Leipzig 1931, S. 302 ff.

25 Ilja Mieck, «Preußen von 1807 bis 1850. Reformen, Restauration und Re-

volution», in: Otto Büsch (Hrsg.), Handbuch der Preußischen Geschichte. Bd. II, Berlin 1992, S. 3–292, hier S. 19–30.

26 Vgl. die umfassendste Auseinandersetzung mit Hegels Satz bei Michael Theunissen, «Die Verwirklichung der Vernunft», in: Philosophische Rundschau 17 (1970), Beiheft 6, S. 1–89, hier S. 14.

27 Theodor Fontane an Georg Friedländer vom 3. April 1887, in: ders., Briefe an Georg Friedländer, hrsg. von Kurt Schreinert, Heidelberg 1954, S. 70 ff.

28 Hegel, Werke, Bd. 7: Grundlinien der Philosophie des Rechts, § 5.

29 Prominent durch Karl Raimund Popper in: The Open Society and its Enemies, Bd. 2: The High Tide of Prophecy: Hegel, Marx and the Aftermath, London 1945, zit. nach der Ausgabe London 2011, S. 273; bei Alfred von Martin, Geistige Wegbereiter des deutschen Zusammenbruchs: Hegel, Nietzsche, Spengler, Recklinghausen 1948 und, durch Zeitumstände nicht mehr entschuldigt, Hubert Kiesewetter, Von Hegel zu Hitler, Hamburg 1974.

30 Jakob Friedrich Fries, Über die Gefährdung des Wohlstandes und des Charakters der Deutschen durch die Juden, Heidelberg 1816, S. 21. Popper zählt Fries, nur weil dieser ein Gegner Hegels war und offenbar völlig ahnungslos, zu den «serious men» jener Zeit (Popper, The Open Society, Bd. 2, S. 242).

31 Haym, Hegel und seine Zeit, S. 365.

32 Carl Ludwig von Haller, Restauration der Staats-Wissenschaft oder Theorie des natürlich-geselligen Zustands, der Chimäre des künstlich-bürgerlichen entgegengesetzt, Winterthur 1816–1834. Zu Hegels Auseinandersetzung mit Haller überaus instruktiv: Walter Jaeschke, «Die Vernünftigkeit des Gesetzes. Hegel und die Restauration im Streit um Zivilrecht und Verfassungsrecht», in: Hans-Christian Lucas/Otto Pöggeler (Hrsg.), Hegels Rechtsphilosophie im Zusammenhang der europäischen Verfassungsgeschichte, Stuttgart 1986, S. 221–256.

33 Ebd., Bd. 1, S. III, 23 ff., 13.

34 Hegel, Werke, Bd. 7: Grundlinien der Philosophie des Rechts, § 219.

35 Ebd., Bd. 3: Phänomenologie des Geistes, S. 192.

36 Ebd., Bd. 8: Enzyklopädie der philosophischen Wissenschaften, S. 47 ff.

37 Rosenzweig, Hegel und der Staat.

38 Hegel, Werke, Bd. 7: Grundlinien der Philosophie des Rechts, S. 24 f.

39 Ebd., Bd. 19: Vorlesungen über die Geschichte der Philosophie II, S. 109 ff., 113 ff.

40 Charles Péguy, L'argent/Das Geld, übersetzt von Alexander Pschera, Berlin 2017, S. 38.

FÜNFZEHNTES KAPITEL

1 Interview mit Douglas Keay, in: «Woman's Own», 23. September 1987.

2 Hegel, Werke, Bd. 7: Grundlinien der Philosophie des Rechts, § 157.

3 Ebd., Bd. 2: Jenaer Schriften 1801–1807, S. 325.

4 Ebd., Bd. 7: Grundlinien der Philosophie des Rechts, § 142.

5 Ebd., Bd. 10: Enzyklopädie der philosophischen Wissenschaften III, § 518.

6 Immanuel Kant, Die Metaphysik der Sitten, in: ders., Gesammelte Schriften, Bd. VI, S. 203–493, hier § 24, S. 277. «Die Kritik der praktischen Philosophie Kants organisiert die gesamte Philosophie des Rechts», notiert Jacques Derrida, Glas, übersetzt von Hans-Dieter Gondek, München 2006, S. 11.

7 Platon, Symposion 190a–191a.

8 Hegel, Werke, Bd. 1: Frühe Schriften, S. 248.

9 Ebd., Bd. 7: Grundlinien der Philosophie des Rechts, § 158.

10 Ebd., Bd. 10: Enzyklopädie der philosophischen Wissenschaften III, § 519; ebd., Bd. 7: Grundlinien der Philosophie des Rechts, § 158.

11 Ebd., Bd. 7: Grundlinien der Philosophie des Rechts, § 172.

12 Ebd., § 176.

13 Johann Gottfried Herder, «Liebe und Selbstheit. Ein Nachtrag zum Briefe des Hr. Hemsterhuis über das Verlangen», in: ders., Zerstreute Blätter. Erste Sammlung, Gotha 1785, S. 309–346, hier S. 346. Der Hinweis hierauf bei Henrich, Hegel im Kontext, S. 14, wo es statt «Geschöpfe» aber «Wesen» heißt.

14 Henrich, Hegel im Kontext, S. 28.

15 Hegel, Gesammelte Werke, Bd. 14/2: Grundlinien der Philosophie des Rechts. Beilagen, S. 749.

16 Ders., Werke, Bd. 7: Grundlinien der Philosophie des Rechts, § 164.

17 Ders., Die Philosophie des Rechts. Vorlesung von 1821/22, hrsg. von Hansgeorg Hoppe, Frankfurt am Main 2005, S. 164 (§ 166).

18 Ders., Werke, Bd. 7: Grundlinien der Philosophie des Rechts, § 166.

19 Jakob Fidelis Ackermann, Über die körperlichen Verschiedenheiten des Mannes vom Weibe außer den Geschlechtsteilen, Koblenz 1788.

20 Hegel, Werke, Bd. 9: Enzyklopädie der philosophischen Wissenschaften II, § 396.

21 Eva Bockenheimer, Hegels Familien- und Geschlechtertheorie, Hamburg 2013, S. 210.

22 Das Nachlassen der Sexualität hingegen registriert Hegel, vgl. ebd., S. 180.

23 Hegel, Die Philosophie des Rechts. Vorlesung 1821/22, S. 164 (§ 166).

24 Ders., Werke, Bd. 7: Grundlinien der Philosophie des Rechts, § 165.

25 Ders., Gesammelte Werke, Bd. 13: Enzyklopädie der Philosophischen Wis-

senschaften im Grundrisse (1817), S. 169 (§ 289, 290), und Bd. 20: Enzyklopädie der Philosophischen Wissenschaften im Grundrisse (1830), S. 371
(§ 369 f.); ders., Werke, Bd. 9: Enzyklopädie der philosophischen Wissenschaften II, § 369, S. 516 f.

26 Vgl. hierzu die Überlegungen von Gotthart Günther, «Schöpfung, Reflexion
und Geschichte», in: ders., Beiträge zur Grundlegung einer operationsfähigen Dialektik, Hamburg 1980, S. 14–56, und Louis Dumont, Homo Hierarchicus. The Caste System and its Implications, Chicago 1980, S. 239 ff.

27 Hegel, Werke, Bd. 17: Vorlesungen über die Philosophie der Religion II, S. 76.

28 Bockenheimer, Hegels Familien- und Geschlechtertheorie, S. 164.

29 Ebd., S. 169.

30 Hegel, Werke, Bd. 15: Vorlesungen über die Ästhetik III, S. 550.

31 Ebd., Bd. 14: Vorlesungen über die Ästhetik II, S. 60.

32 Ebd., Bd. 4: Nürnberger und Heidelberger Schriften 1808–1817, S. 557.

33 Wir halten uns an die Namen in der Übersetzung Hölderlins und an diese,
«Antigonae», in: Hölderlin, Sämtliche Werke und Briefe, Bd. II, S. 317–376.

34 Hegel, Werke, Bd. 7: Grundlinien der Philosophie des Rechts, § 168.

35 Hölderlin, Sämtliche Werke und Briefe, Bd. II, S. 325, Vers 193.

36 Ebd., Vers 201.

37 Ebd., S. 326, Vers 221 f.

38 Ebd., S. 337, Vers 542.

39 Ebd., S. 352, Vers 948.

40 Ebd., S. 337, Vers 546.

41 Hegel, Werke, Bd. 3: Phänomenologie des Geistes, S. 329.

42 Volker Reinhardt, Die Borgia. Geschichte einer unheimlichen Familie,
München 2011, Kap. 13.

43 Hegel, Werke, Bd. 3: Phänomenologie des Geistes, S. 331.

44 Jacques Derridas Deutung, die weibliche Bestattung unterdrücke eine
Begierde nach kannibalistischer Aneignung des Leichnams (ders., Glas,
S. 162 f.), ist eine durch archäologische Forschungen angeregte Phantasie,
für die es aber in der Polis und der Tragödie keinen Anhaltspunkt gibt.

45 Hegel, Werke, Bd. 3: Phänomenologie des Geistes, S. 336. Vgl. Stekeler, Hegels Phänomenologie des Geistes, Bd. 2: Geist und Religion, S. 175.

46 Bockenheimer, Hegels Familien- und Geschlechtertheorie, S. 369 ff.

47 Hegel an Niethammer, 4. Oktober 1809, in: Hegel, Briefe, Bd. I, S. 297.

48 Hegel, Werke, Bd. 7: Grundlinien der Philosophie des Rechts, § 162, S. 311.

49 Christiane Hegel an Hegel, 15. Januar 1799, in: Hegel, Briefe, Bd. I, S. 58.

50 Birkert, Hegels Schwester. Die folgende Darstellung ist, was die Tatsachen,
aber auch viele Deutungen angeht, eine Zusammenfassung ihrer For-
schungsergebnisse.

51 Rosenkranz, Georg Wilhelm Friedrich Hegel's Leben, S. 425.

52 Birkert, Hegels Schwester, S. 64 ff.

53 Hölderlin an Neuffer, 21./23. Juli 1793, in: Hölderlin, Sämtliche Werke und Briefe, Bd. II, S. 499.

54 Hans-Christian Lucas, «Die Schwester im Schatten. Bemerkungen zu Hegels Schwester Christiane», in: Christoph Jamme/Otto Pöggeler (Hrsg.), «O Fürstin der Heimath! Glükliches Stutgard». Politik, Kultur und Gesellschaft im deutschen Südwesten um 1800, Stuttgart 1988, S. 284–306, meint hingegen (S. 296), der Adressat der Kassiber sei Viktor Hauff gewesen, der inhaftierte Sekretär der Landstände. Ein Hauff jedenfalls war es.

55 Birkert, Hegels Schwester, S. 159 f.

56 Hegel an Christiane Hegel, 9. April 1814, in: Hegel, Briefe, Bd. II, S. 19.

57 Christiane Hegel an Hegel, November 1815, in: ebd., S. 58.

58 Hegel an Christiane Hegel, 26. Juli 1817, in: ebd., S. 167.

59 Birkert, Hegels Schwester, S. 218.

60 Hegel an Göritz, 19. März 1820, in: Hegel, Briefe, Bd. II, S. 225.

61 Birkert, Hegels Schwester, S. 253.

62 Das Folgende nach ebd., S. 293–307.

63 Ebd., S. 262.

64 Wilhelm Raimund Beyer, «Aus Hegels Familienleben. Die Briefe der Susanne von Tucher an ihre Tochter Marie Hegel», in: Hegel-Jahrbuch 1966 und 1967, S. 52–101 und S. 114–137.

65 Hegel an Frommann, 19. April 1817, in: Hegel, Briefe, Bd. II, S. 155.

66 Hegel an Frommann, 8. April 1822, in: ebd., S. 306 f., 318.

67 Ebd., Bd. III, S. 435.

68 Ludwig Fischer an Ebert, 11. Juli 1825, in: ebd., Bd. IV/1, S. 238.

69 Zit. nach Birkert, Hegels Schwester, S. 307.

SECHZEHNTES KAPITEL

1 Heinrich Heine, «Gemäldeausstellung in Paris 1831», in: ders., Sämtliche Schriften, Bd. 5: 1831–1837, S. 29–73, hier S. 72 f.

2 Ders., «Die deutsche Literatur», in: ebd., Bd. 1: 1817–1840, S. 444–456, hier S. 445 ff.

3 Ders., «Gemäldeausstellung», in: ebd., Bd. 5: 1831–1837, S. 72.

4 Ders., «Die romantische Schule» (1835), in: ebd., S. 357–504, hier S. 393.

5 Ebd., S. 394 ff.

6 Ders., «Geständnisse», in: ebd., Bd. 11: 1851–1855, S. 443–501.

7 Hegel, Werke, Bd. 13: Vorlesungen über die Ästhetik I, S. 49.

8 Ebd., S. 175 f.; vgl. Jaeschke, Hegel-Handbuch, S. 426.

9 Ebd., S. 484 f.

10 Ebd., S. 35.

11 Ebd., S. 206.

12 Vgl. Robert B. Pippin, «Ästhetik ohne Ästhetik. Zu Hegels Philosophie der Kunst», in: ders., Die Aktualität des Deutschen Idealismus, Berlin 2016, S. 350–382.

13 Hegel, Werke, Bd. 13: Vorlesungen über die Ästhetik I, S. 17.

14 Ebd., S. 20.

15 Ebd., S. 141 f.

16 Die Studien von Annemarie Gethmann-Siefert, etwa «Ästhetik oder Philosophie der Kunst. Die Nachschriften und Zeugnisse zu Hegels Berliner Vorlesungen», in: Hegel-Studien 26 (1991), S. 92–110, die auf Zutaten insbesondere des Nachschreibers Heinrich Gustav Hotho hinweisen, lassen vermutlich aber nicht den Schluss zu, dass wir einen massiv inauthentischen Text vor uns haben.

17 Hegel, Werke, Bd. 10: Enzyklopädie der philosophischen Wissenschaften III, S. 366 ff.; vgl. ebd., Bd. 14: Vorlesungen über die Ästhetik II, S. 237: «Das Göttliche an und für sich [ist] Gegenstand der Kunst.»

18 Ebd., Bd. 8: Enzyklopädie der philosophischen Wissenschaften I, S. 369.

19 Ebd., Bd. 13: Vorlesungen über die Ästhetik I, S. 135.

20 Ebd., S. 136 f.

21 Emil Angehrn, «Kunst und Schein. Ideengeschichtliche Überlegungen im Ausgang von Hegel», in: Hegel-Studien 24 (1989), S. 125–157, hier S. 128.

22 Platon, Politeia, Buch X, 595a–608b.

23 Für einen seltenen Versuch, das zu beantworten, vgl. Barbara Herrnstein-Smith, «Poetry as Fiction», in: dies., On the Margins of Discourse. The Relation of Literature to Language, Chicago 1983, S. 14–40.

24 Aristoteles, Poetik 1451 a37–b7; Platon, Politeia, Buch X, 602b.

25 Kant, Kritik der Urteilskraft, in: ders., Gesammelte Schriften, Bd. V, § 45.

26 Schönheitsoperationen sind einer von vielen Beweisen dafür.

27 Hegel, Werke, Bd. 13: Vorlesungen über die Ästhetik I, S. 80 f.

28 Ebd., S. 155.

29 Zuletzt Pippin, «Ästhetik ohne Ästhetik, S. 355.

30 Hegel, Werke, Bd. 13: Vorlesungen über die Ästhetik I, S. 141.

31 Ebd., S. 131.

32 Ebd., S. 21.

33 Ebd., S. 60.

34 Ebd., S. 74.

35 Friedrich Creuzer, Symbolik und Mythologie der alten Völker, besonders der Griechen (1810), Leipzig 1822, S. 5.

36 Hegel, Werke, Bd. 13: Vorlesungen über die Ästhetik I, S. 408.

37 Ebd., S. 465.

38 Ebd., S. 19.
39 Hegel, Werke, Bd. 14: Vorlesungen über die Ästhetik II, S. 105.
40 Ebd., S. 354 ff., S. 357.
41 Ebd., S. 128.
42 Ebd., S. 237.
43 Ebd., S. 133 f.
44 Ebd., S. 222 ff.
45 Hegel, Werke, Bd. 15: Vorlesungen über die Ästhetik III, S. 135 f.
46 Ebd., S. 217.
47 Nicolin (Hrsg.), Hegel in Berichten seiner Zeitgenossen, S. 301.
48 Hegel, Werke, Bd. 13: Vorlesungen über die Ästhetik I, S. 123.
49 Ebd., S. 138.
50 Ebd., S. 113.
51 Ebd., Bd. 14: Vorlesungen über die Ästhetik II, S. 140 f.
52 Ebd., S. 221.
53 Ebd., S. 225 ff.
54 Ebd., S. 197.
55 Ebd., S. 238.
56 Thomas Carlyle, Sartor Resartus oder Leben und Meinungen des Herrn Teufelsdröckh, Zürich 1991.
57 Felix Mendelssohn Bartholdy, Briefe aus den Jahren 1830–1847, hrsg. von Paul und Carl Mendelssohn Bartholdy, Leipzig 1861 ff., Bd. 1: Reisebriefe aus den Jahren 1830–1832, S. 257.
58 Vgl. Dieter Henrich, «Zur Aktualität von Hegels Ästhetik», in: Hegel-Studien, Beiheft 11 (1974), S. 295–301, hier S. 297.
59 Hegel, Werke, Bd. 13: Vorlesungen über die Ästhetik I, S. 93–99; ebd., Bd. 14: Vorlesungen über die Ästhetik II, S. 231–242.
60 Ebd., S. 93 f.
61 Ebd., Bd. 14: Vorlesungen über die Ästhetik II, S. 238.

SIEBZEHNTES KAPITEL

1 Hölderlin, Sämtliche Werke und Briefe, Bd. I, S. 635.
2 Ebd., S. 149 f., 295 ff.
3 Hegel, Werke, Bd. 1: Frühe Schriften, S. 234 f.
4 Wolfgang Braungart, «Hyperions Melancholie», in: Valérie Lawitschka (Hrsg.), Christentum und Antike. Turm-Vorträge 3, Tübingen 1991, S. 111–140.
5 Immanuel Kant, Werke in zehn Bänden, hrsg. von Wilhelm Weischedel, Darmstadt 1983, Bd. 9, S. 31–50, hier S. 48 f.

6 Vgl. die Liste bei Rebecca Comay, Die Geburt der Trauer. Hegel und die Französische Revolution, übersetzt von Eva Ruda, Konstanz 2018, S. 40.

7 Schelling, Werke, 1. Hauptbd.: Jugendschriften 1793–1798, S. 385–397.

8 Ebd., S. 394.

9 Christophe Bouton, «Das Problem der ‹Machbarkeit von Geschichte› im Deutschen Idealismus», in: Alain Patrick Olivier/Elisabeth Weisser-Lohmann (Hrsg.), Kunst – Religion – Politik, München 2013, S. 419–430, hier S. 421.

10 Schelling, System des transzendentalen Idealismus, in: ders., Werke, 2. Hauptbd.: Schriften zur Naturphilosophie 1799–1801, S. 585.

11 Ebd., S. 590 ff.

12 Ebd., S. 595.

13 Reinhart Koselleck, «Über die Verfügbarkeit der Geschichte» (1977), in: ders., Vergangene Zukunft. Zur Semantik geschichtlicher Zeiten, Frankfurt am Main 1989, S. 260–277, hier S. 262.

14 Schelling, System des transzendentalen Idealismus, in: ders., Werke, 2. Hauptbd., S. 602.

15 Vgl. Jähnig, Schelling, Bd. 1: Schellings Begründung von Natur und Geschichte, S. 94 ff.

16 Zit. nach Comay, Die Geburt der Trauer, S. 38.

17 Hegel, Werke, Bd. 12: Vorlesungen über die Philosophie der Geschichte, S. 32.

18 Clemens Theodor Perthes, Friedrich Perthes' Leben nach dessen schriftlichen und mündlichen Mitteilungen, Bd. 2, Gotha 1872, S. 240 f.; vgl. Reinhart Koselleck, «Das 19. Jahrhundert – eine Übergangszeit», in: ders., Vom Sinn und Unsinn der Geschichte, Berlin 2010, S. 131–150, hier S. 132.

19 Die Quintessenz heißt so, weil sie das den vier Elementen – Feuer, Wasser, Erde und Luft – Gemeinsame enthalten soll. Für Aristoteles – Über den Himmel, I 3 – ist die fünfte Essenz der Äther, der leichteste Stoff, Geist. «Quintessenz aller Zeiten und Völker? das zeigt schon die Thorheit!», rief demgegenüber Johann Gottfried von Herder in seiner Schrift «Auch eine Philosophie der Geschichte zur Bildung der Menschheit» aus (Riga 1774, S. 46).

20 Friedrich Schiller, «Was heißt und zu welchem Ende studiert man Universalgeschichte?», in: ders., Sämtliche Werke, hrsg. von Peter-André Alt u. a., München 2008, Band IV, S. 749–767, hier S. 762.

21 Hegel, Werke, Bd. 12: Vorlesungen über die Philosophie der Geschichte, S. 21 f.

22 Hierzu Christoph V. Albrecht, Geopolitik und Geschichtsphilosophie 1748–1798, Berlin 1998, S. 151 ff.

23 David Brewer, The Greek War of Independence. The Struggle for Freedom from Ottoman Oppression, New York 2011, Kap. 16.

24 Heinrich von Kleist: «Germania an ihre Kinder» (1809), in: ders., Sämtliche Werke und Briefe, Bd. II, S. 507.

25 Hegel, Werke, Bd. 12: Vorlesungen über die Philosophie der Geschichte, S. 42.

26 Ebd., S. 35.

27 So Herder 1792 über den Blick aus Deutschland auf die Französische Revolution in seinen «Briefen zur Beförderung der Humanität», in: ders., Sämmtliche Werke, hrsg. von Bernhard Suphan, Berlin 1877 ff., Bd. 18, S. 1–356, hier S. 315.

28 Hegel an Schelling, 2. November 1800, in: Hegel, Briefe, Bd. I, S. 59 f.

29 Albert O. Hirschman, Leidenschaften und Interessen. Politische Begründungen des Kapitalismus vor seinem Sieg, Frankfurt am Main 1980, S. 45 ff., 61 ff., 141.

30 Hegel, Werke, Bd. 12: Vorlesungen über die Philosophie der Geschichte, S. 38.

31 Ebd., S. 46.

32 Ebd., S. 49.

33 Der Hinweis darauf bei Hans Friedrich Fulda, «List der Vernunft», in: Joachim Ritter/Karlfried Gründer (Hrsg.), Historisches Wörterbuch der Philosophie, Basel/Stuttgart 1971 ff., Bd. 5, S. 343, und ausführlich bei Walter Jaeschke, «Die List der Vernunft», in: Hegel-Studien 43 (2008), S. 87–102, dessen Analyse das Ergebnis hat, dass innerhalb von Hegels Geschichtsbegriff im strengen Sinne gar nicht von einer List der Vernunft gesprochen werden könne, weil die Vernunft keine zwecksetzende Person sei. Dem stehen allerdings Sätze wie «Gott regiert die Welt, der Inhalt seiner Regierung, die Vollführung seines Plans ist die Weltgeschichte» (Hegel, Werke, Bd. 12: Vorlesungen über die Philosophie der Geschichte, S. 53) entgegen.

34 Hegel, Werke, Bd. 6: Wissenschaft der Logik II, S. 452 f.

35 Vgl. Jürgen Kaube, Die Anfänge von allem, Berlin 2016, S. 180 ff.

36 Heinz Dieter Kittsteiner, Weltgeist, Weltmarkt, Weltgericht, München 2008, S. 19 ff.

37 Hegel, Werke, Bd. 7: Grundlinien der Philosophie des Rechts, § 289.

38 Ebd., § 340.

39 Hier wie an anderen Stellen auch konnte Hegel der Lektüre von Herders «Auch eine Philosophie der Geschichte zur Bildung der Menschheit» Anregungen entnehmen (S. 40).

40 Hegel, Werke, Bd. 12: Vorlesungen über die Philosophie der Geschichte, S. 156.

41 Ebd., S. 216.

42 Ebd., S. 278.

43 Ebd., S. 277 ff.

44 Ebd., S. 308 f., 404.

45 Ebd., S. 414.

46 Ebd., S. 538 f.

47 Anregungen bei Wolfgang Schivelbusch, Die Kultur der Niederlage. Der amerikanische Süden 1865, Frankreich 1871, Deutschland 1918, Berlin 2001.

48 Hegel an Duboc, 22. Dezember 1822, in: Hegel, Briefe, Bd. II, S. 367.

49 Wolfgang Franke, China und das Abendland, Göttingen 1962, S. 118.

50 Hegel, Werke, Bd. 12: Vorlesungen über die Philosophie der Geschichte, S. 415 ff.

51 Ebd., Bd. 7: Grundlinien der Philosophie des Rechts, § 347.

52 Ebd., Bd. 4: Nürnberger und Heidelberger Schriften 1808–1817, S. 64 f.

53 Ebd., Bd. 12: Vorlesungen über die Philosophie der Geschichte, S. 524.

54 Ebd., S. 529.

55 Georg Wilhelm Friedrich Hegel, Philosophie des Rechts. Vorlesung von 1819/20 in einer Nachschrift, hrsg. von Dieter Henrich, Frankfurt am Main 1983, S. 172.

56 Hegel an Niethammer, 29. August 1807, in: Hegel, Briefe, Bd. I, S. 185.

57 Franz Rosenzweig, Hegel und der Staat, 2 Bde., München 1920, Bd. II, S. 24.

58 Hegel an Niethammer, 29. April 1814, in: Hegel, Briefe, Bd. II, S. 28 f.

59 Hegel an Paulus, 18. April 1814, in: ebd., S. 23.

60 Hegel, Werke, Bd. 12: Vorlesungen über die Philosophie der Geschichte, S. 535.

61 Friedrich Engels/Karl Marx, Die heilige Familie, Berlin 1953, S. 211.

62 Theodor W. Adorno, Nachgelassene Schriften, hrsg. vom Theodor W. Adorno Archiv, Frankfurt am Main/Berlin 1993 ff., Abteilung IV: Vorlesungen, Bd. 13: Zur Lehre von der Geschichte und von der Freiheit (1964/65), S. 42 f.

63 Ders., Negative Dialektik, in: ders., Gesammelte Schriften, Frankfurt am Main 1970 ff., Bd. 6, S. 344.

64 Hegel, Werke, Bd. 12: Vorlesungen über die Philosophie der Geschichte, S. 109–114.

65 Ebd., S. 503.

66 Ebd., S. 46.

67 Vgl. Jacob Burckhardt, Weltgeschichtliche Betrachtungen, Berlin 1910, S. 216.

68 Hegel, Werke, Bd. 12: Vorlesungen über die Philosophie der Geschichte, S. 105.

ACHTZEHNTES KAPITEL

1 Zit. nach Juliane Jacobi, «Friedrich Schleiermachers ‹Idee zu einem Katechismus der Vernunft für edle Frauen›. Ein Beitrag zur Bildungsgeschichte als Geschlechtergeschichte», in: Zeitschrift für Pädagogik 46 (2000), S. 159–174, hier S. 172 f. (in Synopse mit den zehn Geboten abgedruckt).

2 Friedrich Schlegel, «Athenaeum»-Fragmente und andere frühromantische Schriften, Stuttgart 2018, S. 115 f.; dazu Jacobi, «Friedrich Schleiermachers ‹Idee zu einem Katechismus der Vernunft für edle Frauen›», S. 167 ff.

3 Friedrich Daniel Ernst Schleiermacher, Über die Religion. Reden an die Gebildeten unter ihren Verächtern (1799), Hamburg 1958, S. 1, 23, 28, 32, 38, 44.

4 Ebd., S. 69.

5 Hegel, Werke, Bd. 1: Frühe Schriften, S. 425.

6 Ebd., S. 220.

7 Ebd., S. 423. Wilhelm Dilthey hat als Erster auf diese Verbindung von Hegels Fragment zu Schleiermachers Schrift hingewiesen. Vgl. Wilhelm Dilthey, Die Jugendgeschichte Hegels (1905), in: ders., Gesammelte Schriften, Bd. IV, Stuttgart 1963, S. 149 f.

8 Ebd., S. 421.

9 Ebd., S. 220

10 Ebd., Bd. 2: Jenaer Schriften 1801–1807, S. 13.

11 Schleiermacher, Über die Religion, S. 30.

12 Hegel, Werke, Bd. 2: Jenaer Schriften 1801–1807, S. 391 f.

13 Schleiermacher, Über die Religion, S. 100.

14 Nicolin (Hrsg.), Hegel in Berichten seiner Zeitgenossen, S. 206.

15 Hegel, Werke, Bd. 2: Jenaer Schriften 1801–1807, S. 392 f.

16 Nicolin (Hrsg.), Hegel in Berichten seiner Zeitgenossen, S. 52.

17 Siehe Schleiermacher, Kritische Gesamtausgabe, Bd. I/2: Schriften aus der Berliner Zeit 1796–1799, S. 163–184.

18 Schleiermacher an Hegel, 16. November 1819, in: Hegel, Briefe, Bd. II, S. 221.

19 Friedrich Daniel Ernst Schleiermacher, Vertraute Briefe über Friedrich Schlegels «Lucinde», Lübeck 1800, S. 91–94.

20 Hegel, Werke, Bd. 7: Grundlinien der Philosophie des Rechts, S. 317.

21 So der Maler und Kunsthistoriker Ernst Förster, Bruder Friedrich Försters, Schwiegersohn Jean Pauls und in Berlin Anhänger Schleiermachers, in: seiner Erinnerung an das dortige Studium, in: Nicolin (Hrsg.), Hegel in Berichten seiner Zeitgenossen, S. 203–207.

22 Ebd., S. 183, 172.

23 Jaeschke, Hegel-Handbuch, S. 451 f.

24 Hegel an Daub, 9. Mai 1821, in: Hegel, Briefe, Bd. II, S. 262.

25 Vgl. Richard Crouter, «Hegel and Schleiermacher at Berlin. A Many-Sided

Debate», in: Journal of the American Academy of Religion 48 (1980),
S. 19–43, hier S. 36.

26 Hegel, Werke, Bd. 16: Vorlesungen über die Philosophie der Religion I,
S. 11.

27 Ebd., S. 18.

28 Ebd., S. 103.

29 Ebd., S. 24.

30 Hermann Friedrich Wilhelm Hinrichs, Die Religion im inneren Verhältnisse zur Wissenschaft, Heidelberg 1822, S. 21.

31 Hegel, Werke, Bd. 16: Vorlesungen über die Philosophie der Religion I,
S. 129.

32 Hinrichs, Die Religion, S. I, VIII, X. Vgl. Hegel, Werke, Bd. 16: Vorlesungen
über die Philosophie der Religion I, S. 129.

33 Friedrich Daniel Ernst Schleiermacher, Der christliche Glaube nach den
Grundsätzen der evangelischen Kirche im Zusammenhang dargestellt, Berlin ²1830, § 4.

34 Hinrichs, Die Religion, S. XI f.

35 Hegel, Werke, Bd. 16: Vorlesungen über die Philosophie der Religion I,
S. 102.

36 Jedenfalls wenn man glaubt, dass er die Blitze ablenkt und nicht anzieht.
Vgl. Bernd Hamacher, «Der Streit um die himmlische Herrschaft. Der erste
deutsche Blitzableiter in Hamburg 1770», in: Johann Anselm Steiger/Sandra
Richter (Hrsg.), Hamburg. Eine Metropolregion zwischen Früher Neuzeit
und Aufklärung, Berlin 2012, S. 337–347, hier bes. S. 341, und, mit größerem
Vertrauen in den Säkularisierungsschub, Heinz Dieter Kittsteiner, «Das
Gewissen im Gewitter», in: ders., Gewissen und Geschichte. Studien zur
Entstehung des moralischen Bewußtseins, Heidelberg 1990, S. 25–65.

37 Hegel, Werke, Bd. 16: Vorlesungen über die Philosophie der Religion I,
S. 43 f., 46, 48 f.

38 Ebd., S. 67, 94, 163.

39 Ebd., S. 69.

40 Ebd., S. 131.

41 Ebd., S. 175 f.

42 Ebd., S. 191.

43 Ebd., S. 174.

44 Ebd., Bd. 11: Berliner Schriften 1818–1831, S. 368 ff., und dazu Hoffmann,
Hegel, S. 480.

45 Hegel, Werke, Bd. 16: Vorlesungen über die Philosophie der Religion I,
S. 211.

46 Ebd., S. 279.

47 Ebd., Bd. 17: Vorlesungen über die Philosophie der Religion II, S. 51.

48 Ebd., S. 65.

49 Ebd., S. 53.

50 Ebd., S. 61.

51 Dazu Winfried Schröder, Athen und Jerusalem. Die philosophische Kritik am Christentum in Antike und Neuzeit, Stuttgart 2011, S. 138–190, sowie Marie Theres Fögen, Die Enteignung der Wahrsager. Studien zum kaiserlichen Wissensmonopol in der Spätantike, Frankfurt am Main 1997, S. 189–191.

52 Hegel, Werke 17: Vorlesungen über die Philosophie der Religion II, S. 61. Vgl. auch seine Bemerkung zu Wundern S. 196 f., unter Verweis auf Mt 7, 22 f.

53 Ebd., S. 71 ff.

54 Ebd., S. 73.

55 Vgl. Jaeschke, Hegel-Handbuch, S. 465 f.

56 Albert Chapelle, Hegel et la réligion, Bd. 1: La problématique, Paris 1964, S. 177 f.

57 Hegel, Werke, 17: Vorlesungen über die Philosophie der Religion II, S. 196.

58 Vgl. Michael Theunissen, Hegels Lehre vom absoluten Geist als theologisch-politischer Traktat, Berlin 1970, S. 216–290.

59 Hegel, Werke, Bd. 16: Vorlesungen über die Philosophie der Religion I, S. 147; ebd., Bd. 17: Vorlesungen über die Philosophie der Religion II, S. 276.

60 Ebd., Bd. 17: Vorlesungen über die Philosophie der Religion II, S. 277. Klassisch dazu Mary Douglas, Purity and Danger. An analysis of concepts of pollution and taboo, London 1966.

61 Ebd., S. 277.

62 Ebd., S. 289, 278.

63 Ebd., S. 291.

64 Ebd., Bd. 3: Phänomenologie des Geistes, S. 566.

65 Theunissen, Hegels Lehre vom absoluten Geist, S. 282, spricht davon, Hegel «kontaminiere» Ostern und Pfingsten.

66 Georg Wilhelm Friedrich Hegel, Das Leben Jesu. Harmonie der Evangelien nach eigener Übersetzung, Jena 1906.

67 Ders., Werke, Bd. 1: Frühe Schriften, S. 82, 96.

68 Ders., Das Leben Jesu, S. 13, 22, 16.

69 Ders., Werke, Bd. 17: Vorlesungen über die Philosophie der Religion II, S. 297.

70 Richard Rothe, Die Anfänge der Christlichen Kirche und ihrer Verfassung. Ein geschichtlicher Versuch, Erster Band, Wittenberg 1837, S. 85.

71 Hegel, Werke, Bd. 16: Vorlesungen über die Philosophie der Religion I, S. 237, 236.

72 Rothe, Die Anfänge der Christlichen Kirche und ihrer Verfassung, S. 85.

NEUNZEHNTES KAPITEL

1 Jean Paul, Blumen-, Frucht- und Dornenstücke oder Ehestand, Tod und Hochzeit des Armenadvokaten F. St. Siebenkäs, in: ders., Sämtliche Werke, Bd. I/2, S. 7–565, hier S. 266–271.

2 Hegel, Werke, Bd. 17: Vorlesungen über die Philosophie der Religion II, S. 348.

3 Ebd., S. 351.

4 Ebd., S. 353.

5 Ebd., S. 373.

6 Vgl. Art. «Gottesbeweis, historischer», in: Joachim Ritter/Karlfried Gründer (Hrsg.), Historisches Wörterbuch der Philosophie, Basel/Stuttgart 1971 ff., Bd. 3, Sp. 832.

7 Hegel, Werke, Bd. 17: Vorlesungen über die Philosophie der Religion II, S. 412.

8 Gottfried Wilhelm Leibniz, De rerum originatione radicali (1697), in: ders., Die philosophischen Schriften, hrsg. von Carl Immanuel Gerhardt, Hildesheim/New York 1978, Bd. VII, S. 302–308, hier S. 302.

9 Moses Mendelssohn, Morgenstunden oder Vorlesungen über das Daseyn Gottes, Berlin 1785, S. 193 ff., hier S. 195.

10 Hegel, Werke, Bd. 17: Vorlesungen über die Philosophie der Religion II, S. 415.

11 Ebd., S. 448.

12 Ebd., S. 453.

13 Ebd., S. 453 f.

14 Ebd., S. 431 f.

15 Ebd., S. 458.

16 Ebd., S. 474.

17 Als Indiziensammlung in diesem Beweisverfahren vgl. Barthold Heinrich Brockes, Irdisches Vergnügen in Gott, Bd. 2, Hamburg 1727, S. 86.

18 Hegel, Werke, Bd. 17: Vorlesungen über die Philosophie der Religion II, S. 503.

19 Ebd., S. 511.

20 Ebd., S. 516 f.

21 Ebd., Bd. 19: Vorlesungen über die Geschichte der Philosophie II, S. 554; Kant, Kritik der reinen Vernunft, 2. Auflage (B), S. 620 ff.

22 Ebd.

23 Vgl. Friedrich Hermanni, «Warum ist überhaupt etwas? Überlegungen zum kosmologischen und ontologischen Argument», in: Zeitschrift für philosophische Forschung 65 (2011), S. 28–47; Friedo Ricken (Hrsg.), Klassische Gottesbeweise in der Sicht der gegenwärtigen Logik und Wissenschafts-

theorie, Stuttgart 1991; Marco Olivetti (Hrsg.), L'argumento ontologico, Padua 1990; Jan Rohls, Theologie und Metaphysik. Der ontologische Gottesbeweis und seine Kritiker, Gütersloh 1987; Wolfgang Cramer, Gottesbeweise und ihre Kritik. Prüfung ihrer Beweiskraft, Frankfurt am Main 1967.

24 Zit. nach Anthony Kenny, «Anselm on the conceivability of God», in: ders., What is Faith? Essays in the Philosophy of Religion, Oxford 1992, S. 110–121.

25 Hegel, Werke, Bd. 19: Vorlesungen über die Geschichte der Philosophie II, S. 558.

26 Ebd., Bd. 17: Vorlesungen über die Philosophie der Religion II, S. 531.

27 Ebd., Bd. 5: Wissenschaft der Logik I, S. 55.

ZWANZIGSTES KAPITEL

1 Hegel, Werke, Bd. 7: Grundlinien der Philosophie des Rechts, S. 26.

2 Ebd., Bd. 17: Vorlesungen über die Philosophie der Religion II, S. 342 ff.

3 Ders., Die Philosophie des Rechts. Vorlesung von 1821/22, S. 220.

4 Ders., Werke, 17: Vorlesungen über die Philosophie der Religion II, S. 343.

5 Joachim Ritter, «Hegel und die französische Revolution» (1956), in: ders., Metaphysik und Politik, Frankfurt am Main 2003, S. 183–233, hier S. 195.

6 Hegel, Werke, Bd. 7: Grundlinien der Philosophie des Rechts, S. 347.

7 Ebd., S. 341.

8 Ebd., Bd. 12: Vorlesungen über die Philosophie der Geschichte, S. 538.

9 Ebd., S. 535.

10 Ebd., S. 114.

11 Sebastian Schmidt, «Armut und Arme in Stadt und Territorium der Frühen Neuzeit», in: Herbert Uerlings u. a. (Hrsg.), Armut. Perspektiven in Kunst und Gesellschaft, Darmstadt 2011, S. 120–129, hier S. 121; Mieck, «Von der Reformzeit zur Revolution», S. 417; Rüdiger Hachtmann, «‹Ein Magnet, der Armut anzieht›. Bevölkerungsexplosion und soziale Polarisierung in Berlin 1830 bis 1860», in: Ralph Pröve/Bernd Kölling (Hrsg.), Leben und Arbeiten auf märkischem Sand. Wege in die Gesellschaftsgeschichte Brandenburgs 1700–1914, Bielefeld 1999, S. 149–190, hier S. 189.

12 Hegel, Werke, Bd. 7: Grundlinien der Philosophie des Rechts, § 243.

13 Ders., Die Philosophie des Rechts. Vorlesung von 1821/22, S. 220.

14 Ders., Werke, Bd. 7: Grundlinien der Philosophie des Rechts, §§ 200, 241, 244.

15 Ebd., § 244.

16 Ders., Die Philosophie des Rechts. Vorlesung von 1821/22, S. 223 f.

17 Die Kritik an Hegel, er habe die Widersprüche der bürgerlichen Gesellschaft und ihres Staates treffend analysiert, aber das, was ist, als unverän-

derbar und «invariante Struktur der Politik, des Staates» geschildert – so Frank Ruda in seiner glänzenden Studie: Hegels Pöbel. Eine Untersuchung der Grundlinien der Philosophie des Rechts, Konstanz 2011, S. 260 –, hält nur die Grenzen zeitgebundener Erkenntnis fest, wie sie dann auch an der von Karl Marx hervorgetreten sind, der das Proletariat und gar das «aller Länder» als Träger «universellen Leidens», an dem «Unrecht schlechthin» verübt werde, als revolutionäre Kraft für die Lösung jener Widersprüche hielt. Die Arbeiterschaft erwies sich ihrerseits als «veränderbar» und insgesamt wenig an universellen Lösungen der Widersprüche interessiert.

18 Nicolin (Hrsg.), Hegel in Berichten seiner Zeitgenossen, S. 243.

19 Hegel, Werke, Bd. 5: Wissenschaft der Logik I, S. 15.

20 Ebd., S. 33 f.

21 Hegel an Zellmann, 23. Januar 1807, in: Hegel, Briefe, Bd. I, S. 137.

22 Hegel, Werke, Bd. 5: Wissenschaft der Logik I, S. 14.

23 Hegel an Niethammer, 9. Juni 1821, in: Hegel, Briefe, Bd. II, S. 271.

24 Hegel an Creuzer, Ende Mai 1821, in: ebd., S. 268.

25 Hegel an Altenstein, 6. Juni 1822, in: ebd., S. 312.

26 Nicolin (Hrsg.), Hegel in Berichten seiner Zeitgenossen, S. 257; vgl. Hegel, Werke, Bd. 12: Vorlesungen über die Philosophie der Geschichte, S. 48.

27 Ebd., S. 113.

28 Jean Paul, «Kleine Nachschule zur ästhetischen Vorschule», in: ders., Sämtliche Werke, Bd. I/5, S. 507 f.

29 Nicolin (Hrsg.), Hegel in Berichten seiner Zeitgenossen, S. 212.

30 Etwa auf der Grundlage solcher Argumente: Donald Davidson, «Actions, Reasons, and Causes», in: Journal of Philosophy LX (1963), S. 685–700; Georg Henrik von Wright, Erklären und Verstehen, übersetzt von Günter Grewendorf und Georg Meggle, Frankfurt am Main 1974; C. Wright Mills, «Situated Actions and Vocabularies of Motives», in: American Sociological Review 5 (1940), S. 904–913.

31 Die Rezension ist abgedruckt in Riedel (Hrsg.), Materialien zu Hegels Rechtsphilosophie, Bd. 1, S. 146–157, hier S. 156 f.; Rosenkranz, Georg Wilhelm Friedrich Hegel's Leben, S. 336 f.

32 Hanns Günther Reissner, Eduard Gans. Ein Leben im Vormärz, Tübingen 1965, S. 42 ff.

33 Friedrich Carl von Savigny, «Stimmen für und wider neue Gesetzbücher», in: Zeitschrift für geschichtliche Rechtswissenschaft 3 (1816), S. 1–52, zit. nach dems., Vom Beruf unserer Zeit für Gesetzgebung und Rechtswissenschaft, Heidelberg 1840, S. 175.

34 Eduard Gans, Scholien zum Gajus, Berlin 1821, S. VIIf.

35 Siehe Hermann Klenner/Gerhard Oberkofler, «Savigny-Voten über Eduard Gans nebst Chronologie und Bibliographie», in: Topos 1 (1993), S. 123–148.

36 Nicolin (Hrsg.), Hegel in Berichten seiner Zeitgenossen, S. 214.

37 Zum ganzen Komplex informativ Micha Brumlik, Hegels Juden. Reformer, Sozialisten, Zionisten, Berlin 2019, dort zu Gans S. 75–87.

38 Weitere Details dieses Konflikts bei Johann Braun, «‹Schwan und Gans›: Zur Geschichte des Zerwürfnisses zwischen Friedrich Carl von Savigny und Eduard Gans», in: Juristenzeitung 34 (1979), S. 769–775.

39 Jacques D'Hondt, Hegel. Biographie, Paris 1998, S. 365–382.

40 Schleiermacher an Blanc, 20. Oktober 1824, in: Hegel, Briefe, Bd. III, S. 375.

41 Ebd.

42 Hermann von Keyserlingk, Erinnerungen und Begegnisse aus meinem seitherigen Leben, Altona 1839, S. 63 ff.

43 Ebd., S. 152.

44 Ebd., S. 190–196.

45 Hegel, Werke, Bd. 10: Enzyklopädie der philosophischen Wissenschaften III, S. 382.

46 Nicolin (Hrsg.), Hegel in Berichten seiner Zeitgenossen, S. 290 f.

47 Hegel, Werke, Bd. 12: Vorlesungen über die Philosophie der Geschichte, S. 454. Pinkard, Hegel, S. 529, nimmt darum an, Hegel habe das Mausargument in dieser Vorlesung gebracht, aber wenn Hotho wie Hegel es anders sehen, spricht viel dafür, dass es so war. Hegel übernahm oft Passagen von einer Vorlesung in die andere.

48 Ebd., Bd. 11: Berliner Schriften 1818–1831, S. 68 ff.

EINUNDZWANZIGSTES KAPITEL

1 Nicolin (Hrsg.), Hegel in Berichten seiner Zeitgenossen, S. 285.

2 Ebd., S. 316.

3 Hegel, Werke, Bd. 11: Berliner Schriften 1818–1831, S. 72–82.

4 Vgl. Moritz August Saphir, Dumme Briefe, Bilder und Chargen, Cypressen, Literatur- und Humoral-Briefe, München 1834, S. 19 ff.

5 Nicolin (Hrsg.), Hegel in Berichten seiner Zeitgenossen, S. 296.

6 Jean und Nicole Dhombres, Lazare Carnot, Paris 1997.

7 Hegel an seine Frau, 18. September 1822, in: Hegel, Briefe, Bd. II, S. 345.

8 Hegel an seine Frau, 18. September 1822, in: ebd., S. 352.

9 Ebd., S. 353.

10 Hegel an seine Frau, 8., 9., 10., 12. Oktober 1822, in: ebd, S. 357 ff.

11 Hegel, Werke, Bd. 20: Vorlesungen über die Geschichte der Philosophie III, S. 159.

12 «Berliner Antrittsrede», in: Hegel, Berliner Schriften (1818–1831), S. 44.

13 Karl Rosenkranz, Die Topographie des heutigen Paris und Berlin. Zwei Vorträge, Königsberg 1850, S. 51 f.

14 Ebd., S. 8. Vgl. Karlheinz Stierle, «Paris und Berlin. Zwei Hauptstädte des Wissens», in: Annemarie Gethmann-Siefert/Otto Pöggeler (Hrsg.), Kunsterfahrung und Kulturpolitik im Berlin Hegels, Nachdruck von 1983, Hamburg 2016, S. 83–114.

15 Ebd., S. 13, 47.

16 Hegel an seine Frau, 23. August 1827, in: Hegel, Briefe III, S. 179.

17 Hegel an seine Frau, 3. September 1827, in: ebd., S. 183.

18 Hegel an seine Frau, 9., 19. September 1827, in: ebd., S. 185 f., 189.

19 Hegel an seine Frau, 9. September 1827, in: ebd., S. 188.

20 Hegel an seine Frau, 20. September 1827, in: ebd., S. 192.

21 Friedrich von Raumer, Lebenserinnerungen und Briefwechsel, 2 Bde., Leipzig 1861, Bd. 2, S. 109, S. 227 f.

22 Ders., Briefe aus Paris und Frankreich im Jahre 1830, Leipzig 1831, Erster Teil, S. 26; ders., Lebenserinnerungen und Briefwechsel, Bd. 2, S. 222 ff.

23 Hegel an seine Frau, 30. September 1827, in: Hegel, Briefe, Bd. III, S. 197 f.

24 Hegel, Werke, Bd. 13: Vorlesungen über die Ästhetik I, S. 297 ff., 356.

25 Ebd., S. 210.

26 Nicolin (Hrsg.), Hegel in Berichten seiner Zeitgenossen, S. 271.

27 Vgl. Christoph Jamme, «Der ‹Prinz von Homburg› auf dem Hoftheater», in: Hegel in Berlin. Preußische Kulturpolitik und idealistische Ästhetik. Zum 150. Todestag des Philosophen, Berlin 1981, S. 73–78.

28 Hegel, Werke, Bd. 13: Vorlesungen über die Ästhetik I, S. 314 f., und Bd. 11: Berliner Schriften 1818–1831, S. 217 f.

29 Ebd., Bd. 11: Berliner Schriften 1818–1831, S. 205–275.

30 Karl Wilhelm Ferdinand Solger, Vorlesungen über Ästhetik, Leipzig 1829, S. 242 ff.

31 Hegel, Werke, Bd. 11: Berliner Schriften 1818–1831, S. 233.

32 Ebd., S. 214.

33 Andreas Arndt/Wolfgang Virmond, «Hegel und die ‹Gesetzlose Gesellschaft›», in: Hegel-Studien 20 (1985), S. 113–116.

34 Nicolin (Hrsg.), Hegel in Berichten seiner Zeitgenossen, S. 320 f.

35 Ebd., S. 345.

36 Ebd., S. 333.

37 Hegel, Werke, Bd. 20: Vorlesungen über die Geschichte der Philosophie III, S. 423.

38 Ebd., Bd. 2: Jenaer Schriften 1801–1807, S. 25 f., 42.

39 Ebd., Bd. 20: Vorlesungen über die Geschichte der Philosophie III, S. 428.

40 Schelling ist, um das für Astrologen zu klären, an einem Freitag geboren worden, Hegel an einem Montag.

41 Hegel, Werke, Bd. 20: Vorlesungen über die Geschichte der Philosophie III, S. 439.

42 Friedrich Wilhelm Joseph Schelling, Zur Geschichte der neueren Philosophie, in: ders., Ausgewählte Werke, Schriften von 1813–1830, S. 283–482, hier S. 411 ff., 413, 420.

43 Hegel an seine Frau, 3. September 1829, in: Hegel, Briefe, Bd. III, S. 270.

44 Pinkard, Hegel, S. 622; Hegel, Werke, Bd. 14: Vorlesungen über die Ästhetik II, S. 190.

45 Schelling, Zur Geschichte der neueren Philosophie, in: ders, Ausgewählte Werke, Schriften von 1813–1830, S. 445.

46 Schelling an seine Frau, August 1829, in: Hegel, Briefe, Bd. III, S. 445.

47 Louis Chevalier, Classes laborieuses et classes dangereuses à Paris pendant la première moitié du XIXe siècle, Paris 1958, S. 444 ff.

48 Eugène Sue, Les Mystères de Paris, Paris 2016, S. 1.

49 Gans an Hegel, 5. August 1830, in: Hegel, Briefe, Bd. III, S. 310.

50 Nicolin (Hrsg.), Hegel in Berichten seiner Zeitgenossen, S. 431.

51 Zit. nach Sébastien Charléty, Histoire de la monarchie de Juillet (1830–1848), Paris 2018, S. 15 (zuerst 1921 erschienen).

52 Barthold Georg Niebuhr, Römische Geschichte, Zweiter Teil, Berlin 1830, S. V.

53 Nicolin (Hrsg.), Hegel in Berichten seiner Zeitgenossen, S. 333.

54 Rolf J. de Folter, «Van Ghert und der Hegelianismus in der Politik der Niederlande», in: Hegel-Studien 14 (1979), S. 243–277.

55 Rosenzweig, Hegel und der Staat, S. 503.

56 Hegel an Göschel, 13. Dezember 1830, in: Hegel, Briefe, Bd. III, S. 323.

57 Nicolin (Hrsg.), Hegel in Berichten seiner Zeitgenossen, S. 415.

58 Hegel, Werke, Bd. 12: Vorlesungen über die Philosophie der Geschichte, S. 534.

59 Ebd., Bd. 1: Frühe Schriften, S. 533.

60 Peter Wende u. a., «Anmerkungen zum historischen Umfeld der englischen Parlamentsreform des Jahres 1832», in: Christoph Jamme/Elisabeth Weiser-Lohmann (Hrsg.), Politik und Geschichte. Zu den Intentionen von Hegels «Reformbill»-Schrift, Bonn 1995, S. 17 ff.

61 Hegel, Werke, Bd. 7: Grundlinien der Philosophie des Rechts, §§ 254, 255, 256.

62 Ebd., Bd. 12: Vorlesungen über die Philosophie der Geschichte, S. 530.

63 Günter Lottes, «Hegels Schrift über die Reformbill im Kontext des deutschen Diskurses über Englands Verfassung im 19. Jahrhundert», in: Christoph Jamme/Elisabeth Weiser-Lohmann (Hrsg.), Politik und Geschichte. Zu den Intentionen von Hegels «Reformbill»-Schrift, Bonn 1995, S. 151–176, hier S. 158.

ZWEIUNDZWANZIGSTES KAPITEL

1 Stephanie J. Snow, «Death by Water. John Snow and Cholera in Nineteenth Century», in: Medical Historian 11 (1999), S. 5–19, hier S. 15.

2 Karl Rosenkranz, «Die Kirchhöfe», in: ders., Königsberger Skizzen, Zweite Abteilung, Danzig 1842, S. 80–93, hier S. 82.

3 Ludwig Geiger, Berlin 1688–1840. Geschichte des geistigen Lebens der preußischen Hauptstadt, 2 Bde., Berlin 1893 ff., Bd. 2, S. 234.

4 Hegel, Werke, Bd. 9: Enzyklopädie der philosophischen Wissenschaften II, § 371, S. 524.

5 John Snow, On the Mode of Communication of Cholera, London 1844, S. 6–9.

6 Ders., On the Mode of Communication of Cholera, 2. Auflage, London 1855, S. 38–44.

7 Nicht 1833, wie Pinkard, Hegel, S. 744, schreibt; Koch wurde erst 1843 geboren.

8 Zit. nach Thomas Stamm-Kuhlmann, «Die Cholera von 1831. Herausforderungen an Wissenschaft und staatliche Verwaltung», in: Sudhoffs Archiv 73 (1989), S. 176–189, hier S. 180.

9 Christoph Wilhelm Hufeland, «Schlußresultat», in: Journal der practischen Heilkunde 74.3 (1832), S. 3–10, hier S. 8 f. Und zuvor «Worüber streitet man. Was heißt Ansteckung. Was heißt Contagionist und Nichtcontagionist bei der Cholera», in: Journal der practischen Heilkunde, 74.1. (1832), S. 109–116; vgl. zur gesamten Debatte und ihren politischen Implikationen Olaf Briese, Angst in den Zeiten der Cholera. Über kulturelle Ursprünge des Bakteriums, Berlin 2003, S. 187 ff.

10 Hegel, Werke, Bd. 9: Enzyklopädie der philosophischen Wissenschaften II, § 371, S. 522.

11 Ebd., § 375, S. 535 ff.

12 Ders., Jenaer Systementwürfe III, S. 162.

13 Ders., Werke, Bd. 9: Enzyklopädie der philosophischen Wissenschaften II, § 258, S. 51.

14 Vgl. Hans Friedrich Fulda, Georg Wilhelm Friedrich Hegel, München 2003, S. 152.

15 Georges Canguilhem, «Der Beitrag der Bakteriologie zum Untergang der ‹medizinischen Theorien› im 19. Jahrhundert», in: ders., Wissenschaftsgeschichte und Epistemologie, übersetzt von Michael Bischoff, Frankfurt am Main 1979, S. 110–133, hier S. 114 f.

16 Nicolin (Hrsg.), Hegel in Berichten seiner Zeitgenossen, S. 436.

17 Heikki Lempa, Beyond the Gymnasium. Educating the Middle-class-Bodies in Classical Germany, Lanham 2007, S. 198.

18 Barbara Dettke, Die asiatische Hydra. Die Cholera von 1830/31 in Berlin und den preußischen Provinzen Posen, Preußen und Schlesien, Berlin 1995, S. 1–4.

19 Ebd., S. 169.

20 Matthew Gandy, «Das Wasser, die Moderne und der Niedergang der bakteriologischen Stadt», in: Leviathan 33 (2005), S. 522–543.

21 Dettke, Die asiatische Hydra, S. 178.

22 So der Petersburger Mediziner Jeremias Rudolf Lichtenstädt in: Die asiatische Cholera in Rußland in den Jahren 1830 und 1831. Nach russischen Aktenstücken und Berichten, Berlin 1832, S. 236. Auf diese Beobachtungen zum Zusammenhang von Hygiene und Cholera stützte sich auch Snow, On the Mode of Communication of Cholera, S. 10.

23 Nicolin (Hrsg.), Hegel in Berichten seiner Zeitgenossen, S. 437.

24 Hegel an Gans, 12. November 1831, in: Hegel, Briefe, Bd. III, S. 356.

25 Nicolin (Hrsg.), Hegel in Berichten seiner Zeitgenossen, S. 467.

26 Ebd., S. 466.

27 Ebd., S. 480.

28 Ebd., S. 457.

29 Pinkard, Hegel, S. 657 f.

30 Nicolin (Hrsg.), Hegel in Berichten seiner Zeitgenossen, S. 464.

31 Dettke, Die asiatische Hydra, S. 187 f.

32 Nicolin (Hrsg.), Hegel in Berichten seiner Zeitgenossen, S. 473, 484 f.

Literatur

Abert, Hermann: Niccolò Jommelli als Opernkomponist, Halle 1908.

Ackermann, Jakob Fidelis: Über die körperlichen Verschiedenheiten des Mannes vom Weibe außer den Geschlechtstheilen, Koblenz 1788.

Adorno, Theodor W.: Drei Studien zu Hegel, Frankfurt am Main 1974.

Adorno, Theodor W.: Negative Dialektik, in: ders., Gesammelte Schriften, Frankfurt am Main 1970 ff., Bd. 6.

Adorno, Theodor W.: Zur Lehre von der Geschichte und von der Freiheit (1964/65), in: ders., Nachgelassene Schriften, hrsg. vom Theodor W. Adorno Archiv, Frankfurt am Main/Berlin 1993 ff., Bd. 13.

Albrecht, Christoph V.: Geopolitik und Geschichtsphilosophie 1748–1798, Berlin 1998.

Alexis, Willibald: Isegrimm. Historischer Roman (1854), Berlin 2017.

Angehrn, Emil: «Kunst und Schein. Ideengeschichtliche Überlegungen im Ausgang von Hegel», in: Hegel-Studien 24 (1989), S. 125–157.

Aristoteles: Poetik, übersetzt und hrsg. von Manfred Fuhrmann, Stuttgart 1984.

Aristoteles: Über den Himmel, übersetzt und erläutert von Alberto Jori, Berlin 2009.

Aristoteles: Über die Seele. De anima, hrsg. von Horst Seidl, Hamburg 1995.

Arndt, Andreas: Art. «Unmittelbarkeit», in: Joachim Ritter/Karlfried Gründer (Hrsg.), Historisches Wörterbuch der Philosophie, Basel/Stuttgart 1971 ff., Bd. 11, S. 235–241.

Arndt, Andreas: «Schleiermacher und Hegel. Versuch einer Zwischenbilanz», in: Hegel-Studien 37 (2002), S. 55–68.

Arndt, Andreas/Wolfgang Virmond: «Hegel und die ‹Gesetzlose Gesellschaft›», in: Hegel-Studien 20 (1985), S. 113–116.

Art. «Gottesbeweis, historischer», in: Joachim Ritter/Karlfried Gründer (Hrsg.): Historisches Wörterbuch der Philosophie, Basel/Stuttgart 1971ff, Bd. 3. Sp. 832.

Athenaeum. Eine Zeitschrift, hrsg. von August Wilhelm und Friedrich Schlegel, Berlin 1798 ff.

Bataille, Georges: Lascaux oder Die Geburt der Kunst, übersetzt von Karl Georg Hemmerich, Stuttgart 1983.

Baum, Manfred/Kurt Meist: «Politik und Philosophie in der ‹Bamberger Zeitung›. Dokumente zu Hegels Redaktionstätigkeit 1807–1808», in: Hegel-Studien 10 (1975), S. 87–127.

Beck, Heinrich: «Weltvernunft und Sinnlichkeit. Hegel und Feuerbach in Bamberg», in: Zeitschrift für philosophische Forschung 29 (1975), S. 409–424.

Bennholdt-Thomsen, Anke: «Hegels Aufsatz: Wer denkt abstract?», in: Hegel-Studien 5 (1969), S. 165–199.

Betzendörfer, Walter: Hölderlins Studienjahre im Tübinger Stift, Heilbronn 1922.

Beyer, Wilhelm Raimund: «Aus Hegels Familienleben. Die Briefe der Susanne von Tucher an ihre Tochter Marie Hegel», in: Hegel-Jahrbuch 1966 und 1967, S. 52–101 und S. 114–137.

Beyer, Wilhelm Raimund: Zwischen Phänomenologie und Logik. Hegel als Redakteur der Bamberger Zeitung, Frankfurt am Main 1955.

Birkert, Alexandra: Hegels Schwester. Auf den Spuren einer ungewöhnlichen Frau um 1800, Ostfildern 2008.

Blumenberg, Hans: Phänomenologische Schriften 1981–1988, Berlin 2018.

Bockenheimer, Eva: Hegels Familien- und Geschlechtertheorie, Hamburg 2013.

Borges, Jorge Luis: «Die Bibliothek von Babel», in: ders., Gesammelte Werke, München 1980 ff., Bd. 3/I: Erzählungen 1935–1944, S. 145–154.

Bosse, Heinrich: Bildungsrevolution 1770–1830, Heidelberg 2012.

Bouton, Christophe: «Das Problem der ‹Machbarkeit von Geschichte› im Deutschen Idealismus», in: Alain Patrick Olivier/Elisabeth Weisser-Lohmann (Hrsg.), Kunst – Religion – Politik, München 2013, S. 419–430.

Braun, Johann: «‹Schwan und Gans›: Zur Geschichte des Zerwürfnisses zwischen Friedrich Carl von Savigny und Eduard Gans», in: Juristenzeitung 34 (1979), S. 769–775.

Braungart, Wolfgang: «Hyperions Melancholie», in: Valérie Lawitschka (Hrsg.), Christentum und Antike. Turm-Vorträge 3, Tübingen 1991, S. 111–140.

Brecht, Martin/Jörg Sandberger: «Hegels Begegnung mit der Theologie im Tübinger Stift. Eine neue Quelle für die Studienzeit Hegels», in: Hegel-Studien 5 (1969), S. 57–81.

Brewer, David: The Greek War of Independence. The Struggle for Freedom from Ottoman Oppression, New York 2011.

Briese, Olaf: Angst in den Zeiten der Cholera. Über kulturelle Ursprünge des Bakteriums, Berlin 2003.

Brockes, Barthold Heinrich: Irdisches Vergnügen in Gott, Bd. 2, Hamburg 1727.

Brown, George I.: Graf Rumford. Das abenteuerliche Leben des Benjamin Thompson, übersetzt von Anita Ehlers, München 2000.

Brumlik, Micha: Hegels Juden. Reformer, Sozialisten, Zionisten, Berlin 2019.

Brumlik, Micha: «Juden in Frankfurt um 1800 – Hegel und die Juden», in: Thomas Hanke/Thomas M. Schmidt (Hrsg.), Der Frankfurter Hegel in seinem Kontext, Frankfurt am Main 2013, S. 235–248.

Burckhardt, Jacob: Weltgeschichtliche Betrachtungen, Berlin 1910, S. 216.

Canguilhem, Georges: «Der Beitrag der Bakteriologie zum Untergang der ‹medizinischen Theorien› im 19. Jahrhundert», in: ders., Wissenschaftsgeschichte und Epistemiologie, übersetzt von Michael Bischoff, Frankfurt am Main 1979, S. 110–133.

Carlyle, Thomas: Sartor Resartus oder Leben und Meinungen des Herrn Teufelsdröckh, Zürich 1991.

Carové, Friedrich Wilhelm: Über die Ermordung Kotzebue's, Eisenach 1819.

Chapelle, Albert: Hegel et la réligion, Bd. 1: La problématique, Paris 1964.

Charléty, Sébastien: Histoire de la monarchie de Juillet (1830–1848), Paris 2018.

Chevalier, Louis: Classes laborieuses et classes dangereuses à Paris pendant la première moitié du XIXe siècle, Paris 1958.

Clément, Pierre Louis: Les Montgolfières. Leur invention. Leur évolution du XVIIIe à nos jours, Paris 1982.

Cramer, Wolfgang: Gottesbeweise und ihre Kritik. Prüfung ihrer Beweiskraft, Frankfurt am Main 1967.

Creuzer, Friedrich: «Philologie und Mythologie, in ihrem Stufengang und gegenseitigem Verhalten», in: Heidelbergische Jahrbücher der Literatur für Philologie, Historie, Literatur und Kunst 1 (1803) S. 3–24.

Creuzer, Friedrich: Symbolik und Mythologie der alten Völker, besonders der Griechen (1810), Leipzig 1822.

Crouter, Richard: «Hegel and Schleiermacher at Berlin. A Many-Sided Debate», in: Journal of the American Academy of Religion 48 (1980), S. 19–43.

D'Hondt, Jacques: Hegel. Biographie, Paris 1998.

Davidson, Donald: «Actions, Reasons, and Causes», in: Journal of Philosophy LX (1963), S. 685–700.

Denkschrift über den gegenwärtigen Zustand Deutschlands. Nach dem zu Aachen im Monate November 1818 erschienenen: «Mémoire sur l'état actuel de l'Allemagne», Frankfurt 1818.

Derrida, Jacques: Glas, übersetzt von Hans-Dieter Gondek, München 2006.

Dettke, Barbara: Die asiatische Hydra. Die Cholera von 1830/31 in Berlin und den preußischen Provinzen Posen, Preußen und Schlesien, Berlin 1995.

Dhombres, Jean und Nicole: Lazare Carnot, Paris 1997.

Dickey, Lawrence: Hegel. Religion, Economics, and the Politics of Spirit 1770–1807, Cambridge 1987.

Dietzsch, Steffen: «Nachwort», in: Kritisches Journal der Philosophie. 1802/1803, Leipzig 1981, S. 433–454.

Dilthey, Wilhelm: Die Jugendgeschichte Hegels (1905), in: ders., Gesammelte Schriften, Bd. IV., Stuttgart 1963.

Douglas, Mary: Purity and Danger. An analysis of concepts of pollution and taboo, London 1966.

Dumont, Louis: Homo Hierarchicus. The Caste System and its Implications, Chicago 1980.

Düsing, Klaus: «Hegels Vorlesungen an der Universität Jena: Manuskripte, Nachschriften, Zeugnisse», in: Hegel-Studien 26 (1991), S. 15–24.

Engel, Johann Jakob: «Denkschrift über Begründung einer großen Lehranstalt in Berlin» (1802), in: Ernst Müller (Hrsg.), Gelegentliche Gedanken über Universitäten, Leipzig 1990, S. 6–17.

Engels, Friedrich/Karl Marx: Die heilige Familie, Berlin 1953.

Fertig, Ludwig: Die Hofmeister. Ein Beitrag zur Geschichte des Lehrerstandes und der bürgerlichen Intelligenz, Darmstadt 1979.

Fichte, Johann Gottlieb: «Deduzierter Plan einer zu Berlin zu errichtenden höhern Lehranstalt, die in gehöriger Verbindung mit einer Akademie der Wissenschaften stehe» (1807), in: Ernst Müller (Hrsg.), Gelegentliche Gedanken über Universitäten, Leipzig 1990, S. 59–158.

Fichte, Johann Gottlieb: Einige Vorlesungen über die Bestimmung des Gelehrten, Leipzig 1794.

Fichte, Johann Gottlieb: Gesamtausgabe der Bayerischen Akademie der Wissenschaften, hrsg. von Reinhard Lauth u. a., Stuttgart-Bad Cannstatt 1962 ff.

Fichte, Johann Gottlieb: Reden an die deutsche Nation, Berlin 1808.

Fichte, Johann Gottlieb: Sämmtliche Werke, hrsg. von Immanuel Hermann Fichte, Berlin 1845 f.

Fichte, Johann Gottlieb: «Über den Grund unseres Glaubens an eine göttliche Weltordnung», Philosophisches Journal einer Gesellschaft Teutscher Gelehrter, Bd. VIII, Nr. 1 (1798), S. 1–20.

Fögen, Marie Theres: Die Enteignung der Wahrsager. Studien zum kaiserlichen Wissensmonopol in der Spätantike, Frankfurt am Main 1997.

Folter, Rolf J. de: «Van Ghert und der Hegelianismus in der Politik der Niederlande», in: Hegel-Studien 14 (1979), S. 243–277.

Fontane, Theodor: Briefe an Georg Friedländer, hrsg. von Kurt Schreinert, Heidelberg 1954.

Forberg, Friedrich Karl: «Entwickelung des Begriffs der Religion», in: Philosophisches Journal einer Gesellschaft Teutscher Gelehrter, Bd. VIII, Nr. 1 (1798), S. 21–46.

Förster, Eckart: Die 25 Jahre der Philosophie. Eine systematische Rekonstruktion, Frankfurt am Main 2018.

Förster, Friedrich: «Bemerkungen gegen die angebliche rechtliche Erörterung des Herrn von Kamptz, über die öffentliche Verbrennung von Druckschriften», in: Nemesis. Zeitschrift für Politik und Geschichte, 11. Bd., III. Stück (1818), S. 315–350.

Franke, Wolfgang: China und das Abendland, Göttingen 1962.

Freud, Sigmund: Neue Folge der Vorlesungen zur Einführung in die Psychoanalyse (1932/33), in: ders., Studienausgabe, Bd. 1, Frankfurt am Main 1980.

Fries, Jakob Friedrich: Über die Gefährdung des Wohlstandes und des Charakters der Deutschen durch die Juden, Heidelberg 1816.

Fulda, Hans Friedrich: Georg Wilhelm Friedrich Hegel, München 2003.

Fulda, Hans Friedrich: «List der Vernunft», in: Joachim Ritter/Karlfried Gründer (Hrsg.), Historisches Wörterbuch der Philosophie, Basel/Stuttgart 1971ff, Bd. 5, S. 343.

Gandy, Matthew: «Das Wasser, die Moderne und der Niedergang der bakteriologischen Stadt», in: Leviathan 33 (2005), S. 522–543.

Gans, Eduard: Scholien zum Gajus, Berlin 1821.

Garve, Christian: «Betrachtung einiger Verschiedenheiten in den Werken der ältesten und neuern Schriftsteller, besonders der Dichter», in: ders., Sammlung einiger Abhandlungen, Leipzig 1779.

Geiger, Ludwig: Berlin 1688–1840. Geschichte des geistigen Lebens der preußischen Hauptstadt, 2 Bde., Berlin 1893ff.

Gethmann-Siefert, Annemarie: «Ästhetik oder Philosophie der Kunst. Die Nachschriften und Zeugnisse zu Hegels Berliner Vorlesungen», in: Hegel-Studien 26 (1991), S. 92–110.

Goethe, Johann Wolfgang von: Briefe, Hamburger Ausgabe, hrsg. von Karl Robert Mandelkow, München 1988.

Goethe, Johann Wolfgang von: Werke. Hamburger Ausgabe, hrsg. von Erich Trunz, München 1998.

Görres, Joseph: Aphorismen über die Organonomie, Koblenz 1803.

Grawert, Rolf: «Der württembergische Verfassungsstreit 1815–1819», in: Christoph Jamme/Otto Pöggeler (Hrsg.), «O Fürstin der Heimath! Glückliches Stutgard». Politik, Kultur und Gesellschaft im deutschen Südwesten um 1800, Stuttgart 1988, S. 126–158.

Günther, Gotthart: «Schöpfung, Reflexion und Geschichte», in: ders., Beiträge zur Grundlegung einer operationsfähigen Dialektik, Hamburg 1980, S. 14–56.

Habermas, Jürgen: «Nachwort», in: Georg Wilhelm Friedrich Hegel, Politische Schriften, hrsg. von dems., Frankfurt am Main 1966, S. 343–370.

Hachtmann, Rüdiger: «‹Ein Magnet, der Armut anzieht›. Bevölkerungsexplosion und soziale Polarisierung in Berlin 1830 bis 1860», in: Ralph Pröve/Bernd Kölling (Hrsg.), Leben und Arbeiten auf märkischem Sand. Wege in die Gesellschaftsgeschichte Brandenburgs 1700–1914, Bielefeld 1999, S. 149–190.

Hagenbach, Karl Rudolf: Jakob Sarasin und seine Freunde. Ein Beitrag zur Literaturgeschichte, o. O. 1846.

Haller, Carl Ludwig von: Restauration der Staats-Wissenschaft oder Theorie des natürlich-geselligen Zustands, der Chimäre des künstlich-bürgerlichen entgegengesetzt, Winterthur 1816–1834.

Hamacher, Bernd: «Der Streit um die himmlische Herrschaft. Der erste deutsche Blitzableiter in Hamburg 1770», in: Johann Anselm Steiger/Sandra Richter (Hrsg.), Hamburg. Eine Metropolregion zwischen Früher Neuzeit und Aufklärung, Berlin 2012, S. 337–347.

Hardenberg, Karl Friedrich von: «Rigaer Denkschrift an den preußischen König Friedrich Wilhelm III», in: Georg Winter, Die Reorganisation des Preußischen Staates unter Stein und Hardenberg, Bd. 1, Leipzig 1931, S. 302 ff.

Harris, Henry Silton: Hegel's Development. Toward the Sunlight: 1770–1801, Oxford 1972.

Hasselhorn, Martin: Der altwürttembergische Pfarrstand im 18. Jahrhundert, Stuttgart 1958.

Haym, Rudolf: Hegel und seine Zeit. Vorlesungen über Entstehung und Entwicklung, Wesen und Werth der Hegel'schen Philosophie, Berlin 1857.

Hegel, Georg Wilhelm Friedrich: Berliner Schriften (1818–1831), hrsg. von Walter Jaeschke, Hamburg 1997.

Hegel, Georg Wilhelm Friedrich: Briefe von und an Hegel, 4 Bde., hrsg. von Johannes Hoffmeister und Friedhelm Nicolin, Hamburg 1952 ff.

Hegel, Georg Wilhelm Friedrich: Die Philosophie des Rechts. Vorlesung von 1821/22, hrsg. von Hansgeorg Hoppe, Frankfurt am Main 2005.

Hegel, Georg Wilhelm Friedrich: Dissertatio Philosophica de Orbitis Planetarum, Philosophische Erörterung über die Planentenbahnen, übersetzt, eingeleitet und kommentiert von Wolfgang Neuser, Weinheim 1986.

Hegel, Georg Wilhelm Friedrich: Gesammelte Werke, in Verbindung mit der Deutschen Forschungsgemeinschaft hrsg. von der Nordrhein-Westfälischen Akademie der Wissenschaften und der Künste, Hamburg 1968 ff.

Hegel, Georg Wilhelm Friedrich: Jenaer Systementwürfe III. Naturphilosophie und Philosophie des Geistes, hrsg. von Rolf-Peter Horstmann, Hamburg 1987.

Hegel, Georg Wilhelm Friedrich: Philosophie des Rechts. Vorlesung von 1819/20 in einer Nachschrift, hrsg. von Dieter Henrich, Frankfurt am Main 1983.

Hegel, Georg Wilhelm Friedrich: Werke in 20 Bänden, auf der Grundlage der Werke von 1832–1845 neu edierte Ausgabe, Redaktion Eva Moldenhauer und Karl Markus Michel, Frankfurt am Main 1986.

Heidegger, Martin: «Der Spruch des Anaximander», in: ders., Holzwege (1947), Frankfurt am Main 1994, S. 321–373.

Heine, Heinrich: Sämtliche Schriften in zwölf Bänden, hrsg. von Klaus Briegleb, München/Wien 1976.

Henrich, Dieter: Between Kant and Hegel. Lectures on German Idealism, Cambridge 2003.

Henrich, Dieter: Der Grund im Bewußtsein. Untersuchungen zu Hölderlins Denken (1794–1795), Stuttgart 1992.

Henrich, Dieter: Dies Ich, das viel besagt. Fichtes Einsicht nachdenken, Frankfurt am Main 2019.

Henrich, Dieter: Grundlegung aus dem Ich. Untersuchungen zur Vorgeschichte des Idealismus, Tübingen – Jena 1790–1794, 2 Bde., Frankfurt am Main 2004.

Henrich, Dieter: Hegel im Kontext, Neuauflage, Berlin 2010.

Henrich, Dieter: «Hegels Grundoperation. Eine Einführung in die ‹Wissenschaft der Logik›», in: Ute Guzzoni u. a. (Hrsg.), Der Idealismus und seine Gegenwart, Festschrift für Werner Marx zum 65. Geburtstag, Hamburg 1976, S. 208–230.

Henrich, Dieter: «Leutwein über Hegel. Ein Dokument zu Hegels Biographie», in: Hegel-Studien 3 (1965), S. 39–77.

Henrich, Dieter: Sein oder Nichts. Erkundungen um Samuel Beckett und Hölderlin, München 2016.

Henrich, Dieter: «Zur Aktualität von Hegels Ästhetik», in: Hegel-Studien, Beiheft 11 (1974), S. 295–301.

Henrich, Dieter/Willi Ferdinand Becker: «Fragen und Quellen zur Geschichte von Hegels Nachlaß», in: Zeitschrift für philosophische Forschung 35 (1981), S. 585–614.

Herder, Johann Gottfried: Auch eine Philosophie der Geschichte zur Bildung der Menschheit, Riga 1774.

Herder, Johann Gottfried: Briefe, das Studium der Theologie betreffend, 2., verbesserte Auflage, Weimar 1785.

Herder, Johann Gottfried: «Briefe zur Beförderung der Humanität», in: ders., Sämmtliche Werke, hrsg. von Bernhard Suphan, Berlin 1877 ff., Bd. 18, S. 1–356.

Herder, Johann Gottfried von: «Kalligone» (1800), in: ders., Sämmtliche Werke, Tübingen/Stuttgart 1805 ff., Abt. 3: Zur Philosophie und Geschichte, Teil 15.

Herder, Johann Gottfried: «Liebe und Selbstheit. Ein Nachtrag zum Briefe des Hr. Hemsterhuis über das Verlangen», in: ders., Zerstreute Blätter. Erste Sammlung, Gotha 1785, S. 309–346.

Hermanni, Friedrich: «Warum ist überhaupt etwas? Überlegungen zum kosmologischen und ontologischen Argument», in: Zeitschrift für philosophische Forschung 65 (2011), S. 28–47.

Hermes, Johann Timotheus: Sophiens Reise von Memel nach Sachsen, Worms 1776.

Herrnstein-Smith, Barbara: «Poetry as Fiction», in: dies., On the Margins of Discourse. The Relation of Literature to Language, Chicago 1983, S. 14–40.

Heyne, Christian Gottlob: «[Rezension zu] Der Hofmeister oder Vortheile der Privaterziehung», in: Göttingische Gelehrte Anzeigen, 81. Stück, 7. Juli 1774, S. 694–696.

Hinrichs, Hermann Friedrich Wilhelm: Die Religion im inneren Verhältnisse zur Wissenschaft, Heidelberg 1822.

Hintze, Otto: Die Hohenzollern und ihr Werk. Fünfhundert Jahre vaterländischer Geschichte, Berlin 1912.

Hirschman, Albert O.: Leidenschaften und Interessen. Politische Begründungen des Kapitalismus vor seinem Sieg, Frankfurt am Main 1980.

Hoffmann, E. T. A.: Briefwechsel, hrsg. von Friedrich Schnapp, München 1967 ff.

Hoffmann, E. T. A.: Meister Floh. Ein Mährchen in sieben Abenteuern zweier Freunde (1822), Berlin 2018.

Hoffmann, E. T. A.: Sämtliche Werke in sechs Bänden, hrsg. von Hartmut Steinecke und Wulf Segebrecht, Frankfurt am Main 1985 ff.

Hoffmann, Thomas Sören: Georg Wilhelm Friedrich Hegel. Eine Propädeutik, Wiesbaden 2015.

Hölderlin, Friedrich: Sämtliche Werke und Briefe, 3 Bde., hrsg. von Michael Knaupp, Darmstadt 1998.

Hotho, Heinrich Gustav: Vorstudien zu Leben und Kunst, Stuttgart 1835.

Hufeland, Christoph Wilhelm: «Schlußresultat», in: Journal der practischen Heilkunde 74.3 (1832), S. 3–10.

Hufeland, Christoph Wilhelm: «Worüber streitet man. Was heißt Ansteckung. Was heißt Contagionist und Nichtcontagionist bei der Cholera», in: Journal der practischen Heilkunde, 74.1. (1832), S. 109–116.

Humboldt, Wilhelm von: «Über die innere und äußere Organisation der höheren wissenschaftlichen Anstalten in Berlin», in: ders., Schriften zur Bildung, Stuttgart 2017, S. 152 ff.

Huyssen, Andreas: «Gesellschaftsgeschichte und literarische Form: J. M. R. Lenz' Komödie ‹Der Hofmeister›», in: Monatshefte 71 (1979), S. 131–144.

Hyppolite, Jean: Genèse et structure de la Phènoménologie de l'esprit de Hegel, Paris 1946.

Iselin, Isaak: «Über die Erziehung», in: ders., Vermischte Schriften, 2. Bde., Zürich 1770, S. 75–102.

Israel, Jonathan: Revolutionary Ideas. An Intellectual History of the French Revolution from the Rights of Men to Robespierre, Princeton, NJ 2014.

Jacobi, Friedrich Heinrich: «Aus Allwills Papieren», in: Teutscher Merkur 4 (1776), S. 229–262.

Jacobi, Friedrich Heinrich: Ueber das Unternehmen des Kritizismus, die Vernunft zu Verstande zu bringen, in: ders., Werke, hrsg. von Friedrich Roth und Friedrich Köppen, Leipzig 1812 ff., Bd. III., S. 59–195.

Jacobi, Friedrich Heinrich: Ueber die Lehre des Spinoza, in Briefen an Herrn Moses Mendelssohn, in: ders., Werke, hrsg. von Friedrich Roth und Friedrich Köppen, Leipzig 1812 ff., Bd. IV, 1. Abt.

Jacobi, Juliane: «Friedrich Schleiermachers ‹Idee zu einem Katechismus der Vernunft für edle Frauen›. Ein Beitrag zur Bildungsgeschichte als Geschlechtergeschichte», in: Zeitschrift für Pädagogik 46 (2000), S. 159–174.

Jähnig, Dieter: Schelling. Die Kunst in der Philosophie, 2 Bde., Pfullingen 1966.

Jaeschke, Walter: «Der Zauber der Entzauberung», in: Hegel-Jahrbuch 2004, Berlin 2004, S. 11–19.

Jaeschke, Walter: «Die List der Vernunft», in: Hegel-Studien 43 (2008), S. 87–102.

Jaeschke, Walter: «Die Vernünftigkeit des Gesetzes. Hegel und die Restauration im Streit um Zivilrecht und Verfassungsrecht», in: Hans-Christian Lucas/ Otto Pöggeler (Hrsg.), Hegels Rechtsphilosophie im Zusammenhang der europäischen Verfassungsgeschichte, Stuttgart 1986, S. 221–256.

Jaeschke, Walter: Hegel-Handbuch. Leben – Werk – Schule, Stuttgart/Weimar, ²2010.

Jaeschke, Walter: «Hegels Frankfurter Schriften», in: Thomas Hanke/Thomas M. Schmidt (Hrsg.), Der Frankfurter Hegel in seinem Kontext, Frankfurt am Main 2013, S. 31–50.

Jaeschke, Walter: «‹Um 1800› – Religionsphilosophische Sattelzeit der Moderne», in: Georg Essen/Christian Danz (Hrsg.), Philosophisch-theologische Streitsachen. Pantheismusstreit, Atheismusstreit, Theismusstreit, Darmstadt 2012, S. 7–92.

Jamme Christoph: «Der ‹Prinz von Homburg› auf dem Hoftheater», in: Hegel in Berlin. Preußische Kulturpolitik und idealistische Ästhetik. Zum 150. Todestag des Philosophen, Berlin 1981, S. 73–78.

Jamme, Christoph: «Ein ungelehrtes Buch». Die philosophische Gemeinschaft zwischen Hölderlin und Hegel in Frankfurt 1797–1800, Hamburg 2016.

Jeismann, Karl-Ernst: «Zur Bedeutung der ‹Bildung› im 19. Jahrhundert», in: ders./Peter Lundgreen (Hrsg.), Handbuch der deutschen Bildungsgeschichte, Bd. III: 1800–1870, München 1987, S. 1–21.

Kaiser, Thomas E./Dale K. Van Kley (Hrsg.): From Deficit to Deluge. The Origins of the French Revolution, Stanford, CA 2011.

Kant, Immanuel: Gesammelte Schriften, hrsg. von der Preußischen Akademie der Wissenschaften, Berlin 1900 ff.

Kant, Immanuel: Werke in zehn Bänden, hrsg. von Wilhelm Weischedel, Darmstadt 1983.

Kaube, Jürgen: Die Anfänge von allem, Berlin 2016.

Keller, Mechthild: «‹Agent des Zaren› – August von Kotzebue», in: dies. (Hrsg.), West-östliche Spiegelungen. Russen und Rußland aus deutscher Sicht und Deutsche und Deutschland aus russischer Sicht von den Anfängen bis zum 20. Jahrhundert, München 1985 ff., Bd. 3: 19. Jahrhundert. Von der Jahrhundertwende bis zu den Reformen Alexanders II., S. 119–130.

Kenny, Anthony: «Anselm on the conceivability of God», in: ders., What is Faith? Essays in the Philosophy of Religion, Oxford 1992, S. 110–121.

Keyserlingk, Hermann von: Erinnerungen und Begegnisse aus meinem seitherigen Leben, Altona 1839.

Kiesewetter, Hubert: Von Hegel zu Hitler, Hamburg 1974.

Kimmerle, Heinz: «Dokumente zu Hegels Jenaer Dozententätigkeit (1801–1807)», in: Hegel-Studien 4 (1967), S. 21–99.

Kittsteiner, Heinz Dieter: «Das Gewissen im Gewitter», in: ders., Gewissen und Geschichte. Studien zur Entstehung des moralischen Bewußtseins, Heidelberg 1990.

Kittsteiner, Heinz Dieter: Weltgeist, Weltmarkt, Weltgericht, München 2008.

Kleist, Heinrich von: Sämtliche Werke und Briefe, 3 Bde., hrsg. von Roland Reuß und Peter Staengle, München 2010.

Klenner, Hermann/Gerhard Oberkofler: «Savigny-Voten über Eduard Gans nebst Chronologie und Bibliographie», in: Topos 1 (1993), S. 123–148.

Koch, Anton Friedrich: «Sinnliche Gewißheit und Wahrnehmung. Die beiden ersten Kapitel der Phänomenologie des Geistes», in: Klaus Vieweg/Wolfgang Welsch (Hrsg.), Hegels Phänomenologie des Geistes. Ein kooperativer Kommentar zu einem Schlüsselwerk der Moderne, Frankfurt am Main 2008, S. 135–152.

Koller, Hans: «Theoros und Theoria», in: Glotta 36, Band 3/4 (1958), S. 273–286.

Kondylis, Panajotis: Die Entstehung der Dialektik. Eine Analyse der geistigen Entwicklung von Hölderlin, Schelling und Hegel bis 1802, Stuttgart 1979.

Köpke, Rudolf: Die Gründung der königlichen Friedrich-Wilhelms-Universität zu Berlin, Berlin 1860.

Koselleck, Reinhart: «Das 19. Jahrhundert – eine Übergangszeit», in: ders., Vom Sinn und Unsinn der Geschichte, Berlin 2010, S. 131–150.

Koselleck, Reinhart: «Über die Verfügbarkeit der Geschichte» (1977), in: ders., Vergangene Zukunft. Zur Semantik geschichtlicher Zeiten, Frankfurt am Main 1989, S. 260–277.

Kotzebue, August von: Das merkwürdigste Jahr meines Lebens, Berlin 1801.

Kotzebue, August von: Der hyperboreische Esel oder Die heutige Bildung. Ein drastisches Drama und philosophisches Lustspiel für Jünglinge, in Einem Akte, Leipzig 1799.

Kotzebue, August von: «Woher kommt es, daß ich so viele Feinde habe?», in: Aus August von Kotzebues hinterlassenen Papieren, Leipzig 1821, S. 67–104.

Krings, Hermann: Die Entfremdung zwischen Schelling und Hegel (1801–1807), Sitzungsberichte der Bayerischen Akademie der Wissenschaften. Philosophisch-historische Klasse, Jg. 1976, Heft 6, München 1977.

Kroner, Richard: Von Kant bis Hegel, 2 Bde., Tübingen 1921.

Kühn, Manfred: Johann Gottlieb Fichte. Ein deutscher Philosoph, München 2012.

Kunz, Kirsten Maria Christine: «Einleitung», in: Friedrich Daniel Ernst Schleiermacher, Kritische Gesamtausgabe, hrsg. von Günter Meckenstock, Berlin/New York 1980 ff., Bd. III/7: Predigten 1822–1823, S. XIX–LXIX.

Lacorte, Carmelo: Il primo Hegel, Florenz 1959.

La Harpe, Jean-François de: Philosophie du dix-huitième siècle (1797), Paris 1822.

Lambert, Johann Heinrich: Neues Organon oder Gedanken über die Erforschung und Bezeichnung des Wahren und dessen Unterscheidung vom Irrthum und Schein, Bd. 2, Leipzig 1764.

Lauth, Reinhard: «Über Fichtes Lehrtätigkeit in Berlin von Mitte 1799 bis Anfang 1805 und seine Zuhörerschaft», in: Hegel-Studien 15 (1980), S. 9–50.

Leibniz, Gottfried Wilhelm: De rerum originatione radicali (1697), in: ders., Die philosophischen Schriften, hrsg. von Carl Immanuel Gerhardt, Hildesheim/New York 1978, Bd. VII, S. 302–308.

Lempa, Heikki: Beyond the Gymnasium. Educating the Middle-class-Bodies in Classical Germany, Lanham 2007.

Lenz, Max: Geschichte der königlichen Friedrich-Wilhelms-Universität zu Berlin, 4 Bde., Halle 1910 ff.

Lichtenstädt, Jeremias Rudolf: Die asiatische Cholera in Rußland in den Jahren 1830 und 1831. Nach russischen Aktenstücken und Berichten, Berlin 1832.

Lietdtke, Rainer: Die industrielle Revolution, Wien 2012.

Lottes, Günter: «Hegels Schrift über die Reformbill im Kontext des deutschen Diskurses über Englands Verfassung im 19. Jahrhundert», in: Christoph Jamme/Elisabeth Weiser-Lohmann (Hrsg.), Politik und Geschichte. Zu den Intentionen von Hegels «Reformbill»-Schrift, Bonn 1995, S. 151–176.

Lucas, Hans-Christian/Udo Rameil: «Furcht vor der Zensur? Zur Entstehungs- und Druckgeschichte von Hegels Grundlinien der Philosophie des Rechts», in: Hegel-Studien 15 (1980), S. 63–93.

Lübbe, Hermann: «Tugendterror: Höhere Moral als Quelle politischer Gewalt», in: Totalitarismus und Demokratie 1 (2004), S. 203–217.

Lucas, Hans-Christian: «Die Schwester im Schatten. Bemerkungen zu Hegels Schwester Christiane», in: Christoph Jamme/Otto Pöggeler (Hrsg.), «O Fürstin der Heimath! Glükliches Stutgard». Politik, Kultur und Gesellschaft im deutschen Südwesten um 1800, Stuttgart 1988, S. 284–306.

Luhmann, Niklas: Die Wissenschaft der Gesellschaft, Frankfurt am Main 1990.

Martin, Alfred von: Geistige Wegbereiter des deutschen Zusammenbruchs: Hegel, Nietzsche, Spengler, Recklinghausen 1948.

Matthern, Pierre: «Kotzebue's Allgewalt». Literarische Fehde und politisches Attentat, Würzburg 2011.

Meier, Heinrich: Political Philosophy and the Challenge of Revealed Religion, Chicago 2017.

Mendelssohn Bartholdy, Felix: Briefe aus den Jahren 1830–1847, hrsg. von Paul und Carl Mendelssohn Bartholdy, Leipzig 1861 ff., Bd. 1: Reisebriefe aus den Jahren 1830–1832.

Mendelssohn, Moses: Morgenstunden oder Vorlesungen über das Daseyn Gottes, Berlin 1785.

Meusel, Johann Georg: Das gelehrte Teutschland oder Lexikon der jetztlebenden teutschen Schriftsteller, Lemgo ³1773.

Mieck, Ilja: «Preußen von 1807 bis 1850. Reformen, Restauration und Revolution», in: Otto Büsch (Hrsg.), Handbuch der Preußischen Geschichte, Bd. II, Berlin 1992, S. 3–292.

Mieck, Ilja: «Von der Reformzeit zur Revolution (1806–1847)», in: Wolfgang Ribbe (Hrsg.), Geschichte Berlins. Bd. 1: Von der Frühgeschichte bis zur Industrialisierung, München 1987, S. 405–456.

Miller, David Philip: The Life and Legend of James Watt. Collaboration, Natural Philosophy, and the Improvement of the Steam Engine, Pittsburgh, PA 2019.

Mills, C. Wright: «Situated Actions and Vocabularies of Motives», in: American Sociological Review 5 (1940), S. 904–913.

Murrmann-Kahl, Michael: «Der Pantheismusstreit», in: Georg Essen/Christian Danz (Hrsg.), Philosophisch-theologische Streitsachen, Darmstadt 2012, S. 93–134.

Neugebauer, Wolfgang: «Das Bildungswesen in Preußen seit der Mitte des 17. Jahrhunderts», in: Otto Büsch (Hrsg.), Handbuch der Preußischen Geschichte, Bd. II, Berlin 1992, S. 605–798.

Nicolai, Friedrich: Beschreibung einer Reise durch Deutschland und die Schweiz im Jahre 1781, Bd. 11, Berlin/Stettin 1796.

Nicolin, Friedhelm (Hrsg.): Der junge Hegel in Stuttgart. Aufsätze und Tagebuchaufzeichnungen 1785–1788, Stuttgart 1970.

Nicolin, Friedhelm: Auf Hegels Spuren. Beiträge zur Hegel-Forschung, Hamburg 1996.

Nicolin, Friedhelm: «‹meine liebe Vaterstadt Stuttgart …› Hegel und die schwäbische Metropole», in: Christoph Jamme/Otto Pöggeler (Hrsg.), «O Fürstin der Heimath! Glükliches Stutgard.» Politik, Kultur und Gesellschaft im deutschen Südwesten um 1800, Stuttgart 1988, S. 261–281.

Nicolin, Friedhelm: «Zum Titelproblem der Phänomenologie des Geistes. Zusammenfassende Darstellung des buchtechnischen Sachverhalts aufgrund eines neuaufgefundenen Originalexemplars», in: ders., Auf Hegels Spuren. Beiträge zur Hegel-Forschung, Hamburg 1996, S. 118–129.

Nicolin, Günther (Hrsg.): Hegel in Berichten seiner Zeitgenossen, Hamburg 1970.

Niebuhr, Barthold Georg: Römische Geschichte, Zweiter Teil, Berlin 1830.

Niethammer, Friedrich Immanuel: Der Streit des Philanthropinismus und des Humanismus in der Theorie des Erziehungs-Unterrichts unserer Zeit, Jena 1808.

Nietzsche, Friedrich: Unzeitgemäße Betrachtungen. Drittes Stück: Schopenhauer als Erzieher, in: ders., Werke in drei Bänden, hrsg. von Karl Schlechta, München 1954 ff., Bd. 1., S. 287–365.

Nohl, Hermann (Hrsg.): Hegels theologische Jugendschriften, Tübingen 1907.

Novalis, Schriften. Die Werke Friedrich von Hardenbergs, begründet von Paul Kluckhohn und Richard Samuel, hrsg. von Richard Samuel in Zusammenarbeit mit Hans-Joachim Mähl und Gerhard Schulz, Stuttgart u. a. 1960 ff.

Olivetti, Marco (Hrsg.): L'argumento ontologico, Padua 1990.

Pahl, Johann Gottfried: Ulrich Höllriegel. Kurzweilige und lehrreiche Geschichte eines Württembergischen Magisters aus dem Jahre 1802, hrsg. von Johannes Weber, Frankfurt am Main 1989.

Paul, Jean: Sämmtliche Werke, Berlin 1840 ff.

Paul, Jean: Sämtliche Werke, hrsg. von Norbert Miller, München/Wien 1959 ff.

Péguy, Charles: L'argent/Das Geld, übersetzt von Alexander Pschera, Berlin 2017.

Peitsch, Helmut: «Herders ‹Plastik› und Georg Forsters Griechenland», in: Zeitschrift für Religions- und Geistesgeschichte 57 (2005), S. 60–81.

Perthes, Clemens Theodor: Friedrich Perthes' Leben nach dessen schriftlichen und mündlichen Mitteilungen, Bd. 2, Gotha 1872.

Pinkard, Terry: Hegel. A Biography, Cambridge 2000.

Pippin, Robert B.: «Ästhetik ohne Ästhetik. Zu Hegels Philosophie der Kunst», in: ders., Die Aktualität des Deutschen Idealismus, Berlin 2016, S. 350–382.

Pippin, Robert B.: «Die Logik der Negation bei Hegel», in: ders., Die Aktualität des Deutschen Idealismus, Berlin 2016, S. 191–219.

Pippin, Robert B.: Hegel's Realm of Shadows. Logic as Metaphysics in «The Science of Logic», Chicago/London 2019.

Pippin, Robert B.: Hegel on Self-Consciousness. Desire and Death in the Phenomenology of Spirit, Princeton, NJ 2011.

Platon: Kratylos, in: ders., Werke in acht Bänden, übersetzt von Friedrich Schleiermacher, hrsg. von Gunther Eigler, Darmstadt 1970 ff., Bd. 3, S. 395–575.

Platon: Politeia, ders., Werke in acht Bänden, übersetzt von Friedrich Schleiermacher, hrsg. von Gunther Eigler, Darmstadt 1974 ff., Bd. 4.

Platon: Symposion, in: ders., Werke in acht Bänden, übersetzt von Friedrich Schleiermacher, hrsg. von Gunther Eigler, Darmstadt 1974, Bd. 3, S. 209–393.

Pöggeler, Otto: «Hegel und Heidelberg», in: Hegel-Studien 6 (1971), S. 65–133.

Popper, Karl Raimund: The Open Society and its Enemies, Bd. 2: The High Tide of Prophecy: Hegel, Marx and the Aftermath (1945), London 2011.

Rabener, Gottlieb Wilhelm: Sämmtliche Schriften, 6 Bde., Leipzig 1777.

Raumer, Friedrich von: Briefe aus Paris und Frankreich im Jahre 1830, Leipzig 1831.

Raumer, Friedrich von: Lebenserinnerungen und Briefwechsel, 2 Bde. Leipzig 1861.

Reinhardt, Volker: Die Borgia. Geschichte einer unheimlichen Familie, München 2011.

Ritter, Joachim: «Hegel und die französische Revolution» (1956), in: ders., Metaphysik und Politik, Frankfurt am Main 2003, S. 183–233.

Reimarus, Hermann Samuel: Apologie oder Schutzschrift für die vernünftigen Verehrer Gottes, 2 Bde., hrsg. von Gerhard Alexander, Frankfurt am Main 1972.

Reissner, Hanns Günther: Eduard Gans. Ein Leben im Vormärz, Tübingen 1965.

Ricken, Friedo (Hrsg.): Klassische Gottesbeweise in der Sicht der gegenwärtigen Logik und Wissenschaftstheorie, Stuttgart 1991.

Riedel, Manfred (Hrsg.): Materialien zu Hegels Rechtsphilosophie, 2 Bde., Frankfurt am Main 1975.

Ripalda, José Maria: «Aufklärung beim frühen Hegel», in: Christoph Jamme/ Helmut Schneider (Hrsg.), Der Weg zum System. Materialien zum jungen Hegel, Frankfurt am Main 1990, S. 112–129.

Ripalda, José Maria: «Poesie und Politik beim frühen Hegel», in Hegel-Studien 8 (1973), S. 91–118.

Rogerson, John W.: W. M. L. de Wette. Founder of Modern Biblical Criticism. An Intellectual Biography, Sheffield, 1992.

Rohls, Jan: Theologie und Metaphysik. Der ontologische Gottesbeweis und seine Kritiker, Gütersloh 1987.

Rorty, Richard: Der Spiegel der Natur. Eine Kritik der Philosophie, übersetzt von Michael Gebauer, Frankfurt am Main 1997.

Rosenkranz, Karl: «Die Kirchhöfe», in: ders., Königsberger Skizzen, Zweite Abteilung, Danzig 1842, S. 80–93.

Rosenkranz, Karl: Die Topographie des heutigen Paris und Berlin. Zwei Vorträge, Königsberg 1850.

Rosenkranz, Karl: Georg Wilhelm Friedrich Hegel's Leben, Berlin 1844.

Rosenzweig, Franz: Der Stern der Erlösung (1921), Frankfurt am Main 1988.

Rosenzweig, Franz: Hegel und der Staat, 2 Bde., München 1920.

Rosenzweig, Franz: Hegel und der Staat (1920), hrsg. von Frank Lachmann, Berlin 2010.

Roth, Ralf: Die Herausbildung einer modernen bürgerlichen Gesellschaft. Geschichte der Stadt Frankfurt am Main, Bd. 3: 1789–1866, Ostfildern 2013.

Rothe, Richard: Die Anfänge der Christlichen Kirche und ihrer Verfassung. Ein geschichtlicher Versuch, Erster Band, Wittenberg 1837.

Rottmanner, Karl: Kritik der Rede Jacobi's, Landshut ²1808.

Rousseau, Jean-Jacques: Emil oder Über die Erziehung, übersetzt von Ludwig Schmidts, Paderborn 1978.

Rousseau, Jean-Jacques: Emile oder Von der Erziehung, München 1979.

Rousseau, Jean-Jacques: Vom Gesellschaftsvertrag, in: ders., Sozialphilosophische und Politische Schriften, München 1981.

Ruda, Frank: Hegels Pöbel. Eine Untersuchung der Grundlinien der Philosophie des Rechts, Konstanz 2011.

Russell, Ben: James Watt. Making the World Anew, London 2014.

Saphir, Moritz August: Dumme Briefe, Bilder und Chargen, Cypressen, Literatur- und Humoral-Briefe, München 1834.

Savigny, Friedrich Carl von: «Stimmen für und wider neue Gesetzbücher», in: Zeitschrift für geschichtliche Rechtswissenschaft 3 (1816), S. 1–52.

Savigny, Friedrich Carl von: Vom Beruf unserer Zeit für Gesetzgebung und Rechtswissenschaft, Heidelberg 1814.

Savigny, Friedrich Carl von: Vom Beruf unserer Zeit für Gesetzgebung und Rechtswissenschaft, Heidelberg 1840.

Schelling, Friedrich Wilhelm Joseph: Ausgewählte Werke, Darmstadt 1966 ff.

Schelling, Friedrich Wilhelm Joseph: Philosophie und Religion, Tübingen 1804.

Schelling, Friedrich Wilhelm Joseph: Sämmtliche Werke, hrsg. von Karl Friedrich August Schelling, Stuttgart/Augsburg 1856 ff.

Schelling, Friedrich Wilhelm Joseph: Werke, hrsg. von Manfred Schröter, München 1927 ff.

Schiller, Friedrich: Sämtliche Werke, hrsg. von Peter-André Alt u. a., München 2008.

Schivelbusch, Wolfgang: Die Kultur der Niederlage. Der amerikanische Süden 1865, Frankreich 1871, Deutschland 1918, Berlin 2001.

Schlegel, August Wilhelm: Ehrenpforte und Triumphbogen für den Theater-Präsidenten von Kotzebue bey seiner gehofften Rückkehr ins Vaterland. Mit Musik. Gedruckt zu Anfange des neuen Jahrhunderts (1801), o.O. 1801.

Schlegel, Friedrich: «Athenaeum»-Fragmente und andere frühromantische Schriften, Stuttgart 2018.

Schlegel, Friedrich: «Schiller, ‹Musenalmanach für das Jahr 1796›», in: Deutschland 2 (1796), 6. Stück, Nr. 3, S. 348–360.

Schleiermacher, Friedrich Daniel Ernst: Der christliche Glaube nach den Grundsätzen der evangelischen Kirche im Zusammenhang dargestellt, Berlin ²1830.

Schleiermacher, Friedrich Daniel Ernst: Gelegentliche Gedanken über Universitäten in deutschem Sinn. Nebst einem Anhang über eine neu zu errichtende, Berlin 1808.

Schleiermacher, Friedrich Daniel Ernst: Kritische Gesamtausgabe, hrsg. von Günter Meckenstock, Berlin/New York 1980 ff.

Schleiermacher, Friedrich Daniel Ernst: Über die Religion. Reden an die Gebildeten unter ihren Verächtern (1799), Hamburg 1958.

Schleiermacher, Friedrich Daniel Ernst: Vertraute Briefe über Friedrich Schlegels «Lucinde», Lübeck 1800.

Schmidt, Sebastian: «Armut und Arme im Stadt und Territorium der Frühen Neuzeit», in: Herbert Uerlings u. a. (Hrsg.), Armut. Perspektiven in Kunst und Gesellschaft, Darmstadt 2011, S. 120–129.

Schöllkopf, Wolfgang: «‹Stimmung äußerst democratisch›. Die Nachbarn Evangelisches Stift und Burse in Tübingen zur Zeit der Französischen Revolution», in: Zeitschrift für Theologie und Kirche 100 (2003), S. 199–224.

Schröder, Winfried: Athen und Jerusalem. Die philosophische Kritik am Christentum in Antike und Neuzeit, Stuttgart 2011.

Schwegler, Albert: «Erinnerungen an Hegel», in: Zeitschrift für die elegante Welt 1839, S. 142b–143b, 146b–147b.

Siep, Ludwig: Der Weg der «Phänomenologie des Geistes». Ein einführender Kommentar zu Hegels «Differenzschrift» und zur «Phänomenologie des Geistes», Frankfurt am Main 2000.

Simplicius: In Aristotelis physicorum libros quattuor posteriores commentaria, Berlin 1895.

Snow, John: On the Mode of Communication of Cholera, London 1844.

Snow, John: On the Mode of Communication of Cholera, London ²1855.

Snow, Stephanie J.: «Death by Water. John Snow and Cholera in Nineteenth Century», in: Medical Historian 11 (1999), S. 5–19.

Solger, Karl Wilhelm Ferdinand: Vorlesungen über Ästhetik, Leipzig 1829.

Spiegel, Hermes: Zur Entstehung der Hegelschen Philosophie – Frühe Denkmotive. Die Stuttgarter Jahre 1770–1788, Frankfurt am Main 2001.

Stamm-Kuhlmann, Thomas: «Die Cholera von 1831. Herausforderungen an Wissenschaft und staatliche Verwaltung», in: Sudhoffs Archiv 73 (1989), S. 176–189.

Steffens, Henrich: Grundzüge der philosophischen Naturwissenschaft, Berlin 1806.

Steig, Reinhold (Hrsg.): Achim von Arnim und Jacob und Wilhelm Grimm, Stuttgart 1904.

Steinmetz, Max (Hrsg.): Geschichte der Universität Jena 1548/58–1958, Jena 1958.

Stekeler, Pirmin: Hegels Phänomenologie des Geistes. Ein dialogischer Kommentar, 2 Bde., Hamburg 2014.

Stekeler, Pirmin: Hegels Wissenschaft der Logik, Bd. 1: Die objektive Logik, Die Lehre vom Sein, Qualitative Kontraste, Menge und Maße, Hamburg 2019.

Sterne, Laurence: Leben und Ansichten von Tristram Shandy, Gentleman (engl. 1759–1766), übersetzt von Michael Walter, Berlin 2018.

Stierle, Karlheinz: «Paris und Berlin. Zwei Hauptstädte des Wissens», in: Annemarie Gethmann-Siefert/Otto Pöggeler (Hrsg.), Kunsterfahrung und Kulturpolitik im Berlin Hegels, Nachdruck von 1983, Hamburg 2016, S. 83–114.

Storr, Gottlob Christian: Bemerkungen über Kant's philosophische Religionslehre, Tübingen 1794.

Storr, Gottlob Christian: Erläuterungen des Briefs Pauli an die Hebräer, Tübingen ²1809.

Strauß, David Friedrich: «Die Asteroiden und die Philosophen» (1854), in: ders., Gesammelte Schriften, hrsg. von Eduard Zeller, Bonn 1876 ff., Bd. 2, S. 333–336.

Strub, Christian: «System», in: Joachim Ritter/Karlfried Gründer (Hrsg.), Historisches Wörterbuch der Philosophie, Basel/Stuttgart 1971 ff., Bd. 10, S. 824–855.

Sue, Eugène: Les Mystères de Paris, Paris 2016.

Sydow, Anna von (Hrsg.): Wilhelm und Caroline von Humboldt in ihren Briefen, Bd. 1: Briefe aus der Brautzeit 1787–1791, Berlin 1910.

Taubes, Jacob: «Das stählerne Gehäuse und der Exodus daraus oder Ein Streit um Marcion, einst und jetzt», in: ders., Vom Kult zur Kultur, München 1996, S. 173–181.

Thatcher, Margaret: Interview mit Douglas Keay, in: «Woman's Own», 23. September 1987.

Theunissen, Michael: «Die Verwirklichung der Vernunft», in: Philosophische Rundschau 17 (1970), Beiheft 6, S. 1–89.

Theunissen, Michael: Hegels Lehre vom absoluten Geist als theologisch-politischer Traktat, Berlin 1970.

Theunissen, Michael: Sein und Schein. Die kritische Funktion der Hegelschen Logik, Frankfurt am Main 1978.

Thibaut, Anton Friedrich Justus: Über die Nothwendigkeit eines allgemeinen bürgerlichen Rechts für Deutschland, Heidelberg 1814.

Toland, John: Adeisidaemon, sive Titus Livius [...], Hagae-Comitis [Den Haag] 1709.

Toland, John: Socianism Truly Stated. Being an Example of Fair Dealing in all Theological Controversies, London 1705.

Treitschke, Heinrich von: Deutsche Geschichte im neunzehnten Jahrhundert, Bd. 2: Bis zu den Karlsbader Beschlüssen, Leipzig 1882.

Tugendhat, Ernst: «Das Sein und das Nichts», in: Durchblicke. Martin Heidegger zum 80. Geburtstag, Frankfurt am Main, 1970, S. 132–161.

Vieweg, Klaus: Hegel. Der Philosoph der Freiheit. Biographie, München 2019.

Waibel, Violetta L.: «‹die erste Bedingung allen Lebens und aller Organisation, daß keine Kraft monarchisch ist›. Hölderlin und das Homburger Symphilosophieren», in: Thomas Hanke/Thomas M. Schmidt (Hrsg.), Der Frankfurter Hegel in seinem Kontext, Frankfurt am Main 2013, S. 51–96.

Wandel, Uwe Jens: Verdacht von Democratismus? Studien zur Geschichte von Stadt und Universität Tübingen im Zeitalter der Französischen Revolution, Tübingen 1981.

Weiller, Kajetan: Der Geist der allerneuesten Philosophie der HH. Schelling, Hegel, und Kompagnie. Eine Übersetzung aus der Schulsprache in die Sprache der Welt. Mit einigen leitenden Winken zur Prüfung begleitet. Zum Gebrauche für das gebildetere Publikum überhaupt, Erste Hälfte, München 1803.

Weiller, Kajetan: Über die Herstellung des gehörigen Verhältnisses der Bildung des Herzens zur Bildung des Kopfes, als die dermalige Hauptaufgabe der Erziehung. Wieder ein Wort zur Beurtheilung unserer Schulen, München 1803.

Wekhrlin, Wilhelm Ludwig: «Über das Reich der Magister und Schreiber. Ein Reisestück», in: Das graue Ungeheur 3 (1784), S. 294–309.

Wende, Peter u. a.: «Anmerkungen zum historischen Umfeld der englischen Parlamentsreform des Jahres 1832», in: Christoph Jamme/Elisabeth Weiser-Lohmann (Hrsg.), Politik und Geschichte. Zu den Intentionen von Hegels «Reformbill»-Schrift, Bonn 1995, S. 17 ff.

Wieland, Christoph Martin: «Gedanken über den freien Gebrauch der Vernunft in Gegenständen des Glaubens» (1788), in: ders., Sämmtliche Werke, hrsg. von Johann Gottfried Gruber, Leipzig 1818 ff., 32. Bd., S. 13–118.

Williamson, George S.: «What Killed August von Kotzebue? The Temptations of Virtue and the Political-Theology of German Nationalism 1789–1819», in: Journal of Modern History 72 (2000), S. 890–943.

Wittgenstein, Ludwig: Tractatus logico-philosophicus, in: ders., Werkausgabe, Frankfurt am Main 1984 ff., Bd. 1.

Wittichen, Friedrich Carl/Ernst Salzer (Hrsg.): Briefe von und an Friedrich von Gentz, München u. a. 1909 ff., Bd. 3/1: Schriftwechsel mit Metternich. 1803–1819.

Wright, Georg Henrik von: Erklären und Verstehen, übersetzt von Günter Grewendorf und Georg Meggle, Frankfurt am Main 1974.

Ziolkowski, Theodore: Heidelberger Romantik. Mythos und Symbol, Heidelberg 2009.

Zschokke, Helmut: Im alten Berliner Studentenviertel, Frankfurt am Main 2012.

Personen

Dank

Meine erste Berührung mit Philosophie waren die langen Spazier-
gänge, die mein Großvater, Franz Jauch, mit mir als Halbwüch-
sigem durch den Nordschwarzwald machte. Er war Ende der
zwanziger Jahre als Mathematiker und Physiker an der Universität
Freiburg während seines Promotionsverfahrens im philosophischen Nebenfach von Martin Heidegger examiniert worden. Mir,
dem das gar nichts sagte, erzählte er aber zwischen Grünmettstet-
ten und Büttelsbronn lieber von Spinoza, Lichtenberg und Nietzsche. Ob ich viel verstand? Später wusste ich, dass er sich einen
Pantheisten hätte nennen dürfen.

Die «weiße» Ausgabe der Werke Hegels, die Karl Markus Michel und Eva Moldenhauer herausgegeben haben, war 1980 dann
das Abitursgeschenk meiner Eltern an mich.

Wie jeder Autor stehe ich überdies in der Schuld von Lektüren.
Niemand findet sich in Hegels Werk allein zurecht. Die auseinan-
derstrebenden Schriften von Michael Theunissen, Dieter Henrich,
Robert B. Pippin, Walter Jaeschke und Pirmin Stekeler halfen sehr.

Für Auskunft in konkreten Fragen danke ich Dietmar Dath,
Manfred Frank und Roland Reuß herzlich. Gunnar Schmidt war
als Leser wie als Verleger das, was er immer ist, sehr geduldig, prä-
zise und freundschaftlich.

Marie-Avril Roux hat alles belebt.

Bildnachweis

TAFELTEIL I

Seite 1 oben: ullstein bild; **unten:** Hegel 1770–1970. Leben, Werk, Wirkung. Eine Ausstellung des Archivs der Stadt Stuttgart, Katalog von Friedhelm Nicolin, Stuttgart 1970; **2 oben links:** https://de.wikipedia.org/wiki/Jean-François_Pilâtre_de_Rozier [CC-PD-Mark]; **oben rechts:** Dorling Kindersley: Dave King/The Science Museum; **unten:** Art Collection 3/Alamy Stock (Foto); **3 oben:** picture-alliance/imageBROKER; **unten:** Hermann Bauer (Foto)/Stadtarchiv Tübingen; **4:** akg-images; **5 oben und Mitte:** Universitätsbibliothek Tübingen, Mh 858; **unten:** Johann Gottfried Schreiber (Foto)/https://www.tuepedia.de/wiki/Karzer [CC-PD-Mark]; **6:** akg-images; **7 oben:** akg-images; **unten:** Eberhard Karls Universität Tübingen, Professorengalerie (97/260); **8 oben:** https://commons.wikimedia.org/wiki/File:Frankfurt_am_Main_Roß markt_AK_1903.jpg#metadata [CC-PD-Mark]; **unten:** Historisches Museum Frankfurt/Horst Ziegenfusz (Foto).

TAFELTEIL II

Seite 1 oben links: akg-images; **oben rechts:** Bayerische Staatsbibliothek München, Ph. u. 234 l, Titelseite; **unten:** Stadtmuseum Jena; **2 oben:** bpk/RMN – Grand Palais; **unten:** akg-images; **3 oben:** akg-images; **unten:** Staatsbibliothek Bamberg RB.Eph.18/1808/Gerald Raab (Foto); **4:** Helmut Neuhaus (Hrsg.), Karl Hegel. Historiker im 19. Jahrhundert, Erlangen 2001; **5 oben:** Bayerische Staatsbibliothek München/Bildarchiv; **unten:** Bayerische Akademie der Wissenschaften, München; **6 oben:** Kurzpfälzisches Museum Heidelberg, Leihgabe des Ministeriums für Wissenschaft, Forschung und Kunst des Landes Baden-Württemberg, Inv.-Nr. L 48/KMH, K. Gattner (Foto); **unten:** bpk/Nationalgalerie, SMB/Andres Kilger; **7 oben:** bpk; **unten:** akg-images/UIG/PHAS; **8 oben:** bpk/Staatsbibliothek zu Berlin; **unten:** Jens Tremmel (Foto)/DLA Marbach.

TAFELTEIL III

Seite 1 oben: bpk/Eigentum des Hauses Hohenzollern/Jörg P. Anders; **unten:** bpk/Hans-Joachim Bartsch; **2–4:** akg-images; **5 oben:** altkolorierte Lithographie von G. David bei Jordan & Barbot, um 1860, Antiquariat Clemens Paulusch GmbH (Foto); **unten:** picture-alliance/Leemage; **6 oben:** J. Perrin, d'après J. Werner, Habitation de J.-J. Rousseau, aux Charmettes, près de Chambéry, lithographie, XIXème siècle, Musée Jean-Jacques Rousseau – Ville de Montmorency; **unten:** akg-images; **7 oben:** akg-images/Album; **unten:** https://anderes-berlin.de/ansichtssache-der-alexanderplatz/ [CC-PD-Mark]; **8 oben:** akg-images/Science Source; **unten links:** Andreas Artur Hoferick (Foto); **unten rechts:** ullstein bild/Granger, NYC.